NINGXIA STATISTICAL YEARBOOK

2014

宁夏回族自治区统计局
国家统计局宁夏调查总队 编
Compiled by Ningxia Provinsial of Statistics
NBS Survey Office in Ningxia

中国统计出版社
China Statistics Press

图书在版编目（CIP）数据

宁夏统计年鉴. 2014：汉英对照 / 宁夏回族自治区统计局，国家统计局宁夏调查总队编. -- 北京：中国统计出版社，2014.11
ISBN 978-7-5037-7344-0

Ⅰ. ①宁… Ⅱ. ①宁… ②国… Ⅲ. ①统计资料－宁夏－2014－年鉴－汉、英 Ⅳ. ①C832.43-54

中国版本图书馆CIP数据核字(2014)第255520号

宁夏统计年鉴-2014

作　者/ 宁夏回族自治区统计局　国家统计局宁夏调查总队
责任编辑/ 佘竞雄　殷荣玉
装帧设计/ 马冬
出版发行/ 中国统计出版社
地　址/ 北京市丰台区西三环南路甲6号　邮政编码/100073
电　话/ 邮购（010）63376909　书店（010）68783171
网　址/ http://csp.stats.gov.cn
印　刷/ 宁夏报业传媒印刷有限公司
经　销/ 新华书店
开　本/ 890mm×1240mm　1/16
字　数/ 1800千字
印　张/ 39.5　彩插/ 0.75
版　别/ 2014年11月第1版
版　次/ 2014年11月第1次印刷
定　价/ 380.00元

本书附同版本CD-ROM一张，光盘内容以书面文字为准。
如有印装差错，由本社发行部调换。

地区生产总值（亿元）
GDP of Ningxia (100 million yuan)

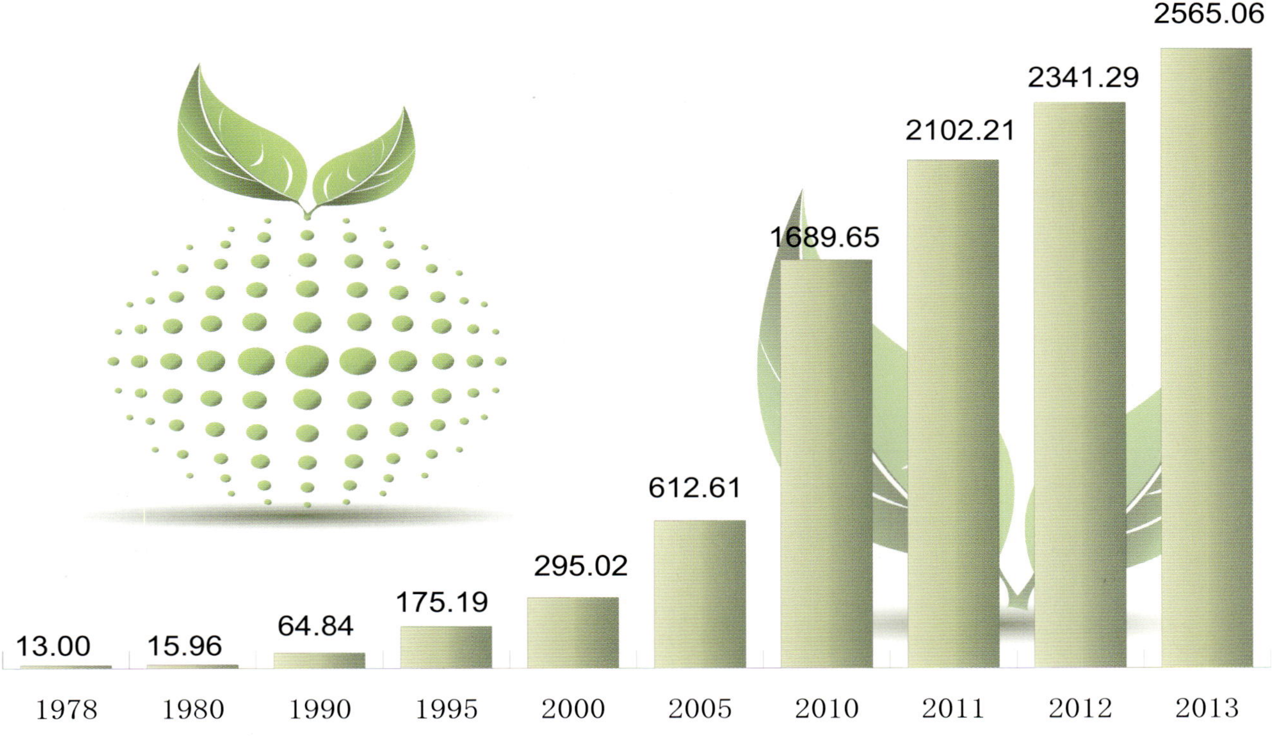

地区生产总值增速（%）
GDP Growth Rate (%)

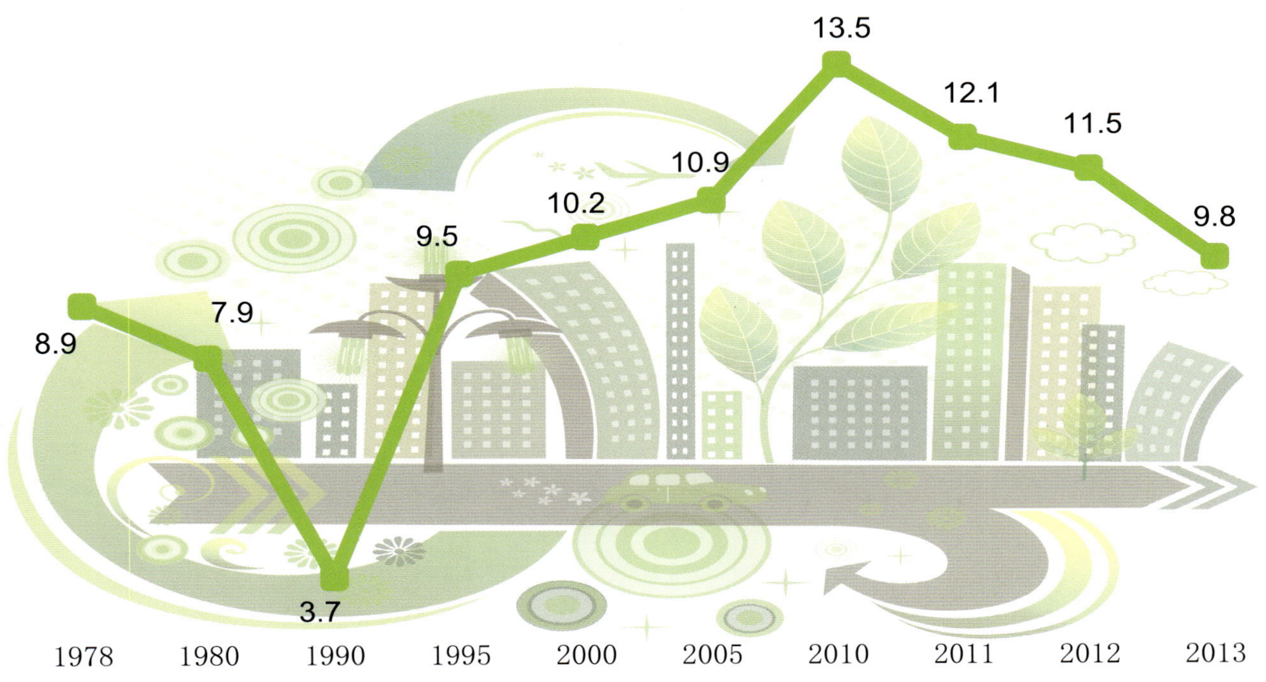

人均地区生产总值（元/人）
Per Capita Gross Domestic Product (yuan/person)

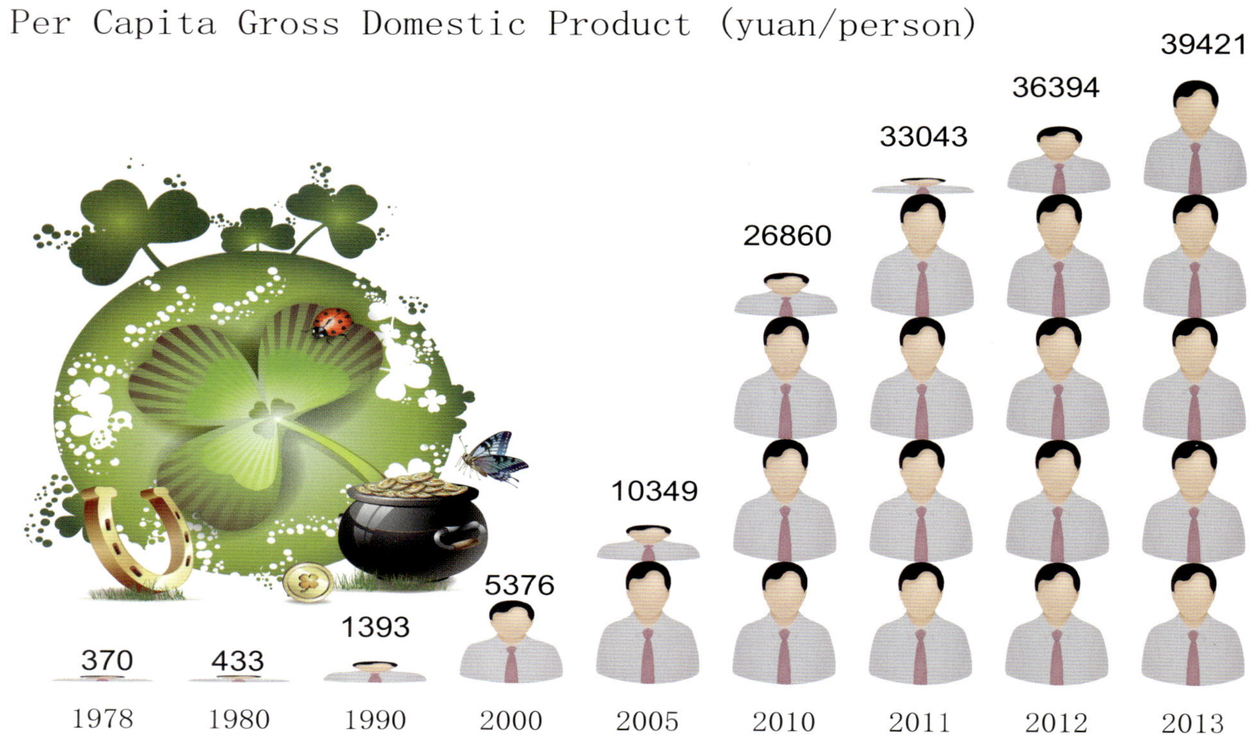

地区生产总值构成（%）
Composition of Gross Domestic Product(%)

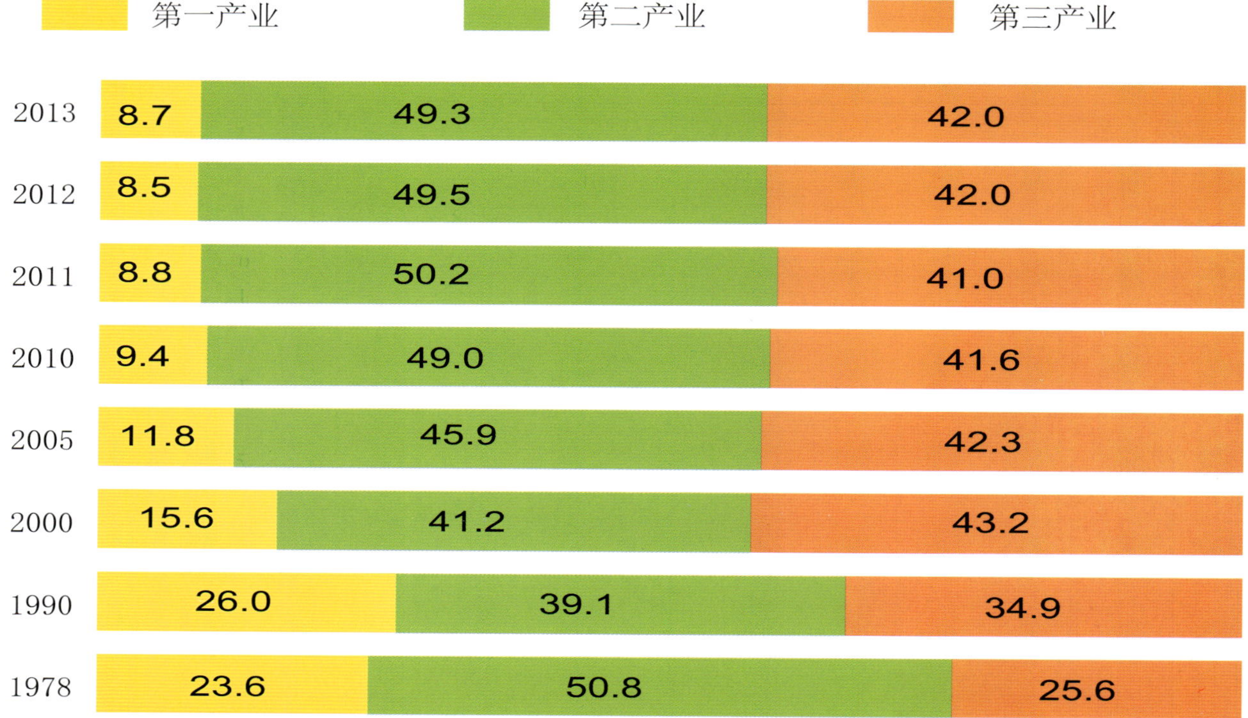

全社会固定资产投资额（亿元）
Total Investment In Fixed Assets (100 million yuan)

能源生产及消费（万吨标准煤）
Total Production and Consumption of Energy (10 000 tons of SCE)

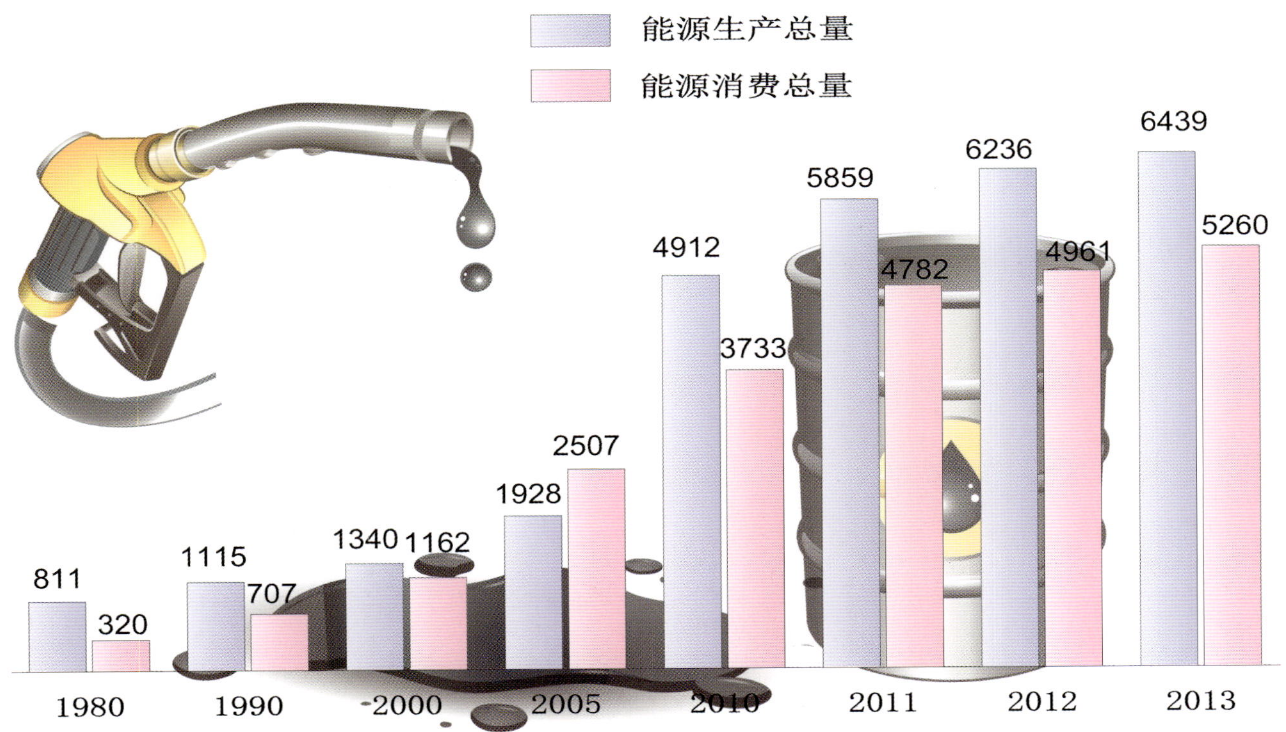

财政收入与支出（亿元）
Local Public Revenue and Expenditure(100 million yuan)

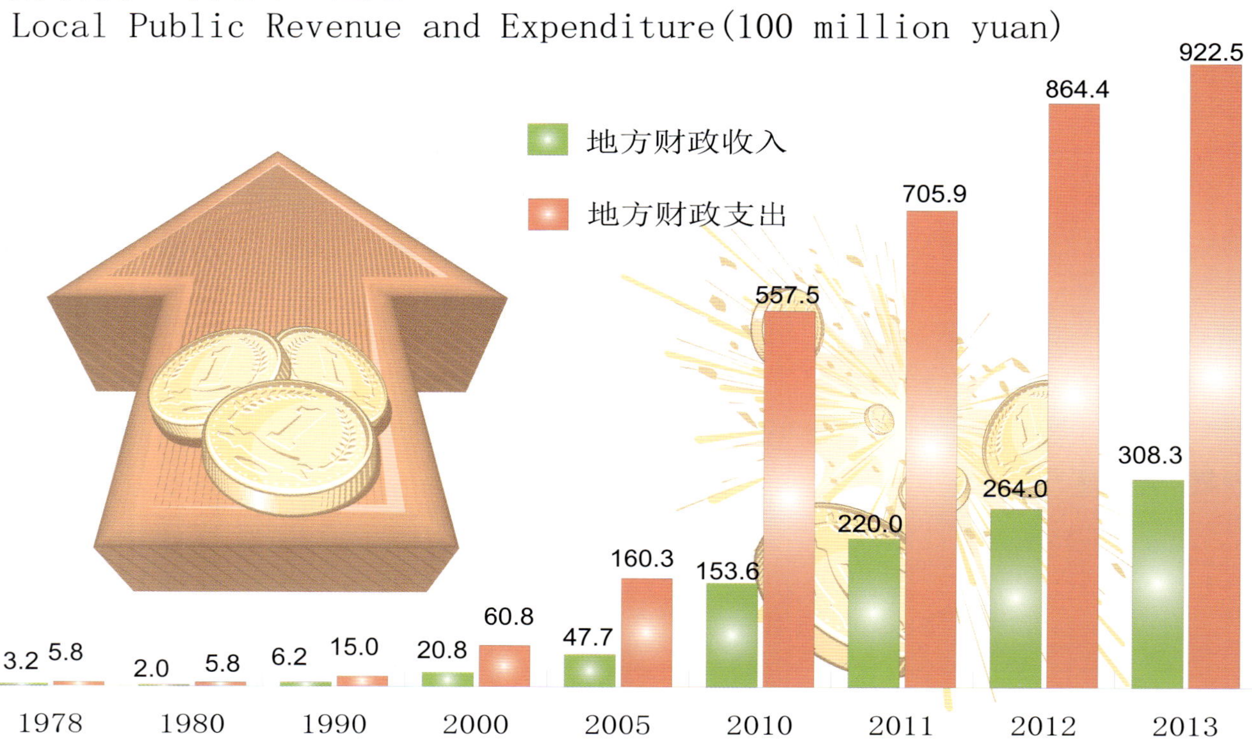

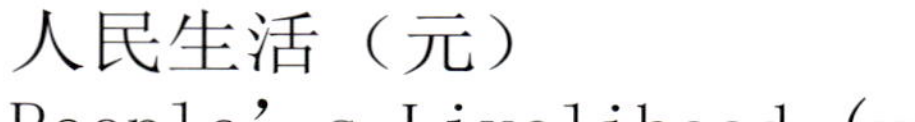

人民生活（元）
People' s Livelihood (yuan)

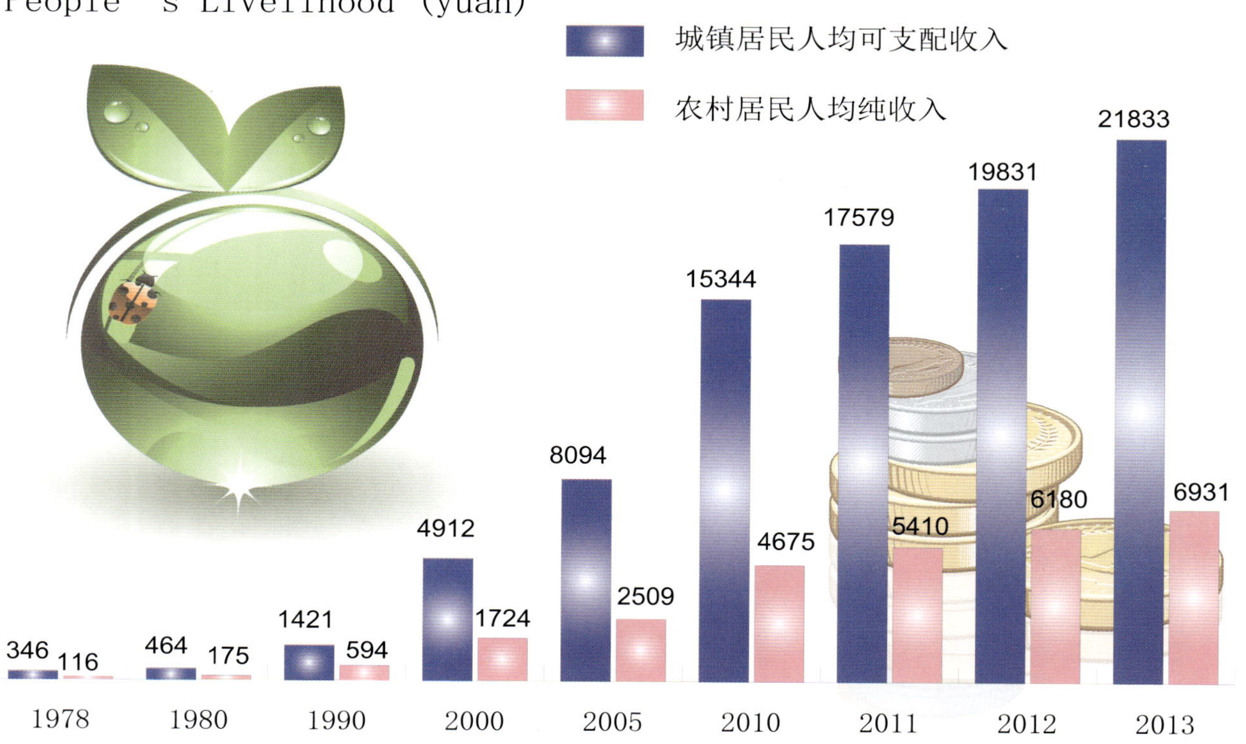

城乡居民储蓄存款余额（亿元）
Balance of Saving Deposit (100 million yuan)

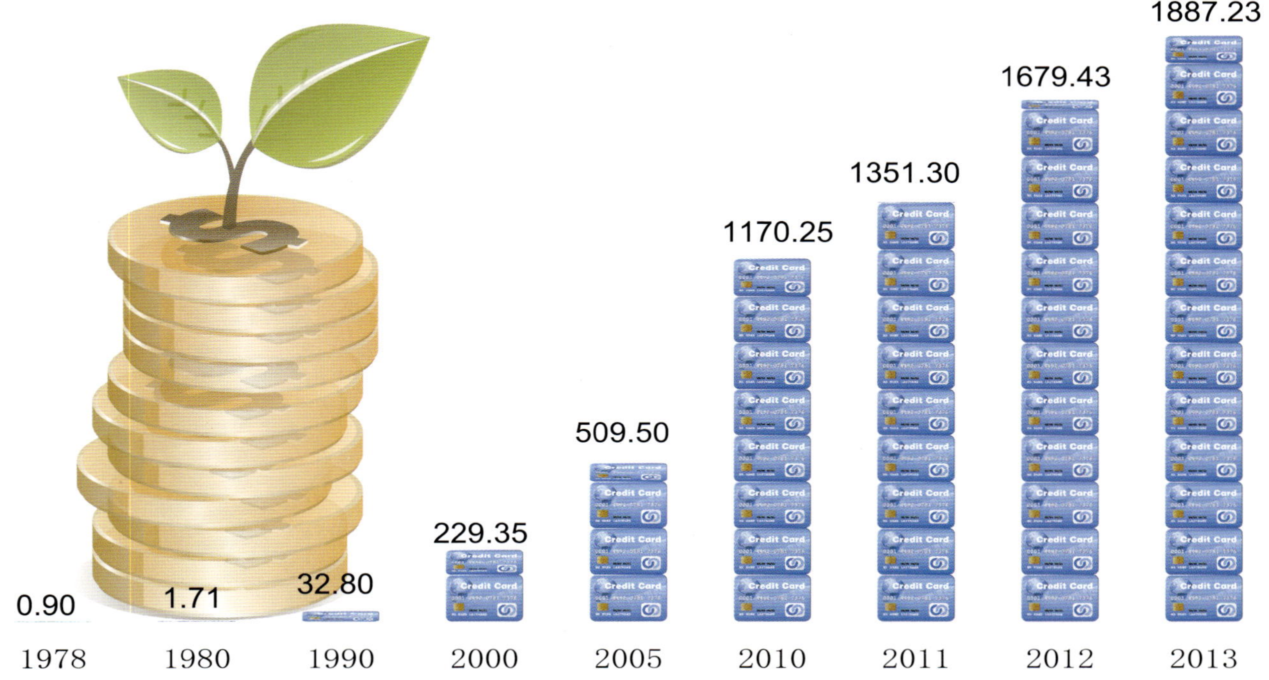

城镇化率（%）
Urbanication (%)

全社会固定资产投资占GDP比重（%）
Total Investment In Fixed Assets to GDP(%)

年份	%
2013	104.5
2012	90.1
2011	78.7
2010	86.7
2005	72.6
2000	54.5
1990	33.9
1980	24.9
1978	32.9
1958	28.2

就业人员结构（%）
Composition of Employment (%)

	1978	1984	1995	2000	2005	2010	2011	2012	2013
第一产业	69.5	68.7	59.7	57.6	53.7	49.7	48.9	48.5	47.6
第二产业	18.6	17.0	19.4	18.1	17.3	16.5	16.3	16.5	17.2
第三产业	11.9	14.3	20.9	24.3	29.0	33.8	34.8	35.0	35.2

粮食产量（万吨）
Total Yield of Grain (10 000 tons)

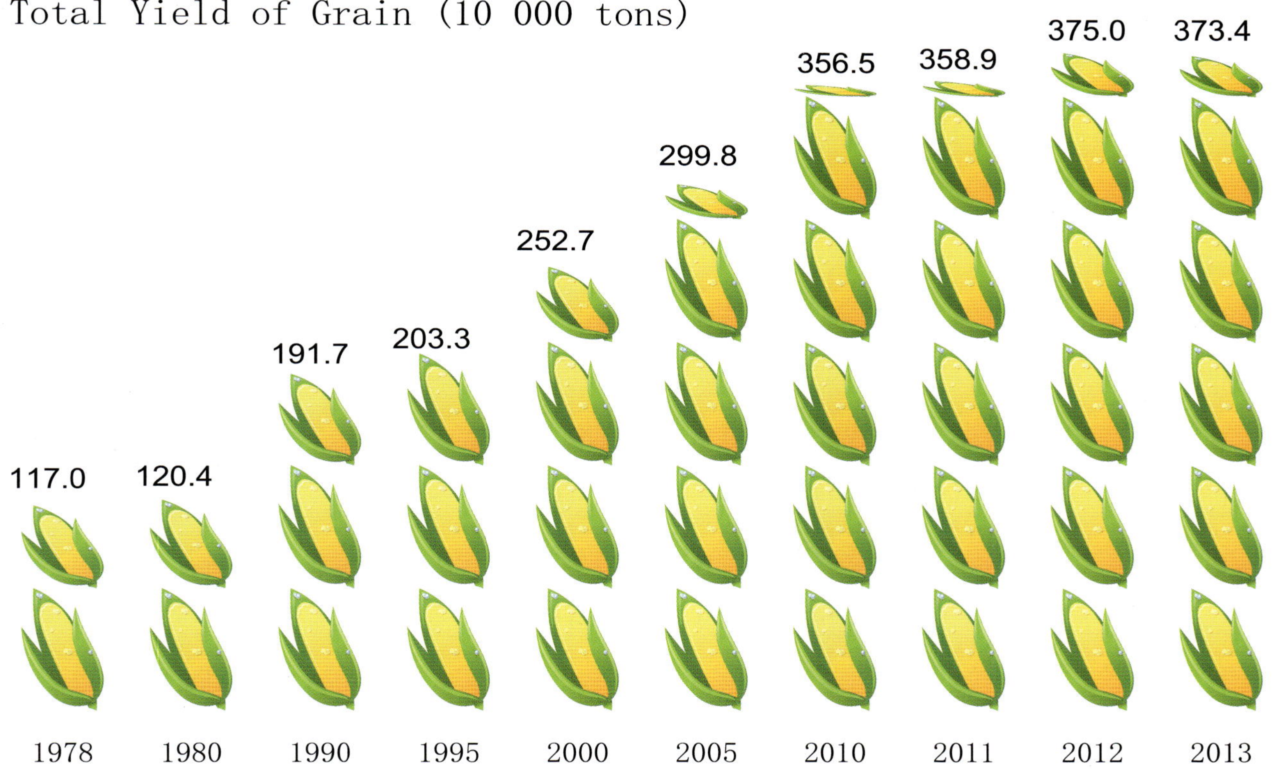

工业增加值（亿元）
Value-added of Industry (100 million yuan)

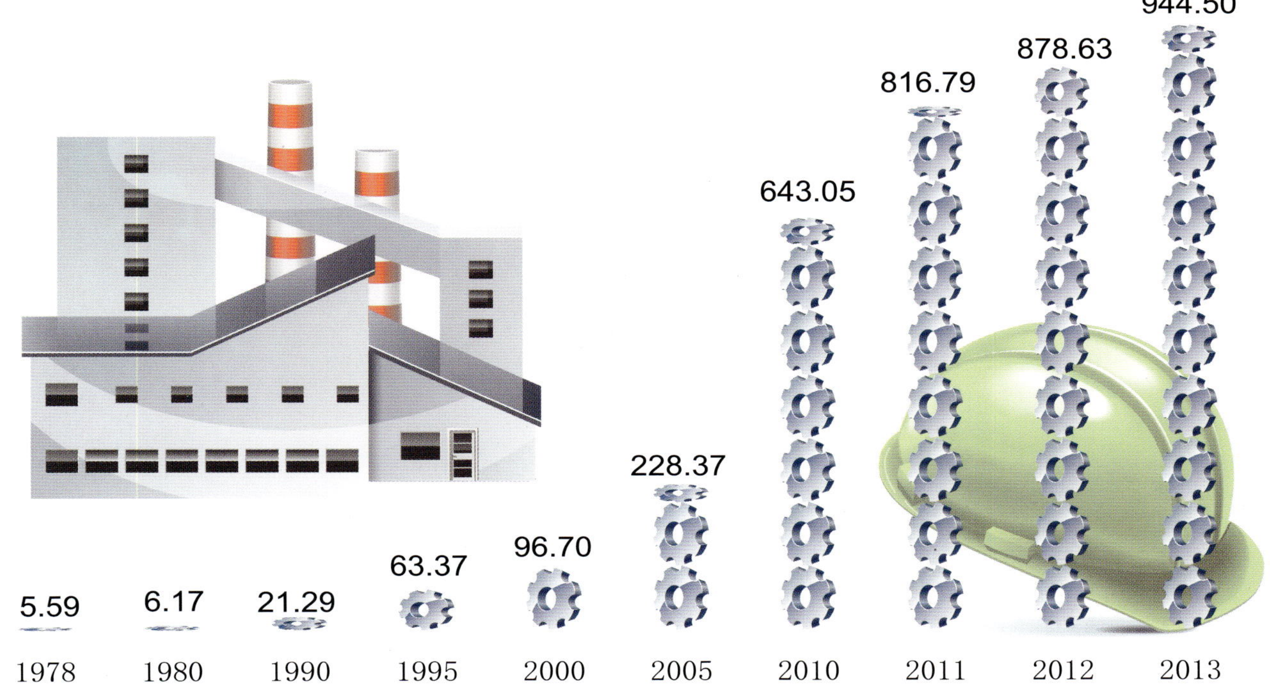

公路通车里程（公里）
Highway Operating Length (km)

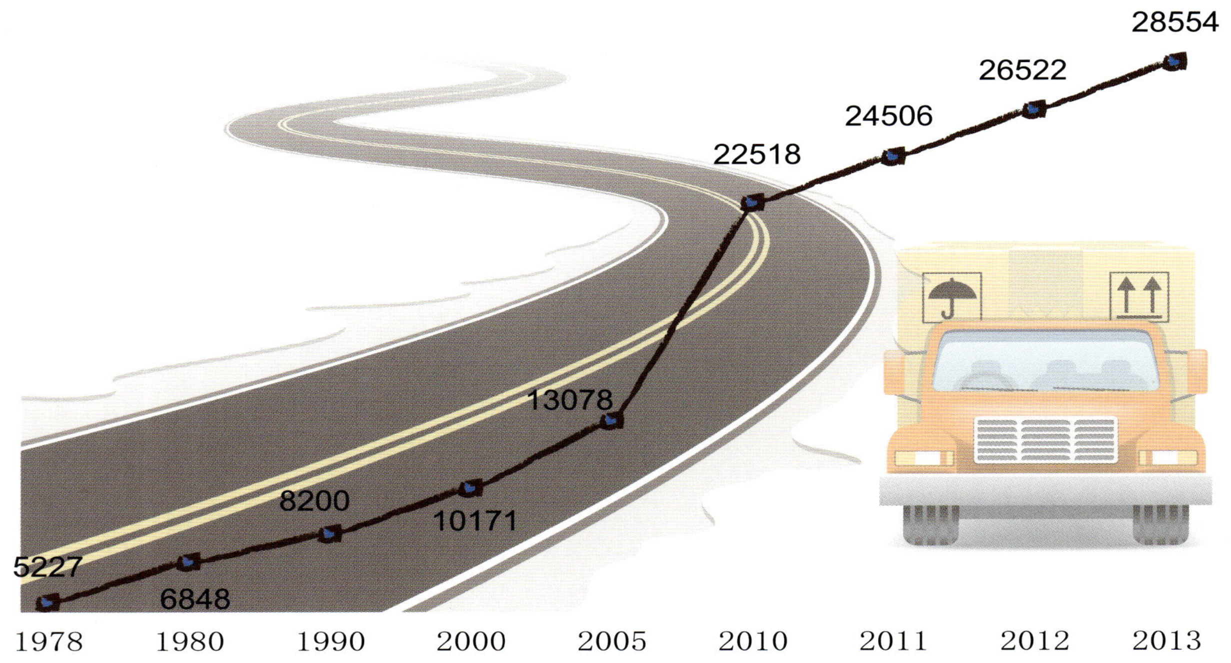

社会消费品零售总额（亿元）
Retail Sales of Consumer Goods (100 million yuan)

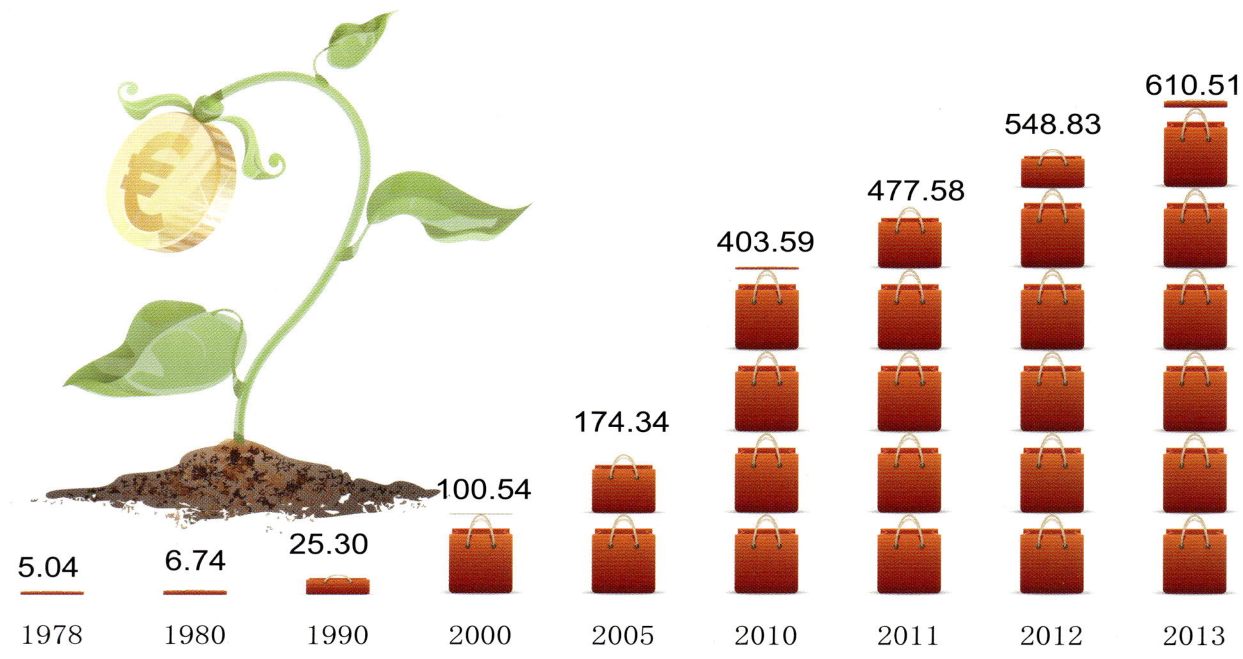

进出口总额（亿美元）
Total Value of Imports and Exports (USD 100 million)

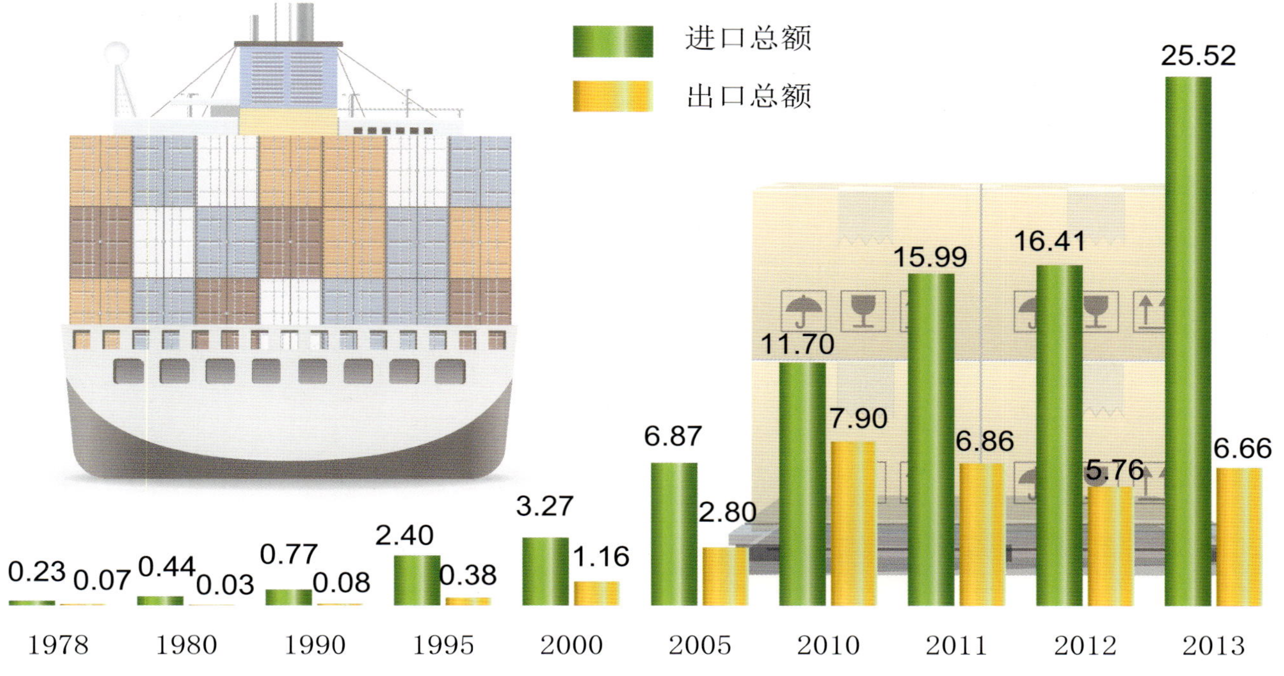

各类学校在校学生数（万人）
Enrolled Students in Various Schools(10 000 persons)

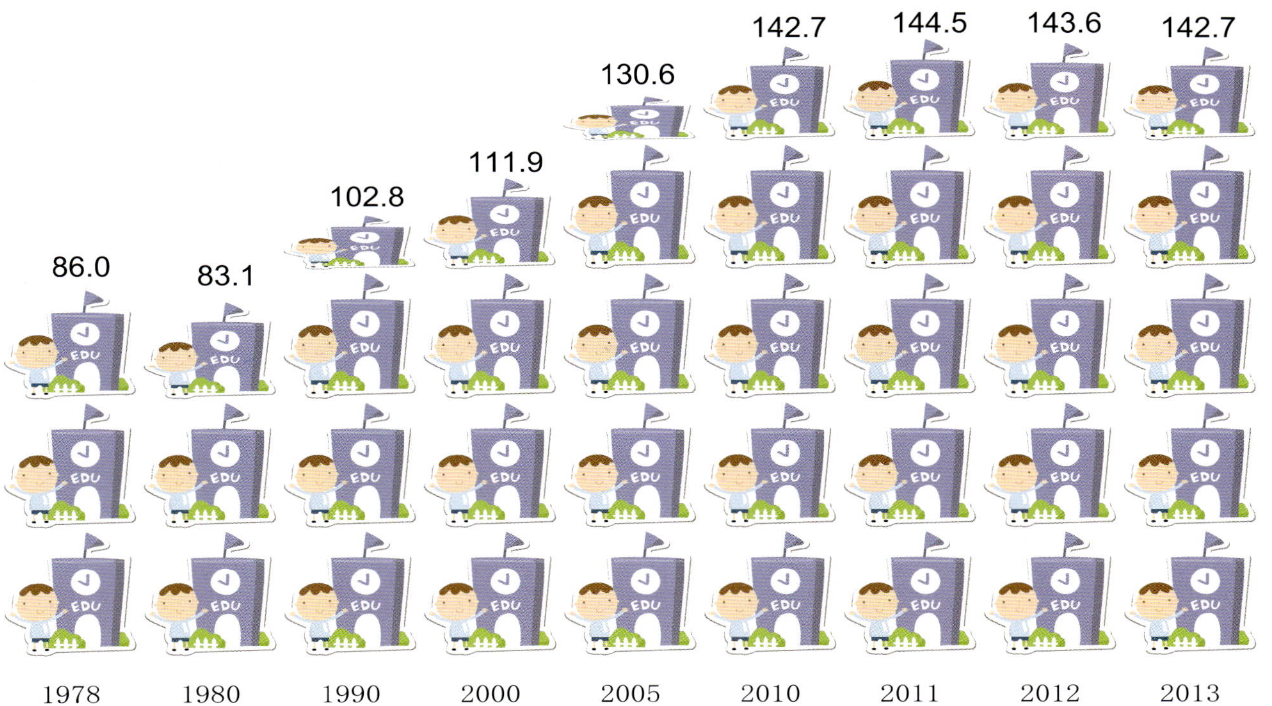

R&D经费支出占GDP比重（%）
Expenditures on Research and Development to GDP (%)

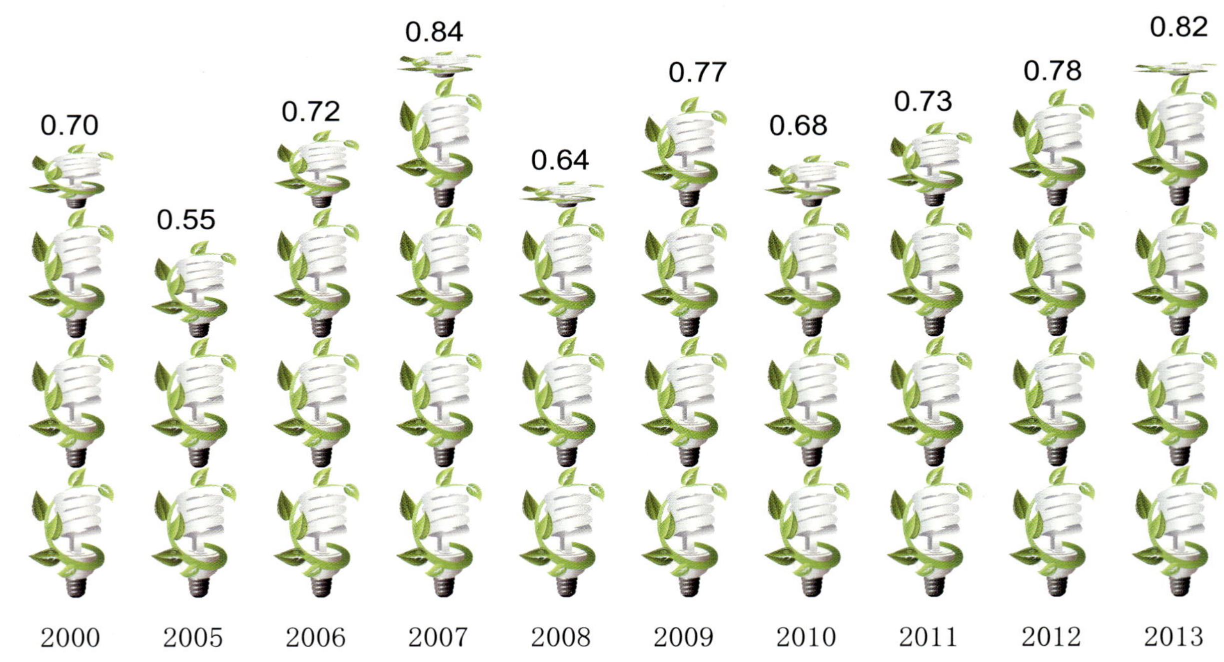

卫生机构数（个）
Health Care Institutions (unit)

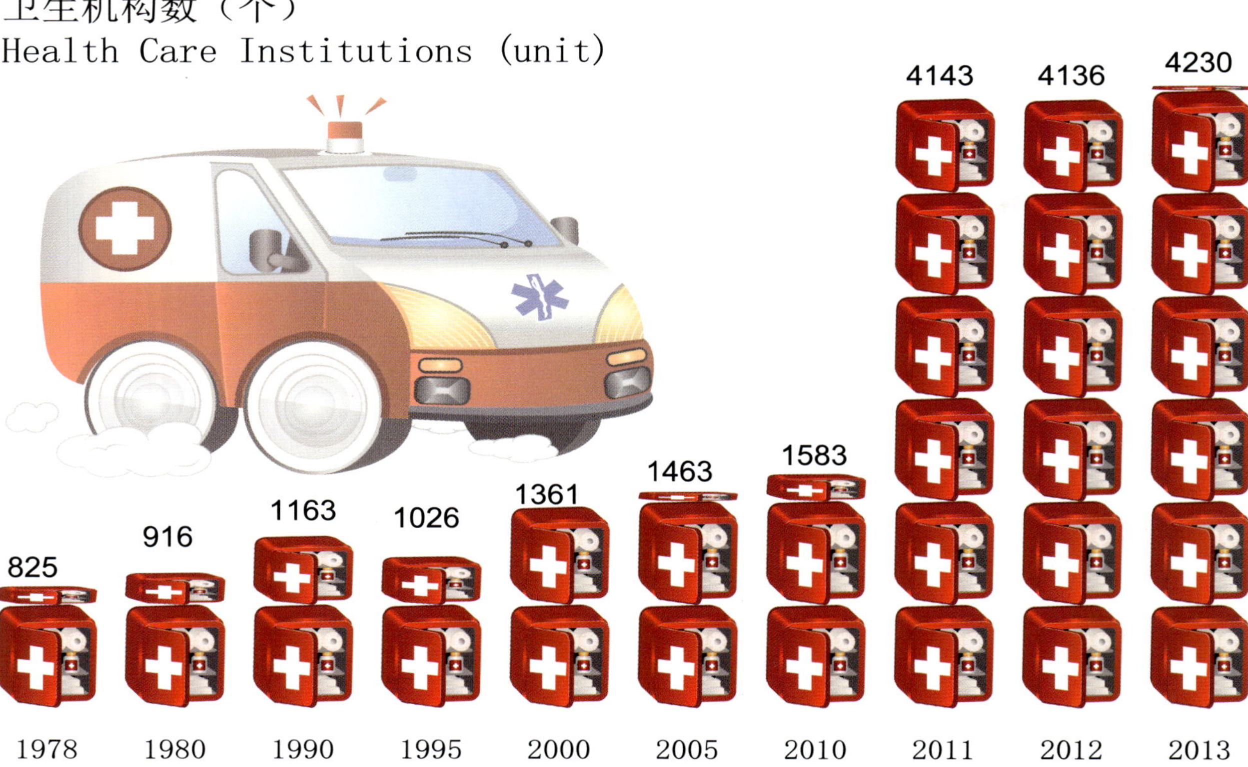

《宁夏统计年鉴-2014》

编辑委员会、编辑部

编辑委员会

编 辑 部

NINGXIA STATISTICAL YEARBOOK-2014
EDITORIAL BOARD AND EDITORIAL STAFF

编辑说明

一、《宁夏统计年鉴—2014》是由宁夏回族自治区统计局、国家统计局宁夏调查总队联合编制，中国统计出版社公开出版发行的一部全面、系统、客观反映宁夏经济和社会发展的资料性年刊，是研究宁夏区情、交流社会信息、制定政策、指导工作不可缺少的重要工具，也是国内外各界认识宁夏的主要窗口。本《年鉴》收录了宁夏历史重要年份和2013年经济和社会各方面的统计数据，各市、县(区)主要统计数据，以及全国和各省(市、区)主要统计数据。

二、本《年鉴》内容分特载和统计资料两大部分。特载包括政府工作报告和统计公报两部分。统计资料共分为二十三部分：1.行政区划与自然资源；2.综合；3.国民经济核算；4.人口；5.劳动力资源与工资；6.固定资产投资；7.能源；8.财政金融保险；9.物价指数；10.居民生活；11.农业；12.工业；13.建筑业；14.运输邮电；15.批发零售贸易和住宿餐饮业；16.对外经济贸易和旅游业；17.教育科技文化；18.体育卫生民政司法；19.环境保护；20.规模以上服务业企业调查主要数据；21.宁夏农垦经济社会发展主要指标；22.各省市区主要经济指标；23.企业信息化和电子商务。为便于读者使用，第三部分至第二十部分及第二十三部分都附有主要统计指标解释。

三、本《年鉴》统计资料大部分来源于统计年报，部分来源于抽样调查，全国各省(市、区)主要经济指标资料来源于中国统计出版社当年编印的《中国统计摘要》。

四、与2013版《宁夏统计年鉴》相比较，本《年鉴》在篇章结构上做了如下修订，增加了第二十三章“企业信息化和电子商务”；增加了“城镇非私营其他单位就业人数”；将原“全区个体就业人数”和全区私营企业就业人数合并调整为“全区城镇私营企业和个体就业人数”；由于国家调查制度变化，删除了“全区企业家信心指数”和“全区企业景气指数”两张表；对个别专业指标进行了调整，对过去的统计年鉴资料重新进行了核实，凡与本年鉴有出入的，均以本年鉴为准。

五、本《年鉴》出版发行工作，得到各级领导、有关部门和社会各界的大力支持，谨致谢意。由于我们编辑水平有限，不足之处在所难免，诚恳期望各界读者提出宝贵意见，以便进一步改进和提高我们的工作水平。

目　　录
Contents

特　　载
Special Issue

统计资料
Statistics

第六篇 固定资产投资

Investment in Fixed Assets

第九篇　物价指数

Price Indices

第十篇　居民生活

People´s Living Conditions

第十一篇 农 业

Agriculture

第十三篇 建筑业
Construction

第十四篇 运输邮电
Transport, Postal and Telecommunication Services

第十五篇 批发零售和住宿餐饮业
Wholesale, Retail, Housing and Catering

第十六篇 对外经济贸易和旅游业
Foreign Trade and Economic Cooperation and Tourism

第十九篇 环境保护

Environment Protection

特载

Special Issue

2014年宁夏回族自治区人民政府工作报告

——在自治区第十一届人民代表大会第三次会议上

宁夏回族自治区主席　刘慧

（2014年1月7日）

各位代表：

现在，我代表自治区人民政府向大会作政府工作报告，请予审议，并请政协委员和其他列席人员提出意见。

一、稳中求进，迎难而上，保持经济社会良好发展势头

刚刚过去的2013年，全区上下认真贯彻党的十八大和十八届二中、三中全会精神，围绕稳增长、调结构、转方式、促改革、惠民生的工作总要求，攻坚克难，务实苦干，较好地完成了自治区十一届人大一次会议确定的各项目标任务，经济社会保持了健康较快发展的良好态势。

——经济实力不断增强。预计实现地区生产总值2600亿元，增长10%以上，其中一、二、三产业分别增长3%、13%和7%；地方公共财政预算收入308亿元，增长16.7%；全社会固定资产投资2680亿元，增长27%。

——结构调整稳步推进。新型工业加快发展，六大高载能行业占比降到60%以下，规模以上工业增加值900亿元，增长13%。农业特色优势产业成为农民增收的主渠道，产值占农业总产值的85%，农产品加工率58%。旅游带动、出口拉动作用增强，社会消费品零售总额610亿元，增长12.5%。

——城乡建设步伐加快。沿黄城市带和山区大县城建设力度加大，投资增幅超过30%，银川阅海湾中央商务区和滨河新区、固原西南新区建设全面铺开，中卫通过国家园林城市验收，全区城镇化率52%。启动建设市民休闲森林公园20个、重点小城镇22个、幸福村庄95个，新农村建设经验全国推广。

——生态环境继续改善。淘汰落后产能229.4万吨，万元地区生产总值综合能耗下降3.2%，四项主要污染物削减完成国家下达年度指标。生态修复21.6万亩，造林153万亩，治理水土流失167万亩，森林覆盖率提高到13.6%。我区被列为全国节水型社会示范省区。石嘴山成为西北首个国家森林城市，吴忠获全国绿化模范城市荣誉。开展优美环境洁净城乡行动，宁夏成为全国两个农村环境综合整治试点省区之一。

——人民生活水平持续提高。城镇居民人均可支配收入22013元，增长11%；农民人均纯收入6922元，增长12%。人民币存贷款余额分别达3925亿元和3900亿元，增长12.3%和16.8%。城镇登记失业率控制在4.1%以内。居民消费价格总水平涨幅控制在3.5%以内。人口自然增长率控制在9‰以内。

一年来，面对国际市场低迷、国内经济下行压力加大等诸多不利因素，我们要求各级政府和部门在应对挑战、化解风险、推动发展中做到这样几点：

一是力求以深之又深的思考，研究重大问题，出台政策措施。理不清不定调，想不透不决策。坚持问题导向，决策要有针对性，必须经得起检验，必须管用有效。针对年初工业经济滑到低谷的困局，我们把工业企业分类排队，解剖麻雀，对症下药，出台17条政策，同时，建立自治区领导和部门联系园区、帮扶企业责任制，一月一通报，一季一分析，及时解决问题，企业停产数和库存逐月减少，工业经济逐月回升，增速从年初最低的5.8%提高到年底的13%。针对农业和服务业增速放缓的趋势，调查研究，认真研判，及时召开加快一产和三产发展的专题会，进行安排部署。出台《加快推进农业特色优势产业发展若干政策意见》，适时调整种养结构，加大畜禽保种补栏，畜牧业和特色农业收益提升，粮食生产实现10连丰，农民收入保持了高于城镇居民收入增速的势头。出台《加快第三产业发展的意见》，启动贺兰山东麓百万亩葡萄文化长廊建设，在全国各省会城市、港澳台开展了声势浩大的宁夏形象宣传，我区成为国际媒体推荐的全球24个必游地之一。针对产业层次低、能耗高的问题，深入企业和市县（区）座谈讨论，分16个专题开展研究，制定出台了《全区环境保护行动计划》《产业转型升级和结构调整实施方案》等指导性文件，明确了健康协调可持续发展的具体路径。针对山川城乡发展不平衡、空间布局不合理的矛盾，诚聘国内顶级规划机构，开展前瞻性研究，立足全区一盘棋，按照五十年不落后的要求，高标准编制宁夏空间发展战略规划，为今后的城乡布局、产业集聚、交通体系、水资源利用和生态建设绘制了基础性蓝图。针对行政管理体制存在的诸如职能交叉以及管理错位、越位、不到位等情况，深入研究市场经济与现代社会对政府管理的新要求，深入研究现阶段政府与市场、政府与社会的关系，深入研究各级政府之间的职责界定与层级功能，制定了政府职能转变和机构改革方案，整合了一批政府部门的职能，减少了一批政府直属机构和事业单位，清理取消、转移下放行政审批事项 223 项，为建立精简统一效能的现代行政管理体制创造了条件。

二是力求以实之又实的精神，抓住重点难点，推动全面发展。坚持有所为有所不为，建立抓住重点、带动一般的工作机制，自治区和各市县(区)、部门都制定了重点项目、重要工作、重大活动责任分工推进方案，跟踪督查，完成销号。狠抓重大项目不放松。想方设法争取国务院和国家部委支持，拧出重要项目 36 个，领导包抓，部门包干，一批重大项目前期工作取得突破，一批重大项目集中开工。“十年磨一剑”的 400 万吨煤制油项目正式开工，河东机场三期、西线高速和西吉至固原高速以及宝丰煤制烯烃、宁夏国际会议中心等加紧建设，锦宁巨科铝板带箔、国电英力特煤基化工、捷美丰友合成氨和尿素等建成投用，石嘴山高新技术产业园区升级为国家级高新技术产业开发区。狠抓重点工作不放松。积极推进试验区建设，推动建立部际联席会议制度，24 个部委给予政策支持，对阿联酋开放第三、四、五航权获批，银川综合保税区封关运营。与福建、北京、天津、浙江等省市对口合作迈出实质步伐，中国(吴忠)清真产业园、宁夏(中卫)中关村科技产业园挂牌启运。启动实施主干道路大整治大绿化工程，拆除破旧及违规违章建筑 1429 万平方米，整治出绿化用地 10.8 万亩，高速公路两侧、机场出入口、立交桥周边等重点部位景观初步呈现。在认真调研论证基础上，研究成立海兴开发区，创新管理模式，积极稳妥地为海原新区谋划了出路。狠抓重要活动不放松。务实、高效、节俭和安全办好首届中阿博览会，对精心梳理出的 41 项活动，一条一条地拧，一环一环地抠，67 个国家、地区和 1200 多家大型企业、金融机构参会参展，签约项目 158 个，合同投资 1059 亿元。主动对接国资委年中会，与神华、中石化等 9 家央企签订战略合作协议。协助办好六盘山片区扶贫攻坚部省协调推进会，支持固原市与 23 个部委达成帮扶意见。成功举办香港经贸文化旅游等重大活动。全年招商引资到位资金增长 18.2%，外贸进出口增长 44%。

三是力求以诚之又诚的情怀，办好为民实事，保障改善民生。实施十项民生计划，全心全意办好为民实事。千方百计解决饮水困难。把中南部城乡安全饮水及连通工程作为最大的民生工程，不畏艰，不怕难，一次次上北京，一遍遍找合作，多方筹措资金，力促全面开工，西吉县 12 万群众先期喝上了放心水。全力以赴推进扶贫攻坚。生态移民搬迁安置 8.6 万人，加强闽宁对口支援，广泛开展社会帮扶，山区农民人均纯收入增速高于全区 2 个百分点。特事特办解决百姓难题。大旱时节及时为近万名农村五保老人、军烈属和敬老院送去了救急水。为困难群众建成保障性住房 6.8 万套，为 59.2 万低收入群众发放临时物价补贴 1.2 亿元，为 7.76 万重度残疾人发放生活津贴 7690 万元，免费提前和延时供暖 20 天。持之以恒做好公共服务。推进义务教育均衡发展，出台《加快发展现代职业教育的意见》，将特殊教育学校学生纳入营养改善计划。实施了一批科技攻关项目，成为全国首批专利信息利用试点。开展“先住院、后付费”试点，取消所有县级公立医院药品加成。实施文化惠民工程，秦腔《花儿声声》等剧目摘得国家大奖，卫星电视户户通受益群众 76.4 万户。全民创业带动充分就业，城镇新增就业 7.3 万人，农村转移劳动力 70.3 万人。提高企业退休人员基本养老金发放标准，提高城乡居民基础养老金和城乡低保标准。总之，凡是关系群众切身利益的事，政府都要放在心上、抓在手上。我们就是要用一件件、一桩桩的实事，践行人民政府为人民的宗旨。

四是力求以细之又细的作风，盯住既定目标，确保落在实处。天下大事必作于细。我们从大处着眼、小处入手，努力使各项工作达到目标精确、对策精准、效果精致的要求。

为打造城市宜居环境，推广中卫市“以克论净”的城管经验，从种好每一棵树、栽好每一株花、铺好每一块砖干起，从微型景观、卫生死角、果皮纸屑抓起，坚持不懈、认真细致地做好绿化美化亮化工作，塑造干净美丽的城市新形象。支持银川市老城区改造和畅通工程建设，打通了新华西街和湖滨西街断头路，缓解了交通拥堵情况。为确保全民健康安全，从医院卫生间抓起，制定标准，细化管理，在全区开展专项整治，并进行多次明察暗访和突击检查。我们就是不见变化不放手、不出结果不松劲，通过对“卫生场所不卫生”的整治，带动了全社会环境卫生意识的提高和对脏乱差状况的治理。为巩固和谐稳定的大好局面，认真解决信访突出问题，一遍一遍排查，一个一个分析，筛选确定信访积案 81 件，化解率超过 95%。抓源头、抓细节、抓日常，扎实开展安全生产、质量监督和食品药品监管专项行动，查处药品和医疗器械违法案件 952 起，关停保健食品违法经营企业 19 家，安全生产的事故起数、死亡人数、受伤人数和直接经济损失"四项指标"全面下降。拓宽法律援助范围,突出全社会治安防控体系建设,严厉打击各类违法犯罪活动,建设"平安宁夏"。加强民族和宗教工作,切实做好拥军优属和国防教育。同时,防震减灾、外事侨务、文史参事、地质气象等工作也取得了新成绩。

五是力求以严之又严的纪律,规范行政行为,提升政府效能。不负众望,担当作为,是我们始终谨记在心、勤勉尽职的动力。严格按制度办事,年初在修订《政府工作规则》的基础上,及时下发了规范文件流转的通知和政府会议、财政资金、投资项目、行政奖励、因公出国五项制度。加强各类政府性资金管理,重申并严肃领导干部外出和会议请销假纪律,用制度管人管钱管事,确保政府工作有章可循、有规可依。虚心听取各方意见,自觉接受人大依法监督和政协民主监督,办理人大代表建议250件、政协提案625件,提请人大审议地方性法规议案8件,制定政府规章11件。主动听取各民主党派、工商联、无党派人士意见建议。支持工会、共青团、妇联、侨联、科协等人民团体积极开展工作。切实转变作风,坚决落实中央八项规定和自治区若干规定,扎实开展党的群众路线教育实践活动,认真制定整改方案。改文风、改会风,讲短话、讲实话,坚决清理节会论坛、考核评比及表彰活动,节会论坛由19个调整为2个,考核评比由39个压缩为21个,表彰活动由128个减少为53个,议事协调机构由292个缩减为79个,全年文件简报和自治区级会议分别减少50%和40%。厉行勤俭节约,反对铺张浪费,全面清理新建政府性楼堂馆所,"三公"经费预算在普遍削减5%的基础上,实际支出继续下降,特别是公务接待下降35%。严控机构编制,财政供养人员只减不增。加大审计、监察和政务公开力度,实行执法责任和过错追究,开展群众评议机关和干部作风活动,政府执行力和公信力进一步提升。

各位代表,一年的成绩来之不易,这是党中央、国务院亲切关怀的结果,是自治区党委正确领导和自治区人大、政协关心支持的结果,是全区干部群众艰苦奋斗、共同努力的结果。在此,我代表自治区人民政府,向辛勤奋战在各条战线的广大干部群众,向给予政府工作大力支持的人大代表、政协委员、各民主党派、工商联和各界人士,向中央驻宁单位、驻宁部队和武警官兵、公安民警致以崇高的敬意!向关心支持宁夏发展的国家部委、兄弟省市区,港澳台同胞、海外侨胞和国际友人表示衷心的感谢!

在发展稳中有进、经济上升向好的同时,我们清醒地认识到,稳中也有忧、进中也有险,宁夏发展还面临着不少困难和问题:一是农业产业化水平低,工业高耗能多,服务业活力少,科技创新能力弱,转型升级的任务还很艰巨;二是发展基础薄弱,山川城乡不平衡问题没有根本转变;三是居民收入水平不高,民生改善和社会事业发展与群众期望还有较大差距;四是政府职能要进一步转变,制约发展的体制机制需进一步理顺;五是节能减排任务重、难度大。对于这些,我们将加强研判,找准根源,在今后工作中,采取有力措施,切实加以解决。

二、敢于担当,不辱使命,迈出全面建设小康社会的新步伐

本届政府的任期正值全面建设小康社会关键期、结构调整阵痛期和社会矛盾多发期,建设开放宁夏、富裕宁夏、和谐宁夏、美丽宁夏,与全国同步进入全面小康社会,责任重于泰山,事业任重道远。我们一定要牢记使命,锐意进取,负重拼搏,紧握接力棒,创造新业绩,不辜负全区各族人民的重托和期望。

今年是贯彻落实党的十八届三中全会精神、全面深化改革的第一年,保持经济社会持续健康发展至关重要。世界经济虽然还存在诸多不确定性,但我国经济稳中有进、长期向好的基本面没有变,仍处于大有可为、大有作为的重要战略机遇期。特别是党的十八届三中全会对全面深化改革作出总体部署,将释放新的动力和活力。我们既要增强忧患意识、坚持底线思维,更要坚定信心、抢抓机遇,把政府的各项工作做得更实更好。

今年工作的总体要求是:高举中国特色社会主义伟大旗帜,以邓小平理论、"三个代表"重要思想、科学发展观为指导,全面贯彻党的十八大和十八届二中、三中全会、中央经济工作会议以及自治区党委十一届三次全会精神,坚持稳中求进工作总基调,进一步解放思想,进一步解放和发展社会生产力,进一步解放和增强社会活力,把改革创新贯穿于经济社会发展各个领域各个环节,努力营造"两优"投资发展环境,加快实施沿黄经济区发展和百万贫困人口扶贫攻坚战略,加快内陆开放型经济试验区建设,加快产业转型升级,加快社会事业发展,加快民生改善,加快生态文明建设,全面建设开放宁夏、富裕宁夏、和谐宁夏、美丽宁夏,推进全区经济社会又好又快发展。

主要预期目标是:地区生产总值增长10%左右,公共财政预算收入增长12%,全社会固定资产投资增长20%,城镇居民人均可支配收入增长11%,农民人均纯收入增长12%,社会消费品零售总额增长13%。万元地区生产总值综合能耗下降5%,城镇登记失业率控制在4.5%以内,居民消费价格总水平涨幅控制在3.5%左右,人口自然增长率控制在9‰以内。

一分部署,九分落实。实现上述目标:必须解放思想、大胆改革。要用改革的精神、思路、办法解决发展中的问题,突破惯性思维,跳出条条框框,在关系宁夏发展的关键领域和环节敢为人先、先行先试。必须立足实际、加快发展。既不盲目追求速度，也不能不讲速度、滑出底线。既要保增长，更要保就业，努力让发展的步子稳中求快、快中求好。必须调整转型、提高质量。欠发达地区更要追求发展质量。要利用环境、能耗、资源等倒逼压力，坚决调，果断转，狠抓技术进步和创新，下大力培育新的增长点，牢牢掌握发展主动权。必须生态优先、保护环境。对人民负责，对子孙负责，决不允许以牺牲环境换取一时增长。要正确处理开发与保护的关系，自觉实现绿色循环低碳发展。必须以人为本、改善民生。把尽可能多的财力用在民生事业上，实实在在做一些老百姓期望的事，让改革发展的成果更多地惠及人民群众。

我们坚信，有党中央、国务院的亲切关怀和自治区党委的坚强领导，有多年发展的能量积聚，有历届政府的实践探索，有广大干部群众的勤奋和智慧，我们一定能克服前进中的各种艰难险阻，一定能实现建设开放富裕和谐美丽新宁夏的奋斗目标！

三、以改革统揽各项工作，大力增强科学发展的动力和活力

认真落实中央和自治区党委关于全面深化改革的重大决策部署，加强顶层设计，研究制定政策，持续跟进监管，以改革统领全局，以开放助推发展。

加快行政体制改革。一是全面落实政府职能转变和机构改革方案，三月份完成自治区级的机构改革和“三定”工作，六月份完成市县(区)的机构改革和“三定”工作，规范机构设置，提高工作效率。二是推行行政审批目录制度，减少审批事项，压缩审批时限，审批服务一门受理、多证联办，最大限度简政放权，最大限度方便群众。三是厘清政府与市场以及社会的关系，特别是在制定和审批各部门“三定”方案中，一定要贯彻“把该放的放开放活，该管的管住管好”这两句话的要求，减少政府对微观事务的干预，打造“两优”投资发展环境。

深化经济体制改革。积极发展混合所有制经济，鼓励非国有资本参与国有资本项目，提高效率，增强活力。加快国有企业改革，完善现代企业制度，规范国有资产、资本、资源经营管理，增强控制力和影响力。大力发展非公有制经济，充分发挥新成立的自治区非公有制经济服务局的职能作用。拟定出台非公有制企业进入特许经营领域实施办法，消除隐性壁垒，实现各类投资主体权利平等、机会平等、规则平等。深化财税体制改革，推行全过程预算绩效评价，加强专项资金管理，扩大营改增试点。规范政府举债，出台调控办法，把政府性债务纳入科学使用、规范可控的轨道。

建立现代市场体系。充分发挥市场在资源配置中的决定性作用。建立公平开放透明的市场规则，清理对产能过剩行业的优惠政策，提高资源配置效率和公平性。完善市场定价机制，健全水电气等阶梯价格制度，放开竞争性环节价格，推进资源税从价计征改革，研究制定煤炭和油气资源有偿开采办法。健全集约节约用地制度，加强土地批后监管，稳步推进农村土地产权制度改革，形成城乡统一的建设用地市场。

统筹社会领域改革。均衡配置教育资源，大力推进教育公平，以政府购买服务的方式，鼓励社会力量兴办教育。加快公立医院改革，开展法人治理结构试点，允许民办医疗机构纳入医保定点范围，鼓励支持民营医院建设和发展。理顺文化管理部门与所属企事业单位的关系，推动政府部门由办文化向管文化、促文化转变。创新行业协会等社会组织的培育扶持机制，引导行业自律，严格依法监管，充分发挥各类社会组织的积极作用。

扩大对外开放。开放也是改革，用高水平开放倒逼深层次改革。高起点建设内陆开放型经济试验区。安排试验区建设资金 10 亿元，进一步完善银川综合保税区功能，健全中阿博览会办会机制，办好系列活动，争取阿拉伯国家在宁设立领事机构，推动中阿商贸、能源、金融以及文教旅游等领域务实合作，构筑中阿合作宁夏渠道，打造向西开放桥头堡。把宁夏建成丝绸之路经济带的战略支点。打好主动仗，下好先手棋，争取把试验区纳入丝绸之路经济带规划建设的整体之中，探索建立与沿线省区及欧亚国家交流合作新机制，加强与中东、中亚地区合作与联系，在中巴经济走廊建设中发挥积极作用。用好航权开放权益，开辟更多国际航线，争取国际中转旅客 72 小时过境免签等政策，加快形成西向出境的空中走廊。宽领域加强区域合作。抓住国家完善区域协调发展的机遇，盯住发达地区，深化宁夏与福建、北京、天津、浙江等地合作；盯住国际市场，加快“走出去、引进来”，选商选资，引才引智，推进外向型经济再上新台阶。

四、实施产业转型升级战略，打造宁夏经济升级版

推进产业转型升级是提升发展质量和水平的战略举措。要全面落实《产业转型升级和结构调整实施方案》，做优做强工业，做特做精农业，做活做大服务业，平稳迈过调整转型的坎，构建具有宁夏特色的现代产业体系。

工业要在培育、延伸、壮大上做文章。工业是我区经济发展的脊梁和支柱，是财税收入的主要来源。要着力打造一批产值过千亿的产业集群和产业园区，今年安排新型工业化资金 27 亿元，促进主导产业高端化、特色产业品牌化、新兴产业规模化。一是做强三大主导产业。煤电产业，突出宁东基地龙头作用，全面推进现代化煤矿建设，加快推进宁东至浙江输电工程，开工建设电源点项目，整体提升国家大型煤炭基地现代化水平。现代煤化工产业，着眼形成煤制油、煤制烯烃、煤制天然气三大产业链，发展煤化工下游产业，重点抓好神华宁煤煤制油、国电中石化煤基多联产、宝丰煤制烯烃等项目，构建现代产业集群，打造国家级现代煤化工产业基地和中国烯烃之都。石油化工产业，用好过境管线资源，深化与央企合作，积极推动宝塔石化120万吨PTA等大型炼化项目，力促石油化工和煤化工融合发展。二是壮大三大特色产业。以银川经济技术开发区为重点，发挥数控机床、重载轴承等名优产品优势，加快形成从部件生产到主机成型的先进装备制造业集群。以中国（吴忠）清真食品及穆斯林用品产业园为抓手，扩大规模，丰富品种，完善研发、检测、认证体系，打造国家清真食品及穆斯林用品产业基地。以国家级生态纺织示范园和灵武羊绒产业园为依托，壮大中银绒业、山东如意等龙头企业，打造中国羊绒纺织之都和西部生态纺织产业转移示范区。三是培育三大新兴产业。依托石嘴山高新技术产业开发区等，推进东方钽业、天元锰业等项目，形成有色金属、碳基材料为主的新材料产业带。在风能、光能富集地区，建设一批规模化新能源电站，建成国家新能源综合示范区。依托宁夏（中卫）中关村科技产业园和银川IBI育成中心等，引进奇虎360、阿里巴巴等大数据中心项目，发展物联网、云计算等，形成西部信息技术产业基地。四是加大节能降耗。提升化工、冶金、建材、造纸等传统产业，限制电解铝、水泥、钢铁等行业低层次扩张，淘汰焦炭、铁合金、电石、化肥等行业落后产能，分解细化节能降耗任务，年内减少220万吨标煤能耗。五是大力发展循环经济。加快宁东和石嘴山循环经济示范区建设，推动企业内、企业间和园区中的循环，促进固体废物、污水等综合利用，逐步实现生产低碳化、清洁化、无害化，资源综合利用率年内提高3个百分点。

农业要在特色、优质、高效上求突破。发展现代农业正当其时。要以农民增收为核心，走“一特三高”之路，加快形成辐射周边、西部领先的现代农业示范区。一是突出特色，提升产业竞争力。自治区安排资金10.2亿元，重点发展葡萄、草畜、瓜菜园艺等产业，增强区域竞争新优势。葡萄产业，以贺兰山东麓百万亩葡萄文化长廊为主，配套旅游设施，培育文化元素，实施保税政策，努力实现100万亩葡萄种植基地、100公里旅游文化长廊、100个列级酒庄、1000亿元综合产值的目标，打造世界高端葡萄酒产地。草畜产业，以清真牛羊肉、优质奶和饲草料为主，扩大标准化规模养殖，改变“大量采购无货可供”的窘境。瓜菜园艺产业，以枸杞、设施果菜、供港蔬菜、冷凉蔬菜和硒砂瓜为主，建设国家级标准化蔬菜育苗中心和供港蔬菜基地，使宁夏枸杞、硒砂瓜等成为国内外知名品牌。严格落实“菜篮子”市县（区）长负责制，每个市县（区）都要建设一定规模的永久性蔬菜基地。突出灵武长枣、平罗制种、西吉马铃薯、隆德中药材、青铜峡优质大米等产业特色，支持“一县一业”的形成和发展。二是扶优扶强，提升市场带动力。围绕生产加工和市场流通关键环节，构建现代农业的经营体系。培育一批农民合作社和家庭农场，壮大一批龙头企业、流通主体和外销窗口，加强农产品质量检测，推进无规定动物疫病区建设，畜禽标准化生产率、农产品加工率分别达到35%和60%。三是固本强基，提升综合生产力。落实强农惠农政策，严守耕地红线，抓好土地整理项目，确保粮食播种面积稳定在1200万亩以上。大力发展节水农业、循环农业，改良盐碱地20万亩，新增高效节水灌溉30万亩，创建高标准基本农田50万亩。建设自治区农村实用人才培训示范基地，大力推进农业机械化，主要农作物机械化水平达到66%。

服务业要在做活、做大、提升上下功夫。现代服务业是转型升级的潜力所在。今年安排现代服务业发展资金13.8亿元，推动服务业发展提速、比重提高、水平提升。一是打造西部独具特色的国际旅游目的地。完善基础设施，开发精品线路，丰富旅游产品，加大形象宣传，做好银川、中卫、固原三大组团。组建宁夏旅游集团，推进旅游与文化产业、城乡建设融合，激活旅游消费大市场。全年接待游客1650万人次，实现旅游总收入140亿元。二是构筑西部金融高地。深化金融领域改革创新，发展普惠金融，培育银行和证券、保险等现代金融业态。做大做强国有资产投资公司，成立证券公司和股权交易中心，引进国内外金融机构，支持企业直接融资，鼓励和规范小贷公司、村镇银行发展，释放多层次资本市场活力。三是建设全国重要的区域性物流中心。依托十大物流园区，围绕优势特色产业，引进更多物流投资者，形成企业集群。发挥综合交通优势，完善口岸功能，推动惠农、中宁等陆路口岸与天津、新疆、内蒙古等口岸互联互通，发展公铁联运、铁水联运、空地联运，形成辐射周边、联接国际的现代化物流体系。四是构建区域性商贸服务中心。抓好银川国家服务业综合改革试点。大力发展电子商务，改造提升商贸流通业。发展健康、育幼、养老等新兴服务业，推动城乡商务综合体和特色商业街建设，形成布局合理、优势突出的特色商圈，使现代服务业真正成为新的增长极。

创新驱动要在研发、引进、转化上想办法。全年投入科技和信息化资金14.4亿元。围绕产业升级结构调整，实施一批重大科技攻关项目，攻克一批具有全局性、带动性的关键技术，提升科技的支撑能力。鼓励发展企业主导、市场需求、产学研协同的技术创新联盟，搭建先进铸造技术等30个科技创新平台，提高科技研发能力。加快科技创新人才队伍建设，继续开展科技特派员创业行动，全年引进高层次国内外专家300人次，用好用活现有人才，建立5个国家级引智示范点，打造西部人才高地。推动三网融合，普及4G网络，构建信息高速公路，完善电子政务和民生服务平台，用信息技术改造传统产业、提升特色产业、发展新兴产业，促进“四化”同步。

五、实施宁夏空间发展战略规划，加速城乡一体化进程

新型城镇化关系现代化全局。用把宁夏作为一个城市的理念来统筹空间规划，优化城镇布局，合理配置资源，实现协调发展。我们有条件在推进城乡一体化上走在全国前列。

完善规划体系。规划是龙头，是未来建设发展的总纲。自治区编制的《宁夏空间发展战略规划》，把区域定位、发展布局、生态体系、文化脉络等有机结合，这是我区空间发展的大战略，要通过立法的形式确定下来，一张蓝图绘到底。各地各部门都要有一盘棋思想，严格落实这个规划，今年修编并实施分类总规、专项规划和控制性详规，起到引领和规范各项建设的作用。

实现核心带动。把沿黄城市带及黄河金岸、宁南区域中心城市和大县城作为我区新型城镇化的主战场，安排城镇基础设施建设资金24亿元，打造银川、吴忠、宁东组成的大银川都市区，发展石嘴山、固原、中卫等副中心城市，带动全区大中小城镇协调发展。明确城市功能特色。产业是城镇化的“火车头”，文化是城市的灵魂。银川要突出开放和现代化城市特色，重点发展高端服务业和战略性新兴产业；石嘴山要突出工业城市特色，重点发展装备制造、新材料和精细化工产业；吴忠要突出回乡特色，重点发展清真食品及穆斯林用品、仪器仪表、新材料及现代制造业；固原要突出生态环保特色，科学高效开发利用当地资源，重点发展绿色农产品加工和生态休闲旅游产业；中卫要突出地域特色，重点发展信息产业、旅游产业和现代物流业。提高城镇发展质量。完善城镇基础设施功能，高效利用各类建设用地。合理调控房地产市场，优化住房供应结构。稳步推进城市新区建设和老城改造。城镇三分建七分管，要推进城市管理智能化，消除管理盲点和死角，解决交通拥堵、地下管网零乱等问题。建设区域大交通。今年自治区安排综合交通建设资金65亿元。加快骨干公路建设，打通省际、市际、县际断头路。完善连接城乡的快速通道，实现城市重要节点的直达畅通。加快河东机场三期扩建。开工银西、甘武铁路，推动银川至北京列车提速，启动太中银铁路银川至定边增建二线和银川至宁东轻轨的前期工作。

建设美丽乡村。美丽宁夏，不仅城市要美，农村也要美。实施美丽乡村建设八大工程，加快生产要素和人口向沿路、沿河聚集，推动城市基础设施向农村延伸、公共服务向农村覆盖、现代文明向农村辐射。继续推进主干道路大整治大绿化工程，开展城乡环境脏乱差治理活动，逐步推行农村垃圾“村收集、乡运输、县处理”的村容村貌管理新模式，为农民建设幸福家园。

构筑生态文明。建设山青水秀、天蓝地绿的好环境，功在当代，福泽子孙。倍加珍惜“优美环境是宁夏最大优势”的自然禀赋，全年安排生态建设资金18.6亿元，建设全国防沙治沙综合示范区，走绿色循环低碳发展之路。坚持保护为先。划定并严守生态保护红线，明确空间管制区域，扩大生态效益补偿范围，保护好山脉、森林、水系、湿地、草原等核心生态区域，建立水资源配置体系，增强水源涵养，提高环境容量。坚持修复为主。实施移民迁出区生态修复、荒漠化治理、封山禁牧和退耕还林还草等重点生态工程，全年造林120万亩，生态修复65万亩，荒漠化治理50万亩。坚持治理为重。实施自治区环保行动计划，严格环保准入和污染物排放标准，抓好农村面源污染治理，争取在全国率先实现农村环境综合整治全覆盖。

六、加快发展各项社会事业，促进基本公共服务均等化

经济发展了，社会事业也要赶上来。全年安排社会事业发展资金39.2亿元，保基本、补短板、提质量、促均衡，使广大群众更多更好地享受基本公共服务。

努力办好人民满意的教育。教育公平是最大的公平，关系每个家庭的未来。学前教育是启蒙性的。推进公建民办、民建民办和民办公助，扩大普惠性学前教育资源，每个乡镇办好一所中心幼儿园，扩大覆盖范围，完善关爱体系，让孩子上好教育第一课，走好人生第一步。基础教育是普惠性的。通过校长教师交流轮岗、名校普校联办合办等方式，缩小城乡、校际差距，破解择校难题，让教育公平惠及更多的孩子。职业教育是关键性的。建设中国（宁夏）现代职业技能公共实训中心、人力资源发展促进中心，统筹全区职业教育、技能培训资源，深化产教融合、校企合作，打造面向市场的西部现代职业教育高地，让更多的学生一技在手、生计不愁。高等教育是全局性的。推进内涵式发展，培养各类高层次人才，提升高等教育服务发展的能力。要进一步加大困难学生资助，加强师资队伍建设，推进各级各类教育协调发展，让每一个孩子都能上好学、读好书。

发展医疗卫生事业。幸福生活从健康开始，保障群众看得起病是政府的责任。进一步健全基层医疗卫生机构，建立乡村医生准入和退出机制，扩大优质医疗资源，推进分级诊疗、远程会诊，实行医师多点执业，开展对口支医，最大限度方便群众看病。加强医德医风建设，构建和谐医患关系。完善疾病应急救助机制，逐步建立城乡居民普惠性健康档案和体检制度，增加大病统筹病种，防止群众因病致贫、因病返贫。实施全民健康行动，加强公共卫生和重大传染病防控。适时启动“单独二孩”政策，促进人口素质提高和长期均衡发展。推进妇幼卫生“七免一救助”，实施白内障患者复明工程，使广大群众身体健康、生活幸福。

繁荣社会主义先进文化。为群众提供健康丰富的文化大餐，是时代的召唤、群众的心声。培育和践行社会主义核心价值观，开展精神文明创建活动，以中国梦、宁夏精神凝聚团结鼓劲、积极向上的正能量。完善公共文化服务体系，实施文化惠民工程，免费开放公共文化设施，加强文物和非物质文化遗产保护，不断提高公共文化的供给和服务能力。加快发展文化产业，拓展投融资渠道，做大一批骨干文化企业和产业园区，培育创意、动漫等文化新业态，推出更多文艺精品，满足群众多样化的精神需求。广泛开展全民健身活动，办好自治区第十四届运动会，提升竞技体育水平。继续推动哲学社会科学、新闻出版、广播影视和文学艺术繁荣发展。

创新社会管理方法。推行社区网格化服务经验。注重抓好流动人口、特殊人群、“两新”组织和虚拟社会的管理服务。深化平安创建，加大法律援助，健全人民调解、行政调解、司法调解联动体系，建立矛盾纠纷调处化解机制，完善立体化治安防控网络，严厉打击违法犯罪活动，增强群众安全感。做好外事侨务、防震减灾等工作。支持工会、共青团、妇联等人民团体发挥桥梁纽带作用。开展双拥共建，推进军地军民融合发展。深化民族团结进步创建，依法管理宗教事务，把民族团结、宗教和顺的良好局面巩固好、发展好。

七、全面完成十项民生计划，让群众的日子越过越好

为群众谋福祉，是我们工作的立足点。尽力而为、量力而行，扎实推进十项民生计划，切实办好30件为民实事，确保群众得到看得见、摸得着的实惠。

扶持更多的贫困人口脱贫。百万贫困人口脱贫致富，抓手是生态移民和扶贫攻坚。今年投入资金21亿元，搬迁生态移民7万人，两年内完成全部任务。搬迁完成后，要把工作重心转到确保稳得住、管得好、逐步能致富上来。建立精准扶贫机制，用足六盘山集中连片特困地区扶贫攻坚政策，以产业扶贫为重点，投入资金8.5亿元，整村推进500个重点贫困村的脱贫致富，并实行考核销号。继续抓好黄河善谷建设，发挥慈善事业扶贫济困的重要作用。推进基层科普行动，引导和鼓励广大群众通过勤劳致富改善生活。

以全民创业带动充分就业。就业是安身立命之本，自已挣钱自已花，心里才踏实。稳定就业是我们工作的优先目标。要实施更加积极的创业就业政策，安排资金6.7亿元，强化培训，创造岗位，支持自主创业，让广大成功的创业者带动全社会实现充分就业。要统筹做好以高校毕业生就业为重点的青年就业，促进城镇困难人员、农村转移劳动力就业，高校毕业生就业率85%以上，新增城镇就业7.3万人。

健全完善社会保障体系。社会保障是“稳定器”，关键要兜住底、兜好底，多做百姓需要的事，多做雪中送炭的事。继续扩大社保覆盖面，推进“五险合一”，实现城乡居民医保自治区级统筹和大病保险的全覆盖。继续提高企业养老金标准，关心低收入群体和老年人、残疾人基本生活，加大社会救助力度，织好社保网，温暖群众心。

进一步改善群众安居条件。让困难群众实现安居，是政府必须抓的一件大事。安排资金13亿元，新建公共租赁住房2.45万套，改造棚户区7.84万户，确保质量，公平分配。安排资金3.4亿元，改造危窑危房4.5万户，三年内改造完现有危窑危房和土坯房。建设智能交通系统，新改建农村公路1500公里，新建农村客运招呼站220个，全区98%以上的行政村通上客车，进一步方便群众出行。

营造更加安全的生产生活环境。安全感是政府给老百姓最起码的保障。要加强从农田到餐桌的全程监管，织好食品安全的天罗地网，让群众吃得放心。规范基本药物使用，严查药品安全违法违规行为，保障群众用药安心。加快实施中南部城乡安全饮水及连通工程，三年内让这里的110万缺水群众都能喝上放心水。建立隐患排查和安全预防体系，突出抓好企业生产、交通运输、矿山开采、危险化学品、建筑施工、人员密集和聚众活动场所等重点领域专项整治，坚决遏制重特大事故发生，切实保护人民群众的生命财产安全。

八、努力建设人民满意的政府，提升服务发展的能力和水平

新形势新任务，对政府工作的要求越来越高。过去的一年，我们深之又深研究问题、实之又实狠抓发展、诚之又诚为民办事、细之又细督查落实、严之又严强化纪律，对于克服社会上和我们工作中目前存在的作风飘浮、眼高手低，浅尝辄止、不求甚解，大而化之、笼而统之以及庸懒散软等现象，取得了实实在在的效果。这些好方法、好经验，必须始终坚持、一以贯之。各级政府及广大公职人员 一定要恪尽职守，勤勤恳恳，兢兢业业，一丝不苟，夙夜在公，为国家尽好责、为人民服好务。

要把科学执政贯穿始终。治理现代社会，要求各级政府在出政策、搞建设、办事情时，必须讲民主、讲科学、讲程序、讲效率。要进一步完善重大事项集体决策、专家咨询、社会公示、听证评估等制度，加强调查研究，注重集思广益，不拍脱离实际的板，不做违反规律的事，特别是公共政策的制定和公共事业的发展，一定要把账算明白，把前因后果想清楚，不能按下葫芦起来瓢。各级政府都要按定位功能，各负其责，各尽其职，创造性地抓好份内的事。自治区将更加注重统筹全局、兼顾上下、协调各地，更加注重科学研判、制定规划和政策，更加注重颁布标准、加强监管。市县（区）以及乡镇要立足基层，狠抓落实，用心做好服务群众生产生活的各项工作。总之，各级政府都要勇于直面矛盾，善于破解难题，关键时刻能决断，困难面前顶得住，保一方平安，富一方百姓。

要把依法行政贯穿始终。政府的一切工作都要在法律框架内，这是一条红线，也是一条底线。自觉接受人大依法监督和政协民主监督，广泛听取各民主党派、工商联、无党派人士和人民团体的意见建议，主动接受社会公众和新闻舆论监督。严格落实行政执法责任制，强化执法监督，推进综合执法，规范行政裁量权，切实解决行政越位、错位、缺位的问题，让公平正义的阳光普照每一位公民。大力推行政务公开，实行权力清单制度，多主动通报，少被动应急，提高工作透明度，让人民群众更好地了解政府、监督政府。

要把务实勤政贯穿始终。“坐而论道，不如起而行之。”改进服务方式，拓宽服务渠道，多开展下访谈心、结对帮扶、上门办理，将行政服务不断向基层延伸。健全常态化制度，以解决“四风”问题为突破口，扎实开展教育实践活动，遏止迎来送往、文山会海等形式主义的东西，开管用的会，讲管用的话，行管用的文，文件和会议数量再压缩20%以上。每一位国家公职人员都要用心想事、用心干事、用心成事，努力提高思想政治能力、动员组织能力和处置复杂矛盾能力。

要把廉洁从政贯穿始终。政府过紧日子，百姓才能过上好日子。认真执行“八项规定”和党政机关厉行节约反对浪费条例，严格公务接待、公务用车、办公用房标准，清理政府性楼堂馆所，“三公”经费预算再压缩5%，让社会明显感到政府改进作风的力度，让百姓明显感到勤俭戒奢的成果。全面落实党风廉政建设责任制，扎实推进惩防体系建设。加强公共资源交易等重点领域、重大项目、重要资金监督，严格执行领导干部工作生活“六不准”，把权力关进制度的“笼子”里。充分发挥监察、审计的监督职能，严肃查处各类违纪违法案件，着力解决群众反映突出的政风行风问题，树立为民务实清廉的良好形象。

各位代表，困难和挑战考验着我们，责任和使命激励着我们。让我们高举中国特色社会主义伟大旗帜，紧密团结在以习近平同志为总书记的党中央周围，在自治区党委的领导下，紧紧依靠全区人民，团结拼搏，扎实工作，努力建设开放宁夏、富裕宁夏、和谐宁夏、美丽宁夏，为与全国同步进入全面小康社会而努力奋斗！

宁夏回族自治区 2013 年 国民经济和社会发展统计公报[1]

宁夏回族自治区统计局　国家统计局宁夏调查总队

（2014 年 4 月 1 日）

2013 年，面对国内外复杂严峻的发展环境，自治区党委、政府坚持稳中求进的工作总基调，审时度势、科学决策，以提高发展质量和效益为中心，着力推进经济结构调整和产业转型升级，扎实推进稳增长、调结构、促改革、惠民生的各项工作，全区经济呈现“稳中有进、稳中向好”的运行态势，各项社会事业全面进步。

一、综合

年末全区常住人口 654.19 万人。其中，城镇人口 340.28 万人，占常住人口比重 52.01%，比上年提高 1.34 个百分点。人口出生率为 13.12‰，比上年下降 0.14 个千分点；死亡率为 4.50‰，比上年提高 0.17 个千分点；人口自然增长率为 8.62‰，比上年下降 0.31 个千分点。

表 1　2013 年年末人口数及其构成

指　标	年末数(万人)	比重(%)
年末总人口	654.19	100.00
其中：城镇	340.28	52.01
乡村	313.91	47.99
其中：男性	334.51	51.13
女性	319.68	48.87
其中：0–15 周岁[2]（含不满 16 周岁）	144.45	22.08
16–59 周岁（含不满 60 周岁）	433.07	66.20
60 周岁及以上	76.67	11.72
其中：65 周岁及以上	48.47	7.41

初步核算，全区实现生产总值[3]2565.06 亿元，按可比价格计算，比上年增长 9.8%。其中，第一产业增加值 222.98 亿元，增长 4.5%；第二产业增加值 1264.96 亿元，增长 12.5%；第三产业增加值 1077.12 亿元，增长 7.5%。按常住人口计算，全区人均生产总值 39420 元，增长 8.6%。

三次产业增加值构成由 2012 年的 8.5:49.5:42.0 调整为 2013 年的 8.7:49.3:42.0。三次产业对经济增长的贡献率分别由 2012 年的 4.5%、61.8%和 33.7%转变为 2013 年的 3.8%、66.6%和 29.6%。

图 1　2009 - 2013 年全区生产总值及其增长速度

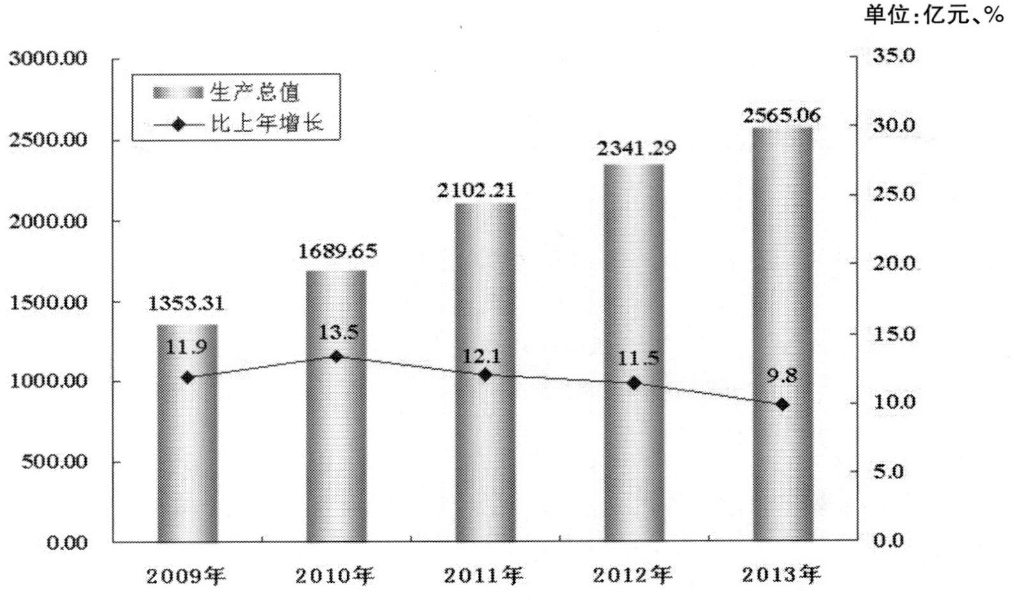

表 2　2013 年全区生产总值及增长速度

指　标	绝对值(亿元)	比上年增长(%)
全区生产总值	2565.06	9.8
第一产业	222.98	4.5
第二产业	1264.96	12.5
工业	944.50	12.0
建筑业	320.46	14.3
第三产业	1077.12	7.5
交通运输、仓储和邮政业	201.71	4.4
批发和零售业	133.44	4.6
住宿和餐饮业	46.07	1.8
金融业	199.81	17.4
房地产业	101.84	11.4
其他	394.25	5.9

全区居民消费价格总水平比上年上涨 3.4%,城市、农村分别上涨 3.3%和 3.8%。其中,食品类价格上涨 7.2%。全年服务项目价格上涨 2.1%;商品零售价格上涨 2.4%。

全年工业生产者出厂价格下降 4.0%;工业生产者购进价格下降 3.0%;农业生产资料价格上涨 1.6%。

图2　2013年全区居民消费价格月度涨跌幅度

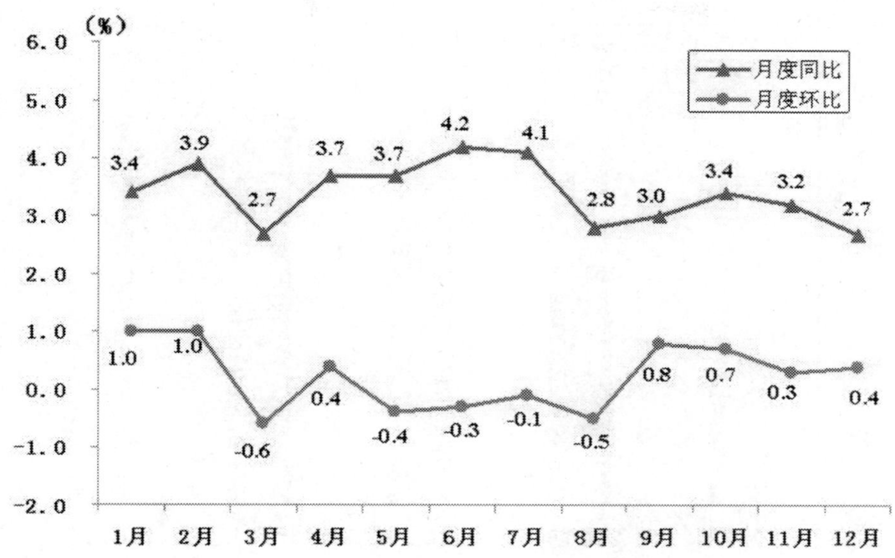

表3　2013年全区居民消费价格指数(上年=100)

指　标	全　区	城　市	农　村
居民消费价格总指数	103.4	103.3	103.8
食　品	107.2	107.1	107.3
其中:粮食	105.8	105.3	106.4
烟　酒	99.8	99.8	99.8
衣　着	103.0	102.5	104.2
家庭设备用品及服务	101.3	100.7	102.7
医疗保健及个人用品	103.2	103.7	101.9
交通和通信	98.6	98.5	98.8
娱乐教育文化用品及服务	99.7	99.0	101.8
居　住	102.2	102.3	102.0

全年完成公共财政预算总收入[4]528.22亿元,比上年增长14.8%,完成地方公共财政预算收入308.14亿元,增长16.7%。其中:增值税、营业税、企业所得税和个人所得税等主体税种分别实现31.88亿元、105.57亿元、25.84亿元和7.39亿元,分别增长21.5%、14.2%、1.8%和10.7%。

图 3　2009-2013 年全区地方公共财政预算收入及增长速度

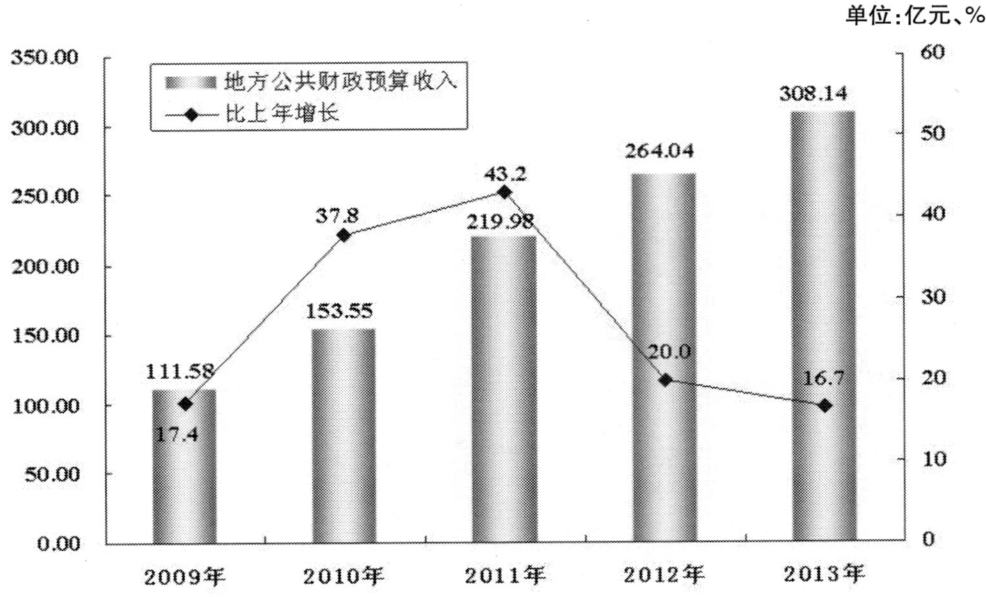

全年公共财政预算支出 931.48 亿元,比上年增长 7.8%。其中,教育支出 115.67 亿元,增长 8.7%;农林水事务支出 149.50 亿元,增长 6.9%;社会保障和就业支出 101.55 亿元,增长 13.3%;医疗卫生支出 53.32 亿元,增长 15.7%;住房保障支出 57.18 亿元,增长 1.7%;城乡社区事务支出 134.54 亿元,增长 22.7%。

二、农业

全年完成农业总产值 430.00 亿元,比上年增长 4.7%。其中,种植业产值 269.00 亿元,增长 4.3%;林业产值 9.84 亿元,增长 0.7%;畜牧业产值 120.01 亿元,增长 3.8%;渔业产值 13.22 亿元,增长 17.5%;农林牧渔服务业产值 17.93 亿元,增长 9.6%。

全年粮食播种面积 1202.40 万亩,比上年减少 3.2%,粮食总产量 373.40 万吨,减少 0.4%,实现连续十年丰收。油料播种面积 125.79 万亩,减少 5.1%。蔬菜播种面积 173.04 万亩,增长 3.4%。

图 4　2009-2013 年全区粮食产量

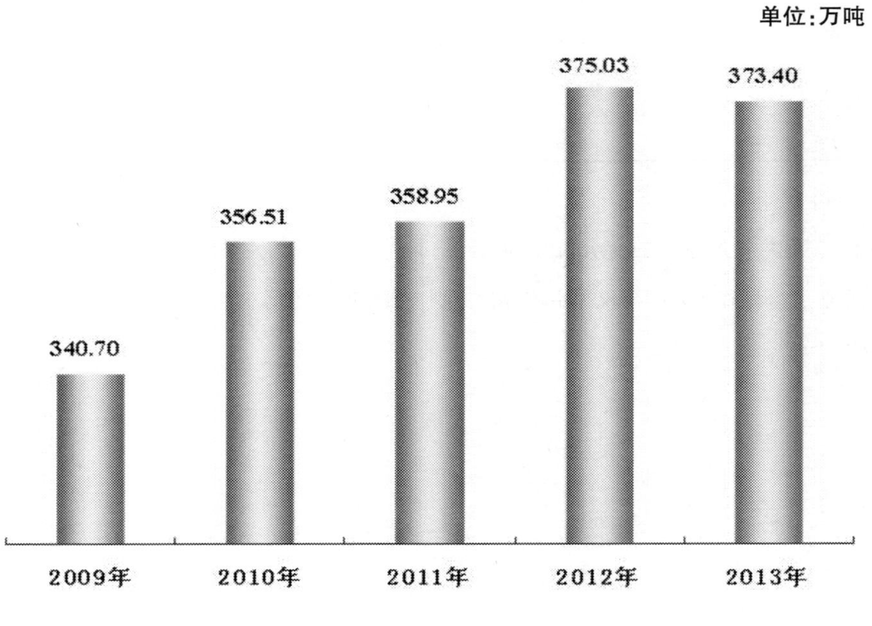

单位:万吨

340.70　356.51　358.95　375.03　373.40

2009年　2010年　2011年　2012年　2013年

表 4　2013 年全区主要农林牧渔业产品产量

指　标	单　位	产　量	比上年增长(%)
粮　食	万吨	373.40	-0.4
小　麦	万吨	46.32	-25.4
水　稻	万吨	68.89	-3.4
玉　米	万吨	206.24	7.9
油　料	万吨	17.07	-5.3
蔬　菜	万吨	498.59	5.8
猪牛羊禽肉产量	万吨	27.02	3.4
禽　蛋	万吨	7.44	20.4
牛　奶	万吨	104.19	0.7
水产品	万吨	14.49	17.3

年末全区育苗面积 52.70 万亩，比上年增长 24.1%。其中，本年新育苗面积 8.77 万亩。年末实有封山(沙)育林面积 489.33 万亩，比上年增长 11.3%；完成造林面积 151.72 万亩，比上年增长 6.7%。

年末全区农业机械总动力 801.98 万千瓦。机耕、机播和机收面积分别达到 1338.66 万亩、1068.05 万亩和 805.65 万亩。

三、工业和建筑业

全年全部工业增加值 944.50 亿元，比上年增长 12.0%。全年规模以上工业实现工业增加值 907.22 亿元，比上年增 12.5%。在规模以上工业增加值中，轻工业增加值 118.80 亿元，增长 15.2%；重工业增加值 788.43 亿元，增长 12.1%。分经济类型看，国有企业增长 10.2，集体企业增长 21.1%，股份制企业增长 12.9%，外商及港澳台商投资企业增长 4.3%，国有控股企业增长 5.2%，私营企业增长 21.6%。非公有制工业完成工业增加值 359.9 亿元，比上年增长 16.3%。

图 5　2009-2013 年全区规模以上工业增加值及增长速度

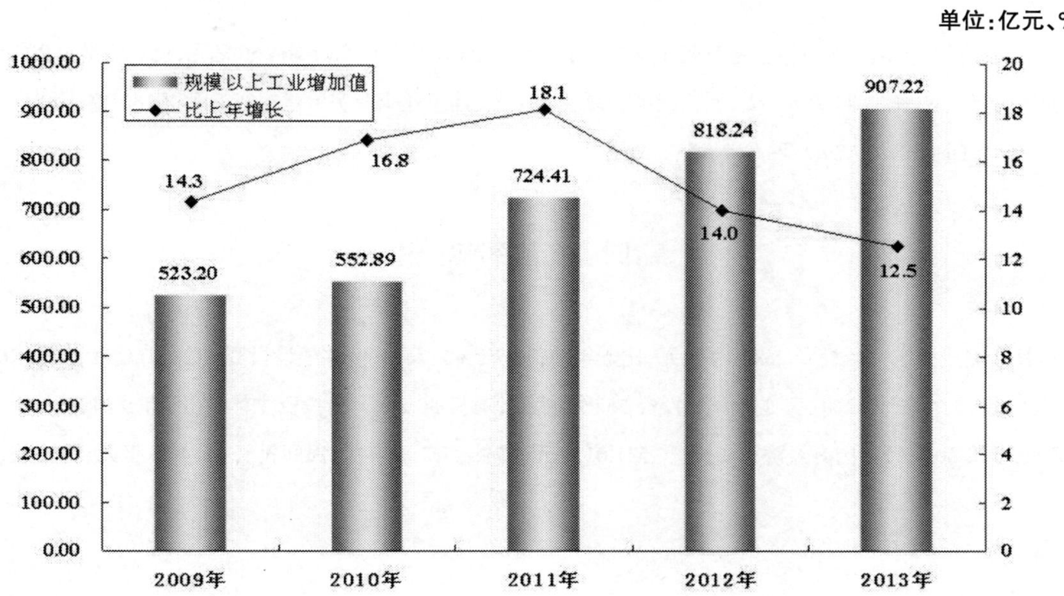

14 个工业部门中除烟草外，其他都保持增长态势。其中，冶金工业增长 51.3%，纺织工业增长 24.1%，建材工业增长 19.3%，医药工业增长 14.5%，石油石化工业增长 14.3%，五大部门工业共实现工业增加值 288.5 亿元。六大高耗能行业[5]实现增加值 503.0 亿元，比上年增长 11.7%。在统计的 147 种工业产品中，有 83 种保持增长，占比为 56.5%。工业产品销售率为 97.7%。

表 5　2013 年全区主要工业产品产量及增长速度

指　标	单　位	产　量	比上年增长(%)
发电量	亿千瓦时	1140.97	8.0
焦　炭	万吨	731.21	21.3
原　铝	万吨	149.77	-1.7
橡胶轮胎外胎	万吨	165.89	16.9
农用化肥(折纯)	万吨	70.30	-20.1
烧碱(氢氧化钠)	万吨	45.51	8.8
电石(碳化钙)	万吨	319.56	2.7
钢　材[6]	万吨	149.84	37.3
水　泥	万吨	1914.28	20.3
铁合金	万吨	254.58	28.9
乳制品	万吨	65.74	16.4
饮料酒	万千升	29.75	51.6
白　酒	万千升	1.26	-23.5
啤　酒	万千升	25.90	68.5
葡萄酒	万千升	1.67	0.0
金属切削机床	台	3222	-13.8
轴　承	万套	627.73	56.6

全年规模以上工业企业实现主营业务收入 3374.49 亿元，比上年增长 12.6%；盈亏相抵后实现利润 139.11 亿元，比上年增长 29.5%。主营业务收入利润率(以利润总额计算)为 4.12%，比去年提高了 0.5 个百分点。实现税金总额 168.07 亿元，比上年增长 9.5%。

全区具有资质的总承包和专业承包建筑业企业 556 家，全年完成建筑业总产值 564.66 亿元，比上年增长 20.9%。按建筑业总产值计算的劳动生产率 23.74 万元 / 人，同比减少 1.37 万元 / 人。建筑业企业房屋建筑施工面积 4665.94 万平方米，比上年增长 24.9%；房屋竣工面积 1927.79 万平方米，增长 26.2%。

四、固定资产投资

全年全社会完成固定资产投资 2681.14 亿元，比上年增长 27.1%。其中，基本建设投资 1728.40 亿元，增长 26.9%；更新改造投资 302.86 亿元，增长 27.2%；房地产开发投资 558.97 亿元，增长 30.2%。分投资主体看，国有及国有经济控股完成投资 1143.13 亿元，增长 30.5%；非国有经济完成投资 1538.01 亿元，增长 24.7%，其中，民间投资 1514.75 亿元，增长 26.8%。

图6 2009-2013年全区全社会固定资产投资总额及增长速度

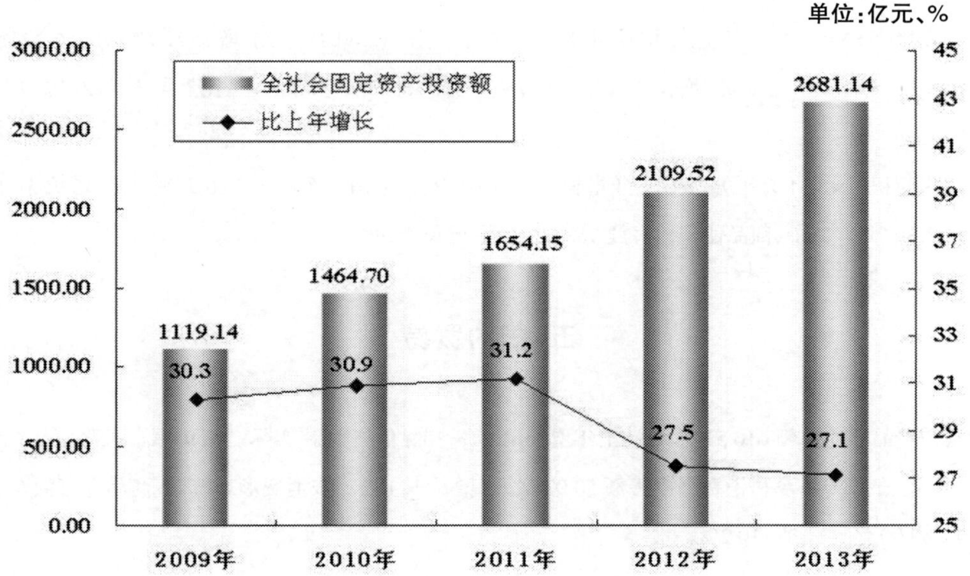

从投资结构看,第一产业投资88.93亿元,增长23.9%。第二产业投资1257.27亿元,增长19.8%。其中,工业投资1237.21亿元,增长21.5%。第三产业投资1334.94亿元,增长35.1%。

表6 2013年全区分行业全社会固定资产投资

指 标	绝对量(亿元)	比上年增长(%)
全社会固定资产投资	2681.14	27.1
农林牧渔业	88.93	23.9
采矿业	201.72	23.3
制造业	789.52	25.7
电力、热力、燃气及水的生产和供应业	245.98	8.7
建筑业	20.06	-35.9
批发和零售业	51.16	-4.5
交通运输、仓储和邮政业	154.18	35.5
住宿和餐饮业	19.88	51.0
信息传输、软件和信息技术服务业	12.37	7.9
金融业	1.73	152.5
房地产业	789.22	32.2
租赁和商务服务业	12.47	55.3
科学研究和技术服务业	5.90	496.7
水利、环境和公共设施管理业	179.09	65.4
居民服务和其他服务业	13.17	32.1
教育	28.90	-0.8
卫生和社会工作	16.86	51.9
文化、体育和娱乐业	16.29	102.9
公共管理和社会组织	33.72	46.5

全年固定资产投资施工项目3857个，增长30.1%，施工项目计划总投资9327.29亿元，增长21.5%。全区亿元以上项目完成固定资产投资1525.31亿元，同比增长24.6%。

全年房地产开发投资558.97亿元，比上年增长30.2%。其中，住宅投资340.27亿元，增长21.7%；办公楼投资18.79亿元，增长73.3%；商业营业用房投资127.12亿元，增长53.1%。房屋施工面积6043.23万平方米，比上年增长20.1%，竣工面积1104.45万平方米，下降4.1%。

全年商品房销售面积1048.31万平方米，比上年增长30.3%。其中，住宅销售面积928.26万平方米，增长31.2%；商品房销售额443.70亿元，增长39.7%。其中，商品住宅销售额363.60亿元，增长41.9%。

五、国内贸易

全年实现社会消费品零售总额610.51亿元，比上年增长12.5%，扣除价格因素，实际增长9.9%。按经营地统计，城镇消费品零售额560.49亿元，增长12.5%；乡村消费品零售额50.02亿元，增长12.0%。按消费形态统计，商品零售额521.51亿元，增长12.8%；餐饮收入额89.00亿元，增长10.2%。

图7　2009-2013年全区社会消费品零售总额及增长速度

单位：亿元、%

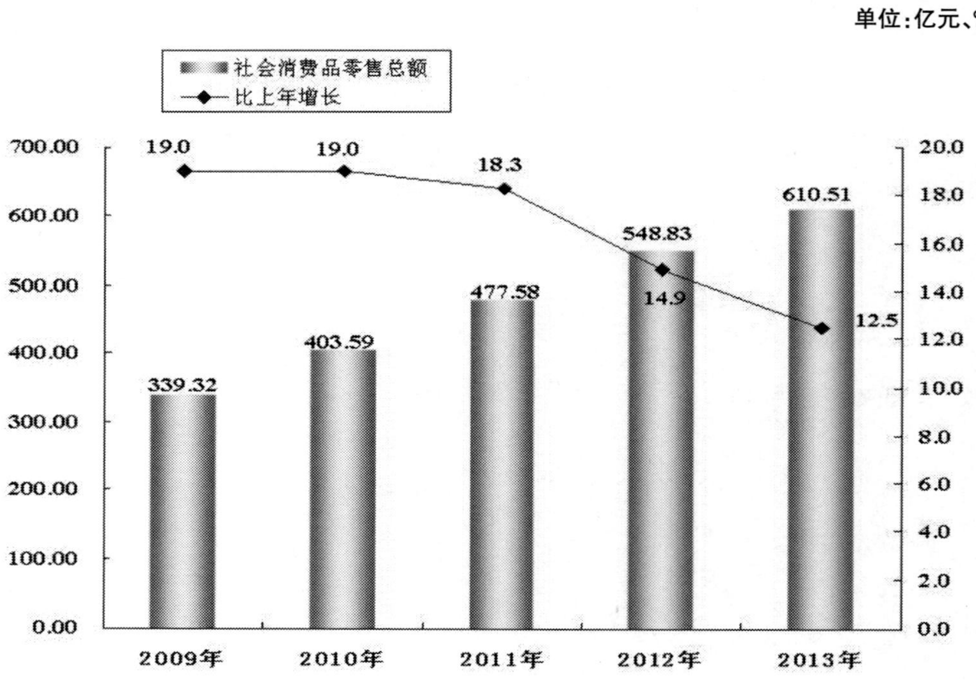

在限额以上企业商品零售额中，粮油、食品、饮料、烟酒类零售额增长11.0%，日用品类增长9.9%，中西药品类增长31.5%，电子出版物及音像制品类增长33.0%，金银珠宝类增长33.2%，化妆品类增长17.5%。建筑及装潢材料类增长54.7%，汽车类增长5.8%，家用电器和音像器材类增长5.8%。

六、对外经济

据海关统计，全年实现进出口总额32.18亿美元，比上年增长45.2%。其中，出口总额25.52亿美元，增长55.5%；进口总额6.66亿美元，增长15.6%。全年累计实现贸易顺差18.86亿美元。

全区一般贸易出口额24.97亿美元，增长53.7%，加工贸易实现出口额697万美元，下降56.9%。机电产品出口6.07亿美元，增长

1.4 倍,高新技术产品出口 4.18 亿美元,下降 1.2%。羊绒衫出口增长 39.4%,钽铌铍及制品出口下降 9.6%,机床及铸件出口增长 8.7%,羊绒纱线出口增长 78.9%。

全年实际利用外资 2.04 亿美元,比上年下降 41.4%。其中,实际利用外商直接投资 1.48 亿美元,下降 32.1%。全区新批准外商直接投资项目 21 个,合同外资金额 3.83 亿美元。其中,制造业签订利用外商直接投资项目 6 个,合同额 2.97 亿美元。年末全区注册登记外商投资法人企业累计达到 161 家。其中,中外合资企业占 50.3%。

七、交通[7]、邮电和旅游

年末铁路营业里程 1029.3 公里。公路通车里程 28553.9 公里,增长 7.7%。高速公路里程 1343.8 公里,比上年增长 1.5%。全年货物运输总量 4.6 亿吨,比上年增长 9.0%。货物运输周转量 1187.74 亿吨公里,增长 7.8%。全年旅客运输总量 1.74 亿人次,比上年增长 6.4%;旅客运输周转量 156.49 亿人公里,增长 8.6%。机场旅客吞吐量 424.78 万人,增长 11.5%。

表 7　2013 年全区各种运输方式完成运输量及增长速度

运输方式	货物				旅客			
	运输总量		运输周转量		运输总量		运输周转量	
	绝对数（万吨）	比上年增长（%）	绝对数（亿吨公里）	比上年增长（%）	绝对数（万人）	比上年增长（%）	绝对数（亿人公里）	比上年增长（%）
总　计	46036	9.0	1188	7.8	17429	6.4	156.5	8.6
铁　路	8412	–0.6	364.75	0.03	594	11.0	44.5	8.2
公　路	36466	11.7	784.14	12	16631	6.2	85.5	7.3
航　空	0.96	11.6	0.15	25	204	8.7	26.4	12.4
管　道	1157	1.4	38.7	4.3	—	—	—	—

年末全区民用汽车保有量达到 85.41 万辆,比上年末增长 17.1%,其中,私人汽车保有量 70.88 万辆,增长 19.3%。民用轿车保有量 37.07 万辆,增长 20.2%,其中,私人轿车 33.67 万辆,增长 21.7%。

全年完成邮电业务总量[8]71.67 亿元,比上年增长 1.24%。其中,电信业务总量 66.96 亿元,增长 9.81%;邮政业全年完成邮政函件业务 916.18 万件,包裹业务 30.24 万件,快递业务量 2690.63 万件;快递业务收入 2.43 亿元。电信业全年局用交换机总容量 198 万门,增加 72.64 万门;新增移动电话交换机容量 188.2 万户,达到 1158 万户。年末全区固定电话用户达 104.69 万户,比上年下降 0.26%。新增移动电话用户 21.76 万户,年末达到 627.2 万户,其中 3G 移动电话用户[9]218 万户,每百人拥有移动电话 96.9 部,净增 2.79 部。电话普及率达到 113 部 / 百人。固定互联网宽带接入用户 71.14 万户,移动互联网用户 466.5 万户。互联网普及率达到 43.7%。

全年接待国内外旅游者 1820.42 万人次,比上年增长 15.5%。其中,国内游客 1817.88 万人次,增长 15.4%;过夜入境旅游者 25357 人次,增长 33.5%。其中,外国人 15036 人次。接待过夜国内游客 797.59 万人次,增长 8.6%。实现旅游总收入 127.30 亿元,增长 21.3%。其中,国内旅游收入 126.55 亿元,增长 21.0%。全区实现旅游外汇收入 1208.31 万美元。

八、金融、证券和保险

年末全区金融机构本外币各项存款余额 3881.40 亿元,比年初增加 373.80 亿元。其中,人民币各项存款余额 3868.47 亿元,外汇存款余额 2.12 亿美元。金融机构本外币各项贷款余额 3947.29 亿元,比年初增加 572.67 亿元。其中,人民币各项贷款余额 3910.15 亿元,外汇贷款余额 6.09 亿美元。

表 8　2013 年末金融机构存贷款余额

指　标	年末数(亿元)	比年初增减(亿元)	比上年末±%
本外币存款余额	3881.40	373.80	—
人民币存款余额	3868.47	372.62	10.7
# 单位存款	1799.87	126.27	7.6
个人存款	1954.74	266.26	15.8
本外币贷款余额	3947.29	572.67	—
人民币贷款余额	3910.15	568.07	17.1
# 短期贷款	1496.05	211.89	16.7
中长期贷款	2291.29	341.87	17.5

图 8　2009—2013 年城乡居民储蓄存款余额及增长速度

单位:亿元、%

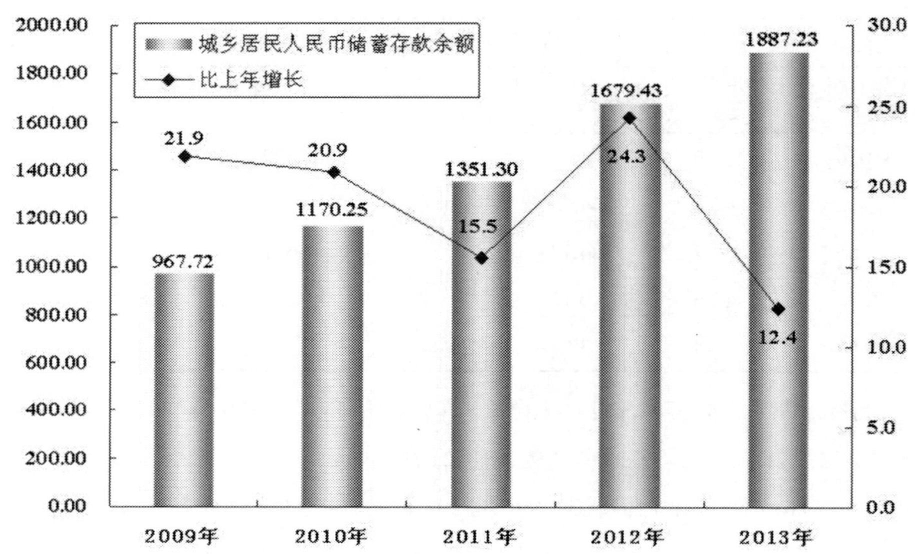

年末上市公司 12 家,总股本 44.91 亿股,总市值 356.99 亿元,比上年下降 6.5%。其中,流通市值 305.93 亿元,比上年下降 6.9%。全年证券交易额 1549.84 亿元,比上年增长 51.2%。

全区省级营业性保险分公司 16 家,全年保费收入 72.70 亿元,比上年增长 16.0%。其中,财产险收入 31.40 亿元,增长 18.6%;寿险收入 32.11 亿元,增长 11.8%;健康险收入 7.16 亿元,增长 22.8%;意外伤害险收入 2.04 亿元,增长 21.5%。支付各类赔款和给付 24.04 亿元,增长 20.3%。其中,财产险赔款 15.79 亿元,增长 19.9%;寿险给付 5.76 亿元,增长 24.1%;健康险给付 1.96 亿元,增长 15.8%;意外伤害险赔款 0.52 亿元,增长 8.4%。

九、人民生活和社会保障

全区就业人口[10]350 万人,与 2012 年相比,净增 5.5 万人,增长 1.6%。其中,第一产业 165 万人,下降 1.3%;第二产业 61 万人,增长 6.7%;第三产业 124 万人,增长 3.2%。就业结构由 2012 年的 48.5:16.5:35.0 调整为 2013 年的 47.2:17.3:35.5。

全年农村居民人均纯收入 6931 元,比上年增加 751 元,增长 12.2%,扣除价格因素实际增长 8.1%。农村居民家庭恩格尔系数为 34.4%,比上年下降 0.9 个百分点。农村居民人均居住面积 22.7 平方米。

全年城镇居民人均可支配收入 21833 元，比上年增加 2002 元，增长 10.1%，扣除价格因素实际增长 6.6%。城镇居民家庭恩格尔系数为 32.0%，比上年下降 1.9 个百分点。城镇居民人均居住建筑面积 30.9 平方米。

图 9　2009-2013 年全区农民人均纯收入及增长速度

单位：元、%

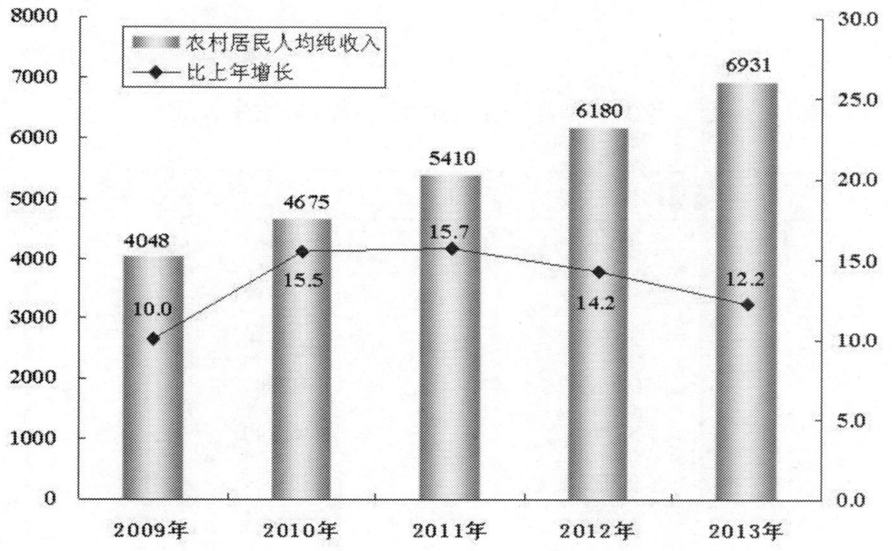

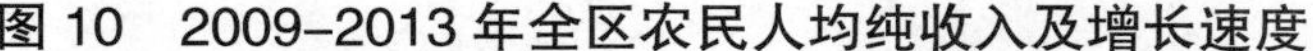

图 10　2009-2013 年全区农民人均纯收入及增长速度

单位：元、%

年末全区参加基本养老保险人数为 143.77 万人，比上年增长 10.4%，其中参保职工 101.83 万人，参保离退休人员 41.94 万人。离退休人员养老金社会化发放率继续保持在 100%。参加失业保险人数 69.86 万人，增长 8.38%。参加医疗保险人数 565.52 万人，其中，参加城镇职工基本医疗保险 108.60 万人，参加城乡居民医疗保险 456.92 万人。年末全区养老保险、失业保险、医疗保险、工伤保险和生育保险五项保险基金收入 179.72 亿元。年末五项社保基金累计结余 258.72 亿元，较上年末增加 26.07 亿元，增长 11.21%。到 2013 年底，全区享受低保救济的困难群众达 56.36 万人。其中，城镇 17.97 万人，农村 38.39 万人。年末全区共有各类收养性社会福利单位数 78 个，床位数 9564 张，收养各类人员 6619 人。

十、教育与科技

年末全区各级各类学校 2848 所，教职工 92499 人。其中，各类普通高校 16 所，中等职业教育学校[11]35 所，普通中学 304 所，初中阶段毛入学率 100.62%，普通小学 1850 所，小学学龄儿童入学率 99.50%，特殊学校 8 所。全区共有幼儿园 634 所，在园幼儿 169080 人。

表 9　2013 年各级教育招生、在校、毕业生人数

类　别	招生数(人)	在校学生数(人)	毕业学生数(人)
普通高等学校	32749	108463	23453
#研究生	1516	4012	1232
中等职业教育学校	30348	93950	31536
普通中等学校	152691	449909	142604
高中	55779	165240	49770
初中	96912	284669	92834
普通小学	100194	603947	101909
特殊教育学校	301	1903	188

全年登记自治区级科技成果 264 项，比上年增长 12.8%。其中，基础理论成果 47 项，应用技术成果 183 项，软科学成果 34 项。全年申请专利量 3230 件。其中，发明专利 1792 件，增长 1.1 倍。专利授权量 1211 件，增长 43.8%。其中，发明专利授权量 184 件，增长 30.5%。

年末全区拥有国家级工程研究中心 3 个，自治区级工程研究中心 30 个；国家重点实验室 1 个，省部共建国家重点实验室培育基地 3 个，自治区级重点实验室 15 个；国家级企业(集团)技术中心 12 个，自治区级企业(集团)技术中心 55 个。

十一、文化、卫生和体育

年末全区共有博物馆 11 个，国家综合档案馆 27 个，公共图书馆 26 个，文化馆 26 个，各类艺术表演团体 12 个。全年地方出版报纸 19 种，出版期刊 37 种，出版图书 2739 种。有线数字电视用户 89.8 万户。2013 年末广播节目综合人口覆盖率为 96.06%；电视节目综合人口覆盖率为 99.09%。

年末全区共有医疗卫生机构[12]4230 个，其中医院 156 个，卫生院 228 个，疗养院(所)1 个，社区卫生服务中心(站)[13]112 个，诊所(卫生所、医务室)1074 个，疾病预防控制中心 25 个，妇幼保健机构 22 个，卫生监督所 25 个，村卫生室 2461 个。医疗卫生机构床位 3.03 万张。卫生技术人员 37350 人，其中执业(助理)医师 14317 人，注册护师、护士 13978 人。

全年举办县级以上全民健身活动 365 次，其中 1000 人以上的大型全民健身活动 180 次，举办青少年单项比赛 11 项，参加活动的人数总计达到 100 万人次。全区运动员在世界比赛中取得 3 个名次。在全国比赛取得金牌 9 枚、银牌 5 枚、铜牌 6 枚；全年有 10 人达国家一级运动员等级标准，489 人达国家二级运动员等级标准，73 人获得国家一级裁判员等级称号。

十二、资源、环境与安全生产

初步核算，全年全区能源消费总量为4850.5万吨标准煤，比上年增长6.3%。单位地区生产总值能耗下降3.22%。

全年总用水量72.13亿立方米，比上年增长4.0%。万元地区生产总值用水量[14]310.91立方米，比上年下降5.3%；万元工业增加值用水量57.76立方米，下降1.5%。全年平均降水量321毫米，比上年增长5.0%。

年末城市污水处理厂日处理能力达97.5万立方米，比上年末增长15.0%；城市污水处理率达到89%，比上年提高0.8个百分点。城市集中供热面积1.2亿平方米，比上年增长31.4%。建成区绿地率达到37.9%，比上年提高7.4个百分点。

全年各类生产安全事故死亡人数473人，比上年下降3.1%。亿元地区生产总值生产安全事故死亡率为0.18；煤矿百万吨死亡率为0.02；道路交通万车死亡率为2.36；工矿商贸十万人死亡率为2.08。

注释：

[1]本公报中数据均为初步统计数，正式数据以《宁夏统计年鉴-2014》为准。部分数据因四舍五入的原因，存在着与分项合计不等的情况。

[2]考虑到我国劳动年龄下限为16周岁，从2013年开始公布16-59岁（含不满60周岁）人口数据。按照往年公报公布口径，2013年末，0-14岁（含不满15周岁）人口为133.52万人，15-59岁（含不满60周岁）人口为444.00万人。

[3]全区生产总值及各产业和各行业增加值指标绝对数按现价计算，增长速度按可比价格计算。

[4]2009年至2012年数据为公共财政预算收入决算数，2013年为执行数。

[5]六大高耗能行业分别为：化学原料和化学制品制造业、非金属矿物制品业、黑色金属冶炼和压延加工业、有色金属冶炼和压延加工业、石油加工炼焦和核燃料加工业、电力热力生产和供应业。

[6]钢材产量数据中含使用钢材加工成其他钢材的重复计算因素。

[7]公路交通运输货运、客运数据按2013年交通运输统计专项调查之前口径核算。

[8]邮电业务总量按2010年不变价格计算。

[9]3G是指第三代蜂窝移动通信系统（3rd-generation，简称3G），3G移动电话用户是指报告期末在计费系统拥有使用信息、占用3G网络资源的在网用户。

[10]2013年全区就业人员数为预计数。

[11]中等职业教育包括普通中专、成人中专、职业高中。

[12]医疗卫生机构包括村卫生室。

[13]社区卫生服务中心（站）指独立法人、财务独立的社区卫生服务机构。

[14]万元地区生产总值用水量、万元工业增加值用水量按2010年不变价格计算。

第一篇 Chapter1

行政区划与自然资源

Administrative Division and Natural Resources

责任编辑:蔡川生　聂一平　马宏德

资料整理:蔡川生　聂一平　马宏德　董金成　王丹玥　殷荣玉　季　翔　焦　霙　惠　越

Coordinator: Cai Chuansheng　Nie Yiping　Ma Hongde

Data Compilation:Cai Chuansheng　Nie Yiping　Ma Hongde　Dong Jincheng　Wang Danyue　Yin Rongyu　Ji Xiang　Jiao Ying　Xi Yue

1-1 全区行政区划(2013年)
Administrative Divisions(2013)

地　区	Region	乡 数 (个) Townships (unit)	镇 数 (个) Town (unit)	街道办事处 (个) Urban Subdistrict Office (unit)	居委会 (个) Neighbourhood Committees (unit)	村委会 (个) Village Committees (unit)	土地面积 (平方千米) Land Area (sq.km)
总　计	**Total**	**92**	**101**	**44**	**472**	**2265**	**66399.73**
银川市	**Yinchuan**	**6**	**21**	**23**	**207**	**270**	**8874.36**
兴庆区	Xingqing	2	2	11	72	32	828.37
西夏区	Xixia		2	6	50	17	1129.72
金凤区	Jinfeng		2	5	42	20	345.46
永宁县	Yongning	1	5		17	67	1193.91
贺兰县	Helan	1	4		9	60	1530.73
灵武市	Lingwu	2	6	1	17	74	3846.16
石嘴山市	**Shizuishan**	**9**	**11**	**16**	**121**	**194**	**5207.98**
大武口区	Dawukou		1	10	51	12	1214.15
惠农区	Huinong	3	3	6	42	38	1361.01
平罗县	Pingluo	6	7		28	144	2632.82
吴忠市	**Wuzhong**	**15**	**29**	**2**	**62**	**506**	**21419.55**
利通区	Litong	4	8		21	106	1414.54
红寺堡区	Hongsipu	3	2	1	2	60	3522.99
盐池县	Yanchi	4	4		15	101	8377.06
同心县	Tongxin	4	7		4	154	5666.70
青铜峡市	Qingtongxia		8	1	20	85	2438.26
固原市	**Guyuan**	**43**	**19**	**3**	**54**	**837**	**13450.23**
原州区	Yuanzhou	4	7	3	34	153	3501.01
西吉县	Xiji	16	3		4	306	4000.00
隆德县	Longde	10	3		10	113	1268.24
泾源县	Jingyuan	4	3		2	109	1442.67
彭阳县	Pengyang	9	3		4	156	3238.31
中卫市	**Zhongwei**	**19**	**21**		**28**	**458**	**17447.61**
沙坡头区	Shapotou	2	10		12	170	6877.25
中宁县	Zhongning	5	6		12	120	4192.72
海原县	Haiyuan	12	5		4	168	6377.64

注:本表数据来源于自治区民政厅,土地面积为2012年数据。

a)Data in this table come from the Department of Civil Affairs.

1-2 自然资源状况

Natural Resources

指　标	Item	单 位	Unit	2012
自然资源	**Natural Resources**			
耕　地	**Cultivated Area**	**万亩**	**10 000 mu**	**1655.23**
灌溉水田	Paddy Fields	万亩	10 000 mu	60.70
水浇地	Irrigable land	万亩	10 000 mu	554.85
旱地	Dry Fields	万亩	10 000 mu	1039.68
园　地	**Area of Garden Plot**	**万亩**	**10 000 mu**	**49.88**
果园	Orchards	万亩	10 000 mu	44.73
其它园地	Others	万亩	10 000 mu	5.15
林　地	**Woodland Area**	**万亩**	**10 000 mu**	**905.33**
有林地	Woodland Area	万亩	10 000 mu	181.88
灌木林	Bushes	万亩	10 000 mu	154.62
其他林地	Others	万亩	10 000 mu	568.83
牧草地	**Area of Grassland**	**万亩**	**10 000 mu**	**3496.29**
天然草地	Native Grassland	万亩	10 000 mu	3266.98
人工草地	Artificial Grassland	万亩	10 000 mu	112.34
其他草地	Others	万亩	11 000 mu	116.97
交通运输用地	**Traffic Land**	**万亩**	**10 000 mu**	**70.99**
铁路	Railway	万亩	10 000 mu	5.81
公路	Highway	万亩	10 000 mu	29.62
农村道路	Rural Road	万亩	10 000 mu	34.77
机场	Civil Airport	万亩	10 000 mu	0.78

注：本表数据来源于自治区国土资源厅。

a)Data in this table come from the Land and Resources Department.

1-2 续表 1 continued

指　标	Item	单 位	Unit	2012
城镇村及工矿用地	**Residential Settlements and Industry and Mining**	**万亩**	**10 000 mu**	**317.48**
城市	Cities	万亩	10 000 mu	33.05
建制镇	Organic Towns	万亩	10 000 mu	28.66
村庄	Country Residential Areas	万亩	10 000 mu	177.55
采矿用地	Mining Sites	万亩	10 000 mu	49.96
风景名胜及特殊用地	Special Use Areas	万亩	10 000 mu	28.25
水域及水利设施用地	**Water Conservancy Facilities Land**	**万亩**	**10 000 mu**	**228.28**
河流水面	River	万亩	10 000 mu	59.15
湖泊水面	Lake	万亩	10 000 mu	14.02
水库水面	Reservoir	万亩	10 000 mu	8.47
坑塘水面	Swag Surface	万亩	10 000 mu	20.11
内陆滩涂	Inland Mudflat	万亩	10 000 mu	47.78
沟渠	Ditch	万亩	10 000 mu	74.99
水工建筑物	Hydraulic Structure	万亩	10 000 mu	3.77
其他土地	**Other Land**	**万亩**	**10 000 mu**	**1069.66**
设施农用地	Facility Agriculture	万亩	10 000 mu	13.51
田坎	Raised Path Through Fields	万亩	10 000 mu	103.87
盐碱地	Saline-alkali Soil	万亩	10 000 mu	89.50
沼泽地	Swampland	万亩	10 000 mu	5.19
沙地	Sand	万亩	10 000 mu	220.27
裸地	Bare Earth	万亩	10 000 mu	637.33

1-3 各市县土地利用情况(2012 年)

Land Use by City and Country(2012)

单位:万公顷 (10 000 hectares)

地区	Region	土地调查面积 Area under Land Survey	农用地 Land for Agriculture Use	耕地 Cultivated Land	园地 Garden Land	林地 Woodland	牧草地 Grazing and Pasture Land	其他农用地 Others
总计	**Total**	**467.63**	**363.89**	**110.35**	**3.33**	**60.36**	**225.29**	**16.48**
银川市	**Yinchuan**	**74.71**	**54.27**	**12.88**	**0.95**	**4.70**	**32.74**	**3.00**
银川市	District	18.00	10.71	3.43	0.21	1.17	4.99	0.91
永宁县	Yongning	9.26	6.51	3.30	0.23	0.38	1.89	0.72
贺兰县	Helan	12.00	8.54	3.73	0.18	0.95	2.89	0.80
灵武市	Lingwu	35.44	28.50	2.42	0.33	2.20	22.98	0.57
石嘴山市	**Shizuishan**	**41.14**	**23.39**	**7.84**	**0.23**	**0.88**	**12.79**	**1.65**
大武口区	Dawukou	9.41	3.98	0.46	0.06	0.07	3.19	0.20
惠农区	Huinong	10.86	7.26	1.87	0.08	0.07	4.81	0.43
平罗县	Pingluo	20.86	12.14	5.51	0.08	0.74	4.79	1.02
吴忠市	**Wuzhong**	**104.27**	**83.98**	**31.20**	**0.93**	**13.44**	**87.74**	**2.58**
利通区	Litong	10.45	8.16	2.79	0.19	0.02	4.39	0.77
红寺堡区	Hongsipu							
盐池县	Yanchi	67.78	61.25	9.01	0.04	8.53	43.23	0.43
同心县	Tongxin	8.69	51.92	16.13	0.12	4.62	30.56	0.49
青铜峡市	Qingtongxia	17.35	14.57	3.26	0.59	0.26	9.55	0.89
固原市	**Guyuan**	**112.86**	**95.50**	**35.50**	**0.51**	**30.59**	**22.14**	**6.75**
原州区	Yuanzhou	35.06	28.11	12.35	0.07	5.18	9.26	1.25
西吉县	Xiji	31.30	27.49	11.54	0.01	9.17	5.03	1.74
隆德县	Longde	9.91	8.79	3.09	0.01	3.38	0.93	1.38
泾源县	Jingyuan	11.31	10.17	1.73	0.13	5.94	1.75	0.61
彭阳县	Pengyang	25.29	20.95	6.80	0.29	6.92	5.16	1.77
中卫市	**Zhongwei**	**134.65**	**106.76**	**22.93**	**0.70**	**10.75**	**69.88**	**2.50**
沙坡头区	Shapotou	45.99	33.08	4.24	0.33	1.61	26.21	0.69
中宁县	Zhongning	33.77	26.43	3.94	0.34	0.43	21.12	0.59
海原县	Haiyuan	54.89	47.25	14.74	0.03	8.70	22.55	1.23

注:本表数据来源于自治区国土资源厅。

a)Data in this table come from the Land and Resources Department.

1-3 续表 1 continued

单位:万公顷 (10 000 hectares)

地 区	Region	建设用地 Land for Construction	居民点及工矿用地 Land for Inhabitation, Mining and Manufacturing	交通运输用地 Land for Transport Facilities	水利设施用地 Land for Water Conservancy Facilities	未利用地 Unused Land
总 计	**Total**	**24.40**	**21.17**	**2.41**	**0.82**	**79.35**
银川市	**Yinchuan**	**6.12**	**5.10**	**0.74**	**0.27**	**14.32**
银川市	District	2.47	2.17	0.24	0.06	4.82
永宁县	Yongning	0.95	0.77	0.12	0.06	1.80
贺兰县	Helan	0.97	0.89	0.08		2.49
灵武市	Lingwu	1.74	1.28	0.31	0.15	5.20
石嘴山市	**Shizuishan**	**3.22**	**2.87**	**0.29**	**0.06**	**14.53**
大武口区	Dawukou	0.88	0.80	0.07	0.01	4.55
惠农区	Huinong	0.95	0.80	0.13	0.03	2.65
平罗县	Pinglu	1.39	1.27	0.09	0.03	7.33
吴忠市	**Wuzhongo**	**6.44**	**5.87**	**0.53**	**0.05**	**13.85**
利通区	Litong	1.18	1.04	0.14		1.12
红寺堡区	Hongsipu					
盐池县	Yanchi	1.67	1.49	0.18	0.01	4.86
同心县	Tongxin	2.01	1.87	0.11	0.03	6.68
青铜峡市	Qingtongxia	1.58	1.47	0.10	0.01	1.20
固原市	**Guyuan**	**4.85**	**4.16**	**0.37**	**0.32**	**12.52**
原州区	Yuanzhou	1.63	1.35	0.18	0.09	5.32
西吉县	Xiji	1.23	1.02	0.06	0.14	2.59
隆德县	Longde	0.47	0.40	0.03	0.03	0.65
泾源县	Jingyuan	0.30	0.26	0.04		0.84
彭阳县	Pengyang	1.22	1.12	0.06	0.05	3.12
中卫市	**Zhongwei**	**3.77**	**3.17**	**0.48**	**0.12**	**24.12**
沙坡头区	Shapotou	1.14	0.93	0.20	0.01	11.77
中宁县	Zhongning	1.22	1.07	0.15	0.01	6.11
海原县	Haiyuan	1.40	1.17	0.13	0.10	6.24

1-4 主要矿产资源储量(2013年)
Reserves of Major Minerals(2013)

矿产名称	Item	单位	Unit	查明资源储量 Resources Explored	资源保有量 Resources Inventory
能源矿产	**Reserves of Energy**				
煤炭	Coal	亿吨	100 million tons	330.33	320.27
金属矿产	**Reserves of Metals**				
铁矿(矿石)	Iron(Ore)	万吨	10 000 tons	361.48	214.39
铜矿(铜)	Copper(Metal)	吨	ton	23521.74	19144.95
铅矿(铅)	Lead(Metal)	吨	ton	3570	3570
锌矿(锌)	Zinc(Metal)	吨	ton	1966	1966
镁矿(矿石)	Magnesium(Ore)	万吨	10 000 tons	7286.99	6846.36
金矿(金)	Gold(Metal)	千克	kg	1036.97	974.88
银矿(银)	Silver(Metal)	吨	ton	24.80	19.32
冶金辅助原料非金属矿产	**Reserves of Non-metallic (Metallurgical Ancillary Materials)**				
熔剂用灰岩(矿石)	Solvent Limestone(Ore)	万吨	10 000 tons	2484.10	2430.40
冶金用白云岩(矿石)	Metallurgical Dolostone(Ore)	万吨	10 000 tons	13576.40	13576.40
冶金用石英岩(矿石)	Metallurgical Quartzite(Ore)	万吨	10 000 tons	58137.10	57545.48
冶金用砂岩(矿石)	Metallurgical Sandstone(Ore)	万吨	10 000 tons	450.40	370.83
铸型用砂(矿石)	Casting Sand(Ore)	万吨	10 000 tons	107.80	78.60
耐火粘土(矿石)	Chamotte(Ore)	万吨	10 000 tons	505.70	461.30
化工原料非金属矿	**Reserves of Non-metallic (Chemical Materials)**				
硫铁矿(矿石)	Sulfurous Iron Ore(Ore)	万吨	10 000 tons	5.35	5.20
芒硝(矿石)	Mirabilite(Ore)	万吨	10 000 tons	12900.00	12900.00
电石用灰岩(矿石)	Calcium Carbide Limestone(Ore)	万吨	10 000 tons	18291.35	18135.11
制碱用灰岩(矿石)	Lim Sodium Salt NaCl(Ore)	万吨	10 000 tons	1924.88	1924.88
盐矿(矿石)	Sodium Salt NaCl(Ore)	万吨	10 000 tons	366000.00	366000.00
磷矿(矿石)	Phosphorite(Ore)	万吨	10 000 tons	1376.98	1268.12
建材和其它非金属矿产	**Building Materials and Other Non-metallic Minerals**				
石膏(矿石)	Plaster(Ore)	万吨	10 000 tons	286076.23	285149.02
水泥用灰岩(矿石)	Cement Limestone(Ore)	万吨	10 000 tons	134046.29	125687.99
玻璃用白云岩(矿石)	Glass Dolostone(Ore)	万吨	10 000 tons	143.00	116.00
玻璃用砂岩(矿石)	Glass Sandstone(Ore)	万吨	10 000 tons	980.74	933.20
水泥配料用砂岩(矿石)	Cement Batching Sandstone(Ore)	万吨	10 000 tons	755.00	674.80
玻璃用砂(矿石)	Glass Sand(Ore)	万吨	10 000 tons	117.00	80.70
陶瓷土(矿石)	Ceramic Clay(Ore)	万吨	10 000 tons	137.50	128.40
砖瓦用粘土(矿石)	Tile Clay(Ore)	万立方米	10 000 tons	993.10	776.16
水泥配料用粘土(矿石)	Cement Batching Clay(Ore)	万吨	10 000 tons	3613.00	3305.07
建筑用辉绿岩(矿石)	Diabase for Building	万立方米	10 000 tons	253.00	253.00
饰面用大理岩(矿石)	Griotte for Veneer	万立方米	10 000 tons	208.00	208.00
水泥配料用板岩(矿石)	Cement Batching Slate(Ore)	万吨	10 000 tons	1314.00	1292.00
砚石(矿石)	Inkstones(Ore)	万吨	10 000 tons	30.56	30.54

注: 本表数据来源于自治区国土资源厅。

a)Data in this table come from the Land and Resources Department.

1-5 主要年份气象资料
Meteorology in Main Years

年份 Year	降水量(毫米) Precipitation(mm)		无霜期(天) Frost Free Period(day)		初霜日(日/月) Primary Frost Day(day/month)	
	引黄灌区 Yellow River Irrigation Areas	干旱山区 Arid Mountain Areas	引黄灌区 Yellow River Irrigation Areas	干旱山区 Arid Mountain Areas	引黄灌区 Yellow River Irrigation Areas	干旱山区 Arid Mountain Areas
1952	214.4		164		26/9	
1957	122.3	160.3	166	152	25/9	25/9
1965	115.9	178.7	123	189	6/9	14/10
1970	208.0	260.0	158	199	29/9	29/9
1975	172.4	188.6	166	177	4/10	29/10
1978	283.6	384.6	164	188	18/9	27/10
1985	252.5	477.8	180	208	1/10	20/10
1990	252.8	386.7	161	173	13/10	24/10
1995	203.7	317.8	142	212	24/9	25/9
2000	110.0	214.0	181	181	15/10	1/11
2001	202.1	298.0	165	180	4/10	9/10
2002	259.3	280.0	169	223	5/10	23/10
2003	203.0	281.7	197	185	14/10	5/10
2004	122.3	194.5	150	169	1/10	21/10
2005	83.4	119.4	207	226	8/10	14/10
2006	168.4	224.3	192	191	8/10	14/10
2007	207.9	307.2	193	207	14/10	19/10
2008	189.1	191.7	168	181	10/10	23/10
2009	181.5	176.9	196	216	17/10	17/10
2010	168.9	202.9	196	194	26/10	25/10
2011	188.7	218.0	236	208	14/10	15/10
2012	295.1	285.7	190	188	17/10	17/11
2013	148.3	248.6	189	187	16/10	16/10

注:1)引黄灌区以永宁县为代表,干旱山区以同心县为代表;

2)本表数据来源于自治区气象局。

a)Data of Yellow River Irrigation Areas refers to County Yongning,while Arid Mountain Areas refers to County Tongxin;

b)Data in this table come from the Meteorological Bureau.

1-6 各市县主要气象资料(2013年)

Meteorology by City and Country(2013)

地 区	Region	气温(℃) Temperature(℃)			降水量(毫米) Precipitation (mm)	日照时数(小时) Hours of Sunshine (hours)	风速(米/秒) Wind Speed (m/second)	
		平均 Average	最高 Highest	最低 Lowest			平均 Average	最大 Maximum
银川市	Yinchuan	11.2	36.8	-19.3	148.8	2693.5	1.6	10.4
永宁县	Yongning	11.4	36.9	-20.1	148.3	2989.9	1.6	10.4
贺兰县	Helan	10.1	36.6	-21.4	180.2	2743.2	1	8.6
灵武市	Lingwu	10.3	36.6	-20.7	133.3	2826.0	2.2	11.6
石嘴山市	Shizuishan	9.9	37	-25.7	108.3	2875.4	1.3	14.3
惠农区	Huinong	10.7	35.8	-22.2	146.1	2999.4	2	14.6
平罗县	Pingluo	9.7	35.2	-22.2	173.3	2888.8	2.2	16.2
吴忠市	Wuzhong	11.7	37.6	-18.9	116.1	2898.7	1.4	8.8
青铜峡市	Qingtongxia	9.4	35.1	-24.2	288.2	2807.7	2.0	11.8
盐池县	Yanchi	10.2	34.8	-19.6	248.6	2896.4	2.9	16
同心县	Tongxin	10.8	36.2	-19.5	113.3	3088.5	1.9	11.4
固原市	Guyuan	8.5	29.8	-16.2	706.2	2622.6	2.2	11.7
西吉县	Xiji	6.8	28.2	-21	592.2	2197.6	1.6	10.1
隆德县	Longde	6.7	26.5	-15.6	766	2265.7	1.5	10.9
泾源县	Jingyuan	7.6	28.1	-17.4	919	2295.9	1.8	9.7
彭阳县	Pengyang	8.6	31.2	-20.2	653.5	2395	1.7	12.4
中卫市	Zhongwei	10.6	35.8	-18	111.2	2947.9	2.4	13
中宁县	Zhongning	11.7	37.7	-18.1	208.9	2899.8	2.0	9.7
海原县	Haiyuan	8.7	31.7	-18.3	422.4	2655.3	2.2	10.1

注:本表数据来源于自治区气象局。

a)Data in this table come from the Meteorological Bureau.

1-7 各市县分月度平均气温(2013 年)

Monthly Average Temperature by City and Country(2013)

单位:摄氏度 (℃)

地 区	Region	1月 Jan.	2月 Feb.	3月 Mar.	4月 Apr.	5月 May	6月 June	7月 July	8月 Aug.	9月 Sept.	10月 Oct.	11月 Nov.	12月 Dec.	年平均 Annual Average
银川市	Yinchuan	-5.5	-0.7	9	13.1	19.6	23.1	24.4	24.4	17.5	11.3	2.7	-4.5	11.2
永宁县	Yongning	-4.9	-0.5	8.9	13.2	19.9	23.3	24.5	24.5	17.7	11.5	2.8	-4.2	11.4
贺兰县	Helan	-6.8	-2.1	7.8	12.4	18.6	22.2	23.5	23.2	16.6	10.0	1.6	-5.6	10.1
灵武市	Lingwu	-6.3	-1.2	7.9	12.2	19.0	22.6	23.7	23.9	16.5	9.5	1.6	-5.4	10.3
石嘴山市	Shizuishan	-8.1	-2.8	7.2	12.5	19.6	22.7	24.3	23.7	16.4	9.5	1	-6.5	9.9
惠农区	Huinong	-6.4	-1.7	7.7	12.6	19.8	23.4	24.5	24.1	17.4	10.8	2	-5.3	10.7
平罗县	Pingluo	-7.5	-2.7	6.7	11.9	19.1	22.2	23.1	22.8	16.3	9.8	1.6	-5.9	9.8
吴忠市	Wuzhong	-3.9	0.5	9.3	13.4	19.9	23.3	24.4	24.9	17.9	11.7	3.2	-3.6	11.7
青铜峡市	Qingtongxia	-6.4	-2.1	7	11	18	21.6	22.1	22.9	15.4	9.5	0.7	-6.3	9.4
盐池县	Yanchi	-6.1	-1.0	8.6	12.4	18.4	21.7	21.8	23.1	16.6	11.2	1.8	-5.4	10.3
同心县	Tongxin	-4.7	-0.4	8.5	12.5	18.9	22.4	23.6	23.4	16.6	10.2	2.9	-4	10.8
固原市	Guyuan	-5.3	-1.5	7.3	10.2	15.3	18.5	19	20.2	13.8	9.2	1	-4.8	8.6
西吉县	Xiji	-8	-3.1	5.1	8.4	13.3	16.9	18.1	18.9	12.8	7.6	-1	-7	6.8
隆德县	Longde	-6.3	-2.2	5.1	8	12.3	16.1	17.1	17.9	12.1	7.4	-0.9	-6.2	6.7
泾源县	Jingyuan	-4.8	-1.5	6.1	8.8	13.1	16.7	17.5	18.5	12.6	8.4	0.9	-4.5	7.6
彭阳县	Pengyang	-6.4	-1.5	6.7	10.2	15.7	19.3	19.8	20.8	14.2	9.3	1.4	-5.2	8.7
中卫市	Zhongwei	-5.8	-0.6	8.7	12.8	19.0	22.4	22.8	22.9	17.0	10.6	2.5	-5.1	10.6
中宁县	Zhongning	-4.3	0.6	9.5	13.6	20.1	23.6	24	25.1	18.0	11.5	2.9	-3.8	11.7
海原县	Haiyuan	-5.1	-1.5	7.3	10.5	15.5	18.7	19.3	20.4	14.2	9.8	0.9	-4.7	8.8

注:本表数据来源于自治区气象局。

a)Data in this table come from the Meteorological Bureau.

1-8 各市县分月度降水量(2013 年)

Monthly Precipitation by City and Country(2013)

单位:毫米 (mm)

地 区	Region	1月 Jan.	2月 Feb.	3月 Mar.	4月 Apr.	5月 May	6月 June	7月 July	8月 Aug.	9月 Sept.	10月 Oct.	11月 Nov.	12月 Dec.	全年 Annual Total
银川市	Yinchuan	0.5	0.0	0.0	5.8	37.6	22.5	33.5	12.2	32.7	4.0	0.0	0.0	148.8
永宁县	Yongning	0.7	0.0	0.0	5.5	44.5	26.3	30.5	16.9	21.3	2.6	0.0	0.0	148.3
贺兰县	Helan	1.6	0.0	0.0	1.8	42.8	27.7	48	15.2	30.8	12.3	0.0	0.0	180.2
灵武市	Lingwu	0.1	0.0	0.0	8.1	32.2	46.4	20	5.9	16.0	4.6	0.0	0.0	133.3
石嘴山市	Shizuishan	0.0	0.0	0.0	0.0	23.5	40.9	13.8	12.9	16.9	0.2	0.1	0.0	108.3
惠农区	Huinong	0.0	0.0	0.0	0.0	17.3	27.5	19.5	59.5	21.6	0.7	0.0	0.0	146.1
平罗县	Pingluo	0.7	0.0	0.0	0.7	20.5	28.8	85.1	18.1	18.3	1.1	0.0	0.0	173.3
吴忠市	Wuzhong	0.0	0.0	0.0	8.5	33.0	28.7	24.7	4.2	10.8	6.2	0.0	0.0	116.1
青铜峡市	Qingtongxia	0.3	0.1	1.7	1.9	17.8	60.0	104.1	14.5	64.4	21.4	2.0	0.0	288.2
盐池县	Yanchi	0.1	0.6	0.0	0.0	29.4	35.6	113.9	1.6	54.3	11.7	1.4	0.0	248.6
同心县	Tongxin	0.0	0.0	0.0	8.1	27.7	33.9	22.7	5.4	10.0	5.5	0.0	0.0	113.3
固原市	Guyuan	2.9	8.9	9.9	30.1	61.0	78.7	264.3	109.1	96.9	25.5	18.6	0.3	706.2
西吉县	Xiji	2.5	9.7	7.5	28.8	71.5	133.6	200.2	20.8	72.6	28.3	15.9	0.8	592.2
隆德县	Longde	4.0	6.0	4.6	28.7	89.5	114.2	283.4	64.6	128.8	23.8	15.8	2.6	766.0
泾源县	Jingyuan	2.4	7.8	4.9	48.0	130.9	84.0	287.8	168.8	122.1	43.6	17.2	1.5	919.0
彭阳县	Pengyang	0.2	10.2	5.7	29.5	91.9	54.4	267.3	42.1	108.9	32.7	10.2	0.4	653.5
中卫市	Zhongwei	0.0	0.1	0.0	0.8	11.7	28.0	44.0	7.1	10.8	8.5	0.2	0.0	111.2
中宁县	Zhongning	0.0	0.0	0.0	1.5	27.7	88.1	43.0	3.6	22.4	22.6	0.0	0.0	208.9
海原县	Haiyuan	4.2	5.0	0.0	0.1	54.6	69.3	181.8	18.0	58.0	19.8	11.3	0.3	422.4

注:本表数据来源于自治区气象局。

a)Data in this table come from the Meteorological Bureau.

1-9 各市县分月度日照时数(2013年)

Monthly Sunshine Hours by City and Country(2013)

单位:小时 (hour)

地区	Region	1月 Jan.	2月 Feb.	3月 Mar.	4月 Apr.	5月 May	6月 June	7月 July	8月 Aug.	9月 Sept.	10月 Oct.	11月 Nov.	12月 Dec.	年平均 Annual Average
银川市	Yinchuan	200.4	166.5	216.1	281.4	274.6	241.5	235.8	257.0	219.3	230.0	177.7	193.2	2693.5
永宁县	Yongning	225.0	202.3	251.2	304.0	294.5	265.5	261.4	287.4	218.8	245.1	213.5	221.2	2989.9
贺兰县	Helan	190.6	184.5	229.5	291.1	275.0	251.0	235.9	269.3	207.3	218.5	188.5	202.0	2743.2
灵武市	Lingwu	230.4	202.3	255.3	289.9	275.5	239.0	236.3	264.3	173.8	224.2	209.2	225.8	2826.0
石嘴山市	Shizuishan	200.4	215.7	259.7	303.5	262.6	246.2	242.5	262.6	221.7	245.9	209.7	204.9	2875.4
惠农区	Huinong	228.1	227.0	275.0	328.4	292.8	248.1	247.2	251.5	228.6	236.5	211.5	224.7	2999.4
平罗县	Pingluo	226.5	213.4	267.6	315.5	297.4	247.3	220.3	232.1	211.0	238.1	200.8	218.8	2888.8
吴忠市	Wuzhong	219.9	190.3	230.1	291.2	284.9	265.0	246.3	289.0	207.0	238.8	205.8	230.4	2898.7
青铜峡市	Qingtongxia	215.5	187.6	231.7	296.3	257.9	243.8	223.6	288.4	198.1	238.4	196.2	230.2	2807.7
盐池县	Yanchi	238.8	218.0	263.4	312.3	273.3	261.0	191.0	283.6	194.2	236.1	193.5	231.2	2896.4
同心县	Tongxin	236.1	216.0	264.5	320.5	304.6	273.3	259.3	289.8	218.0	247.5	223.1	235.8	3088.5
固原市	Guyuan	229.8	178.6	239.5	268.2	234.5	226.4	167.0	285.1	167.5	219.0	179.5	227.5	2622.6
西吉县	Xiji	175.0	163.3	234.7	237.5	191.9	181.4	132.2	210.2	154.3	168.6	157.7	190.8	2197.6
隆德县	Longde	184.4	154.8	229.2	239.0	206.5	192.5	158.8	241.4	142.3	196.0	157.6	163.2	2265.7
泾源县	Jingyuan	198.9	167.7	225.6	236.0	196.2	196.6	134.7	248.4	133.6	180.1	161.7	216.4	2295.9
彭阳县	Pengyang	210.1	186.2	219.5	223.4	210.5	216.4	151.4	262.0	139.0	204.4	172.8	199.3	2395.0
中卫市	Zhongwei	232.8	208.7	248.2	299.7	291.7	262.1	232.0	281.7	216.6	236.6	203.4	234.4	2947.9
中宁县	Zhongning	221.2	203.2	247.0	302.1	282.2	260.1	237.7	304.7	202.4	224.8	189.0	225.4	2899.8
海原县	Haiyuan	242.0	212.9	257.3	294.4	234.7	210.9	141.6	253.3	167.9	218.9	188.7	232.7	2655.3

注:本表数据来源于自治区气象局。

a)Data in this table come from the Meteorological Bureau.

第二篇 综合

Chapter2 General Survey

责任编辑:蔡川生　王金贵

资料整理:蔡川生　王金贵　董金成　王丹玥　殷荣玉　季　翔　焦　霙　王　爽

Coordinator: Cai Chuansheng　Wang Jingui

Data Compilation: Cai Chuansheng　Wang Jingui　Dong Jincheng　Wang Danyue
Yin Rongyu　Ji Xiang　Jiao Ying　Wang Shuang

2-1 各部门机构单位数(2012 年)

Grass-roots Units in Various Sectors(2012)

单位:个 (unit)

项目	Item	法人单位 Judicial Entities	企业法人 Enterprises	事业法人 Institutions
合　计	**Total**	**43817**	**28799**	**2842**
按登记注册类型分组	**Grouped by Registration Status**	**43817**	**28799**	**2842**
内资企业	**Domestic Funded Enterprises**	**43680**	**28665**	**2842**
国有	State-owned	5401	728	2763
集体	Collective-owned	603	362	32
股份合作	Cooperative	157	148	
联营企业	Joint Ownership	48	29	5
国有联营	State Joint Ownership	15	10	3
集体联营	Collective Joint Ownership	11	8	1
国有与集体联营	Joint State-collective Ownership	10	4	
其他联营	Other Joint Ownership	12	7	1
有限责任公司	Limited Liability Corporations	3581	3551	
国有独资公司	State Sole Funded Corporations	129	129	
其他有限责任公司	Other Limited Liability Corporations	3452	3422	
股份有限公司	Share-holding Corporations Ltd.	427	421	
私营企业	Private Enterprises	22311	21929	
私营独资	Private-funded Enterprises	4710	4503	
私营合伙	Private Partnership Enterprises	799	745	
私营有限责任公司	Private Limited Liability Corporations	16008	15907	
私营股份有限公司	Private Share-holding Corporations Ltd.	794	774	
其他内资	Other Domestic Funded	11152	1497	42
港、澳、台商投资企业	**Enterprises with Funds from Hong Kong, Macao and Taiwan**	**47**	**46**	
与港澳台商合资经营	Joint-ventures	14	14	
与港澳台商合作经营	Cooperative	4	4	
港澳台商独资	Enterprises with Sole Investment	17	16	
港澳台商投资股份有限公司	Share-holding Corporations Ltd.	11	11	
其他港、澳、台商投资	Others	1	1	
外商投资企业	**Foreign Funded Enterprises**	**90**	**88**	
中外合资经营	Joint-ventures	48	48	
中外合作经营	Cooperation	4	3	

2-1 续表 1 continued

单位:个 (unit)

项目	Item				产业活动单位 Establishments
		机关法人 Government Agencies and Organizations	社团法人 Mass Organizations	其他法人 Others	
合　计	**Total**	**1490**	**2300**	**8386**	**51994**
按登记注册类型分组	**Grouped by Registration Status**	**1490**	**2300**	**8386**	**51994**
内资企业	**Domestic Funded Enterprises**	**1490**	**2300**	**8383**	**51740**
国有	State-owned	1490	340	80	11030
集体	Collective-owned		32	177	788
股份合作	Cooperative		3	6	405
联营企业	Joint Ownership		6	8	94
国有联营	State Joint Ownership			2	15
集体联营	Collective Joint Ownership		2		11
国有与集体联营	Joint State-collective Ownership		4	2	13
其他联营	Other Joint Ownership			4	55
有限责任公司	Limited Liability Corporations		1	29	4044
国有独资公司	State Sole Funded Corporations				172
其他有限责任公司	Other Limited Liability Corporations		1	29	3872
股份有限公司	Share-holding Corporations Ltd.			6	1045
私营企业	Private Enterprises		22	360	22993
私营独资	Private-funded Enterprises		10	197	4808
私营合伙	Private Partnership Enterprises		10	44	831
私营有限责任公司	Private Limited Liability Corporations			101	16518
私营股份有限公司	Private Share-holding Corporations Ltd.		2	18	836
其他内资	Other Domestic Funded		1896	7717	11341
港、澳、台商投资企业	**Enterprises with Funds from Hong Kong,Macao and Taiwan**			**1**	**80**
与港澳台商合资经营	Joint-ventures				15
与港澳台商合作经营	Cooperative				4
港澳台商独资	Enterprises with Sole Investment			1	19
港澳台商投资股份有限公司	Share-holding Corporations Ltd.				42
其他港、澳、台商投资	Others				
外商投资企业	**Foreign Funded Enterprises**			**2**	**174**
中外合资经营	Joint-ventures				59
中外合作经营	Cooperation			1	9

2-1 续表 2 continued

单位:个 (unit)

项 目	Item	法人单位 Judicial Entities	企业法人 Enterprises	事业法人 Institutions
外资企业	Enterprises with Sole Funds	34	33	
外商投资股份有限公司	Share-holding Corporations Ltd.	4	4	
按国民经济行业分组	**Grouped by Sector**			
农、林、牧、渔业	**Agriculture,Forestry,Animal Husbandry and Fishery**	**2485**	**1727**	**59**
农 业	Agriculture	867	602	9
林 业	Forestry	333	234	26
畜牧业	Animal Husbandry	881	618	2
渔 业	Fishery	80	58	1
农、林、牧、渔服务业	Services in Support of Agriculture	324	215	21
采矿业	**Mining**	**681**	**681**	
煤炭开采和洗选业	Mining and Washing of Coal	340	340	
石油和天然气开采业	Extraction of Petroleum and Natural Gas	43	43	
黑色金属矿采选业	Mining and Processing of Ferrous Metal Ores	14	14	
有色金属矿采选业	Mining and Processing of Non-ferrous Metal Ores	2	2	
非金属矿采选业	Mining and Processing of Nonmetal Ores	266	266	
开采辅助活动	Non-mining Activities	8	8	
其他采矿业	Mining of Other Ores	8	8	
制造业	**Manufacturing**	**5558**	**5558**	
农副食品加工业	Processing of Food from Agricultural Products	770	770	
食品制造业	Manufacture of Foods	256	256	
酒、饮料和精制茶制造业	Manufacture of Wine,Beverages and Refined Tea	135	135	
烟草制品业	Manufacture of Tobacco	3	3	
纺织业	Manufacture of Textile	217	217	
纺织服装、服饰业	Manufacture of Textile Wearing Apparel	52	52	
皮革、毛皮、羽毛及其制品和制鞋业	Manufacture of Leather, Fur, Feather with Related Products and Footware	139	139	
木材加工及木、竹、藤、棕、草制品业	Processing of Timber,Manufacture of Wood, Bamboo,Rattan,Palm and Straw Products	59	59	
家具制造业	Manufacture of Furniture	79	79	
造纸及纸制品业	Manufacture of Paper and Paper Products	93	93	
印刷业和记录媒介的复制业	Printing,Reproduction of Recording Media	209	209	
文教、工美、体育和娱乐用品制造业	Manufacture of Articles for Culture,Education and Sport Activities	42	42	

2-1 续表 3 continued

单位:个 (unit)

项 目	Item	机关法人 Government Agencies and Organizations	社团法人 Mass Organi-zations	其他法人 Others	产业活动单位 Establish-ments
外资企业	Enterprises with Sole Funds			1	94
外商投资股份有限公司	Share-holding Corporations Ltd.				12
按国民经济行业分组	**Grouped by Sector**				
农、林、牧、渔业	**Agriculture,Forestry,Animal Husbandry and Fishery**			**699**	**2642**
农 业	Agriculture			256	900
林 业	Forestry			73	357
畜牧业	Animal Husbandry			261	890
渔 业	Fishery			21	83
农、林、牧、渔服务业	Services in Support of Agriculture			88	412
采矿业	**Mining**				**711**
煤炭开采和洗选业	Mining and Washing of Coal				361
石油和天然气开采业	Extraction of Petroleum and Natural Gas				43
黑色金属矿采选业	Mining and Processing of Ferrous Metal Ores				15
有色金属矿采选业	Mining and Processing of Non-ferrous Metal Ores				2
非金属矿采选业	Mining and Processing of Nonmetal Ores				274
开采辅助活动	Non-mining Activities				9
其他采矿业	Mining of Other Ores				7
制造业	**Manufacturing**				**5664**
农副食品加工业	Processing of Food from Agricultural Products				791
食品制造业	Manufacture of Foods				270
酒、饮料和精制茶制造业	Manufacture of Wine,Beverages and Refined Tea				137
烟草制品业	Manufacture of Tobacco				3
纺织业	Manufacture of Textile				222
纺织服装、服饰业	Manufacture of Textile Wearing Apparel				53
皮革、毛皮、羽毛(绒)及其制品业	Manufacture of Leather, Fur, Feather with Related Products and Footware				140
木材加工及木、竹、藤、棕、草制品业	Processing of Timber,Manufacture of Wood, Bamboo, Rattan, Palm and Straw Products Products				59
家具制造业	Manufacture of Furniture				79
造纸及纸制品业	Manufacture of Paper and Paper Products				94
印刷业和记录媒介的复制业	Printing,Reproduction of Recording Media				216
文教、工美、体育和娱乐用品制造业	Manufacture of Articles for Culture, Education and Sport Activities				46

2-1 续表 4 continued

单位:个 (unit)

项目	Item	法人单位 Judicial Entities	企业法人 Enter-prises	事业法人 Insti-tutions
石油加工、炼焦及核燃料加工业	Processing of Petroleum,Coking and Nuclear Fuel	66	66	
化学原料及化学制品制造业	Manufacture of Raw Chemical Materials and Chemical Products	442	442	
医药制造业	Manufacture of Medicines	49	49	
化学纤维制造业	Manufacture of Chemical Fibers	2	2	
橡胶和塑料制品业	Manufacture of Rubber and Plastics	247	247	
非金属矿物制品业	Manufacture of Non-metallic Mineral Products	1276	1276	
黑色金属冶炼和压延加工业	Smelting and Pressing of Ferrous Metals	240	240	
有色金属冶炼和压延加工业	Smelting and Pressing of Non-ferrous Metals	73	73	
金属制品业	Manufacture of Metal Products	366	366	
通用设备制造业	Manufacture of General Purpose Machinery	239	239	
专用设备制造业	Manufacture of Special Purpose Machinery	172	172	
汽车制造业	Manufacture of Automotive	30	30	
铁路、船舶、航空航天和其他运输设备制造业	Manufacture of Railways, Shipbuilding, Aerospace and Other Transportation Equipment	9	9	
电气机械及器材制造业	Manufacture of Electrical Machinery and Equipment	126	126	
计算机、通信和其他电子设备制造业	Manufacture of Computers,Communication Equipment and Other Electronic Equipment	12	12	
仪器仪表及文化、办公用机械制造业	Manufacture of Measuring Instruments and Machinery for Cultural Activity and Office Work	40	40	
其他制造业	Other Manufacturing	67	67	
废弃资源综合利用业	Recycling and Disposal of Waste	19	19	
金属制品、机械和设备修理业	Repairing of Metal products,Machinery and Equipment	29	29	
电力、煤气及水的生产和供应业	**Production and Supply of Electricity,Gas and Water**	**274**	**269**	**3**
电力、热力的生产和供应业	Production and Supply of Electric Power and Heat Power	175	174	
燃气生产和供应业	Production and Supply of Gas	39	39	
水的生产和供应业	Production and Supply of Water	60	56	3
建筑业	**Construction**	**1502**	**1502**	
房屋建筑业	Construction of Buildings	432	432	
土木工程建筑业	Consturction of Civil Engineering	270	270	
建筑安装业	Building Installation	242	242	
建筑装饰和其他建筑业	Building Decoration and Other Construction	558	558	
批发和零售业	**Wholesale and Retail Trades**	**11300**	**11300**	
批发业	Wholesale Trade	6023	6023	
零售业	Retail Trade	5277	5277	

2-1 续表 5 continued

单位:个 (unit)

项目	Item	机关法人 Government Agencies and Organizations	社团法人 Mass Organizations	其他法人 Others	产业活动单位 Establishments
石油加工、炼焦及核燃料加工业	Processing of Petroleum,Coking and Nuclear Fuel				65
化学原料及化学制品制造业	Manufacture of Raw Chemical Materials and Chemical Products				449
医药制造业	Manufacture of Medicines				52
化学纤维制造业	Manufacture of Chemical Fibers				2
橡胶和塑料制品业	Manufacture of Rubber and Plastics				247
非金属矿物制品业	Manufacture of Non-metallic Mineral Products				1300
黑色金属冶炼和压延加工业	Smelting and Pressing of Ferrous Metals				242
有色金属冶炼和压延加工业	Smelting and Pressing of Non-ferrous Metals				78
金属制品业	Manufacture of Metal Products				368
通用设备制造业	Manufacture of General Purpose Machinery				241
专用设备制造业	Manufacture of Special Purpose Machinery				173
汽车制造业	Manufacture of Automotive				30
铁路、船舶、航空航天和其他运输设备制造业	Manufacture of Railways, Shipbuilding, Aerospace and Other Transportation Equipment				9
电气机械及器材制造业	Manufacture of Electrical Machinery and Equipment				127
计算机、通信和其他电子设备制造业	Manufacture of Computers,Communication Equipment and Other Electronic Equipment				14
仪器仪表及文化、办公用机械制造业	Manufacture of Measuring Instruments and Machinery for Cultural Activity and Office Work				40
其他制造业	Other Manufacturing				69
废弃资源综合利用业	Recycling and Disposal of Waste				19
金属制品、机械和设备修理业	Repairing of Metal products,Machinery and Equipment				29
电力、煤气及水的生产和供应业	**Production and Supply of Electricity,Gas and Water**			**2**	**336**
电力、热力的生产和供应业	Production and Supply of Electric Power and Heat Power			1	224
燃气生产和供应业	Production and Supply of Gas				42
水的生产和供应业	Production and Supply of Water			1	70
建筑业	**Construction**				1791
房屋建筑业	Construction of Buildings				645
土木工程建筑业	Consturction of Civil Engineering				312
建筑安装业	Building Installation				260
建筑装饰和其他建筑业	Building Decoration and Other Construction				574
批发和零售业	**Wholesale and Retail Trades**				**12329**
批发业	Wholesale Trade				6372
零售业	Retail Trade				5957

2-1 续表 6 continued

单位:个 (unit)

项目	Item	法人单位 Judicial Entities	企业法人 Enterprises	事业法人 Institutions
交通运输、仓储和邮政业	**Transport,Storage and Post**	**783**	**737**	**30**
铁路运输业	Railway Transport	4	4	
道路运输业	Road Transport	531	496	27
水上运输业	Water Transport	7	7	
航空运输业	Air Transport	9	8	1
管道运输业	Transport Via Pipelines	1	1	
装卸搬运和运输代理业	Loading,Unloading and Transportation	108	105	
仓储业	Storage	67	64	2
邮政业	Post	56	52	
住宿和餐饮业	**Hotels and Catering Services**	**756**	**720**	3
住宿业	Hotels	360	351	1
餐饮业	Catering Services	396	369	2
信息传输、软件和信息技术服务业	**Information Transmission,Software and IT Services**	**401**	**375**	**16**
电信、广播电视和卫星传输服务	Telecommunications,Broadcasting and Transmission Services	67	57	9
互联网和相关服务	Internet and Related Services	135	127	4
软件和信息技术服务业	Software and IT Services	199	191	3
金融业	**Financial Intermediation**	**422**	**395**	**10**
货币金融服务	Monetary and Financial Services	218	204	6
资本市场服务	Capital Services	38	35	1
保险业	Insurance	66	63	1
其他金融业	Other Financial Activities	100	93	2
房地产业	**Real Estate**	**1300**	**1264**	**4**
房地产业	Real Estate	1300	1264	4
租赁和商务服务业	**Leasing and Business Serveces**	**2371**	**2121**	**94**
租赁业	Leasing	298	292	
商务服务业	Business Services	2073	1829	94
科学研究和技术服务业	**Scientific Research and Technical Service**	**870**	**554**	**271**
研究与试验发展	Research and Experimental Development	53	26	20
专业技术服务业	Professional Technical Services	589	431	144
科技推广和应用服务业	Services of Science and Technology Promotion and Applications	228	97	107

2-1 续表 7 continued

单位:个 (unit)

项目	Item	机关法人 Government Agencies and Organizations	社团法人 Mass Organi-zations	其他法人 Others	产业活动单位 Establ-ishments
交通运输、仓储和邮政业	**Transport,Storage and Post**			**16**	**1011**
铁路运输业	Railway Transport				4
道路运输业	Road Transport			8	658
水上运输业	Water Transport				8
航空运输业	Air Transport				9
管道运输业	Transport Via Pipelines				1
装卸搬运和运输代理业	Loading,Unloading and Transportation Agency			3	108
仓储业	Storage			1	78
邮政业	Post			4	145
住宿和餐饮业	**Hotels and Catering Services**			**33**	**809**
住宿业	Hotels			8	381
餐饮业	Catering Services			25	428
信息传输、软件和信息技术服务业	**Information Transmission,Software and IT Services**			**10**	**557**
电信、广播电视和卫星传输服务	Telecommunications,Broadcasting and Transmission Services			1	215
互联网和相关服务	Internet and Related Services			4	137
软件和信息技术服务业	Software and IT Services			5	205
金融业	**Financial Intermediation**	**4**		**13**	**1535**
货币金融服务	Monetary and Financial Services	4		4	1174
资本市场服务	Capital Services			2	38
保险业	Insurance			2	220
其他金融业	Other Financial Activities			5	103
房地产业	**Real Estate**			**32**	**1332**
房地产业	Real Estate			32	1332
租赁和商务服务业	**Leasing and Business Serveces**			**156**	**2479**
租赁业	Leasing			6	313
商务服务业	Business Services			150	2166
科学研究和技术服务业	**Scientific Research and Technical Service**			**45**	**1218**
研究与试验发展	Research and Experimental Development			7	54
专业技术服务业	Professional Technical Services			14	707
科技推广和应用服务业	Services of Science and Technology Promotion and Applications			24	457

2-1 续表 8 continued

单位:个 (unit)

项目	Item	法人单位 Judicial Entities	企业法人 Enterprises	事业法人 Institutions
水利、环境和公共设施管理业	**Management of Water Conservancy, Environment and Public Facilities**	**312**	**149**	**152**
水利管理业	Management of Water Conservancy	97	12	80
生态保护和环境治理业	Ecological Protection and Environmental Management	36	9	24
公共设施管理业	Management of Public Facilities	179	128	48
居民服务、修理和其他服务业	**Services to Households,Repair and Other Services**	**789**	**729**	**9**
居民服务业	Services to Households	207	175	6
机动车、电子产品和日用产品修理业	Repairing of Motor Vehicles, Electronics and Households	376	366	
其他服务业	Other	206	188	3
教 育	**Education**	**1424**	**92**	**977**
教育	Education	1424	92	977
卫生和社会工作	**Health and Social Works**	**794**	**95**	**387**
卫生	Health	746	95	361
社会工作	Social Security	48		26
文化、体育和娱乐业	**Culture,Sports and Entertainment**	**769**	**531**	**169**
新闻出版业	Journalism and Publishing Activities	31	9	19
广播、电视、电影和影视录音制作业 作业	Broadcasting,Movies,Television and Audiovisual Activities	53	32	21
文化艺术业	Cultural and Art Activities	145	20	109
体育	Sports Activities	59	15	17
娱乐业	Entertainment	481	455	3
公共管理、社会保障和社会组织	**Public Management,Social Security and Social Organization**	**11026**		**658**
中国共产党机关	Organs of Communist Party of China	188		4
国家机构	Government Agencies	1840		605
人民政协和民主党派	People′s Political Consultative Conference and Democratic Parties	67		1
社会保障	Social Security	45		44
群众团体、社会团体和其他成员组织	Non-governmental Organizations,Social Organizations and Other Organizations	6167		4
基层群众自治组织	Grass Roots Self-governing Organizations	2719		

2-1 续表 9 continued

单位:个 (unit)

项目	Item	机关法人 Government Agencies and Organizations	社团法人 Mass Organi-zations	其他法人 Others	产业活动单位 Establ-ishments
水利、环境和公共设施管理业	**Management of Water Conservancy, Environment and Public Facilities**		**1**	**10**	**527**
水利管理业	Management of Water Conservancy			5	280
生态保护和环境治理业	Ecological Protection and Environmental Management		1	2	38
公共设施管理业	Management of Public Facilities			3	209
居民服务、修理和其他服务业	**Services to Households,Repair and Other Services**			**51**	**822**
居民服务业	Services to Households			26	228
机动车、电子产品和日用产品修理业	Repairing of Motor Vehicles, Electronics and Households			10	385
其他服务业	Other Services			15	209
教 育	**Education**			355	3058
教育	Education			355	3058
卫生和社会工作	**Health and Social Works**		**3**	**309**	**1114**
卫生	Health			290	1042
社会工作	Social Security		3	19	72
文化、体育和娱乐业	**Culture,Sports and Entertainment**	1	**15**	**53**	**960**
新闻出版业	Journalism and Publishing Activities			3	34
广播、电视、电影和影视录音制作业	Broadcasting,Movies,Television and Audiovisual Activities				72
文化艺术业	Cultural and Art Activities			16	301
体育	Sports Activities		15	12	64
娱乐业	Entertainment	1		22	489
公共管理、社会保障和社会组织	**Public Management,Social Security and Social Organization**	**1485**	**2281**	**6602**	**13099**
中国共产党机关	Organs of Communist Party of China	184			220
国家机构	Government Agencies	1235			3707
人民政协和民主党派	People's Political Consultative Conference and Democratic Parties	66			82
社会保障	Social Security			1	83
群众团体、社会团体和其他成员组织	Non-governmental Organizations,Social Organizations and Other Organizations		2281	3882	6287
基层群众自治组织	Grass Roots Self-governing Organizations			2719	2720

2-1 续表 10 continued

单位:个 (unit)

项目	Item	法人单位 Judicial Entities	企业法人 Enterprises	事业法人 Institutions	机关法人 Government Agencies and Organizations	社团法人 Mass Organizations	其他法人 Others	产业活动单位 Establishments
按地区分组	**Grouped by Region**	**43817**	**28799**	**2842**	**1490**	**2300**	**8386**	**51994**
银川市	**Yinchuan**	**18516**	**14785**	**903**	**448**	**920**	**1460**	**20726**
兴庆区	Xingqing	8491	7359	395	138	265	334	9289
西夏区	Xiaxia	1682	1280	111	36	96	159	1910
金凤区	Jinfeng	2854	2291	153	128	49	233	3081
永宁县	Yongning	1568	1078	79	52	208	151	1925
贺兰县	Helan	2267	1644	83	48	170	322	2540
灵武市	Lingwu	1654	1133	82	46	132	261	1981
石嘴山市	**Shizuishan**	**5384**	**3801**	**383**	**223**	**256**	**721**	**6234**
大武口区	Dawukou	2330	1739	168	121	150	152	2538
惠农区	Huinong	1235	881	93	44	48	169	1565
平罗县	Pingluo	1819	1181	122	58	58	400	2131
吴忠市	**Wuzhong**	**7411**	**4381**	**536**	**297**	**422**	**1775**	**9189**
利通区	Litong	3017	2034	122	100	199	562	3602
红寺堡区	Hongsipu	350	200	28	39	12	71	508
盐池县	Yanchi	911	592	112	48	29	130	1139
同心县	Tongxin	1615	587	173	54	16	785	1955
青铜峡市	Qingtongxia	1518	968	101	56	166	227	1985
固原市	**Guyuan**	**5874**	**2326**	**537**	**325**	**268**	**2418**	**7918**
原州区	Yuanzhou	1945	944	181	111	42	667	2391
西吉县	Xiji	1538	504	116	60	21	837	2126
隆德县	Longde	684	290	86	50	72	186	1066
泾源县	Jingyuan	685	219	74	47	24	321	913
彭阳县	Pengyang	1022	369	80	57	109	407	1422
中卫市	**Zhongwei**	**6632**	**3506**	**483**	**197**	**434**	**2012**	**7927**
沙坡头区	Shapotou	3196	2113	206	84	184	609	3540
中宁县	Zhongning	1817	972	178	62	110	495	2165
海原县	Haiyuan	1619	421	99	51	140	908	2222

注:本表资料根据基本单位名录库 2012 年年报结果加工整理。

a)Data in this table have been arranged according to the basic units directory 2012

2-2 主要年份平均每天主要社会经济活动

指 标	Item	1952
每天创造的财富	**Daily Production**	
地区生产总值(万元)	Gross Domestic Product (10000 yuan)	47.27
第一产业	Primary Industry	39.07
第二产业	Secondary Industry	2.19
工业	Industry	1.91
建筑业	Construction	0.27
第三产业	Tertiary Industry	6.01
交通运输仓储和邮电业	Transport,Storage and Post Services	1.09
批发和零售业、住宿和餐饮业	Wholesale , RetailTrades , Hoteling andCatering Services	1.91
地方公共财政收入(万元)	Local Government Revenue (10000 yuan)	7.57
粮食(吨)	Grain(ton)	1296.04
油料(吨)	Oil-bearing Crops(ton)	71.19
肉类(吨)	Meat(ton)	
水产品(吨)	Aquatic Products(ton)	
原煤(万吨)	Coal(10 000 tons)	0.02
发电量(万千瓦小时)	Electricity(10000kwh)	0.19
钢材(吨)	Rolled Steel(ton)	
铝(吨)	Aluminum(ton)	
水泥(吨)	Cement(ton)	

Selected Indicators on Average Daily Social and Economic Activities in Main Years

	1978	1990	2000	2010	2011	2012	2013
47.27	356.06	1776.44	8060.63	46291.78	57594.79	63969.67	70275.60
39.07	83.91	461.43	1257.65	4364.11	5044.93	5448.09	6089.86
2.19	180.93	694.31	3317.82	22682.47	28935.62	31676.78	34656.44
1.91	153.11	583.32	2642.19	17617.81	22377.81	24006.28	25876.71
0.27	27.82	110.99	675.63	5064.66	6557.81	7670.49	8779.73
6.01	91.21	620.69	3485.16	19245.21	23614.25	26844.81	29529.32
1.09	18.19	95.61	807.36	5503.84	4769.86	5368.58	5517.53
1.91	26.31	145.75	716.81	3301.37	4031.23	4571.86	4874.79
7.57	86.58	170.70	570.53	4206.87	6026.76	7211.94	8447.61
1296.04	3204.96	5252.14	6905.52	9767.40	9834.17	10246.82	10230.16
71.19	70.35	171.05	190.98	571.10	504.38	492.68	460.49
	33.57	185.18	519.17	710.13	691.79	725.04	750.68
	0.55	27.99	101.32	246.67	288.83	337.54	397.07
0.02	2.74	3.95	4.33	18.12	21.73	23.54	24.11
0.19	452.33	1533.15	3742.74	16049.86	25671.98	27483.88	31259.45
	76.16	130.14	153.15	904.93	2096.14	2981.97	4105.21
	50.14	164.66	320.27	2507.12	3242.72	4162.57	4103.29
	757.81	2623.01	7678.08	37190.41	39875.60	43860.38	52446.03

2-2 续表 1

指　标	Item
每天消费量	**Daily Consumption**
最终消费(万元)	Final Consumption Expenditure(10000 yuan)
居民消费	Household Consumption Expenditure
农村居民	Rural Household
城镇居民	Urban Household
政府消费	Government Consumption Expenditure
能源消耗量(万吨标准煤)	Energy Consumption (10000 tons of SCE)
社会消费品零售总额(万元)	Total Retail Sales of Consumer Goods(10 000 yuan)
每天其他经济活动	**Other Daily Economic Activities**
资本形成总额(万元)	Gross Capital Formation (10000 yuan)
固定资产形成	Gross Fixed Capital Formation
存货增加	Changes in Inventories
旅客周转量(万人公里)	Passenger-kilometers(10 000 passenger-km)
货物周转量(万吨公里)	Freight Ton-kilometers(10 000 ton-km)
邮电业务总量(万元)	Business Volume of Postal and Telecommunication Services(10 000 yuan)
进出口总额(万美元)	Total Value of Imports and Exports(USD 10 000)
出口总额	Total Export
进口总额	Total Import
实际利用外资(万美元)	Foreign Capital Actually Utilized(USD 10 000)
接待海外旅游人数(人)	Number of Overseas Visitor Arrivals(person-time)
居民新增储蓄额(万元)	Newly Increased Saving Deposits(10 000 yuan)
每天人口变动和婚姻	**Daily Population Changes and Marriages**
出生(人)	Births(person)
死亡(人)	Deaths(person)
结婚(对)	Marriages(couples)
离婚(对)	Divorces(couples)

注:本表价值指标除邮电业务总量按不变价格计算外,其余均按当年价格计算。

continued

1952	1978	1990	2000	2010	2011	2012	2013
37.70	270.41	1311.51	5297.54	22600.27	27950.14	32350.00	36714.52
35.79	208.49	928.22	3701.91	15497.26	19063.84	21306.01	24132.05
28.69	133.15	490.68	1440.98	3556.44	4543.29	5211.20	6125.21
7.10	75.34	437.53	2260.93	11940.82	14520.55	16094.81	18006.85
1.91	61.92	383.29	1595.63	7103.01	8886.30	11043.99	12582.47
		1.94	3.17	10.23	13.10	13.55	14.41
	138.14	693.26	2747.04	11057.31	13084.42	14995.47	16726.42
	247.67	1019.73	4766.94	42829.04	48070.68	57017.76	63950.68
	217.81	697.81	4393.99	40820.82	45292.88	53748.09	60903.56
	29.86	321.92	372.95	2008.22	2777.81	3269.67	3047.12
4.05	121.16	526.12	1572.67	3188.54	3669.64	3937.24	3542.27
10.40	1540.33	2049.02	6061.82	23175.31	26354.96	29094.80	23950.02
0.21	3.19	11.94	392.88	4278.82	1584.72	1794.21	1963.77
	8.12	23.26	121.35	537.12	626.23	605.65	881.62
	6.22	21.04	89.69	320.62	438.20	448.40	699.30
	1.89	2.22	31.66	216.50	188.03	157.24	182.32
		2.95	24.91	63.49	93.77	95.37	55.85
		5.34	21.39	49.29	53.37	51.90	69.47
	3.60	244.78	484.92	5548.91	5099.86	8965.25	5681.23
187.88	273.95	310.88	247.95	243.78	237.92	233.07	233.89
84.49	52.52	70.57	68.74	87.97	81.57	76.11	80.22
		100.39	97.57	165.01	168.49	165.85	174.90
		9.68	16.88	24.21	26.06	29.49	31.61

a)Figures in value terms in this table are calculated at current prices,except that on the business transaction of postal and telecommunication services.

2-3 国民经济与社会发展总量指标

指 标	Item	单位	Unit
人口与就业	**Population and Employment**		
人口	**Population**		
年末总人口	Population at Year-end	万人	10 000 persons
回族人口	Hui Ethnic	万人	10 000 persons
城镇人口	Urban	万人	10 000 persons
乡村人口	Rural	万人	10 000 persons
男性人口	Male	万人	10 000 persons
女性人口	Female	万人	10 000 persons
出生率	Birth Rate	‰	‰
死亡率	Death Rate	‰	‰
自然增长率	Natural Growth Rate	‰	‰
就业	**Employment**		
年末就业人员数	Employment at Year-end	万人	10 000 persons
职工人数	Staff and Workers	万人	10 000 persons
城镇登记失业率	Registered Unemployment Rate in Urban Areas	%	%
宏观经济	**Macro Economy**		
国民经济核算	**National Accounting**		
地区生产总值	Gross Domestic Product	亿元	100 million yuan
第一产业	Primary Industry	亿元	100 million yuan
第二产业	Secondary Industry	亿元	100 million yuan
第三产业	Tertiary Industry	亿元	100 million yuan
人均生产总值	Per Capita GDP	元/人	yuan/person
固定资产投资	**Investment in Fixed Assets**		
全社会固定资产投资总额	Total Investment in Fixed Assets	亿元	100 million yuan
国有经济	State-owned Economy	亿元	100 million yuan
集体经济	Collective-owned Economy	亿元	100 million yuan
私营个体经济	Private Economy	亿元	100 million yuan
全社会施工房屋面积	Floor Space of Buildings under Construction	万平方米	10 000 sq.m
全社会竣工房屋建筑面积	Floor Space of Buildings Completed	万平方米	10 000 sq.m
财政、金融	**Government Finance and Financial Intermediation**		
地方财政收入	Local Financial Revenue	亿元	100 million yuan
地方财政支出	Local Financial Expenditure	亿元	100 million yuan

Principal Aggregate Indicators on National Economic and Social Development

1978	1985	1990	2000	2010	2011	2012	2013
355.58	414.62	465.68	554.32	632.96	639.45	647.19	654.19
109.47	133.76	153.89	191.01	219.18	228.67	230.12	232.90
73.03	146.45	192.40	180.39	303.57	318.56	327.96	340.28
282.55	268.17	273.28	373.94	329.39	320.90	319.23	313.92
184.17	213.73	239.69	283.96	324.33	326.84	328.58	334.51
171.41	200.89	225.99	270.36	308.62	312.61	318.61	319.69
28.48	17.18	24.34	16.49	14.14	13.65	13.26	13.12
5.46	3.88	5.52	4.57	5.10	4.68	4.33	4.50
23.02	13.30	18.82	11.92	9.04	8.97	8.93	8.62
135.6	177.4	211.1	275.5	326.0	339.6	344.5	351.30
43.3	55.8	67.4	63.8	54.7	56.5	62.8	67.20
4.94	3.10	5.44	4.60	4.40	4.24	4.18	4.06
13.00	30.27	64.84	295.02	1689.65	2102.21	2341.29	2565.06
3.06	8.90	16.84	46.03	159.29	184.14	199.40	222.28
6.60	12.12	25.34	121.43	827.91	1056.15	1159.37	1264.96
3.34	9.25	22.66	127.56	702.45	861.92	982.52	1077.82
370	737	1393	5376	26860	33043	36394	39421
4.27	13.63	21.96	160.82	1464.70	1654.15	2109.52	2681.14
4.22	11.29	17.51	101.17	610.18	718.52	716.51	1000.24
0.05	1.00	1.26	5.70	3.40	2.34	4.91	22.52
	1.34	3.19	22.63	373.07	507.77	873.88	1176.54
116	764	539	1019	4800	6323	7544	10098
67	577	459	1069	1494	1658	1780	1782
3.16	2.91	6.23	20.82	153.55	219.98	263.96	308.34
5.78	9.85	14.96	60.84	557.53	705.91	864.36	922.48

2-3 续表 1

指 标	Item	单位	Unit
全区金融机构存款余额	Deposits of Financial Institutions	亿元	100 million yuan
全区金融机构贷款余额	Loans of Financial Institutions	亿元	100 million yuan
保险公司保费	Insurance Premium of Insurance Companies	亿元	100 million yuan
保险公司赔款及给付	Indemnity Expenditure and Payment of Insurance Companies	亿元	100 million yuan
物价总指数(以上年为 100)	**Price Indices(preceding year=100)**		
居民消费价格指数	Consumer Price Index	%	%
商品零售价格指数	Retail Price Index	%	%
农业生产资料价格指数	Agricultural Production Index	%	%
工业生产者出厂价格指数	Producer Price Index for Manufactured Goods	%	%
原材料、燃料、动力购进价格指数	Purchasing Price Index for Raw Material,Fuel and Power	%	%
固定资产投资价格指数	Price Index for Investment in Fixed Assets	%	%
能源生产与消耗	**Production and Consumption of Energy**		
一次能源生产量	Primary Energy Production	万吨标准煤	10 000 tons of SCE
能源消耗总量	Total Energy Consumption	万吨标准煤	10 000 tons of SCE
农 业	**Agriculture**	亿元	100 million yuan
耕地面积	Area of Cultivated Land	万公顷	10 000 hectares
乡村从业人员	Rural Employed Persons	万人	10 000 persons
农林牧渔业总产值	Gross Output Value of Agriculture,Forestry,Animal Husbandry and Fishery	亿元	100 million yuan
主要农产品产量	Output of Major Farm Products		
粮 食	Grain	万吨	10 000 tons
油 料	Oil-bearing Crops	万吨	10 000 tons
肉类总产量	Meat	万吨	10 000 tons
猪牛羊肉	Pork,Beef and Mutton	万吨	10 000 tons
羊 毛	Wool	吨	ton
羊 绒	Cashmere	吨	ton
水产品产量	Aquatic Products	万吨	10 000 tons
水 果	Fruits	万吨	10 000 tons
工 业	**Industry**		
工业总产值	Gross Output Value of Industry	亿元	100 million yuan
轻工业	Light Industry	亿元	100 million yuan
重工业	Heavy Industry	亿元	100 million yuan

注:2005 年起工业数据为规模以上工业口径。

continued

1978	1985	1990	2000	2010	2011	2012	2013
5.49	19.12	55.78	396.49	2573.64	2966.87	3495.41	3868.47
7.18	22.59	76.66	383.23	2398.70	2860.58	3339.58	3947.29
	0.08	0.41	5.05	52.75	55.34	62.69	72.70
	0.02	0.13	1.02	11.68	14.75	19.99	24.04
100.6	108.6	107.1	99.6	104.1	106.3	102.0	103.4
100.0	107.8	104.2	97.6	103.2	105.3	101.0	102.4
	103.8	105.6	96.0	104.4	114.0	107.6	101.6
			103.6	109.1	109.5	97.4	96.0
			105.8	114.1	112.8	101.3	96.1
			104.5	104.2	107.5	101.5	99.8
806.40	973.10	1115.20	1362.70	4912.38	5859.01	6235.68	6439.07
	420.40	707.30	1162.00	3732.77	4782.14	4960.84	5260.14
89.1	79.5	79.6	129.3	113.5	113.3	110.4	
92.36	120.48	140.93	197.91	218.03	218.57	214.29	216.17
4.81	12.02	24.69	77.75	305.94	354.68	385.15	430.00
116.98	139.53	191.70	252.74	356.51	358.95	375.03	373.40
2.57	5.34	6.24	6.99	20.85	18.41	18.03	16.81
1.23	3.49	6.76	19.00	25.70	25.25	26.54	27.40
1.23	3.36	6.28	15.94	23.36	22.66	24.09	24.80
2106	3443	4070	5418	7424	8235	9113	10081
129	88	158	364	378	448	450	476
0.02	0.21	1.02	3.70	9.00	10.54	12.35	14.49
1.83	3.54	5.52	19.32	64.92	72.47	80.47	84.52
13.85	24.30	64.74	293.94	1924.39	2491.44	3024.00	3502.31
3.45	7.27	17.96	68.37	315.31	358.09	424.35	519.53
10.40	17.03	46.79	225.57	1609.08	2133.36	2599.65	2982.79

a)From 2005,data of industry refers to enterprises above designated size.

2-3 续表 2

指 标	Item	单位	Unit
主要工业产品产量	**Output of Major Industrial Products**		
原 煤	Coal	万吨	10 000 tons
发电量	Electricity	亿千瓦小时	10 000 million kwh
钢 材	Rolled Steel	万吨	10 000 tons
铝	Aluminum	万吨	10 000 tons
轮胎外胎	Tires	万条	10 000 tires
合成氨	Synthetic Ammonia	万吨	10 000 tons
农用化肥(折纯)	Chemical Fertilizers	万吨	10 000 tons
水 泥	Cement	万吨	10 000 tons
建筑业	**Construction**		
建筑业企业从业人员	Number of Employed Persons	人	person
建筑业总产值	Gross Output Value	亿元	100 million yuan
交通运输业	**Transportation**		
货物周转量	Freight Ton-kilometers	百万吨公里	million ton-km
铁 路	Railways	百万吨公里	million ton-km
公 路	Highways	百万吨公里	million ton-km
旅客周转量	Passenger-kilometers	万人公里	10 000 passenger-km
铁 路	Railways	万人公里	10 000 passenger-km
公 路	Highways	万人公里	10 000 passenger-km
邮电通讯业	**Postal and Telecommunication Services**		
邮电业务总量	Business Volume of Postal and Telecommunication Services	万元	10 000 yuan
函件	Number of Letters Delivered	万件	10 000 pcs
报刊期发数	Number of Newspapers and Magazines Distributed	万件	10 000 pcs
本地电话年末用户	Number of Telephone Subscribers at Year-end	万户	10 000 subscribers
移动电话用户	Mobile Telephone	万户	10 000 subscribers
国际互联网络用户	Number of Internet Subscribers	万户	10 000 subscribers

continued

1978	1985	1990	2000	2010	2011	2012	2013
999.00	1213.69	1443.10	1581.00	6613.61	7932.29	8597.66	8798.68
16.51	24.14	55.96	136.61	585.82	937.03	1005.91	1140.97
2.78	3.88	4.75	5.59	33.03	76.51	109.14	149.84
1.83	2.92	6.01	11.69	91.51	118.36	152.35	149.77
30.09	34.34	63.50	193.32	210.44	188.38	141.91	165.89
6.77	9.20	34.32	73.49	100.74	115.89	115.79	112.94
5.30	6.71	27.74	59.52	95.17	92.66	87.99	70.30
27.66	61.62	95.74	280.25	1357.45	1455.46	1605.29	1914.28
	53422	54367	83980	98258	102535	91235	114841
1.32	3.94	7.16	56.24	343.37	428.94	468.04	570.23
5622	6197	7479	22186	84590	96196	106487	87418
5349	5192	5980	15945	27664	32227	36774	36475
273	796	1259	5686	53827	60812	70012	50943
44223	121000	192033	575597	1163818	1339417	1441031	1292930
23208	45392	46810	244662	330502	411057	411493	445080
21015	75608	145223	313768	653115	723666	796893	583405
1165	1908	4358	143401	1561770	578421	656680	716777
1169	1792	2054	2021	2088	1411	1146	916
45.0	125.1	85.4	61.7	54.9	52.8	59.0	60.0
0.68	2.73	5.11	90.45	562.70	633.30	710.40	731.89
			20.44	450.80	524.80	605.44	627.20
			3.44	48.80	53.94	60.91	71.14

2-3 续表 3

指 标	Item	单位	Unit
批发零售贸易餐饮业	**Wholesale and Retail Trade and Catering Services**		
社会消费品零售总额	Total Retail Sales of Consumer Goods	亿元	100 million yuan
对外贸易	**Foreign Trade**		
进出口总额	Total Value of Imports and Exports	万美元	USD 10 000
出口额	Exports	万美元	USD 10 000
进口额	Imports	万美元	USD 10 000
旅游业	**Tourism**		
接待海外旅游人数	Number of Oversea Visitors	人	person
旅游外汇总收入	Foreign Exchange Earnings from International Tourism	万元	10 000 yuan
利用外资	**Utilization of Foreign Capital**		
签订利用外资协议额	Total Amount of Agreements and Contracts	万美元	USD 10 000
实际利用外资额	Foreign Investment Actually Utilized	万美元	USD 10 000
教育、科技、文化、卫生	**Education,Science and Technology,Culture and Health Care**		
教 育	**Education**		
高等学校在校学生数	Students Enrollment of Higher Education	人	person
中等职业教育在校学生数	Students Enrollment of Specialized Secondary Schools	人	person
普通中学在校学生数	Students Enrollment of Regular Junior Secondary Schools	万人	10 000 persons
小学在校学生数	Students Enrollment of Primary Schools	万人	10 000 persons
科 技	**Science and Teconology**		
研究与试验发展人员全时当量	Number of Scientists and Engineers	人年	man-year
研究与试验发展经费内部支出	Expenditures on Research and Development	万元	10 000 yuan
文 化	**Culture**		
图书出版数量	Number of Books Published	万册	10 000 copies
报纸出版数	Number of Newspaper Published	万份	10 000 copies
卫 生	**Health Care**		
医疗卫生机构数	Number of Health Care Institutions	个	unit
医院病床数	Beds in Health Care Institutions	张	bed
卫生技术人员	Medical Technical Personnel	人	person
家庭、生活、环境	**Family,People´s Living Conditions and Environment**		
家 庭	**Family**		
家庭总户数	Number of Family Household	万户	household
平均每户家庭人口	Average Family Size	人	person

注：医疗卫生机构数 2000 年数据不包括诊所、医务室、社区服务站，2011 年以后的数据包括村卫生室。

continued

1978	1985	1990	2000	2010	2011	2012	2013
5.04	13.15	25.30	100.54	403.59	477.58	548.83	610.51
2962	5426	8491	44292	196049	228573	221667	321791
2271	3416	7679	32736	117026	159943	164116	255246
691	2010	812	11556	79023	68630	57551	66545
		1950	7807	17990	19479	18994	25357
		175	2252	4067	4026	3443	7483
	344	268	11067	55210	38687	43601	47829
	99	1077	9091	23175	34226	34809	20384
2890	6425	7992	17163	83415	91383	100188	108463
5198	19845	23257	32862	102659	112500	104757	93950
23.29	23.79	28.44	31.83	44.91	44.74	45.03	44.99
61.30	65.42	66.73	65.74	65.37	64.33	61.81	60.39
			2519	6378	7359	8073	8403
			17335	115101	153183	182304	210325
1136	2206	1890	1649	1906	2082	2737	3541
	3855	4561	6136	10806	10045	8878	13839
825	1057	1163	1361	1583	4143	4136	4230
6962	8640	10045	13229	20258	22114	23509	30320
10913	15528	19175	19171	29744	32054	34265	37350
66.80	80.83	100.91	140.60	195.48	197.41	196.71	202.09
5.52	5.13	4.61	3.98	3.28	3.24	3.29	3.24

a)Data of health care institutions in 2000,do not include clinics,health centers and community health service centers.

2-3 续表 4

指 标	Item	单位	Unit
婚 姻	**Marriages and Divorces**		
结婚登记总数	Registered Number of Marriages	对	couple
离婚总数	Number of Divorces	对	couple
生 活	**People´s Living Conditions**		
城镇职工工资总额	Total Wages Bill of Staff and Workers in Urban Area	亿元	100 million yuan
城镇职工年平均工资	Annual Average Wage of Staff and Workers in Urban Area	元	yuan
城镇居民人均可支配收入	Annual Per Capita Disposable Income of Urban Households	元	yuan
城镇居民人均消费支出	Annual Per Capital Consumption Expenditure of Urban Households	元	yuan
农民人均纯收入	Annual Per Capital Net Income of Rural Households	元	yuan
农民人均生活消费支出	Annual Per Capita Living Expenditure of Rural Households	元	yuan
城乡居民储蓄存款余额	Per Capita Balance of Saving Deposit	亿元	100 million yuan
居 住	**Housing**		
城镇人均建筑面积	Per Capita Gross Living Space in Urban Areas	平方米	sq.m
农村人均居住面积	Per Capita Net Income of Rural Residents	平方米	sq.m
市政建设	**Municipal Works**		
自来水供应量	Annual Supply of Tap Water	万吨	10 000 tons
下水道长度	Length of Sewer Pipelines	公里	km
城市液化气供应量	Volume of Liquefied Gas Supply in Cities	万吨	10 000 tons
城市天然气供应量	Volume of Natural Gas Supply in Cities	万立方米	10 000 cu.m
年末公交车运营车数	Number of Public Vehicles under Operation at Year-end	辆	unit
出租车数	Number of Taxis	辆	unit
铺装道路面积	Areas of Paved Roads	万平方米	10 000 sq.m
绿地面积	Areas of Green Land	公顷	hectare
环境、灾害	**Environment and Disaster**		
当年施工污染治理项目数	Number of Projects for Pollution Treatment	个	unit
治污项目本年完成投资额	Total Investment in the Treatment of Environmental Pollution	万元	10 000 yuan
火灾发生数	Number of Fire Disasters	起	unit
火灾损失	Fire Loss	万元	10 000 yuan
交通事故发生数	Number of Traffic Accidents	起	unit
交通事故损失	Loss of Traffic Accidents	万元	10 000 yuan

注:市政建设部分统计数据来源于宁夏回族自治区建设厅。

continued

1978	1985	1990	2000	2010	2011	2012	2013
	34476	36644	35711	60229	61500	60700	63838
	2166	3533	6161	8836	9513	10794	11536
3.08	6.56	14.66	56.33	216.50	258.05	335.99	374.00
726	1206	2202	8681	39144	44574	48961	52185
346	735	1421	4912	15344	17579	19831	21833
300	645	1212	4201	11334	12896	14067	15321
116	326	594	1724	4675	5410	6180	6931
91	265	486	1417	4013	4727	5633	6465
0.90	8.04	32.80	229.35	1170.25	1351.30	1679.43	1887.23
		18.40	24.80	28.91	30.18	30.28	30.87
7.80	11.80	13.60	18.00	24.89	24.38	25.86	22.66
			25471	38945	36152	31634	35622
			480	2102	2297	2080	2348
			1.82	2.19	2.06	2.52	3.00
			56	115902	138923	194965	228234
			719	2992	3052	3528	3858
				15673	15492	15854	15986
			911	5798	6392	7220	7825
			3316	20366	21786	23477	26473
			112	21	112	60	69
		1774	18541	40896	46091	69160	165486
		276	2893	3447	3256	3291	4176
		180	688	1338	220	418	2177
		2072	11200	2050	1729	1769	1793
		332	2083	659	752	708	799

a)The data of “Municipal Works” come from Department of Construction of Ningxia Hui Autonomous Region.

2-4 国民经济与社会发展总量速度指标

指　　标	Item
人口与就业	
人　口	**Population**
年末总人口	Population at Year-end
回族人口	Hui Ethnic
从业人数	**Employment**
年末从业人数	Employment at Year-end
职工人数	Staff and Workers
地区生产总值	**Gross Domestic Product**
第一产业	Primary Industry
第二产业	Secondary Industry
第三产业	Tertiary Industry
固定资产投资	**Investment in Fixed Assets**
全社会固定资产投资总额	Total Investment in Fixed Assets
国有单位	State-owned Unit
财　政	**Government Finance**
地方财政收入	Local Government Revenue
地方财政支出	Local Government Expenditure
农　业	**Agriculture**
年末耕地面积	Area of Cultivated Land
主要农产品产量	Output of Major Farm Products
粮　食	Grain
油　料	Oil-bearing Crops
猪牛羊肉	Pork,Beaf and Mutton
水产品	Aquatic Products
工　业	**Industry**
全部工业增加值	Gross Industrial Value-added
主要工业产品产量	Output of Major Industrial Products
原　煤	Coal
发电量	Electricity

Growth Rate of Principal Aggregate Indicators on National Economic and Social Development

2013年为以下各年% 2013 as Percentage of the Following Years					平均每年增长% Average Annual Growth Rate	
1978	1990	2000	2010	2012	1979–2013	2001–2013
184.0	140.5	118.0	103.4	101.1	1.8	1.3
212.8	151.3	121.9	106.3	101.2	2.2	1.5
259.1	166.4	127.5	107.8	102.0	2.8	1.9
155.3	99.7	105.3	122.9	107.0	1.3	0.4
2803.2	973.0	420.4	137.2	109.8	10.0	11.7
695.1	299.4	201.9	116.3	104.6	5.7	5.6
4104.7	1599.0	611.5	150.6	112.5	11.2	14.9
3795.5	929.6	334.5	126.3	107.4	11.0	9.7
62790.2	12209.2	1667.2	183.1	127.1	20.2	24.2
23702.4	5712.4	988.7	163.9	139.6	16.9	19.3
9757.6	4949.3	1481.0	200.8	116.8	14.0	23.0
15959.9	6166.3	1516.2	165.5	106.7	15.6	23.3
319.2	194.8	147.8	104.7	99.6	3.4	3.1
654.0	269.4	240.5	80.6	93.2	5.5	7.0
2016.3	394.9	155.6	106.2	103.0	9.0	3.5
72465.0	1420.9	391.7	161.0	117.3	20.7	11.1
3988.2	1564.6	613.0	149.1	112.0	11.0	15.0
880.7	609.7	556.5	133.0	102.1	6.4	14.1
6910.8	2038.9	835.2	194.8	113.4	12.9	17.7

2-4 续表 1

指　标	Item
钢 材	Rolled Steel
铝	Aluminum
水 泥	Cement
运输、邮电	**Transport and Postal**
货物周转量	Freight Ton-kilometers
旅客周转量	Passenger-kilometers
批发零售贸易餐饮业	**Wholesale and Retail Trade and Catering Services**
社会消费品零售总额	Retail Sales of Consumer Goods
对外贸易	**Foreign Trade**
进出口总额	Total Value of Imports and Exports
出口额	Exports
进口额	Imports
文化、教育、卫生	**Culture,Education and Health Care**
高等院校在校学生数	Students Enrollment of Higher Education
中等职业教育在校学生数	Students Enrollment of Secondary Vocational Schools
普通中学在校学生数	Students Enrollment of Regular Junior Secondary Schools
小学在校学生数	Students Enrollment of Primary Schools
报纸出版数	Number of Newspaper Published
医疗卫生机构数	Number of Health Care Institutions
医院病床数	Beds in Health Care Institutions
卫生技术人员	Medical Technical Personnel
人民生活	**People´s Living Conditions**
农民人均纯收入	Annual Per Capita Net Income of Rural Households
农民家庭人均生活消费支出	Annual Per Capita Living Expenditure of Rural Households
城镇居民人均可支配收入	Annual Per Capita Disposable Income of Urban Households
城镇居民人均消费支出	Annual Per Capita Consumption Expenditure of Urban Households
职工年工资总额	Total Wages Bill of Staff and Workers
职工年平均工资	Annual Average Wages of Staff and Workers
居民储蓄存款余额	Balance of Saving Deposit

continued

2013年为以下各年% 2013 as Percentage of the Following Years					平均每年增长% Average Annual Growth Rate	
1978	1990	2000	2010	2012	1979–2013	2001–2013
5389.9	3154.5	2680.5	453.6	137.3	12.1	28.8
8184.2	2492.0	1281.2	163.7	98.3	13.4	21.7
6920.8	1999.5	683.1	141.0	119.2	12.9	15.9
1554.9	1168.8	394.0	103.3	82.1	8.2	11.1
2923.7	673.3	224.6	111.1	89.7	10.1	6.4
12113.3	2413.1	607.2	151.3	111.2	14.7	14.9
10864.0	3789.8	726.5	164.1	145.2	14.3	16.5
11239.4	3323.9	779.7	218.1	155.5	14.4	17.1
9630.2	8195.2	575.8	84.2	115.6	13.9	14.4
3753.0	1357.1	632.0	130.0	108.3	10.9	15.2
1807.4	404.0	285.9	91.5	89.7	8.6	8.4
193.2	158.2	141.4	100.2	99.9	1.9	2.7
98.5	90.5	91.9	92.4	97.7	–0.04	–0.6
	303.4	225.5	128.1	155.9	–	6.5
512.7	363.7	310.8	267.2	102.3	4.8	9.1
435.5	301.8	229.2	149.7	129.0	4.1	6.6
342.3	194.8	194.8	125.6	109.0	3.6	5.3
5975.0	1166.8	402.0	148.3	112.2	12.4	11.3
7104.4	1330.2	456.2	161.1	114.8	13.0	12.4
6310.1	1536.5	444.5	142.3	110.1	12.6	12.2
5107.0	1264.1	364.7	135.2	108.9	11.9	10.5
12142.9	2551.2	663.9	172.7	111.3	14.7	15.7
7188.0	2369.9	601.1	133.3	106.6	13.0	14.8
		822.9	161.3	112.4		17.6

2-5 国民经济主要比例关系

单位:%

指 标	Item
地区生产总值中三次产业比例	**Proportion of Three Industry on GDP**
第一产业	Primary Industry
第二产业	Secondary Industry
第三产业	Tertiary Industry
从业人员中三次产业比例	**Proportion of Three Industry on Employment**
第一产业	Primary Industry
第二产业	Secondary Industry
第三产业	Tertiary Industry
农业总产值中农、林、牧、渔业比例	**Proportion of Gross Output Value of Agriculture**
农 业	Farming
林 业	Forestry
牧 业	Animal Husbandary
渔 业	Fishery
农林牧渔服务业	Services for Agriculture
工业总产值中轻、重工业比例	**Proportion of Gross Output Value of Industry**
轻工业	Light Industry
重工业	Heavy Industry
工业总产值中大中小型企业比例	**Proportion of Gross Output Value of Industry**
大型企业	Large Enterprises
中型企业	Medium-sized Enterprises
小型企业	Small Enterprises
微型企业	Macro-enterprises
财政收入占地区生产总值的比例	**Proportion of Government Revenue to GDP**
科教文卫支出占财政支出的比例	**Proportion of Science,Education,Culture and Health Care to Government Expenditure**

注:按全国核算制度规定,2005 年起,农林牧渔服务业包括在第一产业中,2004 年及之前包括在第三产业中。

Major Indicators on Proportions in National Economic

(%)

1978	1980	1990	2000	2010	2011	2012	2013
100.0	**100.0**	**100.0**	**100.0**	**100.0**	**100.0**	**100.0**	**100.0**
23.6	26.7	26.0	15.6	9.4	8.8	8.5	8.7
50.8	45.6	39.1	41.2	49.0	50.2	49.5	49.3
25.6	27.7	34.9	43.2	41.6	41.0	42.0	42.0
100.0	**100.0**	**100.0**	**100.0**	**100.0**	**100.0**	**100.0**	**100.0**
69.5	70.0	62.2	57.6	49.7	48.9	48.5	47.6
18.6	17.7	18.2	18.1	16.5	16.3	16.5	17.2
11.9	12.3	19.6	24.3	33.8	34.8	35.0	35.2
100.0	**100.0**	**100.0**	**100.0**	**100.0**	**100.0**	**100.0**	**100.0**
78.7	82.5	70.9	60.5	63.8	63.0	62.4	62.5
3.1	3.8	5.3	4.0	2.8	2.6	2.5	2.3
18.1	13.6	21.9	33.1	26.8	27.5	27.5	27.9
0.1	0.1	1.9	2.4	2.6	2.9	3.5	3.1
				3.9	3.9	4.1	4.2
100.0	**100.0**	**100.0**	**100.0**	**100.0**	**100.0**	**100.0**	**100.0**
24.9	27.0	27.7	23.3	16.4	14.4	14.0	14.8
75.1	73.0	72.3	76.7	83.6	85.6	86.0	85.2
100.0	**100.0**	**100.0**	**100.0**	**100.0**	**100.0**	**100.0**	**100.0**
21.9	23.2	31.6	43.4	39.6	58.9	59.3	57.2
27.6	29.6	19.6	16.5	35.6	20.4	21.2	22.4
50.5	47.2	48.8	40.2	24.8	20.3	19.0	19.6
					0.5	0.5	0.8
24.3	**12.8**	**9.6**	**7.8**	**9.1**	**10.5**	**11.3**	**12.0**
13.5	**13.1**	**22.5**	**20.9**	**24.7**	**23.5**	**20.4**	**21.0**

a) According to the national accounting system,from 2005,the output value of services of farming,forestry,animal husbandry and fishery were included in the first industry,whice included in the tertiery industry before 2004.

2-6 按人口平均的主要经济指标

指 标	Item	单位	Unit
地区生产总值	**Gross Domestic Product**	**元**	**yuan**
农 业	**Agriculture**		
农林牧渔业总产值	Gross Output Value of Agriculture,Forestry,Animal Husbandary and Fishery	元	yuan
耕地面积	Area of Cultivated Land	亩	mu
粮食产量	Output of Grain	千克	kg
油料产量	Output of Oil-bearing Crops	千克	kg
猪牛羊肉产量	Output of Pork,Beaf and Mutton	千克	kg
水产品产量	Output of Aquatic Products	千克	kg
工 业	**Industry**		
工业总产值	Gross Output Value of Industry	元	yuan
原 煤	Coal	千克	kg
发电量	Electricity	千瓦时	kwh
钢 材	Rolled Steel	千克	kg
铝	Aluminum	千克	kg
农用化肥	Chemical Fertilizer	千克	kg
水 泥	Cement	千克	kg
财 政	**Government Finance**		
地方财政收入	Local Financial Revenue	元	yuan
地方财政支出	Local Financial Expenditure	元	yuan
全社会固定资产投资	**Total Investment in Fixed Assets**	**元**	**yuan**
社会消费品零售额	**Total Retail Sales of Consumer Goods**	**元**	**yuan**
人民生活	**People´s Living Conditions**		
职工平均工资	Annual Average Wages of Staff and Workers	元	yuan
农民人均纯收入	Annual Per Capita Net Income of Rural Residents	元	yuan
农民人均生活消费支出	Annual Per Capita Living Expenditure of Rural Households	元	yuan
城镇居民人均可支配收入	Annual Per Capita Disposable Income of Urban Households	元	yuan
城镇居民人均消费支出	Annual Per Capita Consumption Expenditure of Urban Households	元	yuan

注:本表价值指标均按当年价格计算。

Per Capita Main Indicators on Economy

1978	1980	1990	2000	2010	2011	2012	2013
370	**433**	**1393**	**5376**	**26860**	**33043**	**36394**	**39421**
137.1	173.9	530.3	1416.8	4863.3	5574.9	5986.9	6608.3
3.8	3.6	2.6	3.5	2.7	2.7	2.6	
333.2	326.3	411.8	460.5	566.7	564.2	583.0	573.9
7.3	9.8	13.4	12.7	33.1	28.9	28.0	25.8
3.5	5.2	13.5	29.0	37.1	35.6	37.4	38.1
0.1	0.1	2.2	6.7	14.3	16.6	19.2	22.3
394.4	377.3	1390.6	5356.0	30590.6	39161.0	47005.9	53824.4
2845.0	2632.0	3099.8	2880.8	10513.2	12468.1	13394.6	13522.0
470.2	526.7	1202.0	2489.2	9312.3	14728.4	15636.2	17534.7
7.9	11.2	10.2	10.2	52.5	120.3	169.7	230.3
5.2	6.1	12.9	21.3	145.5	186.0	236.8	230.2
15.1	15.1	59.6	108.5	151.3	145.7	136.8	138.8
78.8	79.3	205.7	510.7	2157.8	2287.7	2495.3	2941.9
90.0	55.2	133.8	379.4	2440.9	3457.6	4103.0	4738.6
164.5	155.9	321.4	1108.6	8862.9	11095.6	13435.9	14176.9
121.7	**107.8**	**471.7**	**2930.3**	**23283.8**	**26000.3**	**32791.0**	**41204.5**
143.6	**182.8**	**543.5**	**1832.0**	**6415.6**	**7506.7**	**8531.2**	**9382.5**
726	863	2202	8681	39144	44574	48961	52185
115.9	175.1	594.3	1724.3	4674.9	5410.0	6180.3	6931.0
90.7	135.5	486.3	1417.1	4013.2	4726.6	5633.0	6464.8
346.1	464.2	1421.2	4912.5	15344.5	17578.9	19831.4	21833.3
300.0	403.3	1211.8	4200.5	11334.4	12896.0	14067.2	15321.1

a)Figures in value terms in this table are calculated at current prices.

2-7 各市县国民经济主要指标及位次(2013 年)

Major Indicators on National Economic and Ranking by City and Country(2013)

地　区	Region	年平均人口(人) Average Population (person)	人口出生率(‰) Birth Rate(‰)		人口自然增长率(‰) Natural Growth Rate(‰)	
			绝对值 Rate	位次 Rank	绝对值 Rate	位次 Rank
全区总计	**Total**	**6506923**	**13.12**		**8.62**	
兴庆区	Xingqing	702258	9.41	2	6.87	10
西夏区	Xixia	339691	8.65	1	5.89	3
金凤区	Jinfeng	293362	10.14	4	6.12	4
永宁县	Yongning	226877	10.54	5	6.32	5
贺兰县	Helan	232031	12.54	11	5.41	2
灵武市	Lingwu	270299	13.56	15	10.12	18
大武口区	Dawukou	294867	10.06	3	6.58	8
惠农区	Huinong	191420	10.64	6	4.07	1
平罗县	Pingluo	264162	11.00	7	6.52	6
利通区	Litong	392456	13.52	14	9.13	15
红寺堡区	Hongsipu	175472	15.37	17	9.72	17
盐池县	Yanchi	150220	12.89	13	6.52	6
同心县	Tongxin	328612	17.02	20	12.15	21
青铜峡市	Qingtongxia	274983	11.00	7	6.61	9
原州区	Yuanzhou	421491	15.55	18	10.57	19
西吉县	Xiji	362865	17.05	21	10.76	20
隆德县	Longde	163632	12.36	10	7.70	11
泾源县	Jingyuan	102718	16.28	19	9.35	16
彭阳县	Pengyang	203475	14.83	16	8.90	14
沙坡头区	Shapotou	392372	11.72	9	8.14	12
中宁县	Zhongning	326612	12.73	12	8.74	13
海原县	Haiyuan	397053	17.24	22	13.01	22

2-7 续表 1 continued

地 区	Region	地区生产总值比上年增长(%) Growth Rate of GDP(%)		人均地区生产总值比上年增长(%) Growth Rate of Per Capita GDP (%)		人均农林牧渔业总产值(元) Per Capita of Gross Output Value of Agriculture, Forestry, Animal Husbandry and Fishery (yuan)	
		绝对值 Rate	位次 Rank	绝对值 Rate	位次 Rank	绝对值 Level	位次 Rank
全区总计	**Total**	**9.8**		**8.56**		**6608.31**	
银川市	Yinchuan	9.6	19	8.34	15	2430.52	19
永宁县	Yongning	10.6	11	8.12	16	10870.32	4
贺兰县	Helan	10.0	16	7.82	18	11917.71	2
灵武市	Lingwu	11.3	7	9.87	9	7027.11	11
石嘴山市	Shizuishan	9.7	18	8.49	13	2552.81	18
平罗县	Pingluo	11.1	9	8.06	17	12352.65	1
利通区	Litong	10.2	13	8.63	11	7993.54	9
红寺堡区	Hongsipu	14.1	1	10.63	7	4508.12	17
盐池县	Yanchi	12.2	3	11.04	6	8062.41	8
同心县	Tongxin	10.2	13	10.25	8	6684.76	12
青铜峡市	Qingtongxia	10.1	15	7.78	19	10338.67	5
原州区	Yuanzhou	12.2	3	12.22	2	6400.57	14
西吉县	Xiji	11.3	7	11.63	4	7337.59	10
隆德县	Longde	13.1	2	12.75	1	6328.65	15
泾源县	Jingyuan	10.8	10	11.21	5	6632.37	13
彭阳县	Pengyang	11.5	5	11.81	3	11183.43	3
沙坡头区	Shapotou	10.6	11	8.55	12	9004.09	7
中宁县	Zhongning	11.5	5	8.49	13	9059.33	6
海原县	Haiyuan	9.8	17	9.83	10	5277.16	16

2-7 续表 2　continued

地　区　Region		人均耕地面积(亩) Per Capita Cultivated Area (mu)		人均粮食产量(千克) Per Capita Output of Grain (kg)		人均油料产量(千克) Per Capita Oil-bearing Crops (kg)	
		绝对值 Level	位次 Rank	绝对值 Level	位次 Rank	绝对值 Level	位次 Rank
全区总计	**Total**	**2.57**		**573.85**		**25.83**	
银川市	Yinchuan	0.39	18	156.51	19	0.66	19
永宁县	Yongning	2.23	11	1153.57	2	3.31	17
贺兰县	Helan	2.46	10	913.99	5	5.91	15
灵武市	Lingwu	1.36	15	629.66	11	9.72	13
石嘴山市	Shizuishan	0.73	17	176.50	18	17.30	10
平罗县	Pingluo	3.22	7	1408.80	1	69.54	3
利通区	Litong	1.08	16	472.61	14	4.45	16
红寺堡区	Hongsipu			639.53	10	36.96	8
盐池县	Yanchi	9.09	1	647.67	9	77.35	1
同心县	Tongxin	7.36	2	864.83	7	64.63	5
青铜峡市	Qingtongxia	1.82	13	980.81	4	2.50	18
原州区	Yuanzhou	4.39	6	445.34	15	71.22	2
西吉县	Xiji	4.76	5	761.69	8	46.74	6
隆德县	Longde	2.84	8	538.78	13	37.03	7
泾源县	Jingyuan	2.52	9	249.94	17	17.11	11
彭阳县	Pengyang	5.00	4	1084.29	3	15.83	12
沙坡头区	Shapotou	1.65	14	391.79	16	9.56	14
中宁县	Zhongning	1.86	12	893.04	6	17.96	9
海原县	Haiyuan	5.57	3	579.77	12	66.14	4

注:耕地面积为 2012 年数据。

2–7 续表 3　continued

地区	Region	人均猪牛羊肉产量(千克) Per Capita Output of Pork, Beaf and Mutton(kg)		人均水产品产量(千克) Per Capita Output of Aquatic Products(kg)		人均地方财政收入(元) Per Capita Local Financial Revenue(yuan)	
		绝对值 Level	位次 Rank	绝对值 Level	位次 Rank	绝对值 Level	位次 Rank
全区总计	**Total**	**38.13**		**22.27**		**4738.61**	
银川市	Yinchuan	6.67	19	12.59	8	2076.71	9
永宁县	Yongning	51.35	9	38.62	4	4798.28	3
贺兰县	Helan	28.28	15	150.84	1	5613.09	2
灵武市	Lingwu	70.98	4	18.31	7	5836.72	1
石嘴山市	Shizuishan	10.73	18	29.61	5	1364.30	10
平罗县	Pingluo	48.57	10	122.42	2	3245.39	6
利通区	Litong	25.39	17	7.90	10	851.79	12
红寺堡区	Hongsipu	37.53	12			833.75	13
盐池县	Yanchi	96.23	2	1.52	11	4631.94	4
同心县	Tongxin	67.12	5			640.91	14
青铜峡市	Qingtongxia	57.55	8	53.82	3	3355.23	5
原州区	Yuanzhou	36.66	13			552.75	17
西吉县	Xiji	46.61	11	1.27	12	314.72	19
隆德县	Longde	59.08	7			588.94	16
泾源县	Jingyuan	99.19	1			625.21	15
彭阳县	Pengyang	85.07	3			1250.08	11
沙坡头区	Shapotou	26.87	16	25.61	6	2091.89	8
中宁县	Zhongning	65.05	6	11.42	9	2329.71	7
海原县	Haiyuan	34.11	14	0.76	13	316.36	18

2-7 续表 4 continued

地区	Region	人均财政支出(元) Per Capita Local Financial Expenditure(yuan)		人均固定资产投资(元) Per Capita Investment in Fixed Assets(yuan)		人均社会消费品零售额(元) Per Capita Retail Sales of Consumer Goods(yuan)	
		绝对值 Level	位次 Rank	绝对值 Level	位次 Rank	绝对值 Level	位次 Rank
全区总计	**Total**	**14177**		**40077**		**9382.53**	
银川市	Yinchuan	3501	18	34611	10	17725.55	2
永宁县	Yongning	10724	7	59910	2	6406.25	7
贺兰县	Helan	10696	8	59040	3	36301.63	1
灵武市	Lingwu	14546	2	145203	1	4663.34	12
石嘴山市	Shizuishan	4296	17	53157	5	13322.05	3
平罗县	Pingluo	9591	9	45228	7	7396.47	5
利通区	Litong	2379	19	49408	6	10135.37	4
红寺堡区	Hongsipu	8617	14	29357	11	2004.54	18
盐池县	Yanchi	15938	1	53232	4	6396.76	8
同心县	Tongxin	9374	11	15601	16	2807.06	16
青铜峡市	Qingtongxia	8075	15	36380	9	5827.27	9
原州区	Yuanzhou	6393	16	20785	13	5713.65	10
西吉县	Xiji	9346	12	8326	19	3254.14	13
隆德县	Longde	11786	5	14635	17	2802.05	17
泾源县	Jingyuan	13764	3	16918	15	2968.85	14
彭阳县	Pengyang	12010	4	20713	14	2948.67	15
沙坡头区	Shapotou	11344	6	28801	12	7002.18	6
中宁县	Zhongning	9377	10	43034	8	4763.66	11
海原县	Haiyuan	8932	13	10919	18	1868.91	19

2-7 续表 5　continued

地　区	Region	城镇非私营单位在岗职工平均工资(元) Average Wage of Fully Employed Staff and Workers (yuan)		农民人均纯收入(元) Per Capita Net Income of Rural Residents(yuan)		农民人均生活消费支出(元) Annual Per Capita Living Expenditure of Rural Households(yuan)	
		绝对值 Level	位次 Rank	绝对值 Level	位次 Rank	绝对值 Level	位次 Rank
全区总计	**Total**	**52185**		**6931**		**6465**	
银川市	Yinchuan	57202	3				
永宁县	Yongning	41712	18	8706	6	7213	6
贺兰县	Helan	43842	14	9147	5	9688	1
灵武市	Lingwu	54653	4	9652	2	8535	2
石嘴山市	Shizuishan	45541	13				
平罗县	Pingluo	41104	19	9172	4	8331	3
利通区	Litong	42942	16	9861	1	7674	4
红寺堡区	Hongsipu	43186	15	5305	13	6186	9
盐池县	Yanchi	47770	9	5521	9	5846	10
同心县	Tongxin	45688	12	5172	15	5003	13
青铜峡市	Qingtongxia	54010	5	9582	3	7146	7
原州区	Yuanzhou	49633	8	5464	11	5075	12
西吉县	Xiji	57528	2	5303	14	4501	16
隆德县	Longde	53071	6	5350	12	5181	11
泾源县	Jingyuan	50738	7	4932	16	3946	17
彭阳县	Pengyang	60539	1	5518	10	4673	15
沙坡头区	Shapotou	45877	11	7756	7	7301	5
中宁县	Zhongning	46475	10	7732	8	7081	8
海原县	Haiyuan	41779	17	4838	17	4802	14

第三篇 Chapter3

国民经济核算 National Economic Accounting

责任编辑：张学武

资料整理：张学武 马 潇 万自梅 圣希明 杨 柳 阎丽芬

Coordinator: Zhang Xuewu

Data Compilation: Zhang Xuewu Ma Xiao Wan Zimei Sheng Ximing

Yang Liu Yan Lifen

3-1 主要年份地区生产总值

Gross Domestic Product

单位:亿元　　（按当年价格计算Caculated at constant prices）　　（100 million yuan）

年份 Year	地区生产总值 Gross Domestic Product	第一产业 Primary Industry	第二产业 Secondary Industry	工业 Industry	建筑业 Construction	第三产业 Tertiary Industry
1978	13.00	3.06	6.60	5.59	1.02	3.33
1979	14.36	3.41	7.36	6.37	0.99	3.58
1980	15.96	4.26	7.27	6.17	1.10	4.43
1985	30.27	8.90	12.12	9.32	2.80	9.25
1990	64.84	16.84	25.34	21.29	4.05	22.66
1995	175.19	35.41	74.67	63.37	11.30	65.10
1996	202.90	43.28	80.54	68.97	11.57	79.09
1997	224.59	44.87	88.67	74.99	13.68	91.05
1998	245.44	48.75	95.11	78.33	16.78	101.58
1999	264.58	48.08	103.82	83.51	20.32	112.67
2000	295.02	46.03	121.43	96.70	24.73	127.56
2001	337.44	49.67	135.89	106.82	29.06	151.89
2002	377.16	52.95	153.06	120.54	32.52	171.14
2003	445.36	55.63	194.27	151.22	43.05	195.46
2004	537.11	65.33	244.05	197.54	46.50	227.73
2005	612.61	72.07	281.05	228.37	52.68	259.49
2006	725.90	79.54	351.58	287.55	64.03	294.78
2007	919.11	97.89	455.04	376.71	78.33	366.18
2008	1203.92	118.94	609.98	506.98	103.00	475.00
2009	1353.31	127.25	662.32	520.38	141.94	563.74
2010	1689.65	159.29	827.91	643.05	184.86	702.45
2011	2102.21	184.14	1056.15	816.79	239.36	861.92
2012	2341.29	199.40	1159.37	878.63	280.74	982.52
2013	2565.06	222.28	1264.96	944.50	320.46	1077.82

注:按全国核算制度规定,2005 年起,农林牧渔服务业包括在第一产业中,2004 年及之前包括在第三产业中。

a)According to the national accounting system,from 2005,the output value of services of farming,forestry,animal husbandry and fishery were included in the first industry,which included in the tertiery industry before 2004.

3-1 续表 1 continued

单位:亿元 (100 million yuan)

年份 Year	第三产业 Tertiary Industry					人均地区生产总值(元/人) Per Capita Gross Domestic Product (yuan/person)
	交通运输、仓储和邮政业 Transport, Storage and Post Service	批发和零售业、住宿和餐饮业 Wholesale,Retail Trade, Hoteling and Catering Services	金融业 Finance and Insurance	房地产业 Real Estate	其他服务业 Other Services	
1978	0.66	0.96	0.43	0.08	1.20	370
1979	0.65	0.97	0.53	0.09	1.35	399
1980	0.82	1.12	0.73	0.10	1.65	433
1985	1.75	1.87	1.98	0.22	3.43	737
1990	3.49	5.32	5.57	0.50	7.78	1393
1995	9.84	15.36	19.32	2.15	18.44	3448
1996	14.46	18.77	20.76	2.82	22.28	3926
1997	18.69	20.87	21.96	3.94	25.59	4277
1998	22.17	22.72	21.18	5.15	30.37	4607
1999	26.16	24.33	20.47	7.01	34.70	4900
2000	29.55	26.24	21.57	8.86	41.34	5376
2001	37.04	29.18	21.37	13.19	51.11	6039
2002	43.54	32.25	21.45	13.46	60.44	6647
2003	49.97	36.53	24.80	16.85	67.30	7734
2004	56.83	44.53	27.94	20.78	77.65	9199
2005	47.53	52.19	32.25	22.97	104.55	10349
2006	56.23	57.21	36.99	25.53	118.82	12099
2007	67.53	71.76	51.05	29.49	146.35	15142
2008	93.29	92.89	64.80	38.85	185.17	19609
2009	114.77	100.11	75.54	47.56	225.76	21777
2010	145.17	120.50	97.87	60.53	278.38	26860
2011	174.10	147.14	134.18	79.01	327.49	33043
2012	196.49	167.33	167.48	87.51	363.71	36394
2013	201.39	177.93	200.65	104.05	393.80	39421

注: 由于国民经济行业的调整,2004 年以前的交通运输、仓储和邮政业中包括电信和其他信息传输服务业,2005 年以后,行业更名为"交通运输仓储和邮政业"。

3-2 地区生产总值构成
Composition of Gross Domestic Product

单位:% （按当年价格计算 Caculated at constant prices） (%)

年份 Year	地区生产总值 Gross Domestic Product	第一产业 Primary Industry	第二产业 Secondary Industry	工业 Industry	建筑业 Construction	第三产业 Tertiary Industry	交通运输、仓储和邮政业 Transport, Storage and Post Service	批发和零售业、住宿和餐饮业 Wholesale,Retail Trade, Hoteling and Catering Services
1978	100.0	23.6	50.8	43.0	7.8	25.6	5.1	7.4
1979	100.0	23.7	51.3	44.4	6.9	25.0	4.5	6.7
1980	100.0	26.7	45.6	38.7	6.9	27.8	5.1	7.0
1985	100.0	29.4	40.0	30.8	9.3	30.5	5.8	6.2
1990	100.0	26.0	39.1	32.8	6.2	34.9	5.4	8.2
1995	100.0	20.2	42.6	36.2	6.5	37.2	5.6	8.8
1996	100.0	21.3	39.7	34.0	5.7	39.0	7.1	9.2
1997	100.0	20.0	39.5	33.4	6.1	40.5	8.3	9.3
1998	100.0	19.9	38.7	31.9	6.8	41.4	9.0	9.3
1999	100.0	18.2	39.2	31.6	7.7	42.6	9.9	9.2
2000	100.0	15.6	41.2	32.8	8.4	43.2	10.0	8.9
2001	100.0	14.7	40.3	31.7	8.6	45.0	11.0	8.6
2002	100.0	14.0	40.6	32.0	8.6	45.4	11.5	8.6
2003	100.0	12.5	43.6	34.0	9.7	43.9	11.2	8.2
2004	100.0	12.2	45.4	36.8	8.7	42.4	10.6	8.3
2005	100.0	11.8	45.9	37.3	8.6	42.3	7.8	8.5
2006	100.0	11.0	48.4	39.6	8.8	40.6	7.7	7.9
2007	100.0	10.7	49.5	41.0	8.5	39.8	7.3	7.8
2008	100.0	9.9	50.7	42.1	8.6	39.4	7.7	7.7
2009	100.0	9.4	48.9	38.5	10.5	41.7	8.5	7.4
2010	100.0	9.4	49.0	38.1	10.9	41.6	8.6	7.1
2011	100.0	8.8	50.2	38.8	11.4	41.0	8.3	7.0
2012	100.0	8.5	49.5	37.5	12.0	42.0	8.4	7.1
2013	100.0	8.7	49.3	36.8	12.5	42.0	7.9	6.9

3-3 地区生产总值指数

Indices of Gross Domestic Product

单位:%　　　　(1978 年=100)　　　　(%)

年份 Year	地区生产总值 Gross Domestic Product	第一产业 Primary Industry	第二产业 Secondary Industry	工业 Industry	建筑业 Construction	第三产业 Tertiary Industry	交通运输、仓储和邮政业 Transport, Storage and Post Service	批发和零售业、住宿和餐饮业 Wholesale,Retail Trade, Hoteling and Catering Services
1979	106.4	91.3	112.8	115.3	99.9	107.0	104.5	102.2
1980	114.8	107.5	115.5	115.9	114.5	120.5	122.4	108.1
1985	196.9	197.7	171.0	155.4	259.2	245.4	263.3	159.0
1990	288.1	232.2	256.7	254.9	269.9	408.3	384.8	354.7
1995	426.3	251.0	416.9	411.3	436.1	669.4	673.1	629.7
1996	472.6	296.5	455.6	457.1	420.9	722.0	825.2	704.0
1997	510.1	306.4	493.8	492.9	474.9	810.2	977.1	755.4
1998	554.9	336.5	532.8	525.1	561.9	895.9	1127.5	823.4
1999	605.1	351.0	585.0	568.8	673.1	1017.0	1338.4	881.9
2000	666.8	344.2	671.3	650.6	787.6	1134.7	1540.5	953.3
2001	734.2	366.1	746.9	717.3	907.5	1251.9	1713.0	1035.3
2002	809.4	388.4	841.8	814.5	994.4	1369.1	1939.1	1132.6
2003	911.8	397.7	998.7	951.5	1249.6	1511.1	2131.1	1257.2
2004	1014.0	412.9	1146.6	1129.2	1260.5	1658.6	2280.3	1389.2
2005	1124.5	426.1	1322.0	1323.5	1355.0	1806.2	2444.5	1549.0
2006	1267.3	453.4	1542.8	1552.4	1543.3	1990.5	2686.5	1663.6
2007	1428.3	482.9	1792.7	1811.7	1759.4	2195.5	2877.2	1788.4
2008	1608.2	518.6	2054.5	2067.2	2055.0	2448.0	3170.7	1931.5
2009	1799.6	556.4	2350.3	2337.9	2470.1	2692.8	3265.8	2103.3
2010	2042.5	597.6	2726.4	2674.6	3035.8	3005.1	3549.9	2311.6
2011	2289.7	628.1	3206.2	3137.3	3603.4	3221.5	3883.6	2482.6
2012	2553.0	664.5	3648.6	3560.9	4136.8	3534.0	4221.5	2735.9
2013	2803.2	695.1	4104.7	3988.2	4728.3	3795.5	4407.2	2842.6

3-3 续表 1　continued

单位:%　　(上年=100)　　(%)

年份 Year	地区生产总值 Gross Domestic Product	第一产业 Primary Industry	第二产业 Secondary Industry	工业 Industry	建筑业 Construction	第三产业 Tertiary Industry	交通运输、仓储和邮政业 Transport, Storage and Post Service	批发和零售业、住宿和餐饮业 Wholesale,Retail Trade, Hoteling and Catering Servic
1978	108.9	106.0	110.1	108.8	118.2	109.0	109.3	103.1
1980	107.9	117.7	102.4	100.5	114.6	112.6	117.1	105.8
1985	117.8	108.0	122.6	119.6	133.8	120.8	126.8	111.4
1990	103.7	103.4	102.5	100.4	115.0	105.3	97.6	108.6
1995	109.5	101.1	113.3	114.4	106.7	111.0	115.5	105.8
1996	110.9	118.1	109.3	111.1	96.5	107.9	122.6	111.8
1997	107.9	103.3	108.4	107.8	112.8	112.2	118.4	107.3
1998	108.8	109.8	107.9	106.5	118.3	110.6	115.4	109.0
1999	109.1	104.3	109.8	108.3	119.8	113.5	118.7	107.1
2000	110.2	98.1	114.8	114.4	117.0	111.6	115.1	108.1
2001	110.1	106.4	111.3	110.2	115.2	110.3	111.2	108.6
2002	110.2	106.1	112.7	113.5	109.6	109.4	113.2	109.4
2003	112.7	102.4	118.6	116.8	125.7	110.4	109.9	111.0
2004	111.2	103.8	114.8	118.7	100.9	109.8	107.0	110.5
2005	110.9	103.2	115.3	117.2	107.5	108.9	107.2	111.5
2006	112.7	106.4	116.7	117.3	113.9	110.2	109.9	107.4
2007	112.7	106.5	116.2	116.7	114.0	110.3	107.1	107.5
2008	112.6	107.4	114.6	114.1	116.8	111.5	110.2	108.0
2009	111.9	107.3	114.4	113.1	120.2	110.0	103.0	108.9
2010	113.5	107.4	116.0	114.4	122.9	111.6	108.7	109.9
2011	112.1	105.1	117.6	117.3	118.7	107.2	109.4	107.4
2012	111.5	105.8	113.8	113.5	114.8	109.7	108.7	110.2
2013	109.8	104.6	112.5	112.0	114.3	107.4	104.4	103.9

3-4 分行业增加值及构成

Value-added by Sector and Composition

行业	Sector	增加值（亿元）Added Valve(100 million yuan)				增加值构成(%) Composition(%)			
		2010	2011	2012	2013	2010	2011	2012	2013
总计	**Total**	**1689.65**	**2102.21**	**23413.29**	**2565.06**	**100.0**	**100.0**	**100.0**	**100.0**
第一产业	**Primary Industry**	**159.29**	**184.14**	**199.40**	**222.28**	**9.4**	**8.8**	**8.5**	**8.7**
农林牧渔业	Agriculture,Forestry, Animal Husbandry and Fishery	159.29	184.14	199.40	222.28	9.4	8.8	8.5	8.7
第二产业	**Secondary Industry**	**827.91**	**1056.15**	**1159.37**	**1264.96**	**49.0**	**50.2**	**49.5**	**49.3**
工业	Industry	643.05	816.79	878.63	944.50	38.1	38.9	37.5	36.8
采矿业	Mining	173.32	224.79	256.67	244.60	10.3	10.7	11.0	9.5
制造业	Manufacturing	339.81	428.71	458.80	504.57	20.1	20.4	19.6	19.7
电力、燃气及水的生产和供应业	Production and Supply of Electricity, Gas and Water	129.92	163.29	163.16	195.33	7.7	7.8	7.0	7.6
建筑业	Construction	184.86	239.36	280.74	320.46	10.9	11.4	12.0	12.5
第三产业	**Tertiary Industry**	**702.45**	**861.92**	**982.52**	**1077.82**	**41.6**	**41.0**	**42.0**	**42.0**
交通运输、仓储和邮政业	Transport,Storage and Post	145.17	174.10	196.49	201.39	8.6	8.3	8.4	7.9
信息传输、计算机服务和软件业	Information Transmission, Computer Services and Software	57.38	66.08	69.95	70.74	3.4	3.1	2.9	2.8
批发和零售业	Wholesale and Retail Trades	89.50	109.99	124.66	133.77	5.3	5.2	5.3	5.2
住宿和餐饮业	Hotels and Catering Services	31.00	37.15	42.67	44.16	1.8	1.8	1.8	1.7
金融业	Financial Intermediation	97.87	134.18	167.48	200.65	5.8	6.4	7.2	7.8
房地产业	Real Estate	60.53	79.01	87.51	104.05	3.6	3.8	3.7	4.1
租赁和商务服务业	Leasing and Business Services	13.30	19.74	22.37	22.85	0.8	0.9	1.0	0.9
科学研究、技术服务和地质勘查业	Scientific Research,Technical Services and Geologic Prospecting	12.06	15.55	18.39	21.59	0.7	0.7	0.8	0.8
水利、环境和公共设施管理业	Managemen tof Water Conservancy, Environmentand Public Facilities	7.82	10.32	12.27	14.50	0.5	0.5	0.5	0.5
居民服务和其他服务业	Services to Households and Other Services	27.86	37.41	42.06	44.42	1.6	1.8	1.8	1.7
教育	Education	49.27	58.20	65.02	72.58	2.9	2.8	2.8	2.8
卫生、社会保障和社会福利业	Health,Social Security and Social Welfare	24.59	29.00	31.98	34.26	1.5	1.4	1.4	1.3
文化、体育和娱乐业	Culture,Sports and Entertainment	7.18	8.27	7.63	8.62	0.4	0.4	0.3	0.3
公共管理和社会组织	Public Management and Social Organizations	78.92	82.92	95.04	104.24	4.7	3.9	4.1	4.1

注：本表按当年价格计算。

a)Data in this table are calculated at current prices.

3-5 主要年份支出法地区生产总值

Gross Domestic Product by Expenditure Approach in Main Years

年份 Year	地区生产总值（亿元）Gross Demestic Product (100 million yuan)	最终消费 Final Consumption	资本形成总额 Gross Capital Formation	货物和服务净出口 Net Exports of Goods and Services	最终消费率（消费率）（%）Final Consumption Rate(%)	资本形成率（投资率）(%) Capital Formation Rate(%)
1978	13.00	9.87	9.04	-5.91	75.9	69.5
1979	14.36	10.90	9.37	-5.91	75.9	65.3
1980	15.96	12.81	8.07	-4.92	80.3	50.6
1985	30.27	25.72	19.12	-14.57	85.0	63.2
1990	64.84	47.87	37.22	-20.25	73.8	57.4
1995	175.19	114.82	86.16	-25.79	65.5	49.2
1996	202.90	126.78	105.07	-28.95	62.5	51.8
1997	224.59	133.78	112.61	-21.80	59.6	50.1
1998	245.44	145.54	140.56	-40.66	59.3	57.3
1999	264.58	159.16	152.37	-46.95	60.2	57.6
2000	295.02	193.89	174.47	-73.34	65.7	59.1
2001	337.44	231.99	221.96	-116.51	68.8	65.8
2002	377.16	260.38	265.40	-148.62	69.0	70.4
2003	445.36	291.69	324.03	-170.36	65.5	72.8
2004	537.11	338.66	412.13	-213.68	63.1	76.7
2005	612.61	401.11	505.73	-294.23	65.5	82.6
2006	725.90	460.41	588.83	-323.34	63.4	81.1
2007	919.11	538.50	688.58	-307.97	58.6	74.9
2008	1203.92	652.95	968.45	-417.48	54.2	80.4
2009	1353.31	656.05	1308.83	-611.57	48.5	96.7
2010	1689.65	824.91	1563.26	-698.52	48.8	92.5
2011	2102.21	1020.18	1754.58	-672.55	48.5	83.5
2012	2341.29	1184.01	2086.85	-929.57	50.6	89.1
2013	2565.06	1340.08	2334.20	-1109.22	52.2	91.0

注：本表按当年价格计算。

a)Data in this table are calculated at current prices.

3-6 主要年份最终消费及构成

Final Consumption Expenditure and Its Composition in Main Years

年份 Year	绝对数(亿元) Level(100 million yuan)					构成(%) Composition(%)			
	最终消费 Household Consumption	居民消费 Household Consumption	农村居民 Rural Household	城镇居民 Urban Household	政府消费 Government Consumption	最终消费=100 Final Consumption=100 居民消费 Household Consumption	政府消费 Government Consumption	居民消费=100 Houseold Consumption=100 农村居民 Rural Household	城镇居民 Urban Household
1978	9.87	7.61	4.86	2.75	2.26	77.1	22.9	63.9	36.1
1979	10.90	8.11	4.63	3.48	2.79	74.4	25.6	57.1	42.9
1980	12.81	9.78	5.44	4.34	3.03	76.3	23.7	55.6	44.4
1985	25.72	17.67	10.60	7.07	8.05	68.7	31.3	60.0	40.0
1990	47.87	33.88	17.91	15.97	13.99	70.8	29.2	52.9	47.1
1995	114.82	85.79	40.50	45.29	29.03	74.7	25.3	47.2	52.8
1996	126.78	95.51	45.64	49.87	31.27	75.3	24.7	47.8	52.2
1997	133.78	100.97	46.29	54.68	32.81	75.5	24.5	45.8	54.2
1998	145.54	109.00	48.20	60.80	36.54	74.9	25.1	44.2	55.8
1999	159.16	115.57	48.63	66.94	43.59	72.6	27.4	42.1	57.9
2000	193.89	135.49	52.74	82.75	58.40	69.9	30.1	38.9	61.1
2001	231.99	145.90	51.89	94.01	86.09	62.9	37.1	35.6	64.4
2002	260.38	163.02	53.99	109.03	97.36	62.6	37.4	33.1	66.9
2003	291.69	189.37	63.49	125.88	102.32	64.9	35.1	33.5	66.5
2004	338.66	226.17	72.84	153.33	112.49	66.8	33.2	32.2	67.8
2005	401.11	264.57	80.50	184.07	136.54	66.0	34.0	30.4	69.6
2006	460.41	304.18	84.94	219.24	156.23	66.1	33.9	27.9	72.1
2007	538.50	348.58	96.31	252.27	189.92	64.7	35.3	27.6	72.4
2008	652.95	436.43	112.60	323.83	216.52	66.8	33.2	25.8	74.2
2009	656.05	492.05	119.85	372.20	164.00	75.0	25.0	24.4	75.6
2010	824.91	565.65	129.81	435.84	259.26	68.6	31.4	23.0	77.1
2011	1020.18	695.83	165.83	530.00	324.35	68.2	31.8	23.8	76.2
2012	1184.01	779.80	190.73	589.07	404.21	65.9	34.1	24.5	75.5
2013	1340.08	880.82	223.57	657.25	459.26	65.7	34.3	25.4	74.6

3-7 主要年份资本形成总额及构成
Gross Capital Formation and Its Composition in Main Years

年份 Year	资本形成总额 Gross Capital Formation				
	绝对数(亿元) Level (100 million yuan)			构成(%) Composition(%)	
		固定资本形成总额 Gross Fixed Capital Formation	存货增加 Change in Inventories	固定资本形成总额 Gross Fixed Capital Formation	存货增加 Change in Inventories
1978	9.04	7.95	1.09	87.9	12.1
1979	9.37	8.78	0.59	93.7	6.3
1980	8.07	7.48	0.59	92.7	7.3
1985	19.12	17.05	2.07	89.2	10.8
1990	37.22	25.47	11.75	68.4	31.6
1995	86.16	70.12	16.04	81.4	18.6
1996	105.07	77.32	27.75	73.6	26.4
1997	112.61	88.10	24.51	78.2	21.8
1998	140.56	108.65	31.91	77.3	22.7
1999	152.37	130.61	21.76	85.7	14.3
2000	174.47	160.82	13.65	92.2	7.8
2001	221.96	195.81	26.15	88.2	11.8
2002	265.40	230.83	34.57	87.0	13.0
2003	324.03	318.21	5.82	98.2	1.8
2004	412.13	379.72	32.41	92.1	7.9
2005	505.73	469.62	36.11	92.9	7.1
2006	588.83	574.59	14.24	97.6	2.4
2007	688.58	652.20	36.38	94.7	5.3
2008	968.45	898.25	70.20	92.8	7.2
2009	1308.83	1185.35	123.48	90.6	9.4
2010	1563.26	1489.96	73.30	95.3	4.7
2011	1754.58	1653.19	101.39	94.2	5.8
2012	2086.85	1967.18	119.67	94.3	5.7
2013	2334.20	2222.98	111.22	95.2	4.8

3-8 按支出法计算的地区生产总值

Gross Domestic Product by Expenditure Approach

指标	Item	绝对数(亿元) Level (100 million yuan)			构成(%) Composition(%)		
		2011	2012	2013	2011	2012	2013
地区生产总值	**Gross Demestic Product**	**2102.21**	**2341.29**	**2565.06**	**100.0**	**100.0**	**100.0**
最终消费	**Final Consumption**	**1020.18**	**1184.01**	**1340.08**	**48.5**	**50.6**	**52.2**
居民消费	Household Consumption	695.83	779.80	880.82	33.1	33.3	34.3
农村居民	Rural Household	165.83	190.73	223.57	7.9	8.2	8.7
城镇居民	Urban Household	530.00	589.07	657.25	25.2	25.2	25.6
政府消费	Government Consumption	324.35	404.21	459.26	15.4	17.3	17.9
资本形成总额	**Gross Capital Formation**	**1754.58**	**2086.85**	**2334.20**	**83.5**	**89.1**	**91.0**
固定资本形成总额	Gross Fixed Capital	1653.19	1967.18	2222.98	78.6	84.0	86.7
存货增加	Change in Inventories	101.39	119.67	111.22	4.8	5.1	4.3
货物和服务净出口	**Net Exports of Goods and Services**	**-672.55**	**-929.57**	**-1109.22**	**-32.0**	**-39.7**	**-43.2**

3-9 按消费类型划分的最终消费(2013年)

Final Consumption Expenditure by Patterns(2013)

指　标	Item	绝对数 Level (100 million yuan)	构成(%) Composition(%)
最终消费支出	**Final Consumption Expenditures**	**1340.08**	**100.0**
居民消费支出	**Household Consumption**	**880.82**	**65.7**
农村居民	**Rural Household**	**223.57**	**16.7**
食品类支出	Food	64.00	4.8
衣着类支出	Clothing	14.35	1.1
居住类支出	Residence	17.22	1.3
家庭设备、用品及服务类支出	Household Facilities,Articles and Services	12.12	0.9
医疗保健类支出	Health Care and Personal Articles	22.22	1.7
交通和通信类支出	Transportation and Communications	26.62	2.0
文教娱乐用品及服务类支出	Recreation,Education and Culture Articles	12.69	0.9
银行中介服务消费支出	Financial Service	27.29	2.0
保险服务消费支出	Insurance Service	4.22	0.3
自有住房服务虚拟支出	Imaginary Expenditure of Freeform Resident Services	14.82	1.1
其他商品和服务类支出	Other Goods and Services	8.02	0.6
城镇居民	**Urban Household**	**657.25**	**49.0**
食品类支出	Food	163.56	12.2
衣着类支出	Clothing	58.04	4.3
居住类支出	Residence	40.07	3.0
家庭设备、用品及服务类支出	Household Facilities,Articles and Services	33.47	2.5
医疗保健类支出	Health Care and Personal Articles	68.05	5.1
交通和通信类支出	Transportation and Communications	83.65	6.2
文教娱乐用品及服务类支出	Recreation,Education and Culture Articles	62.43	4.7
银行中介服务消费支出	Financial Service	41.74	3.1
保险服务消费支出	Insurance Service	15.13	1.1
自有住房服务虚拟支出	Imaginary Expenditure of Freeform Resident Services	55.40	4.1
实物消费支出	Reality Consumption	13.73	1.0
其他商品和服务类支出	Other Goods and Services	21.98	1.6
政府消费支出	**Government Consumption**	**459.26**	**34.3**

注:本表按当年价格计算。

a)Data in this table are calculated at current prices.

3-10 按行业划分的资本形成总额(2013年)
Gross Capital Formation by Sector(2013)

指 标	Item	绝对数 Level (100 million yuan)	构成(%) Composition(%)
固定资本形成总额	**Gross Fixed Capital Formation**	**2222.98**	**100.0**
住宅	Residence	305.58	13.7
非住宅建筑物	Non-residential Buildings	1359.71	61.2
机器和设备	Machinery and Equipment	540.66	24.3
土地改良支出	Land Improvement Expenditure	4.53	0.2
矿藏勘探费	Mineral Exploration Costs	9.16	0.4
计算机软件	Computer Software	3.34	0.2
存货增加	**Change in Inventories**	**111.22**	**100.0**
第一产业	**Primary Industry**	**15.05**	**13.5**
农林牧渔业	Agriculture,Forestry,Animal Husbandary and Fishery	15.05	13.5
第二产业	**Secondary Industry**	**79.02**	**71.0**
工业	Industry	61.77	55.5
建筑业	Construction	17.25	15.5
第三产业	**Tertiary Industry**	**17.15**	**15.4**
交通运输、仓储和邮政业	Transport,Storage and Post	-4.12	-3.7
批发和零售业	Wholesales and Retail Trades	5.82	5.2
住宿和餐饮业	Hotels and Catering Services	-0.70	-0.6
房地产业	Real Estate	14.56	13.1
其他行业	Others	1.59	1.4

注:本表按当年价格计算。

a)Data in this table are calculated at current prices.

3-11 各市县地区生产总值(2013 年)

Gross Domestic Product by City and Country(2013)

单位:万元 (10 000 yuan)

地 区	Region	地区生产总值 Gross Domestic Product	第一产业 Primary Industry	第二产业 Secondary Industry	工业 Industry	建筑业 Construction	第三产业 Tertiary Industry
全区总计	**Total**	**25650600**	**2222800**	**12649600**	**9445000**	**3204600**	**10778200**
银 川 市	**Yinchuan**	**12890199**	**554241**	**6885962**	**5232998**	**1652964**	**5449996**
银 川 市	District	7939008	179222	3310279	2186954	1123325	4449507
永 宁 县	Yongning	1055693	134918	567013	360737	206276	353762
贺 兰 县	Helan	1013641	143600	536067	374347	161720	333974
灵 武 市	Lingwu	2881857	96501	2472603	2310960	161643	312753
石嘴山市	**Shizuishan**	**4463454**	**242555**	**2874213**	**2460924**	**413289**	**1346686**
石嘴山市	District	3223446	66490	2149253	1830432	318821	1007703
平 罗 县	Pingluo	1240008	176065	724960	630492	94468	338983
吴 忠 市	**Wuzhong**	**3519106**	**517866**	**1910660**	**1362625**	**548035**	**1090580**
利 通 区	Litong	1137852	163055	576457	350749	225708	398340
红寺堡区	Hongsipu	130056	41517	55710	28324	27386	32829
盐 池 县	Yanchi	516720	53924	269617	178965	90652	193179
同 心 县	Tongxin	404277	103930	157302	103678	53624	143045
青铜峡市	Qingtongxia	1330201	155440	851574	700909	150665	323187
固 原 市	**Guyuan**	**1845843**	**453918**	**482300**	**267895**	**214405**	**909625**
原 州 区	Yuanzhou	786208	130948	200251	122525	77726	455009
西 吉 县	Xiji	423532	130528	88312	32553	55759	204692
隆 德 县	Longde	171410	46674	45533	18425	27108	79203
泾 源 县	Jingyuan	110397	28470	33377	12362	21015	48550
彭 阳 县	Pengyang	354296	117298	114827	82030	32797	122171
中 卫 市	**Zhongwei**	**2874801**	**457318**	**1292832**	**924040**	**368792**	**1124651**
沙坡头区	Shapotou	1350668	193765	532098	426821	105277	624805
中 宁 县	Zhongning	1182655	154601	685012	473807	211205	343042
海 原 县	Haiyuan	341478	108952	75722	23412	52310	156804

注:本表绝对数按当年价格计算,指数按可比价格计算。

a)Level data in this table are calculated at current prices, while indices at constant prices.

3-11 续表 1 continued

地 区 Region	构成(%) Conposition(%)			指数(上年=100) Indices(preceding year=100)				人均地区生产总值(元/人) Per Capita GDP (yuan/person)
	第一产业 Primary Industry	第二产业 Secondary Industry	第三产业 Tertiary Industry	地区生产总值 Gross Demestic Product	第一产业 Primary Industry	第二产业 Secondary Industry	第三产业 Tertiary Industry	
全区总计 Total	**8.7**	**49.3**	**42.0**	**109.8**	**104.6**	**112.5**	**107.4**	**39421**
银 川 市 Yinchuan	**4.3**	**53.4**	**42.3**	**110.0**	**103.8**	**111.8**	**108.4**	**62437**
银 川 市 District	2.3	41.7	56.0	109.6	100.8	111.0	108.8	59454
永 宁 县 Yongning	12.8	53.7	33.5	110.6	106.5	113.6	105.0	46532
贺 兰 县 Helan	14.2	52.9	32.9	110.0	104.7	112.8	106.5	43686
灵 武 市 Lingwu	3.3	85.8	10.9	111.3	104.6	112.2	106.5	106617
石嘴山市 Shizuishan	**5.4**	**64.4**	**30.2**	**110.0**	**104.2**	**112.4**	**106.0**	**59477**
石嘴山市 District	2.1	66.7	31.3	109.7	102.5	111.7	105.8	66287
平 罗 县 Pingluo	14.2	58.5	27.3	111.1	104.9	114.3	106.8	46941
吴 忠 市 Wuzhong	**14.7**	**54.3**	**31.0**	**110.6**	**104.4**	**113.8**	**107.6**	**26622**
利 通 区 Litong	14.3	50.7	35.0	110.2	103.0	114.0	107.7	28993
红寺堡区 Hongsipu	31.9	42.8	25.2	114.1	106.5	128.4	107.4	7412
盐 池 县 Yanchi	10.4	52.2	37.4	112.2	103.0	117.8	107.5	34375
同 心 县 Tongxin	25.7	38.9	35.4	110.2	105.7	114.1	108.6	12303
青铜峡市 Qingtongxia	11.7	64.0	24.3	110.1	105.2	112.0	107.1	48371
固 原 市 Guyuan	**24.6**	**26.1**	**49.3**	**111.9**	**106.1**	**116.4**	**112.7**	**14718**
原 州 区 Yuanzhou	16.7	25.5	57.9	112.2	106.1	116.1	112.4	18653
西 吉 县 Xiji	30.8	20.9	48.3	111.3	106.9	113.1	113.9	11672
隆 德 县 Longde	27.2	26.6	46.2	113.1	106.5	120.2	113.3	10475
泾 源 县 Jingyuan	25.8	30.2	44.0	110.8	106.1	117.2	109.4	10748
彭 阳 县 Pengyang	33.1	32.4	34.5	111.5	105.0	118.3	113.1	17412
中 卫 市 Zhongwei	**15.9**	**45.0**	**39.1**	**110.9**	**104.4**	**115.1**	**108.6**	**25759**
沙坡头区 Shapotou	14.3	39.4	46.3	110.6	104.4	114.3	109.1	34423
中 宁 县 Zhongning	13.1	57.9	29.0	111.5	102.7	115.1	108.5	36210
海 原 县 Haiyuan	31.9	22.2	45.9	109.8	106.5	122.6	3106.8	8600

注:本表绝对数按当年价格计算,指数按可比价格计算。

a)Level data in this table are calculated at current prices, while indices at constant prices.

主要统计指标解释

[国内生产总值] 国内生产总值代表一国或一个地区所有常住单位和个人在一定时期内全部生产活动(包括产品和劳务)的最终成果,是社会总产品价值扣除了中间投入价值后的余额,也就是当期新创造财富的价值总量。GDP是国内生产总值英文Gross Domestic Products的缩写,中文译名对国家来说叫做国内生产总值,对地区的中文名称用行政区的名字作定语,如"宁夏生产总值",简称为"宁夏GDP",依此类推"银川市生产总值",简称为"银川市GDP"等等。

国内生产总值核算有三种方法:

一是生产法,是从生产的角度衡量经济单位和个人在核算时期内新创造的价值。按三次产业划分,第一、二、三产业增加值的总和代表国内生产总值,各产业增加值的计算方法是各产业总产值减去中间消耗。计算公式为:增加值=总产出-中间消耗 。

二是收入法,是根据生产要素(资本、劳动力)在生产过程中应得的收入份额来反映最终成果的一种计算方法。从劳动者报酬、国家税收(含规费)、企业利润和固定资产折旧四者的总和进行核算。计算公式为:增加值=劳动者报酬+生产税净额+固定资产折旧+营业盈余。

三是支出法,是从使用的角度衡量核算期内生产的所有货物和服务的最终去向。由居民消费、政府消费、固定资本形成总额、存货增加、货物和服务的净出口(出口-进口)五项组成。计算公式为:国内生产总值=居民消费+政府消费+固定资本形成总额+存货增加+货物和服务的净出口。

从理论上讲,上述三种方法计算得到的国内生产总值应该是一致的,但在实际操作中,因为资料来源的不同以及基础数据质量上的差异,三种方法计算的国内生产总值之间存在着一定的计算误差。我国目前对外公布的国内生产总值是以生产法为准。

[当年价格] 指报告期的实际价格,如工厂的出厂价格,农产品的收购价格,商业的零售价格等。使用当年价格计算的数字,是为了使国民经济各项指标互相衔接,便于考察当年社会经济效益,便于对生产和流通、生产和分配、生产和消费进行经济核算和综合平衡。

按当年价格计算的价值指标,在不同年份之间进行对比时,因为包含有各年间价格变动的因素,不能确切地反映实物且的增减变动。必须消除价格变动因素后,才能真实反映经济发展动态。因此,在计算增长速度时都使用按可比价格计算。

[可比价格]指在不同时期的价值指标对比时,扣除了价格变动的因素,以确切反映物量的变化。按可比价格计算有两种方法:一种是直接用产品产量乘某一年的不变价格计算;另一种是用价格指数换算。

[三次产业] 根据社会生产活动历史发展的顺序对产业结构的划分,产品直接取自自然界的部门称为第一产业,对初级产品进行再加工的都门称为第二产业,为生产和消费提供各种服务的部门称为第三产业。它是世界上通用的产业结构分类,但各国的划分不尽一致。我国的三次产业划分是:

第一产业:农业(包括种植业、林业、牧业和渔业)。

第二产业:工业(包括采掘工业、制造业、自来水、电力、燃气、热水、煤气)和建筑业。

第三产业:除第一、第二产业以外的其他各业。

[劳动者报酬] 指劳动者因从事生产活动所获得的全部报酬。包括劳动者获得的各种形式的工资、奖金和津贴,既包括货币形式的,也包括实物形式的,还包括劳动者所享受的公费医疗和医药卫生费、上下班交通补贴、单位支付的社会保险费、住房公积金等。对于个体经济来说,其所有者获得的劳动报酬和经营利润不易区分,这两部分统一作为劳动报酬处理。

[生产税净额] 指生产税减生产补贴后的余额。生产税指政府对生产单位从事生产、销售和经营活动以及因从事生产活动使用某些生产要素(如固定资产、土地、劳动力)所征收的各种税、附加费和规费。生产补贴与生产税相反,指政府对生产单位的单方

面转移支出，因此视为负生产税，包括政策亏损补贴、价格补贴等。

[固定资产折旧] 指一定时期内为弥补固定资产损耗按定的固定资产折旧率提取的固定资产折旧，或按国民经济核算统一规定的折旧率虚拟计算的固定资产折旧。它反映了固定资产在当期生产中的转移价值。各类企业和企业化管理的事业单位的固定资产折旧是指实际计提的折旧费；不计提折旧的政府机关、非企业化管理的事业单位和居民住房的固定资产折旧是按照统一规定的折旧率和固定资产原值计算的虚拟折旧。原则上，固定资产折旧应按固定资产的重置价值计算，但是目前我国尚不具备对全社会固定资产进行重估价的基础，所以暂时只能采用上述办法。

[营业盈余] 指常住单位创造的增加值扣除劳动者报酬、生产税净额和固定资产折旧后的余额。它相当于企业的营业利润加上生产补贴，但要扣除从利润中开支的工资和福利等。

[最终消费] 指常住单位为满足物质、文化和精神生活的需要，从本国经济领土和国外购买的货物和服务的支出。它不包括非常住单位在本国经济领土内的消费支出。最终消费分为居民消费和政府消费。

[居民消费] 指常住住户在一定时期内对于货物和服务的全部最终消费支出。居民消费除了直接以货币形式购买的货物和服务的消费支出外，还包括以其他方式获得的货物和服务的消费支出，即所谓的虚拟消费支出。居民虚拟消费支出包括如下几种类型：单位以实物报酬及实物转移的形式提供给劳动者的货物和服务；住户生产并由本住户消费了的货物和服务，其中的服务仅指住户的自有住房服务和付酬的家庭雇员提供的家庭和个人服务；金融机构提供的金融媒介服务；保险公司提供的保险服务。

[政府消费] 指政府部门为全社会提供的公共服务的消费支出和免费或以较低的价格向居民住户提供的货物和服务的净支出，前者等于政府服务的产出价值减去政府单位所获得的经营收人的价值，后者等于政府部门免费或以较低价格向居民住户提供的货物和服务的市场价值减去向住户收取的价值。

[资本形成总额] 指常住单位在一定时期内获得减去处置的固定资产和存货的净额，包括固定资本形成总额和存货增加两部分。

[固定资本形成总额] 指生产者在一定时期内获得的固定资产减处置的固定资产的价值总额。固定资产是通过生产活动生产出来的，且其使用年限在一年以上、单位价值在规定标准以上的资产，不包括自然资产。可分为有形固定资本形成总额和无形固定资本形成总额。有形固定资本形成总额包括一定时期内完成的建筑工捏、安装工程和设备工器具购置(减处置)价值，以及土地改良、新增役、种、奶、毛、娱乐用牲畜和新增经济林木价值。无形固定资本形成总额包括矿藏的勘探、计算机软件等获得减处置。

[存货增加] 指常住单位在一定时期内存货实物量变动的市场价值，即期末价值减期初价值的差额，再扣除当期由于价格变动而产生的持有收益。存货增加可以是正值，也可以是负值，正值表示存货上升，负值表示存货下降。存货包括生产单位购进的原材料·燃料和储备物资等存货，以及生产单位生产的产成品、在制品和半成品等存货。

[货物和服务净出口] 指货物和服务出口减货物和服务进口的差额。出口包括常住单位向非常住单位出售或无偿转让的各种货物和服务的价值;进口包括常住单位从非常住单位购买或无偿得到的各种货物和服务的价值。由于服务活动的提供与使用同时发生，一般把常住单位从非常住单位得到的服务作为进口，非常住单位从常住单位得到的服务作为出口。货物的出口和进口都按离岸价格计算。

第四篇 Chapter4

人口 Population

责任编辑：张雪艳

资料整理：张雪艳　李广东　管利民　白晓明　李峻岭

Coordinator: Zhang Xueyan

Data Compilation: Zhang Xueyan　Li Guangdong　Guan　Limin　Bai Xiaoming　Li Junling

4-1 全区户数、人口数与性别比

Household, Population and Sex Ratio

年份 Year	总户数（户）Number of Households (household)	总人口数(人) Population(person)					平均每户人数（人/户）Average Family Size (person/household)	性别比（女=100）Sex Ratio (Female=100)
		合计 Total	男 Male		女 Female			
			人数 Population	比重(%) Percentag(%)	人数 Population	比重(%) Percentage(%)		
1950	224904	1259619	663298	52.66	596321	47.34	5.60	111.23
1953	279719	1510483	802139	53.10	708344	46.90	5.40	113.24
1958	334349	1935163	1034493	53.46	900670	46.54	5.90	114.86
1960	399445	2130316	1153050	54.13	977266	45.87	5.33	117.99
1965	441086	2267851	1191628	52.54	1076223	47.46	5.14	110.72
1970	519067	2773480	1442033	51.99	1331447	48.01	5.34	108.31
1975	613969	3279228	1703021	51.93	1576207	48.07	5.34	108.05
1978	667996	3555828	1841668	51.79	1714160	48.21	5.32	107.44
1980	699614	3737169	1930280	51.65	1806889	48.35	5.33	106.83
1985	808315	4146215	2137278	51.55	2008937	48.45	5.13	106.39
1990	1009078	4656774	2396934	51.47	2259840	48.53	4.61	106.07
1995	1195094	5123845	2632599	51.38	2491246	48.62	4.29	105.67
1996	1235188	5212099	2679993	51.42	2532106	48.58	4.22	105.84
1997	1271075	5289401	2717756	51.38	2571645	48.62	4.16	105.68
1998	1320085	5365666	2754769	51.34	2610897	48.66	4.06	105.51
1999	1354786	5432891	2784706	51.26	2648185	48.74	4.01	105.16
2000	1406024	5543214	2839607	51.23	2703607	48.77	3.94	105.10
2001	1442585	5632211	2889481	51.30	2742730	48.70	3.90	105.35
2002	1474654	5715376	2928132	51.23	2787244	48.77	3.88	105.05
2003	1521845	5801912	2976411	51.30	2825501	48.70	3.81	105.34
2004	1571951	5877142	3018099	51.35	2859043	48.65	3.74	105.56
2005	1672299	5962029	3056766	51.27	2905263	48.73	3.57	105.21
2006	1661191	6037305	3090722	51.19	2946583	48.81	3.63	104.89
2007	1784141	6102518	3117717	51.09	2984801	48.91	3.42	104.45
2008	1828332	6176939	3153651	51.06	3023288	48.94	3.38	104.31
2009	1881371	6252023	3186039	50.96	3065984	49.04	3.32	103.92
2010	1954859	6329550	3243333	51.24	3086217	48.76	3.24	105.09
2011	1974083	6394549	3268409	51.11	3126140	48.89	3.24	104.55
2012	1967107	6471908	3285843	50.77	3186065	49.23	3.29	103.13
2013	2020910	6541938	3345073	51.13	3196865	48.87	3.24	104.64

注: 2001 年及以后数据为常住人口，按年度人口变动情况抽样调查数据推算。

a)From 2001,data in this table refers to resident population,which is estimated on the base of annual national sample survey on population changes.

4-2 农业、非农业与市镇、乡村人口

Population of Agriculture and Non-Agriculture, Urban and Rural

单位：人 (person)

年份 Year	农业人口 Agriculture Population	非农业人口 Non-agriculture Population	市、镇人口 Urban Population	乡村人口 Rural Population
1950	1165106	94513		
1953	1375430	135053		
1955	1515637	135481		
1958	1698952	236211		
1960	1721839	408477		
1965	1921985	345866		
1970	2323964	449516		
1975	2729220	550008		
1978	2945095	610733		
1980	3059028	678141		
1985	3313764	832451		
1990	3542939	1113835		
1995	3744295	1379550		
1996	3804257	1407842		
1997	3822377	1467024		
1998	3843507	1522159		
1999	3878930	1553961		
2000	3950946	1592268	1803855	3739359
2001	3992902	1639309	1876653	3755558
2002	4027547	1687829	1954659	3760717
2003	3817164	1984748	2142337	3659575
2004	3799685	2077457	2386120	3491022
2005	3819228	2142801	2520746	3441283
2006	3839178	2198127	2593626	3443679
2007	3864589	2237929	2686553	3415965
2008	3887666	2289273	2778230	3398709
2009	3924177	2327846	2882093	3369930
2010	3972837	2356713	3035652	3293898
2011	4001069	2393480	3185574	3208975
2012	4029410	2442498	3279637	3192271
2013	3937592	2604346	3402756	3139182

注：2000 年起城乡人口按人口变动抽样调查及相关人口统计资料推算。

a)The urban and rural population are calculated on the data of surveyed population variation and related data from 2000.

4-3 民族人口和构成

Population by Nationality and Its Composition

年份 Year	汉族 Han		回族 Hui		其他少数民族 Others	
	人口数(人) Population (person)	比重(%) Percentage (%)	人口数(人) Population (person)	比重(%) Percentage (%)	人口数(人) Population (person)	比重(%) Percentage (%)
1950	876725	69.60	381806	30.31	1088	0.09
1953	1009963	66.86	498783	33.02	1737	0.12
1955	1106765	67.03	542598	32.86	1755	0.11
1958	1303335	67.35	629797	32.54	2031	0.11
1960	1515958	71.16	612379	28.75	1979	0.09
1965	1569719	69.22	695061	30.65	3071	0.13
1970	1931177	69.63	839353	30.26	2950	0.11
1975	2280396	69.54	995202	30.35	3630	0.11
1978	2457551	69.11	1094660	30.78	3617	0.11
1980	2565593	68.65	1167257	31.23	4319	0.12
1985	2797427	67.47	1337561	32.26	11227	0.27
1990	3098093	66.53	1538925	33.05	19756	0.42
1995	3374813	65.86	1724148	33.65	24884	0.49
1996	3424762	65.71	1761876	33.80	25461	0.49
1997	3465287	65.51	1797247	33.98	26867	0.51
1998	3507446	65.37	1829700	34.10	28520	0.53
1999	3537134	65.11	1865903	34.34	29854	0.55
2000	3602104	64.98	1910101	34.46	31009	0.56
2001	3649994	64.81	1950424	34.63	31793	0.56
2002	3694928	64.65	1987129	34.77	33319	0.58
2003	3741161	64.48	2024723	34.90	36028	0.62
2004	3774150	64.22	2064854	35.13	38138	0.65
2005	3816891	64.02	2105192	35.31	39946	0.67
2006	3856020	63.87	2140903	35.46	40382	0.67
2007	3874218	63.49	2182260	35.76	46040	0.75
2008	3909502	63.29	2220417	35.95	47020	0.76
2009	3952260	63.22	2251503	36.01	48260	0.77
2010	4096692	64.72	2191810	34.63	41048	0.65
2011	4062457	63.53	2286692	35.76	45400	0.71
2012	4121574	63.68	2301225	35.56	49109	0.76
2013	4163420	63.64	2328975	35.60	49543	0.76

4-4 人口自然变动情况

Natural Change of Population

年份 Year	年平均人口（人） Annual Average Population (person)	出生 Birth		死亡 Death		自然增长 Natural Growth	
		人数（人） Population (person)	出生率(‰) Birth Rate (‰)	人数（人） Population (person)	死亡率(‰) Death Rate (‰)	人数（人） Population (person)	自然增长率(‰) Natural Growth Rate(‰)
1950	1228560	49536	40.32	25284	20.58	24252	19.74
1953	1467318	58707	40.01	28437	19.38	30270	20.63
1955	1617587	56450	34.90	16565	10.24	39885	24.66
1958	1864485	73316	39.32	27936	14.98	45380	24.34
1960	2109436	34970	16.58	29331	13.90	5639	2.68
1965	2208416	106191	48.08	20509	9.29	85682	38.79
1970	2711573	109191	40.27	17168	6.33	92023	33.94
1975	3225840	117747	36.50	25073	7.77	92674	28.73
1978	3511449	99991	28.48	19169	5.46	80822	23.02
1980	3689265	92069	24.96	17430	4.72	74639	20.24
1985	4107443	70552	17.18	15934	3.88	54618	13.30
1990	4655451	113470	24.34	25759	5.52	87711	18.82
1995	5081264	97967	19.28	27896	5.49	70071	13.79
1996	5167972	98347	19.03	27132	5.25	71215	13.78
1997	5250750	99239	18.90	28511	5.43	70728	13.47
1998	5327534	96908	18.19	27224	5.11	69684	13.08
1999	5399279	97025	17.97	30506	5.65	66519	12.32
2000	5488053	90501	16.49	25090	4.57	65411	11.92
2001	5587713	92476	16.55	27044	4.84	65432	11.71
2002	5673794	93164	16.42	27575	4.86	65589	11.56
2003	5758644	90296	15.68	27238	4.73	63057	10.95
2004	5839527	93257	15.97	27971	4.79	65286	11.18
2005	5919586	94299	15.93	29302	4.95	64997	10.98
2006	5999667	93175	15.53	29038	4.84	64137	10.69
2007	6069912	89835	14.80	30592	5.04	59243	9.76
2008	6139729	87860	14.31	28366	4.62	59494	9.69
2009	6214481	89364	14.38	29208	4.70	60156	9.68
2010	6290787	88981	14.14	32110	5.10	56871	9.04
2011	6362050	86842	13.65	29774	4.68	57068	8.97
2012	6433229	85305	13.26	27856	4.33	57449	8.93
2013	6506923	85371	13.12	29281	4.50	56090	8.62

4-5 六次人口普查人口基本情况

Basic Statistics on Population Census in 1953,1964,1982, 1990,2000 and 2010

指　标	Item	1953.7.1	1964.7.1	1982.7.1	1990.7.1	2000.11.1	2010.11.1
总人口(万人)	**Total Population(10000 persons)**	**150.62**	**210.75**	**389.56**	**465.54**	**548.64**	**630.14**
男	Male	80.74	110.84	200.68	238.95	281.35	322.74
女	Female	69.88	99.91	188.87	226.60	267.29	307.40
性别比(以女性为100)	Sex Ratio(female=100)	115.55	110.95	106.25	105.45	105.26	104.99
家庭户规模(人/户)	**Average Family Household Size (person/household)**	**5.10**	**4.98**	**5.09**	**4.57**	**3.82**	**3.17**
各年龄组人口(万人)	**Population by Age Group (10000 persons)**						
0-14岁	0-14	61.27	91.39	160.71	157.07	155.67	134.80
15-64岁	15-64	84.84	114.56	216.39	292.13	368.42	455.05
65岁及以上	65 and Over	4.51	4.80	12.45	16.34	24.55	40.29
民族人口	**Population by Ethnicity**						
汉族(万人)	Han(10000 persons)	100.07	145.71	265.13	310.74	359.06	408.64
占总人口比重(%)	Percentage to Total Population(%)	66.43	69.14	68.06	66.75	65.45	64.85
回族(万人)	Hui(10000 persons)	50.37	64.70	123.52	152.44	186.24	217.38
占总人口比重(%)	Percentage to Total Population(%)	33.44	30.70	31.71	32.75	33.95	34.50
其他少数民族(万人)	Other Ethnic Minorities(10000persons)	0.17	0.34	0.91	2.36	3.34	4.12
占总人口比重(%)	Percentage to Total Population (%)	0.13	0.16	0.23	0.50	0.60	0.65
每十万人拥有的各种受教育程度人口(人)	**Population with Various Education Attainments Per 100 000 Persons (Person)**						
大专及以上	Junior College and Above		380	659	1610	3690	9316
高中和中专	Senior Secondary School and Technical Secondary School		1250	5294	8010	10934	12580
初中	Junior Secondary School		4080	15542	20272	27859	33813
小学	Primary School		18730	25686	29424	31845	29656
文盲人口及文盲率	**Illiterate Population and Illiterate Rate**						
文盲人口(万人)	Illiterate Population (10000 persons)			105.01	103.27	61.77	41.92
文盲率(%)	Illiterate Rate(%)			45.89	33.48	15.72	6.65
城乡人口(万人)	**Population by Residence (10000 Persons)**						
城镇人口	Urban Population		24.94	75.58	119.75	180.39	302.21
乡村人口	Rural Population		185.81	313.98	345.79	368.25	327.93

4-6 人口计划生育状况

Family Planning

单位:人、%　　(person,%)

年份 Year	已婚育龄妇女人数 Number of Married Women of Child-bearing Age		采取各种节育措施人数 Number of Women Taking Various Birth Control Measures		节育率 Birth Control Rate		领取独生子女证人数 Number of Married Couples with One-child Certificate	
	合计 Total	少数民族 Ethnic Minorities	合计 Total	少数民族 Ethnic Minorities	合计 Total	少数民族 Ethnic Minorities	合计 Total	少数民族 Ethnic Minorities
1979	508985		235560		46.28			
1980	522377		274823		52.61		3249	
1985	642996	202714	502048	134011	78.08	66.11	34961	6204
1990	854353	273182	695877	200383	81.45	73.35	79400	6995
1995	986322	324715	890234	284327	90.26	89.56	124105	11128
1996	1019995	338682	933088	303927	91.48	89.74	129738	11294
1997	1045379	351026	952531	313232	91.12	89.23	130714	11732
1998	1070721	363660	968450	317290	90.45	87.25	135032	12218
1999	1090681	371306	979795	323070	89.83	87.01	135864	11514
2000	1101214	369538	993341	327596	90.20	88.65	135866	11867
2001	1119278	363471	1011630	334608	90.38	92.06	138694	10990
2002	1137026	344071	1022832	330093	89.96	95.94	141848	11814
2003	1151773	396789	1039803	349116	90.28	87.99	139662	12563
2004	1161088	404450	1053142	357673	90.70	88.43	126280	11456
2005	1173526	415211	1066291	368432	90.86	88.73	127570	11983
2006	1155239		1045821		90.53		114095	
2007	1192461		1082676		90.79		121201	
2008	1219697		1103869		90.50		118034	
2009	1249649		1132844		90.65		121836	
2010	1263078		1143429		90.53		122687	
2011	1276589		1167638		91.47		126842	
2012	1252766		1167043		93.16		120289	
2013	1257262		1153318		91.73		112217	

注:本资料根据计划生育部门统计数据整理。

a)Data in this table are compiled on statistic of Family Planning Department.

4-7 各市县人口总数

Population by City and Country in Main Years

单位:人 (person)

地 区	Region	1958	1978	1980	1990	2000	2010	2011	2012	2013
全区总计	**Total**	**1935163**	**3555828**	**3737169**	**4656774**	**5543214**	**6329550**	**6394549**	**6471908**	**6541938**
银川市	**Yinchuan**	**401035**	**786743**	**822542**	**1034520**	**1264588**	**2004456**	**2025741**	**2046341**	**2082695**
银川市	District	148237	325177	344540	480184	641723	1299129	1313371	1326667	1343955
兴庆区	Xingqing						683009	690023	697365	707151
西夏区	Xixia						331138	334839	337942	341440
金凤区	Jinfeng						284982	288509	291360	295364
永宁县	Yongning	81971	146243	149157	168325	185213	218719	220765	222797	230957
贺兰县	Helan	96125	152140	154492	166423	182500	224062	226363	228484	235578
灵武市	Lingwu	74702	163183	174353	219588	255152	262546	265242	268393	272205
石嘴山市	**Shizuishan**	**220670**	**506569**	**529873**	**613753**	**691677**	**727005**	**734071**	**741586**	**759311**
石嘴山市	District	67618	269636	286591	346755	399687	473756	478621	483182	489392
大武口区	Dawukou						287719	290674	293567	296167
惠农区	Huinong						186037	187947	189615	193225
平罗县	Pingluo	135562	219145	224699	245070	261481	253249	255450	258404	269919
陶乐县	Taole	17490	17788	18583	21928	30509				
吴忠市	**Wuzhong**	**370840**	**660327**	**696769**	**892347**	**1067147**	**1282132**	**1294798**	**1312456**	**1331026**
利通区	Litong	115189	196266	205838	257959	306379	380278	384383	389332	395580
红寺堡区	Hongsipu						166992	168707	171553	179390
盐池县	Yanchi	52637	108157	114378	140038	152117	146786	147793	149550	150889
同心县	Tongxin	88136	183156	197780	279103	363630	322841	326156	331389	325834
青铜峡市	Qingtongxia	114878	172748	178773	215247	245021	265235	267759	270632	279333
固原市	**Guyuan**	**588899**	**991027**	**1047927**	**1316834**	**1504288**	**1233200**	**1247063**	**1264281**	**1244079**
原州区	Yuanzhou	187682	328542	350155	442190	507874	412701	418662	424298	418683
西吉县	Xiji	157564	274186	291842	377333	452477	357537	361209	366645	359085
隆德县	Longde	104585	151025	155523	185327	216954	160986	162239	164002	163262
泾源县	Jingyuan	46564	73414	77114	93538	81888	101279	102317	103884	101552
彭阳县	Pengyang	92504	163860	173293	218446	245095	200697	202636	205452	201497
中卫市	**Zhongwei**	**353719**	**611162**	**640058**	**799320**	**1015514**	**1082757**	**1092876**	**1107244**	**1124827**
沙坡头区	Shapotou	132403	234374	239966	289527	335374	379121	383014	387177	397566
中宁县	Zhongning	111175	164986	172219	205960	315900	313619	315840	319744	333479
海原县	Haiyuan	110141	211802	227873	303833	364240	390017	394022	400323	393782

4-8 各市县户数、人口数(2013 年)

Household and Population by City and Country(2013)

地 区	Region	总户数(户) Number of Households (household)	总人口(人) Population(person)			平均家庭人口数 (人/户) Average Family Size (person/household)
			合计 Total	男性 Male	女性 Female	
全区总计	**Total**	**2020910**	**6541938**	**3345073**	**3196865**	**3.24**
银 川 市	**Yinchuan**	**710858**	**2082695**	**1061087**	**1021608**	**2.93**
银 川 市	District	472472	1343955	678753	665202	2.84
兴 庆 区	Xingqing	262881	707151	355768	351383	2.69
西 夏 区	Xixia	110142	341440	173383	168057	3.10
金 凤 区	Jinfeng	99449	295364	149602	145762	2.97
永 宁 县	Yongning	71283	230957	118342	112615	3.24
贺 兰 县	Helan	81234	235578	122854	112724	2.90
灵 武 市	Lingwu	85869	272205	141138	131067	3.17
石嘴山市	**Shizuishan**	**266309**	**759311**	**390032**	**369279**	**2.85**
石嘴山市	District	175120	489392	253453	235939	2.79
大武口区	Dawukou	103555	296167	153266	142901	2.86
惠 农 区	Huinong	71565	193225	100187	93038	2.70
平 罗 县	Pingluo	91189	269919	136579	133340	2.96
吴 忠 市	**Wuzhong**	**393145**	**1331026**	**683137**	**647889**	**3.39**
利 通 区	Litong	118084	395580	203447	192133	3.35
红寺堡区	Hongsipu	44514	179390	92565	86825	4.03
盐 池 县	Yanchi	53889	150889	78402	72487	2.80
同 心 县	Tongxin	83547	325834	166012	159822	3.90
青铜峡市	Qingtongxia	93111	279333	142711	136622	3.00
固 原 市	**Guyuan**	**333052**	**1244079**	**632027**	**612052**	**3.74**
原 州 区	Yuanzhou	116625	418683	212775	205908	3.59
西 吉 县	Xiji	89771	359085	182990	176095	4.00
隆 德 县	Longde	44006	163262	82219	81043	3.71
泾 源 县	Jingyuan	27596	101552	51924	49628	3.68
彭 阳 县	Pengyang	55054	201497	102119	99378	3.66
中 卫 市	**Zhongwei**	**317546**	**1124827**	**578790**	**546037**	**3.54**
沙坡头区	Shapotou	127425	397566	205025	192541	3.12
中 宁 县	Zhongning	92891	333479	169707	163772	3.59
海 原 县	Haiyuan	97230	393782	204058	189724	4.05

注:表中数据根据 2013 年人口抽样调查结果推算。

a)Data in this table are estimated on the Population Sample Survey in 2013.

4-9 各市县民族人口和构成(2013年)

Population by Nationality in Cities and Countries(2013)

地区	Region	汉族 Han		回族 Hui		其他少数民族 Others	
		人口数(人) Population (person)	比重(%) Percentage (%)	人口数(人) Population (person)	比重(%) Percentage (%)	人口数(人) Population (person)	比重(%) Percentage (%)
全区总计	**Total**	**4163420**	**63.64**	**2328975**	**35.60**	**49543**	**0.76**
银川市	**Yinchuan**	**1547460**	**74.30**	**501142**	**24.06**	**34093**	**1.64**
银川市	District	1043724	77.66	269944	20.09	30287	2.25
兴庆区	Xingqing	556631	78.71	136453	19.30	14067	1.99
西夏区	Xixia	272627	79.85	59243	17.35	9570	2.80
金凤区	Jinfeng	214466	72.61	74248	25.14	6650	2.25
永宁县	Yongning	182257	78.92	47308	20.48	1392	0.60
贺兰县	Helan	179870	76.35	54530	23.15	1178	0.50
灵武市	Lingwu	141609	52.03	129360	47.52	1236	0.45
石嘴山市	**Shizuishan**	**591326**	**77.88**	**160439**	**21.13**	**7546**	**0.99**
石嘴山市	District	421761	86.18	60799	12.42	6832	1.40
大武口区	Dawukou	260145	87.84	30869	10.42	5153	1.74
惠农区	Huinong	161616	83.64	29930	15.49	1679	0.87
平罗县	Pingluo	169565	62.83	99640	36.91	714	0.26
吴忠市	**Wuzhong**	**626540**	**47.07**	**700189**	**52.61**	**4297**	**0.32**
利通区	Litong	150988	38.17	242913	61.41	1679	0.42
红寺堡区	Hongsipu	69217	38.59	109988	61.31	185	0.10
盐池县	Yanchi	147169	97.53	3288	2.18	432	0.29
同心县	Tongxin	36034	11.06	289616	88.88	184	0.06
青铜峡市	Qingtongxia	223132	79.88	54384	19.47	1817	0.65
固原市	**Guyuan**	**674685**	**54.23**	**568503**	**45.70**	**891**	**0.07**
原州区	Yuanzhou	218074	52.09	199937	47.75	672	0.16
西吉县	Xiji	152845	42.57	206146	57.40	94	0.03
隆德县	Longde	143636	87.98	19540	11.97	86	0.05
泾源县	Jingyuan	21523	21.19	80003	78.78	26	0.03
彭阳县	Pengyang	138607	68.79	62877	31.20	13	0.01
中卫市	**Zhongwei**	**723409**	**64.31**	**398702**	**35.45**	**2716**	**0.24**
沙坡头区	Shapotou	371896	93.54	24510	6.17	1160	0.29
中宁县	Zhongning	248426	74.50	84447	25.32	606	0.18
海原县	Haiyuan	103087	26.18	289745	73.58	950	0.24

4-10 各市县回族人口数

Population by the Hui Nationality by City and Country in Main Years

单位:人 (person)

地 区	Region	1958	1978	1980	1990	2000	2010	2011	2012	2013
全区总计	**Total**	**629797**	**1094660**	**1214922**	**1538925**	**1910101**	**2191810**	**2286692**	**2301225**	**2328975**
银川市	**Yinchuan**	**116123**	**191204**	**200710**	**253987**	**331708**	**462090**	**481653**	**484276**	**501142**
银川市	District	32040	60144	63495	85885	137059	241464	252442	257345	269944
兴庆区	Xingqing						109555	114626	127778	136453
西夏区	Xixia						60746	63310	58425	59243
金凤区	Jinfeng						71163	74506	71142	74248
永宁县	Yongning	16694	18484	18788	22343	24970	49755	51273	45542	47308
贺兰县	Helan	22473	35614	36419	38351	45229	51072	52571	54265	54530
灵武市	Lingwu	44916	76962	82008	107408	124450	119799	125367	127124	129360
石嘴山市	**Shizuishan**	**46253**	**94450**	**99837**	**118499**	**139678**	**141704**	**148468**	**150276**	**160439**
石嘴山市	District	23899	28423	30705	37767	47121	61338	64353	58429	60799
大武口区	Dawukou						27293	28636	29300	30869
惠农区	Huinong						34045	35717	29129	29930
平罗县	Pingluo	21362	64193	67293	78645	84633	80366	84115	91847	99640
陶乐县	Taole	992	1834	1839	2087	7924				
吴忠市	**Wuzhong**	**149851**	**274030**	**293313**	**401384**	**501731**	**665371**	**692656**	**691849**	**700189**
利通区	Litong	68593	106376	112225	141700	165635	225098	236205	237581	242913
红寺堡区	Hongsipu						101469	105389	102487	109988
盐池县	Yanchi	1348	2971	3170	3743	3825	4065	4016	3253	3288
同心县	Tongxin	68964	142119	154163	225477	297440	286943	297500	299357	289616
青铜峡市	Qingtongxia	10946	22564	23755	30464	34831	47796	49546	49171	54384
固原市	**Guyuan**	**240744**	**388568**	**461671**	**547024**	**625774**	**547642**	**571187**	**578214**	**568503**
原州区	Yuanzhou	76490	128357	185670	184838	215932	188608	196511	206903	199937
西吉县	Xiji	84055	132627	141828	192304	239145	201244	209248	208130	206146
隆德县	Longde	8314	11525	12057	15741	20015	17654	18511	19128	19540
泾源县	Jingyuan	45243	70745	74451	90719	79461	81375	85289	80838	80003
彭阳县	Pengyang	26642	45314	47665	63422	71221	58761	61628	63215	62877
中卫市	**Zhongwei**	**76826**	**146408**	**159391**	**218031**	**311210**	**375003**	**392728**	**396610**	**398702**
沙坡头区	Shapotou	1022	1681	1695	3492	4640	23182	23717	24125	24510
中宁县	Zhongning	2635	4022	4281	4946	51588	77361	80742	77937	84447
海原县	Haiyuan	73169	140705	153415	209593	254982	274460	288269	294548	289745

4-11 各市县人口自然变动情况(2013 年)

Natural Changes on Population by City and Country(2013)

地 区	Region	年平均人口(人) Annual Average Population (person)	自然变动人数(人) Population of Natural Changes (person)			自然变动率(‰) Natural Rates of Change(‰)		
			出生人数 Birth	死亡人数 Death	自然增长人数 Natural Growth	出生率 Birth Rate	死亡率 Death Rate	自然增长率 Natural Growth Rate
全区总计	**Total**	**6506923**	**85371**	**29281**	**56090**	**13.12**	**4.50**	**8.62**
银 川 市	**Yinchuan**	**2064518**	**21306**	**7412**	**13894**	**10.32**	**3.59**	**6.73**
银 川 市	District	1335311	12472	3926	8546	9.34	2.94	6.40
兴 庆 区	Xingqing	702258	6609	1784	4825	9.41	2.54	6.87
西 夏 区	Xixia	339691	2939	938	2001	8.65	2.76	5.89
金 凤 区	Jinfeng	293362	2974	1179	1795	10.14	4.02	6.12
永 宁 县	Yongning	226877	2391	957	1434	10.54	4.22	6.32
贺 兰 县	Helan	232031	2909	1654	1255	12.54	7.13	5.41
灵 武 市	Lingwu	270299	3665	930	2735	13.56	3.44	10.12
石嘴山市	**Shizuishan**	**750449**	**7918**	**3430**	**4488**	**10.55**	**4.57**	**5.98**
石嘴山市	District	486287	5004	2252	2752	10.29	4.63	5.66
大武口区	Dawukou	294867	2966	1026	1940	10.06	3.48	6.58
惠 农 区	Huinong	191420	2037	1258	779	10.64	6.57	4.07
平 罗 县	Pingluo	264162	2905	1183	1722	11.00	4.48	6.52
吴 忠 市	**Wuzhong**	**1321741**	**19152**	**6463**	**12689**	**14.49**	**4.89**	**9.60**
利 通 区	Litong	392456	5306	1723	3583	13.52	4.39	9.13
红寺堡区	Hongsipu	175472	2697	991	1706	15.37	5.65	9.72
盐 池 县	Yanchi	150220	1936	957	979	12.89	6.37	6.52
同 心 县	Tongxin	328612	5593	1600	3993	17.02	4.87	12.15
青铜峡市	Qingtongxia	274983	3025	1207	1818	11.00	4.39	6.61
固 原 市	**Guyuan**	**1254180**	**19389**	**7186**	**12203**	**15.46**	**5.73**	**9.73**
原 州 区	Yuanzhou	421491	6554	2099	4455	15.55	4.98	10.57
西 吉 县	Xiji	362865	6186	2282	3904	17.05	6.29	10.76
隆 德 县	Longde	163632	2023	763	1260	12.36	4.66	7.70
泾 源 县	Jingyuan	102718	1672	712	960	16.28	6.93	9.35
彭 阳 县	Pengyang	203475	3018	1207	1811	14.83	5.93	8.90
中 卫 市	**Zhongwei**	**1116036**	**15959**	**4442**	**11517**	**14.3**	**3.98**	**10.32**
沙坡头区	Shapotou	392372	4599	1405	3194	11.72	3.58	8.14
中 宁 县	Zhongning	326612	4158	1303	2855	12.73	3.99	8.74
海 原 县	Haiyuan	397053	6846	1680	5166	17.24	4.23	13.01

注:根据 2013 年人口变动情况抽样调查资料整理。受出生率和死亡率构成影响,各市县数据加总不等于总计数。

4-12 各市县城乡人口情况(2013年)

Urban and Rural Population By City and county(2013)

单位:人　　　　(person)

地　区	Region	常住人口 Resident Population	城镇人口 Urban Population	乡村人口 Rural Population	城镇人口比重 Proportion of Urban Population
全区总计	**Total**	**6541938**	**3402756**	**3139182**	**52.01**
银川市	**Yinchuan**	**2082695**	**1557630**	**525065**	**74.79**
银川市	District	1343955	1226293	117662	91.25
兴庆区	Xingqing	707151	679191	27960	96.05
西夏区	Xixia	341440	303282	38158	88.82
金凤区	Jinfeng	295364	243820	51544	82.55
永宁县	Yongning	230957	88011	142946	38.11
贺兰县	Helan	235578	102773	132805	43.63
灵武市	Lingwu	272205	140553	131652	51.63
石嘴山市	**Shizuishan**	**759311**	**540986**	**218325**	**71.25**
石嘴山市	District	489392	428588	60804	87.58
大武口区	Dawukou	296167	270325	25842	91.27
惠农区	Huinong	193225	158263	34962	81.91
平罗县	Pingluo	269919	112398	157521	41.64
吴忠市	**Wuzhong**	**1331026**	**559659**	**771367**	**42.05**
利通区	Litong	395580	223107	172473	56.40
红寺堡区	Hongsipu	179390	49154	130236	27.40
盐池县	Yanchi	150889	53210	97679	35.26
同心县	Tongxin	325834	114993	210841	35.29
青铜峡市	Qingtongxia	279333	119195	160138	42.67
固原市	**Guyuan**	**1244079**	**350643**	**893436**	**28.18**
原州区	Yuanzhou	418683	164328	254355	39.25
西吉县	Xiji	359085	69196	289889	19.27
隆德县	Longde	163262	38648	124614	23.67
泾源县	Jingyuan	101552	25290	76262	24.90
彭阳县	Pengyang	201497	53181	148316	26.39
中卫市	**Zhongwei**	**1124827**	**393838**	**730989**	**35.01**
沙坡头区	Shapotou	397566	196759	200807	49.49
中宁县	Zhongning	333479	127861	205618	38.34
海原县	Haiyuan	393782	69218	324564	17.58

主要统计指标解释

［总人口］ 指在一定时点、一定地区范围内有生命的个人总和，包括有常住户口和未落常住户口的人，以及被注销户口的在押犯、劳改、劳教人员，但不包括军人及人民武装警察。

［总户数］ 包括家庭户和集体户。

［市镇人口数］ 指居住在市（包括县级市）、镇辖区内的全部人口。

［乡村人口数］ 指县辖乡(不含县辖镇)的全部人口。

［性别比］ 男性人数与女性人数之比（女=100）

$$性别比=\frac{男性人数}{女性人数}\times 100\%$$

［年平均人数］ 指一年之中各个时点的平均生存人数。

$$年平均人数=\frac{年初人数+年末人数}{2}$$

［出生人数］ 指在一定时期内 (通常为一年内)出生有生命现象(即有心跳和呼吸)婴儿数的总和。

［出生率］ 指某个地区一定时期内的出生人数与同期平均人数之比。

$$出生率=\frac{年出生人数}{年平均人数}\times 1000‰$$

［死亡率］ 指某个地区一定时期内的死亡人数与同期平均人数之比。

$$死亡率=\frac{年死亡人数}{年平均人数}\times 1000‰$$

第五篇 劳动力资源与工资

Chapter5 Labor Force and Wages

责任编辑：张雪艳

资料整理：张雪艳　李广东　管利民　白晓明　李俊岭

Coordinator: Zhang Xueyan

Data Compilation: Zhang Xueyan Li Guangdong Guan Limin Bai Xiaoming Li Junling

5-1 就业基本情况
Employment

指　标	Item	1995	2000	2005	2010	2011	2012	2013
就业人员合计(万人)	**Total Number of Employed persons(10 000 persons)**	**240.6**	**275.5**	**299.6**	**326.0**	**339.6**	**344.5**	**351.3**
第一产业	Primary Industry	143.5	158.6	160.8	162.0	166.2	167.1	167.1
第二产业	Secondary Industry	46.7	50.0	51.8	53.8	55.4	56.9	60.4
第三产业	Tertiary Industry	50.4	66.9	87.0	110.2	118.0	120.5	123.8
就业人员构成(合计=100)	**Composition of Employed Persons(total=100)**	**100.0**	**100.0**	**100.0**	**100.0**	**100.0**	**100.0**	**100.0**
第一产业	Primary Industry	59.7	57.6	53.7	49.7	48.9	48.5	47.6
第二产业	Secondary Industry	19.4	18.1	17.3	16.5	16.3	16.5	17.2
第三产业	Tertiary Industry	20.9	24.3	29.0	33.8	34.8	35.0	35.2
城镇就业人员(万人)	**Urban Employed Persons (10 000 persons)**	**81.1**	**77.6**	**87.6**	**108.0**	**131.2**	**134.4**	**140.1**
国有单位	State-owned Units	62.9	52.0	38.5	37.2	37.9	41.0	36.7
集体单位	Collective-owned Units	9.9	5.0	1.4	0.8	0.8	0.8	0.8
股份合作单位	Cooperative Units		1.1	1.0	0.5	0.6	0.5	0.2
联营单位	Joint Ownership Units	0.2	0.1	0.1	0.1	0.1	0.1	0.1
有限责任公司	Limited Liability Corporations		4.0	13.0	15.8	16.1	19.0	24.1
股份有限公司	Share-holding Corporations Ltd.	0.5	1.6	4.0	3.3	3.5	3.8	7.3
其　他	Others			0.6	0.4	0.5	0.8	0.9
港澳台商投资单位	Units of Funds from Hong Kong,Macao & Taiwan	0.5	0.3		0.1	0.1	0.2	0.7
外商投资单位	Foreign Funded Units	0.9	1.0	1.0	1.2	1.4	1.4	1.3
私营企业	Private Enterprises	1.9	4.8	14.0	20.0	39.2	28.3	37.3
个　体	Self-employed Individuals	4.3	7.7	14.0	28.6	31.0	38.5	30.7
在岗职工人数(万人)	**Number of Staff and Workers(10 000 persons)**	**73.4**	**63.8**	**57.4**	**54.7**	**56.5**	**62.8**	**67.2**
国有单位	State-owned Units	61.5	51.0	37.4	34.0	34.8	38.1	34.0
城镇集体单位	Urban Collective-owned Units	9.9	4.8	1.3	0.7	0.7	0.7	0.7
其他单位	Units of Other Types of Ownership	2.0	8.0	18.8	20.0	21.0	24.0	32.5
城镇登记失业人数(万人)	**Number of Registered Umemployed Persons in Urban Areas (10 000 persons)**	**4.4**	**3.8**	**4.4**	**4.8**	**5.2**	**4.6**	**4.7**
城镇登记失业率(%)	**Registered Unemployment Rate in Urban Areas (%)**	**5.5**	**4.6**	**4.5**	**4.4**	**4.2**	**4.2**	**4.1**

注:2006 年以后在岗职工为城镇非私营单位在岗职工。

5-2 劳动力资源和就业人数

Labor Force and Number of Employed Persons

单位:万人,% (10 000 persons,%)

年份 Year	劳动力资源 Labor Force		就业人员 Employees		
	人数 Population	占总人口比重 As Percentage of Total Population	人数 Population	占总人口比重 As Percentage of Total Population	占劳动力资源比重 As Percentage of Labor Force
1950	57.6	45.71	47.2	37.50	82.07
1955	77.6	46.97	67.7	41.00	87.30
1960	99.5	46.77	96.6	45.32	94.17
1965	107.1	47.20	98.6	43.52	92.18
1970	130.2	46.94	112.5	40.56	86.43
1975	158.1	48.20	125.6	38.30	79.49
1980	194.3	51.20	146.5	39.20	75.40
1985	221.8	53.49	177.4	42.79	82.01
1990	259.6	55.73	211.1	45.35	81.36
1995	324.8	63.39	240.6	46.96	74.08
1996	337.4	64.74	245.4	47.08	72.73
1997	346.3	65.48	256.8	48.55	74.16
1998	355.5	66.25	254.8	49.49	71.69
1999	363.3	66.87	272.3	50.13	74.95
2000	380.9	68.71	275.5	49.70	72.13
2001	393.4	69.90	279.0	49.54	70.92
2002	399.9	70.00	282.4	49.40	70.62
2003	406.0	70.00	291.4	50.22	71.77
2004	411.7	70.10	298.8	50.84	72.58
2005	416.1	69.79	299.6	50.25	72.00
2006	422.6	70.00	308.1	51.00	72.90
2007	427.6	70.10	309.5	50.70	72.40
2008	432.3	69.99	303.9	49.20	70.30
2009	437.9	70.04	328.5	52.54	75.02
2010	473.6	74.84	326.0	51.50	68.82
2011	478.5	74.82	339.6	53.11	70.99
2012	487.9	75.39	344.5	53.23	70.61
2013	494.0	75.51	351.3	53.70	71.11

5-3 全社会就业人数
Total Number of Employed Persons in the Whole Country

单位:万人 (10 000 persons)

年 份 Year	就业人员合计 Total Employed Persons	在岗职工 Staff and Workers				城镇私营企业及个体就业者 Urban Private and Individuals	乡村就业者 Rural Employed Persons	其他就业者 Other Employed Persons
			国有单位 State-owned Units	集体单位 Collective owned Units	其他单位 Units of Other Types of Ownership			
1950	47.2	0.8	0.8			3.7	42.7	
1955	67.7	7.5	3.5	4.0		1.7	58.5	
1960	96.5	28.0	25.7	2.3			68.5	
1965	98.6	18.8	17.1	1.7			79.8	
1970	112.5	26.6	24.5	2.1			85.9	
1975	125.6	33.7	30.8	2.9			91.9	
1980	146.5	47.6	41.3	6.3		0.1	98.8	
1985	177.4	55.8	46.8	9.0		1.1	120.5	
1990	211.1	67.4	56.4	10.9	0.1	2.8	140.9	
1995	240.6	73.4	61.5	9.9	2.0	6.2	159.5	1.5
2000	275.5	63.8	51.0	4.8	8.0	12.5	197.9	1.4
2001	279.0	61.3	48.9	3.9	8.5	16.1	200.4	1.1
2002	282.4	60.6	44.1	3.3	13.2	17.4	203.2	1.2
2003	291.4	60.2	39.5	2.2	18.5	20.6	208.5	2.2
2004	298.1	58.5	37.2	1.8	19.5	27.7	209.9	1.9
2005	299.6	57.4	37.4	1.3	18.8	28.0	212.0	2.2
2006	308.1	56.7	35.5	1.1	20.1	37.4	212.0	1.9
2007	309.5	56.3	35.3	1.0	20.0	36.7	214.6	1.9
2008	303.9	54.7	34.3	0.8	19.6	28.1	218.7	2.4
2009	328.5	54.6	33.8	0.7	20.1	52.0	218.4	3.5
2010	326.0	54.7	34.0	0.7	20.0	48.6	218.0	4.7
2011	339.6	56.6	34.8	0.7	21.0	70.2	208.6	4.2
2012	344.5	62.8	38.1	0.7	24.0	66.8	210.3	4.6
2013	351.3	67.2	34.0	0.7	32.5	68.0	211.2	4.9

注:1.1998 以后,在岗职工不再包括"离开本单位仍保留劳动关系"的职工;
2.2004 年以后数据不含长庆油田宁夏部分。

a)From 1998,statistical criteria of employment has been adjusted,that data of "Staff and Workers Leaving Their Working Units While Keeping Their Labour Contract" is not included in "staff and workers".

b)From 2004,data in this table excluding Changqing oil field in Ningxia.

5-4 按国民经济行业划分的就业人数(2013 年)

单位:人

指　　标	Item	总　计 Total
全 区 总 计	**Total**	**3513198**
按国民经济行业分组	**Grouped by Sector**	
农、林、牧、渔业	Agriculture,Forestry,Animal Husbandry and Fishery	1671114
采矿业	Mining	89074
制造业	Manufacturing	272218
电力、热力、燃气及水的生产和供应业	Production and Distribution of Electricity,Heat,Gas and Water	46894
建筑业	Construction	196031
批发和零售业	Wholesale and Retail Trades	435302
交通运输、仓储和邮政业	Transport,Storage and Post	114326
住宿和餐饮业	Hotels and Catering Services	103955
信息传输、软件和信息技术服务业	Information Transmission,Software and IT Services	21510
金融业	Financial Intermediation	40713
房地产业	Real Estate	35574
租赁和商务服务业	Leasing and Business Services	65558
科学研究和技术服务业	Scientific Research and Technical Services	22441
水利、环境和公共设施管理业	Management of Water Conservancy,Environment and Public Facilities	27662
居民服务,修理和其他服务业	Services to Households,Repair and Other Services	86740
教育	Education	107425
卫生和社会工作	Health and Social Work	51461
文化、体育和娱乐业	Culture,Sports and Entertainment	16119
公共管理、社会保障和社会组织	Public Management,Social Security and Organization	109081
按三次产业分组	**Grouped by Three Strate of Industry**	
第一产业	Primary Industry	1671114
第二产业	Secondary Industry	604217
第三产业	Tertiary Industry	1237867

Number of Employed Persons by Sector at Year-end(2013)

(person)

国有单位就业人员 State-owned Units	集体单位就业人员 Urban Collective-owned	其他单位就业人员 Units of Other Types of Ownership	城镇私营企业就业人员 Urban Private Enterprises	城镇个体就业人员 Urban Self-employed Individuals	乡村就业人员 Rural Employed Persons
367379	**8338**	**346042**	**372735**	**306981**	**2111723**
17057	7	913	11278	1980	1639879
2136		65696	3326	251	17665
1727	383	123859	63687	12419	70143
19360		15056	3185	5	9288
14731	2120	45538	26191	94	107357
4067	355	23041	146439	171491	89909
27020		13401	15252	2475	56177
1482	121	4879	9869	51929	35675
2943	14	5310	9859	728	2656
13273	3773	13564	6715	12	3376
2662	373	11375	16697	422	4045
7060	306	12386	35227	4238	6341
10319		3656	7044	543	879
18822	75	2196	1416	9	5144
458	19	456	11537	55237	19033
84639	109	3295	663	549	18170
39888	303	640	2363	1228	7039
6947	368	752	1987	3371	2694
92788	12	29			16253
17057	7	913	11278	1980	1639879
37954	2503	250149	96389	12769	204453
312368	5828	94980	265068	292232	267391

5-5 城镇非私营国有单位就业人数(2013 年)

单位:人

指　　标	Item	单位数(个) Number of Unit (unit)
全区总计	**Total**	**6870**
按隶属关系分组	**Grouped by Jurisdiction of Management**	
中　央	Central Authorities	279
省、自治区、直辖市	Provinces,Autonomous Regions and Municipalities	799
地　区	Region	1273
县及县以下	Country and Under Country Level	4502
其　他	Others	17
按执行会计标准类别分组	**Grouped by Enterprises,Institutions and Agencies**	
企　业	Enterprises	647
地　方	Local	444
事　业	Institutions	4033
地　方	Local	4006
机　关	Agencies & Organizations	2188
地　方	Local	2139
其　他	Others	2
按国民经济行业分组	**Grouped by Sector**	
农、林、牧、渔业	Agriculture,Forestry,Animal Husbandry and Fishery	298
采矿业	Mining and Quarrying	2
制造业	Manufacturing	70
电力、热力、燃气及水的生产和供应业	Production and Distribution of Electricity,Heat,Gas and Water	65
建筑业	Construction	47
批发和零售业	Wholesale and Retail Trades	90
交通运输、仓储和邮政业	Transport,Storage and Post	100
住宿和餐饮业	Hotels and Catering Services	11
信息传输、软件和信息技术服务业	Information Transmission,Software and IT Services	20
金融业	Financial Intermediation	202
房地产业	Real Estate	25
租赁和商务服务业	Leasing and Business Services	142
科学研究和技术服务业	Scientific Research and Technical Services	242
水利、环境和公共设施管理业	Management of Water Conservancy,Environment and Public Facilities	223
居民服务,修理和其他服务业	Services to Households,Repair and Other Services	15
教育	Education	2123
卫生和社会工作	Health and Social Work	371
文化、体育和娱乐业	Culture,Sports and Entertainment	252
公共管理、社会保障和社会组织	Public Management,Social Security and Organization	2572
国际组织	International Organizations	

Employed Persons in State-owned Units(2013)

(person)

单位就业人员 Number of Engaged Persons	在岗职工 Staff and Workers	其他就业人员 Other Engaged Persons
367379	**340347**	**27032**
59404	56876	2528
79458	75674	3784
77917	72450	5467
148629	133413	15216
1971	1934	37
100033	94769	5264
48196	45138	3058
183785	171405	12380
180335	168085	12250
83479	74092	9387
79362	70167	9195
82	81	1
17057	16817	240
2136	1820	316
1727	1649	78
19360	18919	441
14731	12799	1932
4067	3950	117
27020	26379	641
1482	1344	138
2943	2878	65
13273	11933	1340
2662	2440	222
7060	7022	38
10319	10030	289
18822	14292	4530
458	458	
84639	80460	4179
39888	37231	2657
6947	6515	432
92788	83411	9377

5-6 城镇非私营集体单位就业人数(2013 年)

单位:人

指　　标	Item	单位数(个) Number of Unit (unit)
全 区 总 计	**Total**	**213**
按企业、事业、机关分组	**Grouped by Enterprises,Institutions and Agencies**	
企　业	Enterprises	195
事　业	Institutions	18
机　关	Agencies & Organizations	
按国民经济行业分组	**Grouped by Sector**	
农、林、牧、渔业	Agriculture,Forestry,Animal Husbandry and Fishery	1
采矿业	Mining	
制造业	Manufacturing	17
电力、热力、燃气及水的生产和供应业	Production and Distribution of Electricity,Heat,Gas and Water	
建筑业	Construction	13
批发和零售业	Wholesale and Retail Trades	55
交通运输、仓储和邮政业	Transport,Storage and Post	
住宿和餐饮业	Hotels and Catering Services	2
信息传输、软件和信息技术服务业	Information Transmission,Computer Services and Software	1
金融业	Financial Intermediation	87
房地产业	Real Estate	5
租赁和商务服务业	Leasing and Business Services	17
科学研究和技术服务业	Scientific Research and Technical Services	
水利、环境和公共设施管理业	Management of Water Conservancy,Environment and Public Facilities	2
居民服务,修理和其他服务业	Services to Households,Repair and Other Services	1
教育	Education	1
卫生和社会工作	Health and Social Work	9
文化、体育和娱乐业	Culture,Sports and Entertainment	1
公共管理、社会保障和社会组织	Public Management,Social Security and Organization	1
国际组织	International Organization	

Employed Persons in Urban Collective-owned Units(2013)

(person)

单位就业人员 Number of Engaged Persons	在岗职工 Staff and Workers	其他就业人员 Other Engaged Persons
8338	**7135**	**1203**
7801	6628	1173
537	507	30
7	7	
383	370	13
2120	1883	237
355	296	59
121	121	
14	14	
3773	3277	496
373	369	4
306	305	1
75	65	10
19	19	
109	109	
303	284	19
368	4	364
12	12	

5-7 城镇非私营其他单位就业人数(2013 年)

单位:人

指　　标	Item	单位数(个) Number of Unit (unit)
全区总计	**Total**	**1393**
按企业、事业、机关分组	**Grouped by Enterprises,Institutions and Agencies**	
企　业	Enterprises	1355
事　业	Institutions	19
机　关	Agencies & Organizations	2
民间非盈利组织	Non-profit Organizations	11
其　他	Others	6
按国民经济行业分组	**Grouped by Sector**	
农、林、牧、渔业	Agriculture,Forestry,Animal Husbandry and Fishery	65
采矿业	Mining	23
制造业	Manufacturing	431
电力、热力、燃气及水的生产和供应业	Production and Distribution of Electricity,Heat,Gas and Water	58
建筑业	Construction	134
批发和零售业	Wholesale and Retail Trades	179
交通运输、仓储和邮政业	Transport,Storage and Post	39
住宿和餐饮业	Hotels and Catering Services	49
信息传输、软件和信息技术服务业	Information Transmission,Software and IT Services	20
金融业	Financial Intermediation	72
房地产业	Real Estate	169
租赁和商务服务业	Leasing and Business Services	43
科学研究和技术服务业	Scientific Research and Technical Services	29
水利、环境和公共设施管理业	Management of Water Conservancy,Environment and Public Facilities	14
居民服务,修理和其他服务业	Services to Households,Repair and Other Services	4
教育	Education	
卫生和社会工作	Health and Social Work	23
文化、体育和娱乐业	Culture,Sports and Entertainment	9
公共管理、社会保障和社会组织	Public Management,Social Security and Organization	30
国际组织	International Organization	2

Employed Persons in Urban Non Private Units of Other Types of Ownership(2013)

(person)

单位就业人员 Number of Engaged Persons	在岗职工 Staff and Workers	其他就业人员 Other Engaged Persons
346042	**325042**	**21000**
341708	322077	19631
3021	1985	1036
84	84	
972	675	297
257	221	36
913	675	238
65696	65678	18
123859	121976	1883
15056	14629	427
45538	35333	10205
23041	22892	149
13401	13091	310
4879	4748	131
5310	5189	121
13564	9032	4532
11375	10480	895
12386	11591	795
3656	3556	100
2196	1688	508
456	395	61
3295	2717	578
640	608	32
752	752	
29	12	17

5-8 城镇非私营单位女性就业人数(2013 年)

单位:人

指　　标	Item	女性就业成员 Number of Female Employed Persons
全区总计	**Total**	**255003**
按企业、事业、机关分组	**Grouped by Enterprises,Institutions and Agencies**	
企　业	Enterprises	131715
事　业	Institutions	94287
机　关	Agencies & Organizations	28090
民间非盈利组织	Non-profit Organizations	728
其　他	Others	183
按国民经济行业分组	**Grouped by Sector**	
农、林、牧、渔业	Agriculture,Forestry,Animal Husbandry and Fishery	5905
采矿业	Mining	11795
制造业	Manufacturing	37645
电力、热力、燃气及水的生产和供应业	Production and Distribution of Electricity,Heat,Gas and Water	10001
建筑业	Construction	6943
批发和零售业	Wholesale and Retail Trades	16408
交通运输、仓储和邮政业	Transport,Storage and Post	12803
住宿和餐饮业	Hotels and Catering Services	3741
信息传输、软件和信息技术服务业	Information Transmission,Software and IT Services	4006
金融业	Financial Intermediation	13503
房地产业	Real Estate	5037
租赁和商务服务业	Leasing and Business Services	5826
科学研究和技术服务业	Scientific Research and Technical Services	4210
水利、环境和公共设施管理业	Management of Water Conservancy,Environment and Public Facilities	10048
居民服务,修理和其他服务业	Services to Households,Repair and Other Services	342
教育	Education	45557
卫生和社会工作	Health and Social Work	25794
文化、体育和娱乐业	Culture,Sports and Entertainment	3588
公共管理、社会保障和社会组织	Public Management,Social Security and Organization	31851
国际组织	International Organization	

Number of Female Employed Persons in Urban Units(2013)

(person)

国有单位 State-owned Units	集体单位 Collective-owned Units	其他单位 Other Units
151677	**2546**	**100780**
31281	2246	98188
92335	300	1652
28013		77
		728
48		135
5471	1	433
792	1	11003
468	130	37047
5377		4624
2108	183	4652
1842	135	14431
8407		4396
910	84	2747
1333	3	2670
6877	1363	5263
896	129	4012
1075	129	4622
3242		968
8989	2	1057
153	7	182
43612	65	1880
25168	223	403
3112	90	386
31845	2	4

5-9 全区城镇私营企业和个体就业人数(2013年)

单位:户、人

指　　标	Item
全区合计	**Total**
农、林、牧、渔业	Agriculture,Forestry,Animal Husbandry and Fishery
采矿业	Mining
制造业	Manufacturing
电力、热力、燃气及水的生产和供应业	Production and Distribution of Electricity,Heat,Gas and Water
建筑业	Construction
批发和零售业	Wholesale and Retail Trades
交通运输、仓储和邮政业	Transport,Storage and Post
住宿和餐饮业	Hotels and Catering Services
信息传输、软件和信息技术服务业	Information Transmission,Software and IT Services
金融业	Finance
房地产业	Real Estate
租赁和商务服务业	Leasing and Business Services
科学研究和技术服务业	Scientific Research and Technical Services
水利、环境和公共设施管理业	Management of Water Conservancy,Environment and Public Facilities
居民服务,修理和其他服务业	Services to Households,Repair and Other Services
教育	Education
卫生和社会工作	Health and Social Work
文化、体育和娱乐业	Culture,Sports and Entertainment
公共管理、社会保障和社会组织	Public Management,Social Security and Organization
国际组织	International Organization

Number of Engaged Persons in Private Enterprises and of self-employed Individuals(2013)

私营企业		个　体	
户数 Number of Households	就业人数 Number of Engaged Persons	户数 Number of Households	就业人数 Number of Engaged Persons
40463	**372735**	**166210**	**306981**
951	11278	938	1980
259	3326	82	251
3682	63687	6543	12419
199	3185	2	5
3032	26191	51	94
19147	146439	104509	171491
1083	15252	1835	2475
739	9869	19237	51929
1432	9859	428	728
468	6715	7	12
1557	16697	239	422
5046	35227	2475	4238
1048	7044	297	543
164	1416	5	9
1246	11537	27229	55237
57	663	246	549
100	2363	588	1228
253	1987	1498	3371

5-10 城镇登记失业人数及失业率

Registered Unemployed Persons and Unemployment Rate in Urban Area

单位:万人 (10 000 persons)

年份 Year	本年登记失业人员总数 Number of Registered Unemployed Persons This Year	本年登记失业人员就业人数 Employment among Registered Unemployed Persons This Year	年末尚有失业人数 Unemployed Persons among Registered at Year End	登记失业率(%) Registered Unemployment Rate (%)
1979	5.93	3.56	2.38	4.94
1980	4.83	3.02	1.80	3.64
1985	4.89	2.86	1.82	3.10
1990	7.29	2.96	4.04	5.44
1995	6.28	2.07	4.48	5.47
1996	6.12	1.99	3.42	4.35
1997	7.10	2.74	3.95	4.79
1998	7.60	3.65	3.91	4.71
1999	7.75	4.00	3.70	4.50
2000	7.37	3.64	3.80	4.60
2001	7.78	3.19	3.66	4.40
2002	7.19	3.65	3.54	4.40
2003	8.26	4.50	3.75	4.40
2004	8.92	4.85	4.07	4.51
2005	9.82	5.46	4.36	4.52
2006	10.50	6.28	4.22	4.31
2007	10.87	6.45	4.42	4.28
2008	11.36	6.59	4.77	4.35
2009	11.45	6.65	4.80	4.40
2010	11.65	6.90	4.77	4.35
2011	13.45	8.23	5.22	4.24
2012	16.11	11.50	4.61	4.18
2013	14.84	10.15	4.69	4.06

注:本数据由自治区就业与创业服务局提供。

a) Data in this table are provided by Ningxia Provinsial Services Bureau of the Employment and Entrepreneurship.

5-11 在岗职工工资总额及指数

Total Wages Bill of Staff and Workers and Related Indices

年份 Year	绝对数(万元) Level(10 000 yuan)				指数(以上年为100) Indices(preceding year=100)			
	全部工资总额 Total Wages	国有单位 State-owned Units	集体单位 Collective-owned Units	其他单位 Other Units	全部工资总额 Total Wages	国有单位 State-owned Units	集体单位 Collective-owned Units	其他单位 Other Units
1950		237				549.4		
1955		1998				128.2		
1960		13031				137.8		
1965		10832				110.4		
1970		16284				109.0		
1975	23117	21651	1407			104.4		
1980	40350	36258	4092		117.0	114.8	140.0	
1985	65560	57210	8290	60	117.2	116.7	120.4	175.1
1990	146646	128898	17546	203	116.8	117.1	114.1	216.2
1995	371795	321097	38911	11787	121.2	119.9	121.5	166.8
1996	410323	357400	39093	13830	110.4	111.3	100.5	117.3
1997	449072	379508	44221	25343	109.4	106.2	113.1	183.2
1998	467399	378709	34207	54482	104.1	99.8	77.4	215.0
1999	502394	413666	31812	56916	107.5	109.2	92.9	104.5
2000	563327	463588	34907	64832	112.1	112.1	109.7	113.9
2001	657761	550967	32744	74050	116.8	118.8	93.8	114.2
2002	723503	555430	27774	140299	110.0	100.8	84.8	189.5
2003	808406	548730	20937	238738	111.7	98.8	75.4	170.2
2004	871455	566834	20918	283703	109.7	106.0	99.9	118.8
2005	1015505	668325	20337	326843	116.5	117.9	97.2	115.2
2006	1216119	749666	23001	443451	119.8	112.2	113.1	135.7
2007	1500243	931098	25973	543171	123.4	124.2	112.9	122.5
2008	1722131	1066226	28884	627022	114.8	114.5	111.2	115.4
2009	1891214	1149132	29296	712786	109.8	107.8	101.4	113.7
2010	2165027	1271875	33595	859558	114.5	110.7	114.7	120.6
2011	2580507	1515366	41869	1023271	119.2	119.1	124.6	119.0
2012	3359945	2004059	44017	1311868	130.2	132.2	105.1	128.2
2013	3740019	1933755	45478	1760786	111.3	96.5	103.3	134.2

注:1998年以后为在岗职工工资总额,2006年以后在岗职工工资总额为城镇非私营单位在岗职工工资总额,2004年以后数据不含长庆油田宁夏部分。

a)From 1998,data in this table refers to total wages bill of staff and workers.After 2006,it refers to total wages bill of staff and workers in urban non-private units. besides,from 2004,data of Changqing oil field in Ningxia is not included.

5-12 在岗职工平均工资及指数

Average Wage of Staff and Workers and Related Indices

年份 Year	平均工资(元) Average Wages(yuan)				指数(以上年为100) Indices(preceding year=100)			
	全部职工 Total Employees	国有单位职工 State-owned Units	集体单位职工 Collective-owned Units	其他单位职工 Other Units	全部职工 Total Employees	国有单位职工 State-owned Units	集体单位职工 Collective-owned Units	其他单位职工 Other Units
1950		343				100.9		
1955		586				103.5		
1960		552				96.2		
1965		696				99.0		
1970		684				101.9		
1975	708	725	532			99.7		
1980	863	892	666		111.1	109.4	128.8	
1985	1206	1252	963	1152	112.5	112.7	112.6	120.0
1990	2202	2313	1631	1814	113.3	113.5	111.9	104.4
1995	5079	5273	3782	5832	118.9	117.8	123.5	130.6
1996	5635	5819	4320	5888	101.0	101.0	114.2	101.0
1997	6073	6206	4831	6962	118.2	106.7	111.8	118.2
1998	6822	7020	5373	6643	112.3	113.1	111.2	95.4
1999	7550	7847	5568	7018	110.7	111.8	103.6	105.6
2000	8681	9022	6538	7943	115.0	115.0	117.4	113.2
2001	10521	11198	7166	8464	121.2	124.1	109.6	106.6
2002	11723	12465	7572	10400	111.4	111.3	105.7	122.9
2003	13056	13825	8924	12009	111.4	110.9	117.9	115.5
2004	14620	15212	10613	13926	112.7	111.0	119.0	116.0
2005	17211	17634	13630	16668	117.7	115.9	128.4	119.7
2006	21239	21370	19427	21123	123.4	121.2	142.5	126.7
2007	26210	26687	25362	25470	123.4	124.9	130.6	120.6
2008	30719	31111	31155	30054	117.2	116.6	122.8	118.0
2009	34082	33841	35182	34432	110.9	108.8	112.9	114.6
2010	39144	37377	40815	42014	114.9	110.4	116.0	122.0
2011	44574	43325	38635	46870	113.9	115.9	94.7	111.6
2012	48961	48714	44929	49494	109.8	112.4	116.3	105.6
2013	52185	52130	50526	52289	106.6	107.0	112.5	105.6

注:1998年以后职工平均工资为在岗职工平均工资,2006年以后在岗职工平均工资为城镇非私营单位在岗职工平均工资,2004年以后数据不含长庆油田宁夏部分。

a)From 1998,data in this table refers to average wages of staff and workers.After 2006,it refers to average wages of staff and workers in urban non-private units. besides,from 2004,data of Changqing oil field in Ningxia is not included.

5-13 城镇非私营国有单位就业人员工资总额及平均工资(2013年)

Total Wages and Average Wage of Employed Persons in State-owned Units(2013)

单位:万元、元 (10 000yuan,yuan)

指 标	Item	就业人员 Employees 工资总额 Totai wages	就业人员 Employees 平均工资 Average wage
全 区 总 计	**Total**	**1996666**	**49914**
按隶属关系分组	**Grouped by Jurisdiction of Management**		
中 央	Central Authorities	495390	71939
省、自治区、直辖市	Provinces,Autonomous Regions and Municipalities	447387	43758
地 区	Region	362976	46494
县及县以下	Country and Under Country Level	678005	45535
其 他	Others	12908	66330
按企业、事业、机关分组	**Grouped by Enterprises,Institutions and Agencies**		
企 业	Enterprises	735500	54589
地 方	Local	282041	38425
事 业	Institutions	863630	47387
地 方	Local	846516	47337
机 关	Agencies & Organizations	397043	47865
地 方	Local	372225	47211
其 他	Others	493	58738
按国民经济行业分组	**Grouped by Sector**		
农、林、牧、渔业	Agriculture,Forestry,Animal Husbandry and Fishery	62440	33719
采矿业	Mining	6253	28078
制造业	Manufacturing	9190	45025
电力、热力、燃气及水的生产和供应业	Production and Distribution of Electricity,Heat,Gas and Water	175140	91985
建筑业	Construction	188279	38640
批发和零售业	Wholesale and Retail Trades	25066	60196
交通运输、仓储和邮政业	Transport,Storage and Post	160421	60466
住宿和餐饮业	Hotels and Catering Services	5939	39697
信息传输、软件和信息技术服务业	Information Transmission,Software and IT Services	18234	62188
金融业	Financial Intermediation	103222	77933
房地产业	Real Estate	14187	53880
租赁和商务服务业	Leasing and Business Services	21909	31844
科学研究和技术服务业	Scientific Research and Technical Services	57934	56083
水利、环境和公共设施管理业	Management of Water Conservancy,Environment and Public Facilities	67575	36156
居民服务,修理和其他服务业	Services to Households,Repair and Other Services	2071	45326
教育	Education	427835	50779
卫生、社会保障和社会福利业	Health,Social Security and Social Welfare	173847	44735
文化、体育和娱乐业	Culture,Sports and Entertainment	35206	51350
公共管理、社会保障和社会组织	Public Management,Social Security and Organization	441918	47964
国际组织	International Organizations		

5-13 续表 1 continned

单位:万元、元 (10 000 yuan,yuan)

指　　标	Item	在岗职工 Staff and Workers	
		工资总额 Total Wages	平均工资 Average Wage
全 区 总 计	**Total**	**1933755**	**52130**
按隶属关系分组	**Grouped by Jurisdiction of Management**		
中 央	Central Authorities	487993	73486
省、自治区、直辖市	Provinces,Autonomous Regions and Municipalities	435200	44425
地 区	Region	352291	49294
县及县以下	Country and Under Country Level	645535	48460
其 他	Others	12735	66922
按企业、事业、机关分组	**Grouped by Enterprises,Institutions and Agencies**		
企 业	Enterprises	716403	55982
地 方	Local	269476	39190
事 业	Institutions	839690	49594
地 方	Local	823001	49572
机 关	Agencies & Organizations	377173	51257
地 方	Local	352797	50632
其 他	Others	489	59585
按国民经济行业分组	**Grouped by Sector**		
农、林、牧、渔业	Agriculture,Forestry,Animal Husbandry and Fishery	61036	34305
采矿业	Mining	4576	39962
制造业	Manufacturing	9029	45997
电力、热力、燃气及水的生产和供应业	Production and Distribution of Electricity,Heat,Gas and Water	174424	92907
建筑业	Construction	179426	39318
批发和零售业	Wholesale and Retail Trades	24828	61454
交通运输、仓储和邮政业	Transport,Storage and Post	159246	61551
住宿和餐饮业	Hotels and Catering Services	5647	42170
信息传输、软件和信息技术服务业	Information Transmission,Software and IT Services	18150	63305
金融业	Financial Intermediation	99633	83620
房地产业	Real Estate	13069	53802
租赁和商务服务业	Leasing and Business Services	21806	31909
科学研究和技术服务业	Scientific Research and Technical Services	57125	56943
水利、环境和公共设施管理业	Management of Water Conservancy,Environment and Public Facilities	59871	42240
居民服务,修理和其他服务业	Services to Households,Repair and Other Services	2071	45326
教育	Education	419556	52286
卫生和社会工作	Health and Social Work	167837	46342
文化、体育和娱乐业	Culture,Sports and Entertainment	34216	53065
公共管理、社会保障和社会组织	Public Management,Social Security and Organization	422209	51007
国际组织	International Organizations		

5-13 续表 2 continned

单位:万元、元 (10 000 yuan,yuan)

指标	Item	其他就业人员 Other Employees	
		工资总额 Total Wages	平均工资 Average Wage
全区总计	**Total**	**62911**	**21642**
按隶属关系分组	**Grouped by Jurisdiction of Management**		
中 央	Central Authorities	7397	30106
省、自治区、直辖市	Provinces,Autonomous Regions and Municipalities	12186	28479
地 区	Region	10685	16185
县及县以下	Country and Under Country Level	32470	20698
其 它	Others	173	40116
按企业、事业、机关分组	**Grouped by Enterprises,Institutions and Agencies**		
企 业	Enterprises	19096	28228
地 方	Local	12565	27085
事 业	Institutions	23940	18506
地 方	Local	23516	18363
机 关	Agencies & Organizations	19870	21215
地 方	Local	19429	21199
其 他	Others	5	24000
按国民经济行业分组	**Grouped by Sector**		
农、林、牧、渔业	Agriculture,Forestry,Animal Husbandry and Fishery	1404	19337
采矿业	Mining	1677	15502
制造业	Manufacturing	161	20577
电力、热力、燃气及水的生产和供应业	Production and Distribution of Electricity,Heat,Gas and Water	716	26917
建筑业	Construction	8852	28630
批发和零售业	Wholesale and Retail Trades	238	19185
交通运输、仓储和邮政业	Transport,Storage and Post	1176	17842
住宿和餐饮业	Hotels and Catering Services	292	18611
信息传输、软件和信息技术服务业	Information Transmission,Software and IT Services	84	12923
金融业	Financial Intermediation	3589	26986
房地产业	Real Estate	1118	54814
租赁和商务服务业	Leasing and Business Services	102	22261
科学研究和技术服务业	Scientific Research and Technical Services	809	27154
水利、环境和公共设施管理业	Management of Water Conservancy,Environment and Public Facilities	7704	17058
居民服务、修理和其他服务业	Services to Households,Repair and Other Services		
教育	Education	8280	20638
卫生和社会工作	Health and Social Work	6011	22724
文化、体育和娱乐业	Culture,Sports and Entertainment	990	24252
公共管理、社会保障和社会组织	Public Management,Social Security and Organization	19709	21054
国际组织	International Organizations		

5-14 城镇非私营集体单位就业人员工资总额及平均工资(2013年)

Total Wages and Average Wage of Employed Persons in Urban Collective-owned Units (2013)

单位:万元、元　　(10 000 yuan,yuan)

指　标	Item	就业人员 Employees 工资总额 Total Wages	就业人员 Employees 平均工资 Average wage
全区总计	**Total**	**52347**	**48650**
按企业、事业、机关分组	**Grouped by Enterprises, Institutions and Agencies**		
企业	Enterprises	50113	49010
事业	Institutions	2234	41757
机关	Agencies & Organizations		
按国民经济行业分组	**Grouped by Sector**		
农、林、牧、渔业	Agriculture,Forestry,Animal Husbandry and Fishery	33	47429
采矿业	Mining		
制造业	Manufacturing	1246	32540
电力、热力、燃气及水的生产和供应业	Production and Distribution of Electricity,Heat,Gas and Water		
建筑业	Construction	14666	32548
批发和零售业	Wholesale and Retail Trades	1158	31548
交通运输、仓储和邮政业	Transport,Storage and Post		
住宿和餐饮业	Hotels and Catering Services	398	33192
信息传输、软件和信息技术服务业	Information Transmission,Software and IT Services	70	50143
金融业	Financial Intermediation	29871	80125
房地产业	Real Estate	1245	33383
租赁和商务服务业	Leasing and Business Services	769	24968
科学研究和技术服务业	Scientific Research and Technical Services		
水利、环境和公共设施管理业	Management of Water Conservancy,Environment and Public Facilities	268	35680
居民服务,修理和其他服务业	Services to Households,Repair and Other Services	33	17579
教育	Education	480	45714
卫生和社会工作	Health and Social Work	1237	40567
文化、体育和娱乐业	Culture,Sports and Entertainment	799	18247
公共管理、社会保障和社会组织	Public Management,Social Security and Organization	73	60583
国际组织	International Organizations		

5-14 续表 1 continned

单位:万元、元 (10 000 yuan,yuan)

指　标	Item	在岗职工 Staff and Workers	
		工资总额 Total Wages	平均工资 Average wage
全 区 总 计	**Total**	**45478**	**50526**
按企业、事业、机关分组	**Grouped by Enterprises, Institutions and Agencies**		
企 业	Enterprises	43306	50973
事 业	Institutions	2172	43004
机 关	Agencies & Organizations		
按国民经济行业分组	**Grouped by Sector**		
农、林、牧、渔业	Agriculture,Forestry,Animal Husbandry and Fishery	33	47429
采矿业	Mining		
制造业	Manufacturing	1212	32743
电力、热力、燃气及水的生产和供应业	Production and Distribution of Electricity,Heat,Gas and Water		
建筑业	Construction	11851	31478
批发和零售业	Wholesale and Retail Trades	1092	35464
交通运输、仓储和邮政业	Transport,Storage and Post		
住宿和餐饮业	Hotels and Catering Services	398	33192
信息传输、软件和信息技术服务业	Information Transmission,Software and IT Services	70	50143
金融业	Financial Intermediation	26772	82376
房地产业	Real Estate	1239	33583
租赁和商务服务业	Leasing and Business Services	768	25026
科学研究和技术服务业	Scientific Research and Technical Services		
水利、环境和公共设施管理业	Management of Water Conservancy,Environment and Public Facilities	249	38369
居民服务,修理和其他服务业	Services to Households,Repair and Other Services	33	17579
教育	Education	480	45714
卫生和社会工作	Health and Social Work	1194	41745
文化、体育和娱乐业	Culture,Sports and Entertainment	12	30250
公共管理、社会保障和社会组织	Public Management,Social Security and Organization	73	60583
国际组织	International Organizations		

5-14 续表 2 continned

单位:万元、元 (10 000 yuan,yuan)

指标	Item	其他就业人员 Other Employees	
		工资总额 Total Wages	平均工资 Average wage
全区总计	**Total**	**6869**	**39051**
按企业、事业、机关分组	**Grouped by Enterprises, Institutions and Agencies**		
企业	Enterprises	6807	39368
事业	Institutions	62	20767
机关	Agencies & Organizations		
按国民经济行业分组	**Grouped by Sector**		
农、林、牧、渔业	Agriculture,Forestry,Animal Husbandry and Fishery		
采矿业	Mining		
制造业	Manufacturing	35	26769
电力、热力、燃气及水的生产和供应业	Production and Distribution of Electricity,Heat,Gas and Water		
建筑业	Construction	2815	37989
批发和零售业	Wholesale and Retail Trades	66	11102
交通运输、仓储和邮政业	Transport,Storage and Post		
住宿和餐饮业	Hotels and Catering Services		
信息传输、软件和信息技术服务业	Information Transmission,Software and IT Services		
金融业	Financial Intermediation	3098	64818
房地产业	Real Estate	6	15000
租赁和商务服务业	Leasing and Business Services	1	7000
科学研究和技术服务业	Scientific Research and Technical Services		
水利、环境和公共设施管理业	Management of Water Conservancy,Environment and Public Facilities	18	18200
居民服务,修理和其他服务业	Services to Households,Repair and Other Services		
教育	Education		
卫生和社会工作	Health and Social Work	43	22842
文化、体育和娱乐业	Culture,Sports and Entertainment	787	18136
公共管理、社会保障和社会组织	Public Management,Social Security and Organization		
国际组织	International Organizations		

5-15 城镇非私营其他单位就业人员工资总额及平均工资(2013年)

Total Wages and Average Wage of Employed Persons in Units of Other Types of Ownership(2013)

单位:万元、元 (10 000 yuan,yuan)

指　标	Item	就业人员 Employees	
		工资总额 Total Wages	平均工资 Average Wage
全区总计	**Total**	**1849677**	**51151**
农、林、牧、渔业	Agriculture,Forestry,Animal Husbandry and Fishery	3064	33195
采矿业	Mining	534962	81922
制造业	Manufacturing	538297	43330
电力、热力、燃气及水的生产和供应业	Production and Distribution of Electricity,Heat,Gas and Water	97284	65051
建筑业	Construction	252559	40850
批发和零售业	Wholesale and Retail Trades	87200	38453
交通运输、仓储和邮政业	Transport,Storage and Post	58812	43471
住宿和餐饮业	Hotels and Catering Services	14589	30080
信息传输、软件和信息技术服务业	Information Transmission,Software and IT Services	35136	66671
金融业	Financial Intermediation	91864	68474
房地产业	Real Estate	45698	40376
租赁和商务服务业	Leasing and Business Services	42718	34623
科学研究和技术服务业	Scientific Research and Technical Services	21724	59599
水利、环境和公共设施管理业	Management of Water Conservancy,Environment and Public Facilities	7245	31324
居民服务,修理和其他服务业	Services to Households,Repair and Other Services	1165	25652
教育	Education	11600	37071
卫生和社会工作	Health and Social Work	2289	35214
文化、体育和娱乐业	Culture,Sports and Entertainment	3370	44630
公共管理、社会保障和社会组织	Public Management,Social Security and Organization	104	35828
国际组织	International Organizations		

5-15 续表 1 continned

单位:万元、元 (10 000 yuan,yuan)

指 标	Item	在岗职工 Staff and Workers	
		工资总额 Total Wages	平均工资 Average Wage
全 区 总 计	**Total**	**1760786**	**52289**
农、林、牧、渔业	Agriculture,Forestry,Animal Husbandry and Fishery	2652	43325
采矿业	Mining	534909	81937
制造业	Manufacturing	532840	43544
电力、热力、燃气及水的生产和供应业	Production and Distribution of Electricity,Heat,Gas and Water	96112	66280
建筑业	Construction	191547	39942
批发和零售业	Wholesale and Retail Trades	86636	38496
交通运输、仓储和邮政业	Transport,Storage and Post	57663	43664
住宿和餐饮业	Hotels and Catering Services	14362	30506
信息传输、软件和信息技术服务业	Information Transmission,Software and IT Services	34760	67483
金融业	Financial Intermediation	80843	91763
房地产业	Real Estate	43588	41695
租赁和商务服务业	Leasing and Business Services	40549	35144
科学研究和技术服务业	Scientific Research and Technical Services	21205	60207
水利、环境和公共设施管理业	Management of Water Conservancy,Environment and Public Facilities	6264	34880
居民服务、修理和其他服务业	Services to Households,Repair and Other Services	1086	27765
教育	Education	10131	39360
卫生和社会工作	Health and Social Work	2199	36705
文化、体育和娱乐业	Culture,Sports and Entertainment	3370	44630
公共管理、社会保障和社会组织	Public Management,Social Security and Organization	70	58500
国际组织	International Organizations		

5-15 续表 2 continned

单位:万元、元 (10 000 yuan,yuan)

指 标	Item	其他就业人员 Other Employees	
		工资总额 Total Wages	平均工资 Average Wage
全 区 总 计	**Total**	**88891**	**35741**
农、林、牧、渔业	Agriculture,Forestry,Animal Husbandry and Fishery	412	**13260**
采矿业	Mining	53	29278
制造业	Manufacturing	5457	29245
电力、热力、燃气及水的生产和供应业	Production and Distribution of Electricity,Heat,Gas and Water	1172	25819
建筑业	Construction	61012	43988
批发和零售业	Wholesale and Retail Trades	564	32785
交通运输、仓储和邮政业	Transport,Storage and Post	1149	35560
住宿和餐饮业	Hotels and Catering Services	227	15965
信息传输、软件和信息技术服务业	Information Transmission,Software and IT Services	375	31521
金融业	Financial Intermediation	11021	23927
房地产业	Real Estate	2109	24413
租赁和商务服务业	Leasing and Business Services	2169	27115
科学研究和技术服务业	Scientific Research and Technical Services	519	42179
水利、环境和公共设施管理业	Management of Water Conservancy,Environment and Public Facilities	981	18971
居民服务,修理和其他服务业	Services to Households,Repair and Other Services	79	12540
教育	Education	1468	26458
卫生和社会工作	Health and Social Work	90	17706
文化、体育和娱乐业	Culture,Sports and Entertainment		
公共管理、社会保障和社会组织	Public Management,Social Security and Organization	34	19824
国际组织	International Organizations		

5-16 各市县就业人员数(2013年)

Number of Employed Persons by City and Country(2013)

单位:人 (person)

地区 Region	就业人员合计 Total Employment	城镇就业人员 Number of Employed Persons in Urban Units	国有单位 State-owned Units	集体单位 Collective-owned Units	其他单位 Units of Other Type of Ownership	私营 Private	个体 Individuals	乡村就业者 Rural Labor Force
全区总计 Total	**3513198**	**1401475**	**367379**	**8338**	**346042**	**372735**	**306981**	**2111723**
银川市 Yinchuan	**1040833**	**688517**	**160862**	**2663**	**210114**	**188375**	**126503**	**352317**
银川市 District	613254	536599	128746	708	178429	120376	108340	76655
永宁县 Yongning	127032	32818	7997	480	12111	10596	1634	94214
贺兰县 Helan	139572	48837	11816	560	10716	24108	1637	90735
灵武市 Lingwu	160975	70263	12303	915	8858	33295	14892	90712
石嘴山市 Shizuishan	**353049**	**191680**	**36532**	**889**	**61646**	**52579**	**40034**	**161369**
石嘴山市 District	192350	147790	25361	292	52530	30540	39067	44560
平罗县 Pingluo	160699	43890	11171	597	9116	22039	967	116809
吴忠市 Wuzhong	**735448**	**236825**	**58552**	**2569**	**42762**	**51471**	**81471**	**498623**
利通区 Litong	216367	106586	24172	503	16480	27457	37974	109781
红寺堡区 Hongsipu	88005	12242	4190		213	1428	6411	75763
盐池县 Yanchi	97891	28732	7337	248	4820	5986	10341	69159
同心县 Tongxin	161337	24669	9682	1014	550	6146	7277	136668
青铜峡市 Qingtongxia	171848	64596	13171	804	20699	10454	19468	107252
固原市 Guyuan	**756783**	**133373**	**53245**	**1335**	**10155**	**21029**	**47609**	**623410**
原州区 Yuanzhou	235586	55158	21261	419	3528	10267	19683	180428
西吉县 Xiji	241784	31585	12632	414	2154	3617	12768	210199
隆德县 Longde	103440	17330	6774	142	370	3559	6485	86110
泾源县 Jingyuan	54073	9890	4710	133	271	1405	3371	44183
彭阳县 Pengyang	121900	19410	7868	227	3832	2181	5302	102490
中卫市 Zhongwei	**609865**	**133861**	**40968**	**882**	**21365**	**59281**	**11365**	**476004**
沙坡头区 Shapotou	200133	53060	15696	473	16989	18100	1802	147073
中宁县 Zhongning	197476	62673	13829	234	3987	36137	8486	134803
海原县 Haiyuan	212256	18128	11443	175	389	5044	1077	194128

注:因铁路部门数据单列,故各市、县(区)数据加总不等于全区总计。

5-17 第六次全国人口普查就业人口产业构成

Employment Composition by Industry on Population Census in 2010

单位:% (%)

地　区	Region	第一产业 Primary Industry	第二产业 Secondary Industry	第三产业 Tertiary Industry
全区总计	**Total**	**51.12**	**18.70**	**30.18**
银 川 市	**Yinchuan**	**25.64**	**26.00**	**48.36**
银 川 市	District	12.09	25.03	62.88
永 宁 县	Yongning	60.92	17.52	21.56
贺 兰 县	Helan	51.52	20.36	28.12
灵 武 市	Lingwu	32.62	41.68	25.70
石嘴山市	**Shizuishan**	**32.89**	**33.22**	**33.89**
石嘴山市	District	13.08	45.10	41.82
平 罗 县	Pingluo	62.74	15.33	21.93
吴 忠 市	**Wuzhong**	**61.17**	**15.07**	**23.76**
利 通 区	Litong	39.07	22.41	38.52
红寺堡区	Hongsipu	80.01	8.75	11.24
盐 池 县	Yanchi	58.98	14.32	26.70
同 心 县	Tongxin	84.03	5.33	10.64
青铜峡市	Qingtongxia	54.88	20.45	24.67
固 原 市	**Guyuan**	**74.58**	**8.97**	**16.45**
原 州 区	Yuanzhou	61.10	11.28	27.62
西 吉 县	Xiji	87.72	3.40	8.88
隆 德 县	Longde	71.70	14.47	13.83
泾 源 县	Jingyuan	70.19	14.56	15.25
彭 阳 县	Pengyang	80.28	8.18	11.54
中 卫 市	**Zhongwei**	**69.53**	**11.64**	**18.83**
沙坡头区	Shapotou	53.07	19.39	27.54
中 宁 县	Zhongning	70.66	11.22	18.12
海 原 县	Haiyuan	86.07	3.75	10.18

5-18 各市县城镇非私营单位在岗职工人数(2013 年)

Number of Fully Employed Staff and Workers in Urban Entities by City and Country(2013)

单位:人 (person)

地区 Region	总计 Total	按经济类型分 Grouped by Economic Type			按三次产业分 Grouped Industry		
		国有单位 State-owned Units	集体单位 Urban Collective-owned Units	其他单位 Other Economic Type Units	第一产业 Primary Industry	第二产业 Secondary Industry	第三产业 Tertiary Industry
全区总计 Total	**672524**	**340347**	**7135**	**325042**	**17499**	**275056**	**379969**
银川市 Yinchuan	**348633**	**150528**	**2220**	**195885**	**10435**	**158627**	**179571**
银川市 District	291339	122605	702	168032	4419	136170	150750
永宁县 Yongning	19293	7476	416	11401	1060	8748	9485
贺兰县 Helan	17191	8805	537	7849	1479	7080	8632
灵武市 Lingwu	20810	11642	565	8603	3477	6629	10704
石嘴山市 Shizuishan	**90243**	**30452**	**808**	**58983**	**714**	**49897**	**39632**
石嘴山市 District	70670	20289	292	50089	417	41895	28358
平罗县 Pingluo	19573	10163	516	8894	297	8002	11274
吴忠市 Wuzhong	**97438**	**55505**	**1989**	**39944**	**795**	**40781**	**55862**
利通区 Litong	38395	22350	380	15665		13706	24689
红寺堡区 Hongsipu	4403	4190		213		139	4264
盐池县 Yanchi	10644	7213	228	3203	495	2877	7272
同心县 Tongxin	11052	9569	1014	469	106	1602	9344
青铜峡市 Qingtongxia	32944	12183	367	20394	194	22457	10293
固原市 Guyuan	**58825**	**48175**	**1268**	**9382**	**1985**	**8320**	**48520**
原州区 Yuanzhou	23845	19937	410	3498	981	2757	20107
西吉县 Xiji	12670	10872	372	1426	325	1120	11225
隆德县 Longde	6984	6472	142	370	115	316	6553
泾源县 Jingyuan	4734	4344	133	257	216	406	4112
彭阳县 Pengyang	10592	6550	211	3831	348	3721	6523
中卫市 Zhongwei	**60485**	**38787**	**850**	**20848**	**3570**	**17377**	**39538**
沙坡头区 Shapotou	32047	14916	441	16690	740	13552	17755
中宁县 Zhongning	16435	12432	234	3769	2046	3606	10783
海原县 Haiyuan	12003	11439	175	389	784	219	11000

注:因铁路部门数据单列,故各市、县(区)数据加总不等于全区总计。

5-19 主要年份各市县在岗职工人数

Number of Fully Employed Staff and Workers by City and Country in Main Years

单位:人 (person)

地区	Region	1978	1980	1990	2000	2010	2011	2012	2013
全区总计	**Total**	**432755**	**475706**	**674115**	**637611**	**546532**	**566217**	**628751**	**672524**
银川市	**Yinchuan**	**135594**	**179562**	**273270**	**254215**	**281902**	**295085**	**331278**	**348633**
银川市	District	109514	139033	214303	194850	233055	244020	277968	291339
永宁县	Yongning	6814	11984	15203	15886	18555	17842	19077	19293
贺兰县	Helan	9564	12736	16037	14758	15347	17556	15493	17191
灵武市	Lingwu	9702	15809	27727	28721	14945	15667	18740	20810
石嘴山市	**Shizuishan**	**123313**	**139606**	**171790**	**136141**	**82994**	**81598**	**89120**	**90243**
石嘴山市	District	103971	114699	143735	110175	67397	65259	71238	70670
平罗县	Pingluo	17540	22844	25147	22960	15597	16339	17882	19573
陶乐县	Taole	1802	2063	2908	3006				
吴忠市	**Wuzhong**	**47013**	**59427**	**92679**	**100702**	**70749**	**76272**	**78455**	**97438**
利通区	Litong	21187	27885	39167	41976	27454	27842	28113	38395
红寺堡区	Hongsipu				374	3069	3164	4281	4403
盐池县	Yanchi	5081	6384	9544	9360	7141	7231	7743	10644
同心县	Tongxin	3997	5090	10046	12333	9987	10133	10643	11052
青铜峡市	Qingtongxia	16748	20068	33922	37033	23098	27902	27675	32944
固原市	**Guyuan**	**27674**	**33453**	**51812**	**61937**	**50803**	**51953**	**54163**	**58825**
原州区	Yuanzhou	15006	18326	22712	24472	19581	20096	21289	23845
西吉县	Xiji	4995	5808	10091	15894	11525	11381	11582	12670
隆德县	Longde	3664	4330	7916	9519	6654	6699	6540	6984
泾源县	Jingyuan	2587	2977	4105	4032	4147	4522	4606	4734
彭阳县	Pengyang	1422	2012	6988	8020	8896	9255	10146	10592
中卫市	**Zhongwei**	**26971**	**36432**	**55432**	**54834**	**45418**	**46281**	**59444**	**60485**
沙坡头区	Shapotou	9873	17073	24485	22408	22262	23584	33075	32047
中宁县	Zhongning	12784	13526	21551	20986	14363	14313	14784	16435
海原县	Haiyuan	4314	5833	9396	11440	8793	8384	11585	12003

注:1.1998 年以后为在岗职工人数,不包括“离开本单位仍保留劳动关系的职工”,2006 年以后为城镇非私营单位在岗职工;

2.因铁路部门数据单列,故各市、县(区)数据加总不等于全区总计。

a)Since 1998,data in this table refers to number of fully employed staff and workers.Number of "Staff and workers leaving their working units while keeping their labour contract" is not included.

5-20 各市县城镇非私营单位分行业在岗职工人数(2013年)

Number of Urban Entities Fully Employed Staff and Workers by Sector by City and Country(2013)

单位:人 (person)

地区	Region	总计 Total	农、林、牧、渔业 Agriculture, Forestry, Animal Husbandry and Fishery	采矿业 Mining	制造业 Manufacturing	电力、热力、燃气及水的生产和供应业 Production and Distribution of Electricity, Heat, Gas and Water	建筑业 Construction	批发和零售业 Wholesale and Retail Trades
全区总计	**Total**	**672524**	**17499**	**67498**	**123995**	**33548**	**50015**	**27138**
银川市	**Yinchuan**	**348633**	**10435**	**56968**	**49291**	**21064**	**31304**	**18911**
银川市	District	291339	4419	56968	33610	18232	27360	15797
永宁县	Yongning	19293	1060		8601	131	16	1025
贺兰县	Helan	17191	1479		4269	427	2384	1840
灵武市	Lingwu	20810	3477		2811	2274	1544	249
石嘴山市	**Shizuishan**	**90243**	**714**	**4434**	**35996**	**5338**	**4129**	**2459**
石嘴山市	District	70670	417	4434	28662	5008	3791	2367
平罗县	Pingluo	19573	297		7334	330	338	92
吴忠市	**Wuzhong**	**97438**	**795**	**2945**	**25599**	**5105**	**7132**	**2681**
利通区	Litong	38395		2407	7336	819	3144	1962
红寺堡区	Hongsipu	4403		43		96		171
盐池县	Yanchi	10644	495	333	156	313	2075	176
同心县	Tongxin	11052	106		20	183	1399	116
青铜峡市	Qingtongxia	32944	194	162	18087	3694	514	256
固原市	**Guyuan**	**58825**	**1985**	**3151**	**1022**	**413**	**3734**	**1389**
原州区	Yuanzhou	23845	981		416	162	2179	775
西吉县	Xiji	12670	325		148	50	922	247
隆德县	Longde	6984	115		78	38	200	167
泾源县	Jingyuan	4734	216		351	49	6	20
彭阳县	Pengyang	10592	348	3151	29	114	427	180
中卫市	**Zhongwei**	**60485**	**3570**		**12087**	**1628**	**3662**	**1594**
沙坡头区	Shapotou	32047	740		9556	987	3009	993
中宁县	Zhongning	16435	2046		2423	585	598	527
海原县	Haiyuan	12003	784		108	56	55	74

注:因铁路部门数据单列,故各市、县(区)数据加总不等于全区总计。

5-20 续表 1　continued

单位:人　(person)

地　区	Region	交通运输、仓储和邮政业 Transport, Storage and Post	住宿和餐饮业 Hotels and Catering Services	信息传输、软件和信息技术服务业 Information Transmission, Software and IT Services	金融业 Financial Intermediation	房地产业 Real Estate	租赁和商务服务业 Leasing and Business Services	科学研究和技术服务业 Scientific Research and Technical Services
全区总计	**Total**	**39470**	**6213**	**8081**	**24242**	**13289**	**18918**	**13586**
银 川 市	**Yinchuan**	**13906**	**3220**	**4394**	**14491**	**9081**	**14688**	**9811**
银 川 市	District	10861	2878	4390	12515	7838	14084	9155
永 宁 县	Yongning	139	315	4	581	563	379	211
贺 兰 县	Helan	124	27		581	618	119	264
灵 武 市	Lingwu	2782			814	62	106	181
石嘴山市	**Shizuishan**	**2312**	**878**	**1080**	**2533**	**1250**	**2543**	**1110**
石嘴山市	District	2208	825	1080	1776	837	1706	869
平 罗 县	Pingluo	104	53		757	413	837	241
吴 忠 市	**Wuzhong**	**2729**	**1043**	**1097**	**3283**	**359**	**1228**	**1017**
利 通 区	Litong	1758	471	1024	1574	103	795	475
红寺堡区	Hongsipu	24			133			
盐 池 县	Yanchi	303	325		342	115	99	109
同 心 县	Tongxin	191	116	73	384	135	217	418
青铜峡市	Qingtongxia	453	131		850	6	117	15
固 原 市	**Guyuan**	**3134**	**493**	**884**	**2013**	**220**	**335**	**1350**
原 州 区	Yuanzhou	2277	112	783	965		120	632
西 吉 县	Xiji	329	15	50	409	106		456
隆 德 县	Longde	230	139	51	265	95	29	111
泾 源 县	Jingyuan	85	7		183		152	92
彭 阳 县	Pengyang	213	220		191	19	34	59
中 卫 市	**Zhongwei**	**2753**	**342**	**626**	**1922**	**621**	**124**	**278**
沙坡头区	Shapotou	1957	342	626	1027	528	99	139
中 宁 县	Zhongning	436			646	19	4	111
海 原 县	Haiyuan	360			249	74	21	28

5-20 续表 2 continued

单位:人 (person)

地　区 Region	水利、环境和公共设施管理业 Management of Water Conservancy, Environment and Public Facilities	居民服务、修理和其他服务业 Services to Households, Repair and Other Services	教　育 Education	卫生和社会工作 Health and Social Work	文化、体育和娱乐业 Culture, Sports and Entertainment	公共管理与社会组织 Public Management, Social Security and Organization
全区总计 Total	**16045**	**872**	**83286**	**38123**	**7271**	**83435**
银川市 Yinchuan	**6780**	**752**	**28245**	**17642**	**4680**	**32970**
银川市 District	6260	752	20014	15356	4453	26397
永宁县 Yongning	77		3311	747	76	2057
贺兰县 Helan	74		2634	496	83	1772
灵武市 Lingwu	369		2286	1043	68	2744
石嘴山市 Shizuishan	**678**	**21**	**7955**	**5245**	**482**	**11086**
石嘴山市 District	650	21	4616	3630	417	7356
平罗县 Pingluo	28		3339	1615	65	3730
吴忠市 Wuzhong	**2729**	**79**	**15007**	**5681**	**552**	**18377**
利通区 Litong	1140	62	4492	2067	234	8532
红寺堡区 Hongsipu	246		1821	277	31	1561
盐池县 Yanchi	567		1854	1144	48	2190
同心县 Tongxin	568	17	3848	1004	182	2075
青铜峡市 Qingtongxia	208		2992	1189	57	4019
固原市 Guyuan	**2285**	**20**	**19120**	**4552**	**815**	**11910**
原州区 Yuanzhou	801	8	5961	2284	452	4937
西吉县 Xiji	420	12	5760	885	100	2436
隆德县 Longde	241		2829	585	157	1654
泾源县 Jingyuan	627		1346	264	38	1298
彭阳县 Pengyang	196		3224	534	68	1585
中卫市 Zhongwei	**3573**	**0**	**12959**	**5003**	**651**	**9092**
沙坡头区 Shapotou	1547		4160	2510	376	3451
中宁县 Zhongning	1634		3659	1166	113	2468
海原县 Haiyuan	392		5140	1327	162	3173

5-21 各市县城镇非私营单位在岗职工工资总额和指数(2013年)

Total Wages of Fully Employed Staff and Workers by City and Country and Related Indices(2013)

地 区	Region	工资总额(万元) Total Wages(10 000 yuan)				指数(以上年为100) Indices(preceding year=100)			
		总计 Total Wages	国有单位 State-owned Units	集体单位 Collective-owned Units	其他单位 Other Units	总计 Total Wages	国有单位 State-owned Units	集体单位 Urban Collective-owned Units	其他单位 Other Units
全区总计	**Total**	**3740019**	**1933755**	**45478**	**1760786**	**111.3**	**96.5**	**103.3**	**134.2**
银川市	**Yinchuan**	**2124830**	**944002**	**16408**	**1164420**	**107.4**	**94.8**	**130.0**	**120.0**
银川市	District	1806312	773265	2338	1030710	103.4	90.4	157.3	115.9
永宁县	Yongning	81727	25856	3401	52470	122.3	97.9	124.4	139.3
贺兰县	Helan	116817	82835	4145	29837	175.0	282.1	108.0	88.9
灵武市	Lingwu	119974	62046	6525	51403	120.9	73.5	142.9	500.2
石嘴山市	**Shizuishan**	**423555**	**150558**	**4646**	**268351**	**104.9**	**66.1**	**68.5**	**158.7**
石嘴山市	District	328577	105373	1104	222100	98.8	58.1	71.9	148.6
平罗县	Pingluo	94979	45186	3542	46251	133.4	97.6	67.5	235.1
吴忠市	**Wuzhong**	**469946**	**276814**	**10687**	**182445**	**130.1**	**109.5**	**95.3**	**187.5**
利通区	Litong	166406	98770	1776	65860	139.0	117.7	99.6	193.9
红寺堡区	Hongsipu	18436	16926	0	1510	104.9	107.0		85.7
盐池县	Yanchi	49385	36255	1502	11628	139.1	107.9	89.3	5773.4
同心县	Tongxin	54223	46839	5983	1401	110.1	111.4	95.9	147.5
青铜峡市	Qingtongxia	181496	78023	1427	102047	130.4	100.9	94.6	168.9
固原市	**Guyuan**	**319832**	**259165**	**7178**	**53489**	**118.8**	**101.7**	**100.0**	**728.1**
原州区	Yuanzhou	117292	101317	723	15252	114.8	101.5	35.4	5305.2
西吉县	Xiji	73631	65074	3685	4872	118.7	119.2	138.3	101.2
隆德县	Longde	38923	35996	906	2021	121.8	120.1	118.0	164.3
泾源县	Jingyuan	23872	22530	781	562	113.9	116.9	103.6	59.8
彭阳县	Pengyang	66115	34249	1083	30782	126.8	67.0	114.1	40663.5
中卫市	**Zhongwei**	**283654**	**185014**	**6559**	**92081**	**116.1**	**108.6**	**105.5**	**136.1**
沙坡头区	Shapotou	156001	81137	4318	70546	113.2	107.6	106.3	120.9
中宁县	Zhongning	78111	56822	1236	20054	127.0	111.5	99.5	215.9
海原县	Haiyuan	49542	47055	1006	1481	110.3	106.9	109.7	

注:因铁路部门数据单列,故各市、县(区)数据加总不等于全区总计。

5-22 主要年份各市县在岗职工工资总额

Total Wages of Fully Employed Staff and Workers by City and Country in Main Years

单位:万元 (10 000 yuan)

地 区	Region	1978	1980	1990	2000	2010	2011	2012	2013
全区总计	**Total**	**30826**	**40350**	**146646**	**563327**	**2165027**	**2580507**	**3359945**	**3740019**
银川市	**Yinchuan**	**9714**	**14819**	**54493**	**227581**	**1237080**	**1473756**	**1978987**	**2124830**
银川市	District	8055	11902	43867	186212	1093289	1293843	1746150	1806312
永宁县	Yongning	405	819	2514	11782	46871	54346	66814	81727
贺兰县	Helan	635	910	2909	10339	42718	62431	66758	116817
灵武市	Lingwu	620	1188	5204	19249	54202	63137	99266	119974
石嘴山市	**Shizuishan**	**9804**	**12836**	**43283**	**124404**	**287719**	**331152**	**403714**	**423555**
石嘴山市	District	8457	10964	37585	104722	240688	270580	332492	328577
平罗县	Pingluo	1249	1742	5196	17595	47030	60572	71222	94979
陶乐县	Taole	98	131	502	2088				
吴忠市	**Wuzhong**	**2982**	**4426**	**18518**	**83103**	**240742**	**302426**	**361220**	**469946**
利通区	Litong	1365	2062	7574	30476	83216	104452	119695	166406
红寺堡区	Hongsipu				345	8507	10014	17579	18436
盐池县	Yanchi	309	452	1837	7212	24392	28269	35495	49385
同心县	Tongxin	257	365	1871	8465	31470	39556	49238	54223
青铜峡市	Qingtongxia	1051	1548	7237	36606	93157	120136	139213	181496
固原市	**Guyuan**	**1797**	**2577**	**10268**	**48462**	**187773**	**217809**	**269267**	**319832**
原州区	Yuanzhou	992	1426	4587	20019	73912	81690	102133	117292
西吉县	Xiji	314	445	2039	11751	42901	49609	62056	73631
隆德县	Longde	223	321	1483	7280	21853	25305	31957	38923
泾源县	Jingyuan	157	223	834	3063	14555	18832	20967	23872
彭阳县	Pengyang	110	162	1324	6349	34552	42373	52154	66115
中卫市	**Zhongwei**	**1667**	**2596**	**10343**	**37742**	**142248**	**175140**	**244226**	**283654**
沙坡头区	Shapotou	886	1145	4653	15076	68899	90165	137813	156001
中宁县	Zhongning	513	1022	3993	13761	45224	52056	61488	78111
海原县	Haiyuan	269	430	1697	8906	28125	32920	44925	49542

注:1.1998 年以后为在岗职工工资总额;

2.2004 年以后数据不含长庆油田宁夏部分;

3.因铁路部门数据单列,故各市、县(区)数据加总不等于全区总计。

a)Since 1998,data in this table refers to total wages of fully employed staff and workers.

5-23 各市县城镇非私营单位在岗职工平均工资和指数(2013 年)

Average Wages of Fully Employed Staff and Workers by City and Country and Related Indices(2013)

地 区	Region	平均工资(元) Average Wages(yuan)				指数(以上年为 100) Indices(preceding year = 100)			
		总计 Total	国有单位 State-owned Units	集体单位 Urban Collective-owned Units	其他单位 Other Units	总计 Total	国有单位 State-owned Units	集体单位 Urban Collective-owned Units	其他单位 Other Units
全区总计	**Total**	**52185**	**52130**	**50526**	**52289**	**106.6**	**107.0**	**112.5**	**105.7**
银 川 市	**Yinchuan**	**55338**	**52131**	**53569**	**58272**	**104.8**	**101.3**	**97.0**	**107.5**
银 川 市	District	57202	53767	33298	60184	104.6	102.3	85.8	105.8
永 宁 县	Yongning	41712	35055	81743	44463	119.3	106.4	125.0	126.0
贺 兰 县	Helan	43842	45048	76759	38664	110.6	99.6	104.6	113.2
灵 武 市	Lingwu	54653	53953	46443	56818	107.2	103.5	97.7	128.4
石嘴山市	**Shizuishan**	**44465**	**48644**	**55571**	**42281**	**108.0**	**115.8**	**140.2**	**105.2**
石嘴山市	District	45541	51969	34708	43080	106.1	119.9	97.7	101.5
平 罗 县	Pingluo	41104	42328	68378	38821	118.6	113.2	166.6	136.1
吴 忠 市	**Wuzhong**	**47551**	**49924**	**37670**	**44997**	**106.2**	**109.9**	**120.3**	**99.4**
利 通 区	Litong	42942	45710	42173	39385	103.7	109.7	221.9	90.8
红寺堡区	Hongsipu	43186	41721		71212	103.7	101.8		146.4
盐 池 县	Yanchi	47770	49788	65855	41116	104.1	110.0	81.5	204.2
同 心 县	Tongxin	45688	48959	32855	29177	111.2	110.1	113.8	113.4
青铜峡市	Qingtongxia	54010	60328	38888	50259	108.0	115.0	70.1	106.8
固 原 市	**Guyuan**	**53852**	**54137**	**56921**	**52144**	**110.6**	**109.2**	**81.6**	**203.2**
原 州 区	Yuanzhou	49633	51388	17622	43504	102.9	106.0	29.5	369.2
西 吉 县	Xiji	57528	60004	102358	30562	117.1	116.7	85.7	114.2
隆 德 县	Longde	53071	55773	63796	27383	114.5	117.3	103.1	104.6
泾 源 县	Jingyuan	50738	51959	58722	23805	111.5	112.6	93.5	78.8
彭 阳 县	Pengyang	60539	52521	50157	73571	115.9	99.9	116.2	369.3
中 卫 市	**Zhongwei**	**45262**	**47410**	**65333**	**40670**	**113.8**	**113.1**	**125.3**	**117.7**
沙坡头区	Shapotou	45877	53737	99951	38189	116.2	116.8	150.1	117.2
中 宁 县	Zhongning	46475	45064	31123	52759	113.0	113.7	105.7	94.3
海 原 县	Haiyuan	41779	41583	57480	40349	107.5	107.7	101.0	

注:因铁路部门数据单列,故各市、县(区)数据加总不等于全区总计。

5-24 各市县城镇非私营单位分行业在岗职工工资总额(2013年)

Total Wages of Fully Employed Staff and Workers in Sector by City and Country(2013)

单位:万元 (10 000 yuan)

地 区	Region	总计 Total	农、林、牧、渔业 Agriculture, Forestry, Animal Husbandry and Fishery	采矿业 Mining	制造业 Manufac-turing	电力、热力、燃气及水的生产和供应业 Production and Distribution of Electricity, Heat, Gas and Water	建筑业 Construction	批发和零售业 Wholesale and Retail Trades
全区总计	**Total**	**3740019**	**63721**	**539485**	**543081**	**270536**	**382824**	**112556**
银川市	**Yinchuan**	**2124830**	**33172**	**489007**	**214195**	**191790**	**282982**	**75673**
银川市	District	1806312	15158	489007	147241	170331	218328	62851
永宁县	Yongning	81727	2140		40527	606	86	4023
贺兰县	Helan	116817	4864		15121	1366	50206	7699
灵武市	Lingwu	119974	11010		11306	19487	14362	1101
石嘴山市	**Shizuishan**	**423555**	**2691**	**13213**	**158915**	**30095**	**32791**	**9882**
石嘴山市	District	328577	1652	13213	131040	28943	18254	9524
平罗县	Pingluo	94979	1039		27875	1152	14537	358
吴忠市	**Wuzhong**	**469946**	**5199**	**9436**	**116017**	**39006**	**30379**	**10816**
利通区	Litong	166406		6525	28872	3622	13464	8675
红寺堡区	Hongsipu	18436		204		287		281
盐池县	Yanchi	49385	2632	1985	428	1717	7071	606
同心县	Tongxin	54223	565		50	647	7424	421
青铜峡市	Qingtongxia	181496	2002	722	86667	32733	2420	833
固原市	**Guyuan**	**319832**	**11406**	**27829**	**3544**	**1766**	**16859**	**6739**
原州区	Yuanzhou	117292	5585		1577	961	9610	4784
西吉县	Xiji	73631	2146		389	157	3312	683
隆德县	Longde	38923	653		132	110	1615	666
泾源县	Jingyuan	23872	1254		1256	100	10	59
彭阳县	Pengyang	66115	1768	27829	190	438	2312	549
中卫市	**Zhongwei**	**283654**	**11254**		**50410**	**7880**	**19453**	**8135**
沙坡头区	Shapotou	156001	3167		37666	4106	16569	5486
中宁县	Zhongning	78111	4350		12260	3617	2553	2403
海原县	Haiyuan	49542	3737		484	157	331	247

注:因铁路部门数据单列,故各市、县(区)数据加总不等于全区总计。

5-24 续表 1 continued

单位:万元 (10 000 yuan)

地 区	Region	交通运输、仓储和邮政业 Transport, Storage and Post	住宿和餐饮业 Hotels and Catering Services	信息传输、软件和信息技术服务业 Information Transmission, Software and IT Services	金融业 Financial Intermediation	房地产业 Real Estate	租赁和商务服务业 Leasing and Business Services	科学研究和技术服务业 Scientific Research and Technical Services
全区总计	**Total**	**216909**	**20407**	**52980**	**207249**	**57896**	**63124**	**78330**
银川市	**Yinchuan**	**64219**	**11678**	**29824**	**142357**	**38575**	**50605**	**59012**
银川市	District	46895	10706	29813	125023	32331	48947	55979
永宁县	Yongning	442	910	11	4726	2900	840	671
贺兰县	Helan	413	62		5507	2963	535	1361
灵武市	Lingwu	16469			7101	381	284	1000
石嘴山市	**Shizuishan**	**10913**	**2443**	**6155**	**16272**	**5053**	**7904**	**5460**
石嘴山市	District	10474	2304	6155	11261	3319	4078	4313
平罗县	Pingluo	439	139		5011	1734	3826	1147
吴忠市	**Wuzhong**	**11067**	**2780**	**8455**	**19354**	**1247**	**2879**	**5242**
利通区	Litong	6309	1246	8075	8717	336	1568	2419
红寺堡区	Hongsipu	47			1117			
盐池县	Yanchi	1385	944		2403	494	159	613
同心县	Tongxin	774	211	380	1948	394	841	2126
青铜峡市	Qingtongxia	2553	379		5168	24	312	84
固原市	**Guyuan**	**12250**	**1272**	**4891**	**13496**	**859**	**1183**	**6914**
原州区	Yuanzhou	8221	302	4412	5380		552	2521
西吉县	Xiji	1440	70	147	4257	466		2972
隆德县	Longde	1322	303	332	1537	328	163	586
泾源县	Jingyuan	367	26		1159		323	530
彭阳县	Pengyang	900	571		1163	65	146	306
中卫市	**Zhongwei**	**13669**	**924**	**3656**	**15769**	**2314**	**553**	**1447**
沙坡头区	Shapotou	10352	924	3656	9625	1907	441	737
中宁县	Zhongning	1790			4741	88	16	566
海原县	Haiyuan	1526			1403	320	95	144

5-24 续表 2 continued

单位:万元 (10 000 yuan)

地 区	Region	水利、环境和公共设施管理业 Management of Water Conservancy, Environment and Public Facilities	居民服务,修理和其他服务业 Services to Households, Repair and Other Services	教 育 Education	卫生和社会工作 Health and Social Work	文化、体育和娱乐业 Culture, Sports and Entertainment	公共管理、社会保障与社会组织 Public Management, Social Security and Organization
全区总计	**Total**	**66385**	**3190**	**430167**	**171229**	**37598**	**422352**
银 川 市	**Yinchuan**	**24946**	**2782**	**147554**	**70996**	**24145**	**171319**
银 川 市	District	22301	2782	107707	60050	23061	137804
永 宁 县	Yongning	275		13569	2966	244	6791
贺 兰 县	Helan	347		13480	2375	417	10101
灵 武 市	Lingwu	2023		12798	5605	423	16623
石嘴山市	**Shizuishan**	**3163**	**47**	**40724**	**25023**	**2305**	**50508**
石嘴山市	District	3071	47	26156	17966	2061	34747
平 罗 县	Pingluo	92		14568	7058	244	15761
吴 忠 市	**Wuzhong**	**9325**	**238**	**75145**	**28597**	**2769**	**91996**
利 通 区	Litong	3898	155	20187	10747	1081	40512
红寺堡区	Hongsipu	284		8282	842	122	6971
盐 池 县	Yanchi	2279		10995	4453	275	10946
同 心 县	Tongxin	2704	83	18370	4702	984	11599
青铜峡市	Qingtongxia	160		17311	7854	307	21968
固 原 市	**Guyuan**	**12227**	**124**	**105370**	**24658**	**4823**	**63622**
原 州 区	Yuanzhou	4086	49	31219	11611	2529	23895
西 吉 县	Xiji	2598	76	34729	5671	645	13874
隆 德 县	Longde	1182		16057	3197	1002	9738
泾 源 县	Jingyuan	3033		7070	1431	221	7034
彭 阳 县	Pengyang	1329		16296	2747	426	9082
中 卫 市	**Zhongwei**	**16725**		**61375**	**21955**	**3230**	**44907**
沙坡头区	Shapotou	7088		23036	11458	1810	17974
中 宁 县	Zhongning	7968		18816	5597	623	12724
海 原 县	Haiyuan	1668		19523	4901	797	14210

5-25 各市县城镇非私营单位分行业在岗职工平均工资(2013年)

Average Wages of Fully Employed Staff and Workers in Sector by City and Country(2013)

单位:元 (yuan)

地区	Region	总计 Total	农、林、牧、渔业 Agriculture, Forestry, Animal Husbandry and Fishery	采矿业 Mining	制造业 Manufac-turing	电力、热力、燃气及水的生产和供应业 Production and Supply of Electricity, heat,Gas and Water	建筑业 Construc-tion	批发和零售业 Wholesale and Retail Trades
全区总计	**Total**	**52185**	**34610**	**81213**	**43551**	**81303**	**39322**	**41916**
银川市	**Yinchuan**	**55338**	**55338**	**55338**	**55338**	**55338**	**55338**	**55338**
银川市	District	57202	57202	57202	57202	57202	57202	57202
永宁县	Yongning	41712	19745		44540	49268	53500	38795
贺兰县	Helan	43842	32469		35248	35206	41758	44119
灵武市	Lingwu	54653	31511		41111	89594	48850	43502
石嘴山市	**Shizuishan**	**44465**	**44465**	**44465**	**44465**	**44465**	**44465**	**44465**
石嘴山市	District	45541	45541	45541	45541	45541	45541	45541
平罗县	Pingluo	41104	34736		39233	40567	36343	38880
吴忠市	**Wuzhong**	**47551**	**47551**	**47551**	**47551**	**47551**	**47551**	**47551**
利通区	Litong	42942		38384	41104	44661	29042	44533
红寺堡区	Hongsipu	43186		47535		32625		15429
盐池县	Yanchi	47770	52964	59774	27613	54505	41328	34438
同心县	Tongxin	45688	53302		25200	35366	33172	36617
青铜峡市	Qingtongxia	54010	21272	44556	48404	89045	40060	32424
固原市	**Guyuan**	**53852**	**53852**	**53852**	**53852**	**53852**	**53852**	**53852**
原州区	Yuanzhou	49633	56928		37288	59333	46023	61566
西吉县	Xiji	57528	66025		26094	31440	30383	27640
隆德县	Longde	53071	56809		16923	28895	28539	39868
泾源县	Jingyuan	50738	58065		38525	20388	16833	29300
彭阳县	Pengyang	60539	50802	88346	65517	38717	28059	29654
中卫市	**Zhongwei**	**45262**	**45262**	**45262**	**45262**	**45262**	**45262**	**45262**
沙坡头区	Shapotou	45877	42336		37083	47306	35103	57261
中宁县	Zhongning	46475	20901		50164	61203	27810	43448
海原县	Haiyuan	41779	47670		44833	27946	60145	35257

注:因铁路部门数据单列,故各市、县(区)数据加总不等于全区总计。

5-25 续表 1 continued

单位:元 (yuan)

地 区	Region	交通运输、仓储和邮政业 Transport, Storage and Post	住宿和餐饮业 Hotels and Catering Services	信息传输、软件和信息技术服务业 Information Transmission, Software and IT Services	金融业 Financial Intermediation	房地产业 Real Estate	租赁和商务服务业 Leasing and Business Services	科学研究和技术服务业 Scientific Research, and Geologic Prospecting
全区总计	**Total**	**55507**	**33090**	**65961**	**86444**	**43689**	**33794**	**57791**
银 川 市	**Yinchuan**	**55338**	**55338**	**55338**	**55338**	**55338**	**55338**	**55338**
银 川 市	District	57202	57202	57202	57202	57202	57202	57202
永 宁 县	Yongning	30937	27835	27750	81629	53798	23453	32250
贺 兰 县	Helan	33298	23111		94940	48655	44916	52354
灵 武 市	Lingwu	59564			87344	61516	26830	55883
石嘴山市	**Shizuishan**	**44465**	**44465**	**44465**	**44465**	**44465**	**44465**	**44465**
石嘴山市	District	45541	45541	45541	45541	45541	45541	45541
平 罗 县	Pingluo	42212	27255		66197	32174	45437	47598
吴 忠 市	**Wuzhong**	**47551**	**47551**	**47551**	**47551**	**47551**	**47551**	**47551**
利 通 区	Litong	37002	25849	78931	54586	32573	19718	51131
红寺堡区	Hongsipu	19417			84652			
盐 池 县	Yanchi	45101	30452		70269	42922	16030	56239
同 心 县	Tongxin	40947	18181	52041	52360	32033	38573	50626
青铜峡市	Qingtongxia	56727	27449		60661	40000	26879	56200
固 原 市	**Guyuan**	**53852**	**53852**	**53852**	**53852**	**53852**	**53852**	**53852**
原 州 区	Yuanzhou	36916	26938	56710	55751		45992	39881
西 吉 县	Xiji	44454	46600	29400	106162	43943		64602
隆 德 县	Longde	57491	22970	65098	58231	34568	56069	52766
泾 源 县	Jingyuan	43118	21750		63339		21230	57620
彭 阳 县	Pengyang	42254	33174		60238	26958	42971	51898
中 卫 市	**Zhongwei**	**45262**	**45262**	**45262**	**45262**	**45262**	**45262**	**45262**
沙坡头区	Shapotou	55271	28266	58775	94362	37531	43683	51559
中 宁 县	Zhongning	40599			74665	48667	40750	50955
海 原 县	Haiyuan	44372			55896	44444	45238	51393

5-25 续表 2 continued

单位:元 (yuan)

地 区 Region	水利、环境和公共设施管理业 Management of Water Conservancy, Environment and Public Facilities	居民服务,修理和其他服务业 Services to Households, Repair and Other Services	教 育 Education	卫生和社会工作 Health and Social Work	文化、体育和娱乐业 Culture, Sports and Entertainment	公共管理、社会保障与社会组织 Public Management, Social Security and Organization
全区总计 Total	**41400**	**36798**	**51877**	**46151**	**52169**	**51009**
银 川 市 Yinchuan	**55338**	**55338**	**55338**	**55338**	**55338**	**55338**
银 川 市 District	57202	57202	57202	57202	57202	57202
永 宁 县 Yongning	35753		43007	39812	32092	33567
贺 兰 县 Helan	46905		52615	47309	49631	57394
灵 武 市 Lingwu	55262		57624	54313	62235	60935
石嘴山市 Shizuishan	**44465**	**44465**	**44465**	**44465**	**44465**	**44465**
石嘴山市 District	45541	45541	45541	45541	45541	45541
平 罗 县 Pingluo	32857		43773	44082	37554	41794
吴 忠 市 Wuzhong	**47551**	**47551**	**47551**	**47551**	**47551**	**47551**
利 通 区 Litong	33086	25000	45436	53152	45818	47588
红寺堡区 Hongsipu	11817		46343	35657	39355	46289
盐 池 县 Yanchi	40201		56531	39440	57229	50189
同 心 县 Tongxin	47524	48706	47738	46553	54055	56062
青铜峡市 Qingtongxia	7692		57859	66054	53860	54430
固 原 市 Guyuan	**53852**	**53852**	**53852**	**53852**	**53852**	**53852**
原 州 区 Yuanzhou	51005	60750	52407	51287	55947	48915
西 吉 县 Xiji	61409	63000	60294	64375	64500	57663
隆 德 县 Longde	49033		56737	54933	63809	59089
泾 源 县 Jingyuan	48295		52527	54197	58263	54610
彭 阳 县 Pengyang	67827		50388	55720	62618	57262
中 卫 市 Zhongwei	**45262**	**45262**	**45262**	**45262**	**45262**	**45262**
沙坡头区 Shapotou	45496		55269	46482	47881	53020
中 宁 县 Zhongning	49279		51507	47916	55159	51722
海 原 县 Haiyuan	42556		37982	40706	48285	44853

5-26 各市县分行业城镇私营单位就业人员平均工资(2013 年)

Average Wage of Employed Persons in Urban Private Units by Sector and Region (2013)

单位:元 (yuan)

地区	Region	总计 Total	农、林、牧、渔业 Agriculture, Forestry, Animal Husbandry and Fishery	采矿业 Mining	制造业 Manufacturing	电力、热力、燃气及水的生产和供应业 Production and Distribution of Electricity, Heat, Gas and Water	建筑业 Construction	批发和零售业 Wholesale and Retail Trades
全区总计	**Total**	**32097**	**24172**	**32466**	**31638**	**32293**	**36178**	**28035**
银川市	**Yinchuan**	**33472**	**33472**	**33472**	**33472**	**33472**	**33472**	**33472**
银川市	District	34446	31266	44329	34350	28062	37794	29700
永宁县	Yongning	26243	17509	15174	27028	30238	32605	19375
贺兰县	Helan	30334	33718	26944	29732	35167	26241	31897
灵武市	Lingwu	34220	28151	33933	37111		29823	29145
石嘴山市	**Shizuishan**	**32634**	**32634**	**32634**	**32634**	**32634**	**32634**	**32634**
石嘴山市	District	32835	20399	35893	33727	37448	36597	26801
平罗县	Pingluo	32355	22826	27379	33343	23760	39918	28562
吴忠市	**Wuzhong**	**31162**	**31162**	**31162**	**31162**	**31162**	**31162**	**31162**
利通区	Litong	32103	19315	19125	32410	21165	38360	24170
红寺堡区	Hongsipu	26030	24337		24380	12500	28416	21800
盐池县	Yanchi	34241	32745	23506	33952	31912	40690	22853
同心县	Tongxin	24407	20145	20368	22403	33533	26609	25157
青铜峡市	Qingtongxia	31275	18924	31176	27651	33600	34674	39906
固原市	**Guyuan**	**24695**	**24695**	**24695**	**24695**	**24695**	**24695**	**24695**
原州区	Yuanzhou	29050	29964	36000	24581	29179	33243	26049
西吉县	Xiji	19174	17250	14271	17412	17389	21167	19275
隆德县	Longde	21739	12385	10739	14798	22786	33089	25796
泾源县	Jingyuan	30383	24000	30842	17602		37621	23870
彭阳县	Pengyang	20828	25146	31883	19610		24120	20367
中卫市	**Zhongwei**	**30865**	**30865**	**30865**	**30865**	**30865**	**30865**	**30865**
沙坡头区	Shapotou	32416	27714	50096	34899	35395	35399	20966
中宁县	Zhongning	31175	19326	21522	32310	36000	34110	22816
海原县	Haiyuan	24354	24000	29906	20923	23600	36034	23727

5-26 续表 1 continued

单位:元 (yuan)

地 区 Region	交通运输、仓储和邮政业 Information Transmission, Software and IT Services	住宿和餐饮业 Hotels and Catering Services	信息传输、软件和信息技术服务业 Information Transmission, Software and IT Services	金融业 Financial Intermediation	房地产业 Real Estate	租赁和商务服务业 Leasing and Business Services	科学研究和技术服务业 Scientific Research and Technical Services
全区总计 Total	**30101**	**28544**	**29269**	**30540**	**37562**	**27781**	**38531**
银 川 市 Yinchuan	**33472**	**33472**	**33472**	**33472**	**33472**	**33472**	**33472**
银 川 市 District	28784	29927	29659	30573	40516	29755	42198
永 宁 县 Yongning	18184	16000	14750	22897	37470	15517	21023
贺 兰 县 Helan	36826	33394	29188	24000	38840	27729	32717
灵 武 市 Lingwu	28157	31878	29091	48380	31633	25050	23000
石嘴山市 Shizuishan	**32634**	**32634**	**32634**	**32634**	**32634**	**32634**	**32634**
石嘴山市 District	33957	29385	28681	29299	37911	24015	24667
平 罗 县 Pingluo	22372	30855	23611	36667	37498	25373	20548
吴 忠 市 Wuzhong	**31162**	**31162**	**31162**	**31162**	**31162**	**31162**	**31162**
利 通 区 Litong	20500	24620	21405	17000	29072	19542	13000
红寺堡区 Hongsipu	33906	21250		18000	27836	20077	15583
盐 池 县 Yanchi	37014	23974		25000	30191	23718	25000
同 心 县 Tongxin	27205	37495	21333	32000	31881	26515	23514
青铜峡市 Qingtongxia	37868	22473	32500	33500	29591	24331	32724
固 原 市 Guyuan	**24695**	**24695**	**24695**	**24695**	**24695**	**24695**	**24695**
原 州 区 Yuanzhou	21000	25048	27600	35561	35104	22008	34983
西 吉 县 Xiji	31888	15750		18091	28519	17863	18200
隆 德 县 Longde	22185	22482	9333	34167	34296	8000	35000
泾 源 县 Jingyuan	24143	18000	58000	28000	34693	19630	28800
彭 阳 县 Pengyang	19053	18000	58000	28000	28438	19630	28800
中 卫 市 Zhongwei	**30865**	**30865**	**30865**	**30865**	**30865**	**30865**	**30865**
沙坡头区 Shapotou	31261	24395	26400	67000	38606	30838	30486
中 宁 县 Zhongning	29701	25856	20385	36662	29587	19050	26263
海 原 县 Haiyuan	27270	18663	58000	22042	37677	19630	24735

5-26 续表 2 continued

单位:元 (yuan)

地 区	Region	水利、环境和公共设施管理业 Management of Water Conservancy, Environment and Public Facilities	居民服务、修理和其他服务业 Services to Households, Repair and Other Services	教 育 Education	卫生和社会工作 Health and Social Work	文化、体育和娱乐业 Culture, Sports and Entertainment	公共管理、社会保障与社会组织 Public Management, Social Security and Organization
全区总计	**Total**	**28084**	**24299**	**26716**	**30811**	**24202**	**20701**
银 川 市	**Yinchuan**	**33472**	**33472**	**33472**	**33472**	**33472**	**33472**
银 川 市	District	31085	26769	28032	32562	27599	27793
永 宁 县	Yongning	33036	16916	20755	9667	16944	17980
贺 兰 县	Helan	26829	26456	31143	41667	26162	
灵 武 市	Lingwu	21603	25298	17425	41538	25145	
石嘴山市	**Shizuishan**	**32634**	**32634**	**32634**	**32634**	**32634**	**32634**
石嘴山市	District	20667	31657	23092	31914	17564	20554
平 罗 县	Pingluo	22147	23000	21202	17893	24385	
吴 忠 市	**Wuzhong**	**31162**	**31162**	**31162**	**31162**	**31162**	**31162**
利 通 区	Litong	16795	18152	22953	30989	21549	20769
红寺堡区	Hongsipu		17194	20000	30361	12692	
盐 池 县	Yanchi		26111			24000	
同 心 县	Tongxin		21945	30121	31090	20033	
青铜峡市	Qingtongxia	34667	28841	36143	18000	24528	
固 原 市	**Guyuan**	**24695**	**24695**	**24695**	**24695**	**24695**	**24695**
原 州 区	Yuanzhou		22119	27543	25927	18000	
西 吉 县	Xiji	17700		29783	21000	19000	
隆 德 县	Longde		36000	23160	30893	10261	
泾 源 县	Jingyuan					15000	12000
彭 阳 县	Pengyang			24074		15000	12000
中 卫 市	**Zhongwei**	**30865**	**30865**	**30865**	**30865**	**30865**	**30865**
沙坡头区	Shapotou	23375	19672	29505	25825	24737	31250
中 宁 县	Zhongning	19019	17266	40566	21400	18000	
海 原 县	Haiyuan		19368	33882		15000	12000

主要统计指标解释

【就业人员】 指从事一定社会劳动并取得劳动报酬或经营收入的人员。就业人员包括:(1)职工;(2)再就业的离退休人员;(3)私营业主;(4)个体户主;(5)私营企业和个体就业人员;(6)乡镇企业就业人员;(7)农村就业人员;(8)其他就业人员(包括现役军人)。

【单位就业人员】 指在各级国家机关、政党机关、社会团体及企业、事业单位中工作,取得工资或其他形式劳动报酬的全部人员。包括:在岗职工、再就业的离退休人员、民办教师以及在各单位中工作的外方人员和港澳台方人员、兼职人员、借用的外单位人员和第二职业者。不包括离开本单位仍保留劳动关系的职工。

【在岗职工】 指在本单位工作且与本单位签订劳动合同,并由单位支付各项工资和社会保险、住房公积金的人员,以及上述人员中由于学习、病伤、产假等原因暂未工作仍由单位支付工资的人员。

【其他就业人员】 指在本单位工作,不能归到在岗职工、劳务派遣人员中的人员。此类人员是实际参加本单位生产或工作并从本单位取得劳动报酬的人员。具体包括:非全日制人员、聘用的正式离退休人员、兼职人员和第二职业者等,以及在本单位中工作的外籍和港澳台方人员。

【在岗职工工资总额】 指本单位在报告期内直接支付给本单位全部在岗职工的劳动报酬总额。在岗职工工资总额由基本工资、绩效工资、工资性津贴和补贴、其他工资四部分组成。工资总额不包括病假、事假等情况的扣款。

【平均工资】 指企业、事业、机关等单位的就业人员在一定时期内平均每人所得的工资额。

计算公式为:

$$\text{平均工资}=\frac{\text{报告期实际支付的全部就业人员工资总额}}{\text{报告期全部就业人员平均人数}}$$

【城镇登记失业人员】 是指有非农业户口,在劳动年龄(16周岁至退休年龄)内,有劳动能力,无业而要求就业,并在当地就业服务机构进行求职登记的人员。不包括:(1)正在就读的学生和等待就学的人员;(2)已经达到国家规定的退休年龄或虽未达到国家规定的退休年龄但已经办理了退休(含离休)、退职手续的人员;(3)其他不符合失业定义的人员。

【城镇失业率】 指城镇失业人数同城镇就业人数、城镇失业人数之和的比。计算公式为:

$$\text{城镇失业率}=\frac{\text{城镇失业人数}}{\text{城镇就业人数}+\text{城镇失业人数}}\times 100\%$$

【城镇登记失业率】 城镇登记失业人员与城镇单位就业人员(扣除使用的农村劳动力、聘用的离退休人员、港澳台及外方人员)、城镇单位中的不在岗职工、城镇私营业主、个体户主、城镇私营企业和个体就业人员、城镇登记失业人员之和的比。计算公式为:

$$\text{城镇登记失业率}=\frac{\text{城镇登记失业人数}}{(\text{城镇单位就业人员}-\text{使用的农村劳动力}-\text{聘用的离退休人员}-\text{聘用的港澳台及外方人员})+\text{不在岗职工}+\text{城镇私营业主}+\text{城镇个体户主}+\text{城镇私营企业及个体就业人员}+\text{城镇登记失业人数}}\times 100\%$$

第六篇 Chapter6

固定资产投资 Investment in Fixed Assets

责任编辑：崔琳

资料整理：崔琳　冯海江　黄剑　刘晓龙　杨瑞博　马福燕

Coordinator: Cui Lin

Data Compilation: Cui Lin　Feng Haijiang　Huang Jian　Liu Xiaolong　Yang Ruibo　Ma Fuyan

6-1 全社会固定资产投资基本情况
Total Investment in Fixed Assets in the Whole Country

指　标	Item	1980	1990
投资总额(万元)	**Total Investment (10 000 yuan)**	**39758**	**219603**
按隶属关系分	**Grouped by Jurisdiction of Management**		
中 央	Central Investment	9104	78568
地 方	Local Investment	30654	141035
按经济类型分	**Grouped by Economic Types**		
国有经济	State-owned	39312	175126
房地产	Real Estate		2834
集体经济	Collective-owned	446	12614
房地产	Real Estate		
私营个体经济	Private		31863
其他经济	Others		
本年资金来源小计	**Subtotal of Sources of Funds This Year**	**39758**	**219603**
国家预算内资金	State Budget	24497	40934
国内贷款	Demestic Loans	2080	52510
利用外资	Foreign Investment		4697
自筹资金	Self-raising Funds		
其他资金	Others	13181	121422
按构成分	**Grouped by Structure**		
建筑工程	Construction	24591	118868
安装工程	Installation	5897	18513
设备、工器具购置	Purchase of Equipment and Instruments	7289	63526
其他费用	Others	1981	18696
新增固定资产(万元)	**Newly Increased Fixed Assets(10 000 yuan)**	**26258**	**193282**
交付使用率(%)	**Rate of Projects of Fixed Assets Completed and Put into Use(%)**	**86.4**	**91.2**
本年施工房屋面积(万平方米)	**Floor Space under Construction This Year(10 000 sq.m)**	**212**	**539**
住 宅	Residential Buildings	49	381
本年竣工房屋面积(万平方米)	**Floor Space Completed This Year(10 000 sq.m)**	**132**	**459**
施工项目(个)	**Number of Project under Construction (unit)**	**609**	**934**
新开工	Number of Project Started	263	499
投 产	Number of Project Put into Use	301	576

注:2011年起,除房地产投资、农户投资外,固定资产投资统计起点由50万元提高到500万元。

6-1 续表 1 continued

指 标	Item	2000	2010	2011
投资总额(万元)	**Total Investment (10 000 yuan)**	**1608204**	**14646972**	**16541517**
按隶属关系分	**Grouped by Jurisdiction of Management**			
中 央	Central Investment	281567	3927196	3049816
地 方	Local Investment	1326637	10719776	13491701
按经济类型分	**Grouped by Economic Types**			
国有经济	State-owned	1011732	6101779	7185170
房地产	Real Estate	47471	282063	362197
集体经济	Collective-owned	57002	33982	23359
房地产	Real Estate	17348	6521	2810
私营个体经济	Private	226346	3730652	5077707
其他经济	Others	279970	4780559	4255281
本年资金来源小计	**Subtotal of Sources of Funds This Year**	**1608204**	**14643866**	**16650559**
国家预算内资金	State Budget	185722	890205	1327129
国内贷款	Demestic Loans	490678	4191316	3576427
利用外资	Foreign Investment	22497	41294	88561
自筹资金	Self-raising Funds	492953	7121225	8910642
其他资金	Others	416354	2399826	2747800
按构成分	**Grouped by Structure**			
建筑工程	Construction	952440	8734611	10208671
安装工程	Installation	159861	1134879	1395533
设备、工器具购置	Purchase of Equipment and Instruments	309988	3380840	3563165
其他费用	Others	185915	1396642	1374148
新增固定资产(万元)	**Newly Increased Fixed Assets(10 000 yuan)**	**1357643**	**7046806**	**14224782**
交付使用率(%)	**Rate of Projects of Fixed Assets Completed and Put into Use(%)**	**84.4**	**48.1**	**86.0**
本年施工房屋面积(万平方米)	**Floor Space under Construction This Year (10 000 sq.m)**	**1019**	**4800**	**6323**
住 宅	Residential Buildings	689	2874	3750
本年竣工房屋面积(万平方米)	**Floor Space Completed This Year(10 000 sq.m)**	**1069**	**1494**	**1658**
施工项目(个)	**Number of Project under Construction (unit)**	**1069**	**2901**	**2499**
新开工	Number of Project Started	774	2303	1674
投 产	Number of Project Put into Use	688	1925	1598

6-1 续表 2 continued

指 标	Item	2012	2013
投资总额(万元)	**Total Investment (10 000 yuan)**	**21095182**	**26811429**
按隶属关系分	**Grouped by Jurisdiction of Management**		
中 央	Central Investment	2510472	3702227
地 方	Local Investment	18584710	23109202
按经济类型分	**Grouped by Economic Types**		
国有经济	State-owned	7165054	10002389
房地产	Real Estate	450138	477194
集体经济	Collective-owned	49131	225181
房地产	Real Estate	14819	19318
私营个体经济	Private	8738842	11765382
其他经济	Others	5142155	4818507
本年资金来源小计	**Subtotal of Sources of Funds This Year**	**20109351**	**26696873**
国家预算内资金	State Budget	1769669	2405411
国内贷款	Demestic Loans	4658942	5692638
利用外资	Foreign Investment	50553	29320
自筹资金	Self-raising Funds	10807214	14927947
其他资金	Others	2822973	3641557
按构成分	**Grouped by Structure**		
建筑工程	Construction	13013519	16479967
安装工程	Installation	1711473	2233463
设备、工器具购置	Purchase of Equipment and Instruments	4602432	6040027
其他费用	Others	1767758	2057972
新增固定资产(万元)	**Newly Increased Fixed Assets(10 000 yuan)**	**12795619**	**15600908**
交付使用率(%)	**Rate of Projects of Fixed Assets Completed and Put into Use(%)**	**60.7**	**58.2**
本年施工房屋面积(万平方米)	**Floor Space under Construction This Year(10 000 sq.m)**	**7544**	**10098**
住 宅	Residential Buildings	4440	5090
本年竣工房屋面积(万平方米)	**Floor Space Completed This Year(10 000 sq.m)**	**1780**	**1782**
施工项目(个)	**Number of Project under Construction (unit)**	**2965**	**3857**
新开工	Number of Project Started	2120	2745
投 产	Number of Project Put into Use	1919	2398

6-2 按国民经济行业分的全社会固定资产投资(2013 年)

Total Investment in Fixed Assets Grouped by Sector(2013)

单位:万元

指标	Item	合计 Total	基本建设 Infras-tructure	更新改造 Renovation and Reformation-Investment	其他投资 Other Invest-ment	房地产 Real Estate	农户 Farm House-holds Investment
本年完成投资	**Total**	**26811429**	**17284012**	**3028610**	**175586**	**5589682**	**733539**
农、林、牧、渔业	Agriculture,Forestry, Animal Husbandry and Fishery	889338	709124		50058		130156
采矿业	Mining	2017194	1363296	629898	24000		
制造业	Manufacturing	7895157	5772970	2098413	22422		1352
电力、热力、燃气及水的生产和供应业	Production and Distribution of Electricity,Gas and Water	2459754	2181557	276659	1538		
建筑业	Construction	200589	199389		1200		
批发和零售业	Wholesale and Retail Trades	511632	511632				
交通运输、仓储和邮政业	Transport,Storage and Post	1541846	1389270		400		152176
住宿和餐饮业	Hotels and Catering Services	198843	198843				
信息传输、软件和信息技术服务业	Information Transmission, Software and IT Services	123721	100081	23640			
金融业	Financial Intermediation	17333	17333				
房地产业	Real Estate	7892203	1839636		13030	5589682	449855
租赁和商务服务业	Leasing and Business Services	124661	123980		681		
科学研究和技术服务业	Scientific Research and Technical Services	58980	49696		9284		
水利、环境和公共设施管理业	Management of Water Conservancy, Environment and Public Facilities	1790885	1747810		43075		
居民服务、修理和其他服务业	Services toHousehol-ds,Repair and Other Services	131682	131682				
教育	Education	289004	283653		5351		
卫生和社会工作	Health and Social Work	168567	167165		1402		
文化、体育和娱乐业	Culture,Sports and Entertainment	162871	159726		3145		
公共管理、社会保障和社会组织	Public Management,Social Securities and Organizations	337169	337169				
国际组织	International Organizations						

6-3 主要年份全社会固定资产投资

Total Investment in Fixed Assets in the whole Country in Main Years

单位:万元 （10 000 yuan）

年份 Year	全社会固定资产投资额 Total Investment in Fixed Assets	基本建设 Infrastructure	更新改造 Renovation and Reformation Investment	国有经济固定资产投资额 Investment in Fixed Assets of State-owned Economy	基本建设 Infrastructure	更新改造 Renovation and Reformation Investment
1952	502	502		502	502	
1955	1314	1314		1314	1314	
1957	1536	1536		1536	1536	
1958	9287	9287		9287	9287	
1960	24446	24446		24446	24446	
1965	14002	14002		14002	14002	
1970	24659	24659		24659	24659	
1975	24957	24957		24957	24957	
1978	42719	42246		42246	42246	
1980	39758	30409	8903	39312	30409	8903
1985	136346	79413	26493	112944	79413	26493
1990	219603	113336	52045	175126	113336	52045
1995	701237	336000	158960	514041	331107	149584
2000	1608204	888744	233621	1011732	805530	155822
2001	1958118	1053095	260815	1241374	1014378	167519
2002	2308269	1243615	263571	1335911	1160543	141495
2003	3182100	1646006	410646	1545791	1372117	141791
2004	3808465	1909048	531662	1513064	1168051	215759
2005	4448174	2355165	607118	2024100	1620235	349338
2006	5152753	2865707	768071	2657927	2069116	363814
2007	6218092	3459859	923769	3316282	2604356	300682
2008	8588368	5179075	1119381	5210136	4143600	397954
2009	11191392	6945483	1318126	6092634	4870545	466031
2010	14646972	8755326	1651175	6101779	4554443	490241
2011	16541517	10572647	1885913	7185170	6095485	658216
2012	21095182	13614930	2381825	7165054	6193674	481940
2013	26811429	17284012	3028610	10002359	8668189	770212

6-4 固定资产投资额(2013 年)

单位:万元

指　标	Item	投资额 Investment
总计	**Total**	**26077890**
按经济类型分:	**Grouped by Economic Types**	
内资企业	Domestic Funded	25825489
国有企业	State-owned Enterprises	7408228
集体企业	Collective-owned Enterprises	125849
股份合作企业	Share-holding cooperative	97532
联营企业	Joint Ownership Enterprises	6800
国有联营	State Joint Ownership Enterprises	5000
集体联营	Collective Joint Ownership Enterprises	1800
有限责任公司	Limited Liability Corporations	5592170
国有独资公司	State Sole Funded Corporations	2589131
其他有限责任公司	Other Limited Liability Corporations	3003039
股份有限公司	Share-holding Corporations Ltd	1470165
私营企业	Private Enterprises	11012058
私营独资企业	Private-founded Enterprises	1054782
私营合伙企业	Private Partnership Enterprises	73798
私营有限责任公司	Private Limited Liability Corporations	8937858
私营股份有限公司	Private Share-holding Corporations Ltd.	945620
其他	Other Enterprises	112687
港、澳、台商投资企业	Enterprises with Funds from Hong Kong,Macao and Taiwan	125120
合资经营企业	Joint-ventures Enterprises(Hongkong,Macao or Taiwan)	109670
合作经营企业	Cooperative Enterprises(Hongkong,Macao or Taiwan)	2850
港、澳、台商独资经营企业	Sole Funded Enterprises(Hongkong,Macao or Taiwan)	12600
外商投资企业	Foreign Funded Enterprises	107496
合资经营	Joint-venture Enterprises	32968
独资	Foreign Sole Funded Enterprises	71078
其他外商投资企业	Other Foreign Funded Enterprises	3450
个体经营	Self-employed Individuals	19785
个体户	Self-employment	4785
个体合伙	Individual Parternership	15000
按国民经济行业分:	**Grouped by Sector**	
农、林、牧、渔业	Agriculture,Forestry,Animal Husbandry and Fishery	759182
采矿业	Mining	2017194
制造业	Manufacturing	7893805
电力、热力、燃气及水生产和供应业	Production and Distribution of Electricity,Gas and Water	2459754
建筑业	Construction	200589
批发和零售业	Wholesale and Retail Trades	511632
交通运输、仓储和邮政业	Transport,Storage and Post	1389670
住宿和餐饮业	Hotels and Catering Services	198843
信息传输、软件和信息技术服务业	Information Transmission,Software and IT Services	123721
金融业	Financial Intermediation	17333
房地产业	Real Estate	7442348
租赁和商务服务业	Leasing and Business Services	124661
科学研究和技术服务业	Scientific Research and Technical Services	58980
水利、环境和公共设施管理业	Management of Water Conservancy,Environment and Public Facilities	1790885
居民服务、修理和其他服务业	Services to Households,Repair and Other Services	131682
教育	Education	289004
卫生和社会工作	Health and Social Work	168567
文化、体育和娱乐业	Culture,Sports and Entertainment	162871
公共管理、社会保障和社会组织	Public Management,Social Securities and Organizations	337169

Investment in Fixed Assets (2013)

(10 000 yuan)

地 方 Local	按建设性质分 Grouped by Type of Construction		
	新 建 New Construction	扩 建 Expansion	改 建 Reconstruction
22375663	**15769223**	**2032801**	**2437628**
22123262	15690027	2016761	2424169
6358913	5905650	521702	844781
125849	80611	23970	
97532	97532		
6800	6800		
5000	5000		
1800	1800		
3289085	2954780	133714	638842
437886	1533158	24581	487514
2851199	1421622	109133	151328
1124848	1049918	334499	63803
11012058	5493099	992376	876243
1054782	931754	16816	61266
73798	64258		7835
8937858	3843838	953120	790734
945620	653249	22440	16408
108177	101637	10500	500
125120	37023	13187	
109670	34173	587	
2850	2850		
12600		12600	
107496	23405	2853	12442
32968	2360	2430	7342
71078	17595	423	5100
3450	3450		
19785	18768		1017
4785	3768		1017
15000	15000		
758208	689697	50299	14273
831924	863619	185774	889801
6518790	5557957	1251801	1047920
1923398	2210532	106364	142258
196687	191408	1376	5982
502632	487490	18690	5452
1380260	1148489	7760	218672
198843	193442	5401	
14666	99055	10540	14126
13951	16053		1280
7182337	1720908	113695	680
124661	121780	2200	
58980	46324		
1634401	1561649	136388	73997
131682	116034	15648	
278736	227314	38511	13227
166341	129236	26445	2095
157473	120031	37371	2361
301693	268205	24538	5504

6-4 续表 1

单位:万元

指 标	Item	建筑工程 Construction
总计	**Total**	**16021240**
按经济类型分:	**Grouped by Economic Types**	
内资企业	Domestic Gunded	15851749
国有企业	State-owned Enterprises	5959018
集体企业	Collective-owned Enterprises	99033
股份合作企业	Share-holding Cooperative	29117
联营企业	Joint Ownership Enterprises	6050
国有联营	State Joint Ownership Enterprises	4250
集体联营	Collective Joint Ownership Enterprises	1800
有限责任公司	Limited Liability Corporations	2918195
国有独资公司	State Sole Funded Corporations	1105370
其他有限责任公司	Other Limited Liability Corporations	1812825
股份有限公司	Share-holding Corporations Ltd	362397
私营企业	Private Enterprises	6383394
私营独资企业	Private-founded Enterprises	505662
私营合伙企业	Private Partnership Enterprises	50409
私营有限责任公司	Private Limited Liability Corporations	5264222
私营股份有限公司	Private Share-holding Corporations Ltd.	563101
其他	Other Enterprises	94545
港、澳、台商投资企业	Enterprises with Funds from Hong Kong,Macao and Taiwan	72239
合资经营企业	Joint-ventures Enterprises(Hongkong,Macao or Taiwan)	65389
合作经营企业	Cooperative Enterprises(Hongkong,Macao or Taiwan)	2850
港、澳、台商独资经营企业	Sole Funded Enterprises(Hongkong,Macao or Taiwan)	4000
外商投资企业	Foreign Funded Enterprises	78489
合资经营	Joint-venture Enterprises	23240
独资	Foreign Sole Funded Enterprises	52799
其他外商投资企业	Other Foreign Funded Enterprises	2450
个体经营	Self-employed Individuals	18763
个体户	Self-employment	4663
个体合伙	Individual Parternership	14100
按国民经济行业分:	**Grouped by Sector**	
农、林、牧、渔业	Agriculture,Forestry,Animal Husbandry and Fishery	637884
采矿业	Mining	1136422
制造业	Manufacturing	2903799
电力、热力、燃气及水生产和供应业	Production and Distribution of Electricity,Gas and Water	825303
建筑业	Construction	169816
批发和零售业	Wholesale and Retail Trades	397256
交通运输、仓储和邮政业	Transport,Storage and Post	1098987
住宿和餐饮业	Hotels and Catering Services	172328
信息传输、软件和信息技术服务业	Information Transmission,Software and IT Services	31701
金融业	Financial Intermediation	14380
房地产业	Real Estate	5937838
租赁和商务服务业	Leasing and Business Services	97550
科学研究和技术服务业	Scientific Research and Technical Services	49428
水利、环境和公共设施管理业	Management of Water Conservancy,Environment and Public Facilities	1546421
居民服务、修理和其他服务业	Services to Households,Repair and Other Services	120555
教育	Education	276431
卫生和社会工作	Health and Social Work	159196
文化、体育和娱乐业	Culture,Sports and Entertainment	145202
公共管理、社会保障和社会组织	Public Management,Social Securities and Organizations	300743

continued

(10 000 yuan)

按构成分 Grouped by Use of Funds		
安装工程 Installation	设备工器具购置 Purchase of Equipment and Instruments	其他费用 Others
2233463	**5797091**	**2026096**
2211555	5760251	2001934
331587	682202	435421
5450	15900	5466
4557	62666	1192
	26	724
	26	724
477997	1613284	582694
128701	1052061	302999
349296	561223	279695
240544	712893	154331
1144746	2663290	820628
110788	407506	30826
3516	17506	2367
960505	2015466	697665
69937	222812	89770
6674	9990	1478
12320	17447	23114
3720	17447	23114
8600		
9088	18891	1028
3481	6247	
5507	11744	1028
100	900	
500	502	20
	102	20
500	400	
14137	33583	73578
153765	576183	150824
842289	3712551	435166
374627	1179243	80581
9525	19876	1372
27345	53894	33137
50152	40579	199952
6703	4100	15712
81633	9860	527
		2953
577810	46302	880398
6052	12327	8732
770	2792	5990
64603	69873	109988
170	2680	8277
1844	6024	4705
2752	1278	5341
6526	7997	3146
12760	17949	5717

6-4 续表 2

单位:万元

指标	Item	国家预算内资金 State Budgetary Funds
总计	**Total**	**2405411**
按经济类型分:	**Grouped by Economic Types**	
内资企业	Domestic Gunded	2405411
国有企业	State-owned Enterprises	2328516
集体企业	Collective-owned Enterprises	1678
股份合作企业	Share-holding Cooperative	
联营企业	Joint Ownership Enterprises	
国有联营	State Joint Ownership Enterprises	
集体联营	Collective Joint Ownership Enterprises	
有限责任公司	Limited Liability Corporations	55696
国有独资公司	State Sole Funded Corporations	44088
其他有限责任公司	Other Limited Liability Corporations	11608
股份有限公司	Share-holding Corporations Ltd	2000
私营企业	Private Enterprises	10438
私营独资企业	Private-founded Enterprises	1157
私营合伙企业	Private Partnership Enterprises	
私营有限责任公司	Private Limited Liability Corporations	8981
私营股份有限公司	Private Share-holding Corporations Ltd.	300
其他	Other Enterprises	7083
港、澳、台商投资企业	Enterprises with Funds from Hong Kong,Macao and Taiwan	
合资经营企业	Joint-ventures Enterprises(Hongkong,Macao or Taiwan)	
合作经营企业	Cooperative Enterprises(Hongkong,Macao or Taiwan)	
港、澳、台商独资经营企业	Sole Funded Enterprises(Hongkong,Macao or Taiwan)	
外商投资企业	Foreign Funded Enterprises	
合资经营	Joint-venture Enterprises	
独资	Foreign Sole Funded Enterprises	
其他外商投资企业	Other Foreign Funded Enterprises	
个体经营	Self-employed Individuals	
个体户	Self-employment	
个体合伙	Individual Parternership	
按国民经济行业分:	**Grouped by Sector**	
农、林、牧、渔业	Agriculture,Forestry,Animal Husbandry and Fishery	191987
采矿业	Mining	
制造业	Manufacturing	39248
电力、热力、燃气及水生产和供应业	Production and Distribution of Electricity,Gas and Water	92490
建筑业	Construction	85227
批发和零售业	Wholesale and Retail Trades	23669
交通运输、仓储和邮政业	Transport,Storage and Post	208142
住宿和餐饮业	Hotels and Catering Services	3980
信息传输、软件和信息技术服务业	Information Transmission,Software and IT Services	1466
金融业	Financial Intermediation	2102
房地产业	Real Estate	463829
租赁和商务服务业	Leasing and Business Services	14827
科学研究和技术服务业	Scientific Research and Technical Services	26920
水利、环境和公共设施管理业	Management of Water Conservancy,Environment and Public Facilities	714865
居民服务、修理和其他服务业	Services to Households,Repair and Other Services	16823
教育	Education	182907
卫生和社会工作	Health and Social Work	79539
文化、体育和娱乐业	Culture,Sports and Entertainment	75790
公共管理、社会保障和社会组织	Public Management,Social Securities and Organizations	181600

continued

(10 000 yuan)

按资金来源分 Grouped by Capital Sources			
国内贷款 Domestic Loans	利用外资 Foreign Investment	自筹资金 Self-financed Capital	其他资金 Other Capital
5683066	**29320**	**14243479**	**3592494**
5574061	6520	14161002	3430342
1293945	1720	2629730	117851
10673		110104	
54181		42451	
2000		3843	957
2000		2043	957
		1800	
1537473		3212157	876418
1108940		1162020	228211
428533		2050137	648207
407314		978957	8228
2265607	4800	7094291	2416888
262028		728031	40793
8697		63954	
1920172	1800	5616883	2298714
74710	3000	685423	77381
2868		89469	10000
108805	12000	16426	112129
100805	12000	8976	112129
		2850	
8000		4600	
200	10800	46591	50023
200		29141	14797
	10800	14000	35226
		3450	
		19460	
		4460	
		15000	
18034	1590	458960	19776
658255		1342858	
2018023	15100	5442504	38080
871970	12000	1308300	20000
20813		71856	1610
47298		381713	6263
470652	500	632305	28074
19124		209222	2944
		109615	
		18780	
1309932		3272884	3415117
39000		79150	7000
		25238	
133045		526536	37254
13037		96235	2358
7945		42960	6542
41938	130	49817	6325
7000		76278	
7000		98268	1151

6-5 固定资产投资主要生产能力(2013 年)

名 称	Item	建设规模 Total Construction Size
原煤开采(万吨 / 年)	Coal Mining (10 000 tons/year)	9110
洗煤(万吨 / 年)	Washer Coal (10 000 tons/year)	2990
焦炭(万吨 / 年)	Coke (10 000 tons/year)	1099
石油加工:	Petroleum Refining:	
蒸馏设备能力(处理万吨 / 年)	Distillation Equipment Capacity(10 000 tons/year)	
裂化设备能力(处理万吨 / 年)	Cracking Equipment Capacity(10 000 tons/year)	
焦化设备能力(处理万吨 / 年)	Coking Equipment Capacity (10 000 tons/year)	
生铁(万吨 / 年)	Pig Iron (10 000 tons/year)	180
铁合金(万吨 / 年)	Iron Alloy (10 000 tons/year)	121
铅冶炼(吨 / 年)	Plumbum Smelting(ton/year)	5100
电解铝(吨 / 年)	Electrolytic Aluminum (ton/year)	
铝加工(吨 / 年)	Aluminium Processing (ton/year)	1044800
火力发电(万千瓦)	Fire Power (10 000 kw)	187
其他发电(万千瓦)	Other Power(10 000 kw)	6
输电线路长度(11 万伏及以上)(公里)	Transmission Line (110 000V)(km)	1372
水泥(万吨 / 年)	Cement (10 000 tons/year)	995
石墨及炭素制品(吨 / 年)	Graphite and Carbon Products (ton/year)	
电石(吨 / 年)	Calcium Carbide (ton/year)	
氮肥(吨 / 年)	Nitrogen Fertilizers (ton/year)	1434550
磷肥(吨 / 年)	Phosphate Fertilizers(ton/year)	45000
化学农药原药(吨 / 年)	Chemical Pesticides (ton/year)	
精甲醇(吨 / 年)	Methanol(ton/year)	
塑料树脂及共聚物(吨 / 年)	Plastic Colophony and Polymer(ton/year)	200000
轮胎外胎(万条 / 年)	Tire(Cover) (10 000 units/year)	
毛纺锭(锭)	Wool Spindles(unit)	100000
白酒(万吨 / 年)	Distilled Spirit(10 000 tons/year)	1
其他酒(万吨 / 年)	Other Alcohols(10 000 tons/year)	14
新建铁路投产里程(公里)	Length of Newly-built and Operating Railway(km)	51
新建公路(公里)	Length of New Highways (km)	1239
高速公路(公里)	Expressway	666
一级公路(公里)	First Class Highway	404
二级公路(公里)	Second Class Highway	164
改建公路(公里)	Length of Reconstructed Highways (km)	305
一级公路(公里)	First Class Highway	101
二级公路(公里)	Second Class Highway	204
新建独立公路桥梁(延长米)	Length of New Independent Roads and Bridges(m)	2858
新建独立公路桥梁(座)	Number of New Independent Roads and Bridges(set)	4
新(扩)建公路客、货运站(个)	Number of Bus Terminal New and Expanded(unit)	4
新(扩)建公路客、货运站(平方米)	Area of Bus Terminal New and Expanded(sq.m)	40077
城市自来水供水能力(万吨 / 日)	Capacity of City Tap Water Supply (10 000 tons/day)	13

Major Incremental Production Capacity(2013)

本年施工规模 Under Construction This Year	本年新开工能力 Capacity of Started This Year	累计新增生产能力 Accumulated Newly Increased Capacity	本年新增生产能力 Newly Increased Capacity This Year
6165	15	1735	115
2502	1772	2156	1710
759	359	849	759
		180	0
65	35	49	14
5100	5100	5100	5100
74800	54800	486800	74800
116	3	4	2
2	2	3	1
1257	520	601	601
514	94	713	360
1434550	14525	14525	14525
45000	45000	45000	45000
8237	8237	37554	
50000		50000	50000
1	1	1	1
2	2	2	2
51			
737	288	638	154
164	94	504	20
404	167	115	115
164	27	19	19
133	92	142	15
90	65	15	15
43	27	127	
2858		613	613
4		2	2
4	3	2	2
40077	9000	3450	3450
4		9	1

6-6 房地产开发投资及财务主要指标

Investment in Real Estate Development and Its Main Financial Indicators

指　标	Item	2000	2005	2010	2011	2012	2013
企业个数(个)	**Number of Enterprises(unit)**	**139**	**304**	**360**	**436**	**480**	**501**
内　资	Domestic Funded	132	301	357	432	476	497
国有	State-owned	33	17	12	12	15	13
集体	Collective-owned	17	3	3	3	4	3
私营个体	Private and Self-employed Individual Units	17	167	271	308	343	362
联营	Joint	1					
股份制经济	Share Holding	64	114	71	109	114	119
港澳台投资	Hong Kong,Macao and Taiwan Funded	4			1	1	1
外商投资	Foreign Funded	3	3	3	3	3	3
年末从业人数(人)	**Number of Employed Persons at the Year End(person)**	**5190**	**8263**	**10567**	**15124**	**15951**	**17409**
内　资	Domestic Funded	4915	7991	10477	14912	15743	17181
国有	State-owned	1714	437	738	1264	1075	1054
集体	Collective-owned	610	37	38	29	53	43
私营个体	Private and Self-employed Individual Units	484	4327	7785	10029	10845	11741
联营	Joint	21					
股份制经济	Share Holding	2086	3190	1916	3590	3770	4343
港澳台投资	Hong Kong,Macao and Taiwan Funded	100			100	120	112
外商投资	Foreign Funded	175	272	90	112	88	116
土地开发及购置(万平方米)	**Land Development and Purchase (10 000 sq.m)**						
本年土地开发面积	Land Space Developed This Year	8	35				
本年土地购置面积	Land Space Purchased This Year	72	246	549	555	426	438
本年完成投资额(万元)	**Investment Completed This Year (10 000 yuan)**	**155691**	**747766**	**2543715**	**3362289**	**4291529**	**5589682**
住宅	Residential Buildings	91735	475437	1872939	2395186	2794871	3402650
资金来源小计(万元)	**Sources of Funds (10 000 yuan)**	**158495**	**730428**	**3591354**	**4493133**	**4998029**	**6941494**
国内贷款	Domestic Loans	36332	104707	560709	519711	593984	1057417
利用外资	Foreign Investment			2500			
自筹资金	Self-raising Fund	42419	245388	1033182	1580144	1963181	2476903
定金和预收款	Advanced Deposit	51761	32649	1274481	1348144	1428385	2267718
房屋建筑面积(万平方米)	**Floor Space of Buildings (10 000 sq.m)**						
施工面积	Floor Space under Construction	259	1049	2941	4080	5033	6043
竣工面积	Floor Space Completed	155	568	937	1989	1152	1104
本年新开工面积	Floor Space Started This Year	172	581	1809	967	1843	2163

6-6 续表 1 continued

指标	Item	2000	2005	2010	2011	2012	2013
竣工房屋价值(万元)	Value of Buildings Completed(10 000 yuan)	**107651**	**590867**	**1755147**	**2564285**	**2596364**	**3105009**
竣工房屋造价(元/平方米)	Cost of Buildings Completed (yuan/sq.m)	692	1040	1873	2651	2254	2813
商品房屋销售面积(万平方米)	**Floor Space of Commercialized Buildings Sold (10 000 sq.m)**	**104**	**378**	**936**	**846**	**804**	**1048**
住宅	Residential Buildings	91	319	817	705	708	928
商品房屋销售价格(元/平方米)	**Selling Price of Commercialized Buildings (yuan/sq.m)**	**1352**	**2235**	**3304**	**3732**	**3948**	**4232**
住宅	Residential Buildings	1145	1765	3107	3389	3621	3917
实收资本合计(万元)	**Total Capital Held (10 000 yuan)**	**89467**	**424629**	**1101552**	**1524516**	**1995678**	**2358257**
年末资产负债情况(万元)	**Situation of Year-end Liabilities (10 000 yuan)**						
资产总计	Total Assets	448079	2091222	8370883	11783394	15614913	20195733
固定资产累计折旧	Accumulated Depreciation of Fixed Assets	7881	27246	55908	103979	103991	144386
本年折旧	Depreciation of the Current Year	2057	6271	13594	21217	29964	34084
负债总计	Total Liabilities	344569	1603373	6854150	9489851	12723086	16366197
所有者权益合计	Total Equity	103510	487849	1516732	2293543	2891828	3829536
损益情况(万元)	**Situation of Profit and Loss (10 000 yuan)**						
经营总收入	Total Revenue	143568	598769	1783476	2611584	2776060	3526907
土地转让收入	Land Transferred	250	2360	13426	7959	5013	2766
商品房屋销售收入	Sales Income of Commercial Flat	138608	592315	1748783	2577193	2661308	3485822
房屋出租收入	Income of Renting House	747	3018	9450	21209	35066	28701
其他收入	Other Income	3981	1076	11817	5222	74674	9617
经营成本	Cost of Business	114263	503687	1407263	1990205	2175336	2744219
销售费用	Expenses of Sales	1141	8860	43498	72370	68900	100600
经营税金及附加	Tax and Extra Charges on Business	7268	31532	120150	177468	174097	239076
其他业务利润	Other Business Profits	2112	2241	7836	11921	18708	23360
管理费用及财务费用	Expenses of both Management and Finance	14627	48510	136314	191816	226226	275044
投资收益及营业外收入	Income of Investment Earnings and Extra-business	-298	5211	3622	26132	25633	39620
营业外支出	Expenditure of Extra-business	1392	2647	14618	113006	17860	22957
利润总额	Total Profits	6709	10985	77405	182139	166268	220882

6-7 商品房屋竣工面积、价值及平均造价

Floor Space, Value and Average Cost of Commodity Buildings Completed

指　标	Item	2000	2005	2010	2011	2012	2013
房屋竣工面积(万平方米)	**Floor Space Completed (10 000 sq.m)**	**155.46**	**568.12**	**936.86**	**967.32**	**1151.97**	**1104.45**
住宅	Residential Buildings	122.71	420.75	746.32	785.01	922.26	861.37
办公楼	Office Buildings	8.29	18.88	17.34	23.15	9.85	9.86
商业营业用房	Houses for Business Use	21.52	110.43	122.50	115.23	131.04	133.69
其他	Others	2.94	18.06	50.70	43.94	88.82	99.53
房屋竣工价值(万元)	**Value of Buildings Completed (10 000 yuan)**	**107651**	**590867**	**1755147**	**2564285**	**2596364**	**3105009**
住宅	Residential Buildings	80314	391988	1339116	2104787	2047874	2119701
办公楼	Office Buildings	7122	29455	48120	82784	35732	36497
商业营业用房	Houses for Business Use	17362	147731	269011	284423	315240	701514
其他	Others	2853	21693	98900	92291	197518	247297
房屋竣工平均造价(元/平方米)	**Average Cost of Buildings Completed(yuan/sq.m)**	**692**	**1040**	**1873**	**2651**	**2254**	**2811**
住宅	Residential Buildings	655	932	1794	2681	2220	2461
办公楼	Office Buildings	860	1560	2776	3576	3628	3702
商业营业用房	Houses for Business Use	807	1338	2196	2468	2406	5247
其他	Others	696	1201	1951	2101	2224	2485

6-8 商品房屋销售面积、销售额及平均销售价格

Floor Space Sold, Total Sales and Average Selling Price of Commercial Houses

指　标	Item	2000	2005	2010	2011	2012	2013
商品房销售面积(万平方米)	**Floor Space of Commercialized Buildings Sold (10 000 sq.m)**	**104.50**	**377.89**	**935.98**	**846.46**	**804.43**	**1048.31**
住宅	Residential Buildings	90.61	319.16	816.79	705.13	707.57	928.26
办公楼	Office Buildings	2.23	8.65	15.40	9.27	6.82	5.74
商业营业用房	Houses for Business Use	11.12	48.09	89.94	114.71	82.92	102.66
其他	Others	0.54	1.99	13.86	17.35	7.12	11.66
商品房销售额(万元)	**Total Sale of Commercialized Buildings (10 000 yuan)**	**141306**	**844726**	**3092169**	**3159137**	**3175781**	**4436951**
住宅	Residential Buildings	103746	563186	2537646	2390002	2561936	3636024
办公楼	Office Buildings	4357	29660	81253	67252	34530	45690
商业营业用房	Houses for Business Use	32626	247703	439656	646957	554355	706155
其他	Others	577	4177	33614	54926	24960	49082
商品房平均销售价格(元/平方米)	**Average Selling Price of Commercialized Buildings (yuan/sq.m)**	**1352**	**2235**	**3304**	**3732**	**3948**	**4232**
住宅	Residential Buildings	1145	1765	3107	3389	3621	3917
办公楼	Office Buildings	1958	3429	5278	7254	5065	7962
商业营业用房	Houses for Business Use	2934	5151	4888	5640	6686	6879
其他	Others	1074	2102	2426	3166	3503	4211

6-9 商品房待售、出租面积
Floor Space of Untapped and Rented Marketable Buildings

单位:平方米 (sq.m)

指 标	Item	2000	2005	2010	2011	2012	2013
商品房待售面积	**Floor Space of Untapped Marketable Buildings**	**620209**	**3424795**	**4015173**	**6060537**	**7271830**	**8810522**
住宅	Residential Buildings	430438	2116731	2457119	4231517	4904701	5854333
别墅、高档公寓	Villas, High-grade Apartments	2537	119223	44803	184960	121855	182651
办公楼	Office Buildings	34636	113743	64019	118777	157227	196584
商业营业用房	Houses for Business Use	130838	1082818	1341438	1440821	1722298	1990996
其他	Others	24297	111503	152597	269422	487604	768609
商品房待售一年至三年面积	**Floor Space Untapped for One to Three Years of Commercialized Buildings**	**620209**	**1003079**	**1764470**	**2629789**	**3473533**	**3942502**
住宅	Residential Buildings	430438	524501	1026585	1710050	2303579	2633293
别墅、高档公寓	Villas, High-grade Apartments	2537	62553	19962	50079	65218	110865
办公楼	Office Buildings	34636	37544	35934	101009	107640	95145
商业营业用房	Houses for Business Use	130838	418633	642637	736642	891466	876981
其他	Others	24297	22401	59314	82088	170848	337083
商品房待售三年以上面积	**Floor Space Untapped above Three Years of Commercialized Buildings**		**57829**	**182221**	**172140**	**191555**	**182740**
住宅	Residential Buildings		4617	26096	23686	33084	27929
别墅、高档公寓	Villas, High-grade Apartments			752	917	4227	2546
办公楼	Office Buildings		13477	10076	8890	5781	7352
商业营业用房	Houses for Business Use		29283	145139	138985	142484	135776
其他	Others		10452	910	579	10206	11683
商品房出租面积	**Floor Space of Leased Marketable Buildings**	**58330**	**217197**	**413244**	**280979**	**310557**	**389218**
住宅	Residential Buildings	12659	25467	14909	4059	17610	19562
办公楼	Office Buildings	5347	10564	44082	63756	21810	25983
商业营业用房	Houses for Business Use	39708	180391	341310	189888	261584	324503
其他	Others	616	775	12943	23276	9553	19170

6-10 各市县固定资产投资(2013年)

Investment in Fixed Assets in Urban Area by City and Country(2013)

单位:万元 (10 000 yuan)

地 区	Region	计划总投资 Total Planned Investment	本年新开工项目计划投资 Planned Investment of New Projects This Year	本年完成投资 Investment Completed This Year	住宅 Residential Buildings	本年新增固定资产 Newly Increased Fixed Assets This Year
全区总计	**Total**	**92539315**	**20645760**	**26077890**	**4164569**	**14894504**
银川市	**Yinchuan**	**46404111**	**8072300**	**11275639**	**2420468**	**5467928**
银川市	District	17927852	2761599	4621695	1306465	2976236
永宁县	Yongning	4323031	1355067	1359214	533608	645999
贺兰县	Helan	4926135	1437859	1369905	320911	930847
灵武市	Lingwu	19227093	2517775	3924825	259484	914846
石嘴山市	**Shizuishan**	**11506644**	**2722244**	**3779730**	**417753**	**2589405**
石嘴山市	District	6739244	1842243	2584966	226387	1954504
平罗县	Pingluo	4767400	880001	1194764	191366	634901
吴忠市	**Wuzhong**	**11861629**	**3771816**	**4766879**	**509777**	**3436255**
利通区	Litong	5357241	1545665	1939032	165842	1423619
红寺堡区	Hongsipu	1021397	439946	515132	13890	293121
青铜峡市	Qingtongxia	2346611	890292	1000398	209858	708370
盐池县	Yanchi	2194029	575163	799654	89997	522234
同心县	Tongxin	942351	320750	512663	30190	488911
固原市	**Guyuan**	**7893658**	**2187490**	**2012883**	**389537**	**1151992**
原州区	Yuanzhou	5137724	857743	876063	202152	327268
西吉县	Xiji	686831	514807	302105	38211	232760
隆德县	Longde	479258	175151	239473	41791	224343
泾源县	Jingyuan	239499	165972	173782	37001	172646
彭阳县	Pengyang	1350346	473817	421460	70382	194975
中卫市	**Zhongwei**	**10399243**	**3302901**	**2969155**	**427034**	**1050075**
沙坡头区	Shapotou	3091402	1031024	1130069	156260	551636
中宁县	Zhongning	5989972	1535123	1405550	244421	429532
海原县	Haiyuan	1317869	736754	433536	26353	68907
不分地区	**Not Classified by Region**	**4474030**	**589009**	**1273604**		**1198849**

6-10 续表 1 continued

单位:万元、平方米、个 (10 000 yuan,sq.m,unit)

地 区 Region	本年施工房屋面积 Floor Space of Buildings Under Construction This Year	本年竣工房屋面积 Floor Space of Buildings Completed This Year	本年竣工房屋价值 Value of Buildings Completed This Year	施工项目个数 Number of Projects Under Construction	本年新开工 Started This Year	本年投产项目个数 Number of Project Put into Use This Year
全区总计 Total	**37459994**	**3690178**	**725530**	**3857**	**2745**	**2398**
银川市 Yinchuan	**25813111**	**824074**	**164825**	**1066**	**715**	**534**
银川市 District	16371993	180035	36810	458	275	215
永宁县 Yongning	2962349	267460	70532	168	135	94
贺兰县 Helan	2445507	3740	480	151	109	80
灵武市 Lingwu	4033262	372839	57003	289	196	145
石嘴山市 Shizuishan	**785075**	**253055**	**37524**	**780**	**593**	**622**
石嘴山市 District	383568			531	428	438
平罗县 Pingluo	401507	253055	37524	249	165	184
吴忠市 Wuzhong	**6314362**	**1178106**	**262889**	**871**	**623**	**552**
利通区 Litong	2046269	416696	115725	277	161	156
红寺堡区 Hongsipu	350152			164	124	103
青铜峡市 Qingtongxia	3052328	529092	94483	170	145	126
盐池县 Yanchi	476633			142	107	93
同心县 Tongxin	388980	232318	52681	118	86	74
固原市 Guyuan	**3376370**	**1188835**	**217734**	**601**	**454**	**394**
原州区 Yuanzhou	1135037	581225	100698	158	104	89
西吉县 Xiji	729783	174608	37313	133	96	79
隆德县 Longde	428215	87400	16631	111	77	80
泾源县 Jingyuan	222282	160297	34299	95	93	80
彭阳县 Pengyang	861053	185305	28793	104	84	66
中卫市 Zhongwei	**1169301**	**244333**	**42231**	**441**	**289**	**225**
沙坡头区 Shapotou	607588	162153	25643	111	74	45
中宁县 Zhongning	493976	82180	16588	128	75	73
海原县 Haiyuan	67737			202	140	107
不分地区 Not Classified by Region	**1775**	**1775**	**327**	**98**	**71**	**71**

6-11 各市县按登记注册类型划分的固定资产投资(2013 年)

Investment in Fixed Assets in Urban Area by Registration Status by City and Country(2013)

单位:万元 (10 000 yuan)

地 区	Region	投资总计 Total Investment	按登记注册类型划分 Grouped by Registration Status					
			内资合计 Total Domestic Investment	国有 State-owned	集体 Collective-owned	股份合作 Coopera-tive	国有联营 Collective Joint Venture	其他联营 Other Joint Venture
全区总计	**Total**	**26077890**	**25825489**	**7408228**	**125849**	**97532**	**5000**	**1800**
银川市	**Yinchuan**	**11275639**	**11041783**	**2497824**	**1500**	**7000**	**5000**	
银川市	District	4621695	4450523	897527		7000		
永宁县	Yongning	1359214	1330703	654258			5000	
贺兰县	Helan	1369905	1361524	214867	1500			
灵武市	Lingwu	3924825	3899033	731172				
石嘴山市	**Shizuishan**	**3779730**	**3770953**	**797792**	**26557**	**15000**		**1800**
石嘴山市	District	2584966	2579866	497350	6260	15000		1800
平罗县	Pingluo	1194764	1191087	300442	20297			
吴忠市	**Wuzhong**	**4766879**	**4760579**	**1534578**	**60013**	**72902**		
利通区	Litong	1939032	1939032	369544	29113	72902		
红寺堡区	Hongsipu	515132	512282	245820				
青铜峡市	Qingtongxia	1000398	996948	383492	30900			
盐池县	Yanchi	799654	799654	353475				
同心县	Tongxin	512663	512663	182247				
固原市	**Guyuan**	**2012883**	**2011775**	**1101096**	**37779**	**2630**		
原州区	Yuanzhou	876063	876063	315216	4672			
西吉县	Xiji	302105	302105	209291	23970			
隆德县	Longde	239473	238365	121886	9137	2630		
泾源县	Jingyuan	173782	173782	112185				
彭阳县	Pengyang	421460	421460	342518				
中卫市	**Zhongwei**	**2969155**	**2966795**	**813993**				
沙坡头区	Shapotou	1130069	1130069	243344				
中宁县	Zhongning	1405550	1403190	183876				
海原县	Haiyuan	433536	433536	386773				
不分地区	**Not Classified by Region**	**1273604**	**1273604**	**662945**				

6-11 续表 1 continued

单位:万元 (10 000 yuan)

地 区 Region	按登记注册类型划分 Grouped by Registration Status							
	国有独资公司 State Sole Funded Corporations	其他有限责任公司 Other Limited Liability Corporations	股份有限公司 Share Holding Corporations Ltd.	私营 Private	其他内资 Others	港澳台投资 Hongkong, Macao and Taiwan Investment	外商投资 Foreign Investment	个体经营 Self-employed
全区总计 Total	**2589131**	**3003039**	**1470165**	**11012058**	**112687**	**125120**	**107496**	**19785**
银川市 Yinchuan	**1768350**	**1562681**	**791417**	**4390199**	**17812**	**122270**	**96586**	**15000**
银川市 District	269009	798584	241068	2236003	1332	88097	68075	15000
永宁县 Yongning	84064	278959	21692	286730			28511	
贺兰县 Helan	17593	451645	4300	655139	16480	8381		
灵武市 Lingwu	1397684	33493	524357	1212327		25792		
石嘴山市 Shizuishan	**221443**	**581971**	**525702**	**1562340**	**38348**		**5100**	**3677**
石嘴山市 District	221443	459798	523400	833112	21703		5100	
平罗县 Pingluo		122173	2302	729228	16645			3677
吴忠市 Wuzhong	**68465**	**388396**	**55406**	**2555569**	**25250**	**2850**	**3450**	
利通区 Litong	1500	113769	37723	1303231	11250			
红寺堡区 Hongsipu	8200	34008	13415	202329	8510	2850		
青铜峡市 Qingtongxia	29163	45446	4268	498189	5490		3450	
盐池县 Yanchi	29602	173878		242699				
同心县 Tongxin		21295		309121				
固原市 Guyuan	**4464**	**90352**	**21205**	**728249**	**26000**			**1108**
原州区 Yuanzhou	4464	21197		530514				
西吉县 Xiji		3624	5654	59566				
隆德县 Longde		46866	2186	55660				1108
泾源县 Jingyuan		5000	12780	32817	11000			
彭阳县 Pengyang		13665	585	49692	15000			
中卫市 Zhongwei	**8103**	**297638**	**66083**	**1775701**	**5277**		**2360**	
沙坡头区 Shapotou	8103	229366	61913	582866	4477			
中宁县 Zhongning		57076	4170	1157268	800		2360	
海原县 Haiyuan		11196		35567				
不分地区 Not Classified by Region	**518306**	**82001**	**10352**					

6-12 各市县按资金来源划分的固定资产投资(2013年)

Investment in Fixed Assets by Sources of Funds by City and Country(2013)

单位:万元 (10 000 yuan)

地区 Region	本年资金来源小计 Total Funds This Year	国家预算内资金 State Budget	国内贷款 Domestic Loans	利用外资 Foreign Investment	自筹资金 Self-raising Funds	其他资金来源 Others
全区总计 Total	**25963334**	**2405411**	**5683066**	**29320**	**14243479**	**3602058**
银川市 Yinchuan	**11983486**	**461406**	**3104745**	**26896**	**5814523**	**2575916**
银川市 District	6125062	304004	1135243	13800	2533976	2138039
永宁县 Yongning	1023845	16812	121802	1096	850514	33621
贺兰县 Helan	1193993	51864	84020		802404	255705
灵武市 Lingwu	3640586	88726	1763680	12000	1627629	148551
石嘴山市 Shizuishan	**3550792**	**409954**	**385809**		**2410407**	**344622**
石嘴山市 District	2756736	296556	220325		1966708	273147
平罗县 Pingluo	794056	113398	165484		443699	71475
吴忠市 Wuzhong	**4640627**	**545966**	**1143697**	**1300**	**2723347**	**226317**
利通区 Litong	2044486	143171	749709		1036706	114900
红寺堡区 Hongsipu	507242	154426	121070		231746	
青铜峡市 Qingtongxia	760427	57056	80247	1300	562589	59235
盐池县 Yanchi	858366	115673	150475		563277	28941
同心县 Tongxin	470106	75640	42196		329029	23241
固原市 Guyuan	**1782377**	**501810**	**235325**		**860184**	**185058**
原州区 Yuanzhou	707068	107023	103828		361548	134669
西吉县 Xiji	221118	63843	32090		96123	29062
隆德县 Longde	267947	99048	10079		158820	
泾源县 Jingyuan	170861	52597	11200		86587	20477
彭阳县 Pengyang	415383	179299	78128		157106	850
中卫市 Zhongwei	**2765126**	**355996**	**516174**	**1124**	**1650187**	**241645**
沙坡头区 Shapotou	1088803	29844	208816		716528	133615
中宁县 Zhongning	1197694	43242	282261	994	770289	100908
海原县 Haiyuan	478629	282910	25097	130	163370	7122
不分地区 Not Classified by Region	**1240926**	**130279**	**297316**		**784831**	**28500**

6-13 各市县按构成划分的固定资产投资(2013 年)

Investment in Fixed Assets by Composition of Fund by City and Country(2013)

单位:万元 (10 000 yuan)

地 区	Region	投资总计 Total Investment	按构成划分 By Composition of Funds			
			建筑工程 Construction	安装工程 Installation	设备工器具购置 Purchase of Equipment and Instruments	其他费用 Others
全区总计	**Total**	**26077890**	**16021240**	**2233463**	**5797091**	**2026096**
银川市	**Yinchuan**	**11275639**	**6718474**	**916354**	**2339315**	**1301496**
银川市	District	4621695	3169349	416749	417662	617935
永宁县	Yongning	1359214	1107758	57941	63327	130188
贺兰县	Helan	1369905	1067983	80023	139011	82888
灵武市	Lingwu	3924825	1373384	361641	1719315	470485
石嘴山市	**Shizuishan**	**3779730**	**2307838**	**363715**	**933732**	**174445**
石嘴山市	District	2584966	1529314	247418	720019	88215
平罗县	Pingluo	1194764	778524	116297	213713	86230
吴忠市	**Wuzhong**	**4766879**	**2772037**	**440173**	**1342022**	**212647**
利通区	Litong	1939032	991847	136949	769653	40583
红寺堡区	Hongsipu	515132	367973	27567	117057	2535
青铜峡市	Qingtongxia	1000398	591456	113936	215952	79054
盐池县	Yanchi	799654	529434	84419	145933	39868
同心县	Tongxin	512663	291327	77302	93427	50607
固原市	**Guyuan**	**2012883**	**1701622**	**94711**	**66502**	**150048**
原州区	Yuanzhou	876063	681595	59873	35932	98663
西吉县	Xiji	302105	259509	1843	9988	30765
隆德县	Longde	239473	229801	6810	2070	792
泾源县	Jingyuan	173782	163598	5004	4856	324
彭阳县	Pengyang	421460	367119	21181	13656	19504
中卫市	**Zhongwei**	**2969155**	**1728561**	**285393**	**863213**	**91988**
沙坡头区	Shapotou	1130069	579376	144908	377337	28448
中宁县	Zhongning	1405550	764711	133192	452942	54705
海原县	Haiyuan	433536	384474	7293	32934	8835
不分地区	**Not Classified by Region**	**1273604**	**792708**	**133117**	**252307**	**95472**

6-14 各市县分行业固定资产投资(2013年)

Investment in Fixed Assets by Sector by City and Country(2013)

单位:万元 (10 000 yuan)

地区	Region	投资总计 Total Investment	按国民经济行业分 By Sector 农林牧渔业 Agriculture, Forestry, Animal Husbandry and Fishery	采矿业 Mining	制造业 Manufac-turing	电力、燃气及水的生产和供应业建筑业 Production and Supply of Electricity, Gas and Water	建筑业 Construction	交通运输、仓储和邮政业 Transport, Storage and Post
全区总计	**Total**	**26077890**	**759182**	**2017194**	**7893805**	**2459754**	**200589**	**1389670**
银川市	**Yinchuan**	**11275639**	**117472**	**400171**	**3604524**	**531159**	**6764**	**461642**
银川市	District	4621695	9820	99411	640011	120273	4758	239431
永宁县	Yongning	1359214	40548		177562	27117		77250
贺兰县	Helan	1369905	32902	10500	376504	60007	2006	98551
灵武市	Lingwu	3924825	34202	290260	2410447	323762		46410
石嘴山市	**Shizuishan**	**3779730**	**115748**	**233113**	**1543180**	**284838**	**28204**	**203562**
石嘴山市	District	2584966	78326	192830	1112634	198588	4103	165308
平罗县	Pingluo	1194764	37422	40283	430546	86250	24101	38254
吴忠市	**Wuzhong**	**4766879**	**255115**	**459969**	**1496826**	**847955**	**131927**	**195297**
利通区	Litong	1939032	67728	281770	743252	317006	56483	76440
红寺堡区	Hongsipu	515132	38895	1000	105793	122870	32782	7060
青铜峡市	Qingtongxia	1000398	45897	7500	294192	134990	36145	33140
盐池县	Yanchi	799654	25616	168999	115411	207781	6517	64377
同心县	Tongxin	512663	76979	700	238178	65308		14280
固原市	**Guyuan**	**2012883**	**183773**	**105627**	**159832**	**127688**	**31029**	**168662**
原州区	Yuanzhou	876063	33593	21751	77712	68364		64381
西吉县	Xiji	302105	52353		18400	27488		41840
隆德县	Longde	239473	23210		38474	5508	11391	2000
泾源县	Jingyuan	173782	32013		7363	15439		6090
彭阳县	Pengyang	421460	42604	83876	17883	10889	19638	54351
中卫市	**Zhongwei**	**2969155**	**87074**		**1089443**	**633383**	**2665**	**135197**
沙坡头区	Shapotou	1130069	10248		281763	468902	714	37060
中宁县	Zhongning	1405550	31861		777370	79071	1125	40876
海原县	Haiyuan	433536	44965		30310	85410	826	57261
不分地区	**Not Classified by Region**	**1273604**		**818314**		**34731**		**225310**

6-14 续表 1 continued

单位:万元 (10 000 yuan)

地区	Region	批发和零售业 Wholsale and Retail Trades	住宿和餐饮业 Hotels and Catering Services	信息传输、计算机服务和软件业 Information Transmission, Computer Services and Software	金融业 Financial Interme-diation	房地产业 Real Estate	租赁和商务服务业 Leasing and Business Services	科学研究、技术服务和地质勘查业 Scientific esearch, Technical Services, and Geological Prospecting
全区总计	**Total**	**511632**	**198843**	**123721**	**17333**	**7442348**	**124661**	**58980**
银 川 市	**Yinchuan**	**172497**	**84540**	**29990**	**5800**	**4564015**	**85931**	**9859**
银 川 市	District	82752	55440	29990	5800	2735358	81319	5280
永 宁 县	Yongning	12236				820222	4612	
贺 兰 县	Helan	71836	29100			617891		
灵 武 市	Lingwu	5673				390544		4579
石嘴山市	**Shizuishan**	**79353**	**36553**	**4366**	**3479**	**752132**	**22493**	**30167**
石嘴山市	District	76553	36553	4366		379559	14081	19597
平 罗 县	Pingluo	2800			3479	372573	8412	10570
吴 忠 市	**Wuzhong**	**115150**	**12052**			**798764**	**12300**	**14136**
利 通 区	Litong	44077				252782	10800	
红寺堡区	Hongsipu	53160	1000			69310	900	
青铜峡市	Qingtongxia	6413	11052			299513		
盐 池 县	Yanchi	10500				123560		14136
同 心 县	Tongxin	1000				53599	600	
固 原 市	**Guyuan**	**70624**	**48850**		**8054**	**676811**	**2935**	
原 州 区	Yuanzhou	24612	46850		6774	387624		
西 吉 县	Xiji	31935				43871		
隆 德 县	Longde	6077				74376		
泾 源 县	Jingyuan	8000	2000		1280	44243	2935	
彭 阳 县	Pengyang					126697		
中 卫 市	**Zhongwei**	74008	**16848**			**650626**	**340**	**4818**
沙坡头区	Shapotou	9470	12609			235108		
中 宁 县	Zhongning	60260	3980			348089	340	4578
海 原 县	Haiyuan	4278	259			67429		240
不分地区	**Not Classified by Region**			**89365**			662	

6-14 续表 2 continued

单位:万元 (10 000 yuan)

地区 Region		水利、环境和公共设施管理业 Management of Water Conservancy, Environment and Public Facilities	居民服务,修理和其他服务业 Services to Households, Repair and Other Services	教育 Education	卫生和社会工作 Health and Social Work	文化、体育和娱乐业 Culture, Sports and Entertainment	公共管理、社会保障和社会组织 Public Management, Social Securities and Organizations
全区总计	**Total**	**1790885**	**131682**	**289004**	**168567**	**162871**	**337169**
银川市	**Yinchuan**	**739256**	**88661**	**98790**	**57648**	**40341**	**176579**
银川市	District	249114		74931	50646	32641	104720
永宁县	Yongning	71886	88661	7004			32116
贺兰县	Helan	53901		7470	6042		3195
灵武市	Lingwu	364355		9385	960	7700	36548
石嘴山市	**Shizuishan**	**240304**	**19270**	**64344**	**24638**	**45578**	**48408**
石嘴山市	District	134675	14150	48769	17291	43902	43681
平罗县	Pingluo	105629	5120	15575	7347	1676	4727
吴忠市	**Wuzhong**	**269870**	**13821**	**25267**	**44241**	**39714**	**34475**
利通区	Litong	35157	950	4020	30400	13137	5030
红寺堡区	Hongsipu	47545	11323		3172	2800	17522
青铜峡市	Qingtongxia	107813		7961	869	12200	2713
盐池县	Yanchi	49296	1548	2661		5077	4175
同心县	Tongxin	30059		10625	9800	6500	5035
固原市	**Guyuan**	**265714**	**5620**	**57136**	**29605**	**32510**	**38413**
原州区	Yuanzhou	95603		14817	7017	5193	21772
西吉县	Xiji	59125		15981	1830	3452	5830
隆德县	Longde	41252	5620	13228	2307	14460	1570
泾源县	Jingyuan	31792		5570	5906	4388	6763
彭阳县	Pengyang	37942		7540	12545	5017	2478
中卫市	**Zhongwei**	**181047**	**4310**	**43467**	**11907**	**4228**	**29794**
沙坡头区	Shapotou	58894		7549	5000		2752
中宁县	Zhongning	31989	1420	15458	3096	2040	3997
海原县	Haiyuan	90164	2890	20460	3811	2188	23045
不分地区	**Not Classified by Region**	**94694**			**528**	**500**	**9500**

6-15 各市县房地产开发企业(单位)土地开发及购置(2013 年)

Land Development and Purchase of Enterprises for Real Estate Development by City and Country(2013)

地 区	Region	土地购置费用(万元) Total Value of Land Purchased (10 000 yuan)	本年土地购置面积(万平方米) Land Space Purchased This Year(10 000 sq.m)	本年土地成交价款(万元) Land Transaction Price This Year(10 000 yuan)
全区总计	**Total**	**467042**	**4382578**	**314054**
银川市	**Yinchuan**	**303515**	**1749911**	**168501**
银川市	District	246601	1617856	162848
永宁县	Yongning	28772		
贺兰县	Helan	18302	21221	752
灵武市	Lingwu	9840	110834	4901
石嘴山市	**Shizuishan**	**48251**	**335070**	**15400**
石嘴山市	District	18990	149256	6918
平罗县	Pingluo	29261	185814	8482
吴忠市	**Wuzhong**	**50012**	**1071731**	**73210**
利通区	Litong	17929	397497	45555
红寺堡区	Hongsipu	1826		
盐池县	Yanchi	7370	163470	9268
同心县	Tongxin	6620	268944	8286
青铜峡市	Qingtongxia	16267	241820	10101
固原市	**Guyuan**	**44326**	**803562**	**28301**
原州区	Yuanzhou	32172	772613	20450
西吉县	Xiji	2442	1880	658
隆德县	Longde	675		
泾源县	Jingyuan		1740	756
彭阳县	Pengyang	9037	27329	6437
中卫市	**Zhongwei**	**20938**	**422304**	**28642**
沙坡头区	Shapotou	9352	255956	13206
中宁县	Zhongning	11586	166348	15436
海原县	Haiyuan			

6-16 各市县房地产开发企业(单位)投资完成情况(2013 年)

Investment Actually Completed by Enterprises for Real Estate Development by City and Country(2013)

单位:万元 (10 000 yuan)

地 区	Region	本年完成投资额 Investment Completed This Year	住宅 Residential Buildings	办公楼 Office Buildings	商业营业用房 Houses for Business Use	其他 Others
全区总计	**Total**	**5589682**	**3402650**	**187933**	**1271150**	**727949**
银川市	**Yinchuan**	**3308094**	**1956800**	**154470**	**706523**	**490301**
银川市	District	2293964	1304183	122729	491592	375460
永宁县	Yongning	404589	262238	5625	91857	44869
贺兰县	Helan	451530	309646	23588	59478	58818
灵武市	Lingwu	158011	80733	2528	63596	11154
石嘴山市	**Shizuishan**	**655774**	**392344**	**16879**	**196701**	**49850**
石嘴山市	District	333412	226387	6816	56913	43296
平罗县	Pingluo	322362	165957	10063	139788	6554
吴忠市	**Wuzhong**	**561295**	**370320**	**2668**	**122281**	**66026**
利通区	Litong	177198	107141	1587	50828	17642
红寺堡区	Hongsipu	29886	13890		3240	12756
盐池县	Yanchi	70197	40265		20050	9882
同心县	Tongxin	42172	21053	10	13814	7295
青铜峡市	Qingtongxia	241842	187971	1071	34349	18451
固原市	**Guyuan**	**453963**	**259227**	**8159**	**132458**	**54119**
原州区	Yuanzhou	330239	188951	2649	90681	47958
西吉县	Xiji	16260	11444		4406	410
隆德县	Longde	58918	41791	2500	10358	4269
泾源县	Jingyuan	18404	12282	10	6042	70
彭阳县	Pengyang	30142	4759	3000	20971	1412
中卫市	**Zhongwei**	**610556**	**423959**	**5757**	**113187**	**67653**
沙坡头区	Shapotou	234282	154225	583	65552	13922
中宁县	Zhongning	339960	243381	4524	39813	52242
海原县	Haiyuan	36314	26353	650	7822	1489

6-17 各市县房地产开发经营情况(2013年)

Operating Statistics for Real Estate Development by City and Country(2013)

单位:万元 (10 000 yuan)

地 区	Region	经营总收入 Total Revenue	土地转让收入 Land Transferred	商品房屋销售收入 Commercialized Buildings Sold	房屋出租收入 Commercialized Buildings Leased	其他收入 Others	经营税金及附加 Operating Tax and Extra Charges	利润总额 Total Profit
全区总计	**Total**	**3526907**	**2765**	**3485822**	**28702**	**9618**	**239076**	**220882**
银川市	**Yinchuan**	**2550962**		**2519101**	**26468**	**5393**	**177034**	**187797**
银川市	District	2049904		2022593	22725	4586	139741	160377
永宁县	Yongning	141408		138311	3050	47	12342	5289
贺兰县	Helan	314564		313997	557	10	18828	26759
灵武市	Lingwu	45086		44199	136	751	6124	-4627
石嘴山市	**Shizuishan**	**243773**		**239504**	**686**	**3583**	**18680**	**64**
石嘴山市	District	163895		159649	663	3583	14173	425
平罗县	Pingluo	79878		79855	23		4507	-361
吴忠市	**Wuzhong**	**337606**		**337033**	**203**	**369**	**20155**	**8250**
利通区	Litong	203290		203062	167	60	12170	8050
红寺堡区	Hongsipu	13650		13650			674	-233
盐池县	Yanchi	36329		36183		146	2968	-1201
同心县	Tongxin	13402		13240		162	595	-367
青铜峡市	Qingtongxia	70935		70898	37		3747	2001
固原市	**Guyuan**	**133367**		**133326**	**27**	**14**	**7869**	**19784**
原州区	Yuanzhou	99215		99210		5	5836	21446
西吉县	Xiji	13556		13539	8	9	753	-1011
隆德县	Longde	16182		16171	11		1018	-368
泾源县	Jingyuan	3397		3397			205	-300
彭阳县	Pengyang	1017		1009	8		57	16
中卫市	**Zhongwei**	**261199**	**2765**	**256858**	**1318**	**258**	**15339**	**4987**
沙坡头区	Shapotou	168419	2765	164229	1172	252	9030	8205
中宁县	Zhongning	87793		87647	146		6044	-3010
海原县	Haiyuan	4987		4982		5	264	-209

6-18 各市县商品房屋销售情况(2013年)

Sale of Commercialized Buildings by City and Country(2013)

地 区 Region	商品房屋销售面积(平方米) Floor Space of Commercialized Buildings Sold(sq.m)	住宅 Residential Buildings	商品房屋销售额(万元) Total Sale of Commercialized Buildings (10 000 yuan)	住宅 Residential Buildings
全区总计 Total	**10483098**	**9282602**	**4436951**	**3636024**
银川市 Yinchuan	**6121084**	**5430865**	**2972413**	**2456674**
银川市 District	4181250	3659231	2222473	1804642
永宁县 Yongning	476904	433809	176747	148746
贺兰县 Helan	1065016	1014216	439239	409708
灵武市 Lingwu	397914	323609	133954	93578
石嘴山市 Shizuishan	**1336615**	**1212687**	**390300**	**322731**
石嘴山市 District	779218	719399	230642	195868
平罗县 Pingluo	557397	493288	159658	126863
吴忠市 Wuzhong	**1282376**	**1184260**	**454037**	**398106**
利通区 Litong	471358	442110	183632	170521
红寺堡区 Hongsipu	67409	67257	23468	23388
盐池县 Yanchi	227707	199782	77522	63431
同心县 Tongxin	147096	125381	52869	37413
青铜峡市 Qingtongxia	368806	349730	116546	103353
固原市 Guyuan	**805160**	**661352**	**269610**	**200067**
原州区 Yuanzhou	551565	481488	194947	151077
西吉县 Xiji	87359	55657	25943	15847
隆德县 Longde	77857	72365	24701	20955
泾源县 Jingyuan	74385	37848	19612	7781
彭阳县 Pengyang	13994	13994	4407	4407
中卫市 Zhongwei	**937863**	**793438**	**350591**	**258446**
沙坡头区 Shapotou	530396	432462	221439	150776
中宁县 Zhongning	343557	306381	111435	92388
海原县 Haiyuan	63910	54595	17717	15282

主要统计指标解释

[全社会固定资产投资] 固定资产投资额是以货币表现的在一定时期内建造和购置固定资产的工作量以及与此有关的费用的总称，它是反映固定资产投资规模、结构、和发展速度的综合性指标。

全社会固定资产投资包括固定资产投资和农户投资。其中,固定资产投资统计范围为城乡计划总投资500万元及以上项目投资(包括基本建设投资、更新改造投资、其他投资)、房地产投资。

[施工项目] 是指报告期内进行过建筑或安装施工活动的项目。凡是报告期内施过工的建设项目,不论施工时间长短,均作为施工项目统计。施工项目个数可以反映一定时期固定资产投资实际规模,与同期建成投产的建设项目个数相比，可以从建设速度的角度反映固定资产投资的效果。施工项目按建设阶段分为:本年正式施工项目、本年收尾项目和以前年度全部停缓建项目。

[建成投产项目] 是指报告期内按设计文件规定建成主体工程和相应配套的辅助设施，形成生产能力或工程效益,经过验收合格,并且已正式投入生产或交付使用的建设项目。建成投产项目个数是反映报告期建设成果和考核投资效果的重要依据。建成投产项目分为全部建成投入生产项目和部分建成投入生产项目。

[房屋施工面积] 是指报告期内施工的全部房屋建筑面积。包括本期新开工的面积和上期开工跨入本期继续施工的房屋面积，以及上期已停建在本期恢复施工的房屋面积。本期竣工和本期施工后又停续建的房屋,其建筑面积仍计入本期房屋施工面积中。

[房屋竣工面积] 是指在报告期内房屋建筑按照设计要求已全部完工。达到住人和使用条件,经验收鉴定合格（或达到竣工验收标准),正式移交给使用单位的各栋房屋建筑面积的总和。

[新增固定资产] 新增固定资产(又称交付使用的固定资产)，是指已经完成建造和购置过程,并已交付生产或使用单位的固定资产价值。新增固定资产是反映固定资产投资活动成果的价值量指标，只有已经完成建造和购置过程,并正式移交生产、使用单位的固定资产才能计算新增固定资产。没有安装的需要安装的设备、正在施工的建设工程等都不能计算新增固定资产。

[房地产开发投资] 指各种登记注册类型的房地产开发公司在一定时期内用于房屋建造、土地开发以及配套服务设施的投资，是全社会固定资产投资的重要组成部分。

[本年资金来源] 指固定资产投资单位在报告期内收到的,用于固定资产投资的各种货币资金。包括国家预算内资金、国内贷款、债券、利用外资、自筹资金和其他资金。

第七篇 Chapter7

能 源

Energy

责任编辑:马宏德

资料整理:马宏德　王增沈　王　伟　马春艳　舍　媛　杨则南

Coordinator: Ma Hongde

Data Compilation: Ma Hongde　Wang Zengshen　Wangwei　Ma Chunyan

SheYuan　Yang Zenan

7-1 主要年份一次能源生产量和构成

Production of Primary Energy and Its Composition in Main Years

年份 Year	一次能源生产量（万吨标准煤） Primary Energy Production (10 000 tons of SCE)		占能源生产总量的比重(%) As percentage of Primary Energy Production(%)							
			原煤 Raw Coal		原油 Crude Oil		天然气 Natural Gas		水电、风电及光伏发电 Hydro-power, Wind Power and Photovoltaic	
1958	86.4		100.0							
1965	219.9		100.0							
1970	348.3		97.0						3.0	
1975	580.4		92.1		1.3				6.6	
1978	806.4		88.5		7.0				4.5	
1980	810.8		85.5		10.0				4.5	
1985	973.1		89.6		5.9				4.5	
1990	1115.2		92.4		3.3		0.1		4.2	
1995	1132.1		93.4		4.9		0.7		1.0	
1996	1251.6		92.2		6.4		0.6		0.8	
1997	1319.0		90.4		8.7		0.2		0.7	
1998	1300.5		86.9		12.2		0.1		0.8	
1999	1290.5		84.7		14.2		0.1		0.9	
2000	1339.7	(1362.7)	84.3	(82.9)	14.8	(14.6)	0.1	(0.1)	0.8	(2.4)
2001	1409.0	(1438.4)	82.4	(81.2)	16.8	(16.6)	0.1	(0.1)	0.7	(2.1)
2002	1594.9	(1616.7)	81.4	(80.3)	17.7	(17.5)	0.3	(0.3)	0.6	(1.9)
2003	1903.9	(1924.1)	82.3	(81.5)	16.6	(16.4)	0.6	(0.6)	0.5	(1.5)
2004	1759.8	(1777.4)	99.0	(97.8)	0.3	(0.3)			0.7	(1.9)
2005	1927.8	(1971.5)	98.6	(96.4)	0.3	(0.3)			1.1	(3.3)
2006	2370.2	(2415.9)	98.7	(96.8)	0.3	(0.3)			1.0	(2.9)
2007	2824.9	(2867.6)	98.8	(97.3)	0.4	(0.4)			0.8	(2.3)
2008	3181.7	(3229.6)	98.7	(97.2)	0.4	(0.4)			0.9	(2.4)
2009	4095.7	(4146.5)	98.9	(97.7)	0.4	(0.4)			0.7	(1.9)
2010	4912.4	(4973.1)	99.0	(97.8)	0.2	(0.2)			0.8	(2.0)
2011	5859.0	(5928.2)	99.0	(97.9)	0.2	(0.2)			0.8	(1.9)
2012	6235.7	(6358.5)	98.5	(96.6)	0.2	(0.2)			1.3	(3.2)
2013	6439.1	(6607.1)	98.1	(95.6)	0.2	(0.2)			1.7	(4.2)

注：1995—2013 年电力折标系数采用当量热值折算，括号内为按照等价值折算。2004 年及以后不包括长庆油田宁夏分部数据。

a)From 1995 to 2013,the coefficient for conversion of electric power into SCE is calculated on the basis of the data on average coal consumption in generating electric power in the same year.Data in brackets were converted on the basis of equal caloric value.From 2004,data in this table excluding Changqing oil field in Ningxia.

7-2 主要年份能源消费总量和构成

Total Consumption of Energy and Its Composition in Main Years

年份 Year	能源消费总量（万吨标准煤） Total Energy Consumption（10 000 tons of SCE）		占能源消费总量的比重（%） As percentage of Total Energy Consumption							
			煤炭 Coal		石油 Petroleum		天然气 Natural Gas		水电、风电及光伏发电 Hydro-power,Wind Power and Photovoltaic	
1958										
1970										
1975										
1978										
1980	320.0		73.4		3.8				22.8	
1985	420.4		65.7		7.6		0.3		26.4	
1990	707.3		57.6		9.2		0.1		33.1	
1995	775.2		75.0		10.2		0.2		14.6	
1996	808.8		74.8		9.7		0.2		15.3	
1997	814.0		73.9		10.5		0.1		15.5	
1998	816.9		70.9		12.8		0.2		16.1	
1999	823.1		69.6		13.0		0.2		17.2	
2000	1162.0	(1179.4)	89.0	(87.3)	9.9	(9.8)	0.2	(0.1)	0.9	(2.8)
2001	1208.1	(1228.4)	89.1	(87.6)	9.9	(9.8)	0.2	(0.1)	0.8	(2.5)
2002	1355.3	(1378.5)	89.2	(87.8)	9.9	(9.7)	0.2	(0.2)	0.7	(2.3)
2003	1980.9	(2014.8)	87.8	(86.9)	6.6	(6.6)	5.1	(5.1)	0.5	(1.4)
2004	2283.1	(2322.2)	85.9	(84.8)	10.0	(9.8)	3.6	(3.9)	0.5	(1.5)
2005	2506.9	(2536.1)	87.2	(85.6)	8.4	(8.3)	3.5	(3.5)	0.9	(2.6)
2006	2803.4	(2829.8)	87.5	(86.1)	7.9	(7.8)	3.8	(3.7)	0.8	(2.4)
2007	3058.9	(3077.3)	87.4	(86.0)	7.9	(7.9)	3.9	(3.9)	0.8	(2.2)
2008	3229.7	(3229.3)	86.7	(85.2)	7.9	(7.9)	4.5	(4.5)	0.9	(2.4)
2009	3355.9	(3387.7)	86.4	(85.0)	8.0	(7.9)	4.7	(4.7)	0.9	(2.4)
2010	3732.8	(3681.1)	86.8	(85.0)	7.4	(7.4)	4.8	(4.9)	1.0	(2.7)
2011	4782.1	(4316.3)	88.5	(85.6)	5.6	(6.2)	5.0	(5.6)	0.9	(2.6)
2012	4960.8	(4562.4)	86.4	(82.5)	6.6	(7.2)	5.4	(5.9)	1.6	(4.4)
2013	5260.1	(4850.5)	86.4	(81.8)	6.6	(7.2)	4.9	(5.3)	1.2	(5.7)

注:1980–1999 为工业能源消费量,2000 年及以后能源消费量为全社会能源消费量(当量值),括号内为按等价值折算。

a)From 1980 to 1999,data in this table refers to industrial energy consumption.Since 2000, energy consumption refers to total energy consumption in the whole region.It was calculated on the basis of the data on average coal consumption in generating electric power in the same year.

7-3 主要年份每亿元工业总产值能源、电力消费量
Energy and Electricity Consumption per 100 Million Yuan of Gross Industrial Output Value in Main Years

年份 Year	能源消费量(万吨标准煤) Energy Consumption(10 000 tons of SEC)			电力消费量(万千瓦小时) Electricity Consumption(10 000 kwh)		
	工　业 Industry	重工业 Heavy Industry	轻工业 Light Industry	工　业 Industry	重工业 Heavy Industry	轻工业 Light Industry
1985	11.99	15.25	4.14	8935.00	11751.00	2154.00
1990	12.17	15.63	4.28	10858.00	14765.00	1945.00
1995	5.20	6.04	1.83	5992.00	7097.00	1541.00
2000	4.21	4.91	1.35	6201.00	7310.00	1598.00
2005	2.87	3.49	0.75	3294.43	4213.00	903.00
2006	2.52	2.91	0.68	3568.28	4130.00	844.00
2007	2.28	2.57	0.78	3391.89	3905.04	767.53
2008	1.81	2.02	0.67	2762.40	3128.36	791.49
2009	1.75	2.00	0.60	2776.10	3210.51	779.94
2010	1.63	1.89	0.48	2685.49	3120.51	701.97
2011	1.55	1.74	0.43	2427.21	2741.96	615.81
2012	1.35	1.51	0.38	2211.15	2483.52	557.29
2013	1.28	1.46	0.28	2028.40	2309.47	388.65

注:1995—2000 年工业总产值按 1990 年不变价计算。2005 年及以后工业总产值按当年价格计算。

a)From 1995 to 2000, industrial output value was calculated at 1990 constant prices,and from 2005 at current prices .

7-4 主要年份单位能源、电力消费实现的工业总产值
Gross Industrial Output Value per Unit of Energy and Electricity Consumption in Main Years

单位:元 (yuan)

年份 Year	每吨标准煤能源消费实现的工业总产值 Gross Industrial Output Value of Energy Consumption per TCE			每千瓦小时电力消费实现的工业总产值 Gross Industrial Output Value of Electrcity Consumption Per Kwh		
	工　业 Industry	重工业 Heavy Industry	轻工业 Light Industry	工　业 Industry	重工业 Heavy Industry	轻工业 Light Industry
1985	834.00	656.00	2415.00	1.12	0.85	4.64
1990	821.67	639.77	2337.33	0.92	0.68	5.14
1995	1922.36	1655.68	5475.75	1.67	1.41	6.49
2000	2375.20	2035.24	7402.35	1.61	1.37	6.26
2005	3480.83	2865.33	13333.33	3.08	2.37	11.08
2006	3973.79	3438.93	14721.26	2.80	2.42	11.85
2007	4394.33	3894.33	12797.94	2.95	2.56	13.03
2008	5528.46	4948.63	14982.95	3.62	3.20	12.63
2009	5716.50	4999.93	16742.34	3.60	3.11	12.82
2010	6134.97	5291.01	20833.33	3.72	3.20	14.25
2011	6466.91	5744.88	23372.98	4.12	3.65	16.24
2012	7397.51	6615.85	26178.12	4.52	4.03	17.94
2013	7785.64	6871.22	36306.73	4.93	4.33	25.73

注:1995—2000 年工业总产值按 1990 年不变价计算。2005 年及以后工业总产值按当年价格计算。

a)From 1995 to 2000, industrial output value was calculated at 1990 constant prices,and from 2005 at current prices .

7-5 规模以上工业企业能源购进、消费与库存情况(2013 年)

能源名称	Energy	计量单位	Unit
原煤	Coal	吨	ton
无烟煤	Anthracite	吨	ton
炼焦烟煤	Coking Bituminous Coal	吨	ton
一般烟煤	General Bituminous	吨	ton
褐煤	Lignite	吨	ton
洗精煤	Clean Coal	吨	ton
其他洗煤	Other Washing Coal	吨	ton
煤制品	Coal Products	吨	ton
焦炭	Coke	吨	ton
其他焦化产品	Other Coking Products	吨	ton
焦炉煤气	Coking Gas	万立方米	10 000 cu.m
高炉煤气	Blast Furnace Gas	万立方米	10 000 cu.m
转炉煤气	Converter Gas	万立方米	10 000 cu.m
发生炉煤气	Producer Gas	万立方米	10 000 cu.m
天然气	Natural Gas	万立方米	10 000 cu.m
液化天然气	Liquefied Natural Gas	吨	ton
煤层气(煤田)	Coal Bed Methane	万立方米	10 000 cu.m
原油	Crude Oil	吨	ton
汽油	Gasoline	吨	ton
煤油	Kerosene	吨	ton
柴油	Diesel Oil	吨	ton
燃料油	Fuel Oil	吨	ton
液化石油气	Liquefied Petroleum Gas	吨	ton
炼厂干气	Net Gas of Plant	吨	ton
石脑油	Naphtha	吨	ton
润滑油	Lubricating Oil	吨	ton
石蜡	Paraffin	吨	ton
溶剂油	Solvent Oil	吨	ton
石油焦	Petroleum Coke	吨	ton
石油沥青	Petroleum Pitch	吨	ton
其他石油制品	Other Petroleum Products	吨	ton
热力	Heat	百万千焦	million kilo-joule
电力	Electricity	万千瓦时	10 000 cu.m
煤矸石用于燃料	Coal Gangue as Fuel	吨	ton
生物质废料用于燃料	Biomass Waste for Fuel	吨	ton
余热余压	Waste Heat and Excess Pressure	百万千焦	million kilo-joule
其他燃料	Other Feul	吨标准煤	tons of SCE
能源合计	Total Energy	吨标准煤	tons of SCE

Energy Purchase, Consumption and Inventory of Industrial Enterprises above Designated Size(2013)

年初库存量 Inventory at the Beginning of the Year	购进实物量 Physical Quantity Purchased	消费量 Consumption		年末库存量 Inventory at the Year End
		合计 Total	工业生产消费 Industry	
7908609	98216530	102508637	102370676	8172146
892694	12423094	12409196	12404803	949641
499003	13538598	14385008	14384901	439960
6512770	72108186	75612150	75479554	6770826
4143	146653	102283	101418	11719
619199	5914392	9262394	9259508	437828
35391	544520	652386	652386	31461
533	1415	1306	1293	642
41892	1268176	1359300	1357999	91142
6602	50860	51104	51045	6754
	13283	118342	118332	
		119453	119453	
		1509	1509	
	164329	163693	163399	
	157	157	130	
117447	4632007	4633142	4633142	104188
65	6226	6607	3438	92
27	245	205	204	65
3420	67929	69107	63601	3118
6501	409495	392823	392823	14953
252	178404	53066	53066	618
377	2739	2343	2343	773
5	970	971	971	1
82215	510036	513074	513074	79170
	81	81	81	
2867	121612	121276	121242	2079
	5063785	18145075	17826365	
	6095492	7004321	6961604	
	2939918	2991801	2991801	
	700	700		
	6801	3125937	3125936	
184109	2156241	2137332	2137076	188077
		100280590	100105860	

7-5 续表 1

能源名称	Energy	计量单位	Unit	加工转换投入合计 Input in Processing	火力发电 Thermal Power	供热 Heating Supply
原煤	Raw Coal	吨	ton	92634339	49632743	3579384
无烟煤	Anthracite	吨	ton	12127287		
炼焦烟煤	Coking Bituminous Coal	吨	ton	14302200		
一般烟煤	General Bituminous	吨	ton	66121137	49632743	3579384
褐煤	Lignite	吨	ton	83715		
洗精煤	Clean Coal	吨	ton	8171045		
其他洗煤	Other Washing Coal	吨	ton	480814	235170	89005
煤制品	Coal Products	吨	ton			
焦炭	Coke	吨	ton			
其他焦化产品	Other Coking Products	吨	ton			
焦炉煤气	Coking Gas	万立方米	10 000 cu.m	16792	16792	
高炉煤气	Blast Furnace Gas	万立方米	10 000 cu.m	12887	12887	
转炉煤气	Converter Gas	万立方米	10 000 cu.m			
发生炉煤气	Producer Gas	万立方米	10 000 cu.m			
天然气	Natural Gas	万立方米	10 000 cu.m	67300	2620	7694
液化天然气	Liquefied Natural Gas	吨	ton			
煤层气(煤田)	Refinery Gas	万立方米	10 000 cu.m			
原油	Crude Oil	吨	ton	4633142		
汽油	Gasoline	吨	ton			
煤油	Kerosene	吨	ton			
柴油	Diesel Oil	吨	ton	2224	2206	18
燃料油	Fuel Oil	吨	ton	387444	1709	
液化石油气	Liquefied Petroleum Gas	吨	ton			
炼厂干气	Refinery Gas	吨	ton			
石脑油	Naphtha	吨	ton			
润滑油	Lubricating Oil	吨	ton			
石蜡	Paraffin	吨	ton			
溶剂油	Solvent Oil	吨	ton			
石油焦	Petroleum coke	吨	ton			
石油沥青	Petroleum pitch	吨	ton			
其他石油制品	Other Petroleum Products	吨	ton	89196		
热力	Heat	百万千焦	million kilo-joule			
电力	Electricity	万千瓦时	10 000 cu.m			
煤矸石用于燃料	Coal Gangue as Fuel	吨	ton	2910417	2781724	128693
生物质废料用于燃料	Biomass Waste for Fuel	吨	ton			
余热余压	Waste Heat and Excess Pressure	百万千焦	million kilo-joule	2343872	2343872	
其他燃料	Other Feul	吨标准煤	tons of SCE			
能源合计	Total Energy	吨标准煤	tons of SCE	77069022	31215514	2321751

continued

原煤入洗 Washing-dressing Coal	炼焦 Coking	炼油及煤制油 Petroleum Refining	天然气液化 Natural Gas Liquefying	能源加工转换产出 Output in Processing	回收利用 Recycling
36820333	2001604	600274			
12127287					
12379270	1922930				
12230062	78674	600274			
83715					
	8171045			22064263	
	156640			9709341	
				7312057	
				427882	
				117258	
					119453
					1509
			56986		
				359300	
		4633142			
				2053476	
				70424	
				1976589	
		385735		64818	
				312005	
				1310	
				33669	
		89196		3680	
				56166342	
				10115991	
				689146	
					3493596
				152843	
26631964	8503432	7696576	699785	55398998	384615

7-6 主要能源品种按工业行业分组消费量(2013 年)

指 标	Item
总　计	**Total**
采矿业	**Mining**
煤炭开采和洗选业	Mining and Washing of Coal
石油和天然气开采业	Extraction of Petroleum and Natural Gas
黑色金属矿采选业	Mining and Processing of Ferrous Metal Ores
有色金属矿采选业	Mining and Processing of Non-ferrous Metal Ores
非金属矿采选业	Mining and Processing of Non-metal Ores
开采辅活动	Non-mining Activities
其他采矿业	Mining of Other Ores
制造业	**Manufacturing**
农副食品加工业	Processing of Food from Agricultural Products
食品制造业	Manufacture of Foods
酒、饮料和精制茶制造业	Manufacture of wine,Beverages and Refined tea
烟草制品业	Manufacture of Tobacco
纺织业	Manufacture of Textile
纺织服装、服饰业	Manufacture of Textile Wearing Apparel
皮革、毛皮、羽毛及其制品和制鞋业	Manufacture of Leather,Fur,Feather and Related Products and Foot ware
木材加工及木、竹、藤、棕、草制品业	Processing of Timber,Manufacture of Wood,Bamboo,Rattan,Palm and Straw Products
家具制造业	Manufacture of Furniture
造纸及纸制品业	Manufacture of Paper and Paper Products
印刷和记录媒介复制业	Printing,Reproduction of Recording Media
文教、工美、体育和娱乐用品制造业	Manufacture of Articles For Culture,Education and Sport Activities
石油加工、炼焦和核燃料加工业	Processing of Petroleum,Coking,Processing of Nuclear Fuel
化学原料及化学制品制造业	Manufacture of Raw Chemical Materials and Chemical Products
医药制造业	Manufacture of Medicines
化学纤维制造业	Manufacture of Chemical Fibres
橡胶和塑料制品业	Manufacture of Rubber and plastics
非金属矿物制品业	Manufacture of Non-metallic Mineral Products
黑色金属冶炼及压延加工业	Smelting and Pressing of Ferrous Metals
有色金属冶炼及压延加工业	Smelting and Pressing of Non-ferrous Metals
金属制品业	Manufacture of Metal Products
通用设备制造业	Manufacture of General Purpose Machinery
专用设备制造业	Manufacture of Special purpose Machinery
汽车制造业	Manufacture of Automotive
铁路、船舶、航空航天和其他运输设备制造业	Manufacture of Railways, Shipbuilding, Aerospace and Other Transportation Equipment
电气机械及器材制造业	Manufacture of Electrical Machinery and Equipment
通信设备、计算机及其他电子设备制造业	Manufacture of Communication Equipment,Computers and Other Electronic Equipment
仪器仪表及文化、办公用机械制造业	Manufacture of Measuring Instruments and Machinery for Cultural Activity and Office Work
其他制造业	Other Manufacturing
废弃资源综合利用业	Recycling and Disposal of Waste
金属制品、机械和设备修理业	Repairing of Metal products,Machinery and Equipment
电力、燃气及水的生产和供应业	**Electric Power,Gas and Water Production and Supply**
电力、热力的生产和供应业	Production and Supply of Electric Power and Heat Power
燃气生产和供应业	Production and Supply of Gas
水的生产和供应业	Production and Supply of Water

Major Consumption of Energy by Industries(2013)

综合能源消费量（吨标准煤） Comprehensive EnergyConsumption (tons of SCE)		原 煤(吨) Raw Coal (ton)	无烟煤（吨） Anthracite (ton)	炼焦烟煤(吨) Coking Bituminous Coal (ton)	一般烟煤(吨) General Bituminous (ton)	褐煤(吨) Lignite (ton)
当量值 Current Value	等价值 Equivalent Value					
44322652	**38999671**	**102508637**	**12409196**	**14385008**	**75612150**	**102283**
1479596	**1897294**	**28879041**	**11852048**	**10754254**	**6189024**	**83715**
1421456	1834087	28867254	11850864	10754254	6178421	83715
1841	3272	1207			1207	
50544	53997	4812	1184		3628	
5756	5939	5768			5768	
24121525	**34442435**	**24151994**	**557148**	**3630754**	**19945524**	**18568**
42063	75568	33195	59		29951	3185
671403	719351	1088879	6341		1082538	
29016	40604	39952			39952	
18	45					
21600	29333	21592	25		21567	
1156	1589	282	282			
1915	2443	2233			2233	
5290	7079	4795			4795	
213	539					
146804	165954	246393			246393	
3738	7659	1704	300		1404	
1996758	2135093	9595494	6240	3302603	6286651	
10218731	12302156	9379739	298607	12510	9053522	15100
365809	384667	610312	60		610252	
64180	91647	10188	71		10117	
2490939	2893734	2713532	202727	245450	2265072	283
4324669	7404221	73484	40861		32623	
3629904	7995988	260397	1575	70191	188631	
33859	56219	9126			9126	
19233	36470	5051			5051	
36802	61162	45734			45734	
689	1772					
92	117	59			59	
15006	25239	9476			9476	
793	2104					
843	1683	378			378	
18721531	**2659941**	**49477602**			**49477602**	
18577617	2425335	49268985			49268985	
103637	157448					
40277	77158	208617			208617	

指　标	Item
总　　计	**Total**
采矿业	**Mining**
煤炭开采和洗选业	Mining and Washing of Coal
石油和天然气开采业	Extraction of Petroleum and Natural Gas
黑色金属矿采选业	Mining and Processing of Ferrous Metal Ores
有色金属矿采选业	Mining and Processing of Non-ferrous Metal Ores
非金属矿采选业	Mining and Processing of Non-metal Ores
开采辅活动	Non-mining Activities
其他采矿业	Mining of Other Ores
制造业	**Manufacturing**
农副食品加工业	Processing of Food from Agricultural Products
食品制造业	Manufacture of Foods
酒、饮料和精制茶制造业	Manufacture of wine,Beverages and Refined Tea
烟草制品业	Manufacture of Tobacco
纺织业	Manufacture of Textile
纺织服装、服饰业	Manufacture of Textile Wearing Apparel
皮革、毛皮、羽毛及其制品和制鞋业	Manufacture of Leather,Fur,Feather with Related Products and Footwave
木材加工及木、竹、藤、棕、草制品业	Processing of Timber,Manufacture of Wood,Bamboo,Rattan,Palm and Straw Products
家具制造业	Manufacture of Furniture
造纸及纸制品业	Manufacture of Paper and Paper Products
印刷和记录媒介复制业	Printing,Reproduction of Recording Media
文教、工美、体育和娱乐用品制造业	Manufacture of Articles For Culture,Education and Sport Activities
石油加工、炼焦和核燃料加工业	Processing of Petroleum,Coking and Nuclear Fuel
化学原料及化学制品制造业	Manufacture of Raw Chemical Materials and Chemical Products
医药制造业	Manufacture of Medicines
化学纤维制造业	Manufacture of Chemical Fibres
橡胶和塑料制品业	Manufacture of Rubber and plastics
非金属矿物制品业	Manufacture of Non-metallic Mineral Products
黑色金属冶炼及压延加工业	Smelting and Pressing of Ferrous Metals
有色金属冶炼及压延加工业	Smelting and Pressing of Non-ferrous Metals
金属制品业	Manufacture of Metal Products
通用设备制造业	Manufacture of General Purpose Machinery
专用设备制造业	Manufacture of Special purpose Machinery
汽车制造业	Manufacture of Automotive
铁路、船舶、航空航天和其他运输设备制造业	Manufacture of Railways, Shipbuilding, Aerospace and Other Transportation Equipment
电气机械及器材制造业	Manufacture of Electrical Machinery and Equipment
通信设备、计算机及其他电子设备制造业	Manufacture of Communication Equipment,Computers and Other Electronic Equipment
仪器仪表及文化、办公用机械制造业	Manufacture of Measuring Instruments and Machinery for Cultural Activity and Office Work
其他制造业	Other Manufacturing
废弃资源综合利用业	Recycling and Disposal of Waste
金属制品、机械和设备修理业	Repairing of Metal products,Machinery and Equipment
电力、燃气及水的生产和供应业	**Electric Power,Gas and Water Production and Supply**
电力、热力的生产和供应业	Production and Supply of Electric Power and Heat Power
燃气生产和供应业	Production and Supply of Gas
水的生产和供应业	Production and Supply of Water

continued

洗精煤(吨) Clean Coal (ton)	其他洗煤(吨) Other Washing Coal (ton)	煤制品(吨) Coal Products (ton)	焦 炭 (吨) Coke (ton)	其他焦化产品(吨) Other Coking Products (ton)	焦炉煤气(万立方米) Coking Gas (10 000 cu.m)
9262394	**652386**	**1306**	**1359300**	**51104**	**118342**
116377	**36533**		**43230**	**6539**	
116377	36533			6539	
			43230		
9146017	**291680**	**1306**	**1316070**	**44565**	**118342**
175					
7970933	156670		9264	5031	91206
450288	18774		27456	18681	13743
	67322				
444534	14235			19439	9817
280061	19078	1306	1272179	1414	3575
			6905		
	15601				
26					
			40		
			226		
	324174				
	324174				

7-6 续表 2

指 标	Item
总　计	**Total**
采矿业	**Mining**
煤炭开采和洗选业	Mining and Washing of Coal
石油和天然气开采业	Extraction of Petroleum and Natural Gas
黑色金属矿采选业	Mining and Processing of Ferrous Metal Ores
有色金属矿采选业	Mining and Processing of Non-ferrous Metal Ores
非金属矿采选业	Mining and Processing of Non-metal Ores
开采辅活动	Non-mining Activities
其他采矿业	Mining of Other Ores
制造业	**Manufacturing**
农副食品加工业	Processing of Food from Agricultural Products
食品制造业	Manufacture of Foods
酒、饮料和精制茶制造业	Manufacture of wine,Beverages and Refined Tea
烟草制品业	Manufacture of Tobacco
纺织业	Manufacture of Textile
纺织服装、服饰业	Manufacture of Textile Wearing Apparel
皮革、毛皮、羽毛及其制品和制鞋业	Manufacture of Leather,Fur,Feather with Related Products and Footware
木材加工及木、竹、藤、棕、草制品业	Processing of Timber,Manufacture of Wood,Bamboo,Rattan,Palm and Straw Products
家具制造业	Manufacture of Furniture
造纸及纸制品业	Manufacture of Paper and Paper Products
印刷和记录媒介复制业	Printing,Reproduction of Recording Media
文教、工美、体育和娱乐用品制造业	Manufacture of Articles For Culture,Education and Sport Activities
石油加工、炼焦和核燃料加工业	Processing of Petroleum,Coking,Processing of Nuclear Fuel
化学原料及化学制品制造业	Manufacture of Raw Chemical Materials and Chemical Products
医药制造业	Manufacture of Medicines
化学纤维制造业	Manufacture of Chemical Fibres
橡胶和塑料制品业	Manufacture of Rubber and plastics
非金属矿物制品业	Manufacture of Non-metallic Mineral Products
黑色金属冶炼及压延加工业	Smelting and Pressing of Ferrous Metals
有色金属冶炼及压延加工业	Smelting and Pressing of Non-ferrous Metals
金属制品业	Manufacture of Metal Products
通用设备制造业	Manufacture of General Purpose Machinery
专用设备制造业	Manufacture of Special purpose Machinery
汽车制造业	Manufacture of Automotive
铁路、船舶、航空航天和其他运输设备制造业	Manufacture of Railways, Shipbuilding, Aerospace and Other Transportation Equipment
电气机械及器材制造业	Manufacture of Electrical Machinery and Equipment
通信设备、计算机及其他电子设备制造业	Manufacture of Communication Equipment,Computers and Other Electronic Equipment
仪器仪表及文化、办公用机械制造业	Manufacture of Measuring Instruments and Machinery for Cultural Activity and Office Work
其他制造业	Other Manufacturing
废弃资源综合利用业	Recycling and Disposal of Waste
金属制品、机械和设备修理业	Repairing of Metal products,Machinery and Equipment
电力、燃气及水的生产和供应业	**Electric Power,Gas and Water Production and Supply**
电力、热力的生产和供应业	Production and Supply of Electric Power and Heat Power
燃气生产和供应业	Production and Supply of Gas
水的生产和供应业	Production and Supply of Water

continued

高炉煤气（万立方米）Blast Furnace Gas（10 000 cu.m）	转炉煤气（万立方米）Converter Gas（10 000 cu.m）	天然气（万立方米）Natural Gas（10 000 cu.m）	液化天然气（吨）Liquefied Natural Gas（ton）	原油（吨）Crude Oil（ton）	汽油（吨）Gasoline（ton）	煤油（吨）Kerosene（ton）
119453	**1509**	**163693**	**157**	**4633142**	**6607**	**205**
					1134	4
					1100	4
					21	
					13	
119453	**1509**	**96325**	**157**	**4633142**	**4728**	**201**
		301	21		625	
		549	29		361	
		61			117	
		112			89	
		62			41	
					49	
		85			51	
		112			42	
		13			63	
6396				4633142	467	
44453		78114			837	5
					33	
		31			96	
		3150			326	83
68603	1509	1377	105		187	3
		11233			129	6
		303			195	
		447	2		338	79
		189			228	18
		1			16	
		185			308	8
					129	
					1	
		67368			**1164**	
		10090			850	
		57046			106	
		232			207	

7-6 续表 3

指 标	Item
总　计	**Total**
采矿业	**Mining**
煤炭开采和洗选业	Mining and Washing of Coal
石油和天然气开采业	Extraction of Petroleum and Natural Gas
黑色金属矿采选业	Mining and Processing of Ferrous Metal Ores
有色金属矿采选业	Mining and Processing of Non-ferrous Metal Ores
非金属矿采选业	Mining and Processing of Non-metal Ores
开采辅活动	Non-mining Activities
其他采矿业	Mining of Other Ores
制造业	**Manufacturing**
农副食品加工业	Processing of Food from Agricultural Products
食品制造业	Manufacture of Foods
酒、饮料和精制茶制造业	Manufacture of wine,Beverages and Refined Tea
烟草制品业	Manufacture of Tobacco
纺织业	Manufacture of Textile
纺织服装、服饰业	Manufacture of Textile Wearing Apparel
皮革、毛皮、羽毛及其制品和制鞋业	Manufacture of Leather,Fur,Feather with Related Products and Footware
木材加工及木、竹、藤、棕、草制品业	Processing of Timber,Manufacture of Wood,Bamboo,Rattan,Palm and Straw Products
家具制造业	Manufacture of Furniture
造纸及纸制品业	Manufacture of Paper and Paper Products
印刷和记录媒介复制业	Printing,Reproduction of Recording Media
文教、工美、体育和娱乐用品制造业	Manufacture of Articles For Culture,Education and Sport Activities
石油加工、炼焦和核燃料加工业	Processing of Petroleum,Coking,Processing of Nuclear Fuel
化学原料及化学制品制造业	Manufacture of Raw Chemical Materials and Chemical Products
医药制造业	Manufacture of Medicines
化学纤维制造业	Manufacture of Chemical Fibres
橡胶和塑料制品业	Manufacture of Rubber and plastics
非金属矿物制品业	Manufacture of Non-metallic Mineral Products
黑色金属冶炼及压延加工业	Smelting and Pressing of Ferrous Metals
有色金属冶炼及压延加工业	Smelting and Pressing of Non-ferrous Metals
金属制品业	Manufacture of Metal Products
通用设备制造业	Manufacture of General Purpose Machinery
专用设备制造业	Manufacture of Special purpose Machinery
汽车制造业	Manufacture of Automotive
铁路、船舶、航空航天和其他运输设备制造业	Manufacture of Railways, Shipbuilding, Aerospace and Other Transportation Equipment
电气机械及器材制造业	Manufacture of Electrical Machinery and Equipment
通信设备、计算机及其他电子设备制造业	Manufacture of Communication Equipment,Computers and Other Electronic Equipment
仪器仪表及文化、办公用机械制造业	Manufacture of Measuring Instruments and Machinery for Cultural Activity and Office Work
其他制造业	Other Manufacturing
废弃资源综合利用业	Recycling and Disposal of Waste
金属制品、机械和设备修理业	Repairing of Metal products,Machinery and Equipment
电力、燃气及水的生产和供应业	**Electric Power,Gas and Water Production and Supply**
电力、热力的生产和供应业	Production and Supply of Electric Power and Heat Power
燃气生产和供应业	Production and Supply of Gas
水的生产和供应业	Production and Supply of Water

continued

柴油(吨) Diesel Oil (ton)	燃料油(吨) Fuel Oil (ton)	液化石油气(吨) Lequefied Petroleum Gas(ton)	石脑油(吨) Naphtha (ton)	润滑油(吨) Lubricating Oil (ton)	石油焦(吨) Petroleum Coke (ton)
69107	**392823**	**53066**	**2343**	**971**	**513074**
33981				**765**	
32954				765	
1026					
31935	**391114**	**53066**	**2343**	**206**	**513074**
463					
208					
52					
10					
6					
15					
184	112				
157					
4027	391002	49435	2343		
4290		3632			
121					
194					
14051				68	144572
2463					12822
4705					355680
95					
170					
312				138	
1					
184					
208					
22					
3190	**1709**				
3170	1709				
20					

7-6 续表 4

指 标	Item
总　　计	**Total**
采矿业	**Mining**
煤炭开采和洗选业	Mining and Washing of Coal
石油和天然气开采业	Extraction of Petroleum and Natural Gas
黑色金属矿采选业	Mining and Processing of Ferrous Metal Ores
有色金属矿采选业	Mining and Processing of Non-ferrous Metal Ores
非金属矿采选业	Mining and Processing of Non-metal Ores
开采辅活动	Non-mining Activities
其他采矿业	Mining of Other Ores
制造业	**Manufacturing**
农副食品加工业	Processing of Food from Agricultural Products
食品制造业	Manufacture of Foods
酒、饮料和精制茶制造业	Manufacture of wine,Beverages and Refined Tea
烟草制品业	Manufacture of Tobacco
纺织业	Manufacture of Textile
纺织服装、服饰业	Manufacture of Textile Wearing Apparel
皮革、毛皮、羽毛及其制品和制鞋业	Manufacture of Leather,Fur,Feather with Related Products and Footware
木材加工及木、竹、藤、棕、草制品业	Processing of Timber,Manufacture of Wood,Bamboo,Rattan,Palm and Straw Products
家具制造业	Manufacture of Furniture
造纸及纸制品业	Manufacture of Paper and Paper Products
印刷和记录媒介复制业	Printing,Reproduction of Recording Media
文教、工美、体育和娱乐用品制造业	Manufacture of Articles For Culture,Education and Sport Activities
石油加工、炼焦和核燃料加工业	Processing of Petroleum,Coking,Processing of Nuclear Fuel
化学原料及化学制品制造业	Manufacture of Raw Chemical Materials and Chemical Products
医药制造业	Manufacture of Medicines
化学纤维制造业	Manufacture of Chemical Fibres
橡胶和塑料制品业	Manufacture of Rubber and plastics
非金属矿物制品业	Manufacture of Non-metallic Mineral Products
黑色金属冶炼及压延加工业	Smelting and Pressing of Ferrous Metals
有色金属冶炼及压延加工业	Smelting and Pressing of Non-ferrous Metals
金属制品业	Manufacture of Metal Products
通用设备制造业	Manufacture of General Purpose Machinery
专用设备制造业	Manufacture of Special purpose Machinery
汽车制造业	Manufacture of Automotive
铁路、船舶、航空航天和其他运输设备制造业	Manufacture of Railways, Shipbuilding, Aerospace and Other Transportation Equipment
电气机械及器材制造业	Manufacture of Electrical Machinery and Equipment
通信设备、计算机及其他电子设备制造业	Manufacture of Communication Equipment,Computers and Other Electronic Equipment
仪器仪表及文化、办公用机械制造业	Manufacture of Measuring Instruments and Machinery for Cultural Activity and Office Work
其他制造业	Other Manufacturing
废弃资源综合利用业	Recycling and Disposal of Waste
金属制品、机械和设备修理业	Repairing of Metal products,Machinery and Equipment
电力、燃气及水的生产和供应业	**Electric Power,Gas and Water Production and Supply**
电力、热力的生产和供应业	Production and Supply of Electric Power and Heat Power
燃气生产和供应业	Production and Supply of Gas
水的生产和供应业	Production and Supply of Water

continued

石油沥青（吨） Petroleum Pitch (ton)	其他石油制品（吨） Other Petroleum Products (ton)	热 力（百万千焦） Heat (million kilo-joule)	电 力（万千瓦时） Electricity (10 000 kwh)	煤矸石用于燃料（吨） Coal Gangue as Fuel (ton)	生物质废料用于燃料(吨) Biomass Waste as Fuel (ton)	余热余压（百万千焦） Waste Heat and Excess Pressure (million kilo-joule)	其他燃料(吨标准煤) Other Feul (tons of SCE)
81	**121276**	**18145075**	**7004321**	**2991801**	**700**	**3125937**	**2137332**
	3977		**175614**				**3309**
	3977		173122				
			771				
			1623				3309
			99				
81	**117298**	**18145075**	**6108898**	**923218**	**700**	**3125937**	**2134022**
			15744		700		13
		8398617	75592			812	
			3891				
			15				
			3964				
			167				
			249				
			784				
			175				
		897146	22745				
			1910				
	108432		110500	81383			
	13	5740789	1537942	792492		754152	1199480
		2292729	44133				
			14341				
81	8803		242124	49343		2350674	5294
			1657367			20300	885863
		781365	2342761				43371
			11689				
	50	25391	8296				
			8079				
			574				
			13				
		576	4969				
		8461	429				
			447				
			748398	**2068584**			**1**
			700036	2068584			
			28560				1
			19802				

7-7 各市县规模以上工业能源消费量(2013 年)

Consumption of Energy on Industry above Designated Size by City and Country(2013)

指 标	Item	综合能源消费量(吨标准煤) Overall Energy Consumption (tons of SCE)	
		当量值 Current Value	等价值 Equivalent Value
全区总计	**Total**	**44322652**	**38999671**
银 川 市	**Yinchuan**	**19880866**	**14357940**
兴 庆 区	Xingqing	73969	109008
西 夏 区	Xixia	3191358	3238590
金 凤 区	Jinfeng	318621	207751
永 宁 县	Yongning	1110418	1302921
贺 兰 县	Helan	411219	534577
灵 武 市	Lingwu	14775282	8948089
石嘴山市	**Shizuishan**	**10465637**	**10212406**
大武口区	Dawukou	2139945	1673367
惠农区	Huinong	5349579	4160772
平 罗 县	Pingluo	2976113	4338331
吴 忠 市	**Wuzhong**	**7565373**	**6369954**
利 通 区	Litong	575254	854919
红寺堡区	Hongsipu	267	787
盐 池 县	Yanchi	324984	362750
同 心 县	Tongxin	12229	13975
青铜峡市	Qingtongxia	6652639	5137522
固 原 市	**Guyuan**	**953159**	**251226**
原 州 区	Yuanzhou	878397	153187
西 吉 县	Xiji	10690	14150
隆 德 县	Longde	6926	8402
泾 源 县	Jingyuan	51877	63631
彭 阳 县	Pengyang	5268	11856
中 卫 市	**Zhongwei**	**5459796**	**7877858**
沙坡头区	Shapotou	2626318	3929132
中 宁 县	Zhongning	2833169	3935545
海 原 县	Haiyuan	309	775

注:1)石嘴山市、灵武市和原州区综合能源消费量中包括神华宁煤集团有限公司、宁夏发电集团有限公司的数据。
2)由于等价值折算系数不同,各地区相加数与全区数不等。

a)Data of overall energy consumption were calculated on the basis of the data on average coal consumption in generating electric power in the same year.Data of Shizuishan District, Lingwu and Yuanzhou included Shenhua NCPP limited liability corporations and Ningxia Electric Power Group Co.Ltd.

主要统计指标解释

[能源生产总量] 指一定时期内一次能源生产量的总和，是观察能源生产水平、规模、构成和发展速度的总量指标。一次能源生产量包括原煤、原油、天然气、水电及其他动力能（如风能、地热能等）发电量。不包括低热值燃料生产量、生物质能、太阳能等利用和由一次能源加工转换而成的二次能源产量。

[能源消费总量] 指一定时期内物质生产部门，非物质生产部门和生活消费的各种能源的总和，是观察能源消费水平、构成和增长速度的总量指标。能源消费总量包括原煤、原油及其制品、天然气、电力。不包括低热值燃料、生物质能和太阳能等的利用。能源消费总量分为三部分，即终端能源消费量、能源加工转换损失量和损失量。

第八篇 Chapter8

财政金融保险

Government Finance, Financial Intermediation and Insurance

责任编辑：张学武

资料整理：张学武 马 潇 万自梅 圣希明 杨 柳 阎丽芬

Coordinator: Zhang Xuewu

Data Compilation: Zhang Xuewu MaXiao Wan Zimei Sheng Ximing Yang Liu Yan Lifen

8-1 公共财政收支决算总表

Public Financial Revenue and Expenditure Balance Sheet

单位:万元　　　　(10 000 yuan)

指 标	Item	2013
本年财政收入合计	**Total Government Revenue This Year**	**3083376**
税收收入	**Total Tax Revenue**	**2374913**
1、增值税	Value-added Tax	318832
2、营业税	Business Tax	1057226
3、企业所得税	Corporate Income Tax	258691
4、企业所得税退税	Corporate Income Tax Rebate	
5、个人所得税	Individual Income Tax	73892
6、资源税	Resource Tax	50023
7、固定资产投资方向调节税	Regulatory Taxes on Investment in Fixed Assets	
8、城市维护建设税	City Maintenance and Construction Tax	144559
9、房产税	House Property Tax	66352
10、印花税	Stamp Tax	39739
11、城镇土地使用税	Urban Land Use Tax	86242
12、土地增值税	Land Appreciation Tax	58503
13、车船税	Tax on Vehicles and Boat Operation	27911
14、耕地占用税	Farm Land Occupation Tax	33910
15、契税	Deed Tax	158779
16、烟叶税	Tobacco Leaf Tax	254
17、其他税收收入	Other Tax Revenue	
非税收入	**Total Non-tax Revenue**	**708463**
18、专项收入	Specia Program Recipts	187967
19、行政事业性收费收入	Charge of Administrative and Institutional Units	213499
20、罚没收入	Penalty Receipts	69178
21、国有资本经营收入	Operating Income of State-owned Capital	78577
22、国有资源(资产)有偿使用收入	Income from National Resources Paid Using	118863
23、其他收入	Other Income	40379

8-1 续表 1 continued

单位:万元 (10 000 yuan)

指 标	Item	2013
本年财政支出合计	**Total Government Expenditure This Year**	**9224819**
1、一般公共服务	Expenditure for General Public Services	641499
2、外交	Expenditure for Foreign Affairs	
3、国防	Expenditure for National Defense	10706
4、公共安全	Expenditure for Public Security	465031
5、教育	Expenditure for Education	1129532
6、科学技术	Expenditure for Science and Technology	106857
7、文化体育与传媒	Expenditure for Culture,Sports and Media	165998
8、社会保障和就业	Expenditure for Social Safety Net and Employment Effort	1027729
9、医疗卫生	Expenditure for Medical and Health Care	537729
10、节能环保	Expenditure for Energy Conservation and Environment Protection	329285
11、城乡社区事务	Expenditure for Urban and Rural Community Affairs	1337881
12、农林水事务	Expenditure for Agriculture,Forestry and Water Conservancy	1493837
13、交通运输	Expenditure for Transportation	545177
14、资源勘探电力信息等事务	Expenditure for Resource Exploration,Electricity and Information Technology	276473
15、商业服务业等事务	Expenditure for Business Service Industry Affairs	162275
16、金融监管等事务支出	Expenditure for Financial Supervision Affairs	10705
17、地震灾后恢复重建支出	Expenditure for Post-Earthquakes Recovery and Reconstruction	
18、国土资源气象等事务	Expenditure for Land Resources And Meteorology Affairs	121099
19、住房保障支出	Expenditure for Affordable Houses	556201
20、粮油物资储备管理事务	Expenditure for Reserve for Cereals and Oils	29059
21、预备费	Expenditure for Rerveed Fee	
22、国债还本付息支出	Interest Payments on Government Bonds	178609
23、其他支出	Other Expenditure	99137

8-2 地方公共财政收入
Local Public Financial Revenue in Main Years

单位:万元　　(10 000 yuan)

年份 Year	地方公共财政收入 Local Government Revenue	工商税收 Industrial and Commercial Tax	农牧业税 Agriculture and Animal Husbandry Tax	企业所得税 Corporate Income Tax	国有企业亏损补贴 Subsidies to Loss-making Enterprises	企业所得税退税 Corporate Income Tax Rebate
1955	2891	1028	1155			
1958	5774	1683	1680			
1960	10469	2763	887			
1970	9894	5006	1049			
1975	22324	10172	963			
1978	31603	13163	995			
1980	20353	13514	827			
1985	29075	25655	1092	8900	-9999	
1990	62307	56481	2649	8805	-12266	-1668
1995	89792	67672	4901	7690	-1817	-532
2000	208244	148958	9318	26147	-967	-2464
2001	275745	163307	10797	60084	-557	-852
2002	264714	192083	8757	18412	-241	
2003	300310	219847	7480	16846	-11	
2004	374677	276898	5440	21364		
2005	477216	341609	333	26077		
2006	613570	417266		32246		-229

8-2 续表 1　continued

单位:万元　　(10 000 yuan)

年份 Year	地方公共财政收入 Local Public Revenue	税收收入 Total Tax Revenue	增值税 Value-added Tax	营业税 Business Tax	企业所得税 Corporate Income Tax	非税收入 Total Non-tax Revenue
2007	800312	587871	141997	230485	45767	212441
2008	950090	777432	183793	300884	62400	172658
2009	1115755	907389	168098	389831	92946	208366
2010	1535507	1267854	202475	562367	140805	267653
2011	2199767	1771261	244000	801126	241746	428506
2012	2639569	2070171	262329	924759	253904	569398
2013	3083376	2374913	318832	1057226	258691	708463

注:2007 年以后财政收支科目有变化。

a)Since 2007,the item of local government revenue was adjusted.

8-3 地方公共财政支出

Local Public Financial Expenditure in Main Years

单位:万元 (10 000 yuan)

年 份 Year	地方公共财政支出 Local Public Expenditure	基本建设 Capital Construction	企业技术改造 Technological Upgrading of Enterprises	支援农业 Expenditure for Surporting Rural Production	工交商事业 Industry, Transportation and Commerce	科教文卫 Science, Education, Culture and Health Care	城市维护 City Mainte-nance	社会抚恤救济 Social Pension Relief	行政管理 Adminis-trative
1955	3802				2505	411		111	773
1958	12434	6254		621	2796	888	6	88	1012
1960	30270	17851		3709	1388	2060	17	427	1540
1965	11171	3708	78	1722	185	1988	286	284	1368
1970	16855	8226		1299	163	2500	365	240	1692
1975	37050	13840		5553	442	4990	543	579	2467
1978	57755	21982	2979	9574	653	7569	592	1082	2923
1980	57528	16719	3582	13489	800	10052	1230	1554	4770
1985	98526	22024	4067	15027	1987	22183	3375	1900	7118
1990	149616	14610	5322	20015	2177	36659	4714	2099	12660
1995	229963	15941	7021	28698	3390	65413	7408	3473	27619
2000	608380	93938	32790	48034	5708	127026	17710	8843	45521
2001	935787	379901	51947	69084	11489	188948	19515	20464	60843
2002	1145650	255018	32809	82093	11109	199973	24797	21318	69594
2003	1057793	203563	39719	86025	13276	220032	27957	26717	77326
2004	1230177	205213	32627	183572	16152	241744	43181	27844	87671
2005	1602509	384608	33440	175688	21129	293055	59852	35847	106901
2006	1932089	389413	40952	212857	29599	369315	81276	52366	129959

8-3 续表 1 continued

单位:万元 (10 000 yuan)

年 份 Year	地方公共财政支出 Local Public Expenditure	一般公共服务 Expendi-ture for General Public Services	教育 Expendi-ture for Education	文化体育与传媒 Expenditure for Culture, Sports and Media	社会保障和就业 Expenditure for Social Safety Net and Employment Effort	医疗卫生 Expenditure for Medical and Health Care	城乡社区事务 Expenditure for Urban and Rural Community Affairs	农林水事务 Expenditure for Agriculture, Forestry and Water Conservancy	其 他 Others
2007	2418545	383921	473068	70629	254973	114174	174252	279206	668322
2008	3246064	423470	540553	70925	370490	171073	333778	451996	883779
2009	4323624	469657	635025	90306	476765	229169	425640	686819	1310243
2010	5575285	517664	815869	160933	350312	340180	618913	942262	1829152
2011	7059096	519551	1030173	139377	719470	410933	815137	1121904	2276775
2012	8643616	614428	1064541	144441	896035	460892	1096330	1397982	2968967
2013	9224819	641499	1129532	165998	1027729	537729	1337881	1493837	2890614

注:2007 年以后财政收支科目有变化。

a)Since 2007,the item of local government expenditure was adjusted.

8-4 地方公共财政收支占地区生产总值比重
Proportion of Public Revenue and Expenditure to GDP

年份 Year	地方公共财政收入（亿元）Local Government Revenue（100 million yuan）	地方公共财政支出（亿元）Local Government Expenditure（100 million yuan）	地区生产总值（亿元）Gross Demestic Products（100 million yuan）	地方公共财政收入占生产总值比重(%) Ratio of Local Government Revenue to GDP(%)	地方公共财政支出占生产总值比重(%) Retio of Local Government Expenditure to GDP(%)
1978	3.16	5.78	13.00	24.31	44.43
1979	3.05	6.30	14.36	21.24	43.85
1980	2.04	5.75	15.96	12.78	36.04
1985	2.91	9.85	30.27	9.61	32.55
1990	6.23	14.96	64.84	9.61	23.07
1995	8.98	23.00	175.19	5.13	13.13
1996	12.68	29.52	202.90	6.25	14.55
1997	14.07	33.63	224.59	6.26	14.97
1998	17.75	45.12	245.44	7.23	18.38
1999	18.84	49.53	264.58	7.12	18.72
2000	20.82	60.84	295.02	7.06	20.62
2001	27.57	93.58	337.44	8.17	27.73
2002	26.47	114.57	377.16	7.02	30.38
2003	30.03	105.78	445.36	6.74	23.75
2004	37.47	123.02	537.11	6.98	22.90
2005	47.72	160.25	612.61	7.79	26.16
2006	61.36	193.21	725.90	8.45	26.62
2007	80.03	241.85	919.11	8.71	26.31
2008	95.01	324.61	1203.92	7.89	26.96
2009	111.58	432.36	1353.31	8.24	31.95
2010	153.55	557.53	1689.65	9.09	33.00
2011	219.98	705.91	2102.21	10.46	33.58
2012	263.96	864.36	2341.29	11.27	36.92
2013	308.34	922.48	2565.06	12.02	35.96

8-5 金融机构信贷资金平衡表

Balance Sheet of Credit Funds of Financial Institutions

单位：万元　　　　(10 000 yuan)

指 标	Item	2013
资金来源合计	**Funds Sources**	**43122240**
各项存款	**Total Deposits**	**38684702**
单位存款	Corporate Deposits	17998688
个人存款	Personal Deposits	19547407
财政性存款	Fiscal Deposits	981999
临时性存款	Temporary Deposits	68389
委托存款	Designated Deposits	31344
其他类存款	Other Deposits	56875
其　他	**Other Items**	**-7605053**
资金运用合计	**Funds Uses**	**43122240**
各项贷款	**Total Loans**	**39101475**
短期贷款	Short-term Loans	14960544
个人贷款及透支	Personal Loans and Overdrafts	5084225
单位普通贷款及透支	Ordinary Loans and Overdrafts of Corporate	8973867
银团贷款	Syndicated Loans	39000
贸易融资	Trade Finance	863452
中长期贷款	Medium & Long-term Loans	22912852
个人贷款	Personal Loans	5557260
单位普通贷款	Ordinary Loans and Overdrafts of Corporate	15860332
普通并购贷款	General M & A Loans	23003
银团贷款	Syndicated Loans	1472257
票据融资	Bill Financing	1200856
有价证券及投资	**Portfolio Investment**	1727058
外汇买卖	**Foreign Exchange Trading**	974245

注： 金融机构包括人民银行、政策性银行、国有独资商业银行、邮政储蓄机构、其他商业银行、城市合作银行、农村信用社、城市信用社、信托投资公司、租赁公司、财务公司等。

a)Financial Institutions in the tabal include the Peoples Bank of China,policy banks,state sole funded commercial banks,postal savings institutions,other commericial banks,urban cooperative banks,rural credit cooperatives,urban credit cooperatives, financial trust and investment companies,financial leasing companies,finance companies.

8-6 主要年份金融机构人民币各项存贷款余额
Total Deposits and Loans of Financial Institutions in Main Years

单位:亿元 (100 million yuan)

年份 Year	各项存款 Total Deposits	储蓄存款 Saving Deposits	人均储蓄存款余额(元) Savings Deposits Per Capita (yuan)	各项贷款 Total Loans	短期贷款 Short-term Loans	中长期贷款 Medium & Long-term Loans	票据融资 Bill Financing
1993	102.76	61.45	1251	135.32	87.09	38.59	
1994	140.44	85.68	1715	170.49	101.85	55.78	
1995	180.19	115.19	2267	210.49	128.77	69.05	
1996	223.99	144.80	2802	256.08	156.01	85.87	
1997	262.41	168.86	3216	303.04	190.17	105.22	
1998	295.82	192.37	3611	339.98	202.81	129.09	
1999	343.87	211.60	3919	366.36	212.15	143.95	
2000	396.49	229.35	4179	383.23	206.91	164.54	
2001	468.87	257.97	4617	441.39	202.12	229.56	3.57
2002	578.16	306.75	5406	524.56	230.69	281.22	10.02
2003	746.35	377.70	6559	681.61	288.02	365.08	25.14
2004	841.16	425.52	7287	762.14	308.39	425.37	25.24
2005	985.34	509.50	8607	833.88	344.38	458.63	26.87
2006	1131.22	581.14	9686	983.37	410.26	532.52	38.94
2007	1278.52	613.96	10115	1184.57	472.84	650.65	59.71
2008	1590.58	794.06	12933	1402.56	534.14	796.53	71.36
2009	2058.49	967.72	15572	1917.40	683.41	1156.54	77.26
2010	2573.64	1170.25	18644	2398.70	702.92	1608.16	87.38
2011	2966.87	1351.30	21240	2860.58	944.83	1800.47	114.41
2012	3495.41	1679.43	26106	3339.58	1281.67	1949.42	107.43
2013	3868.47	1887.23	29003	3947.29	1503.44	2303.17	120.16

8-7 保险公司主要业务指标

Major Statistics for Insurance Company

单位:万元 (10 000 yuan)

指标	Item	2001	2005	2010	2011	2012	2013
保费收入	**Premium**	**62362**	**157392**	**527466**	**553367**	**626883**	**727029**
财产险	Property Insurance	19917	45838	175020	218794	264735	313954
机动车辆保险	Motor Vehicle Insurance	14537	37580	153046	192703	225332	262219
人身意外伤害险	Personal Accident Insurance	3343	5688	14249	16903	16758	20364
健康险	Health Insurance	1350	22368	43625	50651	58312	71624
寿险	Life Insurance	37753	83498	294573	267020	287077	321086
各项赔款和给付	**Payment**	**16223**	**38727**	**116770**	**147483**	**199863**	**240375**
财产险	Property Insurance	9199	22375	76511	90058	131638	157873
机动车辆保险	Motor Vehicle Insurance	6783	18506	66179	80771	109042	133590
人身意外伤害险	Personal Accident Insurance	1158	1494	3544	4403	4825	5232
健康险	Health Insurance	886	5983	12730	14552	16964	19645
寿险	Life Insurance	4980	8875	23985	38470	46436	57625
退保金	**Insurance Withdrawn**	**1926**	**8487**	**21774**	**21607**	**24175**	**36735**
手续费及佣金支出	**Service Charges**	**7020**	**16120**	**53424**	**51720**	**53038**	**58820**
业务及管理费	**Operating Expenses**	**8284**	**15634**	**51764**	**64687**	**79399**	**95794**
利润(税前)	**Profits(before tax)**	**9341**	**11190**	**-21923**	**-6740**	**-4797**	**-10227**
银行存款	**Bank Deposits**	**18050**	**16776**	**19731**	**6632**	**11554**	**8526**
活期	Demand	7553	11776	19731	6632	11554	8526
定期	Time	10497	5000				
应收保费	**Premiums receivable**	**109**	**5462**	**15598**	**16519**	**17615**	**19222**
资产总额	**Total Assets**	**116768**	**340058**	**1060625**	**1278749**	**1534812**	**1804410**
所有者权益	**Owners'Equity**	**-3260**	**-10015**	**-100037**	**-64683**	**-75895**	**-108584**

8-8 各地市县金融机构人民币存贷款余额(2013年)

The Balance of Deposits/Loans of Financial Institutions by City and Country(2013)

单位:亿元 (100 million yuan)

地区	Region	存款 Deposits	储蓄存款 Saving Deposits	贷款 Loans
全区总计	**Total**	**3868.47**	**1887.23**	**3910.15**
银川市	**Yinchuan**	**2340.93**	**1015.22**	**2660.62**
银川市	District	2013.99	789.88	2287.64
永宁县	Yongning	92.09	67.88	100.74
贺兰县	Helan	89.76	69.78	83.27
灵武市	Lingwu	145.09	87.69	188.97
石嘴山市	**Shizuishan**	**505.16**	**300.99**	**402.20**
石嘴山市	District	398.02	227.93	315.02
平罗县	Pingluo	107.15	73.06	87.18
吴忠市	**Wuzhong**	**417.44**	**251.19**	**369.12**
市辖区	District	203.16	120.56	175.19
盐池县	Yanchi	56.81	32.30	36.42
同心县	Tongxin	48.16	25.45	24.43
青铜峡市	Qingtongxia	109.31	72.88	133.08
固原市	**Guyuan**	**271.05**	**143.73**	**162.14**
原州区	Yuanzhou	127.34	67.30	97.78
西吉县	Xiji	50.58	27.14	22.55
隆德县	Longde	32.74	20.77	15.07
泾源县	Jingyuan	21.37	10.81	10.13
彭阳县	Pengyang	39.02	17.72	16.61
中卫市	**Zhongwei**	**333.89**	**176.10**	**316.07**
沙坡头区	Shapotou	150.39	84.97	137.62
中宁县	Zhongning	137.69	70.21	164.44
海原县	Haiyuan	45.81	20.91	14.01

注:2011年以后吴忠市市辖区数据包含利通区和红寺堡。

8-9 各地市县地方公共财政收入

Local Public Financial Revenue by Prefecture, City and Country

单位:万元 （10 000 yuan）

地 区	Region	1978	1980	1985	1995	2000	2005	2010	2011	2012	2013
全区总计	**Total**	**30225**	**19389**	**28064**	**85740**	**197082**	**477216**	**1535507**	**2199767**	**2639569**	**3083376**
区 级	**Autonomous Regional Level**	**14502**	**10237**	**6228**	**37174**	**50592**	**130904**	**384429**	**546301**	**672106**	**801381**
地市县级	**Prefecture Level**	**15723**	**9152**	**21836**	**48566**	**146490**	**346312**	**1151078**	**1653466**	**1967463**	**2281995**
银 川 市	**Yinchuan**	**7267**	**3880**	**13172**	**26402**	**83064**	**181645**	**640368**	**966202**	**1131320**	**1345999**
银 川 市	District	5466	2396	10545	20868	24832	44311	150824	206395	244566	277306
永 宁 县	Yongning	401	410	604	1674	4299	8129	42091	75064	91101	108862
贺 兰 县	Helan	375	365	614	1673	4218	7325	55158	93361	112730	130241
灵 武 市	Lingwu	1025	709	1409	2187	6257	11452	103414	141809	137703	157766
石嘴山市	**Shizuishan**	**4141**	**2125**	**4957**	**9555**	**29192**	**72900**	**216460**	**263831**	**297937**	**309948**
石嘴山市	District	3141	1413	3651	723	8827	14796	45689	51939	63516	66344
平 罗 县	Pingluo	1000	712	1306	2360	6194	21036	51965	68241	76568	85731
吴 忠 市	**Wuzhong**	**3398**	**2122**	**2897**	**8689**	**24610**	**50177**	**156690**	**219148**	**287426**	**324749**
利 通 区	Litong	1598	783	1504	3230	5413	8978	12628	19041	27847	33429
红寺堡区	Hongsipu						1850	5474	8388	10907	14630
盐 池 县	Yanchi	213	224	290	539	2549	4971	23492	36470	57956	69581
同 心 县	Tongxin	241	198	139	697	1455	3423	8941	12230	17014	21061
青铜峡市	Qingtongxia	1346	917	964	4052	11162	20856	53619	68681	79102	92263
固 原 市	**Guyuan**	**1182**	**833**	**538**	**3208**	**7874**	**14024**	**52581**	**79788**	**103345**	**130567**
原 州 区	Yuanzhou	602	479	308	1274	3017	2220	9594	14967	20169	23298
西 吉 县	Xiji	245	156	102	380	1058	1803	4460	8460	9505	11420
隆 德 县	Longde	123	106	6	603	1781	1204	3290	4636	6378	9637
泾 源 县	Jingyuan	63	45	22	206	545	1080	2535	3531	4597	6422
彭 阳 县	Pengyang			65	436	651	1319	9066	16519	20269	25436
中 卫 市	**Zhongwei**	**1081**	**1109**	**1236**	**4764**	**12912**	**27566**	**84979**	**124497**	**147435**	**170732**
沙坡头区	Shapotou	516	564	462	2892	7425	15572	42555	63333	73434	82080
中 宁 县	Zhongning	375	374	774	1670	4487	10395	36472	54660	65420	76091
海 原 县	Haiyuan	190	171		202	1000	1599	5952	6504	8581	12561

注: 1.各县(区、市)合计数不等于大市数据,大市包含市本级数据;
2.沙坡头区数据包含中卫市本级。

8-10 各地市县地方公共财政支出

Local Public Financial Expenditure by Prefecture, City and Country

单位:万元 (10 000 yuan)

地 区	Region	1978	1980	1985	1995	2000	2005	2010	2011	2012	2013
全区总计	**Total**	**57485**	**57163**	**97811**	**229963**	**608020**	**1602509**	**5575285**	**7059096**	**8643616**	**9224819**
区 级	**Autonomous Regional Level**	**30989**	**29029**	**48071**	**92232**	**266998**	**718290**	**1605095**	**2000263**	**2231298**	**2188943**
地市县级	**Prefercture Level**	**26496**	**28134**	**49740**	**137731**	**341022**	**884219**	**3970190**	**5058833**	**6412318**	**7035876**
银 川 市	**Yinchuan**	**6794**	**6669**	**12224**	**42953**	**110739**	**353762**	**1199157**	**1472546**	**1867446**	**2205311**
银 川 市	District	3915	3411	6974	28798	29658	152513	285922	365452	438868	467468
永 宁 县	Yongning	935	898	1454	4190	7910	21859	140892	180797	206078	243312
贺 兰 县	Helan	1073	1300	1587	4077	7818	21387	136129	163715	225419	248186
灵 武 市	Lingwu	871	1060	2209	5888	15498	33666	217375	253272	342965	393173
石嘴山市	**Shizuishan**	**3861**	**3561**	**6233**	**23364**	**50874**	**149331**	**614539**	**648406**	**777175**	**831682**
石嘴山市	District	2513	2212	4089	3714	18783	40298	162447	148990	190568	208903
平 罗 县	Pingluo	1348	1349	2144	6982	11589	46954	183737	202261	227146	253365
吴 忠 市	**Wuzhong**	**4964**	**5830**	**10138**	**27021**	**61721**	**150714**	**724924**	**966068**	**1399324**	**1398375**
利 通 区	Litong	1724	1652	3260	8234	12046	25671	48368	74942	102394	93356
红寺堡区	Hongsipu						10906	60782	115570	142014	151210
盐 池 县	Yanchi	1100	1467	2578	3922	12561	26806	119543	175361	209240	239415
同 心 县	Tongxin	1042	1675	2389	5353	14519	34122	180538	229261	300557	308046
青铜峡市	Qingtongxia	1098	1036	1911	7522	15805	40048	164900	218102	259627	222046
固 原 市	**Guyuan**	**7032**	**7565**	**13578**	**26417**	**77143**	**185472**	**786629**	**1081060**	**1359933**	**1494503**
原 州 区	Yuanzhou	2747	3210	3927	6955	19851	43043	141508	186667	227775	269458
西 吉 县	Xiji	1471	1959	3191	6129	16873	38614	184889	258553	316371	339132
隆 德 县	Longde	972	1042	1659	4166	12249	24900	118627	142897	171967	192861
泾 源 县	Jingyuan	468	545	1228	1997	7181	16357	70234	102210	117061	141378
彭 阳 县	Pengyang			2025	3394	12605	26098	124768	168121	213969	244376
中 卫 市	**Zhongwei**	**3845**	**4509**	**7567**	**17976**	**40545**	**110946**	**584159**	**775183**	**1008440**	**1106005**
沙坡头区	Shapotou	1624	1742	2908	7878	15896	46362	233508	302723	394290	445093
中 宁 县	Zhongning	1074	1054	1736	5170	9608	30941	175274	237504	312803	306257
海 原 县	Haiyuan	1147	1713	2923	4928	15041	33643	175377	234956	301347	354655

注:1.各县(区、市)合计数不等于大市数据,大市包含市本级数据;
2.沙坡头区数据包含中卫市本级。

主要统计指标解释

［**财政收入**］ 指国家财政参与社会产品分配所取得的收入，是实现国家职能的财力保证。主要包括：

（1）各项税收：包括国内增值税、国内消费税、进口货物增值税和消费税、出口货物退增值税和消费税、营业税、企业所得税、个人所得税、资源税、城市维护建设税、房产税、印花税、城镇土地使用税、土地增值税、车船税、船舶吨税、车辆购置税、关税、耕地占用税、契税、烟叶税等。

（2）非税收入：包括专项收入、行政事业性收费、罚没收入和其他收入。

［**财政支出**］ 指国家财政将筹集起来的资金进行分配使用，以满足经济建设和各项事业的需要。主要包括：

（1）一般公共服务：指政府提供基本公共管理与服务的支出，包括人大事务、政协事务、政府办公厅（室）及相关机构事务、发展与改革事务、统计信息事务、财政事务、税收事务、审计事务、海关事务、人力资源事务、纪检监察事务、人口与计划生育事务、商贸事务、知识产权事务、工商行政管理事务、国土资源事务、海洋管理事务、测绘事务、地震事务、气象事务、民族事务、宗教事务、港澳台侨事务、档案事务、共产党事务、民主党派事务及工商联事务、群众团体事务、彩票事务等。

（2）外交：指政府外交事务支出，包括外交行政管理、驻外机构、对外援助、国际组织、对外合作与交流、边界勘界联检等方面的支出。

（3）国防：指政府用于国防方面的支出，包括用于现役部队、预备役部队、民兵、国防科研事业、专项工程、国防动员等方面的支出。

（4）公共安全：指政府维护社会公共安全方面的支出，包括武装警察、公安、国家安全、检察、法院、司法行政、监狱、劳教、国家保密、缉私警察等。

（5）教育：指政府教育事务支出，包括教育行政管理、学前教育、小学教育、初中教育、普通高中教育、普通高等教育、初等职业教育、中专教育、技校教育、职业高中教育、高等职业教育、广播电视教育、留学生教育、特殊教育、干部继续教育、教育机关服务等。

（6）科学技术：指用于科学技术方面的支出，包括科学技术管理事务、基础研究、应用研究、技术研究与开发、科技条件与服务、社会科学、科学技术普及、科技交流与合作等。

（7）文化教育与传媒：指政府在文化、文物、体育、广播影视、新闻出版等方面的支出。

（8）社会保障和就业：指政府在社会保障与就业方面的支出，包括社会保障和就业管理事务、民政管理事务、财政对社会保险基金的补助、补充全国社会保障基金、行政事业单位离退休、企业改革补助、就业补助、抚恤、退役安置、社会福利、残疾人事业、城市居民最低生活保障、其他城镇社会救济、农村社会救济、自然灾害生活救助、红十字事务等。

（9）医疗卫生：指政府医疗卫生方面的支出，包括医疗卫生管理事务支出、医疗服务支出、医疗保障支出、疾病预防控制支出、卫生监督支出、妇幼保健支出、农村卫生支出等。

（10）环境保护：指政府环境保护支出，包括环境保护管理事务支出、环境监测与监察支出、污染治理支出、自然生态保护支出、天然林保护工程支出、退耕还林支出、风沙荒漠治理支出、退牧还草支出、已垦草原退耕还草、能源节约利用、污染减排、可再生能源和资源综合利用等支出。

（11）城乡社区事务：指政府城乡社区事务支出，包括城乡社区管理事务支出、城乡社区规划与管理支出、城乡社区公共设施支出、城乡社区住宅支出、城乡社区环境卫生支出、建设市场管理与监督支出等。

（12）农林水事务：指政府农林水事务支出，包括农业支出、林业支出、水利支出、扶贫支出、农业综合开发支出等。

（13）交通运输：指政府交通运输和邮政业方面的支出，包括公路运输支出、水路运输支出、铁路运输支出、民用航空运输支出、邮政业支出等。

(14)工业商业金融等事务：指政府对工业、商业及金融等方面的支出，包括采掘业支出、制造业支出、建筑业支出、工业和信息产业监管支出、国有资产监管支出、商业流通事务支出、金融业监管支出、旅游业管理与服务支出等。

[中央财政收入和地方财政收入] 指按现行分税制财政体制划分的中央本级收入和地方本级收入。属于中央财政的收入包括关税，进口货物增值税和消费税，出口货物退增值税和消费税，消费税，铁道部门、各银行总行、各保险公司总公司等集中交纳的营业税和城市维护建设税，增值税75%部分，纳入共享范围的企业所得税60%部分，未纳入共享范围的中央企业所得税、中央企业上交的利润，个人所得税60%部分，车辆购置税，船舶吨税，证券交易印花税97%部分，海洋石油资源税，中央非税收入等。属于地方财政的收入包括营业税(不含铁道部门、各银行总行、各保险公司总公司集中交纳的营业税)，地方企业上交利润，城市维护建设税(不含铁道部门、各银行总行、各保险公司总公司集中交纳的部分)，房产税，城镇土地使用税，土地增值税，车船税，耕地占用税，契税，烟叶税，印花税，增值税25%部分，纳入共享范围的企业所得税40%部分，个人所得税40%部分，证券交易印花税3%部分，海洋石油资源税以外的其他资源税，地方非税收入等。

[中央财政支出和地方财政支出] 指根据政府在经济和社会活动中的不同职责，划分中央和地方政府的责权，按照政府的责权划分确定的支出。中央财政支出包括一般公共服务，外交支出，国防支出，公共安全支出，以及中央政府调整国民经济结构、协调地区发展、实施宏观调控的支出等。地方财政支出包括一般公共服务，公共安全支出，地方统筹的各项社会事业支出等。

第九篇 Chapter9

物价指数 Price Indices

责任编辑:王振权　王亚娟

资料整理:王振权　王亚娟　苏玉英　刘晓鹏　潘　晶　张兰天　张　明　王明珠　孙惠玲　郭　樑

Coordinator: Wang Zhenquan　Wang Yajuan

Data Compilation: Wang Zhenquan　Wang Yajuan　Su Yuying　Liu Xiaopeng　Pan Jing　Zhang Lantian　Zhang Ming　Wang Mingzhu　Sun Huiling　Guo Liang

9-1 居民消费价格指数(2013 年)

Consumer Price Indices(2013)

(以上年价格为 100)　　(preceding Year =100)

项目名称	Item	全区 General	城市 Urban Household	农村 Rural Household
居民消费价格总指数	**Consumer Price Index**	**103.4**	**103.3**	**103.8**
服务项目价格指数	**Service Items Price Index**	**102.1**	**101.5**	**104.0**
消费品价格指数	**Consumer Goods Price Index**	**103.7**	**103.7**	**103.7**
食品	**Food**	**107.2**	**107.1**	**107.3**
粮食	Grain	105.8	105.3	106.4
淀粉及制品	Starche and Products	101.4	102.2	99.6
干豆类及豆制品	Beans and Bean Products	104.7	103.7	107.4
油脂	Oil or Fat	101.0	100.4	101.7
肉禽及其制品	Meat,Poultry and Processed Products	110.3	110.3	110.3
蛋	Eggs	106.8	107.4	105.6
水产品	Aquatic Products	104.6	105.2	101.5
菜	Vegetables	108.7	108.4	109.2
调 味 品	Flavoring	103.2	102.3	104.6
糖	Carbohydrate	99.3	99.9	98.2
茶及饮料	Tea and Beverages	103.2	102.8	104.1
干鲜瓜果	Dried and Fresh Melons and Fruits	110.3	109.7	111.7
糕点饼干面包	Cake,Biscuit and Bread	105.2	105.4	104.4
液体乳及乳制品	Milk and Processed Products	105.9	106.1	105.2
在外用膳食品	Dining Out	107.1	106.7	108.4
其他食品	Others Food	103.8	104.7	101.9
烟酒	**Tobacco,Liquor and Articles**	**99.8**	**99.8**	**99.8**
烟草	Tobacco	100.0	100.0	100.0
酒	Liquor	99.4	99.4	99.3
衣着	**Clothing**	**103.0**	**102.5**	**104.2**
服　装	Garments	103.1	102.9	103.7
衣着材料	Clothing Material	103.5	104.3	102.1
鞋袜帽	Footgear and Hats	102.4	101.1	105.7
衣着加工服务费	Clothing Manufacturing Services	109.3	109.0	112.1
家庭设备用品及维修服务	**Household Facilities , Articles and Services**	**101.3**	**100.7**	**102.7**
耐用消费品	Durable Consumer Goods	100.5	100.4	101.0
室内装饰品	Interior Decorations	99.8	99.1	101.5
床上用品	Bed Articles	100.6	99.3	103.5
家庭日用杂品	Daily Use Household Articles	102.5	101.9	104.1
家庭服务及加工维修服务	Household Services and Maintenance and Renovation	103.4	101.3	111.3
医疗保健和个人用品	**Health Care and Personal Articles**	**103.2**	**103.7**	**101.9**
医疗保健	Health Care	103.4	104.3	101.4
个人用品及服务	Personal Articles and Service	102.7	102.6	103.2
交通和通信	**Transportation and Communication**	**98.6**	**98.5**	**98.8**
交通	Transportation	100.2	100.3	99.8
通信	Communication	96.3	96.0	97.1
娱乐教育文化用品及服务	**Recreation,Education, Culture Articles and Service**	**99.7**	**99.0**	**101.8**
文娱用耐用消费品及服务	Durable Consumer Goods for Cultural and Recreational Use and Services	91.7	90.3	96.3
教育	Education	103.8	104.0	103.4
文化娱乐类	Cultural and Recreational	103.0	103.6	101.2
旅游	Touring and Outing	95.1	93.6	103.7
居住	**Residence**	**102.2**	**102.3**	**102.0**
建房及装修材料	Building and Building Decoration Materials	100.4	99.7	101.1
住房租金	Renting	110.8	110.9	109.2
自有住房	Private Housing	103.6	101.4	110.5
水、电、燃料	Water,Electricity and Fuels	102.0	102.9	99.4

9-2 商品零售价格指数(2013年)
Retail Price Indices(2013)

(以上年价格为100)　　(preceding year=100)

项目名称	Item	全区 General	城市 Urban Household	农村 Rural Household
商品零售价格总指数	**Retail Price Index**	**102.4**	**102.4**	**102.9**
食品	**Food**	**106.8**	**106.8**	**107.6**
粮食	Grain	106.0	106.0	106.2
淀粉及制品	Starches and Tubers	101.7	101.9	100.3
干豆类及豆制品	Beans and Bean Products	103.7	103.4	107.0
油脂	Oil or Fat	100.8	100.6	101.6
肉禽及其制品	Meat,Poultry and Processed Products	109.0	108.8	110.1
蛋	Eggs	105.7	105.9	104.9
水产品	Aquatic Products	106.5	106.7	101.7
菜	Vegetables	110.0	110.2	108.6
调味品	Flavoring	102.5	102.2	106.0
糖	Carbohydrate	100.3	100.3	98.9
干鲜瓜果	Dried and Fresh Melons and Fruits	109.2	108.9	112.4
糕点饼干面包	Cake,Biscuit and Bread	103.1	103.1	104.4
液体乳及乳制品	Milk and Processed Products	105.0	105.0	105.1
在外用膳食品	Dining Out	107.4	107.3	108.6
其他食品	Others Food	104.1	104.6	102.0
饮料、烟酒	**Beverages,Tobacco,Liquor and Articles**	**100.4**	**100.4**	**100.6**
茶及饮料	Tea and Beverages	101.8	101.7	104.9
烟草	Tobacco	100.0	100.0	100.0
酒	Liquor	99.3	99.3	99.1
服装、鞋帽	**Garments,Shoes and Hats**	**102.4**	**102.2**	**104.0**
服装	Garments	103.2	103.1	103.6
鞋袜帽	Footgear and Hats	100.9	100.5	105.2
其他	Others	98.5	98.3	101.9
纺织品	**Textiles**	**102.1**	**102.0**	**102.8**
衣着材料	Clothing	104.3	104.4	102.7
床上用品	Bedding	101.2	101.1	102.9
家用电器及音像器材	**Household Appliances,Music and Video Equipment**	**96.0**	**95.9**	**98.0**
家庭设备	Household Facilities	100.3	100.3	100.2
文娱用耐用消费品	Durable Consumer Goods for Cultural and Recreational Use and Services	89.3	88.8	95.7

9-2 续表 1 continued

项目名称	Item	全区 General	城市 Urban Household	农村 Rural Household
专业音像器材	Professional AV Facilities	97.7	97.7	98.3
文化办公用品	**Cultural and Office Appliances**	**98.7**	**98.7**	**98.2**
日用品	**Articles for Daily Use**	**101.9**	**101.9**	**101.7**
日用百货	General Merchandise for Daily Use	100.4	100.8	98.6
日用杂品	Miscellaneous for Daily Use	103.6	103.4	105.2
洗涤用品	Washing Articles	102.5	102.5	103.3
其他日用品	Other Articles	100.8	100.7	102.1
体育娱乐用品	**Sports and Recreation Articles**	**100.4**	**100.5**	**100.0**
体育用品	Sports Articles	101.0	101.0	100.9
娱乐用品	Recreation Articles	100.0	100.1	98.7
交通、通信用品	**Transportation and Communication Appliances**	**94.0**	**93.9**	**95.3**
交通运输机械	Transport Machinery	98.0	97.8	101.0
通信器材	Communication Apparatus	85.8	85.8	86.5
家具	**Furniture**	**100.3**	**100.2**	**101.6**
化妆品	**Cosmetics**	**102.3**	**102.2**	**103.9**
金银珠宝	**Gold ,Silver and Jewel**	**90.8**	**90.9**	**89.9**
中西药品及医疗保健用品	**Traditional Chinese and Western Medicines and Health Care Articles**	**105.2**	**105.7**	**102.1**
医疗器具及用品	Medical Apparatus and Article	100.4	100.4	101.5
中药材及中成药	Traditional Chinese Medicinal Materials and Medicines	111.1	112.0	103.5
西药	Western Medicines	101.0	101.1	100.5
保健品及器具	Health Care Apparatus and Articles	106.2	105.8	108.4
书报杂志及电子出版物	**Books,Newspapers,Magazines and Electronic Publications**	**104.9**	**105.5**	**100.7**
教材及参考书	Teaching Materials and Reference Books	105.2	106.0	102.1
书报杂志	Books,Newspapers and Magazines	105.5	105.9	100.3
电子音像制品	Electromin Publications	99.2	100.1	93.8
燃料	**Feuls**	**100.7**	**100.9**	**98.6**
煤炭及制品	Coal and Processed Products	98.2	98.5	97.6
石油及制品	Petroleum and Processed Products	101.3	101.4	100.1
建筑材料及五金电料	**Building Materials and Hardware**	**100.1**	**100.1**	**100.1**
建筑装璜材料	Building Decoration Materials	99.3	99.4	99.1
五金电料	Hardware	101.4	101.2	102.4

9-3 各月居民消费价格指数(2013 年)

Monthly Consumer Price Indices(2013)

(以上年同月价格为 100) (preceding year=100)

月 份 Month	居民消费价格总指数 Consumer Price Indices	食 品 Food	烟酒及用品 Tobacco, Liquor and Articles	衣 着 Clothing	家庭设备用品及维修服务费 Household Facilities, Articles and Services	医疗保健和个人用品 Health Care and Personal Articles	交通和通信 Transportation and Communication	娱乐教育文化用品及服务 Recreation, Education and Culture Articles	居 住 Residence
一月 Jan.	103.4	106.0	100.3	106.8	101.1	102.7	98.5	99.6	102.4
二月 Feb.	103.9	107.4	100.2	103.8	101.0	103.0	99.2	101.1	102.9
三月 Mar.	102.7	105.2	100.0	104.1	101.5	103.7	98.0	98.4	102.2
四月 Apr.	103.7	107.5	100.2	103.8	102.1	104.0	98.0	98.8	102.6
五月 May	103.7	107.8	100.0	103.5	101.2	103.6	98.1	98.8	103.1
六月 June	104.2	109.2	99.9	102.6	101.8	103.5	98.3	99.1	103.6
七月 July	104.1	110.1	99.7	101.5	101.1	103.4	98.7	99.5	101.6
八月 Aug.	102.8	106.8	99.7	102.1	100.7	102.9	98.7	98.3	101.3
九月 Sept.	103.0	106.7	99.5	101.8	101.2	103.0	99.0	99.5	101.6
十月 Oct.	103.4	107.5	99.4	101.8	101.7	102.8	98.7	101.2	101.5
十一月 Nov.	103.2	107.0	99.3	101.5	101.0	102.9	98.6	101.1	101.9
十二月 Dec.	102.7	104.9	99.2	102.8	100.8	102.8	99.6	101.4	101.7

9-4 各月商品零售及农业生产资料价格指数(2013年)
Monthly Price Indices for Retail and Agricultural Production(2013)

(以上年同月价格为100)　　(preceding year=100)

月份 Month	商品零售价格总指数 Retail Price Indices	食品 Food	饮料、烟酒 Beverages, Tobacco and Liquor	服装、鞋帽 Garments, Shoes and Hats	纺织品 Textiles	家用电器及音像器材 Household Appliances, Music and Video Equipment	文化办公用品 Cultural and Office Appliances	日用品 Articles for Daily Use	体育娱乐用品 Sports and Recreation Articles
一月 Jan.	102.5	105.1	101.3	106.8	100.6	95.7	97.7	100.8	100.7
二月 Feb.	102.4	106.4	101.1	102.2	100.5	95.3	97.8	100.7	100.6
三月 Mar.	101.8	104.5	100.9	103.2	104.6	95.3	97.8	101.3	100.7
四月 Apr.	102.6	107.1	101.0	103.1	106.5	96.4	98.8	102.1	100.7
五月 May	102.6	107.6	100.9	103.1	105.5	95.1	99.1	102.1	100.7
六月 June	103.3	109.2	100.5	101.9	104.4	96.5	98.8	102.0	100.3
七月 July	103.5	110.1	100.6	100.8	99.5	96.0	98.8	102.2	100.3
八月 Aug.	102.0	106.5	99.9	101.7	99.6	95.5	98.8	101.3	100.3
九月 Sept.	102.3	106.5	99.5	101.4	103.1	96.6	99.0	102.5	100.3
十月 Oct.	102.5	107.6	99.9	101.2	103.3	97.1	99.2	102.7	100.3
十一月 Nov.	102.1	107.1	99.6	100.9	98.3	96.4	99.3	103.1	100.4
十二月 Dec.	101.6	104.8	99.4	102.6	99.5	96.7	99.4	101.8	100.2

9-4 续表 1 continued

月份 Month	交通、通信用品 Transportation and Communication Appliances	家具 Furniture	化妆品 Cosmetics	金银珠宝 Gold, Silver and Jewelry	中西药品及医疗保健用品 Traditional Chinese and Western Medicines and Health Care Articles	书报杂志及电子出版物 Books, Newspapers, Magazines and Electronic Publications	燃料 Feuls	建筑材料及五金电料 Building Materials and Hardware	农业生产资料价格指数 Agricultural Production Price Index
一月 Jan.	93.9	98.0	102.0	101.6	105.6	106.5	103.6	99.2	105.2
二月 Feb.	94.1	98.1	103.2	96.0	105.5	106.3	103.4	99.4	103.1
三月 Mar.	93.8	98.0	103.0	94.2	105.8	105.0	102.4	99.2	103.8
四月 Apr.	93.5	98.3	102.6	94.0	105.8	105.0	98.4	99.6	99.5
五月 May	93.1	99.0	102.5	93.0	105.7	104.9	98.3	99.9	97.0
六月 June	93.7	100.6	102.7	91.6	106.0	104.4	100.7	100.1	101.3
七月 July	94.5	101.8	102.2	89.4	105.9	104.3	102.0	100.0	102.3
八月 Aug.	93.7	101.4	102.2	87.8	103.6	104.4	102.5	99.8	102.7
九月 Sept.	94.2	102.1	102.3	88.5	104.5	104.5	101.2	100.9	102.3
十月 Oct.	94.3	102.5	101.8	86.7	105.2	104.5	98.1	101.1	100.6
十一月 Nov.	94.3	102.0	101.5	83.7	104.9	104.5	98.1	101.3	100.5
十二月 Dec.	94.4	101.9	101.7	83.0	104.5	104.5	99.5	101.1	100.7

9-5 主要年份全区工业生产者出厂价格指数
Producer Price Indices in Main Years

指　标	Item	2012	2013
全部工业品	**Total Industry Products**	**97.4**	**96.0**
轻工业	**Light Industry**	**100.4**	**99.4**
以农产品为原料	Raw Material of Agricultural Products	101.3	100.8
以非农产品为原料	Raw Material of Non-agricultural Products	94.7	89.6
重工业	**Heavy Industry**	**96.9**	**95.4**
采掘	Mining & Quarrying	97.8	91.6
原料	Raw Material	97.4	95.5
加工	Process	95.3	96.5
生产资料	**Means of Production**	**97.4**	**95.8**
采掘	Mining & Quarrying	97.8	91.6
原料	Raw Material	97.5	95.6
加工	Processing	97.2	97.2
生活资料	**Consumer Goods**	**97.9**	**98.7**
食品	Food	100.4	102.7
衣着	Clothing	111.4	105.1
一般日用品	Articles for Daily Use	90.0	87.0
耐用消费品	Durable Consumer Goods	99.7	98.6
按工业部门分:	**By Industry Branch**		
冶金工业	Metallurgy Industry	91.3	95.4
电力工业	Electric Power Industry	102.9	99.7
煤炭及炼焦工业	Coal and Coking Industry	96.5	89.6
石油工业	Petroleum Industry	107.2	97.7
化学工业	Chemistry Industry	92.0	92.9
机械工业	Machinery Industry	99.9	98.2

9-5 续表 1 continued

指 标	Item	2012	2013
建筑材料工业	Building Materials Industry	93.7	99.6
森林工业	Forest Industry	100.4	100.6
食品工业	Food Industry	100.6	103.0
纺织工业	Textile Industry	102.9	99.4
缝纫工业	Sewing Industry	105.5	100.5
皮革工业	Leather Industry	113.0	107.8
造纸工业	Papermaking Industry	98.5	98.2
文教艺术用品工业	Culture and Education Articles Industry	101.7	101.6
其它工业	Other Industry	96.8	96.3
按工业行业分	**By Industry Sector**		
煤炭开采和洗选业	Mining and Washing of Coal	96.9	89.3
石油和天然气开采业	Extraction of Petroleum and Natural Gas	113.2	105.3
黑色金属矿采选业	Mining and Dressing of Ferrous Metal	88.4	88.2
有色金属矿采选业	Mining and Dressing of Non-ferrous Metal		
非金属矿采选业	Mining and Processing of Non-ferrous Metal Ores	106.5	100.0
其他采矿业	Other Mining and Dressing		
农副食品加工业	Processing of Food from Agricultural Products	99.2	104.5
食品制造业	Manufacture of Foods	96.6	94.3
饮料制造业	Manufacture of Beverages	103.4	100.4
烟草制品业	Processing of Tobacco	101.1	100.8
纺织业	Manufacture of Textile	102.9	99.4
纺织服装、鞋、帽制造业	Manufacture of Textile Wearing Apparel,Footware and Caps	102.2	101.7
皮革、毛皮、羽毛(绒)及其制品业	Manufacture of Leather,Fur,Feather and Related Products	113.0	107.8
木材加工及木、竹、藤、棕、草制品业	Processing of Timber,Manufacture of Wood,Bamboo,Rattan,Palm and Straw Products	100.3	100.7
家具制造业	Manufacture of Furniture	100.4	100.6
造纸及纸制品业	Manufacture of Paper and Paper Products	98.5	98.2
印刷业和记录媒介的复制	Printing,Reproduction of Recording Media	101.7	101.6
文教体育用品制造业	Manufacture of Articles For Culture,Education and Sport Activities		
石油加工、炼焦及核燃料加工业	Processing of Petroleum,Coking,Processing of Nuclear Fuel	103.2	95.5
化学原料及化学制品制造业	Manufacture of Raw Chemical Materials and Chemical Products	93.6	94.4

9-5 续表 2 continued

指 标	Item	2012	2013
医药制造业	Manufacture of Medicines	88.7	93.8
化学纤维制造业	Manufacture of Chemical Fibers		
橡胶制品业	Manufacture of Rubber	85.1	87.2
塑料制品业	Manufacture of Plastics	97.7	99.6
非金属矿物制品业	Manufacture of Non-metallic Mineral Products	94.4	98.2
黑色金属冶炼及压延加工业	Smelting and Pressing of Ferrous Metals	92.9	95.7
有色金属冶炼及压延加工业	Smelting and Pressing of Non-ferrous Metals	90.1	95.1
金属制品业	Manufacture of Metal Products	96.1	97.1
通用设备制造业	Manufacture of General Purpose Machinery	100.3	99.9
专用设备制造业	Manufacture of Special Purpose Machinery	100.3	98.2
交通运输设备制造业	Manufacture of Transport Equipment	97.8	99.7
电气机械及器材制造业	Manufacture of Electrical Machinery and Equipment	98.8	95.1
通信设备、计算机及其他电子设备制造业	Manufacture of Communication Equipment,Computers and Other Electronic Equipment	94.0	99.5
仪器仪表及文化、办公用机械制造业	Manufacture of Measuring Instruments and Machinery for Cultural Activity and Office Work	102.7	100.7
工艺品及其他制造业	Manufacture of Artwork and Other Manufacturing		
废弃资源和废旧材料回收加工业	Recycling and Pressing of Abandoned Resources and Waste and scrap		
电力、热力的生产和供应业	Production and Supply of Electric Power,Steam and Hot Water	102.9	99.7
燃气生产和供应业	Production and Supply of Gas	111.0	104.9
水的生产和供应业	Production and Supply of Tap Water	100.1	101.3
全部原材料	**Total Raw Materials**	**99.5**	**97.0**
燃料、动力类	Fuels and Powers	101.3	96.1
黑色金属材料类	Ferrous Metals Materials	92.5	92.6
钢材	Steels	93.0	90.6
其它	Others	91.1	98.0
有色金属材料和电线类	Non-Ferrous Metals Materials and Electric Wires	91.4	96.0
化工原料类	Chemical Raw Materials	100.3	94.7
木材及纸浆类	Timbers and Pulps	98.2	98.0
建筑材料及非金属矿类	Building Materials and Non-metallic Mineral	100.5	97.5
其它工业原材料及半成品类	Other Industry Rawmaterials and Semi-manufactures	101.5	102.1
农副产品类	Agricultural Products	101.3	101.8
纺织原料类	Textile Raw Materials	98.5	99.4

9-6 主要年份全区居民消费价格总指数

年份 Year	以1957年价格为100 Year of 1957=100	以1965年价格为100 Year of 1965=100	以1970年价格为100 Year of 1970=100	以1978年价格为100 Year of 1978=100	以1980年价格为100 Year of 1980=100
1958	102.4				
1960	109.9				
1965	103.5				
1970	109.1	105.3			
1975	110.7	106.9	101.5		
1980	133.6	129.0	122.4	109.8	
1985	159.0	153.6	145.8	130.8	119.1
1990	265.3	256.2	243.2	218.2	198.7
1991	282.1	272.4	258.6	231.9	211.2
1992	305.5	295.0	280.0	251.2	228.7
1993	349.1	337.2	320.1	287.1	261.4
1994	429.8	415.1	394.0	353.4	321.8
1995	503.3	486.0	461.4	413.8	376.8
1996	537.5	519.1	492.7	442.0	402.4
1997	557.9	538.8	511.5	458.8	417.7
1998	557.9	538.8	511.5	458.8	417.7
1999	550.7	531.8	504.8	452.8	412.3
2000	548.5	529.7	502.8	451.0	410.6
2001	557.3	538.2	510.8	458.2	417.2
2002	553.9	534.9	507.8	455.5	414.7
2003	563.3	544.0	516.4	463.2	421.8
2004	584.2	564.2	535.5	480.4	437.4
2005	592.9	572.6	543.6	487.6	443.9
2006	604.2	583.5	553.9	496.8	452.4
2007	636.8	615.0	583.8	523.7	476.8
2008	691.0	667.3	633.4	568.2	517.3
2009	695.8	672.0	637.8	572.1	520.9
2010	724.3	699.5	664.0	595.6	542.3
2011	770.0	743.6	705.8	633.1	576.5
2012	785.4	758.5	719.9	645.8	588.0
2013	812.1	784.2	744.4	667.7	608.0

Consumer Price Indices in Main Years

以 1985 年价格为 100 Year of 1985=100	以 1990 年价格为 100 Year of 1990=100	以 1995 年价格为 100 Year of 1995=100	以 2000 年价格为 100 Year of 2000=100	以 2005 年价格为 100 Year of 2005=100	以上年价格为 100 Preceding Year =100
					102.4
					104.3
					97.7
					100.8
					100.6
					108.1
					108.6
166.9					107.1
177.4	106.3				106.3
192.1	115.1				108.3
219.6	131.6				114.3
270.3	162.0				123.1
316.5	189.7				117.1
338.0	202.6	106.8			106.8
350.9	210.3	110.9			103.8
350.9	210.3	110.9			100.0
346.3	207.5	109.4			98.7
344.9	206.7	109.0			99.6
350.4	210.0	110.7	101.6		101.6
348.3	208.8	110.1	101.0		99.4
354.3	212.3	111.9	102.7		101.7
367.4	220.2	116.1	106.5		103.7
372.9	223.5	117.8	108.1		101.5
380.0	227.7	120.1	110.2	101.9	101.9
400.5	240.0	126.5	116.1	107.4	105.4
434.5	260.4	137.3	126.0	116.5	108.5
437.6	262.2	138.2	126.9	117.3	100.7
455.5	273.0	143.9	132.1	122.2	104.1
484.2	290.2	153.0	140.4	129.9	106.3
493.9	296.0	156.0	143.2	132.5	102.0
510.7	306.1	161.4	148.1	137.0	103.4

9-7 主要年份全区城市居民消费价格总指数

年份 Year	以1957年价格为100 Year of 1957=100	以1965年价格为100 Year of 1965=100	以1970年价格为100 Year of 1970=100	以1978年价格为100 Year of 1978=100	以1985年价格为100 Year of 1985=100
1958	102.4				
1960	109.9				
1965	103.5				
1970	109.1	105.3			
1975	110.7	106.9	101.5		
1980	133.6	129.0	122.4	109.8	
1985	159.9	154.5	146.6	131.5	
1990	268.9	259.6	246.5	221.1	168.1
1995	529.8	511.6	485.6	435.6	331.2
1996	564.7	545.4	517.7	464.3	353.1
1997	586.7	566.6	537.9	482.5	366.8
1998	586.7	566.6	537.9	482.5	366.8
1999	581.5	561.5	533.0	478.1	363.5
2000	579.7	559.8	531.4	476.7	362.4
2001	587.3	567.1	538.3	482.9	367.2
2002	583.7	563.7	535.1	480.0	365.0
2003	592.5	572.2	543.1	487.2	370.4
2004	612.0	591.1	561.1	503.3	382.7
2005	621.8	600.5	570.0	511.3	388.8
2006	632.4	610.7	579.7	520.0	395.4
2007	664.7	641.9	609.3	546.5	415.5
2008	717.2	692.6	657.4	589.7	448.4
2009	719.3	694.7	659.4	591.5	449.7
2010	746.3	720.7	684.1	613.6	466.6
2011	789.6	762.5	723.8	649.2	493.6
2012	806.9	779.3	739.7	663.5	504.5
2013	833.5	805.0	764.1	685.4	521.1

Consumer Price Index of Urban Households in Main Years

以 1990 年价格为 100 Year of 1990=100	以 1995 年价格为 100 Year of 1995=100	以 2000 年价格为 100 Year of 2000=100	以 2005 年价格为 100 Year of 2005=100	以上年价格为 100 Preceding Year=100
				102.4
				104.3
				97.7
				100.8
				100.6
				108.1
				108.6
				105.5
197.0				117.3
210.0	106.6			106.6
218.2	110.8			103.9
218.2	110.8			100.0
216.3	109.8			99.1
215.6	109.4			99.7
218.4	110.9	101.3		101.3
217.1	110.2	100.7		99.4
220.4	111.8	102.2		101.5
227.6	115.5	105.6		103.3
231.3	117.4	107.3		101.6
235.2	119.4	109.1	101.7	101.7
247.2	125.5	114.7	106.9	105.1
266.8	135.4	123.7	115.3	107.9
267.6	135.8	124.1	115.7	100.3
277.6	140.9	128.7	120.0	103.7
293.7	149.0	136.2	127.0	105.8
300.1	152.3	139.2	129.8	102.2
310.0	157.3	143.8	134.0	103.3

9-8 主要年份全区农村居民消费价格总指数

年份 Year	以 1957 年价格为 100 Year of 1957=100	以 1965 年价格为 100 Year of 1965=100	以 1970 年价格为 100 Year of 1970=100	以 1978 年价格为 100 Year of 1978=100	以 1980 年价格为 100 Year of 1980=100
1958	102.4				
1960	109.9				
1965	103.5				
1970	109.1	105.3			
1975	110.7	106.9	101.5		
1980	133.6	129.0	122.4	109.8	
1985	156.9	151.5	143.8	129.0	108.3
1990	259.5	250.6	237.8	213.3	179.1
1995	468.7	452.6	429.6	385.4	323.6
1996	501.0	483.9	459.3	412.0	345.9
1997	518.6	500.8	475.4	426.4	358.0
1998	517.5	499.8	474.4	425.5	357.3
1999	507.7	490.3	465.4	417.5	350.5
2000	505.2	487.8	463.1	415.4	348.7
2001	516.3	498.6	473.3	424.5	356.4
2002	513.7	496.1	470.9	422.4	354.6
2003	524.0	506.0	480.3	430.8	361.7
2004	547.5	528.8	501.9	450.2	378.0
2005	554.1	535.1	507.9	455.6	382.5
2006	566.9	547.4	519.6	466.1	391.3
2007	600.3	579.7	550.3	493.6	414.4
2008	659.7	637.1	604.8	542.5	455.4
2009	669.6	646.7	613.8	550.6	462.3
2010	700.7	676.7	642.3	576.1	483.7
2011	751.8	726.1	689.2	618.2	519.0
2012	764.6	738.4	700.9	628.7	527.8
2013	793.7	766.5	727.5	652.6	547.9

Consumer Price Index of Rural Households in Main Years

以 1985 年价格为 100 Year of 1985=100	以 1990 年价格为 100 Year of 1990=100	以 1995 年价格为 100 Year of 1995=100	以 2000 年价格为 100 Year of 2000=100	以 2005 年价格为 100 Year of 2005=100	以上年价格为 100 Preceding Year =100
					102.4
					104.3
					97.7
					100.8
					100.6
					108.1
					108.3
165.4					109.0
298.8	180.6				116.4
319.4	193.1	106.9			106.9
330.5	199.9	110.6			103.5
329.9	199.5	110.4			99.8
323.6	195.7	108.3			98.1
322.0	194.7	107.8			99.5
329.1	199.0	110.2	102.2		102.2
327.4	198.0	109.6	101.7		99.5
334.0	201.9	111.8	103.7		102.0
349.0	211.0	116.8	108.4		104.5
353.2	213.6	118.2	109.7		101.2
361.3	218.5	120.9	112.2	102.3	102.3
382.6	231.4	128.1	118.8	108.3	105.9
420.5	254.3	140.8	130.6	119.1	109.9
426.8	258.1	142.9	132.6	120.8	101.5
446.6	270.0	149.5	138.7	126.5	104.6
479.2	289.8	160.4	148.8	135.7	107.3
487.4	294.7	163.1	151.4	138.0	101.7
505.9	305.9	169.3	157.1	143.2	103.8

9-9 主要年份全区商品零售价格总指数

年份 Year	以1957年价格为100 Year of 1957=100	以1965年价格为100 Year of 1965=100	以1970年价格为100 Year of 1970=100	以1978年价格为100 Year of 1978=100	以1980年价格为100 Year of 1980=100
1958	101.0				
1960	105.6				
1965	100.0				
1970	102.8	102.8			
1975	102.6	102.6	99.8		
1980	118.7	118.7	115.4	107.2	
1985	139.6	139.5	135.7	126.0	117.6
1990	228.0	228.0	221.8	205.9	192.1
1995	405.2	405.1	394.2	365.9	341.4
1996	432.4	432.3	420.6	390.5	364.3
1997	441.9	441.8	429.8	399.1	372.3
1998	430.8	430.7	419.1	389.1	363.0
1999	421.8	421.7	410.3	380.9	355.4
2000	411.7	411.6	400.4	371.8	346.9
2001	411.7	411.6	400.4	371.8	346.9
2002	405.5	405.4	394.4	366.2	341.7
2003	403.5	403.4	392.4	364.4	340.0
2004	414.8	414.7	403.4	374.6	349.5
2005	416.4	416.3	405.0	376.1	350.9
2006	421.8	421.7	410.3	380.9	355.4
2007	439.1	439.0	427.1	396.6	370.0
2008	476.5	476.4	463.4	430.3	401.5
2009	474.1	474.0	461.1	428.1	399.5
2010	489.2	489.1	475.9	441.8	412.2
2011	515.1	515.0	501.1	465.2	434.1
2012	520.3	520.2	506.1	469.9	438.4
2013	532.8	532.7	518.2	481.1	448.9

Retail Price Index in Main Years

以 1985 年价格为 100 Year of 1985=100	以 1990 年价格为 100 Year of 1990=100	以 1995 年价格为 100 Year of 1995=100	以 2000 年价格为 100 Year of 2000=100	以 2005 年价格为 100 Year of 2005=100	以上年价格为 100 Preceding Year =100
					101.0
					103.0
					97.6
					100.5
					100.3
					105.8
					107.8
163.4					104.2
290.4	177.7				115.3
309.8	189.6	106.7			106.7
316.6	193.8	109.0			102.2
308.7	188.9	106.3			97.5
302.2	185.0	104.1			97.9
295.0	180.5	101.6			97.6
295.0	180.5	101.6	100.0		100.0
290.6	177.8	100.1	98.5		98.5
289.1	176.9	99.6	98.0		99.5
297.2	181.9	102.4	100.8		102.8
298.4	182.6	102.8	101.2		100.4
302.3	185.0	104.1	102.5	101.3	101.3
314.7	192.6	108.4	106.7	105.5	104.1
341.4	208.9	117.6	115.7	114.4	108.5
339.7	207.9	117.0	115.2	113.8	99.5
350.6	214.5	120.7	118.8	117.5	103.2
369.1	225.9	127.1	125.1	123.7	105.3
372.8	228.2	128.4	126.4	124.9	101.0
381.8	233.6	131.5	129.4	127.9	102.4

9-10 主要年份全区城市商品零售价格总指数

年份 Year	以 1957 年价格为 100 Year of 1957=100	以 1965 年价格为 100 Year of 1965=100	以 1970 年价格为 100 Year of 1970=100	以 1978 年价格为 100 Year of 1978=100	以 1980 年价格为 100 Year of 1980=100
1958	101.7				
1960	106.8				
1965	102.1				
1970	107.4	105.2			
1975	109.1	106.8	101.5		
1980	132.4	129.7	123.3	110.0	
1985	158.1	154.9	147.2	131.4	119.4
1990	261.1	255.7	243.0	216.9	197.1
1995	469.8	460.2	437.2	390.3	354.7
1996	499.4	489.1	464.8	414.9	377.0
1997	510.4	499.9	475.0	424.0	385.3
1998	496.6	486.4	462.2	412.6	374.9
1999	488.6	478.6	454.8	406.0	368.9
2000	477.9	468.1	444.8	397.0	360.8
2001	479.3	469.5	446.1	398.2	361.9
2002	472.6	462.9	439.9	392.7	356.8
2003	468.8	459.2	436.3	389.5	354.0
2004	478.7	468.9	445.5	397.7	361.4
2005	481.1	471.2	447.7	399.7	363.2
2006	486.8	476.9	453.1	404.5	367.6
2007	504.9	494.5	469.9	419.5	381.2
2008	540.7	529.6	503.2	449.2	408.2
2009	537.5	526.4	500.2	446.5	405.8
2010	552.2	540.9	514.0	458.8	417.0
2011	579.8	568.0	539.7	481.8	437.8
2012	585.1	573.1	544.5	486.1	441.7
2013	599.1	586.8	557.6	497.8	452.3

Retail Price Index of Urban Households in Main Years

以1985年价格为100 Year of 1985=100	以1990年价格为100 Year of 1990=100	以1995年价格为100 Year of 1995=100	以2000年价格为100 Year of 2000=100	以2005年价格为100 Year of 2005=100	以上年价格为100 Preceding Year =100
					101.7
					103.0
					97.5
					100.8
					100.7
					108.2
					108.5
165.1					102.3
297.1	179.9				114.7
315.8	191.3	106.3			106.3
322.7	195.5	108.6			102.2
314.0	190.2	105.7			97.3
309.0	187.1	104.0			98.4
302.2	183.0	101.7			97.8
303.1	183.6	102.0	100.3		100.3
298.9	181.0	100.6	98.9		98.6
296.5	179.6	99.8	98.1		99.2
302.7	183.3	101.9	100.2		102.1
304.2	184.2	102.4	100.7		100.5
307.9	186.5	103.6	101.9	101.2	101.2
319.2	193.4	107.5	105.6	104.9	103.7
341.9	207.1	115.1	113.1	112.4	107.1
339.9	205.8	114.4	112.5	111.7	99.4
349.2	211.5	117.6	115.6	114.8	102.7
366.7	222.1	123.4	121.3	120.5	105.0
370.0	224.1	124.5	122.4	121.6	100.9
378.8	229.5	127.5	125.4	124.5	102.4

9-11 主要年份全区农村商品零售价格总指数

年份 Year	以 1957 年价格为 100 Year of 1957=100	以 1965 年价格为 100 Year of 1965=100	以 1970 年价格为 100 Year of 1970=100	以 1978 年价格为 100 Year of 1978=100	以 1980 年价格为 100 Year of 1980=100
1958	100.0				
1960	101.8				
1965	111.9				
1970	111.6	99.8			
1975	109.4	97.8	98.0		
1980	122.6	109.6	109.8	105.1	
1985	139.9	125.1	125.3	120.0	114.1
1990	225.5	201.6	202.0	193.4	183.9
1995	391.9	350.3	351.1	336.2	319.7
1996	420.9	376.3	377.1	361.0	343.4
1997	429.7	384.2	385.0	368.6	350.6
1998	420.7	376.1	376.9	360.9	343.2
1999	408.1	364.8	365.6	350.0	332.9
2000	397.5	355.3	356.1	340.9	324.3
2001	395.9	353.9	354.7	339.6	323.0
2002	389.5	348.2	349.0	334.1	317.8
2003	389.9	348.6	349.4	334.5	318.1
2004	406.3	363.2	364.0	348.5	331.5
2005	406.7	363.6	364.4	348.9	331.8
2006	414.0	370.1	371.0	355.2	337.8
2007	436.4	390.1	391.0	374.3	356.0
2008	490.9	438.9	439.9	421.1	400.5
2009	490.9	438.9	439.9	421.1	400.5
2010	512.9	458.5	459.5	439.9	418.4
2011	552.9	494.3	495.4	474.3	451.1
2012	562.3	502.7	503.8	482.3	458.7
2013	578.6	517.2	518.4	496.3	472.0

Retail Price Index of Rural Households in Main Years

以 1985 年价格为 100 Year of 1985=100	以 1990 年价格为 100 Year of 1990=100	以 1995 年价格为 100 Year of 1995=100	以 2000 年价格为 100 Year of 2000=100	以 2005 年价格为 100 Year of 2005=100	以上年价格为 100 Preceding Year =100
					100.0
					101.0
					97.7
					100.0
					100.0
					104.0
					106.1
161.2					105.7
280.1	173.8				115.9
300.8	186.7	107.4			107.4
307.2	190.6	109.7			102.1
300.7	186.6	107.4			97.9
291.7	181.0	104.1			97.0
284.1	176.3	101.4			97.4
283.0	175.6	101.0	99.6		99.6
278.4	172.8	99.4	98.0		98.4
278.7	172.9	99.5	98.1		100.1
290.4	180.2	103.7	102.2		104.2
290.7	180.4	103.8	102.3		100.1
295.9	183.6	105.7	104.2	101.8	101.8
311.9	193.6	111.4	109.8	107.3	105.4
350.9	217.7	125.3	123.5	120.7	112.5
350.9	217.7	125.3	123.5	120.7	100.0
366.6	227.5	130.9	129.0	126.1	104.5
395.2	245.2	141.1	139.1	135.9	107.8
401.9	249.4	143.5	141.5	138.2	101.7
413.6	256.6	147.6	145.6	142.3	102.9

9-12 主要年份全区农业生产资料价格总指数

年份 Year	以 1957 年价格为 100 Year of 1957=100	以 1965 年价格为 100 Year of 1965=100	以 1970 年价格为 100 Year of 1970=100	以 1978 年价格为 100 Year of 1978=100	以 1980 年价格为 100 Year of 1980=100
1978	92.7	91.8	99.7		
1980	94.8	93.9	102.0	102.3	101.5
1985	108.6	107.5	116.8	117.1	116.2
1990	171.0	169.3	187.3	187.8	186.3
1995	347.9	344.4	380.9	382.1	379.1
1996	379.2	375.4	415.2	416.5	413.2
1997	372.4	368.6	407.8	409.0	405.7
1998	357.9	354.2	391.9	393.0	389.9
1999	334.3	330.8	366.0	367.1	364.2
2000	320.9	317.6	351.4	352.4	349.6
2001	327.3	324.0	358.4	359.5	356.6
2002	338.8	335.3	370.9	372.0	369.1
2003	336.7	333.3	368.7	369.8	366.9
2004	382.2	378.3	418.5	419.7	416.4
2005	417.7	413.5	457.4	458.8	455.1
2006	421.1	416.8	461.0	462.4	458.8
2007	472.5	467.6	517.3	518.9	514.7
2008	596.2	590.1	652.8	654.8	649.6
2009	574.2	568.3	628.7	630.6	625.6
2010	599.5	593.4	656.4	658.4	653.1
2011	683.4	676.4	748.3	750.5	744.6
2012	735.4	727.8	805.1	807.6	801.2
2013	747.1	739.5	818.0	820.5	814.0

Agricultural Production Index in Main Years

以1985年价格为100 Year of 1985=100	以1990年价格为100 Year of 1990=100	以1995年价格为100 Year of 1995=100	以2000年价格为100 Year of 2000=100	以2005年价格为100 Year of 2005=100	以上年价格为100 Preceding Year =100
					99.7
					101.5
					103.8
160.4					105.6
326.2	203.4				130.4
355.6	221.7	109.0			109.0
349.2	217.7	107.0			98.2
335.6	209.2	102.9			96.1
313.4	195.4	96.1			93.4
300.9	187.6	92.2			96.0
306.9	191.4	94.1	102.0		102.0
317.6	198.1	97.4	105.6		103.5
315.7	196.9	96.8	104.9		99.4
358.4	223.5	109.9	119.1		113.5
391.7	244.2	120.1	130.2		109.3
394.8	246.2	121.0	131.2	100.8	100.8
443.0	276.2	135.8	147.2	113.1	112.2
559.1	348.6	171.4	185.8	142.7	126.2
538.4	335.7	165.0	178.9	137.4	96.3
562.1	350.5	172.3	186.8	143.5	104.4
640.8	399.6	196.4	213.0	163.6	114.0
689.5	429.9	211.4	229.2	176.0	107.6
700.5	436.8	214.7	232.8	178.8	101.6

9-13 各市县居民消费价格指数(2013年)

(以上年价格为100)

分类名称	Item	银川市区 Yinchuan
居民消费价格总指数	**Consumer Price Index**	**103.5**
消费品价格指数	**Consumer Goods Price Index**	**104.0**
食品	**Food**	**107.3**
粮食	Grain	105.1
淀粉及制品	Starches and Tubers	104.1
干豆类及豆制品	Beans and Bean Products	103.7
油脂	Oil or Fat	100.9
肉禽及其制品	Meat,Poultry and Processed Products	110.2
蛋	Eggs	108.2
水产品	Aquatic Products	107.6
菜	Vegetables	110.4
调 味 品	Flavoring	101.8
糖	Carbohydrate	100.6
茶及饮料	Tea and Beverages	101.9
干鲜瓜果	Dried and Fresh Melons and Fruits	107.5
糕点饼干面包	Cake,Biscuit and Bread	102.8
液体乳及乳制品	Milk and Processed Products	105.8
在外用膳食品	Dining Out	107.4
其他食品	Others Food	105.3
烟酒	**Tobacco,Liquor and Articles**	**99.7**
烟草	Tobacco	100.0
酒	Liquor	99.0
衣着	**Clothing**	**102.8**
服　装	Garments	103.5
衣着材料	Clothing Material	105.7
鞋袜帽	Footgear and Hats	100.4
衣着加工服务费	Clothing Manufacturing Services	109.2
家庭设备用品及维修服务	**Household Facilities , Articles and Services**	**101.2**
耐用消费品	Durable Consumer Goods	100.5
室内装饰品	Interior Decorations	98.1
床上用品	Bed Articles	99.4
家庭日用杂品	Daily Use Household Articles	102.7
家庭服务及加工维修服务	Household Services and Maintenance and Renovation	102.5
医疗保健和个人用品	**Health Care and Personal Articles**	**104.5**
医疗保健	Health Care	104.9
个人用品及服务	Personal Articles and Service	103.7
交通和通信	**Transportation and Communication**	**97.8**
交通	Transportation	99.4
通信	Communication	94.8
娱乐教育文化用品及服务	**Recreation,Education , Culture Articles and Service**	**99.6**
文娱用耐用消费品及服务	Durable Consumer Goods for Cultural and Recreational Use and Services	87.0
教育	Education	105.8
文化娱乐类	Cultural and Recreational	104.7
旅游	Touring and Outing	92.9
居住	**Residence**	**102.6**
建房及装修材料	Building and Building Decoration Materials	99.1
租房	Renting	112.7
自有住房	Private Housing	101.0
水、电、燃料	Water,Electricity and Fuels	103.6

Consumer Price Indices by City and Country(2013)

(preceding Year =100)

石嘴山市区 Shizuishan	利通区 Litong	原州区 Yuanzhou	沙坡头区 Shapotou	平罗县 Pingluo	海原县 Haiyuan
103.2	**103.2**	**103.8**	**103.4**	**103.9**	**104.3**
103.6	**103.2**	**104.2**	**103.1**	**104.0**	**104.8**
106.8	**106.9**	**107.9**	**105.6**	**108.2**	**109.3**
105.5	104.4	107.1	105.4	105.0	105.3
98.4	102.5	102.8	96.3	99.3	106.0
102.6	105.6	105.0	104.8	121.2	103.4
99.6	100.1	102.9	100.7	101.1	102.1
109.4	113.1	110.1	109.0	111.0	115.5
105.1	104.3	109.2	105.3	99.8	103.1
102.1	96.0	100.9	101.4	102.3	103.9
106.7	101.9	108.7	106.8	104.0	118.6
103.0	104.1	104.8	105.0	103.5	111.8
101.1	94.2	101.9	97.8	95.2	100.0
104.6	103.7	99.1	101.5	111.9	100.2
115.6	109.0	111.0	105.9	120.6	108.9
113.9	104.7	100.4	99.4	112.6	102.8
105.0	106.8	110.0	102.5	105.6	102.3
105.4	106.3	109.0	106.7	109.9	113.0
100.3	109.2	104.9	99.7	103.4	107.4
100.0	**100.3**	**100.0**	**99.6**	**99.6**	**100.0**
100.0	100.0	100.0	100.0	100.0	100.0
100.1	100.7	99.9	98.8	98.6	100.0
102.5	**99.9**	**104.5**	**103.5**	**105.0**	**103.5**
102.6	99.3	103.7	103.1	104.7	103.1
100.6	102.6	98.6	106.3	102.3	99.7
102.3	101.3	106.5	104.3	106.0	104.7
104.1	106.2	113.7	113.5	109.4	117.1
100.0	**100.4**	**103.9**	**101.9**	**102.8**	**103.7**
99.7	100.6	100.4	100.5	102.3	104.8
101.4	101.7	100.2	102.5	101.5	103.1
98.1	100.0	106.1	101.6	102.0	98.7
100.6	100.1	108.0	100.6	103.7	103.3
100.1	100.7	110.3	117.0	107.7	109.6
103.5	**102.1**	**101.3**	**102.2**	**101.2**	**100.4**
105.2	103.2	101.9	101.6	100.3	99.9
100.1	99.6	99.7	103.8	104.6	101.7
100.3	**102.7**	**98.6**	**101.1**	**97.4**	**98.2**
101.2	104.6	99.0	102.8	98.4	100.0
99.1	100.0	97.9	98.2	95.9	95.6
99.1	**99.7**	**101.3**	**102.9**	**100.4**	**100.0**
96.5	95.7	97.8	95.2	97.3	95.5
101.4	102.7	102.5	104.3	102.3	102.0
99.7	104.3	100.5	103.4	99.4	97.6
97.1	93.7	101.2	109.4	100.2	95.0
102.1	**101.5**	**100.5**	**102.7**	**102.4**	**103.2**
101.9	99.9	100.6	98.8	103.1	104.4
106.0	104.1	103.7	112.9	100.7	113.2
102.8	103.0	103.1	105.5	111.3	102.5
101.3	101.5	99.2	101.9	95.6	101.2

9-14 各市县商品零售价格指数(2013 年)

(以上年价格为 100)

分类名称	Item	银川市区 Yinchuan
商品零售价格总指数	**Retail Price Index**	**102.3**
食品	**Food**	**106.9**
粮食	Grain	106.6
淀粉及制品	Starches and Tubers	104.1
干豆类及豆制品	Beans and Bean Products	103.2
油脂	Oil or Fat	100.8
肉禽及其制品	Meat,Poultry and Processed Products	108.1
蛋	Eggs	106.6
水产品	Aquatic Products	108.1
菜	Vegetables	112.0
调味品	Flavoring	102.1
糖	Carbohydrate	100.7
干鲜瓜果	Dried and Fresh Melons and Fruits	107.5
糕点饼干面包	Cake,Biscuit and Bread	102.5
液体乳及乳制品	Milk and Processed Products	104.5
在外用膳食品	Dining Out	107.8
其他食品	Others Food	105.3
饮料、烟酒	**Beverages,Tobacco,Liquor and Articles**	**100.1**
茶及饮料	Tea and Beverages	101.5
烟草	Tobacco	100.0
酒	Liquor	98.8
服装、鞋帽	**Garments,Shoes and Hats**	**102.6**
服装	Garments	103.7
鞋袜帽	Footgear and Hats	100.5
其他	Others	97.6
纺织品	**Textiles**	**101.8**
衣着材料	Clothing	104.2
床上用品	Bedding	101.1

Retail Price Indices by City and Country(2013)

(preceding Year =100)

石嘴山市区 Shizuishan	利通区 Litong	原州区 Yuanzhou	沙坡头区 Shapotou	平罗县 Pingluo	海原县 Haiyuan
102.5	**101.8**	**103.2**	**102.2**	**102.4**	**103.7**
106.8	**106.4**	**108.0**	**105.4**	**108.0**	**108.7**
105.5	104.5	107.1	105.6	105.5	105.3
98.4	102.5	102.8	96.3	99.3	106.0
102.6	105.7	105.0	104.6	116.7	105.0
99.6	100.0	102.9	100.8	101.0	102.3
109.4	112.3	110.0	107.8	111.2	115.1
105.1	104.4	109.2	105.4	100.6	103.2
102.1	96.6	100.9	101.4	102.0	103.4
106.7	102.1	108.7	107.1	103.7	116.4
103.0	103.6	104.8	106.5	102.7	111.6
101.1	94.0	101.9	100.1	96.8	100.0
115.6	108.9	111.0	102.1	118.1	109.2
113.9	104.8	100.4	99.8	114.9	102.8
105.0	107.1	110.0	101.8	104.7	102.3
105.4	105.8	109.0	106.7	109.7	112.7
100.3	109.2	104.9	99.7	103.4	107.4
101.1	**101.0**	**99.8**	**99.8**	**102.0**	**100.1**
104.2	103.1	99.1	101.2	113.3	100.2
100.0	100.0	100.0	100.0	100.0	100.0
100.1	100.8	99.9	98.8	98.5	100.0
102.3	**100.0**	**104.6**	**103.2**	**104.6**	**103.5**
102.5	100.0	103.7	103.1	104.7	103.1
102.0	100.1	106.5	103.8	104.7	104.7
102.4	100.0	112.7	100.0	100.0	100.0
98.2	**101.4**	**104.4**	**103.6**	**102.7**	**98.8**
100.6	103.3	98.6	108.9	102.8	99.7
97.3	100.0	106.4	100.5	102.6	98.1

9-14 续表 1

分类名称	Item	银川市区 Yinchuan
家用电器及音像器材	**Household Appliances,Music and Video Equipment**	**95.3**
家庭设备	Household Facilities	100.3
文娱用耐用消费品	Durable Consumer Goods for Cultural and Recreational Use and Services	86.0
专业音像器材	Professional AV Facilities	98.1
文化办公用品	**Cultural and Office Appliances**	**98.5**
日用品	**Articles for Daily Use**	**101.9**
日用百货	General Merchandise for Daily Use	100.4
日用杂品	Miscellaneous for Daily Use	104.7
洗涤用品	Washing Articles	102.2
其他日用品	Other Articles	100.9
体育娱乐用品	**Sports and Recreation Articles**	**100.5**
体育用品	Sports Articles	101.1
娱乐用品	Recreation Articles	100.0
交通、通信用品	**Transportation and Communication Appliances**	**92.3**
交通运输机械	Transport Machinery	96.7
通信器材	Communication Apparatus	82.9
家具	**Furniture**	**100.2**
化妆品	**Cosmetics**	**102.2**
金银珠宝	**Gold ,Silver and Jewel**	**89.9**
中西药品及医疗保健用品	**Traditional Chinese and Western Medicines and Health Care Articles**	**106.0**
医疗器具及用品	Medical Apparatus and Article	100.0
中药材及中成药	Traditional Chinese Medicinal Materials and Medicines	113.8
西药	Western Medicines	101.0
保健品及器具	Health Care Apparatus and Articles	106.5
书报杂志及电子出版物	**Books,Newspapers,Magazines and Electronic Publications**	**106.8**
教材及参考书	Teaching Materials and Reference Books	108.3
书报杂志	Books,Newspapers and Magazines	106.6
电子音像制品	Electromin Publications	100.0
燃料	**Feuls**	**101.7**
煤炭及制品	Coal and Processed Products	102.4
石油及制品	Petroleum and Processed Products	101.7
建筑材料及五金电料	**Building Materials and Hardware**	**99.1**
建筑装璜材料	Building Decoration Materials	98.3
五金电料	Hardware	100.5

continued

石嘴山市区 Shizuishan	利通区 Litong	原州区 Yuanzhou	沙坡头区 Shapotou	平罗县 Pingluo	海原县 Haiyuan
98.3	**98.0**	**98.3**	**97.3**	**99.2**	**96.2**
100.1	100.4	98.8	102.2	101.5	97.8
96.6	93.9	97.9	94.7	95.8	94.0
95.9	98.9	97.5	96.3	100.0	96.0
98.6	**99.8**	**100.8**	**94.6**	**97.7**	**97.2**
100.4	**100.5**	**99.2**	**101.0**	**102.8**	**100.7**
100.9	100.1	96.6	97.5	98.4	99.8
100.0	100.1	108.2	100.2	105.8	103.0
100.1	102.0	100.3	102.5	105.3	101.7
100.3	99.9	99.1	103.0	104.3	100.0
99.6	**101.3**	**100.4**	**102.6**	**98.2**	**102.0**
100.0	101.8	100.4	103.5	100.0	100.8
99.2	100.9	100.4	99.6	94.3	104.4
98.6	**98.3**	**98.2**	**94.6**	**91.8**	**93.4**
100.0	99.9	103.0	97.9	99.5	100.0
95.3	95.1	89.6	89.2	83.5	78.1
99.4	**101.1**	**101.6**	**99.4**	**101.9**	**108.7**
100.8	**100.8**	**101.6**	**104.4**	**106.1**	**101.3**
92.3	**89.7**	**86.6**	**86.6**	**94.3**	**88.3**
104.1	**102.8**	**102.5**	**103.8**	**100.2**	**101.0**
104.1	101.8	101.3	103.2	100.0	100.0
109.2	107.4	103.0	104.7	103.3	102.0
101.4	100.1	101.6	102.1	98.2	99.3
102.8	100.4	111.0	111.3	100.5	113.9
102.3	**102.5**	**101.2**	**103.3**	**100.2**	**95.9**
104.3	101.4	101.9	104.7	101.3	100.5
100.0	105.0	100.0	101.0	100.0	100.3
100.7	100.0	100.0	100.5	92.6	77.4
100.4	**92.5**	**98.5**	**101.0**	**95.7**	**100.2**
100.0	66.2	97.8	101.8	90.1	101.3
100.6	100.3	99.5	100.0	100.8	98.8
101.5	**99.4**	**98.8**	**98.1**	**99.2**	**104.7**
100.7	98.4	97.8	97.7	98.9	101.3
103.5	101.4	101.9	100.1	100.1	112.2

主要统计指标解释

[居民消费价格指数(CPI)] 居民消费价格指数是度量一组代表性消费商品及服务项目价格水平随着时间而变动的相对数，反映居民家庭购买的消费品及服务价格水平的变动情况。它是宏观经济分析和决策、价格总水平监测和调控以及国民经济核算的重要指标。其按年度计算的变动率通常被用来作为反映通货膨胀(或紧缩)程度的指标。

[商品零售价格指数] 商品的零售价格是商品在流通过程中最后一个环节的价格，是工业、商业、餐饮业和其他零售企业向城乡居民、机关团体出售生活消费品和办公用品的价格。商品零售价格调查的任务是系统地调查、搜集和整理市场商品零售价格资料，编制商品零售价格指数，以此反映市场商品零售价格的变动趋势和变动程度。其目的在于掌握商品价格的变动趋势，为国家宏观调控和国民经济核算提供参考依据。同时，还可以在此基础上编制其他派生价格指数。

[农业生产资料价格指数] 农业生产资料价格是农业生产资料在流通领域的最后一个环节价格，是工业、商业及其他单位和个人向农民出售农业生产资料的价格。农业生产资料价格调查的任务是系统地调查、搜集和整理市场农业生产资料价格资料，编制农业生产资料价格指数，据此测定全国市场农业生产资料价格变动趋势和变动程度。其目的在于掌握农业生产资料的平均价格水平，为国家制定经济政策提供依据；同时，为研究城乡市场流通和国民经济核算提供参考依据。

第十篇 Chapter10

居民生活 People's Living Conditions

责任编辑：哈金才

资料整理：哈金才　赵美兰　龚淑玲　马志明　苏春燕　化　伟　韩茹茹　倪秀红

Coordinator: Ha Jincai

Data Compilation: Ha Jincai Zhao Meilan Gong Shuling Ma Zhiming Su Chunyan Hua Wei Han Ruru Ni Xiuhong

10-1 主要年份全区城镇居民家庭人口和收支情况

Number of Households, Income and Expenditure of Uran Households in Main Years

年份 Year	平均每户家庭人口（人）Average Household Size (person)	平均每户就业人口（人）Average Number of Employed Persons per Household (person)	每一就业者负担系数 Number of Dependents per Employee	人均家庭总收入（元）Per Capita Total Income (yuan)	工资性收入（元）Income from Wages and Salaries (yuan)	经营净收入（元）Net Business Income (yuan)	财产性收入（元）Income from Properties (yuan)	转移性收入（元）Income from Transfer (yuan)	人均可支配收入（元）Per Capita Disposable Income (yuan)
1980	4.97	2.36	2.09	464					464
1985	4.16	2.16	1.92	735	640	4		91	735
1990	3.64	1.86	1.96	1434	1113	12	8	302	1421
1995	3.22	1.84	1.75	3383	2778	54	39	511	3383
1996	3.19	1.76	1.81	3612	2940	61	32	578	3612
1997	3.20	1.59	2.01	3855	2732	230	42	851	3837
1998	3.18	1.53	2.08	4144	2925	224	49	945	4112
1999	3.13	1.52	2.06	4505	3078	208	82	1138	4473
2000	3.08	1.50	2.05	4945	3459	305	41	1140	4912
2001	3.08	1.48	2.08	5566	3908	365	40	1253	5544
2002	3.02	1.40	2.16	6409	4367	405	41	1597	6067
2003	2.95	1.37	2.15	6991	4671	441	82	1797	6530
2004	2.91	1.35	2.16	7749	5166	495	60	2027	7218
2005	2.89	1.33	2.17	8745	5772	957	64	1952	8094
2006	2.85	1.32	2.16	10002	6451	979	89	2483	9177
2007	2.86	1.36	2.10	11793	7668	1183	147	2795	10859
2008	2.92	1.36	2.15	14119	8794	1857	183	3285	12932
2009	2.90	1.34	2.16	15551	9597	2036	281	3636	14025
2010	2.87	1.37	2.09	17537	10821	2238	190	4288	15344
2011	2.79	1.34	2.08	19655	12397	2367	198	4692	17579
2012	2.82	1.36	2.07	21902	13966	2523	161	5253	19831
2013	2.88	1.37	2.10	23767	15364	2626	196	5580	21833

10-1 续表 1　continued

年 份 Year	人均消费支出(元) Per Capita Consumption Expenditure (yuan)	食品(元) Food (yuan)	衣着(元) Clothing (yuan)	家庭设备用品及服务(元) Household Facilities, Articles and Services (yuan)	医疗保健(元) Health Care and Medical Services (yuan)	交通和通讯(元) Transport and Communication (yuan)	教育文化娱乐服务(元) Education, Cultural and Recreation Service (yuan)	居住(元) Residence (yuan)	其他商品和服务(元) Other Goods and Services (yuan)
1980	403								
1985	645	304	112	51	8	18	86	30	36
1990	1212	640	180	113	33	27	90	58	71
1995	2866	1336	491	195	131	195	261	153	104
1996	3039	1384	527	195	172	229	275	152	105
1997	3271	1423	542	209	233	209	330	218	109
1998	3380	1420	514	187	245	249	394	262	109
1999	3548	1386	481	205	317	289	455	298	118
2000	4201	1509	562	290	327	407	565	381	157
2001	4595	1577	572	313	410	487	589	479	168
2002	5105	1774	578	343	453	557	711	483	206
2003	5330	1919	585	363	451	585	645	561	221
2004	5821	2156	637	364	441	647	651	660	265
2005	6404	2229	777	417	536	706	770	711	259
2006	7206	2445	874	481	579	775	847	891	314
2007	7817	2761	994	481	646	859	863	911	302
2008	9558	3353	1179	597	817	1096	1044	1069	404
2009	10280	3432	1261	637	922	1364	1076	1128	461
2010	11334	3768	1417	716	890	1575	1286	1182	500
2011	12896	4483	1702	885	978	1638	1441	1247	521
2012	14067	4769	1876	1193	929	1063	2110	1516	611
2013	15321	4895	1737	1002	1159	2504	1868	1498	658

10-2 主要年份全区城镇居民家庭分类平均每人消费性支出

Per Capital Annual Living Expenditure of Urban Households in Main Years

单位:元 (yuan)

指 标	Item	2000	2010	2011	2012	2013
消费性支出	**Consumption Expenditure**	**4201**	**11334**	**12896**	**14067**	**15321**
食 品	**Food**	**1509**	**3768**	**4483**	**4769**	**4895**
粮 食	Grain	187	343	395	389	390
油 脂	Oil and Fats	66	112	126	124	139
肉禽及制品	Meat,Poultry and Processed Products	282	626	783	982	904
蛋	Eggs	37	57	66	66	63
水产品	Aquatic Products	41	70	80	81	90
蔬 菜	Vegetables	159	371	402	423	502
烟 草	Tobacco	95	240	268	260	259
酒和饮料	Liquor and Beverages	69	166	187	193	209
奶及奶制品	Milk and Processed Products	59	177	218	243	262
衣 着	**Clothing**	**562**	**1417**	**1702**	**1876**	**1737**
服 装	Garments	377	1052	1266	1399	1280
家庭设备用品及服务	**Household Facilities,Articles and Services**	**389**	**716**	**885**	**929**	**1002**
耐用消费品	Durable Consumer Goods	228	318	370	373	502
室内装饰品	Articles for Interior Decoration	21	22	42	40	39
床上用品	Bed Articles	19	51	66	69	54
家庭日用杂品	Household Articles for Daily Use	74	289	366	401	364
医疗保健	**Health Care and Medical Services**	**327**	**890**	**978**	**1063**	**1159**
药品费	Drug Charges	259	559	589	603	527
交通和通信	**Transport and Communications**	**372**	**1575**	**1638**	**2110**	**2504**
交 通	Transport	143	1030	1041	1468	1787
通 信	Communications	228	545	596	642	716
教育文化娱乐服务	**Education,Culture and Recreation Services**	**536**	**1286**	**1441**	**1516**	**1868**
文化娱乐用品	Recreation Articles	168	371	422	387	411
教 育	Education	256	484	567	581	898
居 住	**Residence**	**282**	**1182**	**1247**	**1193**	**1498**
住 房	Housing	73	320	356	304	557
水电燃料及其它	Water,Electricity,Fuels and Others	210	782	799	797	807
其它商品和服务	**Other Goods and Services**	**231**	**500**	**521**	**611**	**658**

10-3 主要年份全区城镇居民家庭平均每人购买主要商品数量
Per Capital Annual Purchases of Major Commodities of Urban Households in Main Years

品 种	Item	单位	Unit	1985	1990	2000	2010	2011	2012	2013
粮食	Grain	千克	kg	137.00	159.96	80.15	79.49	81.84	77.09	77.38
鲜菜	Fresh Vegetables	千克	kg	152.00	164.16	114.90	110.87	110.96	101.75	107.92
食用植物油	Edible Vegetable Oil	千克	kg	7.40	9.72	7.67	7.75	7.88	7.57	8.62
猪肉	Pork	千克	kg	9.00	10.56	8.26	7.28	6.51	7.26	8.09
牛羊肉	Beef and Mutton	千克	kg	7.10	10.44	10.22	9.43	10.27	9.48	9.14
禽类	Poultry	千克	kg	1.40	2.28	4.51	6.62	7.14	6.60	6.23
鲜蛋	fresh Eggs	千克	kg	4.50	3.48	8.30	6.67	6.47	7.26	6.15
鱼	Fish	千克	kg	2.90	4.92	3.51	3.64	3.63	3.26	3.93
食糖	Sugar	千克	kg	3.60	3.36	1.70				
卷烟	Cigarette	盒	pack	47.00	52.68	33.35				
酒类	Liquor	千克	kg	3.70	5.64	4.61	4.35	4.44	4.01	3.59
男式服装	Men´s Clothing	件	suit			2.28				
女式服装	Women´s Clothing	件	suit			3.86				
各式童装	Children´s Wear	件	suit			1.89				
鞋类	Footwear	双	pair			3.02	3.17	2.97	3.09	2.68
水	Water	吨	ton			22.34	22.27	22.31	21.51	26.28
电	Electricity	度	kwh			205.85	408.85	432.98	450.37	499.84
煤炭	Coal	千克	kg	544.00	384.70	137.60	46.05	38.61	35.21	25.56
液化石油气	Liquefied Petroleum Gas	千克	kg	0.70	5.27	13.22	6.77	5.26	3.82	4.47
管道煤气	Pipeline Gas	立方米	cm.q			2.32	3.84	1.41	0.65	0.10

注：1. 2010 年粮食包括大米、面粉和其他粮食及制品；
2. 2010 年家禽包括鸡、鸭和其他禽类及制品；
3. 2010 年鲜蛋不包含蛋制品；
4. 2010 年酒类包括白酒、果酒、啤酒和其它酒。
a)Data of Grain includes rice,flour and other products of grain in 2010.
b)Data of Poultry includes chickens,ducks and other products of poultry in 2010.
c)Data of egg products are not included in Fresh Eggs in 2010.
d)Data of Liquor includes liquor,fruit wine,beer and other liquor.

10-4 主要年份全区城镇居民家庭主要耐用消费品百户拥有情况

Statistics of Major Durable Consumer Goods Owned Per 100 Urban Households in Main Years

指　标	Item	2000	2010	2011	2012	2013
成套家具(套)	Furniture (set)					
摩托车(辆)	Motorcycle (unit)	15.48	19.19	20.86	21.86	14.83
自行车(辆)	Bicycle (unit)	181.00				
助力车(辆)	Powered Bicycle (unit)		24.71	26.68	28.08	32.02
家用汽车(辆)	Automobile (unit)		7.00	12.40	16.67	18.48
洗衣机(台)	Washing Machine (set)	87.00	94.32	93.32	95.42	93.48
电风扇(台)	Electric Fans (set)	63.00				
电冰箱(台)	Refrigerator (set)	72.00	88.65	89.64	92.06	89.33
冰柜(台)	Ice Chest (set)	3.00				
彩色电视机(台)	Color Television (set)	109.00	105.24	102.74	102.11	99.22
影碟机(台)	Video Disc Player (set)	34.00				
录音机(台)	Recorder (set)	37.00				
录放像机(台)	Video Tape Recorder (set)	10.00				
家用电脑(台)	Computer (set)	4.00	51.32	59.39	64.43	66.30
组合音响(套)	Hi-Fi Stereo Component System (set)	19.00	17.81	12.97	12.52	5.75
摄像机(架)	Video Camera (set)	0.50	3.24	4.55	5.49	5.70
照相机(架)	Camera (set)	28.00	20.31	22.76	22.58	25.39
钢琴(架)	Piano (unit)	0.70	1.31	0.93	1.11	
其他中高档乐器(件)	Secondary and Top Grade Musical Instrument (set)	4.00	5.37	3.10	3.57	4.39
微波炉(台)	Microwave Oven (unit)	7.00	42.10	43.83	42.73	47.20
空调器(台)	Air Conditioner (unit)	1.00	10.19	12.04	10.87	12.28
取暖器(台)	Heat Utensil (unit)					
电炊具(台)	Electric Cooking Utensils (unit)	137.00				
淋浴热水器(台)	Water Heater for Shower (unit)	40.00	75.07	81.56	84.15	86.84
排油烟机(台)	Ventilator (unit)	44.00				
消毒碗柜(台)	Disinfection Cupboard (unit)		2.16	3.67	3.28	2.32
洗碗机(台)	Dishwasher (unit)		0.43	0.55	0.31	0.37
饮水机(台)	Machine for Drink (unit)					
吸尘器(台)	Dust Collector (unit)	8.00				
健身器材(套)	Body-building Apparatus (unit)	6.00	1.52	1.40	1.25	1.57
固定电话(部)	Telephone (unit)	85.00	63.00	56.31	54.86	49.40
移动电话(部)	Mobile Telephone (set)	14.00	185.48	197.05	203.23	213.34
传真机(部)	Facsimile (unit)					
接入有线电视网络的电视机(台)	Television of Lined Network (set)		95.88	92.25	92.89	88.28
接入互连网的计算机(台)	Internet Computer (set)		39.67	45.78	51.70	53.71
接入互连网的移动电话(部)	Internet Mobile Telephone (set)		1.36	12.08	26.69	85.97

10-5 城镇居民家庭按可支配收入不等距九组分组资料(2013 年)

单位:元 / 人

指标名称	Indicator	单位	unit	总计 Average
人口与就业(人 / 户)	**Population and Employment (person/household)**			
家庭人口数	Household Size	人/户	person/household	3.02
有收入者人数	Number of Income	人/户	person/household	1.75
就业人口数	Number of Employed	人/户	person/household	1.44
国有经济单位职工人数	State-owned Unit	人/户	person/household	0.56
负担系数	Dependents Coefficient	-	-	2.10
家庭总收入	**Total Income**	**元/人**	**yuan/person**	**23767**
可支配收入	Disposable Income	元/人	yuan/person	21833
工资性收入	Income from Wages and Salaries	元/人	yuan/person	15364
经营净收入	Business Income	元/人	yuan/person	2626
财产性收入	Income from Properties	元/人	yuan/person	196
转移性收入	Income from Transfer	元/人	yuan/person	5580
出售财物收入	**Proceeds from Sales of Belongings**	**元/人**	**yuan/person**	**59**
出售住房收入	Sale of Housing	元/人	yuan/person	57
出售其他物品收入	Sale of Other	元/人	yuan/person	2
借贷收入	**Credit Income**	**元/人**	**yuan/person**	**6943**
提取储蓄存款	Draw Saving Deposits	元/人	yuan/person	6103
借入款	Borrowed	元/人	yuan/person	319
收回借出款	Recover Loans	元/人	yuan/person	92
收回储蓄性保险本	Recover of Principal Insurance Savings	元/人	yuan/person	
兑售有价证券	Income from Securities	元/人	yuan/person	
收回投资本金	Recouping Investment Principal	元/人	yuan/person	192
住房贷款	Repayment of House Loan	元/人	yuan/person	169
汽车贷款	Repayment of Auto Loan	元/人	yuan/person	47
教育贷款	Repayment of Education Loan	元/人	yuan/person	4
其他贷款	Repayment of Other Loans	元/人	yuan/person	16
其他借贷收入	Other Credit Income	元/人	yuan/person	
家庭总支出	**Total Expenditure**	**元/人**	**yuan/person**	**20626**
消费性支出	Consumption Expenditure	元/人	yuan/person	15321
财产性支出	Property Expenditure	元/人	yuan/person	123
转移性支出	Transfer Expenditures	元/人	yuan/person	2730
社会保障支出	Social Security Expenditure	元/人	yuan/person	1741
购房与建房支出	Expenditures of Purchasing and Building Houses	元/人	yuan/person	711
借贷支出	**Credit Expenditures**	**元/人**	**yuan/person**	**8648**

Statistics of Urban Households by Income Percentile(2013)

(yuan/person)

最低收入户 (10%) Lowest Income Households	更低收入户 (5%) Lower Incom Households	低收入户 (10%) LowIncome Households	中等偏下收入户 (20%) Lower Middle Income Households	中等收入户 (20%) Middle Income Households	中等偏上收入户 (20%) Upper Middle Income Households	高收入户 (10%) High Income Households	最高收入户 (10%) Highest Income Households	更高收入户 (5%) Higher Income Households
3.77	3.66	3.63	3.39	3.01	2.55	2.69	2.23	2.13
1.43	1.23	1.67	1.78	1.88	1.72	1.91	1.74	1.70
1.29	1.16	1.46	1.48	1.54	1.34	1.48	1.40	1.52
0.03	0.04	0.26	0.42	0.61	0.74	0.77	0.99	1.08
2.93	3.16	2.48	2.28	1.95	1.91	1.82	1.59	1.40
7232	**5686**	**12538**	**16990**	**24076**	**30669**	**37926**	**54309**	**62139**
6563	4819	11175	15736	21890	28216	35127	50321	58223
5342	3695	8510	11288	15720	19047	24729	33674	39345
578	421	1793	2595	2673	2143	4101	6470	12747
61	68	118	50	95	412	227	683	904
1252	1502	2117	3057	5587	9067	8870	13483	9143
1			**220**	**1**			**120**	**245**
			213				120	245
1			6	1				
3581	**4588**	**2631**	**4480**	**7557**	**6494**	**16203**	**14940**	**17886**
3034	3611	2574	2907	6789	6400	14905	13240	14637
483	886	50	362	389	41	866	182	233
31	49	5	87	107	36	433	42	
1			854	1				
			243				1446	2956
				235			29	60
17	11	3	2	4				
15	31		24	33	17			
9987	**11333**	**11396**	**14536**	**21658**	**23777**	**36615**	**41396**	**44997**
8268	9270	8888	11280	15900	18026	26514	27837	28397
7	15	16	38	144	137	172	568	900
916	1298	1049	1548	2630	2990	6702	6730	6762
537	740	1236	1110	1983	2219	2550	3647	3595
260	10	207	560	1000	405	678	2614	5343
2051	**979**	**3521**	**4383**	**7660**	**11906**	**15909**	**26043**	**31326**

10-5 续表 1

单位:元 / 人

指标名称	Indicator	单位	unit	总计 Average	最低收入户(10%) Lowest Income Households
消费性支出	**Consumption Expenditure**	**元/人**	**yuan/person**	**15321**	**8268**
食品	**Food**	**元/人**	**yuan/person**	**4895**	**2546**
粮油类	Grain and Oil	元/人	yuan/person	612	552
肉禽蛋水产品类	Meat,Poultry and Eggs and Aquatic Products	元/人	yuan/person	1057	578
蔬菜类	Vegetables	元/人	yuan/person	502	325
调味品	Condiment	元/人	yuan/person	58	41
糖烟酒饮料类	Sugar and Cigarette and Liquor and Beverage	元/人	yuan/person	501	242
干鲜瓜果类	Dried and Fresh Melons and Fruits	元/人	yuan/person	473	214
糕点、奶及奶制品	Cake and Milk and Processed Products	元/人	yuan/person	330	151
其他食品	Other Food	元/人	yuan/person	203	89
饮食服务	Food and Drink Services	元/人	yuan/person	1128	354
衣着	**Clothing**	**元/人**	**yuan/person**	**1737**	**781**
服装	Garments	件/人	suit/person		
		元/人	yuan/person	1280	565
衣着材料	Clothing Material	元/人	yuan/person	6	5
鞋类	Shoes	双/人	pair/person	3	2
		元/人	yuan/person	376	175
其他衣着用品	Other Articles	元/人	yuan/person	65	34
衣着加工服务费	Clothing Processing Charges	元/人	yuan/person	4	2
居住	**Residence**	**元/人**	**yuan/person**	**1498**	**957**
住房	Housing	元/人	yuan/person	557	241
水电燃料及其他	Water, Electricity, Fuels and Others	元/人	yuan/person	807	640
居住服务费	Habitation Service Charge	元/人	yuan/person	130	76
家庭设备用品及服务	**Household Facilities,Articles and Services**	**元/人**	**yuan/person**	**1002**	**357**
耐用消费品	Durable Consumer Goods	元/人	yuan/person	502	110
室内装饰品	Articles for Interior Decoration	元/人	yuan/person	39	22
床上用品	Bed Articles	元/人	yuan/person	54	25
家庭日用杂品	Household Articles for Daily Use	元/人	yuan/person	364	189
家具材料	Furniture Materials	元/人	yuan/person	4	5
家庭服务	Household Services	元/人	yuan/person	36	7
医疗保健	**Health Care and Medical Services**	**元/人**	**yuan/person**	**1159**	**1088**
医疗器具	Medical Implement	元/人	yuan/person	8	2
保健器具	Health Care Implement	元/人	yuan/person	8	
药品费	Drug Charges	元/人	yuan/person	527	357
滋补保健品	Health Products	元/人	yuan/person	73	17
医疗费	Medical Care Expenses	元/人	yuan/person	867	727
其他医疗保健支出	Other	元/人	yuan/person		
交通和通信	**Transport and Communications**	**元/人**	**yuan/person**	**2504**	**1105**
交通	Transport	元/人	yuan/person	1787	729
通信	Communications	元/人	yuan/person	716	376
教育文化娱乐服务	**Education,Culture and Recreation Services**	**元/人**	**yuan/person**	**1868**	**1056**
文化娱乐用品	Recreation Articles	元/人	yuan/person	411	114
文化娱乐服务	Recreation Services	元/人	yuan/person	556	95
教育	Education	元/人	yuan/person	898	847
其他商品和服务	**Other Goods and Services**	**元/人**	**yuan/person**	**658**	**377**
其他商品	Other Goods	元/人	yuan/person	422	228
服务	Services	元/人	yuan/person	236	149

continued

（yuan/person）

更低收入户 (5%) Lowe Income Households	低收入户 (10%) Lowe Income Households	中等偏下收入户 (20%) Lower Middle Income Households	中等收入户 (20%) Middle Income Households	中等偏上收入户 (20%) Upper Middle Income Households	高收入户 (10%) High Income Households	最高收入户 (10%) Highest Income Households	更高收入户 (5%) Highe Income Households
9270	**8888**	**11280**	**15900**	**18026**	**26514**	**27837**	**28397**
2767	**3121**	**4036**	**5029**	**6465**	**6920**	**7701**	**8647**
586	557	615	523	774	642	613	613
590	709	920	1038	1457	1302	1620	1507
360	386	450	526	637	580	666	734
45	50	53	45	77	73	91	84
296	217	344	523	681	828	977	1260
229	311	386	508	607	713	723	835
139	225	268	342	481	485	409	476
95	137	179	250	253	275	252	279
426	524	800	1216	1483	2023	2204	2858
823	**911**	**1290**	**1769**	**2291**	**2982**	**3088**	**3737**
618	641	924	1309	1718	2253	2266	2780
1	4	4	3	15	5	9	2
2	2	3	2	3	3	3	3
167	220	301	370	472	639	656	833
36	44	54	74	75	82	111	110
1	1	3	2	6	3	10	11
1143	**981**	**1027**	**1338**	**1686**	**3281**	**2464**	**2794**
310	376	278	436	490	2059	894	1139
747	537	662	756	1019	1001	1342	1402
85	65	84	143	172	221	223	252
322	**466**	**625**	**1041**	**1194**	**2494**	**1722**	**2221**
95	170	247	539	506	1820	781	1060
15	15	19	28	66	50	113	214
25	33	47	51	71	66	108	114
183	234	286	389	477	496	597	683
			1		1	36	68
4	12	25	30	73	61	61	82
1440	**788**	**1193**	**1091**	**1507**	**1054**	**1259**	**1037**
4	7	6	9	8	2	22	18
	2	18	7	7		14	4
369	366	393	465	681	544	1212	1820
32	34	35	71	101	130	207	229
1054	429	957	678	987	1005	1544	2320
956	**986**	**1320**	**3289**	**1938**	**5555**	**6286**	**4418**
572	508	726	2530	1184	4408	4993	2959
385	478	594	758	753	1148	1293	1459
1211	**1383**	**1358**	**1711**	**2298**	**3110**	**3388**	**3655**
81	261	252	467	502	1148	403	452
94	97	318	564	705	1104	1691	1731
1036	1025	787	679	1088	858	1253	1472
608	**252**	**431**	**633**	**648**	**1118**	**1930**	**1889**
378	121	282	488	495	741	907	1089
230	131	149	145	153	377	1023	800

10-6 主要年份全区城镇居民家庭居住情况

指　　标	Item	1985
平均每户居住面积(平方米/户)	**Average Floor Space Per Household(sq.m/household)**	
建筑面积	Building Space	69.58
使用面积	Living Space	52.20
按房屋产权分的家庭比重(%)	**Percentage of Household by House Property Right(%)**	**100.00**
租赁公房	Public House Leasing	
租赁私房	Private House Leasing	
原有私房	Inhered Private House	
房改私房	Reformed Private House	
商品房	Commercial Residential Building	
其他	Others	
按用水情况分的家庭比重(%)	**Percentage of Household by Water Using(%)**	**100.00**
无自来水	No Tap Water	8.25
独用自来水	Private Tap Water	82.75
公用自来水	Public Tap Water	9.00
按卫生设备分的家庭比重(%)	**Percentage of Household by Sanitary Equipment(%)**	**100.00**
无卫生设备	No Sanitary Equipment	33.75
有厕所浴室	Having Bathroom	2.00
有厕所无浴室	Having Toilet but No Shower	26.50
公有卫生设备	Public Sanitary Equipment	37.75
按取暖设备分的家庭比重(%)	**Percentage of Household by Heating Installation(%)**	**100.00**
有取暖设备户(暖气)	Having Heating Installation(heater)	17.75
按炊用燃料使用情况分的家庭比重(%)	**Percentage of Household by Fuel Using(%)**	**100.00**
管道煤气(天然气)	Piped Gas(Natural Gas)	
液化石油气	Liquefied Petroleum Gas	1.52
煤	Coal	98.48
其 他	Others	
家庭通讯设备使用情况	**Using of Household Communication Apparatus**	
每百户拥有固定电话(部/百户)	Number of Fixed Phone Per 100 Households(set/100 households)	
每百户拥有移动电话(部/百户)	Number of Mobile Phone Per 100 Households(set/100 households)	
每百户接入互联网的计算机(台/百户)	Number of Computers Accessed to Internet Per 100 Households (set/100 households)	

Housing Conditions of Urban Households in Main Years

1990	1995	2000	2005	2010	2011	2012	2013
66.56	66.36	77.03	75.45	82.96	84.21	85.39	88.78
49.93	49.78	57.79	56.83				
100.00	**100.00**	**100.00**	**100.00**	**100.00**	**100.00**	**100.00**	**100.00**
			5.37	2.99	2.52	2.96	0.91
			3.67	6.78	7.25	6.74	8.98
			4.60	4.71	6.43	5.93	14.07
			53.26	30.19	22.10	20.33	15.92
			30.67	54.97	61.52	62.18	57.38
			2.42	0.37	0.19	1.86	2.74
100.00	**100.00**	**100.00**	**100.00**	**100.00**	**100.00**	**100.00**	**100.00**
3.82	1.64	1.80	0.69	1.02	1.35	1.52	1.3
90.18	94.91	97.20	99.03	98.93	98.59	98.42	98.56
6.00	3.65	1.00	0.29	0.05	0.06	0.06	0.14
100.00	**100.00**	**100.00**	**100.00**	**100.00**	**100.00**	**100.00**	**100.00**
48.36	18.91	15.30	9.46	5.36	2.09	1.98	1.71
8.36	20.36	21.20	61.73	74.50	81.45	83.97	87.90
37.64	52.36	60.40	27.29	19.80	15.40	12.48	8.04
5.64	8.37	3.10	1.52	0.35	1.06	1.57	2.18
100.00	**100.00**	**100.00**	**100.00**	**100.00**	**100.00**	**100.00**	**100.00**
37.82	62.18	76.70	88.57	88.88	90.43	89.65	99.42
100.00	**100.00**	**100.00**	**100.00**	**100.00**	**100.00**	**100.00**	**100.00**
	3.28	5.78	11.78	40.72	48.39	53.16	50.92
15.27	56.73	73.48	75.63	45.66	35.41	31.20	23.65
83.82	37.09	16.21	10.17	3.23	2.69	2.75	3.59
0.91	2.90	4.53	2.42	10.40	13.52	12.89	21.67
	38.91	85.42	85.10	63.00	56.31	54.86	49.40
		13.56	122.67	185.48	197.05	203.23	213.34
			14.49	39.67	45.78	51.70	53.71

10-7 各市县城镇居民家庭主要耐用消费品百户拥有情况(2013 年)

单位:百户均

市 县	Region	摩托车 Motorcycle 辆 unit	助力车 Powered Bicycle 辆 unit	家用汽车 Automobile 辆 unit	洗衣机 Washing Machine 台 set	电冰箱 Refrigerator 台 set
全 区	**Total**	**14.83**	**32.02**	**18.48**	**93.48**	**89.33**
银川市	**Yinchuan**	**6.86**	**24.68**	**19.29**	**92.41**	**92.60**
兴庆区	Xingqing	3.50	27.53	19.73	94.48	93.94
西夏区	Xixia	8.73	18.29	5.50	85.72	85.72
金凤区	Jinfeng	6.07	14.61	24.72	91.91	94.60
永宁县	Yongning	19.17	37.68	23.13	100.39	100.00
贺兰县	Helan	7.12	25.08	31.97	92.16	92.39
灵武市	Lingwu	19.15	29.07	28.82	89.75	89.75
石嘴山市	**Shizuishan**	**16.70**	**52.48**	**21.01**	**94.69**	**94.62**
大武口区	Dawukou	20.78	58.37	15.44	91.12	96.63
惠农区	Huinong	17.51	20.52	14.17	91.08	88.21
平罗县	Pingluo	8.63	73.79	25.54	95.76	93.27
吴忠市	**Wuzhong**	**24.64**	**47.39**	**21.74**	**93.38**	**89.24**
利通区	Litong	13.74	40.68	24.86	90.05	92.82
红寺堡区	Hongsipu	50.95	40.58	19.91	96.15	76.13
盐池县	Yanchi	27.84	75.16	23.99	102.42	90.00
同心县	Tongxin	54.81	58.22	23.01	80.91	71.19
青铜峡市	Qingtongxia	18.00	35.34	23.31	97.02	92.25
固原市	**Guyuan**	**20.25**	**37.21**	**22.08**	**99.08**	**77.54**
原州区	Yuanzhou	21.26	49.05	16.89	100.08	75.20
西吉县	Xiji	23.16	22.79	36.31	98.03	73.07
隆德县	Longde	18.37		11.48	91.72	68.15
泾源县	Jingyuan	16.29		26.63	100.47	99.00
彭阳县	Pengyang	15.25	18.57	50.27	98.41	89.64
中卫市	**Zhongwei**	**34.39**	**36.90**	**21.47**	**100.61**	**96.91**
沙坡头区	Shapotou	27.39	36.51	17.12	98.72	95.18
中宁县	Zhongning	43.41	36.29	24.22	102.68	97.99
海原县	Haiyuan	32.10	39.78	30.00	101.34	101.34

Ownership of Major Durable Consumer Goods Per 100 Urban Households by City and Country(2013)

(per 100 household)

彩色电视机 Color Television 台 set	家用电脑 Computer 台 set	组合音响 Hi-Fi Stereo Component System 套 set	摄像机 Video Camera 架 set	照相机 Camera 架 set	其他中高档乐器 Secondary and Top Grade Musical Instrument 件 set	微波炉 Microwave Oven 台 unit
99.22	**66.30**	**5.75**	**5.70**	**25.39**	**4.39**	**47.20**
98.86	**67.24**	**3.78**	**8.43**	**31.32**	**5.58**	**58.73**
99.39	72.01	3.62	13.11	37.19	7.59	67.04
98.41	46.51	1.61	1.61	17.18		26.14
96.76	78.27	0.80	5.74	36.66	8.28	68.60
100.39	87.95	21.85	14.86	45.10	6.61	70.44
104.93	54.27	13.03		23.38	2.46	55.53
97.74	47.45	1.94		10.52		46.05
99.32	**60.74**	**4.75**	**0.33**	**12.37**	**3.51**	**40.68**
100.00	48.16	2.52		9.86	5.03	37.68
97.71	71.84	7.24		16.84	3.62	21.88
100.00	62.82	12.23	1.98	20.12	7.97	38.82
100.44	**62.22**	**11.63**	**2.06**	**24.11**	**2.44**	**41.67**
95.29	68.21	14.85	**5.07**	**26.05**	**2.53**	**56.52**
88.12	48.82	3.85	4.18	12.53	4.18	8.03
113.92	65.95	9.08		37.91	3.33	54.45
100.28	45.44	3.04		3.32	6.38	6.66
102.39	66.12	10.25		26.10		41.22
104.92	**59.00**	**13.09**	**3.98**	**22.69**	**7.55**	**30.44**
107.82	59.71	16.13	5.62	20.50	10.75	29.63
97.44	54.75	8.10	2.87	18.06	1.97	48.36
99.84	54.31	6.62		27.52		33.92
100.93	76.16	2.98		26.75		38.08
100.00	66.65	15.01		27.15	5.92	16.68
102.56	**77.85**	**4.66**	**4.32**	**28.69**	**3.51**	**56.37**
101.58	70.68		2.64	26.26	5.30	44.44
103.71	84.65	8.40	5.41	30.15		78.24
102.68	85.00	13.08	8.66	32.90	10.18	18.48

10-7 续表 1

单位:百户均

市 县	Region	空调器 Air Conditioner 台 unit	淋浴热水器 Water Heater for Shower 台 unit	消毒碗柜 Disinfection Cupboard 台 set	洗碗机 Dishwasher 台 set	健身器材 Body-building Apparatus 套 set
全 区	**Total**	**12.28**	**86.84**	**2.32**	**0.37**	**1.57**
银川市	**Yinchuan**	**16.76**	**87.90**	**2.20**	**0.72**	**1.02**
兴庆区	Xingqing	18.30	92.59	4.13	1.08	
西夏区	Xixia	4.21	77.01			
金凤区	Jinfeng	30.04	90.83			2.31
永宁县	Yongning	15.66	97.68	3.58	2.32	9.76
贺兰县	Helan	2.19	73.71		2.46	4.92
灵武市	Lingwu	12.60	74.26			
石嘴山市	**Shizuishan**	**11.54**	**78.35**	**2.14**	**0.60**	**1.53**
大武口区	Dawukou	11.28	70.47	2.52	2.75	
惠农区	Huinong	9.68	80.01	2.97		1.80
平罗县	Pingluo	4.16	84.75	4.20		5.95
吴忠市	**Wuzhong**	**10.66**	**84.52**	**4.86**	**0.45**	**1.16**
利通区	Litong	17.05	90.27	3.73	1.21	1.16
红寺堡区	Hongsipu		56.52			
盐池县	Yanchi	14.97	80.01	2.42		4.84
同心县	Tongxin	6.66	51.52			
青铜峡市	Qingtongxia	5.28	96.04	13.05		
固原市	**Guyuan**	**4.47**	**67.85**	**1.75**		**3.19**
原州区	Yuanzhou	3.85	60.39	1.95		3.55
西吉县	Xiji	7.68	75.06			
隆德县	Longde	2.80	73.86	5.36		
泾源县	Jingyuan	22.78	96.03	2.98		
彭阳县	Pengyang	1.67	88.03			5.92
中卫市	**Zhongwei**	**12.52**	**94.62**	**2.77**	**0.65**	**3.34**
沙坡头区	Shapotou	18.84	96.60	3.72	1.33	1.31
中宁县	Zhongning	7.53	98.30	2.26		6.18
海原县	Haiyuan	1.34	66.16			1.34

continued

(per 100 household)

固定电话 Telephone 部 unit	移动电话 Mobile Telephone 部 set	信息化调查(每百户) Informationization Survey(Per100 household)		接入互联网的计算机 Internet Computer 台 set
		接入互联网的移动电话 Internet Mobile Telephone 部 set	接入有线电视网络的电视机 Lined Netwok Television 台 set	
49.40	**213.34**	**85.97**	**88.28**	**53.71**
53.64	**207.59**	**93.18**	**92.53**	**55.62**
53.16	205.04	83.93	98.24	59.91
44.68	201.85	59.74	93.90	44.92
64.86	217.56	142.06	82.05	62.09
59.02	245.63	144.05	91.46	82.16
48.19	175.28	112.44	68.02	33.89
45.95	196.27	58.27	87.07	26.13
67.76	**208.57**	**69.87**	**91.83**	**56.03**
60.40	194.71	37.88	100.00	44.79
54.97	207.85	78.50	76.17	63.12
39.32	251.11	141.03	93.62	54.57
40.32	**234.35**	**70.96**	**82.92**	**54.08**
52.13	226.36	63.40	90.29	55.66
7.70	215.41	3.85	25.06	36.29
46.08	265.42	124.44	100.00	56.93
26.38	251.22	62.13	68.22	36.05
38.14	233.32	59.62	74.56	63.53
48.74	**225.82**	**121.74**	**69.89**	**50.22**
48.30	229.68	121.17	60.29	52.61
41.73	201.90	137.96	89.85	35.03
36.72	209.24	154.23	84.94	54.31
83.65	171.51	131.78	92.98	68.74
46.86	259.15	91.80	86.90	49.97
47.01	**246.35**	**105.44**	**85.19**	**64.45**
38.95	238.40	84.70	78.88	58.97
56.33	255.05	121.59	91.39	68.45
46.16	247.77	138.03	90.63	74.82

10-8 各市县城镇居民家庭收支基本情况(2013年)

单位:元/人

指标	Indicator	一、家庭总收入 Total Income	其中:可支配收入 Disposable Income	(一)工资性收入 Income from Wages and Salaries	工资及补贴收入 Laborage and Allowance Income	其他劳动收入 Other Income from Work
全区	**Total**	**23766.75**	**21833.33**	**15363.92**	**15126.05**	**237.87**
银川市	**Yinchuan**	**26001.85**	**23776.41**	**16440.15**	**16339.90**	**100.25**
兴庆区	Xingqing	28341.44	25971.37	16410.11	16288.08	122.03
西夏区	Xixia	23081.66	20543.46	15771.26	15739.14	32.12
金凤区	Jinfeng	24869.62	22921.82	15810.23	15802.55	7.67
永宁县	Yongning	23552.62	21482.66	18665.38	18609.12	56.26
贺兰县	Helan	22420.11	21400.98	15476.45	14472.95	1003.49
灵武市	Lingwu	23999.75	21974.32	18855.10	18854.55	0.56
石嘴山市	**Shizuishan**	**24862.48**	**22223.47**	**16664.18**	**16494.60**	**169.58**
大武口区	Dawukou	26457.01	23945.60	16295.05	16295.05	
惠农区	Huinong	22675.29	20219.03	15799.65	15260.21	539.44
平罗县	Pingluo	20507.80	18748.28	13573.74	13472.43	101.31
吴忠市	**Wuzhong**	**21224.11**	**19581.86**	**13531.72**	**12862.49**	**669.23**
利通区	Litong	23216.52	20606.10	14674.68	14542.93	131.75
红寺堡区	Hongsipu	16617.76	15438.55	12200.24	12005.05	195.19
盐池县	Yanchi	18994.52	17854.00	13957.68	13276.70	680.98
同心县	Tongxin	17072.65	16112.56	11789.72	11546.95	242.78
青铜峡市	Qingtongxia	21820.48	20520.16	15563.02	13352.54	2210.48
固原市	**Guyuan**	**20457.61**	**18789.12**	**14644.71**	**14153.73**	**490.98**
原州区	Yuanzhou	22464.28	20629.61	15545.73	14895.05	650.68
西吉县	Xiji	19086.23	17192.71	14780.76	14763.29	17.47
隆德县	Longde	17347.94	16214.81	13703.69	13698.71	4.98
泾源县	Jingyuan	17803.85	16858.80	13979.62	13775.30	204.32
彭阳县	Pengyang	18274.37	16621.32	15088.80	14674.04	414.76
中卫市	**Zhongwei**	**21666.81**	**19809.69**	**15316.04**	**15206.79**	**109.25**
沙坡头区	Shapotou	22569.08	20815.81	15283.67	15170.54	113.13
中宁县	Zhongning	20503.79	18501.78	15537.31	15413.42	123.89
海原县	Haiyuan	18647.00	16810.70	14296.55	14254.57	41.98

Basic Statistics of Income and Expenditure of Urban Households by City and County(2013)

(yuan/person)

(二)经营净收入 Business Income	(三)财产性收入 Income from Properties	1.利息收入 Interest	2.股息与红利收入 Dividend and Bonus	3.保险收益 Insurance Profit	4.其它投资收入 Other Investment	5.出租房屋收入 Lease House Income
2626.08	**196.43**	**32.84**	**21.87**	**2.51**	**17.20**	**115.96**
2824.55	**232.19**	**27.10**	**19.53**	**3.34**	**19.06**	**158.21**
3332.51	394.09	51.46	35.96	6.26	0.95	290.29
806.32	16.04	10.49		2.40		3.15
3543.06	155.16				101.77	53.40
2616.81	187.65	23.18				164.24
2718.38	19.56					
1582.45	68.97		30.71			38.26
2127.58	**63.36**	**27.18**	**1.74**			**14.87**
2388.09	80.80	53.27	8.55			18.99
1682.75	49.43					4.75
2617.42	140.39	47.48				53.78
3342.05	**178.50**	**16.45**	**1.63**	**0.71**		**148.48**
2864.63	339.25	21.63	4.60			291.50
4024.23	61.76					11.33
1436.89	278.77	41.65		4.41		232.71
3339.61	37.37					30.62
2052.35	20.48	9.91				10.57
2166.91	**245.65**	**30.16**			**78.66**	**126.98**
2656.01	453.65	64.60			106.77	268.94
2220.99	202.14				72.81	129.27
1051.17	7.58					4.53
1640.96	168.12					168.12
1656.29	162.10	4.60			18.41	132.48
2635.15	**156.76**	**37.08**	**3.36**	**3.03**	**50.70**	**58.55**
2382.65	195.83	18.88	6.91		104.20	64.35
2408.15	102.14	66.15		7.56		20.15
1552.70	188.65	12.83				175.82

10-8 续表 1

单位:元 / 人

指 标	Indicator	6.知识产权收入 Intelletual Property	7.其他财产性收入 Other Properties	(四)转移性收入 Income from Transfer	1.养老金或离退休金 Annuities and Pension	2.社会救济收入 Social Relief
全 区	**Total**	**0.36**	**5.69**	**5580.31**	**4917.58**	**72.31**
银川市	**Yinchuan**	**4.94**	**0.01**	**6504.95**	**5676.12**	**78.40**
兴庆区	Xingqing	9.17		8204.73	7043.14	132.95
西夏区	Xixia			6488.05	5785.18	65.68
金凤区	Jinfeng			5361.17	4912.64	22.55
永宁县	Yongning		0.23	2082.78	1893.86	5.01
贺兰县	Helan	19.56		4205.72	3650.90	17.39
灵武市	Lingwu			3493.23	3152.52	
石嘴山市	**Shizuishan**		**19.57**	**6007.36**	**5349.77**	**41.66**
大武口区	Dawukou			7693.07	7134.90	25.47
惠农区	Huinong		44.68	5143.46	3955.87	67.13
平罗县	Pingluo		39.13	4176.25	3716.66	98.11
吴忠市	**Wuzhong**		**11.24**	**4171.83**	**3588.82**	**39.82**
利通区	Litong		21.52	5337.95	4870.96	30.09
红寺堡区	Hongsipu		50.44	331.52	21.30	23.11
盐池县	Yanchi			3321.19	2286.39	27.61
同心县	Tongxin		6.76	1905.94	909.80	108.61
青铜峡市	Qingtongxia			4184.63	3923.03	25.60
固原市	**Guyuan**	**0.72**	**8.43**	**3400.33**	**2312.05**	**187.19**
原州区	Yuanzhou		12.25	3808.89	2489.31	212.91
西吉县	Xiji		0.05	1882.35	583.14	62.09
隆德县	Longde		3.05	2585.50	1313.70	100.39
泾源县	Jingyuan			2015.15	1294.77	86.16
彭阳县	Pengyang	4.38	2.23	1367.18	511.10	211.49
中卫市	**Zhongwei**	**–0.14**	**4.19**	**3558.86**	**2868.11**	**120.19**
沙坡头区	Shapotou	–0.12	1.62	4706.94	4009.62	114.62
中宁县	Zhongning	–0.21	8.48	2456.19	1724.19	104.83
海原县	Haiyuan			2609.10	2078.38	205.80

continued

(yuan/person)

3.赔偿收入 Compensate	5.保险收入 Insurance	6.赡养收入 Maintenance Income	7.捐赠收入 Gift Income	8.提取住房公积金 Draw Money of Housing Accumulation Fund	9.记帐补贴 Allowance of Charge Account	10.其他转移性收入 Other Transfer
2.80	**1.29**	**146.69**	**170.19**	**31.78**	**162.73**	**71.63**
40.79		**113.70**	**339.64**	**36.33**	**184.14**	**35.84**
3.93		159.42	587.84	52.99	203.07	21.40
203.50		110.27	122.86		199.29	1.27
		92.30	44.84		178.42	110.42
		14.44			116.19	53.29
		13.17	101.23	347.53	35.21	40.31
50.10		25.31	88.14		162.48	14.68
		146.47	**152.23**	**131.72**	**141.67**	**43.84**
		115.83	140.81		214.79	61.28
		417.39	110.61	469.40	72.63	50.43
		31.89	158.20		88.19	83.20
5.31		**115.37**	**137.44**		**171.42**	**113.65**
15.05		191.86	25.67		192.02	12.29
		90.61	5.66		133.08	57.76
		202.88	173.01		159.56	471.73
		25.55	591.15		150.68	120.17
		28.73	4.42		155.12	47.72
10.35		**271.70**	**136.15**	**104.80**	**128.04**	**250.06**
16.19		291.81	231.94		165.95	400.79
		126.16	95.01	854.57	114.55	46.83
		486.95	415.67		75.60	193.18
				634.22		
		67.23	219.04		25.36	332.97
	24.82	**160.76**	**105.47**	**0.16**	**146.71**	**132.64**
	36.31	260.43	85.21		129.00	71.74
	17.84	78.05	159.80		171.93	199.55
		25.48		1.47	134.65	163.31

10-8 续表 2

单位:元 / 人

指 标	Indicator	二、出售财物收入 Proceeds from Sales of Belongings	1.出售住房收入 Sale of Housing	2.出售其他物品收入 Sale of Other	三、借贷收入 Credit Income	1.提取储蓄存款 Draw Saving Deposits
全 区	**Total**	**59.02**	**57.34**	**1.68**	**6943.03**	**6103.34**
银 川 市	**Yinchuan**	**34.31**		**34.31**	**9682.40**	**8899.47**
兴 庆 区	Xingqing	6.78		6.78	13846.46	12893.14
西 夏 区	Xixia	0.05		0.05	11107.91	10984.15
金 凤 区	Jinfeng	170.06		170.06	3770.56	2965.93
永 宁 县	Yongning				3607.16	2207.13
贺 兰 县	Helan	0.48		0.48	1572.82	
灵 武 市	Lingwu	0.04		0.04	3865.40	3373.83
石嘴山市	**Shizuishan**	**33.09**	**31.83**	**1.27**	**4263.35**	**3835.65**
大武口区	Dawukou	0.78		0.78	1113.68	1049.23
惠 农 区	Huinong				11402.13	11358.47
平 罗 县	Pingluo	183.31	177.14	6.16	4656.20	2417.00
吴 忠 市	**Wuzhong**	**0.32**		**0.32**	**2168.31**	**1039.76**
利 通 区	Litong	0.41		0.41	2145.11	409.92
红寺堡区	Hongsipu				1092.96	
盐 池 县	Yanchi	1.20		1.20	4282.19	2208.59
同 心 县	Tongxin	0.02		0.02	1531.94	1001.31
青铜峡市	Qingtongxia				849.11	664.06
固 原 市	**Guyuan**	**470.51**	**261.33**	**209.18**	**5716.18**	**3609.65**
原 州 区	Yuanzhou	326.99		326.99	7977.08	5541.16
西 吉 县	Xiji	1092.19	1092.19		4384.45	1427.22
隆 德 县	Longde	1244.50	1244.50		2617.31	725.23
泾 源 县	Jingyuan	2009.30	2001.82	7.48	1038.99	
彭 阳 县	Pengyang	0.04		0.04	1199.92	354.52
中 卫 市	**Zhongwei**	**1.75**		**1.75**	**5300.90**	**4724.19**
沙坡头区	Shapotou	0.71		0.71	6104.04	5624.68
中 宁 县	Zhongning				5678.41	4956.56
海 原 县	Haiyuan	12.92		12.92	498.23	

continued

(yuan/person)

2.借入款 Borrowed	3.收回借出款 Recover Loans	5.兑售有价证券 Income from Securities	6.收回投资本金 Recouping Investment Principal	7.住房贷款 Repayment of House Loan	8.汽车贷款 Repayment of Auto Loan	9.教育贷款 Repayment of Education Loan
318.97	**92.08**		**191.86**	**169.14**	**47.42**	**3.79**
623.77	**39.88**	**11.17**	**35.55**	**2.85**	**65.70**	**2.56**
750.76	22.95	23.84	9.43	6.09	140.25	
123.70			0.05			
561.76	58.82		170.06			14.00
1372.25	27.78					
1521.12	7.75		0.48			
300.91	190.62		0.04			
164.33	**64.78**		**1.27**	**127.31**		**6.37**
63.67			0.78			
35.07	8.59					
787.62	347.13		6.16	708.57		35.43
320.37	**204.34**		**548.95**	**4.14**	**14.16**	
46.62	87.38		1554.14	2.36	44.68	
478.87						
1043.16	1029.24		1.20			
502.73	8.20		0.02	19.68		
129.17	27.05					
561.10	**36.61**		**756.39**	**655.46**		**42.56**
464.86	6.57		1183.28	724.82		56.38
831.34	8.16			1893.12		
1512.75	225.58					86.79
144.79	168.73		7.48			
748.10	59.66		0.04			
232.01	**116.77**	**30.19**	**5.11**			**44.11**
58.64	51.22	62.05	7.60			49.93
425.38	229.30					
303.52			12.92			181.79

10-8 续表 3

单位:元/人

指 标	Indicator	10.其他贷款 Repayment of Other Loans	11.其他借贷收入 Other Credit Income	四、家庭总支出 Total Expenditure	(一)消费性支出 Consumption Expenditure	(二)财产性支出 Expenditures
全 区	**Total**	**16.44**		**20626.09**	**15321.10**	**122.80**
银川市	**Yinchuan**		**1.44**	**22183.81**	**16843.79**	**122.63**
兴庆区	Xingqing			24826.35	18891.88	158.89
西夏区	Xixia			17995.36	14238.86	224.67
金凤区	Jinfeng			22095.46	16483.16	31.35
永宁县	Yongning			17085.92	13029.17	0.06
贺兰县	Helan		43.47	21079.98	15418.43	38.31
灵武市	Lingwu			19380.96	13875.96	34.55
石嘴山市	**Shizuishan**	**63.65**		**18742.05**	**13396.26**	**41.77**
大武口区	Dawukou			19444.79	14522.56	
惠农区	Huinong			17657.92	12965.52	4.02
平罗县	Pingluo	354.29		19372.09	13167.76	226.23
吴忠市	**Wuzhong**	**30.56**	**6.03**	**17733.99**	**13105.45**	**33.26**
利通区	Litong			19860.18	13982.15	25.18
红寺堡区	Hongsipu	614.09		14407.89	10566.94	111.98
盐池县	Yanchi			16507.23	13153.36	114.51
同心县	Tongxin			16153.41	10720.54	1.64
青铜峡市	Qingtongxia		28.83	16679.87	13207.67	
固原市	**Guyuan**	**54.42**		**17555.75**	**12881.64**	**138.58**
原州区	Yuanzhou			19347.01	14292.05	171.35
西吉县	Xiji	224.59		18338.42	12060.53	271.51
隆德县	Longde	66.96		12957.77	8703.17	103.38
泾源县	Jingyuan	717.99		16824.57	13022.88	108.41
彭阳县	Pengyang	37.60		15769.04	11442.88	
中卫市	**Zhongwei**	**148.51**		**18534.57**	**13386.50**	**161.47**
沙坡头区	Shapotou	249.92		16315.84	12503.60	240.70
中宁县	Zhongning	67.18		21411.71	15370.71	110.73
海原县	Haiyuan			17807.16	9871.17	

continued

(yuan/person)

1.非生产性贷款利息支出 Interest of Non-productive Loans	2.其它 Other	(三)转移性 Transfer Expenditures	1.交纳所得税 Individual Incometax	2.捐赠支出 Gift Expenditures	3.购买彩票 Buy Lottery Expenditures	4.赡养支出 Support Income Expenditures
92.24	**30.56**	**2729.55**	**29.48**	**1962.15**	**13.41**	**355.72**
109.71	**12.91**	**2884.73**	**55.22**	**1992.58**	**16.28**	**435.26**
141.23	17.66	3656.38	47.81	2662.43	7.71	710.89
208.32	16.35	1239.15	46.23	789.95	3.55	275.02
31.35		2384.15	104.38	1632.33	4.89	137.92
0.06		1937.08	17.90	1281.08	50.09	70.04
23.11	15.19	2925.78	1.08	2309.97	110.78	310.47
18.99	15.57	3663.63	56.12	1916.12	55.94	170.46
41.54	**0.24**	**2337.96**	**5.21**	**1474.62**	**3.24**	**436.80**
		2253.10	12.69	1329.01	0.39	493.74
4.02		1772.89		1199.72	1.83	379.28
224.91	1.32	2937.79	1.05	2299.50	13.66	192.64
13.27	**19.98**	**2943.72**	**40.01**	**2189.27**	**37.36**	**299.50**
25.18		3506.36	71.91	2799.68	24.69	395.88
82.51	29.48	2437.04		2058.38	7.42	234.80
	114.51	2262.76	4.36	1399.83	1.68	329.38
1.64		3379.06		2696.66		230.63
		2393.46	66.47	1615.99	133.81	188.56
136.92	**1.66**	**1551.19**	**17.57**	**931.60**	**2.67**	**239.14**
171.35		1627.05	25.00	884.89	1.74	218.71
268.86	2.65	1440.50	15.05	1127.45	4.37	190.72
103.38		1854.37	5.19	1185.79	5.00	327.50
59.54	48.87	2291.04	3.04	1384.19	23.57	44.49
		1905.32	5.99	1428.36	0.45	407.52
82.58	**78.90**	**2530.17**	**8.39**	**1864.64**	**21.85**	**320.55**
78.55	162.15	1958.89	11.61	1385.84	17.14	234.19
110.73		3167.42	3.86	2479.49	32.53	372.98
		2766.01	10.99	1765.84	4.42	524.78

10-8 续表 4

单位:元 / 人

指 标	Indicator	5.各种非储蓄性保险支出 Non-saving-deposits Insurance	6. 其它转移性支出 Others	(四)社会保障支出 Social Security Expenditures	1.个人交纳的养老基金 Annuities	2.个人交纳的住房公积金 Housing Accumulation Fund
全 区	**Total**	**198.47**	**170.32**	**1741.21**	**695.38**	**752.48**
银 川 市	**Yinchuan**	**268.59**	**116.80**	**1986.08**	**896.26**	**721.93**
兴 庆 区	Xingqing	185.84	41.70	2119.19	931.45	760.08
西 夏 区	Xixia	89.87	34.52	2292.68	1096.48	849.12
金 凤 区	Jinfeng	448.68	55.94	1664.99	918.65	499.92
永 宁 县	Yongning	480.36	37.62	1935.88	571.65	883.39
贺 兰 县	Helan	87.96	105.53	982.84	514.91	280.79
灵 武 市	Lingwu	598.86	866.12	1806.83	671.89	855.48
石嘴山市	**Shizuishan**	**340.69**	**77.39**	**2492.12**	**1199.34**	**1003.01**
大武口区	Dawukou	348.98	68.29	2283.93	1194.79	860.91
惠 农 区	Huinong	142.78	49.27	2383.63	1008.50	1005.17
平 罗 县	Pingluo	180.99	249.94	1670.28	714.79	664.76
吴 忠 市	**Wuzhong**	**131.20**	**246.38**	**1430.82**	**396.77**	**757.82**
利 通 区	Litong	143.13	71.07	2346.48	808.35	1135.54
红寺堡区	Hongsipu	24.56	111.88	1046.13	87.07	742.73
盐 池 县	Yanchi	42.02	485.48	976.60	106.89	705.03
同 心 县	Tongxin	77.90	373.87	809.41	68.04	552.63
青铜峡市	Qingtongxia	197.24	191.39	1078.73	341.45	533.24
固 原 市	**Guyuan**	**63.79**	**296.41**	**1522.87**	**257.94**	**973.98**
原 州 区	Yuanzhou	89.74	406.98	1643.73	318.10	1006.73
西 吉 县	Xiji	38.33	64.57	1763.92	239.53	1228.82
隆 德 县	Longde	18.22	312.67	1052.33	174.83	690.71
泾 源 县	Jingyuan	69.61	766.14	942.00	214.37	515.11
彭 阳 县	Pengyang	30.22	32.78	1621.70	171.44	1167.88
中 卫 市	**Zhongwei**	**146.90**	**167.84**	**1702.02**	**603.57**	**807.76**
沙坡头区	Shapotou	138.37	171.75	1612.66	774.49	570.78
中 宁 县	Zhongning	157.50	121.07	1826.22	489.72	1032.99
海 原 县	Haiyuan	151.20	308.78	1690.66	271.57	1066.58

continued

(yuan/person)

3.个人交纳的医疗基金 Medical Accumulation Fund	4.个人交纳的失业基金 Disemployed Accumulation Fund	5.其它社会保障支出 Others	(五)购房与建房支出 Expenditures of Purchasing and Building Houses	1.购房 Purchasing Houses	2.建房 Building Houses	五、借贷支出 Credit Expenditures
232.17	**57.07**	**4.11**	**711.42**	**638.03**	**73.40**	**8647.59**
293.10	**68.57**	**6.21**	**346.58**	**336.96**	**9.62**	**11682.75**
344.66	80.21	2.80				15482.89
259.85	84.14	3.09				16676.49
190.47	34.87	21.07	1531.82	1531.66	0.16	6034.09
383.57	93.09	4.18	183.73		183.73	2445.29
154.14	25.57	7.43	1714.63	1714.63		2149.44
225.91	52.86	0.69				1433.19
247.86	**39.90**	**2.00**	**473.93**	**473.93**		**5186.73**
192.10	36.13		385.20	385.20		755.89
281.15	88.80		531.86	531.86		15657.90
260.73	18.87	11.14	1370.03	1370.03		3426.06
248.45	**24.93**	**2.86**	**220.75**		**220.75**	**2915.90**
341.77	53.27	7.54				982.63
158.06	58.28		245.79		245.79	1498.70
162.37	2.31					6014.88
187.92		0.82	1242.76		1242.76	330.24
189.60	14.17	0.27				6797.04
225.75	**45.15**	**20.06**	**1461.46**	**1328.98**	**132.48**	**8410.05**
232.58	56.20	30.11	1612.83	1430.88	181.95	12155.22
228.62	61.33	5.62	2801.96	2766.87	35.09	2532.81
150.46	36.12	0.21	1244.50	1244.50		2200.04
160.77	47.33	4.42	460.24	69.03	391.21	1641.37
272.57	9.19	0.62	799.13	773.74	25.39	3006.83
248.36	**42.12**	**0.21**	**754.41**	**470.95**	**283.46**	**6680.79**
222.24	44.72	0.42				10472.69
282.83	20.68		936.63	308.70	627.92	2822.73
241.75	110.76		3479.32	3186.41	292.91	774.89

10-8 续表 5

单位:元 / 人

指 标	Indicator	1.存入储蓄款 Saving Deposits	2.借出款 Lending	3.归还借款 Repayment of Loans	4.储蓄性保险支出 Saving-purpose Insurance Costs	5.购买有价证券 Purchase of Securities
全 区	**Total**	**7574.30**	**50.50**	**161.75**	**141.49**	**0.83**
银 川 市	**Yinchuan**	**10532.69**	**41.56**	**227.82**	**179.59**	**1.36**
兴 庆 区	Xingqing	14419.33	26.55	280.71	195.70	0.56
西 夏 区	Xixia	15884.10		129.04	28.16	6.48
金 凤 区	Jinfeng	5047.68	84.52	180.13	225.06	
永 宁 县	Yongning			236.69	73.48	
贺 兰 县	Helan		73.08	288.86	122.70	
灵 武 市	Lingwu	241.62	128.57	121.29	104.85	
石嘴山市	**Shizuishan**	**4376.52**	**49.16**	**183.91**	**163.41**	**2.23**
大武口区	Dawukou	72.64	22.83	111.97	23.78	10.95
惠 农 区	Huinong	15140.25	4.64	97.67	248.74	
平 罗 县	Pingluo	628.74	240.45	721.93	494.05	
吴 忠 市	**Wuzhong**	**1128.99**	**34.09**	**260.93**	**229.09**	
利 通 区	Litong	66.67	2.05	87.23	256.42	
红寺堡区	Hongsipu	113.33		611.60		
盐 池 县	Yanchi	2264.92	95.57	897.29	160.85	
同 心 县	Tongxin	50.84		49.20		
青铜峡市	Qingtongxia	3354.71	85.60	205.23	390.29	
固 原 市	**Guyuan**	**6613.18**	**31.01**	**797.21**	**48.44**	**5.38**
原 州 区	Yuanzhou	10421.26	24.17	1012.56	26.04	8.41
西 吉 县	Xiji	831.40	24.49	111.84	177.46	
隆 德 县	Longde	295.72	64.84	632.66	68.74	
泾 源 县	Jingyuan		282.41	558.48		
彭 阳 县	Pengyang		1.13	578.86	52.21	
中 卫 市	**Zhongwei**	**5215.78**	**164.58**	**376.86**	**303.30**	
沙坡头区	Shapotou	9669.93	10.00	52.59	227.05	
中 宁 县	Zhongning	351.59	398.71	825.73	481.37	
海 原 县	Haiyuan			188.05		

continued

(yuan/person)

6.其它投资支出 Other Investment Expenditure	7.归还住房贷款 Repayment of House Loan	8.归还汽车贷款 Repayment of Auto Loan	9.归还教育贷款 Repayment of Education Loan	10.归还其它贷款 Repayment of Other Loans	11.其它借贷支出 Other Credit Expenditures
1.24	**611.75**	**38.78**	**2.49**	**44.65**	**19.81**
2.69	**616.40**	**34.87**	**4.42**	**25.43**	**15.91**
5.75	533.91	12.45			7.93
	575.33	48.66		4.72	
	394.58	53.18	24.14	3.72	21.09
	1827.16			207.32	100.63
	1207.06	333.53		30.99	93.22
	698.40			138.45	
22.02	**382.94**	**4.64**			**1.90**
21.60	490.32				1.81
	166.61				
	1314.75	25.82			0.32
4.83	**849.80**	**394.22**		**4.89**	**9.06**
	561.83				8.43
	675.51			98.25	
	2510.98	55.87			29.41
	222.26				7.93
23.06	897.16	1840.98			
1.34	**740.62**	**33.78**		**135.65**	**3.46**
	643.94	10.78		8.01	0.04
	559.01	282.50		546.10	
17.86	411.36			708.85	
	229.48			570.52	0.48
	2320.05			33.83	20.75
	505.68		**21.80**	**57.29**	**35.49**
	468.43				44.69
	593.94			137.21	34.18
	365.47		200.07	21.30	

10-9 主要年份全区农村居民家庭基本情况

年份 Year	调查户数(户) Number of Households Surveyed (household)	调查户常住人口(人) Number of Permanent Residents in the Households Surveyed (person)	平均每户常住人口(人) Average Number of Permanent Residents per Household (person)	平均每户整半劳动力(人) Average Number of Able-bodied and Semi-able-bodied Labours per Household (person)	整半劳动力占常住人口比重(%) Able-bodied Labours as Percentage of Permanent Residents (%)
1985	1090	6588	6.04	3.02	49.92
1990	990	5753	5.80	3.00	50.90
1991	990	5561	5.60	3.00	52.60
1992	990	5434	5.50	2.90	53.10
1993	990	5358	5.40	3.00	56.20
1994	990	5377	5.40	3.10	57.70
1995	1050	5517	5.30	3.10	58.20
1996	1050	5398	5.14	3.06	59.48
1997	1050	5302	5.00	3.00	59.70
1998	1050	5118	4.87	2.86	58.60
1999	1050	5036	4.80	2.82	58.76
2000	600	2850	4.75	2.81	59.05
2001	600	2826	4.71	2.81	59.70
2002	600	2813	4.69	2.82	60.18
2003	600	2769	4.62	2.80	60.67
2004	600	2759	4.59	2.78	60.46
2005	600	2720	4.53	2.79	61.43
2006	600	2703	4.51	2.80	62.20
2007	600	2642	4.40	2.78	63.21
2008	600	2648	4.41	2.79	63.26
2009	600	2587	4.31	2.75	63.86
2010	600	2559	4.27	2.76	64.63
2011	800	3417	4.27	2.76	64.65
2012	800	3416	4.27	2.75	64.31
2013	891	3903	4.38	2.62	59.90

Statistics of Rural Households in Main Years

劳动力中 Culture Level of Labours					
不识字或识字很少比重(%) Illiterate or Semiilliterate(%)	小学程度比重(%) Primary School(%)	初中程度比重(%) Junior Middle School(%)	高中程度比重(%) Senior Middle School(%)	中专程度比重(%) Special Secondary School(%)	大专及以上(%) College and Higher (%)
43.36	27.58	23.75	5.17	0.14	
37.30	30.20	27.10	5.35	0.10	
35.20	30.90	27.50	5.95	0.15	
34.40	30.50	28.80	6.03	0.21	
32.30	30.50	30.20	6.57	0.40	
31.20	30.60	31.20	6.52	0.44	
26.60	32.30	33.10	7.50	0.50	
23.98	32.64	36.16	6.88	0.34	
23.50	31.78	37.05	6.98	0.69	
21.57	31.24	38.21	8.47	0.51	
20.82	30.15	38.90	9.83	0.30	
19.48	30.30	39.10	9.10	2.02	
17.84	30.05	41.20	9.07	1.84	
16.89	30.30	41.94	8.74	2.13	
16.31	30.54	42.14	8.93	2.08	
15.77	28.84	44.72	8.69	1.98	
21.13	31.90	40.04	5.03	0.72	0.60
20.24	31.49	40.95	6.19	0.60	0.54
20.00	30.84	39.82	7.72	0.84	0.78
18.69	31.16	40.36	8.18	0.78	0.83
17.98	29.96	42.13	8.29	0.67	0.97
18.50	28.48	41.29	9.01	1.03	1.69
15.28	33.27	41.42	6.81	1.33	1.89
14.35	32.67	41.81	7.34	1.80	2.03
12.06	33.83	39.86	9.30		4.95

10-9 续表 1

年份 Year	年内新建房屋价值（元/平方米）Value of Newly-built Houses (yuan/sq.m)	年末住房面积（平方米/人）Floor Space of Lliving Houses at Year-end (sq.m/person)	砖木结构面积 Brick and Wood Structure	钢筋混泥土结构面积 Reinforced Concrete Structure
1985	21.83	11.83	0.03	
1990	61.70	13.62	1.04	0.02
1991	63.08	13.97	1.60	0.02
1992	70.29	14.64	1.94	0.02
1993	102.85	15.42	2.87	0.13
1994	62.84	16.33	3.32	0.06
1995	149.15	19.67	5.91	0.17
1996	156.02	16.12	5.32	
1997	212.34	16.76	6.14	0.34
1998	175.00	17.30	7.57	0.31
1999	185.13	18.18	8.94	0.17
2000	218.02	17.98	7.15	0.64
2001	190.02	18.84	8.47	0.54
2002	218.55	19.23	8.46	0.59
2003	226.18	20.12	9.20	0.71
2004	203.57	21.38	10.72	0.56
2005	286.49	21.03	11.15	0.95
2006	264.75	21.64	11.90	0.90
2007	311.27	23.04	13.38	0.78
2008	484.98	23.06	13.45	0.87
2009	343.37	24.46	14.92	1.28
2010	486.61	24.89	15.40	1.81
2011	668.04	24.38	16.59	1.73
2012	649.68	25.86	17.19	2.96
2013	949.27	22.66	15.67	3.84

continued

年末生产固定资产原值(元/户) Original Value of Productive Fixed Assets at Year-end (yuan/household)	农业原值 Agriculture	工业原值 Industry	建筑业原值 Construction	交通运输业原值 Transport
1170.70	732.92	37.30		250.43
2128.90	924.24	84.51		849.10
2354.70	1212.29	69.02		703.88
2482.90	1245.45	90.64		778.41
2757.10	1415.81	95.98		744.42
3366.40	1767.70	112.19		863.06
5153.02	2991.02	111.06		1236.99
5426.09	3146.21	226.61		1102.58
6824.99	3487.40	122.58		1290.86
6722.50	3704.03	121.34		1399.85
7086.46	3849.89	134.43		1552.03
10168.09	6051.06	480.93	4.50	1658.58
11069.85	6270.36	520.44	1.67	2199.25
12024.13	6983.16	576.17	4.00	2288.58
13058.17	7925.36	554.65	1.11	2388.79
13735.07	9743.20	822.65	1.28	2430.17
14811.19	7296.87	604.72	21.05	3527.30
15368.15	7492.11	466.25	76.88	3806.57
16917.74	8154.97	485.40	20.85	4717.09
18244.68	9359.18	475.70	20.85	4366.96
21310.13	10642.49	575.45	24.30	5253.33
23405.21	10745.15	544.09	24.30	7676.17
21417.95	10333.78	286.88	220.10	5212.56
24266.19	11192.61	221.80	445.88	5323.59
27985.95	11601.73	601.22	55.42	6326.62

10-10 主要年份全区农村居民家庭纯收入来源情况

Statistics of Net Income of Rural Households by Source in Main Years

单位:元/人 (yuan/person)

年份 Year	全年纯收入 Net Income	工资性收入 Wage Income	家庭经营收入 Household Business Income	财产性及转移收入 Property and Transfer Income
1985	326	63	241	34
1990	594	79	494	21
1991	608	97	489	22
1992	619	114	477	27
1993	667	134	504	28
1994	910	146	726	38
1995	1037	178	810	48
1996	1416	209	1152	56
1997	1545	263	1230	52
1998	1756	368	1314	75
1999	1791	423	1278	90
2000	1724	484	1121	119
2001	1823	528	1180	116
2002	1917	527	1265	125
2003	2043	592	1255	196
2004	2320	618	1506	196
2005	2509	702	1562	245
2006	2760	823	1662	275
2007	3181	1021	1862	297
2008	3681	1260	2032	389
2009	4048	1519	2112	418
2010	4675	1788	2422	465
2011	5410	2164	2730	515
2012	6180	2511	3072	598
2013	6931	2878	3250	803

10-11 主要年份农村居民家庭平均每人生活消费支出
Per Capita Annual Expenditure of Rural Households in Main Years

单位:元/人 (yuan/person)

年份 Year	生活消费支出 Living Expenditure	食品 Food	衣着 Clothing	居住 Residence	家庭设备、用品及服务 Household Facilities, Article and Service	医疗保健 Medicine and Health Care	交通和通讯 Transport, Post and Telecommu-nications	文教娱乐 Cultural, Educational, Recreational Article and Services	其他商品和服务 Other Commodities and Services
1985	264	155	33	31	21	8	1	15	2
1990	486	275	51	66	29	17	12	34	2
1991	519	293	58	63	37	21	10	33	4
1992	561	323	53	74	32	23	10	40	6
1993	606	342	55	80	37	27	15	42	7
1994	831	486	67	106	47	29	26	51	18
1995	1058	609	84	146	59	44	31	71	13
1996	1234	730	94	156	67	55	31	79	21
1997	1282	688	105	201	64	68	39	97	20
1998	1350	713	105	217	69	77	53	97	19
1999	1330	676	103	199	76	75	53	121	27
2000	1417	691	97	227	62	89	80	145	26
2001	1381	644	97	223	61	98	96	132	30
2002	1418	633	98	204	70	123	111	148	31
2003	1637	680	109	286	56	116	171	178	40
2004	1927	809	122	325	65	187	155	217	46
2005	2094	923	143	346	77	199	178	178	51
2006	2247	929	159	415	104	188	226	169	57
2007	2529	1019	184	451	109	239	266	192	68
2008	3095	1288	217	582	124	319	299	193	72
2009	3348	1395	256	502	169	356	366	217	86
2010	4013	1542	303	776	188	418	444	241	101
2011	4727	1763	380	935	265	445	483	324	132
2012	5633	1991	488	1088	321	518	653	393	181
2013	6465	2224	453	1348	383	652	801	401	203

10-12 主要年份全区农村居民家庭现金收入情况

Statistics of Per Capita Cash Income of Rural Households in Main Years

单位:元 / 人 (yuan/person)

年份 Year	全年现金收入 Annual Cash Income	工资性收入 Wage Income	家庭经营收入 Household Business Income	财产及转移性收入 Property and Transfer Income
1985	285	50	206	29
1990	581	79	449	53
1991	638	97	487	54
1992	660	114	490	56
1993	692	133	493	66
1994	943	146	719	77
1995	1252	178	996	78
1996	1454	209	1152	93
1997	1808	263	1426	120
1998	1988	368	1468	152
1999	2112	423	1505	184
2000	2169	484	1535	150
2001	2295	528	1623	145
2002	2457	526	1760	171
2003	2625	592	1862	170
2004	2979	618	2224	137
2005	3463	702	2546	215
2006	3729	823	2673	232
2007	4317	1021	3061	235
2008	5004	1260	3393	351
2009	5380	1519	3497	364
2010	5879	1788	3655	436
2011	7034	2164	4370	500
2012	8247	2511	5092	644
2013	9630	2874	5987	769

10-13 主要年份全区农村居民家庭现金支出情况

Statistics of Per Capita Cash Expenditure of Rural Households in Main Years

单位:元/人 (yuan/person)

年份 Year	全年现金支出 Annual Cash Expenditure	生产费用支出 Expenditure for Production	税费支出 Expenditure for Taxes and Fees	生活消费支出 Living Expenditure	财产及转移性支出 Property and Transfer Expenditure
1985	275	95	8	153	19
1990	554	192	20	300	42
1991	604	218	19	320	47
1992	651	240	24	335	51
1993	714	257	26	376	56
1994	947	352	33	485	77
1995	1354	581	36	654	83
1996	1497	601	61	737	97
1997	1656	655	66	821	115
1998	1822	704	81	893	143
1999	1895	714	83	922	175
2000	2032	813	66	1017	136
2001	2168	896	55	1036	180
2002	2262	939	39	1079	205
2003	2457	963	31	1273	190
2004	2861	1132	26	1489	214
2005	3427	1489	3	1649	287
2006	3644	1518	4	1825	298
2007	4307	1820	8	2116	363
2008	5114	2152	1	2560	402
2009	5424	2181	1	2782	460
2010	6130	2101	3	3447	579
2011	7795	2642	2	4210	941
2012	9219	3016	1	5172	1031
2013	10106	3439	0.1	5917	750

10-14 主要年份全区农村居民家庭生活消费现金支出
Per Capita Cash Consumption Expenditure of Rural Households in Main Years

单位:元/人 (yuan/person)

年份 Year	生活消费现金支出 Cash Consumption Expenditure	食品 Food	衣着 Clothing	居住 Residence	家庭设备、用品及服务 Household Facilities, Article and Service	医疗保健 Medicine and Health Care	交通和通讯 Transport and Telecommunications	文教娱乐 Cultural, Educational, Recreational Article and Service	其他商品和服务 Other Commodities and Services
1985	153	48	33	26	21	8	1	15	2
1990	300	94	51	61	29	17	12	34	2
1991	320	100	58	56	37	21	11	33	4
1992	335	102	52	70	32	23	10	40	6
1993	376	119	55	73	37	27	15	42	7
1994	485	150	67	96	47	29	26	51	18
1995	654	215	84	137	59	44	31	71	13
1996	737	243	94	147	67	55	31	79	21
1997	821	238	105	190	64	68	39	97	20
1998	893	270	105	203	69	77	53	97	19
1999	922	277	103	190	76	75	53	121	27
2000	1017	303	97	216	62	89	80	145	26
2001	1036	307	97	215	61	98	96	132	30
2002	1079	304	98	194	70	123	111	148	31
2003	1273	324	109	278	56	116	171	178	40
2004	1489	380	122	316	65	187	155	217	46
2005	1649	484	143	338	77	199	178	178	51
2006	1825	524	159	398	104	188	226	169	57
2007	2116	622	184	435	109	239	266	192	68
2008	2560	768	217	567	124	319	299	193	72
2009	2782	834	256	497	169	356	366	217	86
2010	3447	975	303	776	188	418	444	241	101
2011	4210	1245	380	935	265	445	483	324	132
2012	5172	1530	488	1088	321	518	653	393	181
2013	5917	1566	453	1407	371	701	840	400	179

10-15 主要年份全区农村居民家庭主要食物消费情况

Statistics of Major Foods Consumption of Rural Households in Main Years

单位:公斤 / 人 (kg/person)

年份 Year	谷物和薯类 Cereal and tubers	细粮 Flour and Rice	蔬菜及制品 Vegetables and Related Products	豆类及制品 Soybeans and Related Products	植物油 Vegetable Oil	动物油 Animal Fat	猪肉 Pork	牛羊肉 Beef and Mutton
1985	261.07	229.45	102.99		3.77	0.89	5.39	1.86
1990	254.88	217.78	83.49	0.89	4.94	0.59	5.89	2.84
1991	272.70	233.80	76.36		5.13	0.46	6.87	3.32
1992	267.87	233.37	93.79		5.90	0.45	6.23	2.53
1993	264.36	234.76	70.97		6.11	0.45	5.56	2.09
1994	260.21	236.41	63.63		5.67	0.41	5.40	1.96
1995	274.67	234.68	76.27	0.58	6.78	0.39	5.45	2.01
1996	277.40	236.73	72.47		6.38	0.40	6.24	2.66
1997	255.53	225.37	70.27	0.53	6.46	0.13	6.84	3.13
1998	262.94	236.33	97.32	0.77	6.94	0.72	6.85	3.53
1999	250.60	223.88	83.08	1.02	7.08	0.94	7.93	3.51
2000	248.63	223.44	91.19	1.20	6.55	0.55	8.29	3.27
2001	236.54	216.21	82.64	0.94	7.20	0.85	7.16	3.11
2002	235.25	216.85	74.59	1.07	7.27	0.61	8.01	3.01
2003	224.09	212.89	84.38	1.25	7.14	0.08	7.81	3.52
2004	226.67	216.74	79.82	0.87	6.99	0.19	7.42	4.42
2005	233.18	220.95	82.68	0.91	7.80	0.09	7.74	5.50
2006	212.12	199.75	76.53	0.75	6.37	0.09	8.01	5.40
2007	202.58	192.81	76.50	0.80	6.14	0.14	7.83	4.53
2008	213.64	195.36	74.77	0.74	7.83	0.12	7.39	4.71
2009	202.05	190.03	75.86	0.76	9.47	0.11	7.86	6.24
2010	203.42	192.76	73.67	0.69	8.92	0.08	7.50	5.98
2011	201.62	191.40	77.64	1.15	8.43	0.13	6.04	6.69
2012	180.14	172.27	69.95	1.31	8.53	0.07	6.02	5.62
2013	164.67	155.34	66.19	2.06	7.79	0.06	8.44	4.73

10-15 续表 1 continued

单位:公斤 / 人 (kg/person)

年份 Year	奶及奶制品 Milk and Dairy Products	家禽 Poultry	水产品 Aquatic Products	食糖 Sugar	酒 Liquor	糖果 Candy	糕点 Cake	水果 Fruit
1985	0.23	0.29	0.06	1.29	0.69	0.68		
1990	0.02	0.33	0.23	1.58	0.86	0.14	0.39	3.05
1991	0.61	0.44	0.24	1.47	0.87	0.13	0.30	4.03
1992	0.95	0.57	0.29	1.61	0.79	0.13	0.29	4.25
1993	0.21	0.71	0.27	1.44	0.93	0.16	0.30	8.97
1994	0.28	0.60	0.29	1.52	0.81	0.16	0.31	8.35
1995	0.29	0.81	0.35	1.32	0.92	0.13	0.27	10.09
1996	0.46	0.79	0.39	1.47	1.02	0.13	0.25	19.24
1997	0.57	0.98	0.37	1.56	1.02	0.14	0.27	23.96
1998	0.61	1.45	0.40	1.70	1.08	0.14	0.25	46.77
1999	0.78	1.43	0.54	2.08	1.16	0.18	0.26	37.69
2000	0.88	1.85	0.51	1.57	1.63	0.17	0.23	39.01
2001	0.87	2.26	0.63	1.50	1.65	0.16	0.31	40.95
2002	1.41	2.74	0.77	1.75	1.83	0.17	0.26	40.90
2003	2.22	2.81	0.51	1.62	2.02	1.35	2.37	26.36
2004	2.77	2.37	0.33	1.56	2.12	1.22	2.17	22.07
2005	2.92	2.50	0.45	1.38	2.97			21.82
2006	2.61	2.78	0.58	1.32	3.08			16.90
2007	5.00	3.48	0.67	1.47	3.12			23.92
2008	6.52	4.52	0.70	1.46	3.04			20.19
2009	4.98	4.45	0.77	1.54	3.09			29.97
2010	4.48	4.51	0.74	1.38	3.22			21.61
2011	6.17	5.49	0.61	1.13	3.18			21.79
2012	7.01	5.98	0.74	1.06	3.20			25.27
2013	6.92	5.00	0.73	0.66	2.79			19.57

10-16 主要年份全区农村居民家庭主要耐用物品拥有情况

Statistics of Major Durable Goods Owned of Rural Households in Main Years

单位:百户均 (per 100 household)

年份 Year	自行车（辆） Bicycle (unit)	电风扇（台） Electric Fan (set)	洗衣机（台） Washing Machine (set)	电冰箱（台） Refrigerator (set)	摩托车（辆） Motorcycle (unit)	彩色电视机（台） Color TV set (set)	收录机（台） Radio-cassette Recorder (set)	照相机（台） Camera (unit)
1985	125.23	0.28	3.67		1.10	2.94	8.26	0.28
1990	170.20	5.40	19.60	0.20	2.70	17.90	25.60	0.50
1991	164.20	8.40	24.10	0.70	2.30	22.60	30.50	0.40
1992	168.50	8.70	24.10	0.70	1.80	25.80	29.90	0.50
1993	172.40	10.80	25.50	1.30	2.50	31.10	33.60	0.90
1994	173.50	12.70	27.30	1.40	3.20	35.60	35.40	1.10
1995	176.57	11.60	29.43	2.48	5.81	35.71	38.38	0.95
1996	177.52	14.38	30.00	2.76	7.43	39.71	40.67	1.52
1997	180.00	14.48	31.24	3.33	8.38	47.24	41.90	1.43
1998	174.76	14.57	31.62	4.19	12.00	49.71	42.00	1.52
1999	174.48	14.86	31.62	5.14	15.14	54.48	42.57	1.33
2000	162.83	21.33	37.55	6.00	25.83	67.00	35.50	3.33
2001	166.67	25.83	40.00	7.17	29.17	71.17	38.00	3.17
2002	166.33	26.83	42.33	9.50	36.50	78.17	39.00	3.50
2003	164.67	26.67	44.33	8.83	45.50	84.33	37.17	3.00
2004	168.50	26.83	48.33	10.00	50.67	91.00	31.83	5.67
2005	120.33	25.50	44.50	10.17	63.50	92.67	17.00	3.17
2006	121.67	27.67	49.33	12.33	67.33	98.67	17.00	2.33
2007	118.83		56.67	14.67	71.50	107.83		2.83
2008	123.67		63.17	18.67	78.33	115.17		2.67
2009	118.67		70.33	27.67	83.67	120.33		2.67
2010	116.67		76.17	35.33	85.83	118.83		5.83
2011	108.00		84.75	52.13	86.50	119.13		2.13
2012	109.75		91.63	61.13	85.25	123.25		2.63
2013			90.66	64.86	90.71	117.54		3.09

10-17 各市县城镇居民人均可支配收入

Per Capita Annual Disposable Income of Urban Households by City and Country

单位:元 (yuan)

地 区	Region	2013	2012	增加额 Incremental	增长 Growth(%)
全 区	**Total**	**21833.3**	**19831.0**	**2002.3**	**10.1**
银川市	**Yinchuan**	**23776.4**	**21619.7**	**2156.7**	**10.0**
兴庆区	Xingqing	25971.4	23809.1	2162.3	9.1
西夏区	Xixia	20543.5	18525.7	2017.7	10.9
金凤区	Jinfeng	22921.8	20465.9	2455.9	12.0
永宁县	Yongning	21482.7	19530.0	1952.7	10.0
贺兰县	Helan	21401.0	19570.2	1830.8	9.4
灵武市	Lingwu	21974.3	19909.2	2065.1	10.4
石嘴山市	**Shizuishan**	**22223.5**	**20294.1**	**1929.4**	**9.5**
大武口区	Dawukou	23945.6	21908.2	2037.4	9.3
惠农区	Huinong	20219.0	18398.0	1821.0	9.9
平罗县	Pingluo	18748.3	17121.6	1626.7	9.5
吴忠市	**Wuzhong**	**19581.9**	**17844.5**	**1737.4**	**9.7**
利通区	Litong	20606.1	18801.2	1804.9	9.6
红寺堡区	Hongsipu	15438.6	13719.0	1719.6	12.5
盐池县	Yanchi	17854.0	16237.9	1616.1	10.0
同心县	Tongxin	16112.6	14430.1	1682.5	11.7
青铜峡市	Qingtongxia	20520.2	18759.6	1760.5	9.4
固原市	**Guyuan**	**18789.1**	**16854.1**	**1935.1**	**11.5**
原州区	Yuanzhou	20629.6	18451.1	2178.5	11.8
西吉县	Xiji	17192.7	15282.4	1910.3	12.5
隆德县	Longde	16214.8	14568.3	1646.5	11.3
泾源县	Jingyuan	16858.8	15039.1	1819.7	12.1
彭阳县	Pengyang	16621.3	14906.1	1715.2	11.5
中卫市	**Zhongwei**	**19809.7**	**17866.5**	**1943.2**	**10.9**
沙坡头区	Shapotou	20815.8	18867.1	1948.7	10.3
中宁县	Zhongning	18501.8	16581.9	1919.9	11.6
海原县	Haiyuan	16810.7	14867.4	1943.3	13.1

10-18 各市县农民家庭平均每人纯收入来源情况(2013 年)
Per Capital Annual Income of Rural Household by City and Country(2013)

单位:元 (yuan)

地区	Region	全年纯收入 Net Income	按纯收入来源分 Grouped by Source					
			工资性收入 Wages Income	家庭经营收入 Income from Household Operations	一产业纯收入 Primary Industry	非农产业纯收入 Non-agriculture	财产性收入 Property Income	转移性收入 Transfer Income
全　区	**Total**	**6930.97**	**2878.36**	**3250.01**	**2630.38**	**619.63**	**133.34**	**669.26**
银川市	**Yinchuan**	**9035.90**	**3738.38**	**4629.93**	**3252.11**	**1377.82**	**186.08**	**481.50**
兴庆区	Xingqing	9876.34	3004.01	6234.54	4189.79	2044.75	342.79	294.99
西夏区	Xixia	6830.05	3250.48	2475.44	805.73	1669.71	528.47	575.66
金凤区	Jinfeng	8825.80	3948.22	4189.85	2073.06	2116.79	298.64	389.09
永宁县	Yongning	8706.06	3350.38	4805.01	3760.75	1044.26	124.52	426.16
贺兰县	Helan	9147.10	3779.48	4579.69	3812.93	766.76	130.66	657.26
灵武市	Lingwu	9651.90	4548.76	4493.35	2823.86	1669.49	124.64	485.15
石嘴山市	**Shizuishan**	**8927.87**	**3110.37**	**4960.04**	**4138.50**	**821.54**	**266.29**	**591.17**
大武口区	Dawukou	7254.71	4607.86	2253.96	610.51	1643.45	76.97	315.92
惠农区	Huinong	9393.38	3550.74	4763.40	3726.62	1036.78	369.56	709.69
平罗县	Pingluo	9172.01	2705.54	5509.45	4848.29	661.15	267.66	689.35
吴忠市	**Wuzhong**	**7159.46**	**2746.76**	**3750.45**	**2922.26**	**828.19**	**117.38**	**544.87**
利通区	Litong	9860.60	3649.42	5369.00	3595.81	1773.19	109.85	732.33
红寺堡区	Hongsipu	5305.06	3285.45	1642.19	1471.34	170.85	40.45	336.97
盐池县	Yanchi	5520.68	1104.97	3549.19	3431.46	117.73	92.08	774.43
同心县	Tongxin	5171.86	2063.14	2621.29	2393.43	227.86	12.40	475.03
青铜峡市	Qingtongxia	9582.19	3704.44	5075.22	3547.46	1527.76	303.54	498.99
固原市	**Guyuan**	**5359.21**	**2519.84**	**2338.66**	**2036.52**	**302.13**	**31.20**	**469.51**
原州区	Yuanzhou	5463.97	2741.81	2253.44	1870.41	383.03	24.49	444.23
西吉县	Xiji	5303.14	2471.37	2501.14	2298.86	202.28	17.41	313.22
隆德县	Longde	5350.00	2522.84	1977.34	1601.32	376.02	105.60	744.21
泾源县	Jingyuan	4931.80	2039.45	2343.23	2128.41	214.82	22.91	526.22
彭阳县	Pengyang	5517.77	2480.41	2516.58	2168.28	348.30	11.08	509.70
中卫市	**Zhongwei**	**6577.10**	**2896.98**	**3007.24**	**2259.60**	**747.64**	**62.51**	**610.38**
沙坡头区	Shapotou	7755.57	3842.93	2837.52	1851.91	985.62	77.02	998.11
中宁县	Zhongning	7732.34	2912.36	4346.28	3385.25	961.03	92.67	381.03
海原县	Haiyuan	4838.07	2253.11	2133.50	1782.48	351.01	28.27	423.20

10-19 主要年份各市县农民家庭平均每人纯收入

Per Capital Annual Income of Rural Households by City and Country in Main Years

单位:元　　　　　　　　　　　　　　　　　　　　　　　　　　　　　　(yuan)

地　区	Region	1985	1990	1995	2000	2005	2010	2011	2012	2013
全　区	**Total**	**326**	**594**	**1037**	**1724**	**2509**	**4675**	**5410**	**6180**	**6931**
川　区	**Plain**	**419**	**805**	**1530**	**2701**	**3584**	**6011**	**6907**	**7871**	
山　区	**Mountain Area**	**200**	**363**	**600**	**987**	**1687**	**3416**	**3964**	**4591**	
银川市	**Yinchuan**	**466**	**979**	**1683**	**2712**	**3493**	**6161**	**7070**	**8068**	**9036**
兴庆区	Xingqing					4017	6820	7804	8834	9876
西夏区	Xixia					2333	4337	5050	5828	6830
金凤区	Jinfeng					3488	6008	6900	7866	8826
永宁县	Yongning	467	977	1648	2543	3375	5896	6792	7764	8706
贺兰县	Helan	408	993	1629	2561	3534	6214	7163	8202	9147
灵武市	Lingwu	433	769	1513	2705	3597	6581	7570	8618	9652
石嘴山市	**Shizuishan**	**434**	**813**	**1534**	**2719**	**3556**	**6060**	**6974**	**7967**	**8928**
大武口区	Dawukou						4944	5673	6476	7255
惠农区	Huinong	405	781	1493	2760	3687	6390	7351	8382	9393
平罗县	Pingluo	460	839	1484	2601	3640	6186	7141	8167	9172
吴忠市	**Wuzhong**	**355**	**648**	**1213**	**2194**	**2891**	**5041**	**5573**	**6370**	**7159**
利通区	Litong	354	726	1384	2853	3974	6761	7771	8804	9861
红寺堡区	Hongsipu							4028	4616	5305
盐池县	Yanchi	365	534	821	1136	2005	3669	4149	4793	5521
同心县	Tongxin	221	427	812	1194	1710	3421	3942	4533	5172
青铜峡市	Qingtongxia	414	753	1529	2812	4019	6549	7565	8656	9582
固原市	**Guyuan**	**195**	**352**	**553**	**928**	**1715**	**3477**	**4044**	**4690**	**5359**
原州区	Yuanzhou	248	395	628	933	1727	3546	4138	4793	5464
西吉县	Xiji	166	338	447	902	1740	3459	4016	4658	5303
隆德县	Longde	187	383	631	1082	1696	3478	4034	4672	5350
泾源县	Jingyuan	215	246	457	971	1508	3168	3678	4315	4932
彭阳县	Pengyang	156	369	657	896	1764	3556	4146	4798	5518
中卫市	**Zhongwei**					**2537**	**4439**	**5178**	**5927**	**6577**
沙坡头区	Shapotou	341	702	1381	2495	3349	5358	6187	7000	7756
中宁县	Zhongning	370	632	1470	2648	3307	5288	6076	6957	7732
海原县	Haiyuan	201	333	470	877	1446	3111	3627	4225	4838

注:1.2003 年、2004 年部分市县(区)数据按最新区划调整重新进行了测算,具体包括川区、山区、银川市、石嘴山市、吴忠市、固原市、中卫市、平罗县、中宁县、同心县。2003 年以前市县(区)数是原区划数未作调整。

2.2008 年,因区划调整,原州区黑城镇、甘城乡划归海原县;海原县兴隆乡划归同心县,徐套乡划归中宁县,兴仁乡划归沙坡头区,因此对原州区、海原县、同心县、中宁县、沙坡头区的数据进行了调整,同时对川区、山区、吴忠市、固原市、中卫市的数据也进行了相应调整。2009 年以后数据按新区划调整口径。

a)2003 and 2004, data were adjusted according newly division of some county and city,include Plain,Mountain Area,Yinchuan, Shizuishan,Wuzhong,Guyuan,Zhongwei,Pingluo,Zhongning and Tongxin.data were not adjusted on original division before 2003.

b)2008,Leicheng town,Gancheng town of Country Yuanzhou were allocated Country Haiyuan,Xinlong town of Country Haiyuan were allocated Country Tongxin,Xutao town of Country Haiyuan were allocated Country Zhongning,Xingren town of Country Haiyuan were allocated Country Shapotou,data of Country Yuanzhou,Country Haiyuan,Country Tongxin,Country Zhongning and Country Shapotou were adjusted,at the same time,data of Plain,Mountain area,Wuzhong,Guyuan,Zhongwei were adjusted. From 2009,data are newly division.

10-20 主要年份各市县农民家庭平均每人生活消费支出

Per Capital Consumption Expenditure of Rural Households by City and Country in Main Years

单位:元/人 (yuan/person)

地　区	Region	1985	1990	1995	2000	2005	2010	2011	2012	2013
全区总计	**Total**	**264**	**486**	**1058**	**1417**	**2094**	**4013**	**4727**	**5633**	**6465**
川　区	**Plain**	**320**	**657**	**1395**	**1939**	**2712**	**4914**	**6008**	**6851**	
山　区	**Mountain Area**	**186**	**295**	**743**	**906**	**1624**	**3003**	**3827**	**4316**	
银川市	**Yinchuan**	**383**	**810**	**1449**	**1886**	**2836**	**5394**	**6707**	**7089**	**8637**
兴庆区	Xingqing					2699	5923	7007	7055	8878
西夏区	Xixia					2175	5021	6203	7169	8811
金凤区	Jinfeng					2749	6562	6922	8073	8972
永宁县	Yongning	384	887	1446	1666	2871	4520	5757	6392	7213
贺兰县	Helan	331	682	1620	2095	3164	6003	8006	8147	9688
灵武市	Lingwu	319	594	1374	1770	2757	5277	6504	6561	8535
石嘴山市	**Shizuishan**	**312**	**656**	**1438**	**2102**	**3187**	**4930**	**6041**	**7222**	**8210**
大武口区	Dawukou						5109	6061	7261	9144
惠农区	Huinong	299	735	1361	2469	3425	4753	5849	6464	7241
平罗县	Pingluo	324	656	1391	2027	3126	4941	6081	7389	8331
吴忠市	**Wuzhong**	**275**	**531**	**1201**	**1641**	**2107**	**3763**	**4604**	**5410**	**6574**
利通区	Litong	286	694	1310	2345	2494	4255	5099	6274	7674
红寺堡区	Hongsipu							5209	5699	6186
盐池县	Yanchi	317	469	1038	1231	2513	3496	4658	5122	5846
同心县	Tongxin	188	342	901	958	1384	3149	3770	4347	5003
青铜峡市	Qingtongxia	294	622	1566	1849	2470	4363	5499	6330	7146
固原市	**Guyuan**	**186**	**288**	**709**	**854**	**1680**	**3085**	**3793**	**4248**	**4731**
原州区	Yuanzhou	227	330	692	985	1716	3002	4160	4209	5075
西吉县	Xiji	181	270	622	965	1653	3332	3651	3869	4501
隆德县	Longde	185	324	857	1110	1680	2969	3802	4384	5181
泾源县	Jingyuan	164	221	540	804	1835	3202	4114	4982	3946
彭阳县	Pengyang	164	297	824	753	1592	2767	3469	4549	4673
中卫市	**Zhongwei**					**1986**	**3877**	**4916**	**5670**	**6286**
沙坡头区	Shapotou	256	495	1351	1600	2142	4775	6065	7035	7301
中宁县	Zhongning	282	472	1065	1982	2898	4932	5541	6574	7081
海原县	Haiyuan	176	254	683	678	1288	2422	3453	3797	4802

注: 1.2003 年以前吴忠市农民人均生活消费支出包括中卫、中宁两县;
2.2003 年以前惠农区农民人均生活消费支出为原惠农县数据。
a)Before 2003,data of city wuzhong included county zhongwei and zhongning.
b)Before 2003,data of huinong district refered to the former county huinong.

10-21 各市县农村居民家庭平均每百户耐用消费品拥有量(2013年)

地区	Region	洗衣机(台) Washing Machine (unit)	电冰箱(台) Refrigerator (unit)	空调机(台) Air Conditioner (unit)	抽油烟机(台) Ventilator (unit)	微波炉(台) Microwave Oven (unit)	热水器(台) Water Heater (unit)
全　　区	**Total**	**90.66**	**64.86**	**0.65**	**6.46**	**7.65**	**30.42**
银 川 市	**Yinchuan**	**95.54**	**83.01**	**3.07**	**14.76**	**16.60**	**41.62**
兴 庆 区	Xingqing	95.82	96.76	8.15	31.81	36.00	73.93
西 夏 区	Xixia	100.00	72.34	2.55	17.76	5.01	64.81
金 凤 区	Jinfeng	95.82	80.12	3.19	3.12	20.90	29.14
永 宁 县	Yongning	96.75	83.15	1.58	16.00	13.33	25.65
贺 兰 县	Helan	88.99	78.57	3.53	9.59	14.06	26.86
灵 武 市	Lingwu	100.90	85.33	0.97	15.38	11.88	64.63
石嘴山市	**Shizuishan**	**93.30**	**78.58**	**1.51**	**7.23**	**9.83**	**32.74**
大武口区	Dawukou	94.91	98.87		2.46	12.50	24.93
惠 农 区	Huinong	97.93	78.87				63.61
平 罗 县	Pingluo	92.04	75.91	2.09	9.61	11.70	25.74
吴 忠 市	**Wuzhong**	**88.78**	**71.21**	**1.20**	**11.07**	**4.98**	**27.23**
利 通 区	Litong	95.43	101.60	3.24	15.40	8.49	64.63
红寺堡区	Hongsipu	83.58	60.34	0.57	4.54	3.53	15.11
盐 池 县	Yanchi	90.25	78.80		7.50		22.27
同 心 县	Tongxin	80.25	62.02		1.92	0.86	8.73
青铜峡市	Qingtongxia	90.61	52.80	0.88	18.37	8.66	20.60
固 原 市	**Guyuan**	**85.97**	**43.90**	**0.14**	**2.01**	**5.23**	**21.73**
原 州 区	Yuanzhou	88.86	56.18		1.07	4.78	9.46
西 吉 县	Xiji	83.93	47.07		1.00	7.00	17.93
隆 德 县	Longde	91.68	41.46		2.88	6.78	29.00
泾 源 县	Jingyuan	89.14	28.26	1.51	1.20	0.36	39.29
彭 阳 县	Pengyang	78.46	27.60		4.81	4.65	31.82
中 卫 市	**Zhongwei**	**96.94**	**73.37**	**1.19**	**7.05**	**10.59**	**30.25**
沙坡头区	Shapotou	96.62	65.74	2.49	12.85	14.02	29.89
中 宁 县	Zhongning	102.71	75.56	1.51	7.09	16.81	37.23
海 原 县	Haiyuan	90.89	80.24			1.02	24.28

Number of Durable Consumer Goods Owned Per 100 Rural Households by City and Country(2013)

自行车 (辆) Bicycle (unit)	摩托车 (辆) Motorcycle (unit)	电话机 (部) Telephone (set)	移动电话 (部) Mobile Telephone(set)	彩色电视机 (台) Color TV Set (unit)	摄像机 (台) Video Camera (unit)	照相机 (台) Camera (unit)	家用计算机 (台) Computer (set)
37.79	**90.71**	**20.53**	**263.52**	**117.54**	**0.70**	**3.09**	**19.75**
57.73	**85.93**	**29.91**	**258.80**	**116.95**	**0.68**	**4.86**	**24.41**
91.47	70.13	38.93	272.83	113.73	0.87	14.59	57.77
50.20	50.04	37.22	263.23	109.80		4.92	30.03
44.77	69.21	27.76	224.39	99.24		3.56	18.17
53.21	75.68	33.93	252.68	122.15	1.67	3.96	27.57
50.85	90.12	24.28	233.75	115.00		1.05	8.59
62.46	115.72	26.03	298.74	126.66	0.77	5.49	23.10
74.84	**82.12**	**28.16**	**238.49**	**108.79**	**0.86**	**7.96**	**24.67**
71.39	59.05	39.55	251.96	129.08		5.02	37.94
72.44	67.27	12.47	218.68	97.89		10.13	22.05
74.71	88.58	31.91	241.80	108.31	2.15	7.68	23.14
54.14	**90.61**	**9.19**	**249.03**	**112.91**	**0.22**	**1.41**	**17.89**
68.81	93.88	21.11	242.10	118.27		3.20	33.23
62.95	82.10	4.23	241.64	106.84		0.27	10.25
42.76	88.14	11.92	268.84	109.18		5.11	18.04
32.54	93.99	6.92	241.39	98.86			9.61
59.38	88.10	6.66	256.98	126.25	0.79	1.33	15.35
17.86	**82.09**	**24.61**	**245.51**	**109.39**	**0.47**	**3.27**	**14.29**
35.91	90.42	28.87	256.17	113.16		1.52	19.39
14.25	94.98	26.14	238.25	106.85	0.96	3.80	15.31
8.06	59.26	30.45	287.86	127.67		4.60	16.65
3.56	53.82	21.44	222.83	99.39		3.33	5.90
17.00	80.89	16.45	230.55	101.02	0.87	3.93	9.95
51.53	**94.11**	**23.34**	**261.16**	**121.49**	**0.14**	**2.30**	**20.90**
59.64	82.38	26.49	263.27	117.05	0.76	3.34	30.89
73.72	115.72	35.28	261.97	132.62		1.92	19.51
18.05	87.26	9.72	259.06	115.48	0.37	2.07	9.04

主要统计指标

1、有关历年收入指标说明

1992 年至 1996 年同时使用生活费收入和可支配收入。

可支配收入 = 实际收入 – 个人所得税 – 家庭生产副业支出

生活费收入 = 实际收入 – 赡养、赠送支出 – 记账补贴 – 亲友搭伙费 – 家庭生产副业支出

1997 年开始可支配收入指标口径改变为：可支配收入 = 实际收入 – 个人所得税 – 家庭生产副业支出 – 记账补贴

随着社会保障体系的逐步建立，个人交纳的社会保障支出逐年增加，2002 年之后可支配收入指标口径为：

可支配收入 = 家庭总收入 – 交纳个人所得税 – 个人交纳的社会保障支出 – 记账补贴。

其中家庭总收入口径小于实际收入，从 2002 年之后家庭总收入中不包括出售财物收入。“历年宁夏城镇居民家庭人口和收支情况表”中的收支指标已做了同口径调整。

2、有关消费指标的说明

从 2002 年以后“旅游消费支出”中旅馆住宿费仍归在“杂项商品和服务”中，与旅游有关的交通、伙食等其他花费分别归入相应的消费支出项目中。同时，针对无法拆分的团体旅游花费，增加了团体旅游消费指标。

3、2002 年之前城镇住户调查指标体系作过多次大范围调整，“历年宁夏城镇居民家庭人口和收支情况表" 中大部分数据是按 2002 年指标口径调整的结果。

[现住房总建筑面积] 指调查户现住房的总建筑面积。现住房计算总建筑面积时以房屋产权证或租赁证为准，建筑面积也可按使用面积 × 1.333 计算得出。应扣除住房中专门用于出租的建筑面积。

[家庭人口] 指居住在一起，经济上合在一起共同生活的家庭成员。凡计算为家庭人口的成员其全部收支都应包括在调查表中。

[家庭总收入] 指调查户中生活在一起的所有家庭成员在调查期得到的工资性收入、经营净收入、财产性收入、转移性收入的总和，不包括出售财物和借贷收入。收入的统计标准以实际发生的数额为准，无论收入是补发还是预发，只要是调查期得到的都应如实计算，原则上不作分摊。考虑到对样本量小的市县影响较大，大笔收入可以分摊记入，但要尽量减少分摊次数，并要在本年度内分摊完毕。

[可支配收入] 指调查户可用于最终消费支出和其他非义务性支出以及储蓄的总和，即居民家庭可以用来自由支配的收入。它是家庭总收入扣除经营性支出、交纳的个人所得税、个人交纳的社会保障费以及调查户的记账补贴后的收入。计算公式为：

可支配收入 = 家庭总收入 – 经营性支出 – 交纳个人所得税 – 个人交纳的社会保障支出 – 记账补贴

[工资性收入] 指就业人员通过各种途径得到的全部劳动报酬，包括所从事主要职业的工资以及从事第二职业、其他兼职和零星劳动得到的其他劳动收入。

[经营净收入] 指家庭成员从事生产经营活动所获得的净收入。是全部生产经营收入中扣除生产成本和税金后所得的收入。如当期收入小于生产费用的开支，其差额记入“其他借贷支出”中。

[财产性收入] 指家庭拥有的动产（如银行存款、有价证券）、不动产（如房屋、土地等）所获得的收入。包括出让财产使用权所获得的利息、租金、专利收入；财产营运所获得的红利收入、财产增值收益等。

[转移性收入] 指国家、单位、社会团体对居民家庭的各种转移支付和居民家庭间的收入转移。包括政府对个人收入转移的离退休金、失业救济金、赔偿等；单位对个人收入转移的辞退金、保险索赔、住房公积金、家庭间的赠送和赡养等。

[家庭总支出] 指家庭除借贷支出以外的全部实际支出。包括消费性支出、财产性支出、转移性支出、社会保障支出、购房与建房支出。支出统计是以

实际购得的商品或服务的总价值填报，不论其付款方式是一次付清、分期付款、还是赊购，只要商品或服务已被消费就要按其总价值计量。如果采用分期付款或赊购形式，则要在借贷收入类相应的项目填入实付款与总的应付款的差额。

［消费性支出］ 指调查户用于本家庭日常生活的全部支出，包括食品、衣着、居住、家庭设备用品及服务、医疗保健、交通和通信、娱乐教育文化服务、其他商品和服务八大类等。包括用于赠送的商品或服务。消费支出按商品（服务）的用途分类，详细解释见消费支出表。

［食品］ 指居民为摄取身体所需要的营养和满足某种嗜好而购买的各种消费品，包括在商店、集市、工作单位食堂和饮食业购买的主食、副食、烟草、酒、饮料以及干鲜瓜果、糖果、糕点、奶制品等。

［衣着］ 指各种穿着用品及加工穿着品的各种材料，包括棉、麻、丝、毛和各种人造纤维、合成纤维纺织的各种布匹、呢绒、绸缎及其加工的服装，各种鞋、袜、帽及其他零星穿着用品等。

［居住］ 指与居住有关的支出，包括住房、水、电、燃料方面的支出。

［家庭设备用品及服务］ 指家庭各类日用消费品及家庭服务。包括日用耐用消费品、室内装饰品、床上用品、家庭日用杂品、家具、家庭服务。不含个人用品和服务。

［医疗保健］ 指用于医疗和保健的药品、用品和服务费用。包括医疗器具、保健用品、医药费、滋补保健品、医疗保健服务及其他医疗保健费用。实行医疗改革的单位，医疗基金（医保卡）支付的全部费用记入工资及补贴收入中，同时记入相应的医疗保健支出中。个人先现金支付然后到单位报销的医疗费在记入相应消费的同时，如果是在职职工则记入工资性收入，如果是离退休职工则记入离退休金中。

［交通和通信］ 指用于交通和通信工具及相关的各种服务费、维修费等支出。

［教育文化娱乐服务］ 指调查户用于教育和文化娱乐方面的支出。

［其他商品和服务］ 指无法直接归入上述各类支出以外的个人用品和其他商品与服务支出。

［服务性消费支出］ 指调查户用于本家庭支付社会提供的各种文化和生活方面的非商品性服务费用。包括为别人付款的服务。服务消费与商品消费不同，其特点在于其劳动过程和消费过程在时间与空间上的统一。

服务性消费支出 = 食品加工服务费用 + 在外饮食 *50%+ 衣着加工服务费 + 家庭服务 + 医疗费 + 交通工具服务支出 + 交通费 + 通信服务 + 文化娱乐服务费 + 教育费用 + 房租 + 住房装潢支出 *40%+ 居住服务费 + 其他服务费

这一指标是派生的，由计算机根据各类消费支出的性质自动生成。

［社会保障支出］ 指调查户家庭成员参加国家法律、法规规定的社会保障项目中由个人交纳的保障支出。不包括职工所在单位交纳的那部分社会保障金。

［非现金收入］ 指居民从工作单位、政府部门、社会团体和个人（农业居民和海外亲朋）等处免费或低价（扣除自付部分）得到的各种商品及服务，自产的各种农副产品也包括其中。共分八类：食品、衣着、居住、家庭设备用品及服务、医疗保健、交通和通信、娱乐教育文化服务、其他商品和服务。

［生产性固定资产］ 是指生产过程中使用年限较长、单位价值较高，并在使用过程中保持原有物质形态的资产，包括厂房、机器设备等。农民家庭使用的固定资产，需同时具备两个条件，即使用年限在两年以上，单位价值在 50 元以上。在乡村企业及其他部门中，规定单位价值在 200 元以上，使用年限在一年以上。如果企业的主要设备虽低于 200 元，但使用年限在一年以上，也划为固定资产。

［固定资产原值］ 是指固定资产当初的购进价、新建价或开始转为固定资产的价值。自繁自养的幼畜成龄转作役畜、产品畜、种畜，按市场同类牲畜的平均价格计价。国家奖励和外单位赠送的固定资产按购置同类固定资产的价格参照其新旧程度酌情计价。

［住房面积］ 是指农村住户自有或租用的住房面积。房屋中的起居室、厨房或放置灶具的地方包括在内。但不包括仓库等作为生产用途房屋面积。

［住房价值］ 指房屋当初购买或新建时的价值。新建房屋的价值可按实际消耗的建筑材料和人工的报酬计算，有的地方，人工不要报酬，只管吃喝，可将吃喝的费用，当作报酬，计入房价内。原有房屋，按房屋质量和新旧程度，根据当地实际情况进行估价。对原有房屋进行大翻修的，也应考虑在内。

［家庭常住人口］ 指全年经常在家或在家居住 6 个月以上，而且经济和生活与本户连成一体的人口。外出从业人员在外居住时间虽然在 6 个月以上，但收入主要带回家中，经济与本户连为一体，仍视为家庭常住人口；在家居住，生活和本户连成一体的国家职工、退休人员也为家庭常住人口。但是现役军

人、中专及以上(走读生除外)的在校学生、以及常年在外(不包括探亲、看病等)且已有稳定的职业与居住场所的外出从业人员,不应当作家庭常住人口。家庭常住人口主要作为计算农村住户平均每人收入、消费和积累水平及分析家庭人口状况的依据。

[在校学生人数] 指调查期内常住人口中所有正在学校就读的学生。不包括利用业余时间学习的夜校、电大、函授学校的学生。

[整、半劳动力整劳动力] 是指男子18周岁到50周岁,女子18周岁到45周岁;半劳动力是指男子16周岁到17周岁,51周岁到60周岁; 女子16周岁到17周岁,46周岁到55周岁, 同时具有劳动能力的人。虽然在劳动年龄之内,但已丧失劳动能力的人,不应算为劳动力;超过劳动年龄,但能经常参加劳动,计入半劳动力数内。常住人口中的职工,若这些职工为劳动力,就包括在本户的整半劳动力中。

[总收入] 指调查期内农村住户和住户成员从各种来源渠道得到的收入总和。按收入的性质划分为工资性收入、家庭经营收入、财产性收入和转移性收入。

[工资性收入] 指农村住户成员受雇于单位或个人,靠出卖劳动而获得的收入。

在非企业组织中劳动得到的收入指农村住户成员在不具备企业性质的行政事业单位和各种组织中劳动得到的收入。包括村干部和民办教师的工资(奖金、补贴),乡及以上行政、事业单位工作人员的工资(奖金、补贴)等。

在本地劳动得到的收入指农村住户成员在住户所属乡(镇)地域范围内受雇于单位或个人,靠出卖劳动而获得的收入。

常住人口外出从业得到的收入指农村住户成员到住户所属乡(镇)地域范围以外从业得到的收入。

[家庭经营收入]指农村住户以家庭为生产经营单位进行生产筹划和管理而获得的收入。

农村住户家庭经营活动按行业划分为农业、林业、牧业、渔业、工业、建筑业、交通运输业邮电业、批发和零贸易餐饮业、社会服务业、文教卫生业和其他家庭经营。

[财产性收入] 指金融资产或有形非生产性资产的所有者向其他机构单位提供资金或将有形非生产性资产供其支配,作为回报而从中获得的收入。

[转移性收入] 指农村住户和住户成员无须付出任何对应物而获得的货物、服务、资金或资产所有权等,不包括无偿提供的用于固定资本形成的资金。一般情况下,指农村住户在二次分配中的所有收入。

[总支出] 指农村住户用于生产、生活和再分配的全部支出。家庭经营费用支出、购置生产性固定资产支出、生产性固定资产折旧、税费支出、生活消费支出、财产性支出和转移性支出。

[家庭经营费用支出] 指农村住户以家庭为基本生产经营单位从事生产经营活动而消费的商品和服务、自产自用产品。所消费的未计算为住户收入的自产自用产品,不计算为费用支出;库存的化肥、农药也不计算为本期费用支出。

[购置生产性固定资产支出] 指农村住户用于建造和购置生产性固定资产所支出的费用。

[生产性固定资产折旧] 指农村住户在家庭经营生产活动中,因使用固定资产,而转移到新产品中的那部分固定资产价值。在农村住户调查中,生产性固定资产的使用年限定为15年。

[税费支出] 指农村住户以现金和实物形式缴纳的从事生产经营活动的各种税费支出。

[生活消费支出] 指农村住户用于物质生活和精神生活方面的支出。生活消费支出包括食品支出、衣着支出、居住支出、家庭设备用品及服务支出、医疗保健支出、交通和通讯支出、文化教育娱乐用品及服务支出、其他商品和服务支出。

[食品消费支出] 指农村居民年内消费各类食品支出。包括主食、副食、其他食品、在外饮食和食品加工费支出。

[衣着消费] 指农村住户各种穿着用品及加工穿用品的各种材料。包括棉花、丝棉、化纤棉、驼毛、棉布、各种化纤布、绸、缎、呢绒、各类成衣、棉、毛、丝、麻纺织品,背心、汗衫、棉毛衫裤、卫生衫裤、袜子等针织品,毛线、毛线织品、各种鞋、帽等消费品及衣着的加工修理费(指农村住户为加工或修补服装、鞋帽等衣着所支付的服务费)。但不包括用各种布料做的床上用品,室内装饰品。

[居住消费] 指与农村住户居住有关的所有支出。包括新建(购)房屋、房屋维修、居住服务、租赁住房所付的租金、生活用水、生活用电、用于生活的燃料等支出。

[家庭设备、用品及服务] 指农村住户消费的各种耐用消费品、其他家庭用品及用品的加工修理费用。

[医疗保健] 指农村住户用于医疗和保健的药品、医疗器械和服务费用。包括医药卫生保健用品、医疗保健服务费和医疗卫生设备、用品加工修理费等。

[交通通讯消费] 指农村住户用于交通和通讯

的工具、各种服务费、维修费用支出。

［**文教娱乐用品及服务**］ 指农村住户用于文化、教育、娱乐方面的支出。包括文化教育娱乐用品支出和文化教育娱乐服务支出。

［**其他商品和服务消费**］ 指上述各类支出以外的商品和服务支出。

［**财产性支出**］ 为获得其他住户财产(包括无形资产)的使用权而支付的各种费用。

［**转移性支出**］ 指农村住户和住户成员没有获得任何对应物而支出的货物、服务、资金或资产所有权等,不包括无偿提供的用于固定资本形成的资金。一般情况下,指农村住户在二次分配中的所有支出。

［**纯收入**］ 指农村住户当年从各个来源得到的总收入相应地扣除所发生的费用后的收入总和。纯收入主要用于再生产投入和当年生活消费支出,也可用于储蓄和各种非义务性支出。“农民人均纯收入”按人口平均的纯收入水平,反映的是一个地区或一个农户农村居民的平均收入水平。计算方法:

纯收入＝总收入－家庭经营费用支出－税费支出－生产性固定资产折旧－赠送农村外部亲友支出

［**可支配收入**］ 指农村住户获得的经过初次分配与再分配后的收入。可支配收入可用于住户的最终消费、非义务性支出以及储蓄。计算方法:

农村住户可支配收入＝农村住户总收入－家庭经营费用支出－税费支出－生产性固定资产折旧－财产性支出－转移性支出

［**现金收入**］ 指农村住户和住户成员在调查期内得到以现金形态表现的收入。按来源分成工资性收入、家庭经营现金收入、财产性收入、转移性收入。

［**现金支出**］ 指农村住户在调查期内用于生产、生活和再分配所支付的现金。包括家庭经营费用支出、缴纳的税费、购买生产性固定资产、生活消费、财产性和转移性支出。

第十一篇 Chapter11

农业 Agriculture

责任编辑：门建军

资料整理：门建军　马宏　张蓓蓓　马雪莲

Coordinator: Men Jianjun

Data Compilation: Men Jianjun　Ma Hong　Zhang Beibei Ma Xuelian

11-1 农村基层基本情况
Basic Statistics on Rural Areas

年份 Year	乡镇数 (个) Number of Township and Town Governments (unit)	乡数 (个) Villages (unit)	镇数 (个) Towns (unit)	村民委员会 (个) Number of Villagers, Committees (unit)	乡村从业人员 (人) Number of Rural Labor Force (person)	男 Male	女 Female	农林牧渔业从业人员(人) Number of Labor Force by Agriculture, Forestry, Animal Husbandry & Fishery (person)
1978	246			2 168	923 593			866 250
1979	247			2 189	938 000			893 000
1980	251			2 285	988 053			947 634
1985	279	256	23	2 393	1 204 841	635 125	569 716	1 085 839
1990	288	248	40	2 501	1 409 341	733 813	675 528	1 244 241
1995	295	238	57	2 595	1 625 340	859 131	766 209	1 374 338
1996	299	241	58	2 586	1 687 083	885 106	801 977	1 390 544
1997	299	239	60	2 592	1 765 858	924 490	841 368	1 453 785
1998	299	239	60	2 602	1 811 661	951 043	860 618	1 465 591
1999	299	238	61	2 607	1 865 154	1 017 345	847 809	1 527 878
2000	309	245	64	2 692	1 979 117	1 030 471	948 646	1 531 310
2001	291	233	58	2 732	2 157 431	1 050 519	1 106 912	1 527 646
2002	293	234	59	2 664	2 205 431	1 061 159	1 144 272	1 505 141
2003	188	96	92	2 627	2 084 846	1 089 837	995 009	1 458 228
2004	188	95	93	2 527	2 099 335	1 099 325	1 000 010	1 439 822
2005	191	97	94	2 382	2 119 845	1 105 616	1 014 229	1 406 424
2006	187	93	94	2 362	2 119 891	1 108 714	1 011 177	1 365 360
2007	191	93	98	2 311	2 145 829	1 127 558	1 018 271	1 377 190
2008	191	93	98	2 308	2 187 344	1 150 221	1 037 123	1 330 237
2009	191	93	98	2 319	2 184 155	1 152 847	1 031 308	1 275 900
2010	192	93	99	2 319	2 180 276	1 147 579	1 032 697	1 250 915
2011	193	92	101	2 283	2 185 736	1 144 385	1 041 351	1 239 417
2012	192	91	101	2 263	2 142 942	1 137 595	1 005 347	1 204 700
2013	193	92	101	2 269	2 161 723	1 146 275	1 015 448	1 211 472

11-2 农业机械拥有量
Major Agriculture Machinery

年份 Year	农业机械总动力（万瓦特） Total Agricultural Machinery Power (10 000w)	大中型拖拉机（混合台） Number of Large and Medium-sized Agricultural Tractors(unit)	小型及手扶拖拉机（台） Small and Walking Tractors (unit)	大中型配套农具（部） Number of Large and Medium-sized Farm Machinery (unit)	农用排灌动力机械（混合台） Number of Diesel Engines (unit)	联合收割机（台） Combine Harvester (unit)
1978		4 655	12 088			147
1979		5 478	15 114			190
1980		5 811	16 442			252
1985		5 848	42 384	6 622	9 003	215
1990	191 105	5 966	83 934	6 084	10 611	169
1991	202 687	6 200	93 400	6 011	11 449	233
1992	212 126	5 481	100 245	6 030	10 653	245
1993	217 581	4 693	105 319	5 598		228
1994	228 601	4 433	110 137	5 236		294
1995	241 463	3 822	115 196	4 780		307
1996	255 986	3 667	119 880			
1997	288 432	3 588	129 023		12 951	473
1998	316 183	3 620	132 335			634
1999	377 934	3 897	149 470			1 346
2000	380 633	4 774	157 061			1 689
2001	407 623	4 887	163 059			1 856
2002	447 513	5 734	169 856	8 083		1 996
2003	486 339	7 534	167 005	9 516	20 857	1 994
2004	528 493	12 084	169 150	13 613	26 325	1 955
2005	555 144	13 245	168 563	14 127	25 173	2 191
2006	592 197	15 207	169 951	18 469	26 158	2 718
2007	629 779	15 414	170 327	29 006	27 357	3 095
2008	657 846	18 752	173 062	33 673	29 818	3 374
2009	702 548	22 121	178 935	43 656	27 565	4 983
2010	729 125	27 962	179 866	51 489	27 733	6 333
2011	768 740	32 085	184 148	61 449	37 033	6 014
2012	811 291	37 837	182 957	70 771	37 081	6 876
2013	801 982	42 602	180 841	77 118	31 817	7 844

11-3 农业施肥量及农村用电量
Consumption of Chemical Fertilizers and Electricity in Rural Areas

年份 Year	化肥施用量（万吨）Consumption of Chemical Fertilizers (10 000 tons)	氮肥 Nitrogenous Fertilizer	磷肥 Phosphate Fertilizer	钾肥 Potash Fertilizer	复合肥 Compound Fertilizer	农村用电量（万千瓦小时）Electricity Consumed in Rural Areas (10 000 kwh)
1978	22.8					10 541
1979	20.1					12 255
1980	17.7					15 134
1985	23.2					19 478
1990	46.1	32.1	9.2	0.1	4.7	38 570
1991	48.8	33.4	9.9	0.2	5.3	45 293
1992	51.9	35.4	10.0	0.3	6.2	48 676
1993	50.8	33.8	10.3	0.3	6.4	47 733
1994	55.2	35.8	12.4	0.3	6.7	53 795
1995	61.7	39.6	14.4	0.3	7.4	55 631
1996	67.8	43.7	15.8	0.2	8.1	65 476
1997	69.2	43.9	16.1	0.2	9.0	72 665
1998	74.5	46.2	18.1	0.4	9.8	73 474
1999	75.5	46.5	17.8	0.5	10.7	77 597
2000	76.9	46.9	18.3	0.6	11.1	79 392
2001	78.4	48.2	17.8	0.8	11.6	78 616
2002	79.5	48.8	17.9	0.8	11.8	82 273
2003	80.1	46.9	15.6	1.1	12.5	85 800
2004	84.2	47.9	19.5	1.6	15.2	89 980
2005	86.9	46.0	20.2	1.8	18.9	92 507
2006	90.6	48.2	21.4	2.2	18.8	101 059
2007	95.5	50.1	22.0	2.4	21.1	106 276
2008	95.9	50.2	22.8	2.9	20.1	109 471
2009	96.7	50.2	22.0	3.4	21.1	101 055
2010	102.6	53.5	22.7	3.4	22.9	109 588
2011	103.3	53.3	23.2	3.7	23.1	120 090
2012	106.6	54.7	24.1	3.5	24.3	127 507
2013	108.9	55.9	24.3	3.8	24.9	138 374

注:化肥施用量为实物量。

a)Data on Consumption of Chemical Fertilizers refer to the Practical quantity.

11-4 农林牧渔业总产值、中间消耗及增加值

Gross Output, Intermediate Consumption and Added Value of Agriculture, Forestry, Animal Husbandry and Fishery

单位:万元　　　　(10 000 yuan)

指　标	Item	1995	2000	2005	2010	2011	2012	2013
农林牧渔业总产值	**Gross Output Value of Agriculture,Forestry,Animal Husbandry and Fishery**	**565 493**	**777 525**	**1379 973**	**3 059 382**	**3 546 803**	**3 851 490**	**4 299 974**
农　业	Agriculture	381 301	469 905	789 410	1 951 448	2 236 051	2 404 647	2 689 960
林　业	Forestry	9 688	31 137	55 645	86 774	93 206	97 655	98 366
牧　业	Animal Husbandry	162 897	257 488	459 969	821 343	975 986	1 057 236	1 200 126
渔　业	Fishery	11 607	18 995	39 781	80 376	102 370	133 627	132 177
农林牧渔服务业	Output Value of Services for Agriculture, Forestry,Animal Husbandry and Fishery			35 168	119 441	139 190	158 325	179 345
农林牧渔业中间消耗	**Intermediate consumption of Agriculture, Forestry,Animal Husbandry and Fisery**	**211 539**	**318 047**	**657 556**	**1 466 481**	**1 705 435**	**1 857 453**	**2 077 124**
农　业	Agriculture	128 952	162 335	318 105	846 148	970 670	1 045 801	1 174 610
林　业	Forestry	3 674	15 463	34 658	55 925	60 127	63 162	63 673
牧　业	Animal Husbandry	69 122	125 528	258 738	472 026	561 582	609 221	692 896
渔　业	Fishery	5 546	9 274	22 879	49 383	62 947	82 194	81 309
农林牧渔服务业	Output Value of Services for Agriculture, Forestry,Animal Husbandry and Fishery			5 134	42 999	50 109	57 075	64 636
农林牧渔业增加值	**Value-added of Agriculture, Forestry, Animal Husbandry and Fishery**	**353 954**	**459 478**	**722 417**	**1 592 901**	**1 841 368**	**1 994 037**	**2 222 850**
农　业	Agriculture	248 581	303 291	463 478	1 105 300	1 265 381	1 358 846	1 515 350
林　业	Forestry	5 987	15 628	20 770	30 849	33 079	34 493	34 693
牧　业	Animal Husbandry	93 356	131 024	198 719	349 317	414 404	448 015	507 230
渔　业	Fishery	6 030	9 535	16 761	30 993	39 423	51 433	50 868
农林牧渔服务业	Output Value of Services for Agriculture, Forestry,Animal Husbandry and Fishery			22 689	76 442	89 081	101 250	114 709

注:本表按当年价格计算。

a)Data in this table are calculated at current price.

11-5 主要年份农林牧渔业总产值

Gross Output Value of Agriculture, Forestry, Animal Husbandry and Fishery in Main Years

单位:万元 (10 000 yuan)

年份 Year	农林牧渔业总产值 Gross Output of Agriculture,Forestry, Animal Husbandry and Fishery	农业 Agriculture	林业 Forestry	牧业 Animal Husbandry	渔业 Fishery	农林牧渔服务业 Output Value of Services for Agriculture,Forestry, Animal Husbandry and Fisherg
1950	11 445	8 939	17	2 488		
1955	20 140	15 937	87	4 117		
1960	17 897	14 674	407	2 787	30	
1965	30 489	25 044	395	5 013	37	
1970	27 970	22 708	474	4 759	29	
1975	46 002	36 710	1 089	8 182	22	
1978	48 133	37 893	1 505	8 714	22	
1980	64 139	52 945	2 441	8 699	54	
1985	120 164	88 619	8 035	22 903	607	
1990	246 887	175 113	13 186	53 974	4 614	
1995	565 493	381 301	9 688	162 897	11 607	
2000	777 525	469 905	31 137	257 488	18 995	
2001	852 989	493 901	34 999	302 896	21 193	
2002	924 917	528 801	51 391	320 370	24 355	
2003	1 005 247	541 303	74 569	363 502	25 873	
2004	1 255 202	712 966	61 978	412 390	35 868	32 000
2005	1 379 973	789 410	55 645	459 969	39 781	35 168
2006	1 481 763	905 543	50 245	419 817	41 159	65 000
2007	1 829 477	1 111 213	56 894	532 784	51 586	77 000
2008	2 272 018	1 311 389	74 756	730 697	60 376	94 800
2009	2 435 033	1 467 825	83 828	706 736	70 456	106 189
2010	3 059 382	1 951 448	86 774	821 343	80 377	119 441
2011	3 546 803	2 236 051	93 206	975 986	102 370	139 190
2012	3 851 490	2 404 647	97 655	1 057 236	133 627	158 325
2013	4 299 974	2 689 960	98 366	1 200 126	132 177	179 345

注:1.2006-2007 年数据与第二次全国农业普查进行了衔接;

2.本表按当年价格计算。

a)From 2006 to 2007,agricultural products were adjusted according to the Second National Agricultural Censes.

b)Data in this table are calculated at current price.

11-6 农林牧渔业总产值指数

Agriculture, Forestry, Animal Husbandry and Fishery Related Indices

（按可比价格计算，以 1952 年为 100）　　　　(constant price,1952=100)

年份 Year	农林牧渔业总产值 Gross Output Value of Agriculture,Forestry, Animal Husbandry and Fishery	农业 Agriculture	林业 Forestry	牧业 Animal Husbandry	渔业 Fishery	农林牧渔服务业 Output Value of Services for Agriculture,Forestry, Animal Husbandry and Fishery
1950	72.76	72.95	30.51	76.59		
1955	128.03	128.34	150.75	124.45		
1960	122.77	106.92	666.22	121.24		
1965	179.40	163.24	573.90	194.81		
1970	166.33	146.06	686.78	183.94		
1975	220.59	203.97	820.03	215.94		
1978	232.97	208.11	1 119.27	228.72		
1980	253.48	238.03	1 222.06	205.21		
1985	384.50	332.53	2 308.96	362.98		
1990	480.99	435.55	1 400.54	515.51		
1995	563.14	475.08	695.60	808.94		
2000	829.92	631.53	1 327.03	1 380.49		
2001	896.16	668.80	1 054.14	1 339.12		
2002	965.91	713.41	2 213.55	1 595.05		
2003	1 049.80	730.28	3 211.84	1 809.79		
2004	1 131.68	828.87	2 758.97	1 855.03		
2005	1 201.84	886.06	2 477.56	1 994.16		
2006	1 283.57	942.77	2 237.24	2 157.68		
2007	1 373.42	1 001.22	2 499.00	2 308.72		
2008	1 493.85	1 092.97	3 012.49	2 447.12		
2009	1 616.34	1 186.96	3 377.00	2 601.29		
2010	1 742.42	1 304.47	3 498.57	2 697.53		
2011	1 831.28	1 373.61	3 757.46	2 773.06		
2012	1 941.16	1 450.53	3 937.82	2 908.94		
2013	2 032.39	1 512.90	3 965.38	3 019.48		

11-16 续表 1 continued

（按可比价格计算，以上年为 100） (Constant price,preceding year=100)

年份 Year	农林牧渔业总产值 Gross Output Value of Agriculture,Forestry, Animal Husbandry and Fishery	农业 Agriculture	林业 Forestry	牧业 Animal Husbandry	渔业 Fishery	农林牧渔服务业 Output Value of Services for Agriculture,Forestry, Animal Husbandry and Fisheer
1950	106.5	106.2		103.1		
1960	84.1	77.6	105.5	99.4	93.3	
1965	114.8	111.8	109.5	127.3	108.8	
1970	97.3	93.5	107.2	104.2	91.0	
1975	96.7	90.3	131.2	112.2	101.4	
1978	112.5	112.5	138.8	102.5	108.3	
1980	114.1	123.2	98.8	93.9	106.5	
1985	102.5	102.8	79.0	125.6	138.2	
1990	104.3	101.0	127.3	109.4	108.0	
1995	105.6	100.5	101.5	118.9	109.9	
2000	103.8	97.7	128.4	112.5	114.7	
2001	108.0	105.9	109.3	111.0	111.8	
2002	107.8	106.7	152.6	104.1	117.7	
2003	108.7	102.4	145.1	113.5	106.2	
2004	107.8	113.5	85.9	102.5	117.9	110.0
2005	106.2	106.9	89.8	107.5	104.2	108.3
2006	106.8	106.4	90.3	108.2	114.1	115.3
2007	107.0	106.2	111.7	107.0	110.1	112.5
2008	108.8	109.2	120.5	106.0	109.7	113.0
2009	108.2	108.6	112.1	106.3	111.5	111.3
2010	107.8	109.9	103.6	103.7	111.2	108.0
2011	105.1	105.3	107.4	102.8	115.6	109.6
2012	106.0	105.6	104.8	104.9	116.3	111.5
2013	104.7	104.3	100.7	103.8	117.5	109.6

11-7 耕地面积、造林面积和播种面积

Cultivated Areas, Afforested Areas and Sown Area

单位：万公顷 (10 000 hectare)

年份 Year	年末耕地面积 Cultivated Land at Year End	水田 Paddy Fields	旱田 Dry Fields	水浇地 Irrigated Fields	当年造林面积 Afforestation Area This Year	农作物总播种面积 Total Sown Area	粮食作物播种面积 Sown Area of Grain Crops
1950	71.7					50.4	43.9
1955	83.9				0.1	70.7	59.2
1960	93.2				0.7	94.3	77.1
1965	92.3				1.2	90.9	77.2
1970	90.6				0.5	88.3	77.0
1975	91.4				0.6	88.0	75.8
1978	89.1				1.4	90.2	76.4
1980	89.6				1.1	89.6	75.7
1985	79.5	14.1	65.4	10.3	4.0	82.8	65.0
1990	79.6	17.5	62.1	8.5	0.9	88.9	72.4
1995	80.7	17.1	63.6	10.6	2.6	95.6	76.2
2000	129.3	19.8	109.5	20.0	8.2	102.4	81.5
2001	129.9	21.1	108.8	19.5	9.9	98.1	75.5
2002	121.2	21.2	100.0	19.8	18.2	107.9	81.2
2003	111.9	18.2	93.7	23.0	29.5	112.9	80.4
2004	110.5	15.2	95.3	25.5	16.3	115.8	79.2
2005	111.4	17.0	94.4	25.3	11.2	109.9	77.6
2006	111.6	16.3	95.3	22.2	5.5	110.9	79.4
2007	111.7	19.0	92.7	23.6	5.7	119.0	85.6
2008	112.8	19.3	93.5	24.1	9.0	121.0	82.6
2009	113.6	19.0	94.6	26.5	9.0	122.7	82.7
2010	113.5	18.8	94.7	24.2	9.5	124.8	84.4
2011	113.3	18.9	94.4	24.3	9.0	126.0	85.2
2012	113.2	18.8	94.3	24.3	9.5	128.0	82.8
2013					10.1	126.5	80.2

注：1.2000 年以后的耕地面积为土地详查数；

2.2006-2007 年数据与第二次全国农业普查进行了衔接。

a)Since 2000, the cultivated land detailed survey for the number.

b)From 2006 to 2007,agricultural products were adjusted according to the Second National Agricultural Censes.

11-8 主要农产品产量

Output of Major Farm Products

单位:万千克 (10 000 kg)

年份 Year	粮食 Grain	稻谷 Rice	小麦 Wheat	玉米 Corn	油料 Oil-bearing Crops
1950	33 512	5 012	6 877		2 111
1955	62 061	11 145	17 922		4 181
1960	46 701	8 557	18 648		1 310
1965	83 334	13 215	37 540	660	3 088
1970	72 036	16 634	22 176		2 852
1975	109 470	26 965	46 843	2 041	2 446
1978	116 981	27 785	47 901	5 698	2 568
1980	120 357	32 915	49 469	8 545	3 599
1985	139 534	41 889	58 553	14 214	5 338
1990	191 703	54 300	78 000	37 600	6 243
1995	203 253	46 153	68 870	60 849	5 591
2000	252 742	62 376	74 462	81 955	6 990
2001	274 795	61 821	83 603	94 772	7 345
2002	301 914	65 669	96 116	104 272	10 880
2003	270 174	37 042	75 614	119 926	13 175
2004	290 488	52 462	80 419	117 689	13 801
2005	299 809	61 058	79 414	121 415	12 209
2006	322 410	76 600	83 300	127 100	8 433
2007	323 500	60 500	61 600	146 600	7 747
2008	329 240	66 381	64 074	149 940	13 557
2009	340 703	64 554	73 563	156 382	13 647
2010	356 510	69 986	70 333	165 805	20 845
2011	358 947	70 755	62 976	172 456	18 410
2012	375 034	71 326	62 045	191 177	18 032
2013	373 401	68 895	46 316	206 243	16 808

注:1.2000 年起粮食总产量及稻谷、小麦、玉米产量为抽样调查数;

2.2006-2007 年数据与第二次全国农业普查进行了衔接。

a)Data in this table are obtained from the sample surveys on total grain,rice,wheat and corn after 2000.

b)From 2006 to 2007,agricultural products were adjusted according to the Second National Agricultural Censes.

11-9 主要农产品产量及单位面积产量

指 标	Item	1990		2000	
		总产量(吨) Total Yield (ton)	单位产量(千克/公顷) Unit Yield (kg/hectare)	总产量(吨) Total Yield (ton)	单位产量(千克/公顷) Unit Yield (kg/hectare)
粮 食	Grain	1 917 028	2 655	2 527 416	3 132
稻 谷	Rice	543 000	9 004	623 764	8 130
小 麦	Wheat	780 000	2 540	744 618	2 546
玉 米	Corn	376 000	4 980	819 549	6 252
大 豆	Soybean	24 477	638	30 226	804
薯 类	Tubers	83 574	1 898	162 206	2 138
油 料	Oil-bearing Crops	62 434	642	69 897	891
胡麻籽	Rapeseeds	43 766	647	25 190	619
药 材	Medicinal Materials	369	1 726	15 852	2 588
蔬 菜	Vegetables	668 768	41 808	1 504 057	30 553
瓜果类	Melons	142 742	36 851	280 266	23 820
水 果	Fruits	55 208	2 070	193 155	4 402
苹 果	Apples	34 768	1 620	159 462	7 340

注:粮食总产量及稻谷、小麦、玉米、薯类产量为抽样数,其余为全面统计数据。

Output of Major Farm Products Per Hectare

2010		2011		2012		2013	
总产量(吨) Total Yield (ton)	单位产量 (千克/公顷) Unit Yield (kg/hectare)	总产量(吨) Total Yield (ton)	单位产量 (千克/公顷) Unit Yield (kg/hectare)	总产量(吨) Total Yield (ton)	单位产量 (千克/公顷) Unit Yield (kg/hectare)	总产量(吨) Total Yield (ton)	单位产量 (千克/公顷) Unit Yield (kg/hectare)
3 565 096	4 224	3 589 471	4 211	3 750 337	4 528	3 734 013	4 658
699 862	8 416	707 553	8 429	713 259	8 457	688 949	8 387
703 325	3 327	629 759	3 116	620 447	3 467	463 158	3 112
1 658 047	7 422	1 724 557	7 440	1 911 770	7 775	2 062 431	7 871
9 546	583	7 318	585	8 302	526	5 687	510
425 016	1 915	445 208	1 983	422 442	1 958	439 966	2 042
208 453	2 110	184 097	2 077	180 321	2 040	168 080	2 047
66 911	1 327	74 805	1 567	74 025	1 544	69 608	1 544
48 388	5 196	63 201	5 491	62 110	5 746	77 509	4 798
4 074 160	40 187	4 387 053	40 887	4 711 062	42 224	5 090 079	43 393
1 639 426	20 398	1 648 193	20 058	1 700 648	20 906	1 797 833	21 867
649 158	5 434	724 650	5 801	804 731	6 177	845 236	6 139
354 421	8 766	408 903	10 107	489 412	12 294	510 528	12 209

a)Data in this table are obtained from the sample surveys on total grain,rice,wheat,corn and tubers.The rest of comprehensive statistics.

11-10 主要畜产品产量

指　　标	Item	单位	Unit
当年出栏肉猪头数	Slaghtered Fattened Hogs This Year	万头	10 000 heads
当年出售和自宰的肉用牛	Beef Cattle for Sale and Self-use This Year	万头	10 000 heads
当年出售和自宰的肉用羊	Mutton Sheep for Sale and Self-use This Year	万头	10 000 heads
当年出售和自宰的家禽	Poultry for Sale and Self-use This Year	万只	10 000 heads
当年肉类总产量	Total Output of Meat This Year	万吨	10 000 tons
猪肉产量	Pork	万吨	10 000 tons
牛肉产量	Beef	万吨	10 000 tons
羊肉产量	Mutton	万吨	10 000 tons
奶类产量	Milk	万吨	10 000 tons
牛奶	Cow Milk	万吨	10 000 tons
山羊毛产量	Goat Wool	吨	ton
绵羊毛产量	Sheep Wool	吨	ton
羊绒产量	Cashmere	吨	ton
蜂蜜产量	Honey	吨	ton
禽蛋产量	Poultry Eggs	万吨	10 000 tons
水产品产量	Aquatic Products	吨	ton

11-11 造林面积

指　　标	Item	单位	Unit
当年造林面积	Afforestation Area This Year	公顷	hectare
按主要林种用途分	Grouped by Different Use of Forest		
用材林	Timber Forest	公顷	hectare
经济林	Economic Forest	公顷	hectare
防护林	Windbreak	公顷	hectare
薪炭林	Firewood Forest	公顷	hectare
在当年造林面积中:飞机播种	Aircraft Seeding	公顷	hectare
村及村以下合作组织及农用木材采伐量	Logging of Village and Under Village Level Cooperative Association and Agriculture Use	立方米	cu.m

Output of Major Livestock Products

1980	1990	2000	2010	2011	2012	2013
32.7	59.1	147.1	120.2	99.7	103.3	95.6
0.5	4.4	28.2	52.1	52.0	57.0	59.5
42.9	104.7	234.0	425.3	443.9	474.9	521.4
		1 859.5	1 135.1	1 148.0	1 141.0	1 211.7
1.9	6.8	19.0	25.7	25.3	26.5	27.4
1.5	4.1	9.3	8.5	7.3	7.7	7.1
0.0	0.5	3.3	7.5	7.5	7.9	8.7
0.4	1.7	3.3	7.3	7.9	8.5	9.0
0.4	4.1	23.6	84.5	96.1	103.5	104.2
0.4	4.1	23.6	84.5	96.1	103.5	104.2
336	290	715	535	623	796	844
2 675	3 780	4 703	6 889	7 612	8 317	9 237
139	158	364	378	448	450	476
427	517	807	826	864	946	1 037
	2.2	7.6	7.2	7.3	6.2	7.4
309	10 217	36 983	90 035	105 422	123 538	144 930

Afforested Areas

1980	1990	2000	2010	2011	2012	2013
11 761	9 402	81 583	94 932	90 478	94 814	101 145
5 079	2 648		1 608	1 630		
257	338	10 528	25 153	21 472	9 006	10 118
5 457	5 573	71 035	68 121	67 376	85 808	91 027
	842					
		17 235				
21 708	242 811	12 146	3 587	2 312	3 977	2 827

11-12 各市县农村基层基本情况(2013年)
Basic Statistics on Grassroots Units by City and Country(2013)

地　区 Region	农村基层组织(个) Primary Organization of Rural Area(unit)			农村基础设施(个) Infrastructure of Rural Area(unit)			乡村从业人员(人) Number of Rural Labor Force (person)	农林牧渔业 Agriculture, Forestry, Animal Husbandry and Fishery
	乡镇数 Number of Township and Town Governments	镇数 Towns	村委会数 Villager's Commit-tees	自来水受益村 Number of Villages Benefit from Using Tap Water	通汽车村 Number of Villages Openning Bus Line	通电话村 Number of Villages Openning Telephone		
全区总计 Total	**193**	**101**	**2 269**	**1 677**	**2 269**	**2 269**	**2 161 723**	**1 211 472**
银川市 Yinchuan	**27**	**21**	**266**	**266**	**266**	**266**	**354 989**	**202 743**
银川市 District	8	6	68	68	68	68	93 036	58 867
永宁县 Yongning	6	5	69	69	69	69	91 004	51 537
贺兰县 Helan	5	4	60	60	60	60	82 927	50 171
灵武市 Lingwu	8	6	69	69	69	69	88 022	42 168
石嘴山市 Shizuishan	**20**	**11**	**193**	**193**	**193**	**193**	**175 173**	**99 324**
石嘴山市 District	7	4	50	50	50	50	51 900	19 885
平罗县 Pingluo	13	7	143	143	143	143	123 273	79 439
吴忠市 Wuzhong	**44**	**29**	**506**	**371**	**506**	**506**	**521 418**	**279 326**
利通区 Litong	12	8	92	92	92	92	141 773	58 894
红寺堡区 Hongsipu	5	2	59	59	59	59	75 250	55 768
盐池县 Yanchi	8	4	101	86	101	101	63 190	34 188
同心县 Tongxin	11	7	170	50	170	170	135 684	73 208
青铜峡市 Qingtongxia	8	8	84	84	84	84	105 521	57 268
固原市 Guyuan	**62**	**19**	**837**	**542**	**837**	**837**	**550 032**	**352 512**
原州区 Yuanzhou	11	7	153	126	153	153	143 150	87 076
西吉县 Xiji	19	3	306	97	306	306	191 710	125 684
隆德县 Longde	13	3	113	113	113	113	62 620	45 182
泾源县 Jingyuan	7	3	109	109	109	109	42 982	21 945
彭阳县 Pengyang	12	3	156	97	156	156	109 570	72 625
中卫市 Zhongwei	**40**	**21**	**467**	**305**	**467**	**467**	**560 111**	**277 567**
沙坡头区 Shapotou	12	10	175	139	175	175	185 895	99 867
中宁县 Zhongning	11	6	124	87	124	124	156 824	93 025
海原县 Haiyuan	17	5	168	79	168	168	217 392	84 675

11-13 各市县农用化肥施用量(2013 年)

Consumption of Chemical Fertilizers by City and Country(2013)

单位:吨 (ton)

地　区	Region	农用化肥施用量 Consumption of Chemical Fertilizer	氮 肥 Nitrogenous Fertilizer	磷 肥 Phosphate Fertilizer	钾 肥 Potash Fertilizer	复合肥 Compound Fertilizer
全区总计	**Total**	**1 089 395**	**559 032**	**243 379**	**37 579**	**249 405**
银 川 市	**Yinchuan**	**260 194**	**159 771**	**38 103**	**11 047**	**51 273**
银 川 市	District	82 385	47 913	15 970	5 304	13 198
永 宁 县	Yongning	61 403	42 501	6 156	2 189	10 557
贺 兰 县	Helan	73 306	48 935	9 486	2 267	12 618
灵 武 市	Lingwu	43 100	20 422	6 491	1 287	14 900
石嘴山市	**Shizuishan**	**189 458**	**102 021**	**33 162**	**9 477**	**44 798**
石嘴山市	District	46 658	27 114	8 662	872	10 010
平 罗 县	Pingluo	142 800	74 907	24 500	8 605	34 788
吴 忠 市	**Wuzhong**	**245 414**	**141 606**	**42 886**	**8 652**	**52 270**
利 通 区	Litong	62 974	34 305	14 472	4 061	10 136
红寺堡区	Hongsipu	38 659	16 532	5 862	146	16 119
盐 池 县	Yanchi	12 727	6 210	2 014	1 023	3 480
同 心 县	Tongxin	35 723	21 396	7 579	314	6 434
青铜峡市	Qingtongxia	95 331	63 163	12 959	3 108	16 101
固 原 市	**Guyuan**	**193 781**	**47 046**	**105 065**	**1 094**	**40 576**
原 州 区	Yuanzhou	29 360	10 159	8 763	253	10 185
西 吉 县	Xiji	88 118	13 219	57 588	324	16 987
隆 德 县	Longde	23 942	6 167	15 457		2 318
泾 源 县	Jingyuan	7 943	1 924	1 732	509	3 778
彭 阳 县	Pengyang	44 418	15 577	21 525	8	7 308
中 卫 市	**Zhongwei**	**200 548**	**108 588**	**24 163**	**7 309**	**60 488**
沙坡头区	Shapotou	49 689	26 132	5 859	2 701	14 997
中 宁 县	Zhongning	129 378	73 318	11 301	4 592	40 167
海 原 县	Haiyuan	21 481	9 138	7 003	16	5 324

注:按实物量计算。

a)Data refer to tlie practical quantity.

11-14 各市县农林牧渔业总产值(2013年)

Gross Output Value of Agriculture, Forestry, Animal Husbandry and Fishery by City and Country(2013)

单位:万元　　（按现行价格计算）(calculated at current price)　　(10 000yuan)

地区	Region	农林牧渔业总产值 Gross Output Value of Agriculture, Forestry,Animal Husbandry and Fishery	农业 Agriculture	林业 Forestry	牧业 Animal Husbandry	渔业 Fishery	农林牧渔服务业 Output Value of Services for Agriculture,Forestry, Animal Husbandry and Fishery	农林牧渔业总产值指数(上年=100) Indices of Gross Output (preceding year=100)
全区总计	**Total**	**4 299 974**	**2 689 960**	**98 366**	**1 200 126**	**132 177**	**179 345**	**104.7**
银川市	**Yinchuan**	**1 037 642**	**639 208**	**20 262**	**263 083**	**61 063**	**54 027**	**104.3**
银川市	District	324 550	178 295	5 839	95 700	14 606	30 109	101.5
永宁县	Yongning	246 623	179 848	1 297	49 550	8 261	7 666	105.5
贺兰县	Helan	276 528	187 531	2 794	45 520	32 831	7 852	105.7
灵武市	Lingwu	189 942	93 534	10 332	72 312	5 364	8 400	105.6
石嘴山市	**Shizuishan**	**450 450**	**311 972**	**3 801**	**83 574**	**36 903**	**14 199**	**104.6**
石嘴山市	District	124 140	78 114	1 873	29 477	8 876	5 799	102.8
平罗县	Pingluo	326 310	233 859	1 928	54 097	28 027	8 400	105.2
吴忠市	**Wuzhong**	**1 017 895**	**533 209**	**22 810**	**407 987**	**15 028**	**38 860**	**104.5**
利通区	Litong	313 711	144 390	6 009	143 974	3 153	16 186	103.2
红寺堡区	Hongsipu	79 105	57 807	2 721	16 097		2 480	106.1
盐池县	Yanchi	121 114	48 936	8 344	57 284	214	6 336	103.2
同心县	Tongxin	219 669	111 562	3 317	99 380		5 410	105.9
青铜峡市	Qingtongxia	284 296	170 513	2 419	91 253	11 662	8 449	104.9
固原市	**Guyuan**	**935 272**	**587 593**	**42 534**	**256 620**	**345**	**48 180**	**106.1**
原州区	Yuanzhou	269 778	187 467	5 766	61 917		14 628	105.8
西吉县	Xiji	266 256	193 802	2 246	56 312	345	13 551	106.6
隆德县	Longde	103 557	63 972	4 267	30 455		4 863	106.6
泾源县	Jingyuan	68 126	15 539	13 114	30 373		9 101	107.0
彭阳县	Pengyang	227 555	126 814	17 141	77 563		6 038	105.6
中卫市	**Zhongwei**	**858 715**	**617 976**	**8 960**	**188 862**	**18 839**	**24 078**	**104.3**
沙坡头区	Shapotou	353 295	261 854	2 928	66 155	13 144	9 214	104.9
中宁县	Zhongning	295 889	212 879	2 632	65 908	5 429	9 040	102.2
海原县	Haiyuan	209 531	143 243	3 400	56 798	266	5 824	106.7

11-15 各市县农林牧渔业增加值(2013 年)

Value-added of Agriculture, Forestry, Animal Husbandry and Fishery by City and Country(2013)

单位:万元　　(按现行价格计算)(calculated at current price)　　(10 000 yuan)

地区 Region	农林牧渔业增加值 Value Added of Agriculture, Forestry, Animal Husbandry and Fishery	农业 Agriculture	林业 Forestry	牧业 Animal Husbandry	渔业 Fishery	农林牧渔服务业 Output Value of Services for Agriculture, Forestry, Animal Husbandry and Fishery	农林牧渔业增加值指数(上年=100) Indices of Value Added of Agriculture, Forestry, Animal Husbandry and Fishery (preceding year=100)
全区总计 Total	**2 222 850**	**1 515 350**	**34 693**	**507 230**	**50 868**	**114 709**	**104.6**
银川市 Yinchuan	**554 241**	**385 062**	**7 125**	**104 807**	**22 705**	**34 542**	**103.8**
银川市 District	179 221	114 302	2 071	38 232	5 320	19 297	100.8
永宁县 Yongning	134 919	107 369	435	19 042	3 177	4 895	106.5
贺兰县 Helan	143 600	107 849	983	17 730	12 046	4 992	104.6
灵武市 Lingwu	96 501	55 542	3 636	29 803	2 162	5 358	104.6
石嘴山市 Shizuishan	**240 389**	**182 242**	**1 373**	**33 130**	**14 597**	**9 047**	**104.3**
石嘴山市 District	64 324	45 339	694	11 178	3 432	3 681	102.6
平罗县 Pingluo	176 065	136 903	679	21 952	11 165	5 366	104.9
吴忠市 Wuzhong	**521 920**	**296 114**	**8 266**	**186 891**	**5 783**	**24 866**	**104.6**
利通区 Litong	163 055	75 545	2 212	73 650	1 289	10 359	103.0
红寺堡区 Hongsipu	41 517	32 713	811	6 405		1 587	106.5
盐池县 Yanchi	57 979	26 680	3 059	24 099	86	4 055	103.9
同心县 Tongxin	103 930	56 123	1 321	43 033		3 454	105.7
青铜峡市 Qingtongxia	155 440	105 053	864	39 704	4 408	5 411	105.2
固原市 Guyuan	**448 981**	**296 993**	**14 834**	**106 178**	**127**	**30 849**	**106.1**
原州区 Yuanzhou	130 948	96 489	2 041	23 079		9 340	106.1
西吉县 Xiji	130 528	96 630	820	24 299	127	8 652	106.9
隆德县 Longde	46 674	28 666	1 564	13 315		3 129	106.5
泾源县 Jingyuan	28 470	6 945	4 731	10 922		5 872	106.1
彭阳县 Pengyang	112 361	68 264	5 678	34 564		3 855	105.0
中卫市 Zhongwei	**457 319**	**354 939**	**3 095**	**76 223**	**7 656**	**15 406**	**104.3**
沙坡头区 Shapotou	193 766	157 681	924	23 854	5 426	5 881	104.4
中宁县 Zhongning	154 601	119 176	924	26 594	2 135	5 772	102.7
海原县 Haiyuan	108 952	78 082	1 246	25 775	96	3 752	106.5

11-16 各市县农作物播种面积(2013年)

单位:公顷

地区 Region		农作物总播种面积 Total Sown Area	粮食播种面积 Sown Area of Grain Crops					
			合计 Total	稻谷 Rice	小麦 Wheat	玉米 Corn	薯类 Tubers	豆类 Soybeans
全区总计	**Total**	**1 264 654**	**801 603**	**82 144**	**148 825**	**262 021**	**215 421**	**27 815**
银川市	**Yinchuan**	**154 634**	**111 059**	**43 712**	**20 740**	**44 086**		**2 511**
银川市	District	37 405	24 622	10 191	2 219	12 212		
永宁县	Yongning	44 760	35 111	7 800	10 068	16 976		267
贺兰县	Helan	45 162	28 252	14 606	6 571	6 955		110
灵武市	Lingwu	27 307	23 074	11 115	1 882	7 943		2 134
石嘴山市	**Shizuishan**	**99 185**	**66 671**	**14 172**	**10 957**	**41 156**		**346**
石嘴山市	District	27 493	12 720	680	2 505	9 522		13
平罗县	Pingluo	71 692	53 951	13 492	8 452	31 634		333
吴忠市	**Wuzhong**	**310 354**	**208 671**	**14 718**	**38 932**	**72 437**	**31 086**	**6 052**
利通区	Litong	39 087	24 353	5 509	6 346	12 371		127
红寺堡区	Hongsipu	33 737	21 694		2 473	11 805	4 282	755
盐池县	Yanchi	82 698	47 229		2 400	10 032	11 497	333
同心县	Tongxin	107 968	76 386		20 559	20 420	15 307	
青铜峡市	Qingtongxia	46 864	39 009	9 209	7 154	17 809		4 837
固原市	**Guyuan**	**386 556**	**262 610**		**64 481**	**54 572**	**120 063**	**13 684**
原州区	Yuanzhou	115 448	57 344		11 907	14 205	28 130	1 687
西吉县	Xiji	150 090	115 240		25 147	10 637	67 560	5 503
隆德县	Longde	39 227	25 282		6 693	4 727	10 400	3 340
泾源县	Jingyuan	12 562	8 466		3 467	1 333	3 333	333
彭阳县	Pengyang	69 229	56 278		17 267	23 670	10 640	2 821
中卫市	**Zhongwei**	**313 925**	**152 592**	**9 542**	**13 715**	**49 770**	**64 272**	**5 222**
沙坡头区	Shapotou	72 545	20 213	5 400	2 205	10 908		1 500
中宁县	Zhongning	87 528	33 662	4 142	1 533	26 643		1 056
海原县	Haiyuan	153 852	98 717		9 977	12 219	64 272	2 666

Total Sown Areas of Farm Crops by City and Country(2013)

(hectare)

其他经济作物 Other Economic Crop					
油料 Oil-bearing Crops	药材 Medicinal Materials	蔬菜 Vegetables	瓜果类 Melons and Fruits	其他农作物 Other Farm Crops	青饲料 Succulence
82 116	**54 723**	**117 303**	**82 217**	**126 280**	**75 047**
1 640	**4 055**	**29 212**	**4 352**	**4 316**	**1 799**
268	2 369	7 104	749	2 293	870
301	1 383	5 970	1 595	400	148
363	226	14 334	1 085	902	262
708	77	1 804	923	721	519
6 686	**8 353**	**13 145**	**489**	**3 841**	**3 330**
2 774	4 103	4 125	137	3 634	3 247
3 912	4 250	9 020	352	207	83
22 341	**15 198**	**19 743**	**13 188**	**31 213**	**19 961**
577	2	4 552	3 110	6 493	6 493
2 340	2 774	3 252	1 403	2 274	1 585
9 385	5 050	1 518	3 444	16 072	9 102
9 822	7 334	4 298	4 015	6 113	2 520
217	38	6 123	1 216	261	261
34 575	**11 102**	**33 000**	**1 176**	**43 686**	**30 045**
12 512	5 633	15 347	513	24 099	13 599
14 233	133	7 357		13 127	13 127
4 233	4 340	4 200	133	1 039	1 039
533	333	400		2 830	1 610
3 064	663	5 696	530	2 591	670
16 874	**16 015**	**22 203**	**63 012**	**43 224**	**19 912**
1 807	2 250	11 905	33 772	2 593	5
2 896	8 069	5 742	23 452	13 707	6 960
12 171	5 696	4 556	5 788	26 924	12 947

11-17 各市县主要农作物产量(2013 年)

单位:吨

地　区　Region	粮食产量 Output of Grain					
	合计 Total	稻谷 Rice	小麦 Wheat	玉米 Corn	薯类 Tubers	豆类 Soybeans
全区总计 Total	**3 734 013**	**688 949**	**463 158**	**2 062 431**	**439 966**	**24 134**
银川市 Yinchuan	**852 983**	**371 152**	**102 634**	**377 734**		**1 409**
银川市 District	208 995	79 888	10 299	118 808		
永宁县 Yongning	261 718	73 011	50 044	138 481		182
贺兰县 Helan	212 073	121 210	33 608	57 063		138
灵武市 Lingwu	170 197	97 043	8 683	63 382		1 089
石嘴山市 Shizuishan	**457 980**	**99 126**	**50 094**	**308 451**		**203**
石嘴山市 District	85 828	4 627	11 841	69 354		6
平罗县 Pingluo	372 152	94 499	38 253	239 097		197
吴忠市 Wuzhong	**948 889**	**133 140**	**117 365**	**607 727**	**53 862**	**2 915**
利通区 Litong	185 479	45 721	41 453	98 259		46
红寺堡区 Hongsipu	112 219		10 017	86 870	13 452	422
盐池县 Yanchi	97 293		1 548	69 239	16 021	198
同心县 Tongxin	284 193		28 433	209 236	24 389	
青铜峡市 Qingtongxia	269 705	87 419	35 914	144 123		2 249
固原市 Guyuan	**798 556**		**153 081**	**325 927**	**293 070**	**15 334**
原州区 Yuanzhou	187 708		26 183	91 007	67 512	1 719
西吉县 Xiji	276 389		58 843	46 621	158 597	4 656
隆德县 Longde	88 161		19 939	27 247	36 440	4 252
泾源县 Jingyuan	25 673		8 772	5 234	11 305	362
彭阳县 Pengyang	220 625		39 344	155 818	19 216	4 345
中卫市 Zhongwei	**675 605**	**85 531**	**39 984**	**442 592**	**93 034**	**4 273**
沙坡头区 Shapotou	153 726	47 824	8 511	96 000		1 211
中宁县 Zhongning	291 678	37 707	7 783	245 715		438
海原县 Haiyuan	230 201		23 690	100 877	93 034	2 624

Output of Major Farm Products by City and Country(2013)

(ton)

其他经济作物产量 Output of Other Economic Crops					
油 料 Oil-bearing Crops	胡麻 Benne	向日葵 Helianthus	药 材 Medicinal Materials	蔬 菜 Vegetable	瓜果类 Melons and Fruits
168 080	**69 608**	**90 192**	**161 903**	**5 090 079**	**1 797 833**
5 628	**220**	**5 286**	**15 835**	**1 428 116**	**244 883**
877		764	5 817	386 779	41 679
752	176	576	9 613	307 608	87 045
1 372		1 363	382	662 234	53 878
2 627	44	2 583	23	71 495	62 281
26 780	**1 458**	**25 322**	**48 200**	**719 071**	**30 580**
8 411	0	8 411	6 200	174 071	4 680
18 369	1 458	16 911	42 000	545 000	25 900
41 779	**13 628**	**22 526**	**31 020**	**687 028**	**318 229**
1 748		1 748		232 441	107 466
6 486	665	5 821	10 501	60 899	28 755
11 620	820	5 175	2 691	19 612	63 671
21 238	12 143	9 095	17 780	68 520	44 657
687		687	48	305 556	73 680
58 014	**40 604**	**17 410**	**24 116**	**1 656 142**	**41 299**
30 017	13 012	17 005	7 600	852 123	16 619
16 959	16 959		221	510 460	
6 060	5 985	75	12 400	107 100	7 000
1 758	1 758		1 803	4 512	
3 220	2 890	330	2 092	181 947	17 680
35 879	**13 698**	**19 648**	**42 732**	**599 722**	**1 162 842**
3 750	1 350	2 140	7 425	418 708	696 380
5 867	356	5 028	29 801	96 652	382 063
26 262	11 992	12 480	5 506	84 362	84 399

11-18 各市县主要牲畜存、出栏数(2013年)
Number of Animals on Hand and Slaughtered by City and Country(2013)

地　区	Region	当年存栏数(万头、万只) Number of Animals on Hand This Year (10 000 heads)				当年出栏数(万头、万只) Number of Animals Slaughtered This Year (10 000 heads)		
		牛 Cattle and Buffaloes	奶牛 Cow	猪 Hog	羊 Sheep	牛 Cattle and Buffaloes	猪 Hog	羊 Sheep
全区总计	**Total**	**95.8**	**34.1**	**75.3**	**570.1**	**59.5**	**95.6**	**521.4**
银川市	**Yinchuan**	**18.6**	**13.5**	**15.7**	**63.3**	**10.0**	**22.9**	**87.7**
银川市	District	7.7	6.6	3.0	8.1	3.2	3.7	9.5
永宁县	Yongning	3.9	1.6	3.2	12.1	2.9	6.5	14.7
贺兰县	Helan	4.1	2.9	1.9	10.1	1.9	2.9	9.8
灵武市	Lingwu	3.0	2.4	7.7	33.0	2.0	9.7	53.6
石嘴山市	**Shizuishan**	**4.9**	**2.0**	**4.5**	**60.5**	**3.6**	**5.5**	**53.0**
石嘴山市	District	2.0	1.4	1.8	20.1	0.9	1.4	16.4
平罗县	Pingluo	2.9	0.6	2.7	40.3	2.7	4.1	36.5
吴忠市	**Wuzhong**	**24.6**	**16.2**	**18.1**	**233.6**	**12.3**	**19.5**	**204.3**
利通区	Litong	13.5	12.7	1.5	26.7	2.8	1.8	26.0
红寺堡区	Hongsipu	1.7		0.7	25.6	2.0	1.0	18.1
盐池县	Yanchi	0.3	0.1	5.8	87.1	0.1	3.5	60.4
同心县	Tongxin	4.7		0.5	72.7	5.9	0.5	75.2
青铜峡市	Qingtongxia	4.5	3.3	9.6	21.5	1.5	12.6	24.7
固原市	**Guyuan**	**37.6**	**0.1**	**17.9**	**93.6**	**26.9**	**19.9**	**89.9**
原州区	Yuanzhou	8.6	0.1	4.0	33.8	5.0	3.5	30.3
西吉县	Xiji	10.6		4.6	28.5	6.6	5.5	20.8
隆德县	Longde	4.2		5.0	5.0	3.0	5.5	5.2
泾源县	Jingyuan	6.0		0.4	4.1	6.0	0.5	6.1
彭阳县	Pengyang	8.2		3.8	22.2	6.2	4.9	27.5
中卫市	**Zhongwei**	**10.1**	**2.3**	**19.1**	**119.1**	**6.7**	**27.8**	**86.5**
沙坡头区	Shapotou	2.2	1.2	6.3	20.2	1.6	7.6	15.6
中宁县	Zhongning	4.0	1.1	11.2	35.3	1.8	18.7	27.9
海原县	Haiyuan	4.0		1.5	63.6	3.3	1.5	43.0

11-19 各市县主要畜产品产量(2013年)
Output of Major Livestock Products by City and Country(2013)

地区	Region	肉类总产量(万吨) Total Output of Meat(10 000 tons)				牛奶产量(万吨) Milk (10 000 tons)	禽蛋产量(万吨) Poultry Eggs (10 000 tons)
		合计 Total	猪肉 Pork	牛肉 Beef	羊肉 Mutton		
全区总计	**Total**	**27.4**	**7.1**	**8.7**	**9.0**	**104.2**	**7.4**
银川市	**Yinchuan**	**5.3**	**1.7**	**1.5**	**1.5**	**41.6**	**1.5**
银川市	District	1.1	0.3	0.5	0.2	21.5	0.4
永宁县	Yongning	1.4	0.5	0.4	0.2	5.3	0.6
贺兰县	Helan	0.8	0.2	0.3	0.2	7.5	0.4
灵武市	Lingwu	2.0	0.7	0.3	0.9	7.3	0.1
石嘴山市	**Shizuishan**	**2.1**	**0.4**	**0.5**	**0.9**	**6.0**	**0.4**
石嘴山市	District	0.6	0.1	0.1	0.3	4.5	0.1
平罗县	Pingluo	1.5	0.3	0.4	0.6	1.5	0.4
吴忠市	**Wuzhong**	**7.4**	**1.5**	**1.8**	**3.6**	**50.2**	**1.9**
利通区	Litong	1.1	0.1	0.4	0.4	39.2	0.1
红寺堡区	Hongsipu	0.7	0.1	0.3	0.3	0.1	
盐池县	Yanchi	1.5	0.3	0.0	1.2	0.3	0.1
同心县	Tongxin	2.4		0.9	1.3	0.1	0.1
青铜峡市	Qingtongxia	1.7	0.9	0.2	0.4	10.5	1.5
固原市	**Guyuan**	**7.6**	**1.5**	**3.9**	**1.5**	**0.3**	**0.6**
原州区	Yuanzhou	1.8	0.3	0.8	0.5	0.3	0.4
西吉县	Xiji	1.9	0.4	0.9	0.3		0.1
隆德县	Longde	1.0	0.4	0.5	0.1		
泾源县	Jingyuan	1.0		0.9	0.1		
彭阳县	Pengyang	1.9	0.4	0.9	0.5		
中卫市	**Zhongwei**	**5.0**	**2.1**	**1.0**	**1.5**	**6.0**	**3.0**
沙坡头区	Shapotou	1.3	0.6	0.2	0.3	2.9	2.3
中宁县	Zhongning	2.2	1.4	0.3	0.5	3.1	0.3
海原县	Haiyuan	1.5	0.1	0.5	0.8		0.4

11-20 各市县渔业生产情况(2013 年)
Output of Basic Indicators on Fishery by City and Country(2013)

地　区	Region	水产品总产量(吨) Total Aquatic Products (ton)			养殖面积(公顷) Area for Breeding Aquatics (hectare)	
			养殖捕捞量 Artificially Cultured	天然捕捞量 Naturally Grown		池塘养殖 Ponds
全区总计	**Total**	**144 930**	**144 700**	**230**	**45 897**	**16 278**
银川市	**Yinchuan**	**65 522**	**65 414**	**108**	**15 482**	**7 717**
银川市	District	16 810	16 780	30	5 404	1 796
永宁县	Yongning	8 762	8 760	2	1 343	542
贺兰县	Helan	35 000	34 924	76	7 508	4 728
灵武市	Lingwu	4 950	4 950		1 227	651
石嘴山市	**Shizuishan**	**46 740**	**46 690**	**50**	**18 013**	**4 466**
石嘴山市	District	14 400	14 400	0	6 543	1 609
平罗县	Pingluo	32 340	32 290	50	11 470	2 857
吴忠市	**Wuzhong**	**18 128**	**18 084**	**44**	**6 559**	**2 055**
利通区	Litong	3 100	3 088	12	1 453	347
红寺堡区	Hongsipu					
盐池县	Yanchi	228	228		407	20
同心县	Tongxin					
青铜峡市	Qingtongxia	14 800	14 768	32	4 699	1 688
固原市	**Guyuan**	**460**	**460**		**440**	
原州区	Yuanzhou					
西吉县	Xiji	460	460		440	
隆德县	Longde					
泾源县	Jingyuan					
彭阳县	Pengyang					
中卫市	**Zhongwei**	**14 080**	**14 052**	**28**	**5 403**	**2 040**
沙坡头区	Shapotou	10 050	10 050		2 765	1 165
中宁县	Zhongning	3 730	3 702	28	2 333	843
海原县	Haiyuan	300	300		305	32

主要统计指标解释

[乡村实有劳动力] 指乡村人口实际参加各种行业劳动并取得实物或货币收入的劳动力人数。包括劳动年龄内实际参加劳动的人口和不足或超过劳动年龄实际参加劳动的人口数。不包括户口在家的在外学生和丧失劳动能力的人。也不包括待业人员和家务劳动者。

[年末实有耕地面积] 按照《土地利用现状调查技术规程》(以下简称《土地规程》),耕地是指种植农作物的土地,包括新开荒地、休闲地、轮歇地、草田轮作地;以种植农作物为主间有零星果树、桑树或其他树木的土地;耕种三年以上的河滩地、海涂。耕地中包括宽小于2.0米的沟、渠、路、田埂。年末实有耕地指当年10月31日的耕地面积数。

[农用机械总动力] 是指主要用于农、林、牧、渔业的各种动力机械动力总和,包括耕作机械、农用排灌机械、收获机械、植保机械、林业机械、畜牧机械、渔业机械、农产品加工机械、农用运输机械、其他农业机械。按能源又分为柴油、汽油、电力和其他动力。总动力按法定计算单位千瓦计算。(注:1马力=0.735千瓦)

[有效灌溉面积] 是指具有一定的水源,地块比较平整,灌溉工程或设备已经配套,在一般年景下当年能够进行正常灌溉的耕地面积。

[农作物播种面积] 是指实际种植或移植有农作物的面积。包括耕地和非耕地上的播种面积;混种、间种只计算一次,复、套在同一亩地上每复种、套种一次算一亩;播种面积还包括秋冬播面积。播种面积在统计范围看,包括全社会口径,即按在地原则统计。从时间范围看,从1月1日至12月31日都要统计在内。

[造林面积] 是指报告期内在荒山、荒地、沙丘等一切可以造林的土地上,采用人工播种、植苗、飞机播种等方法新植的成片乔木林和灌木林,经过检查验收符合“造林技术规程”要求株数,成活率达85%以上的面积。四旁植树如一侧在四行以上,连续面积0.066公顷(一亩)以上,应统计在造林面积内。

在造林面积中,不包括补植面积、治沙种草面积、经济林垦复面积、迹地更新面积和低产林改造面积。

[肉类总产量] 是指当年出栏并已屠宰的畜禽肉产量,即屠宰后除去头蹄下水带骨肉的重量,也叫胴体重。

[农林牧渔业增加值] 农林牧渔业增加值可以客观反映农林牧渔业企业或行业的投人、产出、效益、速度和收人等情况。它与农林牧渔业总产值相比,一个最大的优点在于避免了中间产品的重复计算。计算结果是社会最终产品的价值,因此它能客观反映企业单位或行业对社会的贡献。也是计算各项经济效益指标的重要依据。

农林牧渔业增加值=农林牧渔业总产值-中间物质消耗-对非物质生产部门的劳务消耗。

第十二篇 Chapter12

工业 Industry

责任编辑：吴 苏

资料整理：吴 苏 席 黎 卜宁飞 周 涛 刘聚才 石艳君 张 倩

Coordinator: Wu Su

Data Compilation: Wu Su Xi Li Bu Ningfei Zhou Tao Liu Jucai Shi Yanjun Zhang Qian

12-1 全部工业总产值

Gross Industrial Output Value

单位：万元 (10 000 yuan)

年份 Year	工业总产值 Gross Industrial Output Value	按经济类型分 Grouped by Economic Type		按轻重工业分 Grouped by Light & Heavy Industries		按企业规模分 Grouped by Size of Enterprises			
		国有及国有控股企业 State-owned and State-holding Enterprises	集体企业 Collective-owned Enterprises	轻工业 Light Industry	重工业 Heavy Industry	大型企业 Large Enterprises	中型企业 Medium-sized Enterprises	小型企业 Small Enterprises	微型企业 Micro-enterprises
1950	1350	186		1315	35				
1955	3703	1612		3374	329				
1960	23773	20915	2858	13519	10254				
1965	20346	16317	4029	10531	9815				
1970	50052	44875	5177	16562	33490				
1975	111708	97010	14698	32344	79364				
1978	138485	114664	23821	34453	04032	30359	38220	69906	
1980	139179	121539	17354	37525	101654	32318	41236	65625	
1985	243007	196586	39104	72723	170284	73307	49927	119773	
1990	647403	509009	109895	179605	467858	204786	126578	316099	
1995	1734852	1177702	229501	361446	1373406	685169	335848	713835	
2000	2939383	1745801	140993	683696	2255687	1274549	483886	1180948	
2001	3273074	1927432	141839	765954	2507120	1458181	540156	1274737	
2002	3720196	2101200	98458	905675	2814521	1922167	294874	1503155	
2003	4714293	2539302	82954	1106599	3607694	1581230	1317414	1815649	
2004	5536557	3082623	48761	925091	4611466	2136124	1987942	1412491	
2005	6715450	3753424	19099	1238558	5476892	2572854	2423097	1719498	
2006	8596964	4375364	14164	1466089	7130876	3622447	2714588	2259929	
2007	10707114	5184832	20680	1751178	8955936	4213436	3812571	2681107	
2008	13690370	6676647	24372	2165690	11524680	5410355	4486653	3793363	
2009	14644914	7092454	11662	2692423	11952491	5572301	5279519	3793095	
2010	19243865	9622326	5093	3153090	16090775	7625387	6848766	4769712	
2011	24914433	12767303	27394	3580861	21333572	14668035	5083482	5050089	112827
2012	30239996	15674988	23347	4243477	25996519	17930758	6397482	5753228	158527
2013	35023148	16199817	6214	5195277	29827871	20036611	7844597	6878188	263752

注：1.工业总产值按当年价格计算，2004年起为规模以上工业企业口径；2011年规模以上口径为主营业务收入2000万元以上；
2.1995年以前年份国有及国有控股企业为国有工业企业口径（下表同）。

a)Gross industrial output value is calculated at current prices.Since 2004,data in this table were above designated size.Since 2011 industrial enterprises above designated size are those with annual revenue from principal business over 20 million yuan.

b)Before 1995,state-owned and state holding industrial enterprises were state-owned enterprises.The same applies to the tables following.

12-2 规模以上工业企业增加值(2013 年)
Value-added of Industrial Enterprises above Designated Size(2013)

指　标	Item	工业增加值(万元) Value-added of Industry (10 000 yuan)
全 区 总 计	**Total**	**9072213**
在总计中:国有及国有控股企业	**Of Which:State-owned and State-holding Enterprises**	4606677
在总计中:私营企业	**Of Which:Private Enterprises**	2474872
在总计中:大中型企业	**Of Whitch:Large and Medium-sized Enterprises**	6614717
按经济类型分	**Grouped by Economic Type**	
国有企业	State-owned Enterprises	1031958
集体企业	Collective-owned Enterprises	1959
股份合作企业	Cooperative Enterprises	30407
股份制企业	Share-holding Enterprises	7799299
外商及港澳台商投资企业	Enterprises with Funds from Foreign,Hong Kong,Macao and Taiwan	192349
其他企业	Other Enterprises	16241
按轻重工业分	**Grouped by Light&Heavy Industries**	
轻工业	Light Industry	1187961
重工业	Heavy Industry	7884253

注:2013 年规模以上工业指年主营业务收入 2000 万元以上工业企业。

a)Industrial enterprises above designated size refers to enterprises with annual sales revenue over 20 million yuan .

12-2 续表1 continued

指　标	Item	工业增加值(万元) Value-added of Industry (10 000 yuan)
按国民经济经济行业分	**Grouped by Industrial Sector**	
煤炭开采和洗选业	Mining and Washing of Coal	2037705
石油和天然气开采业	Extraction of Petroleum and Natural Gas	17350
黑色金属矿采选业	Mining and Processing of Ferrous Metal Ores	231528
非金属矿采选业	Mining and Processing of Nonmetal Ores	7230
开采辅助活动	Support Activties for Mining	111
农副食品加工业	Processing of Food from Agricultural Products	159477
食品制造业	Manufacture of Foods	236056
酒、饮料和精制茶制造业	Manufacture of Wine,Beverages and Refined Tea	115868
烟草制造业	Manufacture of Tobacco	533
纺织业	Manufacture of Textile	260580
纺织服装、服饰业	Manufacture of Textile Wearing Apparel	117809
皮革、毛皮、羽毛及其制品和制鞋业	Manufacture of Leather, Fur, Feather with Related Products and Footware	25556
木材加工竹、藤、棕、草制品业	Processing of Timber, Manufacture of Wood,Bamboo,Rattan,Palm and Straw Products	22080
家具制造业	Manufacture of Furniture	10754
造纸及纸制品业	Manufacture of Paper and Paper Products	27412
印刷和记录媒介复制业	Printing,Reproduction of Recording Media	11486
石油加工、炼焦和核燃料加工业	Processing of Petroleum,Coking,Processing of Nuclear Fuel	1253415
化学原料及化学制品制造业	Manufacture of Raw Chemical Materials and Chemical Products	804556
医药制造业	Manufacture of Medicines	114701
橡胶和塑料制品业	Manufacture of Rubber and Plastics	39334
非金属矿物质制品业	Manufacture of Non-metallic Mineral Products	375563
黑色金属冶炼及压延加工业	Smelting and Pressing of Ferrous Metals	427322
有色金属冶炼及压延加工业	Smelting and Pressing of Non-ferrous Metals	558300
金属制品业	Manufacture of Metal Products	95553
通用设备制造业	Manufacture of General Purpose Machinery	92032
专用设备制造业	Manufacture of Special Purpose Machinery	115927
汽车制造业	Manufacture of Automotive	13893
铁路、船舶、航空航天和其他运输设备制造业	Manufacture of Railways, Shipbuilding, Aerospace and Other Transportation Equipment	26491
电气机械及器材制造业	Manufacture of Electrical Machinery and Equipment	96294
计算机、通信和其他电子设备制造业	Manufacture of Computer,Communication and other Eletronic Equitment	1689
仪器仪表制造业	Manufacture of Measuring Instruments	39734
废弃资源综合利用业	Utilization of Waste Resources	974
电力、热力的生产和供应业	Production and Supply of Electric Power and Heat Power	1611106
燃气生产和供应业	Production and Supply of Gas	78294
水的生产和供应业	Production and Supply of Water	45501

12-3 主要工业产品产量
Output of Major Industrial Products

年份 Year	原煤（万吨）Coal (10 000 tons)	发电量（亿千瓦时）Electricity (100million kwh)			钢材（万吨）Rolled Steel (10 000 ons)	铝（万吨）Aluminum (10 000 ons)	轮胎外胎（万条）Tires (10 000 ons)	合成氨（万吨）Synthetic Ammonia (10 000 ons)	农用化肥（万吨）Chemical Fertilizers (10 000 ons)	金属切削机床（台）Metal-cutting Machine Tools (unit)
			火力发电量 Thermal Power	风力发电量 Hydropowe						
1978	999.00	16.51			2.78	1.83	30.09	6.77	5.30	1402
1980	971.00	19.43			4.12	2.26	29.30	7.95	5.57	1194
1985	1214.00	24.14			3.88	2.92	34.34	9.20	6.71	1671
1990	1443.10	55.96			4.75	6.01	63.50	34.32	27.74	1308
1995	1480.30	107.77			7.58	10.13	164.67	47.59	41.49	994
2000	1581.00	136.61			5.59	11.69	193.32	73.49	59.52	969
2001	1635.70	150.30			1.08	15.82	181.94	80.84	73.58	1298
2002	1818.19	171.02			1.24	26.09	224.31	93.31	76.13	1816
2003	2194.80	206.13			12.68	26.89	241.53	90.55	76.30	1953
2004	2354.59	260.05			14.09	27.42	293.57	95.67	75.78	3397
2005	2589.77	312.87			9.21	35.82	304.56	88.15	83.94	3353
2006	3153.68	388.42			21.80	55.82	389.59	86.68	77.94	3663
2007	3729.90	451.16			41.46	60.00	395.54	93.25	86.35	5136
2008	4234.71	462.56	439.84		33.18	60.35	337.16	105.16	109.16	3898
2009	5509.53	478.96	454.60		38.01	65.55	225.62	103.09	91.77	2949
2010	6613.61	585.82	550.09		33.03	91.51	210.44	100.74	95.17	5741
2011	7932.29	937.03	908.33	6.90	76.51	118.36	188.38	115.89	92.66	6346
2012	8597.66	1005.91	954.70	26.51	109.14	152.35	141.91	115.79	87.99	3739
2013	8798.68	1140.97	1056.14	57.05	149.84	149.77	165.89	112.94	70.30	3222

注：1978–2003 年为全部工业口径，2004 年及以后为规模以上口径。

a)From 1978 to 2003,the data on industry refer to total industrial enterprises. Since 2004,industrial enterprises were above designated size.

12-3 续表 1 continued

年份 Year	起重设备（吨） Lifting Appliances (ton)	轴承（万套） Bearing (10 000 sets)	初级形态的塑料(万吨) Primary Plastic (10 000 tons)	水泥（万吨） Cement (10 000 tons)	碳化钙（万吨） Calcium Carbide (10 000 tons)	饮料酒（千升） Alcoholic Drink (kiloliter)	机制纸（万吨） Machine-made Paper (10 000 tons)	原油加工量（万吨） Crude Oil Processing (10 000 tons)	塑料制品（吨） Plastic Products (ton)
1978	1503	171.89		27.66		2700	0.97		2878
1980	2104	132.60		29.27		2785	0.99		2632
1985	3714	62.80		61.62		12816	2.47		5584
1990	7004	197.57		95.74		26300	6.68		7783
1995	5140	274.00		140.11		48858	13.98		15459
2000	3308	557.45		280.25		57639	23.71		16750
2001	4414	621.17		318.69		67281	30.85		13111
2002	3733	522.83		377.24		89412	28.58		13144
2003	15724	391.47		494.13		76112	33.01		13549
2004	11670	352.67		582.79		104018	39.62		8018
2005	11005	307.54		567.58		113622	45.58		8557
2006	12330	244.13		699.08		107453	46.45		18384
2007	15347	334.16		808.40		130330	50.62		20164
2008	17077	223.86	45.10	884.76	204.46	130303	69.02	190.61	53530
2009	14700	203.13	44.44	1064.50	243.34	159215	77.32	192.54	76605
2010	12209	230.64	47.76	1357.45	237.41	196156	78.92	220.37	74968
2011	18929	227.10	48.23	1455.46	273.10	211408	72.35	127.49	97248
2012	16593	400.80	94.54	1605.29	309.48	196226	57.06	448.70	107802
2013	6081	627.73	96.49	1914.28	319.56	297461	21.55	463.31	115605

12-3 **续表 2** continued

年份 Year	乳制品（万吨）Dairy (10 000 tons)	羊绒 (吨) Cashmere (ton)	钽 (公斤) Tantalum (kg)	铌 (公斤) Niobium (kg)	生铁（万吨）Pig Iron (10000tons)	铁合金（万吨）Ferroalloy (10 000tons)	卷烟（万箱）Cigarettes (10 000 boxes)	食用植物油（万吨）Edible Vegetable Oil (10 000 tons)	石墨及碳素制品（万吨）Graphite and Carbon Products (10 000 tons)
1978					3.88		1.80	0.69	1.75
1980					0.61		1.75	0.73	1.64
1985			8396	8243	1.31	0.63	1.21	1.50	2.69
1990			5231	5769	5.54	7.79	4.47	2.19	6.51
1995			32526	7673	7.29	15.32	3.50	4.17	20.77
2000			205436	81742	6.85	25.34	3.12	5.36	31.14
2001			215041	17763	7.06	24.53	2.61	4.85	30.77
2002		2101.50	90887	22636	8.80	23.44	2.30	4.99	23.81
2003		2406.43	103788	30633	14.72	43.06	2.00	5.51	27.66
2004		3807.01	130753	33581	18.61	58.80	2.30	0.14	31.43
2005		4693.47	158634	48467	24.08	49.52	11.5(亿支)	0.48	51.53
2006		5267.62	225617	70563	39.34	81.92	13(亿支)	0.71	75.74
2007		6093.26	299202	100642	42.51	96.46	25(亿支)	1.05	79.15
2008	13.11	7244.35	380337	55849	32.77	86.43	30(亿支)	0.71	92.39
2009	13.57	9468.71	296649	95870	36.18	83.59	35(亿支)	1.14	89.79
2010	13.41	11536.84	409193	94358	39.13	107.32	50(亿支)	2.53	59.43
2011	25.20	14848.46	310998	158616	91.85	178.42		6.34	50.64
2012	56.56		271174	133820	80.67	198.13		6.02	65.48
2013	65.74		268689	148886	123.00	254.58		7.70	78.16

12-4 规模以上工业企业职工人数

Number of Industrial Enterprises above Designated Size of Staff

单位:人 (person)

指标	Item	2013
全区总计	**Total**	**331265**
按登记注册类型分	**By Status of Registration**	
内资企业	Domestic Funded	316724
国有企业	State-owned Enterprises	18086
集体企业	Collective-owned Enterprises	96
股份合作企业	Cooperative Enterprises	87
联营企业	Joint Ownership Enterprises	
有限责任公司	Limited Liability Corporations	141638
股份有限公司	Share-holding Corporations Limited	41025
私营企业	Private Enterprises	113142
其他企业	Other Enterprises	2650
港、澳、台商投资企业	Enterprises with Funds from Hong Kong,Macao and Taiwan	4246
外商投资企业	Foreign Funded Enterprises	10295
按行业分	**Grouped by Sector**	
采矿业	**Mining**	**71979**
煤炭开采和洗选业	Mining and Washing of Coal	70686
石油和天然气开采业	Extraction of Petroleum and Natural Gas	291
黑色金属矿采选业	Mining and Processing of Ferrous Metal Ores	716
非金属矿采选业	Mining and Processing of Nonmetal Ores	286
制造业	**Manufacturing**	**227099**
农副食品加工业	Processing of Food from Agricultural Products	9186
食品制造业	Manufacture of Foods	10822
酒、饮料和精制茶制造业	Manufacture of Wine,Beverages and Refined Tea	4314
烟草制造业	Manufacture of Tobacco	29
纺织业	Manufacture of Textile	9715
纺织服装、服饰业	Manufacture of Textile Wearing Apparel	1164
皮革、毛皮、羽毛及其制品和制鞋业	Manufacture of Leather, Fur, Feather with Related Products and Footware	1013
木材加工竹、藤、棕、草制品业	Processing of Timber, Manufacture of Wood,Bamboo,Rattan,Palm and Straw Products	383
家具制造业	Manufacture of Furniture	705
造纸及纸制品业	Manufacture of Paper and Paper Products	6108
印刷和记录媒介复制业	Printing,Reproduction of Recording Media	1857
石油加工、炼焦和核燃料加工业	Processing of Petroleum,Coking,Processing of Nuclear Fuel	24300
化学原料及化学制品制造业	Manufacture of Raw Chemical Materials and Chemical Products	37113
医药制造业	Manufacture of Medicines	5521
橡胶和塑料制品业	Manufacture of Rubber and Plastics	5621
非金属矿物质制品业	Manufacture of Non-metallic Mineral Products	16931
黑色金属冶炼及压延加工业	Smelting and Pressing of Ferrous Metals	30098
有色金属冶炼及压延加工业	Smelting and Pressing of Non-ferrous Metals	32567
金属制品业	Manufacture of Metal Products	5038
通用设备制造业	Manufacture of General Purpose Machinery	7897
专用设备制造业	Manufacture of Special Purpose Machinery	6487
汽车制造业	Manufacture of Automotive	1581
铁路、船舶、航空航天和其他运输设备制造业	Manufacture of Railways, Shipbuilding, Aerospace and Other Transportation Equipment	248
电气机械及器材制造业	Manufacture of Electrical Machinery and Equipment	5873
仪器仪表制造业	Manufacture of Measuring Instruments	1103
其他制造业	Other Manufacture	966
废弃资源综合利用业	Recycling and Disposal of Waste	459
电力、燃气及水的生产和供应业	**Production and Supply of Electric Power,Gas and Water**	**32187**
电力、热力的生产和供应业	Production and Supply of Electric Power and Heat Power	29126
燃气生产和供应业	Production and Supply of Gas	1197
水的生产和供应业	Production and Supply of Water	1864

12-5 规模以上国有、私营企业分行业单位数和工业总产值(2013年)

单位:个、万元

指　　标	Item
全区总计	**Total**
采矿业	**Mining**
煤炭开采和洗选业	Mining and Washing of Coal
石油和天然气开采业	Extraction of Petroleum and Natural Gas
黑色金属矿采选业	Mining and Processing of Ferrous Metal Ores
非金属矿采选业	Mining and Processing of Nonmetal Ores
制造业	**Manufacturing**
农副食品加工业	Processing of Food from Agricultural Products
食品制造业	Manufacture of Foods
酒、饮料和精制茶制造业	Manufacture of Wine,Beverages and Refined Tea
烟草制品业	Manufacture of Tobacco
纺织业	Manufacture of Textile
纺织服装、服饰业	Manufacture of Textile Wearing Apparel
皮革、毛皮、羽毛及其制品和制鞋业	Manufacture of Leather, Fur, Feather with Related Products and Footware
木材加工和木、竹、藤、棕、草制品业	Processing of Timber, Manufacture of Wood,Bamboo,Rattan,Palm and Straw Products
家具制造业	Manufacture of Furniture
造纸及纸制品业	Manufacture of Paper and Paper Products
印刷和记录媒介复制业	Printing,Reproduction of Recording Media
石油加工、炼焦和核燃料加工业	Processing of Petroleum,Coking,Processing of Nuclear Fuel
化学原料及化学制品制造业	Manufacture of Raw Chemical Materials and Chemical Products
医药制造业	Manufacture of Medicines
橡胶和塑料制品业	Manufacture of Rubber and Plastics
非金属矿物质制品业	Manufacture of Non-metallic Mineral Products
黑色金属冶炼及压延加工业	Smelting and Pressing of Ferrous Metals
有色金属冶炼及压延加工业	Smelting and Pressing of Non-ferrous Metals
金属制品业	Manufacture of Metal Products
通用设备制造业	Manufacture of General Purpose Machinery
专用设备制造业	Manufacture of Special Purpose Machinery
汽车制造业	Manufacture of Automotive
铁路、船舶、航空航天和其他运输设备制造业	Manufacture of Railways, Shipbuilding, Aerospace and Other Transportation Equipment
电气机械及器材制造业	Manufacture of Electrical Machinery and Equipment
仪器仪表制造业	Manufacture of Measuring Instruments
其他制造业	Other Manufacture
废弃资源综合利用业	Recycling and Disposal of Waste
电力、燃气及水的生产和供应业	**Production and Supply of Electric Power,Gas and Water**
电力、热力的生产和供应业	Production and Supply of Electric Power and Heat Power
燃气生产和供应业	Production and Supply of Gas
水的生产和供应业	Production and Supply of Water

Number of State-owned and State-holding Enterprises and Private Enterprises above Designated Size and Gross Industrial Output Value by City and County(2013)

(unit,10 000 yuan)

国有及国有控股企业 State-owned and State-holding Enterprises		私营企业 Private Enterprises	
企业单位数 Number of Enterprises	工业总产值 Gross Industrial Output Value	企业单位数 Number of Enterprises	工业总产值 Gross Industrial Output Value
105	**16199817**	**688**	**11480584**
7	**3558639**	**73**	**762506**
6	3550789	68	738529
		3	**19575**
1	7850	2	4402
46	**6097160**	**607**	**10618154**
3	14343	80	536274
1	9303	33	417903
1	7889	9	79467
1	2425		
		59	1060378
1	10007		
		13	105892
		5	56868
		5	48306
2	52464	5	31836
2	9284	7	36033
1	3057333	17	1683487
3	302189	82	1507030
		7	100262
2	4106	23	111560
12	325462	93	804181
1	19661	70	1776900
4	1801370	15	1393654
1	2852	19	190537
6	96250	11	100030
2	325353	13	63109
		7	60518
		3	10649
3	56871	20	290378
		4	36966
		1	92705
		6	23230
52	**6544018**	**8**	**99923**
42	6279047	6	46298
3	204108	2	53625
7	60863		

12-6 规模以上工业企业主要经济指标(2013 年)

单位:个、万元

指标	Item	企业单位数 Number of Enterprises
总　　计	**Total**	**1044**
在总计中:亏损企业	Of Which:Loss-suffering Enterprises	311
按轻重工业分	**Grouped by Light & Heavy Industries**	
轻工业	Light Industry	326
重工业	Heavy Industry	718
按企业规模分	**Grouped by Size of Enterprises**	
大型企业	Large Enterprises	46
中型企业	Medium-sized Enterprises	143
小型企业	Small Enterprises	774
微型企业	Micro-enterprises	81
按登记注册类型分组	**Grouped by Status of Registration**	
内资企业	Domestic Funded	1004
国有企业	State-owned Enterprises	19
中央企业	Central	5
地方企业	Local	14
集体企业	Collective-owned Enterprises	2
股份合作企业	Cooperative Enterprises	2
联营企业	Joint Ownership Enterprises	
国有联营企业	State Joint Ownership Enterprises	
集体联营企业	Collective Joint Ownership Enterprises	
国有与集体联营企业	Joint State-collective Enterprises	
其他联营企业	Other Joint Ownership Enterprises	
有限责任公司	Limited Liability Corporations	260
国有独资公司	State Sole Funded Corporations	22
股份有限公司	Share-holding Corporations Limited	29
私营企业	Private Enterprises	688
港、澳、台商投资企业	Enterprises with Funds from Hong Kong,Macao and Taiwan	11
外商投资企业	Foreign Funded Enterprises	29

Main Economic Indicators of Industrial Enterprises above Designated Size(2013)

(unit,10 000 yuan)

工业总产值 Gross Industrial Output Value	资产合计 Total Assets	流动资产合计 Total Working Capitals	固定资产原价 Original Value of Fixed Assets	流动负债合计 Total Working Liabilities	非流动负债合计 Total Non-current Liabilities
35023148	**56545981**	**21195303**	**33060215**	**24319806**	**12311340**
8773245	10561300	4570563	6648578	6220550	1637904
5195277	7332236	3782781	3062405	3863753	642157
29827871	49213746	17412521	29997811	20456053	11669183
20036611	32850311	11180999	19979847	13692192	7406271
7844597	12101577	4771187	7784212	5376581	2785225
6878188	10731945	5019532	4681283	4510089	1980279
263752	862149	223585	614874	740944	139565
34027837	55050894	20420282	32334805	23538637	12180819
4280682	3744758	638080	4608385	1156457	1107765
3980937	2899512	497213	3982006	1032994	650597
299746	845246	140868	626379	123464	457168
6214	5233	4531	1552	4078	204
5853	4900	3308	1766	3305	135
12138119	27900431	8057525	18030458	11305184	7225179
3905784	11984692	2354466	8012233	5132834	2846730
5943154	5441346	1858414	4603880	2197530	1097635
11480584	17095102	9593416	4824228	8241126	2717770
302615	530926	272552	142922	336854	37712
692696	964162	502469	582489	444315	92809

12-6 续表 1

单位:万元

指　标	Item	所有者权益 Owners' Equities
总　　计	**Total**	**18629427**
在总计中:亏损企业	Loss-suffering Enterprises	2453855
按轻重工业分	**Grouped by Light & Heavy Industries**	
轻工业	Light Industry	2701154
重工业	Heavy Industry	15928273
按企业规模分	**Grouped by Size of Enterprises**	
大型企业	Large Enterprises	11313239
中型企业	Medium-sized Enterprises	3711811
小型企业	Small Enterprises	3641167
微型企业	Micro-enterprises	-36789
按登记注册类型分组	**Grouped by Status of Registration**	
内资企业	Domestic Funded	18084622
国有企业	State-owned Enterprises	1318955
中央企业	Central	1057107
地方企业	Local	261849
集体企业	Collective-owned Enterprises	950
股份合作企业	Cooperative Enterprises	1352
联营企业	Joint Ownership Enterprises	
国有联营企业	State Joint Ownership Enterprises	
集体联营企业	Collective Joint Ownership Enterprises	
国有与集体联营企业	Joint State-collective Enterprises	
其他联营企业	Other Joint Ownership Enterprises	
有限责任公司	Limited Liability Corporations	8992546
国有独资公司	State Sole Funded Corporations	4004652
股份有限公司	Share-holding Corporations Limited	2093629
私营企业	Private Enterprises	5481404
港、澳、台商投资企业	Enterprises with Funds from Hong Kong,Macao and Taiwan	121789
外商投资企业	Foreign Funded Enterprises	423016

continued

(10 000 yuan)

实收资本 Paid-up Capital	主营业务收入 Revenue from Principal Business	主营业务成本 Cost of Principal Business	主营业务税金及附加 Taxes and Other Charges on Principal Business	利润总额 Total Profits	本年应交增值税 Value-added Tax Payable
9548745	**34457847**	**29310165**	**685666**	**1799690**	**1128626**
2538437	8974020	8192822	524580	-400701	234016
1529046	4978473	4170629	24271	341601	104369
8019699	29479374	25139536	661395	1458089	1024257
4711635	20120940	17089744	606587	999078	721303
2320169	7384474	6182595	50831	456302	284923
2201550	6696598	5810621	27860	345761	118536
315392	255834	227205	389	-1452	3864
9143443	33503096	28533696	673001	1761421	1099133
419160	4283033	4020900	11611	125815	96761
259131	3982087	3808741	10809	79461	92877
160029	300945	212159	802	46354	3884
223	6783	6199	27	210	167
325	5290	4357	19	184	72
4706454	11769809	9242313	116076	1183154	608486
1582659	3671467	2366113	74043	615964	294986
1141594	6041889	5219304	512176	-85034	227533
2820340	11206854	9864789	32911	535533	163919
88268	275765	228377	1687	17173	5494
317035	678986	548093	10978	21096	23999

12-7 分行业规模以上工业企业主要经济指标(2013 年)

单位:个、万元

指　　标	Item
总　计	**Total**
采矿业	**Mining**
煤炭开采和洗选业	Mining and Washing of Coal
石油和天然气开采业	Extraction of Petroleum and Natural Gas
黑色金属矿采选业	Mining and Processing of Ferrous Metal Ores
非金属矿采选业	Mining and Processing of Nonmetal Ores
制造业	**Manufacturing**
农副食品加工业	Processing of Food from Agricultural Products
食品制造业	Manufacture of Foods
酒、饮料和精制茶制造业	Manufacture of Wine,Beverages and Refined Tea
烟草制造业	Manufacture of Tobacco
纺织业	Manufacture of Textile
纺织服装、服饰业	Manufacture of Textile Wearing Apparel
皮革、毛皮、羽毛及其制品和制鞋业	Manufacture of Leather, Fur, Feather with Related Products and Footware
木材加工竹、藤、棕、草制品业	Processing of Timber, Manufacture of Wood,Bamboo,Rattan,Palm and Straw Products
家具制造业	Manufacture of Furniture
造纸及纸制品业	Manufacture of Paper and Paper Products
印刷和记录媒介复制业	Printing,Reproduction of Recording Media
石油加工、炼焦和核燃料加工业	Processing of Petroleum,Coking,Processing of Nuclear Fuel
化学原料及化学制品制造业	Manufacture of Raw Chemical Materials and Chemical Products
医药制造业	Manufacture of Medicines
橡胶和塑料制品业	Manufacture of Rubber and Plastics
非金属矿物质制品业	Manufacture of Non-metallic Mineral Products
黑色金属冶炼及压延加工业	Smelting and Pressing of Ferrous Metals
有色金属冶炼及压延加工业	Smelting and Pressing of Non-ferrous Metals
金属制品业	Manufacture of Metal Products
通用设备制造业	Manufacture of General Purpose Machinery
专用设备制造业	Manufacture of Special Purpose Machinery
汽车制造业	Manufacture of Automotive
铁路、船舶、航空航天和其他运输设备制造业	Manufacture of Railways, Shipbuilding, Aerospace and Other Transportation Equipment
电气机械及器材制造业	Manufacture of Electrical Machinery and Equipment
仪器仪表制造业	Manufacture of Measuring Instruments
其他制造业	Other Manufacture
废弃资源综合利用业	Recycling and Disposal of Waste
电力、燃气及水的生产和供应业	**Production and Supply of Electric Power,Gas and Water**
电力、热力的生产和供应业	Production and Supply of Electric Power and Heat Power
燃气生产和供应业	Production and Supply of Gas
水的生产和供应业	Production and Supply of Water

Main Economic Indicators of Industrial Enterprises above Designated Size by Sector(2013)

(unit,10 000 yuan)

企业单位数 Number of Enterprises	工业总产值 Gross Industrial Output Value	资产合计 Total Assets	流动资产合计 Total Working Capitals
1044	**35023148**	**56545981**	**21195303**
93	**4663283**	**11894486**	**2982999**
83	4579626	11782840	2913319
2	31183	43622	25296
4	38135	45258	24893
4	14338	22766	19492
881	**23499931**	**31502506**	**15904411**
108	1088162	883324	454364
48	1268848	1088552	455211
21	312577	520602	282756
1	2425	2814	2504
64	1477812	2630994	1855988
2	12874	66933	58822
15	113157	79512	47637
6	58536	29594	11300
5	48306	16071	6322
11	168529	697365	145246
10	54301	61962	31567
20	5028704	6713438	2990897
126	3094160	3698431	1554599
13	318512	743817	244445
40	357589	398149	253772
135	1389559	2055527	1049258
92	2782935	3042044	1599940
26	3858313	5944377	3125437
28	424629	466100	255080
26	381563	717414	424532
25	472517	635630	455152
7	60518	90773	42042
3	10649	18667	9830
36	514995	656827	392463
5	74952	83256	57696
1	92705	95912	62455
7	32104	64425	35097
70	**6859935**	**13148989**	**2307893**
54	6442666	12106848	1928754
9	356405	734582	332521
7	60863	307559	46618

12-7 续表 1

单位：万元

指　　标	Item
总　计	**Total**
采矿业	**Mining**
煤炭开采和洗选业	Mining and Washing of Coal
石油和天然气开采业	Extraction of Petroleum and Natural Gas
黑色金属矿采选业	Mining and Processing of Ferrous Metal Ores
非金属矿采选业	Mining and Processing of Nonmetal Ores
制造业	**Manufacturing**
农副食品加工业	Processing of Food from Agricultural Products
食品制造业	Manufacture of Foods
酒、饮料和精制茶制造业	Manufacture of Wine,Beverages and Refined Tea
烟草制造业	Manufacture of Tobacco
纺织业	Manufacture of Textile
纺织服装、服饰业	Manufacture of Textile Wearing Apparel
皮革、毛皮、羽毛及其制品和制鞋业	Manufacture of Leather, Fur, Feather with Related Products and Footware
木材加工竹、藤、棕、草制品业	Processing of Timber, Manufacture of Wood,Bamboo,Rattan,Palm and Straw Products
家具制造业	Manufacture of Furniture
造纸及纸制品业	Manufacture of Paper and Paper Products
印刷和记录媒介复制业	Printing,Reproduction of Recording Media
石油加工、炼焦和核燃料加工业	Processing of Petroleum,Coking,Processing of Nuclear Fuel
化学原料及化学制品制造业	Manufacture of Raw Chemical Materials and Chemical Products
医药制造业	Manufacture of Medicines
橡胶和塑料制品业	Manufacture of Rubber and Plastics
非金属矿物质制品业	Manufacture of Non-metallic Mineral Products
黑色金属冶炼及压延加工业	Smelting and Pressing of Ferrous Metals
有色金属冶炼及压延加工业	Smelting and Pressing of Non-ferrous Metals
金属制品业	Manufacture of Metal Products
通用设备制造业	Manufacture of General Purpose Machinery
专用设备制造业	Manufacture of Special Purpose Machinery
汽车制造业	Manufacture of Automotive
铁路、船舶、航空航天和其他运输设备制造业	Manufacture of Railways, Shipbuilding, Aerospace and Other Transportation Equipment
电气机械及器材制造业	Manufacture of Electrical Machinery and Equipment
仪器仪表制造业	Manufacture of Measuring Instruments
其他制造业	Other Manufacture
废弃资源综合利用业	Recycling and Disposal of Waste
电力、燃气及水的生产和供应业	**Production and Supply of Electric Power,Gas and Water**
电力、热力的生产和供应业	Production and Supply of Electric Power and Heet Power
燃气生产和供应业	Production and Supply of Gas
水的生产和供应业	Production and Supply of Water

continued

(10 000 yuan)

固定资产原价 Original Value of Fixed Assets	流动负债合计 Total Working Liabilities	非流动负债合计 Total Non-current Liabilities	所有者权益 Owners´ Equities	实收资本 Paid-up Capital
33060215	**24319806**	**12311340**	**18629427**	**9548745**
6961078	**4889217**	**2437212**	**4463499**	**1323365**
6942368	4834274	2435562	4408828	1295675
5914	9538		34084	14086
8859	30753	1650	12855	11100
3938	14652		7732	2504
13786312	**16259225**	**4285457**	**10163662**	**5787936**
338918	372917	39871	393599	182328
648535	511441	110345	453852	268677
209006	266792	16364	229490	95188
574	1622	74	1118	197
347685	1353709	190390	1072363	364644
12381	46995	2128	17604	1100
26610	28555	200	43788	13549
19844	12120	832	16626	9631
9810	5187		10796	8500
552519	746868	30343	-82920	227080
34177	34166	1003	26388	17527
2680750	3220941	1675759	1813068	1562098
2301622	2025139	452574	1157702	555150
542293	317116	126664	299682	126011
237837	252592	7475	133103	123684
1177881	1072146	58714	899893	442305
1071777	2066706	226327	629163	486395
2650633	2640973	1128526	1775192	719153
180318	194279	53205	215411	86873
334544	353264	74054	287146	160146
145305	323682	13435	296059	98400
17070	34247	3805	51699	32060
3463	6583		12084	4200
171657	243907	61784	319012	132035
15426	53286	2927	24278	16254
37049	39953	7145	47484	37803
18628	34041	1516	19981	16950
12312824	**3171364**	**5588671**	**4002266**	**2437445**
11752529	2820640	5224073	3675469	2200922
303908	302438	248610	183512	79972
256388	48286	115988	143285	156551

12-7 续表 2

单位:万元

指　　标	Item
总　　计	**Total**
采矿业	**Mining**
煤炭开采和洗选业	Mining and Washing of Coal
石油和天然气开采业	Extraction of Petroleum and Natural Gas
黑色金属矿采选业	Mining and Processing of Ferrous Metal Ores
非金属矿采选业	Mining and Processing of Nonmetal Ores
制造业	**Manufacturing**
农副食品加工业	Processing of Food from Agricultural Products
食品制造业	Manufacture of Foods
酒、饮料和精制茶制造业	Manufacture of Wine,Beverages and Refined Tea
烟草制造业	Manufacture of Tobacco
纺织业	Manufacture of Textile
纺织服装、服饰业	Manufacture of Textile Wearing Apparel
皮革、毛皮、羽毛及其制品和制鞋业	Manufacture of Leather, Fur, Feather with Related Products and Footware
木材加工竹、藤、棕、草制品业	Processing of Timber, Manufacture of Wood,Bamboo,Rattan,Palm and Straw Products
家具制造业	Manufacture of Furniture
造纸及纸制品业	Manufacture of Paper and Paper Products
印刷和记录媒介复制业	Printing,Reproduction of Recording Media
石油加工、炼焦和核燃料加工业	Processing of Petroleum,Coking,Processing of Nuclear Fuel
化学原料及化学制品制造业	Manufacture of Raw Chemical Materials and Chemical Products
医药制造业	Manufacture of Medicines
橡胶和塑料制品业	Manufacture of Rubber and Plastics
非金属矿物质制品业	Manufacture of Non-metallic Mineral Products
黑色金属冶炼及压延加工业	Smelting and Pressing of Ferrous Metals
有色金属冶炼及压延加工业	Smelting and Pressing of Non-ferrous Metals
金属制品业	Manufacture of Metal Products
通用设备制造业	Manufacture of General Purpose Machinery
专用设备制造业	Manufacture of Special Purpose Machinery
汽车制造业	Manufacture of Automotive
铁路、船舶、航空航天和其他运输设备制造业	Manufacture of Railways, Shipbuilding, Aerospace and Other Transportation Equipment
电气机械及器材制造业	Manufacture of Electrical Machinery and Equipment
仪器仪表制造业	Manufacture of Measuring Instruments
其他制造业	Other Manufacture
废弃资源综合利用业	Recycling and Disposal of Waste
电力、燃气及水的生产和供应业	**Production and Supply of Electric Power,Gas and Water**
电力、热力的生产和供应业	Production and Supply of Electric Power and Heet Power
燃气生产和供应业	Production and Supply of Gas
水的生产和供应业	Production and Supply of Water

continued

(10 000 yuan)

主营业务收入 Revenue from Principal Business	主营业务成本 Cost of Principal Business	主营业务税金及附加 Taxes and Other Charges on Principal Business	利润总额 Total Profits	本年应交增值税 Value-added Tax Payable
34457847	**29310165**	**685666**	**1799690**	**1128626**
4426467	**3134164**	**75931**	**561763**	**291599**
4349270	3078624	73986	553090	288884
31099	19199	1699	7984	1186
25418	24701	150	-1264	224
20681	11640	96	1954	1305
23152080	**20265527**	**573815**	**701975**	**549013**
1068006	949541	2457	56580	23439
1191096	985497	3871	50916	30002
241608	144616	12585	35841	13434
2263	1150	14	368	210
1570886	1335381	1424	167369	13170
14574	11140	78	267	725
94700	86360	203	8931	1449
56147	46576	40	2278	557
46888	38188	191	1558	458
151866	141609	477	-8736	5330
54163	47673	110	2627	1024
4949491	4147993	511727	85682	152746
2903661	2654133	6528	33042	73487
245865	206529	958	-2433	6724
358702	322515	2280	4577	7936
1341502	1117505	5622	83333	54346
2874009	2711763	5400	28028	38683
4106167	3792255	9569	10923	70385
346817	298840	2040	17387	6015
381747	319852	1490	16162	13523
482640	364239	2667	57186	20987
55675	47654	163	5514	160
10588	7813	67	2288	394
434758	356855	2999	30955	8646
66035	52200	207	1241	1882
71421	49898	501	9064	2196
30808	27754	148	1028	1108
6879299	**5910474**	**35921**	**535951**	**288015**
6439842	5559904	33367	497625	250758
375908	309385	2047	30531	34025
63549	41186	507	7796	3232

12-8 大中型工业企业主要经济指标(2013 年)

单位:个、万元

指 标	Item	企业单位数 Number of Enterprises
总 计	**Total**	**189**
亏损企业	Loss-suffering Enterprises	62
按轻重工业分	**Grouped by Light & Heavy Industries**	
轻工业	Light Industry	38
重工业	Heavy Industry	151
按企业规模分	**Grouped by Size of Enterprises**	
大型企业	Large Enterprises	46
中型企业	Medium-sized Enterprises	143
按登记注册类型分组	**Grouped by Status of Registration**	
内资企业	Domestic Funded	175
国有企业	State-owned Enterprises	6
中央企业	Central	3
地方企业	Local	3
集体企业	Collective-owned Enterprises	
股份合作企业	Cooperative Enterprises	
联营企业	Joint Ownership Enterprises	
国有联营企业	State Joint Ownership Enterprises	
集体联营企业	Collective Joint Ownership Enterprises	
国有与集体联营企业	Joint State-collective Enterprises	
其他联营企业	Other Joint Ownership Enterprises	
有限责任公司	Limited Liability Corporations	73
国有独资公司	State Sole Funded Corporations	8
股份有限公司	Share-holding Corporations Limited	20
私营企业	Private Enterprises	75
其他企业	Other Enterprises	1
港、澳、台商投资企业	Enterprises with Funds from Hong Kong,Macao and Taiwan	3
外商投资企业	Foreign Funded Enterprises	11

Main Economic Indicators of Large & Medium-Sized Industrial Enterprises(2013)

(unit,10 000 yuan)

工业总产值 Gross Industrial Output Value	资产合计 Total Assets	流动资产合计 Total Working Capitals	固定资产原价 Original Value of Fixed Assets	流动负债合计 Total Working Liabilities	非流动负债合计 Total Non-current Liabilities
27881208	**44951887**	**15952186**	**27764059**	**19068773**	**10191496**
7153758	7501746	3107701	5289721	3968449	1368300
2854473	4319679	2250033	1804966	2124125	491196
25026735	40632208	13702153	25959093	16944649	9700300
20036611	32850311	11180999	19979847	13692192	7406271
7844597	12101577	4771187	7784212	5376581	2785225
27180648	43854434	15412367	27203054	18534296	10072203
4183634	3356340	539115	4328727	1074555	927030
3969253	2817005	485360	3907823	1018879	603837
214381	539335	53755	420904	55676	323193
10517600	22905252	6448453	15274458	9291949	5832988
3813474	10988373	2217141	7251931	4450894	2542320
5862635	5271638	1808414	4483606	2146349	1050771
6464279	11478567	6361633	2857362	5400509	2229283
152500	842637	254753	258901	620934	32132
177365	328356	136509	79917	193794	30586
523195	769097	403310	481088	340683	88707

12-8 续表 1

单位：万元

指　标	Item	所有者权益 Owners´ Equities
总　计	**Total**	**15025050**
亏损企业	Loss-suffering Enterprises	2129842
按轻重工业分	**Grouped by Light & Heavy Industries**	
轻工业	Light Industry	1701245
重工业	Heavy Industry	13323805
按企业规模分	**Grouped by Size of Enterprises**	
大型企业	Large Enterprises	11313239
中型企业	Medium-sized Enterprises	3711811
按登记注册类型分组	**Grouped by Status of Registration**	
内资企业	Domestic Funded	14615140
国有企业	State-owned Enterprises	1195941
中央企业	Central	1035474
地方企业	Local	160467
集体企业	Collective-owned Enterprises	
股份合作企业	Cooperative Enterprises	
联营企业	Joint Ownership Enterprises	
国有联营企业	State Joint Ownership Enterprises	
集体联营企业	Collective Joint Ownership Enterprises	
国有与集体联营企业	Joint State-collective Enterprises	
其他联营企业	Other Joint Ownership Enterprises	
有限责任公司	Limited Liability Corporations	7741727
国有独资公司	State Sole Funded Corporations	3995158
股份有限公司	Share-holding Corporations Limited	2033040
私营企业	Private Enterprises	3454860
其他企业	Other Enterprises	189572
港、澳、台商投资企业	Enterprises with Funds from Hong Kong,Macao and Taiwan	70203
外商投资企业	Foreign Funded Enterprises	339707

continued

(10 000 yuan)

实收资本 Paid-up Capital	主营业务收入 Revenue From Principal Business	主营业务成本 Cost of Principal Business	主营业务税金及附加 Taxes and Other Charges on Principal Business	利润总额 Total Profits	本年应交增值税 Value-added Tax Payable
7031804	**27505415**	**23272339**	**657418**	**1455380**	**1006227**
1769183	7351446	6627092	520023	-285545	207280
812263	2689528	2199444	14694	176150	62328
6219540	24815886	21072895	642724	1279230	943899
4711635	20120940	17089744	606587	999078	721303
2320169	7384474	6182595	50831	456302	284923
6758882	26848671	22747556	646737	1429206	983290
351613	4186795	3950640	11173	112160	91315
241022	3970626	3802403	10785	77425	90799
110591	216169	148237	388	34735	516
3532567	10260839	8043275	106988	1035790	575899
1241262	3579029	2313271	73198	604925	292816
1098479	5962228	5150028	512051	-84576	226531
1723324	6268530	5444894	16492	364622	87443
52900	170280	158719	32	1211	2101
46140	141756	115850	293	2962	3254
226781	514987	408933	10388	23212	19684

12-9 大中型工业企业分行业主要经济指标(2013 年)

单位:个、万元

指 标	Item
总 计	**Total**
采矿业	**Mining**
煤炭开采和洗选业	Mining and Washing of Coal
黑色金属矿采选业	Mining and Processing of Ferrous Metal Ores
制造业	**Manufacturing**
农副食品加工业	Processing of Food from Agricultural Products
食品制造业	Manufacture of Foods
酒、饮料和精制茶制造业	Manufacture of Wine,Beverages and Refined Tea
纺织业	Manufacture of Textile
纺织服装、服饰业	Manufacture of Textile Wearing Apparel
家具制造业	Manufacture of Furniture
造纸及纸制品业	Manufacture of Paper and Paper Products
印刷和记录媒介复制业	Printing,Reproduction of Recording Media
石油加工、炼焦和核燃料加工业	Processing of Petroleum,Coking,Processing of Nuclear Fuel
化学原料及化学制品制造业	Manufacture of Raw Chemical Materials and Chemical Products
医药制造业	Manufacture of Medicines
橡胶和塑料制品业	Manufacture of Rubber and Plastics
非金属矿物质制品业	Manufacture of Non-metallic Mineral Products
黑色金属冶炼及压延加工业	Smelting and Pressing of Ferrous Metals
有色金属冶炼及压延加工业	Smelting and Pressing of Non-ferrous Metals
金属制品业	Manufacture of Metal Products
通用设备制造业	Manufacture of General Purpose Machinery
专用设备制造业	Manufacture of Special Purpose Machinery
汽车制造业	Manufacture of Automotive
电气机械及器材制造业	Manufacture of Electrical Machinery and Equipment
仪器仪表制造业	Manufacture of Measuring Instruments
其他制造业	Other Manufacture
电力、燃气及水的生产和供应业	**Production and Supply of Electric Power,Gas and Water**
电力、热力的生产和供应业	Production and Supply of Electric Power and Heat Power
燃气生产和供应业	Production and Supply of Gas
水的生产和供应业	Production and Supply of Water

Main Economic Indicators of Large & Medium-Sized Industrial Enterprises by City and Country(2013)

(unit,10 000 yuan)

企业单位数 Number of Enterprises	工业总产值 Gross Industrial Output Value	资产合计 Total Assets	流动资产合计 Total Working Capitals
189	**27881208**	**44951887**	**15952186**
12	**4080431**	**11097715**	**2433597**
11	4076930	11088587	2432302
1	3501	9127	1295
156	**17563575**	**24481815**	**12014499**
6	299409	150465	69022
6	967846	767916	321043
4	169921	187863	115454
6	825911	1992434	1328510
1	10007	14234	9004
1	36947	8296	2547
3	119102	312185	99536
2	21341	24020	16304
13	4966363	6654510	2951195
34	2240682	2980397	1162028
4	265730	623120	190758
3	172196	144126	67297
14	606347	1081952	481504
27	1996058	2156283	1130816
9	3641893	5743524	3014432
4	300579	353554	185776
7	212408	442561	251736
3	331955	437862	335465
1	43520	12237	2135
6	204669	250808	176656
1	37986	47557	40827
1	92705	95912	62455
21	**6237203**	**9372358**	**1504090**
18	6130659	8981841	1357932
1	82576	271127	128876
2	23968	119390	17282

12-9 续表 1

单位:万元

指　标	Item
总　计	**Total**
采矿业	**Mining**
煤炭开采和洗选业	Mining and Washing of Coal
黑色金属矿采选业	Mining and Processing of Ferrous Metal Ores
制造业	**Manufacturing**
农副食品加工业	Processing of Food from Agricultural Products
食品制造业	Manufacture of Foods
酒、饮料和精制茶制造业	Manufacture of Wine,Beverages and Refined Tea
纺织业	Manufacture of Textile
纺织服装、服饰业	Manufacture of Textile Wearing Apparel
家具制造业	Manufacture of Furniture
造纸及纸制品业	Manufacture of Paper and Paper Products
印刷和记录媒介复制业	Printing,Reproduction of Recording Media
石油加工、炼焦和核燃料加工业	Processing of Petroleum,Coking,Processing of Nuclear Fuel
化学原料及化学制品制造业	Manufacture of Raw Chemical Materials and Chemical Products
医药制造业	Manufacture of Medicines
橡胶和塑料制品业	Manufacture of Rubber and Plastics
非金属矿物质制品业	Manufacture of Non-metallic Mineral Products
黑色金属冶炼及压延加工业	Smelting and Pressing of Ferrous Metals
有色金属冶炼及压延加工业	Smelting and Pressing of Non-ferrous Metals
金属制品业	Manufacture of Metal Products
通用设备制造业	Manufacture of General Purpose Machinery
专用设备制造业	Manufacture of Special Purpose Machinery
汽车制造业	Manufacture of Automotive
电气机械及器材制造业	Manufacture of Electrical Machinery and Equipment
仪器仪表制造业	Manufacture of Measuring Instruments
其他制造业	Other Manufacture
电力、燃气及水的生产和供应业	**Production and Supply of Electric Power,Gas and Water**
电力、热力的生产和供应业	Production and Supply of Electric Power and Heat Power
燃气生产和供应业	Production and Supply of Gas
水的生产和供应业	Production and Supply of Water

continued

(10 000 yuan)

固定资产原价 Original Value of Fixed Assets	流动负债合计 Total Working Liabilities	非流动负债合计 Total Non-current Liabilities	所有者权益 Owners' Equities	实收资本 Paid-up Capital
27764059	**19068773**	**10191496**	**15025050**	**7031804**
6836163	**4390247**	**2382539**	**4298740**	**1182344**
6836163	4381732	2382539	4298128	1180344
1	8515		612	2000
11109115	**12225103**	**3996486**	**7778660**	**4228307**
73047	61361	21169	67934	22660
496329	370959	93163	303791	181032
87402	100170	4996	82697	44306
248440	1026696	189693	774306	263310
6549	7788	2128	4318	1000
5808	2888		5408	5000
235833	195608	29071	87506	47818
10682	17775	200	6045	5000
2662670	3180936	1675759	1797815	1549998
1982589	1593546	405662	932448	381628
487414	268461	124549	230070	87550
161113	112213		31913	60421
688385	509855	19875	552222	226155
832618	1491876	149552	470024	364010
2565184	2534801	1125732	1687213	680043
144990	137752	51930	163872	46895
233722	198953	43363	200245	109289
85129	226491	8922	202449	47410
5462	5442		6795	6000
52914	105115	43073	113521	54981
5787	36466	507	10584	6000
37049	39953	7145	47484	37803
9818780	**2453423**	**3812471**	**2947649**	**1621152**
9671444	2270975	3723882	2828170	1504401
37913	167229	70827	33071	8166
109424	15220	17762	86408	108585

12-9 续表 2

单位：万元

指　标	Item
总　计	**Total**
采矿业	**Mining**
煤炭开采和洗选业	Mining and Washing of Coal
黑色金属矿采选业	Mining and Processing of Ferrous Metal Ores
制造业	**Manufacturing**
农副食品加工业	Processing of Food from Agricultural Products
食品制造业	Manufacture of Foods
酒、饮料和精制茶制造业	Manufacture of Wine,Beverages and Refined Tea
纺织业	Manufacture of Textile
纺织服装、服饰业	Manufacture of Textile Wearing Apparel
家具制造业	Manufacture of Furniture
造纸及纸制品业	Manufacture of Paper and Paper Products
印刷和记录媒介复制业	Printing,Reproduction of Recording Media
石油加工、炼焦和核燃料加工业	Processing of Petroleum,Coking,Processing of Nuclear Fuel
化学原料及化学制品制造业	Manufacture of Raw Chemical Materials and Chemical Products
医药制造业	Manufacture of Medicines
橡胶和塑料制品业	Manufacture of Rubber and Plastics
非金属矿物质制品业	Manufacture of Non-metallic Mineral Products
黑色金属冶炼及压延加工业	Smelting and Pressing of Ferrous Metals
有色金属冶炼及压延加工业	Smelting and Pressing of Non-ferrous Metals
金属制品业	Manufacture of Metal Products
通用设备制造业	Manufacture of General Purpose Machinery
专用设备制造业	Manufacture of Special Purpose Machinery
汽车制造业	Manufacture of Automotive
电气机械及器材制造业	Manufacture of Electrical Machinery and Equipment
仪器仪表制造业	Manufacture of Measuring Instruments
其他制造业	Other Manufacture
电力、燃气及水的生产和供应业	**Production and Supply of Electric Power,Gas and Water**
电力、热力的生产和供应业	Production and Supply of Electric Power and Heat Power
燃气生产和供应业	Production and Supply of Gas
水的生产和供应业	Production and Supply of Water

continued

(10 000 yuan)

主营业务收入 Revenue from Principal Business	主营业务成本 Cost of Principal Business	主营业务税金及附加 TTaxes and Other Charges on Principal Business	利润总额 Total Profits	本年应交增值税 Value-added Tax Payable
27505415	**23272339**	**657418**	**1455380**	**1006227**
3787002	**2549773**	**72536**	**575027**	**279908**
3783662	2546367	72536	575092	279908
3340	3406		-66	
17450481	**15225404**	**551152**	**455103**	**451422**
285180	247975	717	19637	11050
886431	728793	2698	36210	22336
125032	67933	8897	15347	8698
908756	738101	220	113075	5513
11225	8313	70	122	725
36947	30256	172	399	329
107208	101537	408	-6571	4437
22371	21029	18	995	345
4863351	4068448	510699	86224	150551
2101780	1920746	5073	21032	60922
189726	167131	775	-9450	5147
180211	175357	1305	-8494	4998
619396	507197	2840	55620	35543
2123493	1992089	1717	39040	29865
3855909	3559933	9314	2124	68304
224919	190536	1667	10312	3751
224451	182819	1076	1860	10373
344176	257417	1895	47051	19327
39200	32770	153	2919	
192638	149733	808	20476	5801
36660	27393	130	-1887	1211
71421	49898	501	9064	2196
6267931	**5497162**	**33730**	**425251**	**274897**
6133493	5395845	32157	417131	241991
108965	80826	1400	10461	31801
25473	20491	173	-2341	1106

12-10 各市县规模以上工业企业单位数

Number of Industrial Enterprises above Designated Size by City and Country

单位:个　　　　　　　　　　　　　　　　　　　　　　　　　　(unit)

地　区	Region	2012			2013		
		合计 Total	轻工业 Light Industry	重工业 Heavy Industry	合计 Total	轻工业 Light Industry	重工业 Heavy Industry
全区总计	**Total**	**865**	**254**	**611**	**1044**	**326**	**718**
银 川 市	**Yinchuan**	**326**	**124**	**202**	**389**	**153**	**236**
银 川 市	District	123	35	88	130	37	93
永 宁 县	Yongning	34	10	24	54	20	34
贺 兰 县	Helan	96	35	61	112	40	72
灵 武 市	Lingwu	73	44	29	93	56	37
石嘴山市	**Shizuishan**	**232**	**7**	**225**	**262**	**6**	**256**
石嘴山市	District	127	1	126	145	1	144
平 罗 县	Pingluo	105	6	99	117	5	112
吴 忠 市	**Wuzhong**	**190**	**82**	**108**	**255**	**115**	**140**
利 通 区	Litong	70	31	39	98	51	47
红寺堡区	Hongsipu	4	1	3	5	2	3
盐 池 县	Yanchi	27	10	17	32	10	22
同 心 县	Tongxin	15	14	1	20	19	1
青铜峡市	Qingtongxia	74	26	48	100	33	67
固 原 市	**Guyuan**	**25**	**18**	**7**	**34**	**25**	**9**
原 州 区	Yuanzhou	10	6	4	15	10	5
西 吉 县	Xiji	5	5		6	6	
隆 德 县	Longde	3	2	1	5	3	2
泾 源 县	Jingyuan	3	2	1	3	2	1
彭 阳 县	Pengyang	4	3	1	5	4	1
中 卫 市	**Zhongwei**	**91**	**23**	**68**	**103**	**27**	**76**
沙坡头区	Shapotou	51	8	43	56	7	49
中 宁 县	Zhongning	35	12	23	39	15	24
海 原 县	Haiyuan	5	3	2	8	5	3
其　他	**Others**	**1**		**1**	**1**		**1**

12-11 各市县规模以上工业总产值

Output of Major Industrial Products by City and Country

单位:万元　　(10 000 yuan)

地　区	Region	2012 合计 Total	2012 轻工业 Light Industry	2012 重工业 Heavy Industry	2013 合计 Total	2013 轻工业 Light Industry	2013 重工业 Heavy Industry
全区总计	**Total**	**30239996**	**4243477**	**25996519**	**35023148**	**5195277**	**29827871**
银川市	**Yinchuan**	**13771916**	**2745582**	**11026334**	**16587176**	**3276296**	**13310880**
银川市	District	8483442	522392	7961050	9657380	638863	9018517
永宁县	Yongning	1087063	783123	303941	1221952	745757	476196
贺兰县	Helan	1115541	459797	655743	1441957	593857	848100
灵武市	Lingwu	3085870	980270	2105601	4265887	1297820	2968068
石嘴山市	**Shizuishan**	**5288620**	**46642**	**5241978**	**5469163**	**41392**	**5427771**
石嘴山市	District	3347147	3112	3344035	3388190	2754	3385437
平罗县	Pingluo	1941473	43530	1897943	2080972	38638	2042334
吴忠市	**Wuzhong**	**4489324**	**899652**	**3589672**	**5192939**	**1441289**	**3751650**
利通区	Litong	1071915	383828	688086	1370132	639542	730590
红寺堡区	Hongsipu	14202	6852	7350	46042	18070	27972
盐池县	Yanchi	299014	27462	271552	386395	31901	354494
同心县	Tongxin	175821	145721	30100	269263	234044	35219
青铜峡市	Qingtongxia	2928372	335789	2592584	3121107	517732	2603374
固原市	**Guyuan**	**272372**	**114976**	**157396**	**286343**	**139469**	**146874**
原州区	Yuanzhou	62761	37601	25161	69802	45327	24475
西吉县	Xiji	52470	52470		61801	61801	
隆德县	Longde	9364	6738	2626	17630	11858	5772
泾源县	Jingyuan	26369	9864	16505	28175	9655	18520
彭阳县	Pengyang	121407	8303	113104	108936	10829	98107
中卫市	**Zhongwei**	**3055644**	**436625**	**2619020**	**4071846**	**296830**	**3775016**
沙坡头区	Shapotou	1299247	290603	1008644	1525294	129840	1395454
中宁县	Zhongning	1708223	100308	1607916	2451632	130909	2320722
海原县	Haiyuan	48174	45714	2460	94920	36081	58839
其　他	**Others**	**3362120**		**3362120**	**3415682**		**3415682**

12-12 各市县规模以上工业企业主要经济指标(2013年)

Main Economic Indicators on Industrial Enterprises above Designated Size by City and Country(2013)

单位:个、万元 (unit,10 000 yuan)

地区	Region	企业单位数 Number of Enterprises	亏损企业 Loss-suffering Enterprises	资产总计 Total Assets	流动资产 Working Capitals	固定资产 Fixed Assets	固定资产原值 Original Value of Fixed Assets
全区总计	**Total**	**1044**	**311**	**56545981**	**21195303**	**24874429**	**33060215**
银川市	**Yinchuan**	**389**	**75**	**23271606**	**8618410**	**11171361**	**14065791**
银川市	District	130	38	11108784	3578671	5644347	8262167
永宁县	Yongning	54	8	1768853	745636	837594	1101166
贺兰县	Helan	112	20	1147322	517493	475923	536193
灵武市	Lingwu	93	9	9246647	3776611	4213497	4166265
石嘴山市	**Shizuishan**	**262**	**137**	**7547860**	**3786921**	**3085985**	**4167123**
石嘴山市	District	145	77	4899311	2309704	2066182	3081616
平罗县	Pingluo	117	60	2648549	1477216	1019803	1085507
吴忠市	**Wuzhong**	**255**	**57**	**7520925**	**2741258**	**3819389**	**5062026**
利通区	Litong	98	24	2414761	891079	924449	1117345
红寺堡区	Hongsipu	5		361644	47598	294656	232963
盐池县	Yanchi	32	13	588578	303291	180745	220849
同心县	Tongxin	20	1	320412	255459	31571	36657
青铜峡市	Qingtongxia	100	19	3835529	1243832	2387968	3454213
固原市	**Guyuan**	**34**	**5**	**613558**	**168983**	**237171**	**300517**
原州区	Yuanzhou	15	5	110206	58339	48438	52624
西吉县	Xiji	6		74275	35637	38637	43373
隆德县	Longde	5		42647	17024	24047	27953
泾源县	Jingyuan	3		32828	10128	12486	20266
彭阳县	Pengyang	5		353603	47855	113562	156302
中卫市	**Zhongwei**	**103**	**37**	**7739916**	**3904037**	**2384633**	**3026094**
沙坡头区	Shapotou	56	24	2951555	1079649	1301733	1587635
中宁县	Zhongning	39	11	4687490	2741302	1070019	1425280
海原县	Haiyuan	8	2	100872	83086	12881	13180
其他	**others**	**1**		**9852116**	**1975693**	**4175891**	**6438664**

12-12 续表 1 continued

单位:万元 (unit,10 000 yuan)

地 区	Region	累计折旧 Accumulated Depreciation	流动负债 Working Liabilities	非流动负债合计 Total Non-current Liabilities	所有者权益 Owners´ quities	实收资本 Total Capital Hold	国家资本 National
全区总计	**Total**	**10174164**	**24319806**	**12311340**	**18629427**	**9548745**	**3065879**
银 川 市	**Yinchuan**	**4082194**	**8639824**	**6221456**	**7907479**	**4651333**	**1834745**
银 川 市	District	2961980	3866169	2931727	4106957	2440030	1294892
永 宁 县	Yongning	323420	800279	249204	691100	266182	1911
贺 兰 县	Helan	122939	459624	87957	516104	264634	8170
灵 武 市	Lingwu	673855	3513753	2952567	2593319	1680487	529772
石嘴山市	**Shizuishan**	**1349758**	**4132223**	**739459**	**2489777**	**1239704**	**210982**
石嘴山市	District	1132560	2391157	419628	1961960	933466	205685
平 罗 县	Pingluo	217199	1741067	319831	527817	306238	5297
吴 忠 市	**Wuzhong**	**1597731**	**3249608**	**1766110**	**2366306**	**1297191**	**263076**
利 通 区	Litong	235017	1188180	353450	821983	447376	32576
红寺堡区	Hongsipu	7891	26012	246650	88981	72050	4500
盐 池 县	Yanchi	70685	206597	132655	248920	125517	10677
同 心 县	Tongxin	5460	158055	18500	141110	50481	450
青铜峡市	Qingtongxia	1278678	1670764	1014854	1065313	601768	214873
固 原 市	**Guyuan**	**76847**	**161403**	**180919**	**265528**	**183982**	**26425**
原 州 区	Yuanzhou	14955	42811	14184	52999	39307	26228
西 吉 县	Xiji	6435	25690	9385	36695	10030	
隆 德 县	Longde	4622	15352	1315	25981	5676	
泾 源 县	Jingyuan	7781	4650	10	25423	17117	
彭 阳 县	Pengyang	43055	72902	156025	124431	111852	197
中 卫 市	**Zhongwei**	**804862**	**4068303**	**1226400**	**1993661**	**1173489**	**239158**
沙坡头区	Shapotou	395100	2092461	395584	387749	597834	208998
中 宁 县	Zhongning	408998	1898754	829452	1590507	565698	28560
海 原 县	Haiyuan	764	77088	1365	15405	9957	1600
其 他	**other**	**2262773**	**4068444**	**2176997**	**3606676**	**1003047**	**491493**

12-12 续表 2 continued

单位:万元 (10 000 yuan)

地　区	Region	主营业务收入 Revenue from Principal Business	主营业务成本 Cost of Principal Business	主营业务税金及附加 Taxes and Other Charges on Principal Business	管理费用 Overhead Charges	利息支出 Interest Expenses	利润总额 Total Profits	亏损企业亏损总额 Losses Value of Loss-suffering Enterprises
全区总计	**Total**	**34457847**	**29310165**	**685666**	**1321148**	**1054305**	**1799690**	**400701**
银川市	**Yinchuan**	**16292946**	**13931727**	**559521**	**512808**	**501402**	**786862**	**136433**
银川市	District	9697666	8476296	522078	260524	251870	206760	99932
永宁县	Yongning	1094248	926072	7104	68915	34695	33504	13560
贺兰县	Helan	1187379	980375	11819	69446	14420	84362	13697
灵武市	Lingwu	4313653	3548985	18519	113923	200416	462236	9244
石嘴山市	**Shizuishan**	**5780936**	**5223584**	**23805**	**199238**	**139923**	**93948**	**111638**
石嘴山市	District	3690265	3276025	19967	152522	87700	102133	73013
平罗县	Pingluo	2090671	1947560	3839	46716	52223	-8185	38626
吴忠市	**Wuzhong**	**5097497**	**4550289**	**23936**	**120636**	**167455**	**169323**	**113820**
利通区	Litong	1336344	1139619	3135	51132	35374	65604	14052
红寺堡区	Hongsipu	43280	20582	40	1205	10340	10752	
盐池县	Yanchi	309802	264729	6307	10314	9251	13761	8319
同心县	Tongxin	268287	241561	595	3324	7080	25677	464
青铜峡市	Qingtongxia	3139784	2883799	13859	54662	105410	53529	90985
固原市	**Guyuan**	**273971**	**213797**	**3764**	**14827**	**8095**	**26682**	**2651**
原州区	Yuanzhou	69071	59474	220	3981	1827	2661	2651
西吉县	Xiji	56567	48514	814	1971	870	3735	
隆德县	Longde	17133	14229	261	786	226	435	
泾源县	Jingyuan	23238	20325	84	1241		957	
彭阳县	Pengyang	107963	71255	2387	6847	5172	18893	
中卫市	**Zhongwei**	**3845586**	**3380884**	**5909**	**93633**	**125660**	**171337**	**36160**
沙坡头区	Shapotou	1451334	1299405	2406	44635	56334	67458	28994
中宁县	Zhongning	2316813	2008419	3408	48153	69206	92922	6871
海原县	Haiyuan	77439	73060	94	846	119	10957	295
其　他	**Other**	**3166911**	**2009885**	**68731**	**380008**	**111771**	**551539**	

12-12 续表 3 continued

单位:万元 (10 000 yuan)

地区	Region	利税总额 Total Profits and Texes	本年应交增值税 Value-added Taxes Payable	应交所得税 Income Taxes Payable	本年应付职工薪酬 Employee Earnings Payable This Year	全部职工年平均人数(人) Annual Average Employed Persons (person)
全区总计	**Total**	**3616570**	**1128626**	**230631**	**2331274**	**331265**
银川市	**Yinchuan**	**1809814**	**462075**	**67275**	**674023**	**108403**
银川市	District	1030598	300469	34523	415692	56456
永宁县	Yongning	70744	30115	6488	48701	12354
贺兰县	Helan	136735	40571	9096	53490	13712
灵武市	Lingwu	571736	90920	17168	156141	25881
石嘴山市	**Shizuishan**	**272817**	**154904**	**28925**	**359294**	**70759**
石嘴山市	District	236328	114087	24668	278833	49403
平罗县	Pingluo	36488	40817	4258	80461	21356
吴忠市	**Wuzhong**	**347618**	**153429**	**22215**	**247694**	**46185**
利通区	Litong	90971	21808	4496	72073	15494
红寺堡区	Hongsipu	11070	278	215	606	246
盐池县	Yanchi	26290	6221	1183	11487	3230
同心县	Tongxin	29209	2937		124	1494
青铜峡市	Qingtongxia	190079	122186	16321	160405	25721
固原市	**Guyuan**	**45805**	**15353**	**4325**	**52749**	**6671**
原州区	Yuanzhou	4328	1442	348	4959	1417
西吉县	Xiji	5198	649	98	4063	1222
隆德县	Longde	843	147	33	758	342
泾源县	Jingyuan	1054	13	167	1778	340
彭阳县	Pengyang	34382	13103	3679	41190	3350
中卫市	**Zhongwei**	**257716**	**80333**	**10809**	**192283**	**42416**
沙坡头区	Shapotou	118845	48943	4478	82612	18820
中宁县	Zhongning	126907	30541	6221	108357	23224
海原县	Haiyuan	11964	850	110	1315	372
其他	**Other**	**882802**	**262532**	**97083**	**805231**	**56831**

12-13 各市县规模以上国有及国有控股与私营企业工业总产值(2013年)

Gross Industrial Output Value of State-owned and State-holding Industrial Enterprises, Private Enterprises by City and Country(2013)

单位:个、万元 (unit,10 000 yuan)

地区	Region	国有及国有控股企业 State-owned and State-holding Enterprises			私营企业 Private Enterprises		
		企业单位数 Number of Enterprises	亏损企业 Number of Loss-suffering Enterprises	总产值 Gross Output Value	企业单位数 Number of Enterprises	亏损企业 Number of Loss-suffering Enterprises	总产值 Gross Output Value
全区总计	**Total**	**105**	**31**	**16199817**	**688**	**204**	**11480584**
银川市	**Yinchuan**	**34**	**10**	**8621735**	**254**	**35**	**4927094**
银川市	District	24	8	7569038	47	15	617102
永宁县	Yongning	2		9890	38	2	337081
贺兰县	Helan				88	11	1132752
灵武市	Lingwu	8	2	1042807	81	7	2840159
石嘴山市	**Shizuishan**	**17**	**3**	**1518724**	**197**	**115**	**2364034**
石嘴山市	District	15	2	1506440	93	60	949293
平罗县	Pingluo	2	1	12284	104	55	1414741
吴忠市	**Wuzhong**	**33**	**9**	**2175859**	**149**	**31**	**1591221**
利通区	Litong	9	4	69945	57	10	664688
红寺堡区	Hongsipu	2			3		46042
盐池县	Yanchi	4	1	21087	24	10	324868
同心县	Tongxin				19	1	264924
青铜峡市	Qingtongxia	18	4	2084828	46	10	290700
固原市	**Guyuan**	**6**	**3**	**127101**	**22**	**1**	**111874**
原州区	Yuanzhou	3	3	8050	9	1	45709
西吉县	Xiji				5		39801
隆德县	Longde				4		14863
泾源县	Jingyuan	1		18520	1		3098
彭阳县	Pengyang	2		100531	3		8404
中卫市	**Zhongwei**	**14**	**6**	**340716**	**66**	**22**	**2486361**
沙坡头区	Shapotou	8	5	127134	30	10	695625
中宁县	Zhongning	5	1	161090	30	10	1750609
海原县	Haiyuan	1		52493	6	2	40127
其他	**Other**	**1**		**3415682**			

12-14 各市县规模以上国有及国有控股工业企业主要经济指标(2013年)

Main Financial Indicators on State-owned and State-holding Industrial Enterprises above Designated Size by City and Country(2013)

单位:万元 (10 000 yuan)

地　区	Region	流动资产 Working Capitals	固定资产 Fixed Assets	固定资产原值 Original Value of Fixed Assets	资产总计 Total Assets	流动负债 Working Liabilities
全区总计	**Total**	**6281827**	**15708756**	**22817742**	**27853014**	**10240677**
银 川 市	**Yinchuan**	**1871078**	**6689871**	**9277078**	**9874433**	**2618650**
银 川 市	District	1513817	4444227	6617225	6927852	2009203
永 宁 县	Yongning	24318	8821	12969	45494	36535
贺 兰 县	Helan					
灵 武 市	Lingwu	332942	2236824	2646884	2901087	572912
石嘴山市	**Shizuishan**	**1107281**	**1406633**	**2169232**	**2721149**	**1121574**
石嘴山市	District	1096596	1387313	2160695	2690584	1111485
平 罗 县	Pingluo	10685	19320	8537	30565	10089
吴 忠 市	**Wuzhong**	**923888**	**2423624**	**3530068**	**3550463**	**1380906**
利 通 区	Litong	84809	358407	385809	462842	62484
红寺堡区	Hongsipu					
盐 池 县	Yanchi	151821	61915	86241	291353	65377
同 心 县	Tongxin					
青铜峡市	Qingtongxia	687258	2003302	3058018	2796268	1253044
固 原 市	**Guyuan**	**55891**	**149871**	**199597**	**399894**	**77732**
原 州 区	Yuanzhou	4792	29622	29801	36549	5744
西 吉 县	Xiji					
隆 德 县	Longde					
泾 源 县	Jingyuan	6983	10333	17149	17720	1691
彭 阳 县	Pengyang	44116	109916	152647	345624	70296
中 卫 市	**Zhongwei**	**347996**	**862865**	**1203104**	**1454960**	**973372**
沙坡头区	Shapotou	217620	679675	854294	1137294	850244
中 宁 县	Zhongning	65390	175156	340596	243904	53340
海 原 县	Haiyuan	64987	8035	8214	73761	69789
其　他	**Other**	**1975693**	**4175891**	**6438664**	**9852116**	**4068444**

12-14 续表 1 continued

单位:万元 (10 000 yuan)

地区	Region	非流动负债合计 Non-current Liabilities	所有者权益 Owners' Equities	实收资本 Total Capital Hold	国家 National	主营业务收入 Revenue from Principal Business	主营业务成本 Cost of Principal Business
全区总计	**Total**	**8189089**	**9264461**	**4731840**	**3020827**	**16317643**	**13360851**
银 川 市	**Yinchuan**	**3777726**	**3327200**	**2097509**	**1810923**	**8650543**	**7403430**
银 川 市	District	2345294	2581312	1562733	1279647	7609754	6706304
永 宁 县	Yongning	2079	6880	1504	1504	8568	3311
贺 兰 县	Helan						
灵 武 市	Lingwu	1430353	739008	533272	529772	1032222	693815
石嘴山市	**Shizuishan**	**368081**	**1231026**	**514068**	**191817**	**1782333**	**1513506**
石嘴山市	District	361201	1217431	513311	191060	1770069	1502664
平 罗 县	Pingluo	6880	13596	757	757	12264	10842
吴 忠 市	**Wuzhong**	**1374776**	**787319**	**602597**	**261631**	**2265138**	**2066254**
利 通 区	Litong	274566	125782	113071	31876	69828	38792
红寺堡区	Hongsipu			4550	4500		
盐 池 县	Yanchi	125434	100542	58992	10382	21322	8509
同 心 县	Tongxin						
青铜峡市	Qingtongxia	974776	560996	425985	214873	2173989	2018954
固 原 市	**Guyuan**	**161343**	**160819**	**145718**	**25806**	**127883**	**90982**
原 州 区	Yuanzhou	5459	25347	28593	25609	8751	9729
西 吉 县	Xiji						
隆 德 县	Longde						
泾 源 县	Jingyuan	10	16019	7713		18683	16604
彭 阳 县	Pengyang	155874	119453	109412	197	100449	64649
中 卫 市	**Zhongwei**	**330166**	**151421**	**368902**	**239158**	**324835**	**276795**
沙坡头区	Shapotou	248647	38403	309805	208998	122655	99507
中 宁 县	Zhongning	80180	110385	57498	28560	160444	136985
海 原 县	Haiyuan	1340	2633	1600	1600	41736	40303
其 他	**other**	**2176997**	**3606676**	**1003047**	**491493**	**3166911**	**2009885**

12-14 续表 2 continued

单位:万元 (10 000 yuan)

地 区	Region	主营业务税金及附加 Taxes and Other Charges on Principal Business	管理费用 Overhead Charges	利税总额 Total Profits and Texes	利润总额 Total Profits	应交所得税 Income Tax Payable	本年应付职工薪酬 Wages Payable This Year
全区总计	**Total**	**619262**	**712137**	**2461462**	**1047677**	**150522**	**1466381**
银 川 市	**Yinchuan**	**526104**	**188937**	**1157328**	**316249**	**20311**	**292070**
银 川 市	District	512670	151148	914560	148001	20224	267986
永 宁 县	Yongning	605	1597	2857	1608		865
贺 兰 县	Helan						
灵 武 市	Lingwu	12829	36193	239911	166640	86	23219
石嘴山市	**Shizuishan**	**11055**	**89478**	**192393**	**103179**	**18944**	**158898**
石嘴山市	District	11011	88711	191925	103362	18944	157969
平 罗 县	Pingluo	44	767	468	-184		929
吴 忠 市	**Wuzhong**	**9960**	**29834**	**135896**	**17061**	**9834**	**126006**
利 通 区	Litong	114	2413	13764	13338		3811
红寺堡区	Hongsipu						
盐 池 县	Yanchi	32	913	5451	5315	142	1325
同 心 县	Tongxin						
青铜峡市	Qingtongxia	9814	26508	116681	-1592	9693	120871
固 原 市	**Guyuan**	**2454**	**8941**	**32350**	**16780**	**4034**	**44395**
原 州 区	Yuanzhou	72	1301	-2172	-2377	250	1819
西 吉 县	Xiji						
隆 德 县	Longde						
泾 源 县	Jingyuan	44	1149	642	598	167	1699
彭 阳 县	Pengyang	2339	6491	33880	18559	3616	40878
中 卫 市	**Zhongwei**	**958**	**14940**	**60694**	**42870**	**317**	**39781**
沙坡头区	Shapotou	262	11702	29102	23487		27130
中 宁 县	Zhongning	696	2769	22738	11208	236	12268
海 原 县	Haiyuan		468	8853	8175	81	383
其 他	**Other**	**68731**	**380008**	**882802**	**551539**	**97083**	**805231**

12-15 各市县规模以上私营工业企业主要财务指标(2013年)

Main Financial Indicators on Private Enterprises above Designated Size by City and Country (2013)

单位:万元 (10 000 yuan)

地　区	Region	流动资产 Working Capitals	固定资产 Fixed Assets	固定资产原值 Original Value of Fixed Assets	资产总计 Total Assets	流动负债 Working Liabilities	所有者权益 Owners' Equities	实收资本 Total Capital Hold
全区总计	**Total**	**9593416**	**4776452**	**4824228**	**17095102**	**8241126**	**5481404**	**2820340**
银川市	**Yinchuan**	**3965731**	**2412355**	**2192875**	**7733156**	**3357743**	**2656591**	**1490821**
银川市	District	486958	156031	211043	1017858	418833	505588	196510
永宁县	Yongning	261526	163615	167494	476388	194293	185834	98290
贺兰县	Helan	383250	381661	409152	880495	344729	386039	191352
灵武市	Lingwu	2833997	1711049	1405186	5358415	2399888	1579131	1004669
石嘴山市	**Shizuishan**	**1748493**	**653082**	**754080**	**2646032**	**1826473**	**598415**	**380478**
石嘴山市	District	609502	233061	270769	982197	658316	216535	181048
平罗县	Pingluo	1138992	420021	483312	1663835	1168157	381880	199431
吴忠市	**Wuzhong**	**842260**	**741267**	**743481**	**1693086**	**718000**	**652555**	**428003**
利通区	Litong	273550	205994	248157	512123	287095	202313	195810
红寺堡区	Hongsipu	47598	294656	232963	361644	26012	88981	67500
盐池县	Yanchi	119256	110425	125875	243478	126341	109509	49139
同心县	Tongxin	253302	31571	36656	311255	150190	140085	49481
青铜峡市	Qingtongxia	148554	98622	99830	264585	128362	111667	66073
固原市	**Guyuan**	**79787**	**52031**	**59259**	**135001**	**47252**	**68210**	**25293**
原州区	Yuanzhou	39135	13930	15084	54074	20943	24596	8684
西吉县	Xiji	19465	10772	12721	30237	8507	12826	8230
隆德县	Longde	15283	23010	26883	39870	13634	24921	5050
泾源县	Jingyuan	2165	672	916	2842	1563	889	889
彭阳县	Pengyang	3739	3646	3654	7979	2605	4978	2440
中卫市	**Zhongwei**	**2957144**	**917716**	**1074534**	**4887827**	**2291658**	**1505634**	**495744**
沙坡头区	Shapotou	514076	288869	327995	958427	718411	177666	115949
中宁县	Zhongning	2425928	624070	741658	3903410	1566168	1315937	372449
海原县	Haiyuan	17139	4778	4881	25990	7080	12032	7347

12-15 续表 1 continued

单位:万元 (10 000 yuan)

地 区	Region	主营业务收入 Revenue from Principal Business	主营业务成本 Cost of Principal Business	主营业务税金及附加 Taxes and Other Charges on Principal Bsiness	管理费用 Overhead Charges	利税总额 Total Profits and Taxes	利润总额 Total Profits	应交所得税 Income Tax Payable
全区总计	**Total**	**11206854**	**9864789**	**32911**	**313506**	**733053**	**535533**	**44810**
银 川 市	**Yinchuan**	**4774996**	**4127828**	**13966**	**152010**	**453596**	**371182**	**27137**
银 川 市	District	682806	592974	1162	25316	41159	28402	4878
永 宁 县	Yongning	268018	218032	1136	11593	34220	27241	3188
贺 兰 县	Helan	917123	772748	6297	56864	87340	56725	6321
灵 武 市	Lingwu	2907050	2544074	5371	58237	290876	258814	12751
石嘴山市	**Shizuishan**	**2444097**	**2296372**	**7110**	**56324**	**11266**	**–32704**	**4088**
石嘴山市	District	966525	904039	4194	26687	5539	–13516	1526
平 罗 县	Pingluo	1477573	1392333	2916	29638	5726	–19188	2562
吴 忠 市	**Wuzhong**	**1501521**	**1294878**	**8294**	**42912**	**122477**	**89606**	**5996**
利 通 区	Litong	685471	578586	1876	22671	55998	40655	2469
红寺堡区	Hongsipu	43280	20582	40	1205	11070	10752	215
盐 池 县	Yanchi	249724	230515	4572	6952	9708	206	508
同 心 县	Tongxin	264696	238020	592	3305	29165	25652	
青铜峡市	Qingtongxia	258350	227176	1214	8779	16537	12341	2804
固 原 市	**Guyuan**	**108755**	**90555**	**1083**	**3789**	**11108**	**8656**	**184**
原 州 区	Yuanzhou	46427	37216	121	1855	5863	4824	
西 吉 县	Xiji	38307	32823	678	990	3926	3037	98
隆 德 县	Longde	14497	12209	234	581	725	372	23
泾 源 县	Jingyuan	2010	1700	2	8	91	89	
彭 阳 县	Pengyang	7514	6606	48	355	502	334	62
中 卫 市	**Zhongwei**	**2377485**	**2055156**	**2458**	**58471**	**134607**	**98794**	**7405**
沙坡头区	Shapotou	648867	572079	1622	17117	45905	23405	2936
中 宁 县	Zhongning	1695014	1450378	767	40979	85753	72724	4443
海 原 县	Haiyuan	33604	32700	69	375	2949	2665	26

12-16 各市县规模以下工业主要经济指标(2013年)

Main Indicators of Industrial Enterprises Below Designated Size by City and County(2013)

地 区	Region	企业单位个数(个) Number of Enterprises (unit)	期末从业人员(人) Employed Persons at Year-end (person)	现价工业总产值(万元) Gross Industrial Output Value in Current Prices (10 000 yuan)	工业增加值(万元) Value-added of Industry (10 000 yuan)	可比价增长速度(%) Growth Rate at Constant Prices (%)
全 区	**Total**	**3115**	**54940**	**1860074**	**629635**	**8.0**
银川市	**Yinchuan**	**1020**	**13909**	**666548**	**225626**	**9.8**
兴庆区	Xingqing	104	1260	49420	16729	7.3
西夏区	Xixia	173	1685	52219	17676	4.6
金凤区	Jinfeng	113	1582	73069	24734	-6.5
永宁县	Yongning	213	3383	142175	48126	16.1
贺兰县	Helan	346	5221	301959	102213	22.6
灵武市	Lingwu	72	778	47707	16149	14.7
石嘴山市	**Shizuishan**	**487**	**5354**	**302094**	**102259**	**-8.3**
大武口区	Dawukou	175	1355	47119	15950	-5.7
惠农区	Huinong	72	1120	57726	19540	-17.7
平罗县	Pingluo	240	2879	197249	66769	-5.8
吴忠市	**Wuzhong**	**483**	**9617**	**363720**	**123119**	**14.0**
利通区	Litong	106	2496	96172	32554	-9.1
红寺堡区	Hongsipu	68	2926	46303	15674	6.9
盐池县	Yanchi	64	655	54769	18539	-2.2
同心县	Tongxin	31	729	44087	14924	17.7
青铜峡市	Qingtongxia	214	2811	122388	41428	20.0
固原市	**Guyuan**	**602**	**17392**	**304134**	**102949**	**16.2**
原州区	Yuanzhou	165	6576	100562	34040	41.4
西吉县	Xiji	133	2657	61398	20783	9.3
隆德县	Longde	86	3330	45386	15363	23.3
泾源县	Jingyuan	26	616	14789	5006	14.5
彭阳县	Pengyang	193	4212	82000	27757	27.6
中卫市	**Zhongwei**	**522**	**8668**	**223579**	**75681**	**6.6**
沙坡头区	Shapotou	248	2451	81796	27688	-8.9
中宁县	Zhongning	174	2851	71103	24069	22.0
海原县	Haiyuan	101	3366	70679	23925	6.8

注:总计是以全区为总体推算数,各市、县(区)合计数不等于全区总计。

a)Estimated on the basis of All Gross Industrial Output Value,the total of all cities and counties is not equal to the Total Number.

主要统计指标解释

［**工业总产值**］ 工业总产值是以货币形式表现的，工业企业在一定时期内生产的工业最终产品或提供工业性劳务活动的总价值量。它包括本期生产成品价值、加工费收入，在制品半成品期末期初差额价值三部分。计算工业总产值应遵循三条基本准则：(1)工业生产的原则：即凡是企业在报告期生产的经检验合格的产品，不管是否在报告期销售，均应包括在内。反之亦然，凡不是本企业生产的产品，均不计入本企业的工业总产值中。(2)最终产品的原则：即凡是计入工业总产值的产品必须是本企业生产的经检验合格，不需再进行任何加工的最终产品。如果企业有中间产品(半成品)对外销售，那么对外销售的中间产品有应视为企业的最终产品。(3) 工厂法原则：即工业总产值是以工业企业作为基本计算（核算)单位，即按企业的最终产品计算工业总产值。按这种方法计算的工业总产值不允许同一产品价值在企业内部重复计算，但允许企业间的重复计算。

［**工业增加值**］ 指工业企业在报告期内以货币形式表现的工业生产活动的最终成果，是企业全部生产活动的总成果扣除了在生产过程中消耗或转移的物质产品和劳务价值后的余额，是企业生产过程中新增加的价值。计算工业增加值通常采用三中方法。一是“生产法”，即从工业生产过程中产品和劳务价值形成的角度入手，提出生产环节中间投入的价值，从而得到新增价值的方法。其计算公式为：工业增加值 = 工业总产值 - 工业中间投入 + 本期应交增值税。二是“收入法”，即从工业生产过程中创造的原始收入初次分配的角度，对工业生产活动最终成果进行核算的一种方法。其计算公式为：工业增加值 = 固定资产折旧 + 劳动者报酬 + 生产税净额+营业盈余

目前工业统计主要采用“生产法”计算工业增加值。

［**营业收入**］ 指企业经营主要业务和其他业务所确认的收入总额。营业收入合计包括“主营业务收入”和“其他业务收入”。根据会计“利润表”中“营业收入”项目的本期金额数填报。

［**主营业务收入**］ 指企业确认的销售商品、提供劳务等主营业务的收入。根据会计 “主营业务收入”科目的期末贷方余额填报。执行 2006 年《企业会计准则》的企业，如未设置该科目，以“营业收入”代替填报。

［**营业成本**］ 指企业经营主要业务和其他业务所发生的成本总额。包括企业(单位)在报告期内从事销售商品、提供劳务等日常活动发生的各种耗费。包括“主营业务成本”和“其他业务成本”。根据会计“利润表”中“营业成本”项目的本期金额数填报。

［**主营业务成本**］ 指企业经营主要业务所发生的成本总额。根据会计“主营业务成本”科目的期末措方余额填报。执行 2006 年《企业会计准则》的企业，如未设备该科目，以“营业成本”代表填报。

［**营业税金及附加**］ 指企业因从事生产经营活动按税法规定缴纳的应从经营收入中抵扣的税金和附加，包括营业税、消费税、城市维护建设税、教育费附加等。根据会计“利润表”中“营业税金及附加”项目的本期金额数填报。

［**主营业务税金及附加**］ 指企业经营主要业务应负担的营业税、消费税、城市维护建设税、教育费附加等。根据会计“主营业务税金及附加”科目的期末借方余额填报。执行 2006 年《企业会计准则》的企业，如未设置该科目，以“营业税金及附加”代替填报。

［**管理费用**］ 管理费用是指企业行政管理部门为组织和管理生产经营活动而发生的各种费用。包括公司经费、工会经费、职工教育经费、劳动保险费、待业保险费、董事会费、咨询费、审计费、诉讼费、排污费、税金、土地使用费、土地损失费、技术开发费、无形资产、咨询费、开办推销费、业务招待费、坏帐损失、存货盘亏等。

［**财务费用**］ 财务费用是指企业筹集生产经营过程中所需资金而发生的费用。包括利息支出(减去利息收入后的支出)、汇兑损失(减去汇兑收益后的损失)、金融机构手续费以及筹集生产经营资金发生的其他费用等。

［**利润总额**］ 利润总额是指企业在一定时期的最终经营成果，是企业的收入减去有关的成本与费用后的差额，收入大于相关的成本费用，企业就盈利，反之则亏损。

其计算公式为：利润总额 = 营业利润 + 投资净收益 + 补贴收入+营业外收支净额 + 以前年度损益调整

第十三篇 Chapter13

建筑业 Construction

责任编辑：崔　琳

资料整理：崔　琳　冯海江　黄　剑　刘晓龙　杨瑞博　马福燕

Coordinator: Cui Lin

Data Compilation: Cui Lin　Feng Haijiang　Huang Jian　Liu Xiaolong　Yang Ruibo　Ma Fuyan

13-1 全区建筑施工企业个数和职工人数

Number of Construction Enterprises and Employed Persons in Construction Enterprises

指 标	Item	1980	1985	1990	1995	2000	2005	2010	2011	2012	2013
企业个数(个)	**Number of Enterprises(unit)**	**48**	**82**	**142**	**278**	**529**	**521**	**527**	**549**	**566**	**579**
国有企业	State-owned	21	54	67	111	162	72	50	47	51	42
集体企业	Collective-owned	27	28	75	156	142	33	14	14	13	12
私营企业	Private Enterprises					116	283	341	358	377	398
其他经济类型	Other Type of Economics				11	109	133	122	130	125	127
年末从业人数(人)	**Number of Persons Employed at Year End (person)**	**37246**	**53422**	**54367**	**58863**	**83980**	**76049**	**98258**	**102535**	**91235**	**114841**
国有企业	State-owned	28769	45033	38947	36670	38258	22816	20743	18564	17254	14364
集体企业	Collective-owned	8477	8389	15420	19831	16350	3710	1557	1681	1804	2114
私营企业	Private Enterprises					8353	19678	49686	52968	43751	53748
其他经济类型	Other Type of Economics				2362	21019	29845	26272	29322	28426	44615

13-2 国有及国有控股建筑施工企业情况

Statistics on State-owned and State-holding Industrial Construction Enterprises

年份 Year	施工企业个数（个） Number of Construction Enterprises (unit)	年末从业人数（人） Number of Persons Employed at Year End(person)	建筑业总产值 （万元） Gross Output Value (10 000 yuan)
1978	17	24750	10695
1980	23	28702	13477
1985	54	45033	34012
1990	67	38947	53326
1995	111	36670	150806
2000	179	41543	316320
2005	115	29386	475276
2009	83	24000	1006598
2010	79	28341	1290840
2011	79	28502	1470438
2012	82	21609	1463899
2013	79	24255	1602445

注:2000 年起为国有及国有控股建筑施工企业。

a)Since 2000,the figures of state-owned and collective-owned construction enterprises.

13-3 建筑企业生产情况（2013 年）
（总承包和专业承包建筑业企业）

指 标	Item	企业数(个) Number of Enterprises (unit)
总 计	**Total**	**555**
国有及国有控股企业	State-owned and State-holding Enterprises	78
按登记注册类型分组	**By Status of Registration**	
内资企业	Domestic Funded	552
国有企业	State-owned Enterprises	42
集体企业	Collective-owned Enterprises	11
股份合作企业	Cooperative Enterprises	
联营企业	Joint Ownership Enterprises	
有限责任公司	Limited Liabilities Corporations	115
国有独资公司	State Sole Funded Corporations	18
其他有限责任公司	Other Limited Liabilities Corporations	97
股份有限公司	Share-holding Corporations Limited	8
私营企业	Private Enterprises	375
私营独资企业	Private-funded Enterprises	2
私营合伙企业	Private Partnership Enterprises	
私营有限责任公司	Private Limited Liabilities Corporations	364
私营股份有限公司	Private Share-holding Corporations Ltd.	10
港、澳、台商投资企业	Enterprises with Funds from Hong Kong,Macao and Taiwan	1
合资经营企业(港或澳、台资)	Joint-ventures Enterprises	
港、澳、台商独资经营企业	Enterprises with Sole Investment	1
外商投资企业	Foreign Funded Enterprises	2
按建筑业行业分组	**Grouped by Branch**	
房屋和土木工程建筑业	Building and Civil Engineering	422
房屋工程建筑	Building	274
土木工程建筑	Civil Engineering	148
建筑安装业	Construction Installation	60
建筑装饰业	Construction Decoration	57
其他建筑业	Other Construction	16
按企业资质等级分组	**Grouped by Qualification Criteria**	
施工总承包	General Contractors	357
特 级	Special Grade	1
一 级	First Grade	13
二 级	Second Grade	115
三级及以下	Third Grade	228
专业承包	Professional Contractors	198
一 级	First Grade	10
二 级	Second Grade	69
三级及以下	Third Grade	119

Production Situation on Construction Enterprises(2013)
(General Construction contractors and Professional contractors)

建筑业总产值(千元) Total Output Value of Construction(1 000yuan)				竣工产值(千元) Output Value of Construction Completed (1 000 yuan)
合计 Total	建筑工程 Construction	安装工程 Installation	其他产值 Others	
56892009	**53837356**	**2615095**	**439558**	**43773297**
16021307	15042108	809098	170101	15354750
56077392	53022739	2615095	439558	43105246
12038644	11579418	294635	164591	12279518
1239374	1162722	76652		820249
12714163	11284334	1385440	44389	9554354
2581403	2321560	259843		2188509
10132760	8962774	1125597	44389	7365845
3350426	3306589	42850	987	2149130
26734785	25689676	815518	229591	18301995
133779	104089	26105	3585	45158
26276853	25265924	784923	226006	18050662
324153	319663	4490		206175
499676	499676			363683
&499676	499676			363683
314941	314941			304368
54965870	52311957	2221209	432704	42568255
40539215	39673203	590313	275699	33021672
14426655	12638754	1630896	157005	9546583
1035812	712770	319776	3266	600845
628541	550843	74110	3588	446318
261786	261786			157879
52639640	50432174	1792920	414546	40646049
430215	430215			474774
14761821	14419043	272457	70321	13461139
23867714	22928844	799103	139767	16337545
13579890	12654072	721360	204458	10372591
4252369	3405182	822175	25012	3127248
1129062	1129062			877034
1727899	1242428	482115	3356	1394550
1395408	1033692	340060	21656	855664

13-3 续表 1

指　标	Item	房屋建筑施工面积（平方米） Floor Space of Buildings under Construction(sq.m)
总 计	**Total**	**46764622**
国有及国有控股企业	State-owned and State-holding Enterprises	16128753
按登记注册类型分组	**By Status of Registration**	
内资企业	Domestic Funded	46688431
国有企业	State-owned Enterprises	13114251
集体企业	Collective-owned Enterprises	1262846
股份合作企业	Cooperative Enterprises	
联营企业	Joint Ownership Enterprises	
有限责任公司	Limited Liabilities Corporations	9057423
国有独资公司	State Sole Funded Corporations	2241935
其他有限责任公司	Other Limited Liabilities Corporations	6815488
股份有限公司	Share-holding Corporations Limited	821251
私营企业	Private Enterprises	22432660
私营独资企业	Private-funded Enterprises	23520
私营合伙企业	Private Partnership Enterprises	
私营有限责任公司	Private Limited Liabilities Corporations	21960902
私营股份有限公司	Private Share-holding Corporations Ltd.	448238
港、澳、台商投资企业	Enterprises with Funds from Hong Kong,Macao and Taiwan	76191
合资经营企业(港或澳、台资)	Joint-ventures Enterprises	
港、澳、台商独资经营企业	Enterprises with Sole Investment	76191
外商投资企业	Foreign Funded Enterprises	
按建筑业行业分组	**Grouped by Branch**	
房屋和土木工程建筑业	Building and Civil Engineering	46474172
房屋工程建筑	Building	45893267
土木工程建筑	Civil Engineering	580905
建筑安装业	Construction Installation	243730
建筑装饰业	Construction Decoration	
其他建筑业	Other Construction	46720
按企业资质等级分组	**Grouped by Qualification Criteria**	
施工总承包	General Contractors	46644809
特 级	Special Grade	176955
一 级	First Grade	15065176
二 级	Second Grade	19699549
三级及以下	Third Grade	11703129
专业承包	Professional Contractors	119813
一 级	First Grade	
二 级	Second Grade	46720
三级及以下	Third Grade	73093

continued

房屋建筑竣工面积（平方米）Floor Space of Buildings Completed (sq.m)	住宅 Residence	竣工房屋价值（千元）Value of Buildings Completed (1 000 yuan)	住宅 Residence
19395367	**11118733**	**24896895**	**14710737**
7787962	3174940	9140672	3895544
19330269	11058053	24768147	14589482
6108151	2593777	7674724	3243147
470202	299659	572721	359287
3890208	2019442	4922272	2960136
1168695	419173	1169155	458597
2721513	1600269	3753117	2501539
440617	280401	520790	301911
8421091	5864774	11077640	7725001
23520		45158	
8107318	5840464	10856743	7683435
290253	24310	175739	41566
65098	60680	128748	121255
65098	60680	128748	121255
19201334	11026191	24667170	14584336
18991602	10964925	24318595	14526975
209732	61266	348575	57361
147313	92542	157660	126401
46720		72065	
19304865	11110533	24779505	14694542
41417	31741	43822	35322
6823851	2909269	8371754	3564676
7233773	4710438	10267278	6774577
5205824	3459085	6096651	4319967
90502	8200	117390	16195
46720		72065	
43782	8200	45325	16195

13-3 续表 2

指　　标	Item	自有机械设备年末总台数（台）Number of Machinery and Equipment Owned (set)
总 计	**Total**	**30748**
国有及国有控股企业	State-owned and State-holding Enterprises	5172
按登记注册类型分组	**By Status of Registration**	
内资企业	Domestic Funded	30748
国有企业	State-owned Enterprises	4055
集体企业	Collective-owned Enterprises	758
股份合作企业	Cooperative Enterprises	
联营企业	Joint Ownership Enterprises	
有限责任公司	Limited Liabilities Corporations	7567
国有独资公司	State Sole Funded Corporations	520
其他有限责任公司	Other Limited Liabilities Corporations	7047
股份有限公司	Share-holding Corporations Limited	905
私营企业	Private Enterprises	17463
私营独资企业	Private-funded Enterprises	225
私营合伙企业	Private Partnership Enterprises	
私营有限责任公司	Private Limited Liabilities Corporations	17051
私营股份有限公司	Private Share-holding Corporations Ltd.	187
港、澳、台商投资企业	Enterprises with Funds from Hong Kong,Macao and Taiwan	
合资经营企业(港或澳、台资)	Joint-ventures Enterprises	
港、澳、台商独资经营企业	Enterprises with Sole Investment	
外商投资企业	Foreign Funded Enterprises	
按建筑业行业分组	**Grouped by Branch**	
房屋和土木工程建筑业	Building and Civil Engineering	27891
房屋工程建筑	Building	22950
土木工程建筑	Civil Engineering	4941
建筑安装业	Construction Installation	1365
建筑装饰业	Construction Decoration	1234
其他建筑业	Other Construction	258
按企业资质等级分组	**Grouped by Qualification Criteria**	
施工总承包	General Contractors	26667
特 级	Special Grade	150
一 级	First Grade	4179
二 级	Second Grade	11609
三级及以下	Third Grade	10729
专业承包	Professional Contractors	4081
一 级	First Grade	625
二 级	Second Grade	1756
三级及以下	Third Grade	1700

continued

自有施工机械设备年末净值（千元） Net Value of Machinery and Equipment Owned (1 000 yuan)	自有施工机械设备年末总功率（千瓦） Total Power of Machinery and Equipment Owned (kw)	计算劳动生产率的平均人数（人） Average Staff to Calculate Labor Productivity (person)	年末从业人员（人） Number of Employed Persons at Year End (person)
1476862	**749776**	**213929**	**111096**
346469	136017	58459	24171
1476862	749776	210667	108812
217274	104561	45812	14364
42972	15883	5028	2107
350225	163447	49400	36744
40847	17345	8023	6802
309378	146102	41377	29942
112297	59381	12758	5503
754094	406504	97669	50094
1685	2110	260	150
737372	397894	96330	49151
15037	6500	1079	793
		2000	1050
		2000	1050
		1262	1234
1343319	685038	204604	103060
811089	476932	154630	73100
532230	208106	49974	29960
60635	31964	5743	5002
10031	5441	2847	2487
62877	27333	735	547
1222228	622505	197538	95723
14335	2843	2712	1968
248427	87530	51328	16008
541163	310447	90452	44714
418303	221685	53046	33033
254634	127271	16391	15373
65757	22897	3706	2681
95102	56427	6591	7361
93775	47947	6094	5331

13-4 建筑企业财务状况(2013 年)
(总承包和专业承包建筑业企业)

单位:千元

指　标	Item	流动资产合计 Total Circulating Funds	应收工程款 Project Receivable
总 计	**Total**	**44332399**	**15624974**
国有及国有控股企业	State-owned and State-holding Enterprises	11241401	4476255
按登记注册类型分组	**By Status of Registration**		
内资企业	Domestic Funded	43417940	15147337
国有企业	State-owned Enterprises	7775186	3331145
集体企业	Collective-owned Enterprises	425181	145571
股份合作企业	Cooperative Enterprises		
联营企业	Joint Ownership Enterprises		
有限责任公司	Limited Liabilities Corporations	11412799	3598515
国有独资公司	State Sole Funded Corporations	2115929	608405
其他有限责任公司	Other Limited Liabilities Corporations	9296870	2990110
股份有限公司	Share-holding Corporations Limited	2559397	885313
私营企业	Private Enterprises	21245377	7186793
私营独资企业	Private-funded Enterprises	32989	3250
私营合伙企业	Private Partnership Enterprises		
私营有限责任公司	Private Limited Liabilities Corporations	20839820	7015893
私营股份有限公司	Private Share-holding Corporations Ltd.	372568	167650
港、澳、台商投资企业	Enterprises with Funds from Hong Kong,Macao and Taiwan	182684	74148
合资经营企业(港或澳、台资)	Joint-ventures Enterprises		
港、澳、台商独资经营企业	Enterprises with Sole Investment	182684	74148
外商投资企业	Foreign Funded Enterprises	731775	403489
按建筑业行业分组	**Grouped by Branch**		
房屋和土木工程建筑业	Building and Civil Engineering	41983629	14861770
房屋工程建筑	Building	29691552	10647771
土木工程建筑	Civil Engineering	12292077	4213999
建筑安装业	Construction Installation	1220103	443983
建筑装饰业	Construction Decoration	726475	201380
其他建筑业	Other Construction	402192	117841
按企业资质等级分组	**Grouped by Qualification Criteria**		
施工总承包	General Contractors	38974327	13982426
特 级	Special Grade	467047	81914
一 级	First Grade	10825388	4218897
二 级	Second Grade	15929933	6228909
三级及以下	Third Grade	11751959	3452706
专业承包	Professional Contractors	5358072	1642548
一 级	First Grade	890170	270026
二 级	Second Grade	2552090	915851
三级及以下	Third Grade	1915812	456671

Financial Indicators on Construction Enterprises(2013)
(General Construction Contractors and Professional Contractors)

(1 000 yuan)

存货 Stock	固定资产合计 Total Fixed Assets	固定资产原价 Original Value of Fixed Assets	累计折旧 Accumulated Depreciation	本年折旧 Depreciation This Year	在建工程 Construction in Process
9290350	**5790033**	**7504481**	**2969704**	**472568**	**948091**
1998047	1002081	1871753	940539	121977	52370
9269243	5633787	7260105	2881522	452955	948091
1555170	692976	1230137	571487	56153	21116
29752	127529	151384	46479	3904	597
2716273	1456674	1747391	791888	145823	470017
316854	140179	223226	119200	20392	31254
2399419	1316495	1524165	672688	125431	438763
508081	455447	357144	143917	10271	165631
4459967	2901161	3774049	1327751	236804	290730
18677	7017	10663	3647	613	
4419405	2772740	3658979	1303365	234110	252994
21885	121404	104407	20739	2081	37736
8072	5867	20829	14963	70	
8072	5867	20829	14963	70	
13035	150379	223547	73219	19543	
8757066	5404820	6989586	2766085	438856	902880
6715741	3614899	4176924	1371179	211743	629000
2041325	1789921	2812662	1394906	227113	273880
312688	169731	232259	88357	14635	15105
140816	102107	101791	37627	6950	27478
79780	113375	180845	77635	12127	2628
8023520	4941999	6196962	2384969	368045	868495
10088	19903	40110	20246	3917	39
2046137	1729563	1967684	766507	81142	321223
3096398	1388937	2307877	956361	163196	26143
2870897	1803596	1881291	641855	119790	521090
1266830	848034	1307519	584735	104523	79596
135156	119901	216830	118471	13454	
652438	356752	573237	250061	51450	24108
479236	371381	517452	216203	39619	55488

13-4 续表 1

单位：千元

指　标	Item	资产合计 Total Assets	流动负债合计 Total Liquid Liabilities
总 计	**Total**	**53689558**	**36574829**
国有及国有控股企业	State-owned and State-holding Enterprises	13239699	10758973
按登记注册类型分组	**By Status of Registration**		
内资企业	Domestic Funded	52599090	35835346
国有企业	State-owned Enterprises	8755630	7544913
集体企业	Collective-owned Enterprises	634982	355416
股份合作企业	Cooperative Enterprises		
联营企业	Joint Ownership Enterprises		
有限责任公司	Limited Liabilities Corporations	14020631	9989229
国有独资公司	State Sole Funded Corporations	2898233	2109421
其他有限责任公司	Other Limited Liabilities Corporations	11122398	7879808
股份有限公司	Share-holding Corporations Limited	3084183	2568750
私营企业	Private Enterprises	26103664	15377038
私营独资企业	Private-funded Enterprises	40006	19115
私营合伙企业	Private Partnership Enterprises		
私营有限责任公司	Private Limited Liabilities Corporations	25559092	15105177
私营股份有限公司	Private Share-holding Corporations Ltd.	504566	252746
港、澳、台商投资企业	Enterprises with Funds from Hong Kong,Macao and Taiwan	188582	140155
合资经营企业(港或澳、台资)	Joint-ventures Enterprises		
港、澳、台商独资经营企业	Enterprises with Sole Investment	188582	140155
外商投资企业	Foreign Funded Enterprises	901886	599328
按建筑业行业分组	**Grouped by Branch**		
房屋和土木工程建筑业	Building and Civil Engineering	50704128	35097643
房屋工程建筑	Building	35777941	24653133
土木工程建筑	Civil Engineering	14926187	10444510
建筑安装业	Construction Installation	1428059	748798
建筑装饰业	Construction Decoration	910522	445483
其他建筑业	Other Construction	646849	282905
按企业资质等级分组	**Grouped by Qualification Criteria**		
施工总承包	General Contractors	46899220	32953276
特 级	Special Grade	1017996	663692
一 级	First Grade	13204623	10579802
二 级	Second Grade	18472627	12433894
三级及以下	Third Grade	14203974	9275888
专业承包	Professional Contractors	6790338	3621553
一 级	First Grade	1054132	655550
二 级	Second Grade	3142193	1624022
三级及以下	Third Grade	2594013	1341981

continued

(1 000 yuan)

应付账款 Accounts payable	非流动负债合计 Total Non-current Liabilities	负债合计 Total Liabilities	所有者权益合计 Owners′ Equity	实收资本 Paid-in Capitals	营业收入 Business Revenue	营业成本 Business Cost
12459031	**1006581**	**38147930**	**15541628**	**10156294**	**59158791**	**53805748**
4307058	82980	10984074	2255625	1675428	17174445	16236359
12270811	1006581	37408447	15190643	9952423	58066703	52802486
3174689	34736	7588036	1167594	848093	12264893	11610919
177532	124	355592	279390	175265	1324609	1209827
3326612	118805	10577366	3443265	2428633	14307063	12974106
659641	48244	2271369	626864	492056	2900172	2748858
2666971	70561	8305997	2816401	1936577	11406891	10225248
1326451	3774	2572611	511572	143395	3248272	2923810
4265527	849142	16314842	9788822	6357037	26921866	24083824
3703		19235	20771	12023	89308	78501
4148964	849142	16019849	9539243	6161955	26306367	23543770
112860		275758	228808	183059	526191	461553
2777		140155	48427	47871	519385	479826
2777		140155	48427	47871	519385	479826
185443		599328	302558	156000	572703	523436
12095584	980707	36502193	14201935	9129319	56990047	51950555
7597748	866106	25607361	10170580	6186500	40984798	37327270
4497836	114601	10894832	4031355	2942819	16005249	14623285
244408	21295	790915	637144	421525	1171924	986730
74861	700	450667	459855	391409	717193	626057
44178	3879	404155	242694	214041	279627	242406
11269917	869910	34201926	12697294	8146818	53958852	49378597
91682		663692	354304	282178	742096	696857
4904715	518405	11098208	2106415	888862	15390466	14358993
3953908	176798	12662597	5810030	3736071	23284416	21316792
2319612	174707	9777429	4426545	3239707	14541874	13005955
1189114	136671	3946004	2844334	2009476	5199939	4427151
391959	28040	685535	368597	342859	1182949	1078599
546930	4023	1735930	1406263	806741	2414829	2041082
250225	104608	1524539	1069474	859876	1602161	1307470

13-4 续表 2

单位:千元

指　标	Item	营业税金及附加 Operating Tax and Extra Charges	主营业务税金及附加 Tax and Extra Charges on Principle Business
总 计	**Total**	**1883181**	**1850557**
国有及国有控股企业	State-owned and State-holding Enterprises	518696	502284
按登记注册类型分组	**By Status of Registration**		
内资企业	Domestic Funded	1857163	1824539
国有企业	State-owned Enterprises	384159	378271
集体企业	Collective-owned Enterprises	45140	45140
股份合作企业	Cooperative Enterprises		
联营企业	Joint Ownership Enterprises		
有限责任公司	Limited Liabilities Corporations	472958	453156
国有独资公司	State Sole Funded Corporations	89694	89209
其他有限责任公司	Other Limited Liabilities Corporations	383264	363947
股份有限公司	Share-holding Corporations Limited	108564	108564
私营企业	Private Enterprises	846342	839408
私营独资企业	Private-funded Enterprises	2962	2962
私营合伙企业	Private Partnership Enterprises		
私营有限责任公司	Private Limited Liabilities Corporations	828626	821692
私营股份有限公司	Private Share-holding Corporations Ltd.	14754	14754
港、澳、台商投资企业	Enterprises with Funds from Hong Kong,Macao and Taiwan	17181	17181
合资经营企业(港或澳、台资)	Joint-ventures Enterprises		
港、澳、台商独资经营企业	Enterprises with Sole Investment	17181	17181
外商投资企业	Foreign Funded Enterprises	8837	8837
按建筑业行业分组	**Grouped by Branch**		
房屋和土木工程建筑业	Building and Civil Engineering	1814693	1784021
房屋工程建筑	Building	1335596	1316949
土木工程建筑	Civil Engineering	479097	467072
建筑安装业	Construction Installation	37501	35612
建筑装饰业	Construction Decoration	23485	23471
其他建筑业	Other Construction	7502	7453
按企业资质等级分组	**Grouped by Qualification Criteria**		
施工总承包	General Contractors	1719883	1693042
特 级	Special Grade	21985	21985
一 级	First Grade	480997	477253
二 级	Second Grade	710459	699728
三级及以下	Third Grade	506442	494076
专业承包	Professional Contractors	163298	157515
一 级	First Grade	41454	41454
二 级	Second Grade	71165	67914
三级及以下	Third Grade	50679	48147

continued

(1 000 yuan)

其他业务利润 Other Profits	管理费用 Management Expenses	税 金 Taxes	财务费用 Management Expenses	利息收入 Interest Income	利息支出 Interest Expenses
211441	**1686266**	**85741**	**500651**	**7751**	**385389**
101639	515441	21368	89928	1741	20778
174195	1635277	84651	490447	7825	375221
102024	350237	16098	86754	1291	19495
611	24634	970	2752	–57	2534
25049	426921	22130	83359	1860	78776
–384	72742	3216	3378	41	1222
25433	354179	18914	79981	1819	77554
5611	103450	2984	9014	1965	9115
40900	730035	42469	308568	2766	265301
	1488	3	1131	7	1136
40161	709564	42168	303404	3710	260181
739	18983	298	4033	–951	3984
8515	17416	102	4459		4459
8515	17416	102	4459		4459
28731	33573	988	5745	–74	5709
187043	1536508	76219	464065	6793	354071
118009	927708	48517	325801	1475	230103
69034	608800	27702	138264	5318	123968
21232	81612	4366	9278	869	7928
3122	51494	4343	17107	71	15606
44	16652	813	10201	18	7784
145651	1322722	69948	422613	5663	316122
2184	13869		–771	39	–774
86711	367471	25852	150458	3007	78822
45978	513291	24657	178399	1008	155759
10778	428091	19439	94527	1609	82315
65790	363544	15793	78038	2088	69267
10	45565	1956	12876	174	12796
44487	187925	8792	32031	1334	26306
21293	130054	5045	33131	580	30165

13-4 续表 3

单位：千元

指　标	Item	营业利润 Business Profits	补贴收入 Subsidy Income
总 计	**Total**	**1137816**	**12729**
国有及国有控股企业	State-owned and State-holding Enterprises	-182795	10802
按登记注册类型分组	**By Status of Registration**		
内资企业	Domestic Funded	1136201	12729
国有企业	State-owned Enterprises	-161361	6993
集体企业	Collective-owned Enterprises	36977	
股份合作企业	Cooperative Enterprises		
联营企业	Joint Ownership Enterprises		
有限责任公司	Limited Liabilities Corporations	274815	3809
国有独资公司	State Sole Funded Corporations	-1969	3809
其他有限责任公司	Other Limited Liabilities Corporations	276784	
股份有限公司	Share-holding Corporations Limited	104378	
私营企业	Private Enterprises	881392	1927
私营独资企业	Private-funded Enterprises	4688	
私营合伙企业	Private Partnership Enterprises		
私营有限责任公司	Private Limited Liabilities Corporations	849843	1927
私营股份有限公司	Private Share-holding Corporations Ltd.	26861	
港、澳、台商投资企业	Enterprises with Funds from Hong Kong,Macao and Taiwan	503	
合资经营企业(港或澳、台资)	Joint-ventures Enterprises		
港、澳、台商独资经营企业	Enterprises with Sole Investment	503	
外商投资企业	Foreign Funded Enterprises	1112	
按建筑业行业分组	**Grouped by Branch**		
房屋和土木工程建筑业	Building and Civil Engineering	1078856	12729
房屋工程建筑	Building	992585	7167
土木工程建筑	Civil Engineering	86271	5562
建筑安装业	Construction Installation	59497	
建筑装饰业	Construction Decoration	-2634	
其他建筑业	Other Construction	2097	
按企业资质等级分组	**Grouped by Qualification Criteria**		
施工总承包	General Contractors	952056	9699
特 级	Special Grade	9968	2609
一 级	First Grade	-24054	6757
二 级	Second Grade	555002	88
三级及以下	Third Grade	411140	245
专业承包	Professional Contractors	185760	3030
一 级	First Grade	1776	236
二 级	Second Grade	112261	20
三级及以下	Third Grade	71723	2774

continued

(1 000 yuan)

营业外收入 Non-operating Income	营业外支出 Non-operating Expenses	利润总额 Total Profits	应交所得税 Income Tax Payable	应付职工薪酬 Employee Benefits Payable	销售费用 Sales Expenses
143850	**83405**	**1204251**	**514103**	**5901220**	**85401**
106988	24781	-92429	92642	1272018	3497
142689	83008	1201872	513672	5807056	85401
70753	13684	-100464	66781	783336	3375
72	215	36834	9150	162670	5372
41883	24105	294171	120394	1656565	10542
8980	3701	3314	19171	274521	23
32903	20404	290857	101223	1382044	10519
2403	9203	97578	17823	291107	82
27578	35801	873753	299524	2913378	66030
	6	4682	658	6569	536
23445	35428	838444	296648	2882784	65487
4133	367	30627	2218	24025	7
43	12	534	133	44100	
43	12	534	133	44100	
1118	385	1845	298	50064	
142701	77516	1150116	492481	5610777	72550
113001	49339	1057678	380908	3991431	58885
29700	28177	92438	111573	1619346	13665
963	5593	54852	10565	189869	10593
167	254	-2721	9808	75414	1489
19	42	2004	1249	25160	769
130746	65544	1010764	451997	5357170	67930
3337	398	12907	12480	128922	
68624	20848	23632	57469	702077	31813
20672	28030	548230	232664	3010552	16280
38113	16268	425995	149384	1515619	19837
13104	17861	193487	62106	544050	17471
1690	8208	-4506	19393	93873	2433
2338	6401	120244	24940	237103	5897
9076	3252	77749	17773	213074	9141

13-5 劳务分包建筑业企业主要经济指标（2013 年）

指　标	Item	企业数（个）Number of Enterprises (unit)	建筑业总产值（千元）Total Output Value of Construction (1 000 yuan)
总　计	**Total**	**24**	**132912**
国有及国有控股企业	State-owned and State-holding Enterprises	1	3142
按登记注册类型分组	**By Status of Registration**		
内资企业	Domestic Funded	24	132912
国有企业	State-owned Enterprises		
集体企业	Collective-owned Enterprises	1	1792
有限责任公司	Limited Liabilities Corporations	1	3142
国有独资公司	State Sole Funded Corporations	1	3142
其他有限责任公司	Other Limited Liabilities Corporations		
私营企业	Private Enterprises	22	127978
私营独资企业	Private-funded Enterprises		
私营有限责任公司	Private Limited Liabilities Corporations	22	127978
按建筑业行业中类分组	**Grouped by Branch**		
房屋和土木工程建筑业	Building and Civil Engineering	18	122212
房屋工程建筑	Building	18	122212
土木工程建筑	Civil Engineering		
建筑安装业	Construction Installation	5	10672
其他建筑	Others	1	28
按企业资质等级分组	**Grouped by Qualification Criteria**		
劳务分包	Labor Service	24	132912
一级	First Grade	15	84025
二级	Second Grade		
三级及以下	Third Grade	9	48887

Main Indicators of Labour Subcontractors in Construction Industry(2013)

年末从业人员 (人) Employed Persons at Year End (person)	从业人员年平均人数 (人) Annual Average Number of Employed Persons(person)	利润总额 (千元) Total Profits (1 000 yuan)	固定资产原价 (千元) Original Value of Fixed Assets (1 000 yuan)	本年折旧 (千元) Depreciation this Year (1 000 yuan)	资产总计 (千元) Total Capital (1 000 yuan)
3745	**2732**	**3045**	**4020**	**507**	**52693**
84	76	4054	428	41	9504
3745	2732	3045	4020	507	52693
7	43	-18	1050		15186
84	76	4054	428	41	9504
84	76	4054	428	41	9504
3654	2613	-991	2542	466	28003
3654	2613	-991	2542	466	28003
3615	2586	-966	2101	286	21430
3615	2586	-966	2101	286	21430
112	132	4008	1714	186	30798
18	14	3	205	35	465
3745	2732	3045	4020	507	52693
2615	1673	-1138	2306	321	16777
1130	1059	4183	1714	186	35916

13-5 续表 1

单位:千元

指　标	Item	负债合计 Total Liabilities	实收资本 Paid-in Capitals
总　计	**Total**	**28043**	**17178**
国有及国有控股企业	State-owned and State-holding Enterprises	3707	1000
按登记注册类型分组	**By Status of Registration**		
内资企业	Domestic Funded	28043	17178
国有企业	State-owned Enterprises		
集体企业	Collective-owned Enterprises	13949	1302
有限责任公司	Limited Liabilities Corporations	3707	1000
国有独资公司	State Sole Funded Corporations	3707	1000
其他有限责任公司	Other Limited Liabilities Corporations		
私营企业	Private Enterprises	10387	14876
私营独资企业	Private-funded Enterprises		
私营有限责任公司	Private Limited Liabilities Corporations	10387	14876
按建筑业行业中类分组	**Grouped by Branch**		
房屋和土木工程建筑业	Building and Civil Engineering	6194	12376
房屋工程建筑	Building	6194	12376
土木工程建筑	Civil Engineering		
建筑安装业	Construction Installation	21899	4302
其他建筑	Others	-50	500
按企业资质等级分组	**Grouped by Qualification Criteria**		
劳务分包	Labor Service	28043	17178
一级	First Grade	4752	11576
二级	Second Grade		
三级及以下	Third Grade	23291	5602

continued

(1 000 yuan)

营业收入合计 Business Revenue	主营业务收入 Revenue from Principal Business	主营业务成本 Cost of Principal Business	营业税金及附加 Taxes and Other Charges on Principal Business	管理费用合计 Management Expenses	财务费用合计 Financial Expenses	营业利润 Business Profits
156641	**156629**	**146176**	**1418**	**5908**	**19**	**3045**
29718	29718	22826	168	2678	–2	4048
156641	156629	146176	1418	5908	19	3045
1792	1792	1613	97	40		–18
29718	29718	22826	168	2678	–2	4048
29718	29718	22826	168	2678	–2	4048
125131	125119	121737	1153	3190	21	–985
125131	125119	121737	1153	3190	21	–985
120135	120135	117636	992	2501	20	–1007
120135	120135	117636	992	2501	20	–1007
36448	36448	28513	423	3405	–2	4049
58	46	27	3	2	1	3
156641	156629	146176	1418	5908	19	3045
82326	82314	81263	871	1347	10	–1180
74315	74315	64913	547	4561	9	4225

13-6 建筑业企业概况

Main Indicators on Construction Enterprises

年份 Year	总计 Total	国有及国有控股 State-owned and State-holding Enterprises	集体经济 Collective-owned Enterprises
单位数(个) **Number of Enterprises(unit)**			
1990	142	67	75
1995	278	111	156
2000	529	179	142
2005	521	115	33
2006	519	112	32
2007	514	108	26
2008	530	86	21
2009	520	83	18
2010	527	79	14
2011	549	79	14
2012	566	82	13
2013	579	79	12
从业人员(人) **Number of Persons Employed(person)**			
1990	54064	38644	15420
1995	93422	64116	29306
2000	83980	41543	16350
2005	76049	29386	3710
2006	76731	33900	2613
2007	68119	26719	2672
2008	66784	23234	2051
2009	70127	24000	1419
2010	98258	28341	1557
2011	102535	28502	1681
2012	91235	21609	1804
2013	114841	24255	2114
总产值(万元) **Gross Output Value(10000yuan)**			
1990	71583	52612	18971
1995	211506	150806	56325
2000	562352	316320	76941
2005	1131704	475276	38599
2006	1310086	598657	32506
2007	1551804	716282	41920
2008	1918994	814358	41328
2009	2597056	1006598	43643
2010	3433687	1290840	59793
2011	4289398	1470438	87641
2012	4680390	1463783	128452
2013	5702492	1602445	124117

13-7 建筑业企业主要经济指标

Main Economic Indicators on Construction Enterprises

指 标	Item	单位	unit	1995	2000	2005	2010	2011	2012	2013
建筑业企业个数	Number of Enterprises	个	unit	278	529	521	527	549	566	579
期末从业人员	Number of Employed Persons	人	person	99732	83980	76049	98258	102535	91235	114841
自有施工机械设备台数	Number of Machinery and Equipment Owned	台	set	19523	38383	39677	33698	34902	34413	30748
自有施工机械设备净价	Net Value of Machinery and Equipment Owned	万元	10 000 yuan	36034	92108	143251	153741	157526	136873	147686
自有施工机械设备总功率	Total Power of Machinery and Equipment Owned	千瓦	kw	340200	668310	821548	809132	851604	778920	749776
建筑业总产值	Gross Output Value of Construction	万元	10 000 yuan	211506	562352	1131704	343368	4289398	4680390	5702492
建筑工程	Construction	万元	10 000 yuan	168027	482922	980741	3166918	4004540	4380873	5397027
安装工程	Installation	万元	10 000 yuan	40036	71276	135591	213861	236490	222644	261509
其他产值	Other Output Value	万元	10 000 yuan	3443	8154	15372	52908	48368	76873	43956
竣工产值	Output Value of Construction Completed	万元	10 000 yuan	138743	427058	1006905	2500299	3469876	3599968	4377330
施工面积	Floor Space of Buildings under Construction	万平方米	10 000 sq.m	302.9	563.2	1056.6	2596.9	3367.4	3736.8	4676.5
竣工面积	Floor Space of Buildings Completed	万平方米	10 000 sq.m	171.8	340.7	564.0	1076.4	1385.8	1528.1	1939.5
利润总额	Total Profits	万元	10 000 yuan	358	13524	20802	88085	112898	130447	120425
劳动生产率	Overall Labor Productivity									
按总产值计算	In Terms of Gross Output Value	元/人	yuan/person	22048	44864	74198	148529	176737	251093	263201
技术装备率	Value of Machines per Laborer	元/人	yuan/person	3756	10968	18921	15647	15576	15002	12860
动力装备率	Power of Machines per Laborer	千瓦/人	kw/person	3.55	7.96	10.85	8.23	8.42	8.54	6.53
房屋建筑面积竣工率	Rate of Floor Space of Buildings Completed	%	%	56.7	60.5	53.4	41.4	41.2	40.9	41.5
产值利润率	Ratio of Profit to Gross Output Value	%	%	0.2	2.4	1.8	2.6	2.6	2.8	2.1

注:2004 年以前为自有机械设备台数、净价和总功率。

a)Since 2004,statistics on machinery and equipment owned refer to construction machinery and equipment owned.

13-8 各市县建筑企业生产情况(2013年)
(总承包和专业承包建筑业企业)
Production Situation on Construction Enterprises by City and County(2013)
(General Construction Contractors and Professional Contractors)

地 区	Region	企业数(个) Number of Enterprises (unit)	建筑业总产值(千元) Gross Output Value of Construction(1 000yuan)				竣工产值(千元) Output Value of Construction Completed (1 000 yuan)
			合计 Total	建筑工程 Construction	安装工程 Installation	其他产值 Others	
全区总计	**Total**	**555**	**56892009**	**53837356**	**2615095**	**439558**	**43773297**
银川市	**Yinchuan**	**343**	**37495354**	**36024902**	**1286246**	**184206**	**30666130**
银川市	District	298	29428530	28061496	1246278	120756	26949150
永宁县	Yongning	2	982984	982984			211296
贺兰县	Helan	20	4960406	4856988	39968	63450	2545275
灵武市	Lingwu	23	2123434	2123434			960409
石嘴山市	**Shizuishan**	**43**	**3515677**	**3248445**	**231260**	**35972**	**2799659**
石嘴山市	District	36	2773209	2506089	231260	35860	2162058
平罗县	Pingluo	7	742468	742356		112	637601
吴忠市	**Wuzhong**	**75**	**7790613**	**6942176**	**712543**	**135894**	**5241568**
利通区	Litong	35	4619743	4293625	284541	41577	3016405
红寺堡区	Hongsipu	3	146248	137176		9072	132322
盐池县	Yanchi	9	1683445	1444656	238789		1274376
同心县	Tongxin	10	441831	381243	45930	14658	330275
青铜峡市	Qingtongxia	18	899346	685476	143283	70587	488190
固原市	**Guyuan**	**44**	**3333858**	**3045144**	**205778**	**82936**	**2264003**
原州区	Yuanzhou	25	2184923	1986846	119681	78396	1631466
西吉县	Xiji	5	444388	369602	74786		218266
隆德县	Longde	6	258017	248717	9300		88126
泾源县	Jingyuan	4	86819	86819			54455
彭阳县	Pengyang	4	359711	353160	2011	4540	271690
中卫市	**Zhongwei**	**50**	**4756507**	**4576689**	**179268**	**550**	**2801937**
沙坡头区	Shapotou	29	2342062	2204594	137468		1377320
中宁县	Zhongning	15	1937454	1916638	20266	550	982657
海原县	Haiyuan	6	476991	455457	21534		441960

13—8 续表 1 continued

地区	Region	房屋建筑施工面积(平方米) Floor Space of Buildings under Construction(sq.m)	房屋建筑竣工面积(平方米) Floor Space of Buildings Completed(sq.m)	住宅 Residence	竣工房屋价值(千元) Value of Buildings Completed (1 000 yuan)	住宅 Residence
全区总计	**Total**	**46764622**	**19395367**	**11118733**	**24896895**	**14710737**
银川市	**Yinchuan**	**33267303**	**13305293**	**7307076**	**16850103**	**9242352**
银川市	District	27927060	11898328	6574665	15086524	8321628
永宁县	Yongning	1191039	188673	182306	211296	199240
贺兰县	Helan	2516862	819569	366454	1242534	489512
灵武市	Lingwu	1632342	398723	183651	309749	231972
石嘴山市	**Shizuishan**	**3293168**	**1786262**	**1072690**	**2186447**	**1575646**
石嘴山市	District	2356637	1057944	660069	1717456	1145729
平罗县	Pingluo	936531	728318	412621	468991	429917
吴忠市	**Wuzhong**	**5029695**	**2337579**	**1656975**	**2994369**	**2227359**
利通区	Litong	3689086	1782834	1337411	2331620	1841636
红寺堡区	Hongsipu	11706	11706	8100	14460	6852
盐池县	Yanchi	404292	223624	145024	327534	233442
同心县	Tongxin	303921	158267	43246	179480	44774
青铜峡市	Qingtongxia	620690	161148	123194	141275	100655
固原市	**Guyuan**	**1821655**	**977700**	**385924**	**1257177**	**502099**
原州区	Yuanzhou	1201604	622513	257248	750516	326037
西吉县	Xiji	270439	82882	33595	125808	52655
隆德县	Longde	106387	87891	18503	86889	17395
泾源县	Jingyuan	81135	47561	24370	52213	16444
彭阳县	Pengyang	162090	136853	52208	241751	89568
中卫市	**Zhongwei**	**3352801**	**988533**	**696068**	**1608799**	**1163281**
沙坡头区	Shapotou	1850360	454542	319166	682347	483770
中宁县	Zhongning	1277583	370279	260606	540060	400990
海原县	Haiyuan	224858	163712	116296	386392	278521

13—8 续表 2 continued

地 区 Region	自有机械设备年末总台数（台）Number of Machinery and Equipment Owned (set)	自有施工机械设备年末净值（千元）Net Value of Machinery and Equipment Owned (1 000 yuan)	自有施工机械设备年末总功率（千瓦）Total Power of Machinery and Equipment Owned (kw)	计算劳动生产率的平均人数（人）Average Staff to Calculate Labor Productivity (person)	年末从业人员（人）Number of Employed Persons at Year End (person)
全区总计 Total	**30748**	**1476862**	**749776**	**213929**	**111096**
银 川 市 Yinchuan	**16582**	**761194**	**406965**	**147843**	**69362**
银 川 市 District	13601	531139	286835	117311	55813
永 宁 县 Yongning	198	10850	2178	1573	657
贺 兰 县 Helan	1712	92773	79828	19062	6445
灵 武 市 Lingwu	1071	126432	38124	9897	6447
石嘴山市 Shizuishan	**2206**	**112660**	**47207**	**10838**	**5922**
石嘴山市 District	1807	94016	39164	6476	5479
平 罗 县 Pingluo	399	18644	8043	4362	443
吴 忠 市 Wuzhong	**4364**	**219259**	**113745**	**29240**	**16803**
利 通 区 Litong	2476	70479	37346	15073	8258
红寺堡区 Hongsipu	50	5850	1162	1259	293
盐 池 县 Yanchi	357	52806	14862	6435	3992
同 心 县 Tongxin	613	42913	25260	3111	1991
青铜峡市 Qingtongxia	868	47211	35115	3362	2269
固 原 市 Guyuan	**3929**	**198832**	**103757**	**10500**	**7757**
原 州 区 Yuanzhou	1659	127388	73745	5749	5055
西 吉 县 Xiji	442	31870	6450	1274	964
隆 德 县 Longde	1437	34882	16592	1691	778
泾 源 县 Jingyuan	205	4504	4946	705	401
彭 阳 县 Pengyang	186	188	2024	1081	559
中 卫 市 Zhongwei	**3667**	**184917**	**78102**	**15508**	**11252**
沙坡头区 Shapotou	1987	95370	45383	7592	4921
中 宁 县 Zhongning	890	71521	19508	6959	5765
海 原 县 Haiyuan	790	18026	13211	957	566

13-9 各市县建筑企业财务状况(2013 年)
(总承包和专业承包建筑业企业)

Financial Indicators on Construction Enterprises by City and Country(2013)
(General Construction Contractors and Professional Contractors)

单位:千元 (1 000 yuan)

地 区	Region	流动资产合 计 Total Circulating Funds	应收工程款 Project Receivable	存 货 Stock	固定资产合 计 Total Fixed Assets	固定资产原价 Original Value of Fixed Assets
全区总计	**Total**	**44332399**	**15624974**	**9290350**	**5790033**	**7504481**
银 川 市	**Yinchuan**	**28437941**	**10598258**	**5643392**	**2744800**	**4131897**
银 川 市	District	23199127	8844311	3861701	2273123	3328599
永 宁 县	Yongning	548515	443147	12860	9681	13323
贺 兰 县	Helan	2990833	962779	1238458	261966	388399
灵 武 市	Lingwu	1699466	348021	530373	200030	401576
石嘴山市	**Shizuishan**	**3725058**	**1091832**	**1170938**	**699306**	**504825**
石嘴山市	District	3374317	1024431	1003126	317796	440950
平 罗 县	Pingluo	350741	67401	167812	381510	63875
吴 忠 市	**Wuzhong**	**4729443**	**1809982**	**485633**	**564590**	**849850**
利 通 区	Litong	2701511	1099801	333857	275358	352385
红寺堡区	Hongsipu	88391	18955	2374	12641	20017
盐 池 县	Yanchi	828595	303563	84939	97362	221453
同 心 县	Tongxin	158858	70846	13208	82862	108392
青铜峡市	Qingtongxia	952088	316817	51255	96367	147603
固 原 市	**Guyuan**	**1860663**	**727211**	**154659**	**401375**	**648933**
原 州 区	Yuanzhou	1589348	634295	129634	261792	441206
西 吉 县	Xiji	95459	24730	8843	45282	55611
隆 德 县	Longde	84948	41290	10435	43534	64686
泾 源 县	Jingyuan	29843	17760	4450	33681	59314
彭 阳 县	Pengyang	61065	9136	1297	17086	28116
中 卫 市	**Zhongwei**	**5579294**	**1397691**	**1835728**	**1379962**	**1368976**
沙坡头区	Shapotou	2653310	647500	862785	356628	435132
中 宁 县	Zhongning	2844416	729389	931316	912057	848144
海 原 县	Haiyuan	81568	20802	41627	111277	85700

13—9 续表 1 continued

单位：千元 (1 000 yuan)

地 区	Region	累计折旧 Accumulated Depreciation	本年折旧 Depreciation this Year	在建工程 Construction in Progress	资产合计 Total Assets	流动负债合计 Total Liquid Liabilities	应付账款 Accounts Payable
全区总计	**Total**	**2969704**	**472568**	**948091**	**53689558**	**36574829**	**12459031**
银川市	**Yinchuan**	**1791554**	**283760**	**280195**	**33390447**	**24042322**	**8819758**
银川市	District	1441302	206209	270080	27528212	19947120	7457201
永宁县	Yongning	3642	430		558401	370047	23872
贺兰县	Helan	133521	20961	6071	3331614	2792881	1013580
灵武市	Lingwu	213089	56160	4044	1972220	932274	325105
石嘴山市	**Shizuishan**	**199141**	**28308**	**382327**	**4747627**	**3590991**	**798805**
石嘴山市	District	175858	26524	41646	3977138	2953115	745667
平罗县	Pingluo	23283	1784	340681	770489	637876	53138
吴忠市	**Wuzhong**	**362686**	**50876**	**52429**	**5481080**	**3303064**	**1358779**
利通区	Litong	140655	32703	40469	3035633	1773242	668326
红寺堡区	Hongsipu	9014	1418	1628	105041	53385	1140
盐池县	Yanchi	124291	8556		926042	650776	216221
同心县	Tongxin	34422	2704	8795	253797	88301	57740
青铜峡市	Qingtongxia	54304	5495	1537	1160567	737360	415352
固原市	**Guyuan**	**257689**	**39891**	**2738**	**2343085**	**1508595**	**789914**
原州区	Yuanzhou	189254	27572	2606	1900063	1292335	703343
西吉县	Xiji	10469	4586		153437	86778	24528
隆德县	Longde	21152	3119		129673	44146	24024
泾源县	Jingyuan	25690	3667	56	73031	25287	3954
彭阳县	Pengyang	11124	947	76	86881	60049	34065
中卫市	**Zhongwei**	**358634**	**69733**	**230402**	**7727319**	**4129857**	**691775**
沙坡头区	Shapotou	118257	25734	31914	3232611	1773019	347800
中宁县	Zhongning	224628	41552	157162	4292742	2279639	314471
海原县	Haiyuan	15749	2447	41326	201966	77199	29504

13—9 续表 2 continued

单位:千元 (1 000 yuan)

地 区	Region	非流动负债合计 Total Non-current Liabilities	负债合计 Total Liabilities	所有者权益合计 Owners´ Equity	实收资本 Paid-in Capitals	营业收入 Business Revenue	营业成本 Business Cost
全区总计	**Total**	**1006581**	**38147930**	**15541628**	**10156294**	**59158791**	**53805748**
银 川 市	**Yinchuan**	**452890**	**24579967**	**8810480**	**6413939**	**38850808**	**35760622**
银 川 市	District	313698	20314268	7213944	5329450	30148249	27812189
永 宁 县	Yongning	105000	475047	83354	72380	983048	927117
贺 兰 县	Helan	3503	2826916	504698	377417	5219390	4808247
灵 武 市	Lingwu	30689	963736	1008484	634692	2500121	2213069
石嘴山市	**Shizuishan**	**94606**	**3812921**	**934706**	**698974**	**3599184**	**3226808**
石嘴山市	District	94606	3152308	824830	622795	2686588	2383278
平 罗 县	Pingluo		660613	109876	76179	912596	843530
吴 忠 市	**Wuzhong**	**31657**	**3431499**	**2049581**	**1200798**	**8268033**	**7524234**
利 通 区	Litong	30000	1846008	1189625	659928	4927914	4500269
红寺堡区	Hongsipu		53385	51656	48828	112421	100270
盐 池 县	Yanchi		650776	275266	199759	1650280	1533469
同 心 县	Tongxin	1398	89700	164097	92230	477738	436676
青铜峡市	Qingtongxia	259	791630	368937	200053	1099680	953550
固 原 市	**Guyuan**	**15158**	**1534488**	**808597**	**738330**	**3435548**	**3165860**
原 州 区	Yuanzhou	11558	1306181	593882	556650	2178041	1988231
西 吉 县	Xiji		95225	58212	43975	430463	397393
隆 德 县	Longde		44146	85527	60145	259632	241074
泾 源 县	Jingyuan	3600	28887	44144	46308	192466	179196
彭 阳 县	Pengyang		60049	26832	31252	374946	359966
中 卫 市	**Zhongwei**	**412270**	**4789055**	**2938264**	**1104253**	**5005218**	**4128224**
沙坡头区	Shapotou	4470	2021297	1211314	612178	2138945	1760819
中 宁 县	Zhongning	407800	2687439	1605303	389252	2319648	1876278
海 原 县	Haiyuan		80319	121647	102823	546625	491127

13—9 续表 3 continued

单位:千元 (1 000 yuan)

地 区	Region	营业税金及附加 Operating Tax and Extra Charges	主营业务税金及附加 Tax and Extra Charges on Principle Business	其他业务利润 Other Profits	管理费用 Management Expenses	税 金 Taxes
全区总计	**Total**	**1883181**	**1850557**	**211441**	**1686266**	**85741**
银 川 市	**Yinchuan**	**1195726**	**1171206**	**186641**	**1113121**	**58802**
银 川 市	District	932112	924152	125981	889736	45138
永 宁 县	Yongning	32322	32322		2397	56
贺 兰 县	Helan	163423	160412	60660	135403	8233
灵 武 市	Lingwu	67869	54320		85585	5375
石嘴山市	**Shizuishan**	**117901**	**117899**	**5941**	**107342**	**3944**
石嘴山市	District	88205	88203	6050	92459	3422
平 罗 县	Pingluo	29696	29696	-109	14883	522
吴 忠 市	**Wuzhong**	**306049**	**305076**	**13763**	**174608**	**4406**
利 通 区	Litong	203324	203296	4568	70099	2405
红寺堡区	Hongsipu	4043	4043		3804	65
盐 池 县	Yanchi	46854	46854	8672	45585	967
同 心 县	Tongxin	15162	15162		8799	400
青铜峡市	Qingtongxia	36666	35721	523	46321	569
固 原 市	**Guyuan**	**111159**	**104060**	**813**	**123088**	**2995**
原 州 区	Yuanzhou	71914	71914	813	98726	2606
西 吉 县	Xiji	13615	13615		7877	207
隆 德 县	Longde	8523	8523		7321	73
泾 源 县	Jingyuan	6870	6870		4357	64
彭 阳 县	Pengyang	10237	3138		4807	45
中 卫 市	**Zhongwei**	**152346**	**152316**	**4283**	**168107**	**15594**
沙坡头区	Shapotou	64365	64345	2731	75438	4068
中 宁 县	Zhongning	65853	65843	1552	83816	11453
海 原 县	Haiyuan	22128	22128		8853	73

13—9 续表 4 continued

单位：千元 (1 000 yuan)

地 区	Region	财务费用 Management Expenses	利息收入 Interest Income	利息支出 Interest Expenses	营业利润 Business Profits	补贴收入 Subsidy Income	营业外收入 Non-operating Income
全区总计	**Total**	**500651**	**7751**	**385389**	**1137816**	**12729**	**143850**
银川市	**Yinchuan**	**296242**	**4944**	**198419**	**450551**	**11213**	**98747**
银川市	District	193450	4634	165356	309507	7736	39245
永宁县	Yongning	2716	–2	2733	17926		732
贺兰县	Helan	77911	–22	9117	9324	3477	55564
灵武市	Lingwu	22165	334	21213	113794		3206
石嘴山市	**Shizuishan**	**49918**	**1155**	**45425**	**99334**	**1274**	**26185**
石嘴山市	District	48935	1148	44534	75840	1274	25580
平罗县	Pingluo	983	7	891	23494		605
吴忠市	**Wuzhong**	**35932**	**471**	**31775**	**154386**		**3557**
利通区	Litong	14227	231	11976	72912		2943
红寺堡区	Hongsipu	1655	2	1657	2649		
盐池县	Yanchi	12455	141	11928	11888		296
同心县	Tongxin	1559	16	1379	10134		10
青铜峡市	Qingtongxia	6036	81	4835	56803		308
固原市	**Guyuan**	**9147**	**142**	**5629**	**25427**	**242**	**7341**
原州区	Yuanzhou	6886	201	3540	11337	242	5713
西吉县	Xiji	–72	–59		11571		1276
隆德县	Longde	658	–3	671	1951		352
泾源县	Jingyuan	1503	7	1238	493		
彭阳县	Pengyang	172	–4	180	75		
中卫市	**Zhongwei**	**109412**	**1039**	**104141**	**408118**		**8020**
沙坡头区	Shapotou	49945	896	46194	187026		4541
中宁县	Zhongning	58168	125	56637	203084		3429
海原县	Haiyuan	1299	18	1310	18008		50

13—9 续表 5 continued

单位:千元 (1 000 yuan)

地 区	Region	营业外支出 Non-operating Expenses	利润总额 Total Profits	应交所得税 Income Tax Payable	应付职工薪酬 Employee Benefits Payable	销售费用 Sales Expenses
全区总计	**Total**	**83405**	**1204251**	**514103**	**5901220**	**85401**
银川市	**Yinchuan**	**48863**	**512625**	**342212**	**3583456**	**30304**
银川市	District	39781	321141	270420	2951803	29679
永宁县	Yongning	881	17777	17231	938	570
贺兰县	Helan	3359	61549	26903	246989	55
灵武市	Lingwu	4842	112158	27658	383726	
石嘴山市	**Shizuishan**	**9052**	**116463**	**44183**	**361386**	**152**
石嘴山市	District	8368	93048	30294	205470	142
平罗县	Pingluo	684	23415	13889	155916	10
吴忠市	**Wuzhong**	**4816**	**153112**	**41902**	**1063422**	**15646**
利通区	Litong	3544	72311	22036	496016	9879
红寺堡区	Hongsipu	72	2577	1668	35460	
盐池县	Yanchi	399	11785	4444	244396	29
同心县	Tongxin	73	10071	2706	97230	5390
青铜峡市	Qingtongxia	728	56368	11048	190320	348
固原市	**Guyuan**	**1668**	**27539**	**19331**	**348370**	**1593**
原州区	Yuanzhou	2378	14672	10435	201763	946
西吉县	Xiji	180	12667	7000	36828	79
隆德县	Longde	245	2058	515	42570	105
泾源县	Jingyuan	24	469	111	28931	47
彭阳县	Pengyang	–1159	–2327	1270	38278	416
中卫市	**Zhongwei**	**19006**	**394512**	**66475**	**544586**	**37706**
沙坡头区	Shapotou	9552	178810	34938	240830	39
中宁县	Zhongning	9394	197704	27694	227865	32457
海原县	Haiyuan	60	17998	3843	75891	5210

主要统计指标解释

价值量指标

[建筑业总产值] 它是以货币表现的建筑业企业在一定时间内生产的建筑业产品和服务的总和。建筑业总产值包括三部分内容:①建筑工程产值;②设备安装工程产值;③其它产值。

它计算的价格原则上按施工单位和建设单位结算价格计算。

[建筑业增加值] 是指建筑企业在报告期内以货币表现的建筑业生产经营活动的最终成果。有两种计算方法:一是生产法、二是分配法 (收入法)

①生产法计算公式:建筑业增加值=建筑业总产出-建筑业中间投入

②分配法 (收入法) 计算公式:建筑业增加值=固定资产折旧+劳动者报酬+生产税净额+营业盈余。

[竣工产值] 一般是以单位工程为对象，当该工程按照设计所规定的工程内容全部完成，达到了设计规定的交工条件，经有关部门检查验收鉴定合格的单位工程价值，即为竣工产值。

实物量指标

[房屋建筑面积] 是指房屋全部平面面积的总和。它一般通过房屋施工和竣工面积来具体体现。

[房屋施工面积] 是指报告期内施过工的全部房屋建筑面积，它包括本期新开工的面积、上期跨入本期继续施工的房屋面积、上期停缓建在本期恢复施工的房屋面积、本期竣工的房屋面积以及本期施工后又停续建的房屋面积。

[房屋新开工面积] 是指在报告期内新开工的各个房屋的建筑面积之和。

[房屋竣工面积] 是指在报告期内房屋建筑按照设计要求已全部完工，达到了使用条件经检查验收鉴定合格的房屋建筑面积。

财务指标

[实收资本] 是指企业在工商行政管理部门注册登记，并实际收到投资人投入的资本。企业筹集的资本金投其投资主体一般分为国家资本、集体资本、法人资本、个人资本、港澳台资本和外商资本六种。

[资产] 是企业拥有或控制的能以货币计量的经济资源，包括各种财产、债权和其他权利。

[负债] 是企业所承担的能以货币计量、将以资产或劳务偿付的债务。负债一般按其偿还期长短分为流动负债和长期负债。

[所有者权益] 是企业投资人对企业净资产的所有权，企业净资产等于企业全部资产减去全部负债后的余额。其中包括实收资本、资本公积、盈余公积和未分配利润四部分。

[工程结算收入（主营业务收入）] 指本企业承包工程实现的工程价款结算收入以及向发包单位收取的除工程价款以外按规定列作营业收入的各种款项，如：临时设施费、劳动保险费、施工机构调迁费等以及向发包单位收取的各种索赔款。

[工程结算成本（主营业务成本）] 指在报告期内与发包单位办理工程价款结算的已完工程实际成本。

第十四篇 Chapter14

运输邮电

Transport, Postal and Telecommunication Services

责任编辑:杨培林

资料整理:杨培林 徐学奎 徐 薇 邢 猛 杨 雯

Coordinator: Yang Peilin

Data Compilation: Yang Peilin Xu Xuekui Xu Wei Xing Meng Yang Wen

14-1 主要年份交通运输工具和线路里程

Major Transport Conveyance and Line Mileage

年份 Year	载货汽车（辆）Truck (unit)	载客汽车（辆）Passenger Vehicles (unit)	铁 路 Railways		铁路通车里程（公里）Rail Mileage Open to Traffic (km)	公路通车里程（公里）Highway Mileage Open to Traffic(km)	民航通航里程（公里）Length of Civil Aviation Routes (km)
			机车（台）Locomotive (unit)	客车（辆）Passenger Coaches (coach)			
1957	268	21				2241	
1958	978	29	24	–	361	2686	1300
1965	1368	85	73	–	409	3201	1300
1970	2731	506	99	9	409	3591	1300
1975	5296	1224	90	11	421	3916	1300
1978	7991	1920	100	8	421	5227	1300
1980	8867	2345	104	11	421	6848	1300
1985	12754	5149	92	41	421	7016	1300
1990	20471	8744	128	131	421	8200	1400
1995	30788	16419	203	171	769	8554	8683
2000	43496	37629	208	315	780	10171	16823
2001	45227	41079	208	307	780	10899	21242
2002	43051	48874	195	343	780	11245	27336
2003	59710	59590	209	345	780	11916	30101
2004	57831	60386	204	341	780	12456	28627
2005	68956	80384	196	328	786	13078	21248
2006	66276	95063	193	328	783	19903	21219
2007	71466	118249	196	287	783	20562	36253
2008	81072	148103	158	283	783	21008	44197
2009	107536	201143	222	402	783	21805	50602
2010	135235	272342	265	482	1032	22518	54221
2011	165134	359295	308	313	1029	24506	52388
2012	194082	459448	244		1029	26522	61406
2013	223548	557820	303		1029	28554	76720

注：1.1965 年前载客汽车未包括小客车；

2.2006 年起公路通车里程包含村道。

a)Before 1965, Passenger Vehicles do not include minibus.

b)Since 2006, Length of highways include the village road.

14-2 主要年份运输线路长度
Length of Transportation Routes

单位:公里 (km)

年份 Year	铁路营业里程 Length of Railways in Operation	电气化里程 Electrified Railways	公 路 Length of Highways	等级路 Standard Highways	等外路 Substandard Highways	民 航 Civil Aviation
1978	437.7		5227			1300
1979	437.7		6848	5503	1345	1300
1980	437.7		6848	5503	1345	1300
1985	426.9		7016	5642	1374	1300
1990	427.0		8200	7400	800	1400
1995	792.6	437.1	8554	7922	632	8683
2000	790.2	716.9	10171	9649	522	16823
2001	790.2	716.9	10899	10723	176	21242
2002	790.2	716.9	11245	11081	164	27336
2003	790.2	716.9	11916	11770	146	30101
2004	790.2	716.9	12456	12325	131	28627
2005	708.3	669.0	13078	13001	77	21248
2006	705.9	667.5	19903	18102	1801	21219
2007	705.8	667.5	20562	18934	1627	36253
2008	705.8	667.5	21008	19403	1605	44197
2009	705.8	705.8	21805	20297	1509	50602
2010	1032.0	1032.0	22518	21198	1320	54221
2011	1029.0	1029.0	24506	23875	631	52388
2012	1308.3	1029.3	26522	26009	513	61406
2013	1029.3	1029.3	28554	28338	216	76720

注: 1.2004 年以前铁路营业里程为银川铁路分局管辖长度;

2.2005 年起铁路数据由兰州铁路局重新核定划分;

3.2010 年铁路营业里程包括合资铁路,地方铁路因不通车没有统计在内。

a)Before 2004,Length of railways in operation refer to jurisdiction of yinchuan railroad bureau.

b)From 2005,data of railway were re-approved by Lanzhou Railway Bureau.

c)From 2010,data of Railway in operating include the data of Joint-venture enterprises,but local railways.

14-3 主要年份客货运输量
Passenger and Freight Traffic

年份 Year	客运量 （万人） Passenger Traffic (10 000 persons)	铁路 Railways	公路 Highways	航空 Aviation	货运量 （万吨） Freight Traffic (1 0000 tons)	铁路 Railways	公路 Highways	航空 Aviation
1952	4.6		4.3		19.8		12.2	
1957	39.1		39.1		96.3		88.0	
1958	52.4		52.4		201.8		191.8	
1965	142.8	74.8	68.0		640.0	376.6	257.1	
1970	226.6	103.5	123.1	0.0	878.9	499.0	374.4	
1975	364.5	128.0	236.3	0.2	1439.3	958.5	476.7	
1978	466.1	144.4	321.4	0.3	2175.0	1298.0	847.0	
1980	645.9	176.0	469.6	0.3	2302.0	1374.0	719.0	
1985	1349.0	217.0	1131.6	0.4	3610.0	1478.0	1912.0	
1990	2838.0	181.0	2655.0	2.0	3851.0	1512.0	2178.0	
1995	4565.0	195.0	4357.0	13.0	5220.0	1605.0	3519.0	0.04
2000	5537.0	271.0	5252.0	14.4	6880.0	2105.3	4531.0	0.06
2001	5823.0	282.0	5525.0	15.8	7287.0	2300.0	4694.0	0.06
2002	6125.4	278.0	5832.0	15.4	7544.9	2367.2	4894.0	0.12
2003	5904.2	277.0	5605.0	22.2	7878.5	2528.5	5048.0	0.17
2004	6722.9	329.0	6359.0	34.9	8724.9	2768.4	5326.0	0.26
2005	7107.0	309.0	6757.0	41.4	9340.0	2881.0	5648.0	0.58
2006	7600.0	357.0	7191.0	51.9	10239.0	3329.0	6029.0	0.45
2007	8208.0	382.0	7752.0	73.6	11445.0	3957.0	6583.0	0.46
2008	11899.0	457.0	11363.0	78.5	26162.0	4400.0	21762.0	0.44
2009	12657.9	513.0	12034.0	110.9	30323.0	5978.0	23263.0	0.54
2010	13599.2	539.0	12919.0	141.2	33597.9	6879.0	25453.0	1.42
2011	15145.4	543.0	14441.0	161.4	38068.4	7850.0	29016.0	0.81
2012	16389.0	535.0	15666.0	187.9	42246.8	8485.6	32646.0	0.86
2013	8365.9	593.7	7568.0	204.2	40915.0	8412.0	32502.0	0.96

注: 1.1998 年后公路数据为抽样调查数。

2.2009 年后公路数据为新调查口径数据，货运量包括管道运输量。

3.2013 年公路客货运输量依据交通运输部交通运输经济统计专项调查数据推算。

a)Data of highways refer to sampling survey data since 1998.

b)From 2008,data of highways refer to highway and waterway transportation industry–wide statistical survey data of Department of Transportation .

14-4 主要年份客货周转量

Passenger and Freight Turnover Volume

年份 Year	旅客周转量（万人公里）Passenger-kilometers (10 000 person-km)	铁路 Railways	公路 Highways	航空 Aviation	货物周转量（万吨公里）Freight Ton-kilometers (10 000 ton-km)	铁路 Railways	公路 Highways
1952	1482		1402		3806		888
1957	6774		6774		6052		3694
1958	5991		5991		7827		6756
1965	17820	13100	4720		326605	318579	7894
1970	25051	17800	7251		413251	402684	10441
1975	35621	20140	15481		427026	409170	17787
1978	44223	23208	21015		562221	534901	27302
1980	61200	27737	33463		458925	430286	20693
1985	121000	45392	75608		619679	519235	79644
1990	192033	46810	145223		747893	598005	125898
1995	279190	55559	215721	7910	1150029	938271	201549
2000	575597	244662	313768	17167	2218627	1594496	568601
2001	551500	202100	333700	15600	2442700	1789300	584900
2002	568049	196539	355306	16204	2623417	1932317	614562
2003	551788	195534	335109	21145	2663245	1968396	630923
2004	651117	231455	381550	38112	2632894	1863592	645950
2005	669549	219490	402650	47409	2679933	1844278	677650
2006	730946	240847	431600	58499	2931456	2031313	721440
2007	804629	259878	465000	79751	3026090	2106674	781800
2008	959073	287354	575282	96437	7008728	2229354	4778724
2009	1048505	303971	610222	134312	7644774	2497308	4969734
2010	1163818	330502	653115	180201	8458987	2766437	5382659
2011	1339417	411057	723666	204694	9619559	3222669	6081181
2012	1441031	411493	796893	235275	10648697	3677422	7001227
2013	1292930	445080	583405	264445	8741758	3647482	5094276

14-5 主要年份邮电业务总量

Business Volume of Post and Telecommunication Services

年份 Year	邮电业务总量（万元） Business Volume of Postal and Telecommunication (10 000 yuan)	函 件（万件） Number of Letters (10 000 pcs)	报刊期发数（万份） Issue of Newspapers and Magazines (10 000 copies)	电话用户总数（万户） Number of Telephone Subscribers (10 000 subscriber)	移动电话用户（万户） Number of Mobile Telephone Subscribers (10 000 subscriber)	国际互联网络用户(万户) Number of Internet Users (10 000 subscriber)	长途电话（万次） Long-distance Calls (10 000 times)
1952	75.3	104.1		0.02			6.5
1957	197.4	324.2		0.15			11.9
1958	287.8	380.9	14.5	0.23			18.6
1965	586.2	639.1	19.2	0.70			41.5
1970	690.9	863.7	9.8	0.76			37.6
1975	979.0	990.7	33.5	1.05			68.0
1978	1165.0	1168.7	45.0	1.30			77.0
1980	1279.4	1474.5	68.4	1.60			88.1
1985	1908.2	1792.0	125.1	2.80			150.8
1990	4357.7	2054.3	85.4	5.11			353.5
1995	22859.6	2270.9	70.3	21.64	0.69		2708.3
2000	143401.0	2021.0	61.7	70.01	20.44	3.44	8772.0
2001	163400.0	2631.0	48.5	113.07	41.73	8.53	8123.0
2002	218810.4	3052.0	45.0	158.14	73.68	17.45	5052.4
2003	288775.8	2642.0	42.8	223.87	123.54	22.23	11620.3
2004	392397.0	2093.7	43.3	278.16	158.60	32.08	9104.9
2005	485984.0	3018.4	61.4	319.97	181.08	59.10	10709.6
2006	615246.3	3304.8	41.8	362.42	218.56	29.12	11209.5
2007	800382.2	2049.5	44.1	408.31	268.13	32.39	48413.0
2008	961661.0	3091.6	48.2	444.81	323.30	36.98	51216.8
2009	1200030.0	2395.0	50.9	504.90	390.40	41.82	50453.0
2010	1561769.9	2087.6	54.9	562.70	450.80	48.80	
2011	578421.3	1411.3	52.8	633.30	524.80	53.94	
2012	656680.5	1145.9	59.0	710.40	605.44	60.91	
2013	716777.0	916.18	60.0	731.89	627.20	71.14	

注：1.邮电业务总量 2000 年以前为 1990 年不变价计算，2001-2010 年按 2000 年不变价计算，2011 年按 2010 年不变价计算。

2.2001 年起电话机总数中包括移动电话用户。

3.电信业务总量按 2010 年不变价格计算，电信业务总量为移动互联网流量价格和核算方法调整后数据。

4.2012 年起，"国际互联网用户"由"互联网宽带接入用户"替代。

a)The business volume of postal and telecomunication services before 2000 was calculated at 1990 constant prices, while 2001-2010 was calculated at 2000 constant prices and that in 2011 was calculated at 2010 constant prices.

b)Number of Telephone Subscribers included mobile phone users since 2001.

主要统计指标解释

［货运量］ 指一定时期 (年、季、月)内，以重量单位 (吨)计算的由各种运输工具实际完成运钧过程的货物数量。货运量包括:铁路货运量、公路货运量、水运货运量、民航货运量和管道运输量。

［货物周转量］ 指一定时期 (年、季、月)内，由各种运输工具实际完成运送过程的，以综合运量和运距的复合单位 (吨公里)计算的货物总运输量。它是反映货物运输量的另一个指标。货物周转量中包括铁路、公路、水运、航空、管道等各种运输工具完成的货物周转量。

［客运量］ 指分别按各类运输方式计算的实际运送的旅客人数。包括:铁路客运量、公路客运量、水运客运量、空运客运量。

［旅客周转量］ 指由各种运输方式在一定时期(年、季、月)内实际运送的每位旅客乘车 (船、民用飞机)里程的综合数，计算单位是 "人公里"。

［民用汽车］ 由公安交通监理部门所掌管的领有本地区民用车辆牌照的普通载货汽车、专用载货汽车、载客汽车、其他专用汽车、特种汽车等。不包括拖拉机、摩托车、其他机动车等。

［载客汽车］ 指用于运送旅客的汽车。可分为大型及小型两种，凡车长 6 米及以上或乘座人数(驾驶员除外)为 20 人及以上者为大型载客汽车。

［营运汽车］ 指领有公安交通监理部门核发的车辆牌照、并经当地工商行政管理机关核准，领取营业执照，参加营业性运输的载客和载货汽车，包括使用权属于公路运输企业的租入、借入、代管的营运汽车。计算单位为"辆"。

［邮电业务总量］ 即邮电专业产品量。邮电业务量按专业分类包括函件、机要文件、包件、汇票、报刊发行、邮政快件、特快专递、邮政储蓄、集邮、公众电报、用户电报、传真、长途电话、出租电路、市话无线寻呼、移动电话、分组交换数据通信、出租代维等。

［移动电话用户］ 指在邮电部门登记、通过移动电话交换机进入移动电话网、占有移动电话号码的电话用户，按实际办理登记手续进入邮电部门移动电话网的户数进行统计，一部(台)移动电话统计为一户。

［计算机互联网(INTERNET)用户］ 计算机互联网是一个连接计算机网的网络，范围遍及全世界，包括局域网、城域网和广域网，旨在实现计算机资源共享。它分为两大类，一类是学术范围的非盈利性的网络，另一类是商业性或非学术性的网络。接入这个网络的用户，称为 INTERNET 用户。

第十五篇 Chapter15

批发零售和住宿餐饮业

Wholesale, Retail, Housing and Catering

责任编辑：何胜兰

资料整理：何胜兰　岳洪涛　温 静　周 莹　郝 静　勉 伟

Coordinator: He Shenglan

Data Compilation: He Shenglan　Yue Hongtao　Wen Jing　Zhou Ying　Hao Jing　Mian Wei

15-1 限额以上批发业法人单位数和年末从业人员数(2013年)

Number of Corporation Enterprises and Engaged Persons above Designated Size of Wholesale(2013)

指 标	Item	法人单位数(个) Number of Corporate Unit(unit)	年末从业人员数(人) Engaged Persons (person)
批发业合计	**Wholesale Trade**	**192**	**10768**
国有及国有控股	State-owned and State-holding Enterprises	32	5676
按登记注册类型分组	**Grouped by Registration Status**		
内资企业	Domestic Funded Enterprises	189	10306
国有企业	State-owned Enterprises	13	1653
集体企业	Collective-owned Enterprises		
股份合作	Cooperative Enterprises		
联营企业	Joint-venture Enterprises		
有限责任公司	Limited Liability Corporations	47	1882
国有独资企业	State Sole Funded Corporations	2	147
其他有限责任公司	Other Limited Liability Corporations	45	1735
股份有限公司	Share-holding Corporations Ltd.	9	3403
私营企业	Private Enterprises	117	3152
其他企业	Other Enterprises	3	216
外商投资企业	Foreign Funded Enterprises	3	462
按国民经济行业分组	**Grouped by Sector**		
农、林、牧产品批发业	Wholesale of Farm Produce,Forestry and Animal Husbandry Products	4	102
食品、饮料及烟草制品批发业	Wholesale of Food,Beverages and Tobaccos	21	2670
米、面制品及食用油批发业	Wholesale of Rice,Flour and Edible Oil	3	226
烟草制品批发业	Wholesale of Tobaccos	5	1224
纺织、服装及日用品批发业	Wholesale of Textiles,Garments and Daily Consumer Articles	5	152
服装批发业	Wholesale of Garments	2	68
文化、体育用品及器材批发业	Wholesale of Culture,Sports Appliances and Equipments	2	140
医药及医疗器材批发业	Wholesale of Medicines and Medical Appliances	8	700
矿产品、建材及化工产品批发业	Wholesale of Mineral Products,Building Materials and Chemical Products	106	5377
机械设备、五金交电及电子产品批发业	Wholesale of Machinery,Hardware and Electronic Equipment	39	1306
其他批发业	Other Wholesale not Classified Elsewhere	7	321

15-2 限额以上零售业法人单位数和年末从业人员数(2013 年)

Number of Corporation Enterprises and Engaged Persons above Designated Size of Retail Trades(2013)

指　标	Item	法人单位数(个) Number of Corporate Unit (unit)	年末从业人员数(人) Engaged Persons (person)
零售业合计	**Total**	**256**	**28272**
国有及国有控股	State-owned and State-holding Enterprises	23	1778
按登记注册类型分组	**Grouped by Registration Status**		
内资企业	Domestic Funded Enterprises	254	28098
国有企业	State-owned Enterprises	19	782
集体企业	Collective-owned Enterprises	1	13
股份合作企业	Cooperative Enterprises		
有限责任公司	Limited Liability Corporations	75	11351
国有独资企业	State Sole Funded Corporations	1	222
其他有限责任公司	Other Limited Liability Corporations	74	11129
股份有限公司	Share-holding Corporations Ltd.	9	3974
私营企业	Private Enterprises	150	11978
其他企业	Other Enterprises		
港、澳、台商投资企业	Enterprises with Funds from Hong Kong,Macao and Taiwan	1	91
外商投资企业	Foreign Funded Enterprises	1	83
按国民经济行业分组	**Grouped by Sector**		
综合零售业	Integrated Retail	37	12671
百货零售业	Retail of General Merchandise	28	6755
超级市场零售业	Retail of Supermarkets	6	5414
食品、饮料、烟草制品专门零售业	Retail of Food,Beverages and Tobaccos	8	735
纺织、服装及日用品专门零售业	Special Retail of Textiles,Garments and Daily Consumer Articles	9	1709
服装零售业	Retail of Garments	8	1569
文化、体育用品及器材专门零售业	Retail of Culture,Sports Appliances and Equipments	20	626
图书、报刊零售业	Retail of Books, Newspapers and Perodicals	15	439
医药及医疗器材专门零售业	Retail of Medicines and Medical Appliances	22	2036
汽车、摩托车、燃料及零配件专门零售业	Retail of Motor Vehicles,Motorcycles,Fuel and Parts	112	7456
汽车零售业	Retail of Motor Vehicles	88	6054
机动车燃料零售业	Retail of Fuel of Motor Vehicles	15	1231
家用电器及电子产品专门零售业	Special Retail of Household Electric Appliances and Electronic Products	39	2364
家用视听设备零售	Retail of Household Audiovisual Equipment	8	254
日用家电设备零售	Retail of Household Appliances	7	1411
计算机、软件及辅助设备零售业	Retail of Computer,Software and Assistant Appliances	21	538
通讯设备零售业	Retail of Communication Equipments	3	161
五金、家具及室内装修材料专门零售业	Special Retail of Hardware,Furniture and Decoration Materials	6	387
货摊、无店铺及其他零售业	Stall,Non-shop and Other Retails	3	288

15-3 限额以上批发业法人企业商品销售额(2013年)
Commodity Sales of Wholesale and Retail Trades above Designated Size (2013)

单位:万元 (10 000 yuan)

指标	Item	销售额 Total Sales Value	批发额 Wholesale Value	零售额 Retail Value
批发业合计	**Wholesale Trade**	**7592366**	**6801980**	**790386**
国有及国有控股	State-owned and State-holding Enterprises	5570163	4855701	714462
按登记注册类型分组	**Grouped by Registration Status**			
内资企业	Domestic Funded Enterprises	7545581	6756422	789159
国有企业	State-owned Enterprises	640199	639192	1007
集体企业	Collective-owned Enterprises			
联营企业	Joint-venture Enterprises			
有限责任公司	Limited Liability Corporations	1755274	1627753	127521
国有独资企业	State Sole Funded Corporations	278749	278749	
其他有限责任公司	Other Limited Liability Corporations	1476524	1349004	127521
股份有限公司	Share-holding Corporations Ltd.	4133690	3539900	593789
私营企业	Private Enterprises	996080	932478	63602
其他企业	Other Enterprises	20339	17098	3241
外商投资企业	Foreign Funded Enterprises	46785	45558	1227
按国民经济行业分组	**Grouped by Sector**			
农、林、牧产品批发业	Wholesale of Agricultuer, Forestry and Animal Husbandry Products	10625	10279	346
食品、饮料及烟草制品批发业	Wholesale of Food,Beverages and Tobaccos	833476	828106	5369
米、面制品及食用油批发业	Wholesale of Rice,Flour and Edible Oil	33745	33745	
烟草制品批发业	Wholesale of Tobaccos	564883	564833	
纺织、服装及日用品批发业	Wholesale of Textiles,Garments and Daily Consumer Articles	36858	35488	1370
服装批发业	Wholesale of Garments	20697	19327	1370
文化、体育用品及器材批发业	Wholesale of Culture,Sports Appliances and Equipments	19075	18288	787
医药及医疗器材批发业	Wholesale of Medicines and Medical Appliances	190280	88922	101358
矿产品、建材及化工产品批发业	Wholesale of Mineral Products,Building Materials and Chemical Products	6190755	5556429	634326
机械设备、五金交电及电子产品批发业	Wholesale of Machinery,Hardware and Electronic Equipment	215758	171553	44205
其他批发业	Other Wholesale not Classified Elsewhere	95540	92914	2626

15-4 限额以上零售业法人企业商品销售额(2013 年)

Commodity Sales of Wholesale and Retail Trades above Designated Size (2013)

单位:万元 (10 000 yuan)

指　标	Item	销售额 Total Sales Value	批发额 Wholesale Value	零售额 Retail Value
零售业合计	**Retail Trade**	**3128215**	**448078**	**2680137**
国有及国有控股	State-owned and State-holding Enterprises	343431	201078	142353
按登记注册类型分组	**Grouped by Registration Status**			
内资企业	Domestic Funded Enterprises	3099571	445730	2653840
国有企业	State-owned Enterprises	43356	152	43204
集体企业	Collective-owned Enterprises	2895		2895
股份合作企业	Cooperative Enterprises			
有限责任公司	Limited Liability Corporations	1260388	74860	1185528
国有独资企业	State Sole Funded Corporations	7240		7240
其他有限责任公司	Other Limited Liability Corporations	1253148	74860	1178288
股份有限公司	Share-holding Corporations Ltd.	651432	205202	446230
私营企业	Private Enterprises	1141500	165516	975984
其他企业	Other Enterprises			
港、澳、台商投资企业	Enterprises with Funds from Hong Kong,Macao and Taiwan	22710	624	22086
外商投资企业	Foreign Funded Enterprises	5934	1724	4211
按零售行业小类分组	**Grouped by Retail Industry Sub-categories**			
综合零售	Integrated Retail	877060	14104	862956
百货零售	Retail of General Merchandise	546021	5575	540446
超级市场零售	Retail of Supermarkets	314839	8529	306309
食品、饮料及烟草制品专门零售	Retail of Food,Beverages and Tobaccos	18397	7817	10580
纺织、服装及日用品专门零售	Special Retail of Textiles,Garments and Daily Consumer Articles	22347	0.4	22346
服装零售业	Retail of Garments	22347	0.4	22346
文化、体育用品及器材专门零售业	Retail of Culture,Sports Appliances and Equipments	35789	159	35630
体育用品及器材零售业	Retail of Sports Appliances and Equipment	6462	7	6455
图书、报刊零售业	Retail of Books,Newspapers and Periodicals	24256	152	24105
医药及医疗器材专门零售业	Retail of Medicines and Medical Appliances	233232	62407	170824
药品零售业	Retail of Medicines	233232	62407	170824
汽车、摩托车、燃料及零配件专门零售业	Retail of Motor Vehicles,Motorcycles,Fuel and Parts	1619734	329135	1290599
汽车零售业	Retail of Motor Vehicles	1246776	114821	1131956
机动车燃料零售业	Retail of Fuel of Motor Vehicles	351456	210382	141074
家用电器及电子产品专门零售业	Special Retail of Household Electric Appliances and Electronic Products	291362	32756	258607
家用视听设备零售	Retail of Household Audiovisual Equipment	20933	460	20472
日用家电设备零售	Retail of Household Appliances	199543	11297	188247
计算机、软件及辅助设备零售业	Retail of Computer,Software and Peripherals	62537	19352	43185
通信设备零售业	Retail of Communication Equipment	8349	1647	6703
五金、家具及室内装修材料专门零售业	Special Retail of Hardware,Furniture and Decoration Materials	21190	1700	19490
货摊、无店铺及其他零售业	Stall,Non-shop and Other Retails	9105		9105

15-5 限额以上住宿业法人单位数和年末从业人员数(2013 年)
Number of Corporation Enterprises and Engaged Persons of Star-rated Hotels(2013)

指　标	Item	法人单位数(个) Number of Corporate Unit (unit)	年末从业人员数(人) Engaged Persons (person)
总 计	**Total**	**80**	**8299**
国有及国有控股	State-owned and State-holding Enterprises	12	2070
按登记注册类型分组	**Grouped by Registration Status**		
内资企业	Demestic Enterprises	79	8217
国有企业	State-owned Enterprises	4	899
集体企业	Collective-owned Enterprises		
有限责任公司	Limited Liabilities Corporations	22	2508
国有独资企业	State Sole Funded Corporations	2	203
其他有限责任公司	Other Limited Liabilities Corporations	20	2305
股份有限公司	Share-holding Corporations Ltd.	1	175
私营企业	Private Enterprises	52	4635
其他企业	Other Enterprises		
外商投资企业	Foreign Funded Enterprises	1	82
按住宿行业小类分组	**Grouped by Sector**		
旅游饭店	Tourist Hotel	66	7495
一般旅馆	Fonda	12	638
其他住宿服务	Others	2	166

15-6 限额以上餐饮业法人单位数和年末从业人员数(2013 年)
Number of Corporation Enterprises and Engaged Persons above Designated Size of Catering Services(2013)

指　标	Item	法人单位数(个) Number of Corporate Unit (unit)	年末从业人员数(人) Engaged Persons (person)
总 计	**Total**	**90**	**8081**
国有及国有控股	State-owned and State-holding Enterprises	2	154
按登记注册类型分组	**Grouped by Registration Status**		
内资企业	Demestic Enterprises	89	7835
国有企业	State-owned Enterprises		
集体企业	Collective-owned Enterprises		
有限责任公司	Limited Liabilities Corporations	17	1685
国有独资企业	State Sole Funded Corporations	1	94
其他有限责任公司	Other Limited Liabilities Corporations	16	1591
股份有限公司	Shere-holding Corporations Ltd.	1	80
私营企业	Private Enterprises	70	6005
私营独资企业	Private-funded Enterprises	5	364
私营合伙企业	Private Partnership Enterprises	1	
私营有限责任公司	Private Limited Liability Corporations	62	5352
其他企业	Other Enterprises	1	65
外商投资企业	Foreign Funded Enterprises	1	246
按餐饮行业小类分组	**Grouped by Sector**		
正 餐	Restaurant	88	7972
快 餐	Fast Food	2	109
其他餐饮业	Others		

15-7 限额以上住宿业法人企业经营情况(2013年)

Business of Enterprises above Designated Size of Hotels(2013)

单位:万元 (10 000 yuan)

指标	Item	营业额 Business Revenue	客房收入 From Hotel Rooms	餐费收入 From Meals	商品销售额 From Commodities	其他收入 Other income
总计	**Total**	**88873**	**41841**	**38449**	**2215**	**6369**
国有及国有控股	State-owned and State-holding Enterprises	25671	11343	9520	441	4368
按登记注册类型分组	**Grouped by Registration Status**					
内资企业	Demestic Enterprises	87574	41409	37582	2215	6369
国有企业	State-owned Enterprises	14277	6443	6017	46	1771
集体企业	Collective-owned Enterprises					
联营企业	Joint-venture Enterprises					
有限责任公司	Limited Liabilities Corporations	26268	10978	10759	1149	3382
国有独资公司	State Sole Funded Corporations	2571	1544	792	48	187
其他有限责任公司	Other Limited Liabilities Corporations	23697	9434	9968	1100	3195
股份有限公司	Share-holding Corporations Ltd.	1449	558	885		5
私营企业	Private Enterprises	45580	23430	19920	1020	1211
其他企业	Other Enterprises					
外商投资企业	Foreign Funded Enterprises	1299	432	867		
按餐饮行业小类分组	**Grouped by Sector**					
旅游饭店	Tourist Hotel	78901	37144	33455	2014	6287
一般旅馆	Fonda	8508	4144	4088	194	82
其他住宿服务	Others	1465	553	906	6	
按星级分组	**Grouped by Star**					
五星	Five star	8677	4527	2591		1559
四星	Four star	37129	16406	18094	957	1672
三星	Three star	26248	10194	12423	979	2653
二星	Tow star	1860	1060	786		14
一星	One star					
其他	Other	14960	9654	4557	279	471

15-8 限额以上餐饮业法人企业经营情况(2013年)

Business of Enterprises above Designated Size of Catering Servies(2013)

单位:万元 (10 000 yuan)

指标	Item	营业额 Business Revenue	客房收入 From Hotel Rooms	餐费收入 From Meals	商品销售额 From Commodities	其他收入 Other Income
总　计	**Total**	**86296**	**6765**	**70631**	**4785**	**4115**
国有及国有控股	State-owned and State-holding Enterprises	1796	693	772	142	189
按登记注册类型分组	**Grouped by Registration Status**					
内资企业	Demestic Enterprises	83914	6765	68249	4785	4115
国有企业	State-owned Enterprises					
集体企业	Collective-owned Enterprises					
股份合作企业	Cooperative Enterprises					
有限责任公司	Limited Liabilities Corporations	18130	2578	12601	552	2399
国有独资企业	State Sole Funded Corporations	783	274	298	119	93
其他有限责任公司	Other Limited Liabilities Corporations	17347	2304	12303	433	2306
股份有限公司	Share-holding Corpordaions Ltd	1013		486	527	
私营企业	Private Enterprises	64410	4187	54848	3659	1716
私营独资企业	Private-funded Enterprises	4657	88	4361	207	2
私营合伙企业	Private Partnership Enterprises	637		490	137	10
私营有限责任公司	Private Limited Liability Corporations	56405	4099	47315	3295	1697
私营股份有限公司	Private Share-holding Corporations Ltd	2711		2682	20	8
其他企业	Other Enterprises	362		314	48	
外商投资企业	Foreign Funded Enterprises	2382		2382		
按住宿行业小类分组	**Grouped by Sector**					
正餐	Restaurant	85579	6765	69914	4785	4115
快餐	Fast Food	717		717		
其他餐饮业	Others					
按经营形式分组	**Grouped by Business Form**					
独立门店	Independent Stores	85302	6765	69675	4785	4077
连锁总店	Distributor Chain	994		956		38
连锁门店	Chain Stores					
其他	Others					

15-9 限额以上批发业和零售业法人企业财务状况（2013年）

单位：万元

指　　标	Item	资产总计 Total Assets
总　　计	**Total**	**4179400**
批发业	**Wholesale Trade**	**2691720**
国有及国有控股	State-owned and State-holding Enterprises	872386
按登记注册类型分组	**Grouped by Registration Status**	
内资企业	Domestic Funded Enterprises	2635519
国有企业	State-owned Enterprises	274375
集体企业	Collective-owned Enterprises	
联营企业	Joint-venture Enterprises	
有限责任公司	Limited Liability Corporations	995341
国有独资公司	State Sole Funded Corporations	103198
其他有限责任公司	Other Limited Liability Corporations	892143
股份有限公司	Share-holding Corporations Ltd.	390381
私营企业	Private Enterprises	940311
其他企业	Other Enterprises	35111
外商投资企业	Foreign Funded Enterprises	56201
按批发行业小类分组	**Grouped by Sector**	
农、林、牧产品批发	Wholesale of Agriculture, Forestry and Animal Husbandry Products	15932
食品、饮料及烟草制品批发	Wholesale of Food,Beverages and Tobaccos	363781
纺织、服装及日用品批发	Wholesale of Textiles,Garments and Daily Consumer Articles	44992
文化、体育用品及器材批发	Wholesale of Culture,Sports Appliances and Equipments	20563
医药及医疗器材批发	Wholesale of Medicines and Medical Appliances	87661
矿产品、建材及化工产品批发	Wholesale of Mineral Products,Building Materials and Chemical Products	1768182
机械设备、五金交电及电子产品批发	Wholesale of Machinery,Hardware and Electronic Equipment	210113
其他批发	Other Wholesale not Classified Elsewhere	180496

Financial Indicators of Wholesale and Retail Enterprises above Designated Size(2013)

(10 000 yuan)

固定资产 Fixed Assets	流动资产 Working Capitals	负债合计 Total Liabilities	所有者权益 Total Owners' Equities	主营业务收入 Revenue from Principal Business	利润总额 Total Profits
554586	**2803299**	**3066096**	**1113304**	**9578667**	**150020**
319082	**1752635**	**1912586**	**779135**	**7045695**	**110479**
226686	509257	463498	408887	5208114	111009
313222	1706012	1886365	749154	7005369	103316
29347	221051	46057	228318	553180	70107
60379	614219	878174	117167	1580676	6816
39544	62683	78927	24271	289128	8672
20835	551535	799247	92896	1291549	–1857
152708	129952	265757	124624	3892692	27167
65973	713765	671156	269155	958318	–1562
4815	27025	25221	9891	20503	788
5860	46623	26221	29981	40326	7164
3916	11984	11719	4213	10625	111
53721	291556	90676	273105	618950	83509
10132	32829	18264	26728	34323	–179
1830	10442	6401	14163	15279	341
5964	77370	67656	20006	166444	3176
226082	1041975	1419771	348411	5909458	20855
10290	186408	186239	23875	196936	–2959
7148	100072	111861	68635	93679	5624

15-9 续表 1

单位:万元

指 标	Item	资产总计 Total Assets
零售业	**Retail Trade**	**1487680**
国有及国有控股	State-owned and State-holding Enterprises	66510
按登记注册类型分组	**Grouped by Registration Status**	
内资企业	Domestic Funded Enterprises	1469780
国有企业	State-owned Enterprises	29209
集体企业	Collective-owned Enterprises	267
股份合作企业	Cooperative Enterprises	
联营企业	Joint Ownership Enterprises	
有限责任公司	Limited Liability Corporations	693256
国有独资公司	State Sole Funded Corporations	4807
其他有限责任公司	Other Limited Liability Corporations	688449
股份有限公司	Share-holding Corporations Ltd.	59701
私营企业	Private Enterprises	687347
其他企业	Other Enterprises	
港、澳、台商投资企业	Enterprises with Funds from Hong Kong,Macao and Taiwan	14119
外商投资企业	Foreign Funds Enterprises	3782
按零售行业小类分组	**Grouped by Sector**	
综合零售	Integrated Retail	299475
百货零售	Retail of General Merchandise	115505
超级市场零售	Retail of Supermarkets	174275
食品、饮料及烟草制品专门零售	Retail of Food,Beverages and Tobaccos	18848
纺织、服装及日用品专门零售	Special Retail of Textiles,Garments and Daily Consumer Articles	49865
文化、体育用品及器材专门零售	Retail of Culture,Sports Appliances and Equipments	29020
医药及医疗器材专门零售	Retail of Medicines and Medical Appliances	129748
药品零售	Retail of Medicines	129748
汽车、摩托车、燃料及零配件专门零售	Retail of Motor Vehicles, Motorcycles, Fuel and Parts	770721
汽车零售	Retail of Motor Vehicles	663950
家用电器及电子产品专门零售	Special Retail of Household Electric Appliances and Electronic Products	144928
家用视听设备零售	Retail of Household Audiovisual Equipment	9349
日用家电设备零售	Retail of Household Appliances	86370
计算机、软件及辅助设备零售	Retail of Computer,Software and Assistant Appliances	46226
通信设备零售	Retail of Communication Equipments	2984
五金、家具及室内装修材料专门零售	Special Retail of Hardware,Furniture and Decoration Materials	39465
货摊、无店铺及其他零售业	Stall,Non-shop and Other Retails	5611

continued

(10 000 yuan)

固定资产 Fixed Assets	流动资产 Working Capitals	负债合计 Total Liabilities	所有者权益 Total Owners' Equities	主营业务收入 Revenue from Principal Business	利润总额 Total Profits
235504	**1050664**	**1153511**	**334169**	**2532972**	**39541**
32458	28696	21964	44545	294190	3572
225934	1045308	1143429	326350	2508354	40098
9119	19422	16614	12595	37454	900
3	264	348	-81	2580	-11
103691	485801	558339	134917	1149840	29293
1844	2194	1303	3503	6407	-234
101847	483607	557035	131414	1143433	29526
27052	24670	34490	25211	302608	676
86070	515150	533639	153708	1015873	9240
8454	3812	9257	4862	19410	-1078
1116	1544	824	2957	5208	521
88798	188885	235417	64058	512475	4375
33795	63242	98765	16740	196536	-604
53384	120612	128196	46079	306314	6290
1981	16230	13086	5762	14530	55
2427	41375	54348	-4483	36377	-3682
8822	19354	16714	12306	31891	496
10491	109268	104819	24928	203677	4112
10491	109268	104819	24928	203677	4112
114354	504465	581489	189232	1450719	31291
79297	466110	516966	146984	1126341	27393
5208	130979	106807	38121	255062	8547
997	8204	6718	2630	14846	216
2191	81909	64341	22029	173764	7994
1888	38024	33929	12297	58582	553
132	2841	1819	1165	7870	-216
1393	37514	39157	309	20066	-5388
2031	2594	1674	3936	8176	-266

15-10 限额以上住宿业和餐饮业法人企业财务状况(2013年)

单位:万元

指 标	Item	资产总计 Total Assets
总 计	**Total**	**645329**
住宿业	**Hotels**	**408061**
国有及国有控股	State-owned and State-holding Enterprises	155955
按登记注册类型分组	**Grouped by Registration Status**	
内资企业	Demestic Enterprises	381729
国有企业	State-owned Enterprises	103775
集体企业	Collective-owned Enterprises	
联营企业	Joint-venture Enterprises	
有限责任公司	Limited Liabilities Corporations	85601
股份有限公司	Share-holding Corporations Ltd.	7150
私营企业	Private Enterprises	185203
其他企业	Other Enterprises	
外商投资企业	Foreign Funds Enterprises	26333
按住宿行业中类分组	**Grouped by Sector**	
旅游饭店	Tourist Hotel	389604
一般旅馆	Fonda	16379
其他住宿服务	Others	2079
餐饮业	**Catering Services**	237267
国有及国有控股	State-owned and State-holding Enterprises	4223
按登记注册类型分组	**Grouped by Registration Status**	
内资企业	Demestic Enterprises	217583
国有企业	State-owned Enterprises	
集体企业	Collective-owned Enterprises	
有限责任公司	Limited Liabilities Corporations	106548
股份合作企业	Cooperative Enterprises	1376
私营企业	Private Enterprises	109632
其他企业	Other Enterprises	28
外商投资企业	Foreign Funded Enterprises	19684

Financial Status of Accommodation and Catering Enterprises above Designated Size(2013)

(10 000 yuan)

固定资产 Fixed Assets	流动资产 Working Capitals	负债合计 Total Liabilities	所有者权益 Total Owners' Equities	主营业务收入 Revenue from Principal Business	利润总额 Total Profits
297695	**249949**	**513595**	**131734**	**175547**	**-19505**
224203	**135033**	**328950**	**79112**	**90137**	**-11579**
126797	15894	145357	10597	27366	-6196
221994	112780	315951	65778	88838	-11094
94517	9175	102541	1233	14288	-3864
40498	16906	59371	26230	27853	-2678
2219	4931	5628	1522	1537	-121
84761	81768	148411	36793	45159	-4432
2209	22253	12998	13334	1300	-485
217059	125351	314609	74994	80181	-11063
5730	9290	12732	3647	8491	-489
1414	391	1608	471	1465	-28
73492	114917	184646	52622	85410	-7926
3672	524	2426	1797	1796	-501
69080	99645	164932	52652	83062	-6696
30238	40742	88174	18373	17814	-3469
483	596	295	1081	1013	309
38359	58279	76436	33196	63853	-3536
	28	26	2	382	
4412	15272	19714	-30	2348	-1230

15-11 社会消费品零售总额
Total Retail Sales of Consumer Goods

单位:万元 (10 000 yuan)

指　标	Item	2010	2011	2012	2013
社会消费品零售总额	**Total Retail Sales of Consumer Goods**	**4035917**	**4775815**	**5488341**	**6105143**
按经营地分	**By Location**				
城镇	Urban	3667428	4364663	5023125	5604902
城区	City	2618663	3097544	3567268	3940671
乡村	Rural	368489	411152	465216	500241
按商品形态分	**By the Form of Merchandies**				
餐饮收入额	Catering Business Inccoe	662111	755621	818980	890015
商品零售额	Retauil Salas of Consumer Goods	3373806	4020194	4669360	5215127
按行业分	**By Sector**				
批发业和零售业	Wholesale and Retail Trade	3363105	4008483	4663421	5206260
限额以上	Above Designated Size	1986231	2502243	3118320	3379149
限额以下	Under Designated Size	1376874	1506240	1533707	1827111
住宿业和餐饮业	Hotels and Catering Services	672812	767332	824920	898883
限额以上	Above Designated Size	138131	161234	158053	160157
限额以下	Under Designated Size	634681	606098	639607	738726

注:从 2010 年起,社会消费品零售总额统计采用新的分组,即按经营单位所在地分组,由“市、县、县以下”改为“城镇、乡村”,2009 年数据为 2010 年按新标准调整数。

15-12 社会消费品零售总额构成

Composition of Total Retail Sales of Consumer Goods

年份 Year	社会消费品零售总额（万元） Total Retail Sales of Consumer Goods (10 000 yuan)				构成(%)总额=100 Composition(%) Total=100		
		市 City	县 Country	县以下 Under Country Level	市 City	县 Country	县以下 Under Country Level
1978	50421	27515	11219	11687	54.57	22.25	23.18
1979	57433	30554	11946	14933	53.20	20.80	26.00
1980	67442	35073	13418	18951	52.00	19.90	28.10
1985	131489	73374	33582	24533	55.80	25.54	18.66
1990	253039	151760	67380	33899	59.97	26.63	13.40
1995	626362	439318	104839	82205	70.14	16.74	13.12
2000	1005417	725167	128268	151982	72.13	12.76	15.12
2001	1101937	797154	139427	165356	72.34	12.65	15.01
2002	1212131	885559	150302	176270	73.06	12.40	14.54
2003	1345465	908498	231236	205731	67.52	17.19	15.29
2004	1535176	1149426	177620	208130	74.87	11.57	13.56
2005	1743393	1312342	195627	235424	75.28	11.22	13.50
2006	1989647	1484290	254595	250762	74.60	12.79	12.61
2007	2333234	1749533	304180	279521	74.98	13.04	11.98
2008	2851516	2127112	414502	309902	74.59	14.54	10.87

15-12 续表 1 continued

年份 Year	社会消费品零售总额（万元） Total Retail Sales of Consumer Goods (10 000 yuan)				构成(%)总额=100 Composition(%) Total=100		
		城镇 Urban	城区 City	乡村 Rural	城镇 Urban	城区 City	乡村 Rural
2009	3392995	3061125	2286104	331870	90.22	67.38	9.78
2010	4035917	3663035	2666659	372882	90.76	66.07	9.24
2011	4775815	4364663	3097545	411152	91.39	64.86	8.61
2012	5488341	5023125	3567268	465216	91.52	65.00	8.48
2013	6105143	5604902	3940671	500241	91.81	64.55	8.19

注:1.1995-2005 年按经济普查口径进行调整;2.2011 年按《统计上划分城乡的规定》将城乡分类分为城镇、城区、乡村。对 2009 年分组进行调整。

a)From 1995 to 2005,data in this table were adjusted according to the National Economic Census.

15-12 续表 2 continued

年份 Year	分行业社会消费品零售总额(万元) Total Retail Sales of Consumer Goodsby Sector (10 000 yuan)			构成(%)总额=100 Composition(%) Total=100		
	批发业和零售业 Wholesale and Retail Trade	住宿业和餐饮业 Hotels and Catering Services	其他行业 Others	批发业和零售业 Wholesale and Retail Trade	住宿业和餐饮业 Hotels and Catering Services	其他行业 Others
1978	42826	1521	6074	84.93	3.02	12.05
1979	47975	1743	7715	83.53	3.04	13.43
1980	55358	2131	9953	82.08	3.16	14.76
1985	104624	4763	22102	79.57	3.62	16.81
1990	186189	12136	54714	73.58	4.80	21.62
1995	564011	40925	21426	90.04	6.53	3.43
1996	641738	49507	40346	87.72	6.77	5.51
1997	726512	56181	9620	91.69	7.09	1.22
1998	774691	72024	12945	90.11	8.38	1.51
1999	804759	96814	19982	87.33	10.50	2.17
2000	866068	112459	26890	86.14	11.18	2.68
2001	932642	142485	26810	84.64	12.93	2.43
2002	1008468	176397	27266	83.20	14.55	2.25
2003	1100584	218901	25980	81.80	16.27	1.93
2004	1245331	259813	30032	81.12	16.92	1.96
2005	1412247	300223	30923	81.00	17.20	1.80
2006	1629337	327636	32674	81.89	16.47	1.64
2007	1909093	396156	27985	81.82	16.98	1.20
2008	2340097	483938	27481	82.07	16.97	0.96

15-12 续表 3 continued

年份 Year	分行业社会消费品零售总额(万元) Total Retail Sales of Consumer Goods by Sector (10 000 yuan)		构成(%)总额=100 Composition(%) Total=100	
	批发业和零售业 Wholesale and Retail Trade	住宿业和餐饮业 Hotels and Catering Services	批发业和零售业 Wholesale and Retail Trade	住宿业和餐饮业 Hotels and Catering Services
2009	2812734	580261	82.90	17.10
2010	3375671	660246	83.64	16.36
2011	4008483	767332	83.93	16.07
2012	4663421	824920	84.97	15.03
2013	5206260	898883	85.28	14.72

15-13 各市县社会消费品零售额(2013年)

Total Retail Sales of Consumer Goods by City and Country(2013)

单位:万元 (10 000 yuan)

地 区	Region	社会消费品零售额 Total Retail Sales of Consumer Goods	批发业和零售业 Wholesale and Retail Trades	限额以上 Above Designated Size	限额以下 Under Designated Size	住宿业和餐饮业 Hotels and Catering Services
银川市	**Yinchuan**	**3480615**	**3136078**	**2716952**	**763662**	**344537**
兴庆区	Xingqing	1765074	1575739	1281232	483842	189335
西夏区	Xixia	163421	125082	96803	66619	38339
金凤区	Jinfeng	438416	385043	401315	37101	53373
永宁县	Yongning	145343	122547	40235	105108	22796
贺兰县	Helan	842310	822535	818250	24060	19775
灵武市	Lingwu	126050	108637	79118	46932	17413
石嘴山市	**Shizuishan**	**843221**	**671376**	**227386**	**615835**	**171845**
大武口区	Dawukou	381407	293609	115139	266268	87798
惠农区	Huinong	266427	229597	60271	206157	36830
平罗县	Pingluo	195387	148170	51977	143410	47217
吴忠市	**Wuzhong**	**781518**	**594611**	**260003**	**521516**	**186907**
利通区	Litong	397769	284969	138467	259302	112800
红寺堡区	Hongsipu	35174	32061	17098	18076	3113
盐池县	Yanchi	96092	77340	50786	45307	18752
同心县	Tongxin	92243	83649	21291	70952	8594
青铜峡市	Qingtongxia	160240	116592	32361	127879	43648
固原市	**Guyuan**	**495251**	**383970**	**130572**	**364679**	**111281**
原州区	Yuanzhou	240825	193945	84160	156665	46880
西吉县	Xiji	118081	88339	20184	97898	29742
隆德县	Longde	45851	39884	9148	36703	5967
泾源县	Jingyuan	30495	20199	7097	23399	10296
彭阳县	Pengyang	59998	41603	9984	50014	18395
中卫市	**Zhongwei**	**504539**	**416719**	**204394**	**300145**	**87820**
沙坡头区	Shapotou	274746	215772	103259	171487	58974
中宁县	Zhongning	155587	134462	71809	83778	21125
海原县	Haiyuan	74206	66486	29326	44880	7720

15-14 各市县主要年份社会消费品零售额

Total Retail Sales of Consumer Goods by City and Country in Main Years

单位:万元　　　　(10 000 yuan)

地　区	Region	1978	1980	1990	2000	2010	2011	2012	2013
全区总计	**Total**	**50421**	**67442**	**253039**	**1005417**	**4035918**	**4775815**	**5488341**	**6105143**
银川市	**Yinchuan**	**18314**	**24996**	**113096**	**529391**	**2249954**	**2744705**	**3160226**	**3480615**
兴庆区	Xingqing					1233280	1456027	1635428	1765074
西夏区	Xixia					154500	178874	204576	163421
金凤区	Jinfeng					272607	313374	357722	438416
永宁县	Yongning	1381	1771	6525	18493	96431	110998	126930	145343
贺兰县	Helan	1348	1893	7081	17388	419048	592218	729027	842310
灵武市	Lingwu	2228	3711	11644	31360	74087	93215	106543	126050
石嘴山市	**Shizuishan**	**10764**	**13673**	**47302**	**161071**	**574112**	**672829**	**771394**	**843221**
大武口区	Dawukou					268288	311685	349371	381407
惠农区	Huinong					165233	193903	243938	366427
平罗县	Pingluo	2873	3800	13062	39939	140591	167241	178085	195387
吴忠市	**Wuzhong**	**9045**	**11367**	**44316**	**154227**	**508996**	**596767**	**684249**	**781518**
利通区	Litong	3548	4331	21124	73592	259232	301881	346663	397769
红寺堡区	Hongsipu				4633	23034	26830	30634	35174
盐池县	Yanchi	1224	1617		18365	61426	73067	83746	96092
同心县	Tongxin	1349	1898	5914	21066	60432	71291	81459	92243
青铜峡市	Qingtongxia	2924	3521	12291	36571	104873	123698	141747	160240
固原市	**Guyuan**	**6175**	**9036**	**22967**	**75621**	**322133**	**377374**	**432549**	**495251**
原州区	Yuanzhou	3419	5350	10480	39658	155662	183293	210345	240825
西吉县	Xiji	1384	2031	5092	13613	77665	90095	103138	118081
隆德县	Longde	979	1129	3055	9518	29686	34837	39930	45851
泾源县	Jingyuan	393	526	1695	4694	19879	23346	26707	30459
彭阳县	Pengyang			2645	8138	39241	45803	52430	59998
中卫市	**Zhongwei**	**6123**	**8370**	**25358**	**85107**	**327478**	**384139**	**439923**	**504539**
沙坡头区	Shapotou	2908	3823	13450	46540	178511	208859	239175	274746
中宁县	Zhongning	2186	2614	8721	27930	101845	118779	136090	155587
海原县	Haiyuan	1029	1933	3187	10637	47122	56501	64658	74206

15-15 各市县限额以上批发业和零售业商品销售额(2013年)

Commodity Sales of Wholesale and Retail Enterprises above Designated Size by City and Country(2013)

单位:万元 (10 000 yuan)

地　区	Region	法人企业(个) Number of Corporation Enterprises (unit)	年末从业人数(人) Engaged Persons (person)	销售额 Total Sales Value	批发额 Wholesale Value	零售额 Retail Value
全区总计	**Total**	**444**	**38818**	**10720581**	**7250058**	**3470523**
银川市	**Yinchuan**	**285**	**25738**	**8564263**	**5783855**	**2780408**
兴庆区	Xingqing	125	11602	2047917	711792	1336125
西夏区	Xixia	21	1447	1054031	905396	148635
金凤区	Jinfeng	39	6343	3463842	3033264	430578
永宁县	Yongning	30	1273	443042	405120	37921
贺兰县	Helan	63	4557	992061	172274	819788
灵武市	Lingwu	7	516	563370	556009	7361
石嘴山市	**Shizuishan**	**40**	**3396**	**809141**	**479351**	**329791**
大武口区	Dawukou	25	2289	779813	469140	310673
惠农区	Huinong	10	1008	20171	3761	16410
平罗县	Pingluo	5	99	9157	6450	2708
吴忠市	**Wuzhong**	**55**	**3791**	**810094**	**617941**	**192153**
利通区	Litong	31	2926	688116	515183	172933
红寺堡	Hongsipu	3	274	3579		3579
盐池县	Yanchi	2	104	65407	63135	2273
同心县	Tongxin	5	202	17104	13610	3494
青铜峡市	Qingtongxia	14	285	35888	26014	9874
固原市	**Guyuan**	**21**	**1643**	**305599**	**216678**	**88921**
原州区	Yuanzhou	14	1264	297413	214950	82463
西吉县	Xiji	5	274	5497	227	5269
隆德县	Longde					
泾源县	Jingyuan					
彭阳县	Pengyang	2	105	2689	1500	1189
中卫市	**Zhongwei**	**43**	4250	**231485**	**152234**	**79251**
沙坡头区	Shapotou	28	2821	174707	119915	54792
中宁县	Zhongning	11	776	43791	31373	12418
海原县	Haiyuan	4	653	12986	945	12041

15-16 各市县限额以上住宿业和餐饮业经营情况(2013 年)

Business of Hotels and Accommodation above Designated Size by City and Country(2013)

单位:万元 (10 000 yuan)

地区	Region	法人企业(个) Number of Corporation Enterprises (unit)	年末从业人数(人) Engaged Persons (person)	营业额 Business Revenue	客房收入 From Hotel Rooms	餐费收入 From Meals	商品销售额 From Commodities	其他收入 Other Revenue
全区总计	**Total**	**170**	**16380**	**175170**	**48607**	**109080**	**6999**	**10484**
银川市	**Yinchuan**	**89**	**9995**	**115725**	**33595**	**70391**	**3621**	**8119**
兴庆区	Xingqing	59	6549	73289	22147	44373	2628	4141
西夏区	Xixia	4	283	3330	606	2396	46	283
金凤区	Jinfeng	15	1941	25029	8128	14720	498	1682
永宁县	Yongning	3	363	5791	863	3176	55	1697
贺兰县	Helan	5	644	6245	1142	4560	376	168
灵武市	Lingwu	3	215	2041	709	1165	19	149
石嘴山市	**Shizuishan**	**20**	**1303**	**10735**	**2106**	**6826**	**389**	**1415**
大武口区	Dawukou	15	1208	9990	1764	6449	370	1407
惠农区	Huinong	2	30	360	124	216	12	8
平罗县	Pingluo	3	65	386	218	161	7	
吴忠市	**Wuzhong**	**17**	**1566**	**17113**	**3139**	**12161**	**1299**	**514**
利通区	Litong	10	970	10586	1844	7314	1237	191
红寺堡区	Hongsipu	1	53	285	115	170		
盐池县	Yanchi	2	325	3970	1020	2945		5
同心县	Tongxin							
青铜峡市	Qingtongxia	4	218	2271	161	1731	62	317
固原市	**Guyuan**	**13**	**1323**	**12703**	**3232**	**8956**	**406**	**108**
原州区	Yuanzhou	8	901	9125	2260	6640	209	16
西吉县	Xiji	1	65	362		314	48	
隆德县	Longde	2	139	1432	509	850	61	12
泾源县	Jingyuan							
彭阳县	Pengyang	2	218	1784	463	1151	89	81
中卫市	**Zhongwei**	**31**	**2193**	**18894**	**6534**	**10748**	**1283**	**328**
沙坡头区	Shapotou	25	1609	15478	5336	8880	1021	241
中宁县	Zhongning	4	367	2227	807	1145	206	68
海原县	Haiyuan	2	217	1189	391	722	57	19

主要统计指标解释

[社会消费品零售总额] 指国民经济各行业直接售给城乡居民和社会集团的消费品总额。它是反映各行业通过多种商品流通渠道向居民和社会集团供应的生活消费品总量，是研究国内零售市场变化情况、反映经济景气程度的重要指标。

社会消费品零售总额包括：

1.售给城乡居民作为生活用的商品和修建房屋用的建筑材料；

2. 售给社会集团的各种办公用品和公用消费品；

3.售给机关、团体、学校、部队、企业、事业单位的职工食堂和旅店(招待所)附设专门供本店旅客食用,不对外营业的食堂的各种食品、燃料;企业、单位和国营农场直接售给本单位职工和职工食堂的自己生产的产品；

4.售给部队干部、战士生活用的粮食、副食品、衣着品、日用品、燃料；

5.售给来华的外国人、华侨、港澳台同胞的消费品；

6.居民自费购买的中西药品、中药材及医疗用品；

7.报社、出版社直接售给居民和社会集团的报纸、图书、杂志,集邮公司出售的新、旧纪念邮票、特种邮票、首日封、集邮册、集邮工具等；

8.旧货寄售商店自购、自销部分的商品；

9.煤气公司、液化石油气站售给居民和社会集团的煤气灶具和罐装液化石油气；

10.农民售给非农业居民和社会集团的商品

社会消费品零售总额不包括售给国民经济各部门企业、事业单位(包括国有经济的农场)生产经营用的各种原材料、燃料、设备、工具等,售给批发零售贸易业、餐饮业作为转卖用的商品,旧货寄售商店受托寄售卖出的商品,服务业的营业收入,邮局出售邮票的收入,自来水、电力、煤气生产(供应)单位的产品供应收入,也不包括农民之间的商品销售。

[商品销售额] 指对本单位以外的单位和个人出售的商品金额(包括售给本单位消费用的商品,含增值税),本指标反映批发和零售业在国内市场上销售商品以及出口商品的总价。

商品销售包括:(1)售给城乡居民和社会集团消费用的商品;(2)售给农业、工业、建筑业、运输邮电业、服务业、公用事业等国民经济各行业用于生产、经营用的商品，包括售予批发和零售业作为转卖或加工后转卖的商品;(3)对国(境)外直接出口的商品。

商品销售不包括:(1)未通过买卖行为付出的商品,如随机构变动移交给其他企业单位的商品、借出的商品、归还受其他单位委托代保管的商品、付出的加工原料和赠送给其他单位的样品等;(2)经本单位介绍,由买卖双方直接结算,本单位只收取手续费的业务;(3)购货退回的商品;(4)商品损耗和损失;(5)出售本单位自用的废旧物资。

商品销售是指商品已经售出、商品所有权已经转移给买方后，以收到货款或取得收取货款的证据时作为商品销售。(1)采取直接收款方式的,在实际收到货款或取得收款的凭证时作为商品销售；采取托收承付和委托银行收款结算方式的，在发出商品并办妥托收手续时作为商品销售；采用分期收款方式的,按合同约定的收款日期作为商品销售;采用预收货款方式的，在商品发出时作为商品销售;(2)委托其他单位代销商品，以收到代销单位的销售清单时作为商品销售。在交款提货的情况下,如货款已经收到,只要账单和提货单已经交给买方,不论商品是否发出,都应作为商品销售;(3)出口商品销售,陆路以取得承运货物收据或铁路联运运单、海运以取得出口装船提单、空运以取得运单并在银行办理了交单作业作为商品销售。预收货款不通过银行交单的,取得以上提单、运单后作为商品销售。出口商品一律以离岸价(FOB)计算商品销售,如按到岸价(CIF)对外成交的，应扣除商品离境后发生的由我方负担的国外运费、保险费、佣金(不包括不易按商品认定的累计佣金)、银行财务费和对外理赔款等作为商品销售;(4)自营进口商品销售,企业与境内用户签订合同实行货到结算的,在商品到达我国境内港口取得船舶到港通知,企业向订货单位开出结算凭证时作为商品销售;合同规定对境内实行单向结算的,企业凭境外账单向订货单位开出结算凭证时作为商品销售;已先期到达并存放在相应的仓储企业单位库存的进口商品,企业凭出库单向用户开出结算凭证后作为商品销售。

[通过互联网实现的商品销售] 对本单位以外的单位和个人,通过互联网取得订单并出售的商品金额(含增值税)。不包括互联网以外取得订单,通过互联网结算或配送的商品销售。

[批发额] 指售给国民经济各行业用于生产、经营用的商品金额。

商品批发包括:(1)售给农业、工业、建筑业等行业用于生产的各种机器设备、工具、原料、材料、燃料、建筑材料,售给农民的农业生产资料,售给交通运输、仓储和邮政业用于业务活动的设备、车辆和燃料等;(2)售给计算机服务和软件业、科研和地质勘查业、水利环境和公共设施管理业等行业用于生产经营、勘察设计、科研试验等业务经营使用的商品,售给批发和零售业、住宿和餐饮业使用的各种设备、工具、原材料、燃料、仓储运输用的商品;(3)售给居民服务业和其他服务业各种营业用品,如售给理发业的理发工具、毛巾等,日用品修理业的设备、工具、材料、零配件等,售给民政部门救灾用的商品等;(4)售给批发和零售业作为转卖用的商品;售给餐饮业用于烹饪、调制加工后出售的商品和转卖的商品;售给服务业转卖的商品;(5)出口的商品。

[出口] 指直接向国(境)外出口商品和委托外贸企业代理出口的商品金额,商品出口不包括售给外贸企业出口或加工后出口的商品,以及在国内市场以外币销售的商品。外贸企业只统计自主经营出口的商品,不包括受托代理出口的商品。

[零售额] 指售给城乡居民用于生活消费和社会集团用于公共消费的商品金额。

商品零售包括:(1)售给城乡居民的各种生活消费品,售给入境旅游的外国人、华侨、港澳台同胞的各类商品;(2)售给行政事业单位、社会团体、军队和武警等机构的商品,以及以零售方式售给各类企业的商品。具体包括:用于非生产和社会交往的办公用品,如通讯设备、计算器具和设备、电讯网络设备、文印设备、音像视听器材和设备、纸张、本册、文具及装订文印材料、家具、日用电器、针纺织品、清洁卫生用品、文体用品、奖品、纪念品、礼品等;供内部人员乘坐的交通工具和燃料;用于办公设施修缮的各类配件、材料、工具等;用于取暖和防暑降温的设备、燃料、材料及食品等;专用于教学的用品和设备;非营利医疗机构的中、西药品、中药材和医疗设备器材;非专用的劳动保护用品;不对外营业的内部食堂用的餐具、炊具、设备、清洁卫生工具和食品、燃料等;军队、武警用于其人员生活的衣着品和个人用品;其他各类非生产性设备和用品。

商品零售不包括:(1)售给城乡居民已确知是用于生产、经营的商品;(2)售给各类农业生产者的生产资料类商品,如农机、农药化肥、农膜、种子饲料等商品;(3)售给企业单位生产用具及生产上专用的劳动保护用品。

[商品库存额] 对于批发和零售业法人企业和个体经营户,是指取得所有权的全部商品金额(含增值税);对于批发和零售业产业活动单位,是指期末实际在库且归属法人具有所有权的全部商品金额(含增值税)。这个指标反映批发和零售业的商品库存情况,以及对市场商品供应的保证程度。

库存商品包括:(1)存放在本单位(如门市部、批发站、采购站、经营处)的仓库、货场、货柜和货架中的商品;(2)挑选、整理、包装中的商品;(3)已记入购进而尚未运到本单位的商品,即发货单或银行承兑凭证已到而货未到的商品;(4)寄放他处的商品,如因购货方拒绝付款而暂时存在购货方的商品;(5)委托其他单位代销(未作销售或调出)尚未售出的商品;(6)代其他单位购进尚未交付的商品。

库存商品不包括:(1)所有权不属于本单位的商品,如商品已作销售但买方尚未取走的商品,代替他人保管、运输、加工的商品,代其他单位销售(未做购进或调入)而未售出的商品;(2)委托外单位加工的商品(包括本单位所属加工厂和其他生产单位加工生产尚未收回成品的商品);(3)外贸企业代理其他单位从国外进口,尚未付给订货单位的商品;(4)代国家储备部门保管的商品。

库存商品金额可以采用进价或售价进行核算。采用进价核算的商品,应按商品进货原则(或实际采购成本)计算期末库存;采用售价核算的商品,应按商品的售价计算期末库存。购入的商品,在商品到达验收入库后计算期末库存(对已记入购进尚未运到的商品,也可计算期末库存);对于月终尚未开出承兑商业汇票的入库商品,按应付给供货单位的价款暂估计算期末库存;年度终了,凡已转入库存和已作销售的进口商品,属于国外以离岸价格成交、有应付未付国外运保费的,应先估计期末库存,委托其他单位代销的商品包括在期末库存中；委托外单位加工的商品，在发出商品时作减少期末库存，当加工商品收回时增加期末库存（包括商品进货原价、加工费用、加工税金等）。

[营业额] 指住宿和餐饮业单位在经营活动中因提供服务或销售商品等取得的全部收入，包括：客房收入、餐费收入、商品销售额（含增值税）和其他收入。不包括法人企业附营的其他行业产业活动单位的餐费收入、商品销售收入等各项收入。

[客房收入] 指住宿和餐饮业单位在经营活动中因提供住宿服务取得的收入。不包括法人企业附营的其他行业产业活动单位的客房收入。

[餐费收入] 指住宿和餐饮业单位因为顾客提供就餐服务取得的收入。包括：经烹饪、调制加工后出售的各种食品，如主食、炒菜、凉拌菜等的收入。不包括法人企业附营的其他行业产业活动单位的餐费收入。

[商品销售额] 指住宿和餐饮业单位出售商品的销售总额（含增值税）。不包括法人企业附营的其他行业产业活动单位的商品销售额。

[其他收入] 指营业额中除客房收入、餐费收入、商品销售额（含增值税）以外的其他收入。

第十六篇 Chapter16

对外经济贸易和旅游业

Foreign Trade and Economic Cooperation and Tourism

责任编辑:何胜兰

资料整理:何胜兰 岳洪涛 温 静 周 莹 郝 静 勉 伟

Coordinator: He Shenglan

Data Compilation: He Shenglan Yue Hongtao Wen Jing Zhou Ying Hao Jing Mian Wei

16-1 进出口贸易总额
The Value of Imports and Exports

年份 Year	按人民币计算(万元) 10 000 yuan			按美元计算(万美元) USD 10 000		
	进出口总额 Toal Imports &Exports	出口总额 Toal Exports	进口总额 Toal Imports	进出口总额 Toal Imports & Exports	出口总额 Toal Exports	进口总额 Toal Imports
1958	1055	670	385	704	447	257
1965	1777	1556	221	1184	1037	147
1970	1551	1304	247	1034	869	165
1975	4048	3136	912	2699	2091	608
1978	4587	3406	1181	2962	2271	691
1980	7041	6523	518	4674	4352	322
1985	17362	10930	6432	5426	3416	2010
1990	40547	36652	3895	8491	7679	812
1995	231651	200015	31636	27810	24012	3798
1996	194345	167753	26592	23438	20231	3207
1997	251269	208980	42289	30303	25203	5100
1998	259826	234282	25544	31309	28231	3078
1999	263236	205008	58228	31799	24765	7034
2000	366656	270998	95658	44292	32736	11556
2001	441035	291259	149776	53277	35184	18093
2002	366538	271545	94993	44285	32808	11477
2003	540676	423742	116934	65323	51195	14128
2004	751829	535026	216803	90839	64644	26195
2005	792936	563343	229593	96672	68711	27961
2006	1149400	753664	395736	143746	94300	49446
2007	1211271	832030	379241	158430	108850	49580
2008	1317616	881241	436375	188195	125868	62327
2009	820953	507607	313346	120156	74294	45862
2010	1330934	794462	536472	196049	117026	79023
2011	1476307	1033040	443267	228573	159943	68630
2012	1400266	1036718	363548	221667	164116	57551
2013	1992757	1580664	412093	321791	255246	66545

注:1999 年起进出口数据为海关口径。

a)Data of exports and imports since 1999 are from Customs statistics.

16-2 按贸易方式和企业性质划分的进出口商品总额(2013 年)

Total Imports and Exports by Trade Pattern(2013)

单位:万美元 (USD 10 000)

指　标	Item	进出口 Imports and Exports	出口 Exports	进口 Imports
总　额	**Total**	**321791**	**255246**	**66545**
按贸易方式分	**Grouped by Trade Pattern**			
一般贸易	General Trade	309689	249702	59987
来料加工装配贸易	Processing and Assembly With Imported Material	27	24	3
进料加工贸易	Processing Trade With Imported Material	1134	673	461
外商投资企业作为投资进口的设备、物品	Equipment or Materials Invested by Foreign-invested Enterprises	29		29
保税仓库进出境货物	Customs Warehousing Trade	10628	4798	5830
其他	Others	284	49	235
按企业性质分	**Grouped by Economic Type of Enterprises**			
国有企业	State-owned Enterprises	74110	51432	22678
外商投资企业	Enterprises With Sole Fund	34912	19292	15620
私营	Private Enterprises	211776	183799	27977
集体及其他	Collective and Others	993	723	270

16-3 主要出口商品数量(2013 年)
Main Exported Commodities in Volume(2013)

指　标	Item	单位 Unit	数量 Quantity	指　标	Item	单位 Unit	数量 Quantity
铁合金	Iron Alloy	吨 Ton	14214	泰乐菌素	Tylosin	吨 Ton	1829
钽铌铍及制品	Tantalum and Products	吨 Ton	235	石墨制品	Graphite Products	吨 Ton	37319
金属镁	Magnesium	吨 Ton	5664	增炭剂	Recarburizer	吨 Ton	35920
碳化硅	Silicon Carbide	吨 Ton	35640	四环素及盐	Tetracycline and Salt	吨 Ton	981
无毛绒	No Plush	吨 Ton	322	饲料添加剂	Feed additive	吨 Ton	50028
红霉素	Erythrocin	吨 Ton	831	羊绒纱线	Cashmere Yarn	吨 Ton	872
双氰胺	Dicyandiamide	吨 Ton	38737	味精	Monosodium glutamate	吨 Ton	7772
羊绒衫	Cashmere Sweater	百件 100 Units	28730	活性炭	Activated charcoal	吨 Ton	40552

16-4 进出口商品分国别(地区)总额
Value of Imports Exports By County (Region) of Origin

单位:万美元 (USD 10 000)

国家(地区)	Country(Region)	2012			2013		
		进出口 Imports and Exports	出口 Exports	进口 Imports	进出口 Imports and Exports	出口 Exports	进口 Imports
总 额	**Total**	**221667**	**164116**	**57551**	**321791**	**255246**	**66545**
亚 洲	**Asia**	**96030**	**81784**	**14246**	**168963**	**143229**	**25734**
日 本	Japan	24241	14860	9381	21718	13990	7728
印 度	India	13577	13514	63	20308	20021	287
印 尼	Indonesia	10608	9642	966	13524	8900	4624
马来西亚	Malaysia	8661	7855	806	20223	18381	1842
香 港	Hong Kong,China	8464	8464		11397	11362	35
韩 国	Korea	7377	6630	747	14169	12061	2108
非 洲	**Africa**	**12767**	**3696**	**9071**	**27966**	**14437**	**13529**
加 纳	Ghana	4697	105	4592	7623	404	7219
南 非	South Africa	2050	386	1665	2581	1499	1082
欧 洲	**Europe**	**56196**	**38517**	**17679**	**68069**	**54731**	**13338**
德 国	Germany	12643	4772	7871	10908	4413	6495
意大利	Italy	10225	6684	3541	8041	6851	1190
俄罗斯	Russia	7992	4179	3813	8531	7149	1382
英 国	United Kingdom	5065	4702	363	7051	6472	579
荷 兰	Netherlands	4378	4330	48	6340	6302	38
法 国	French	4013	3355	658	6010	5523	487
拉丁美洲	**Latin America**	**10093**	**8250**	**1843**	**14627**	**12784**	**1843**
巴 西	Brazil	4772	3006	1766	5190	3348	1842
北美洲	**North America**	**31613**	**29058**	**2555**	**29948**	**27031**	**2917**
加拿大	Canada	3478	3249	229	3401	2941	460
美 国	United States	28135	25808	2327	26547	24090	2457
大洋洲	**Oceanic**	**14968**	**2811**	**12157**	**12210**	**3034**	**9176**
澳大利亚	Australia	14144	2317	11827	11707	2530	9177

16-5 外商投资企业协议投资额
Foreign Investment Agreements

单位:个、万美元 (unit,USD 10 000)

指　标	Item	2012 合同个数 Number of Contracts	2012 客方协议投资额 Total Amount of Agreements and Contracts	2013 合同个数 Number of Contracts	2013 客方协议投资额 Total Amount of Agreements and Contracts
总　计	**Total**	**11**	**40300**	**21**	**38307**
按投资方式分	**By Investment Mode**				
独资经营	Foreign Enterprises	6	21944	7	6744
合资经营	Joint Venture	5	18356	14	31574
合作经营	Cooperative Operation				
股份制经营	Share-holding				
按国民经济部门分	**By Department**				
农、林、牧、渔业	Agriculture,Forestry, Animal Husbandry and Fishery	1	159	5	1497
工业	Industrial	4	28358	8	30579
批发和零售业	Wholesale and Retail Trade	2	3296	3	444
房地产业	Real Estate		4998		
住宿和餐饮业	Hotels and Catering Sewnices		18	1	4738
水利、环境和公共设施	Management of Water Conservancy, Environment and Public Facilities	1	1867	1	627
租赁和商务服务	Leasing and Business Services	2	1601	2	82
其他行业	Others	1	3	1	340

注:客方协议投资额指标负数时为企业减资。

a) A Negative balance of total amount of agreements and contracts indicates enterprise capital reduction.

16-6 分国别(地区)外商投资企业投资额(2013 年)

Investment of Foreign Capital by Country and Region(2013)

单位:个、万美元 (unit,USD 10 000)

国家(地区)	Country(Region)	合同个数 Number of Contracts	客方协议投资额 Total Amount of Agreements and Contracts	实际投资额 Total Amount of Foreign Capital Actually Utilized
总 计	**Total**	**21**	**38307**	**14814**
亚 洲	**Asia**	**18**	**30835**	**10587**
中国香港	Hong Kong, China	10	31829	7533
韩 国	Korea	2	342	2
新加坡	Singapore	1	300	2743
中国澳门	Macao,China	1	374	
中国台湾	Taiwan, China	2	92	
非 洲	**Africa**			
利比亚	Libya			
欧洲	**Europe**			598
法 国	France			294
德 国	Germany			304
拉美洲	**Latin America**		**1090**	
英属维尔京群岛	British Virgin Islands		1090	
北美洲	**North America**	**1**	**52**	
美 国	United States	1	52	
大洋洲	**Oceania**	**1**	**681**	
萨摩亚	Samoa	1	681	

注:客方协议投资额指标负数时为企业减资。

a)A negative balance of total amount of agreements and contracts indicates enterprise capital reduction.

16-7 利用外资情况
Basic statistics on Utilization of Foreign Capital

指　　标	Item	1985	1995	2000	2005	2010	2011	2012	2013
签订利用外资协议项目（个）	**New Signed Agreements on Foreign Capital to be Utilized（unit）**	**3**	**53**	**42**	**41**	**37**	**19**	**18**	**28**
对外借款	Foregin Loans		11	4	4	1		2	2
外商直接投资	Foregin Direct investment	1	42	32	32	25	15	11	21
外商其他投资	Other Foregin investment	2		6	5	11	4	5	5
签订利用外资协议额（万美元）	**Total Amount of Agreements and Contracts（USD 10 000）**	**344**	**5202**	**11067**	**20182**	**55210**	**38687**	**43601**	**47829**
对外借款	Foreign Loans		2324	815	1030	25000		2512	9500
外商直接投资	Foregin Direct investment	150	2878	9927	19053	28405	38355	40300	38307
外商其他投资	Other Foregin investment	194		325	99	1805	332	789	22
实际利用外资额（万美元）	**Total Amount of Foregin Capital Actually Utilized（USD 10 000）**	**99**	**6715**	**9091**	**14107**	**23175**	**34226**	**34809**	**20384**
对外借款	Foreign Loans	74	3510	7497	7296	14819	13845	12200	5548
外商直接投资	Foregin Direct investment	25	3205	1283	6712	8090	20199	21820	14814
外商其他投资	Other Foregin investment			311	99	266	182	789	22

16-8 借用国外资金余额情况（2013 年）
Basic Statistics on Utilization of Foreign Loans（2013）

单位:万美元　　　　(USD 10 000)

指　　标	Item	上年末结转余额 Balance Brought Forward of Previous Year	新增借款本金 Newly Principal Loans	偿还本金 Repayment of Principal	本期末借款余额 Balance of Loans Current Period	偿付利息 Repayment of Interest
合　计	**Total**	**97171**	**5548**	**2464**	**96802**	**680**
外国政府贷款	Foreign Loans	42580	1084	1119	39511	222
国际金融组织贷款	International Financial Organizations Loans	32014	4464	677	35802	227
外国银行商业贷款	Commercial Loans of Foreign Banks	22049		668	20957	231
买方信贷	Buyer's Credit	528			532	
对外发行债券	External Debt					

注:本表数据为区外汇管理局外债监测数。

a)Data in this table are from foreign debts monitoring of Administration of Foreign Exchange in Ningxia.

16-9 外贸商品出口额
Total Exports by Trade Pattern

单位:万元 (10 000 yuan)

指　标	Item	1980	1990	2000	2010	2011	2012	2013
出口总额	**Total Exports Value**	**6528**	**36652**	**270998**	**794462**	**1033040**	**1036718**	**1580664**
按商品类别分	**By Commodity Category**							
农副产品	Agriculturals	2914	8102	9674	45296	42491	40928	53979
轻纺产品	Textiles	1508	6985	47864	106483	142607	201007	338537
工矿产品	Minerals	2106	21565	213460	642683	847942	794783	1188148

16-10 接待海外旅游者人数
Number of Tourists Overseas

单位:人次 (person-time)

指　标	Item	1990	1995	2000	2010	2011	2012	2013
海外旅游人数总计	**Total**	**1950**	**3655**	**7807**	**17990**	**19479**	**18994**	**25357**
外国人	**Foreigners**	**1348**	**2881**	**5792**	**12861**	**13659**	**14300**	**15036**
日本	Japan	801	1379	1896	2459	2662	2864	1802
美国	United States	82	187	392	1679	1638	1063	1696
加拿大	Canada	10	50	151	450	490	517	445
英国	United Kingdom	38	84	353	408	553	269	354
法国	France	18	80	180	514	486	504	563
德国	Germany	87	126	298	1311	1398	825	821
意大利	Italy	24	82	59	276	184	269	398
独联体	Cis	8	6	104	125	158	65	157
澳大利亚	Australia	30	46	115	444	482	598	476
新西兰	New Zealand	2	28	10	84	103	158	102
港澳和台湾同胞	Compatriots From HongKong, Macao and Taiwan	602	774	2015	5129	5820	4694	10321

16-11 旅游外汇收入情况
Basic Statistics on Foreign Exchange

单位:万元 (10 000 yuan)

指　标	Item	1990	1995	2000	2010	2011	2012	2013
合　计	**Total**	**175**	**938**	**2252**	**4067**	**4026**	**3443**	**7483**
商品性外汇收入	**Commodity Exchange Income**	**43**	**323**	**341**	**846**	**878**	**416**	**1272**
商品销售收入	Commodity SaLes Revenue	31	135	144	545	640	227	831
饮食销售收入	Food Sales	12	188	197	301	238	189	441
劳务性外汇收入	**Services of Foreign Exchange Earning**	**132**	**615**	**1911**	**3221**	**3148**	**3027**	**6211**
长途交通费	Long Distance Transportation	54	143	1009	1440	1083	1670	2462
宿费	Accommodation	21	276	410	638	688	575	1399
其他	Others	57	196	492	1143	1377	782	2350

16-12 各市县进出口贸易额

Tatal Value of Imports and Exports by City and County

单位:万美元 (USD 10 000)

地 区	Region	2012			2013		
		进出口 Imports and Exports	进口 Imports	出口 Exports	进出口 Imports and Exports	进口 Imports	出口 Exports
全区总计	**Total**	**221667**	**57551**	**164116**	**321791**	**66545**	**255246**
银 川 市	**Yinchuan**	**138632**	**28880**	**109752**	**241829**	**33319**	**208510**
兴 庆 区	Xingqing	46729	12903	33826	113070	9884	103186
西 夏 区	Xixia	14933	2437	12496	20306	1723	18583
金 凤 区	Jinfeng	47679	11947	35732	78165	19587	58578
永 宁 县	Yongning	21167	983	20184	22124	1107	21017
贺 兰 县	Helan	653	480	173	599	388	211
灵 武 市	Lingwu	7471	130	7341	7565	630	6935
石嘴山市	**Shizuishan**	**50004**	**9260**	**40744**	**47119**	**13059**	**34060**
大武口区	Dawukou	28911	9065	19846	29533	10997	18536
惠 农 区	Huinong	9189	192	8997	7530	20	7510
平 罗 县	Pingluo	11904	3	11901	10056	2042	8014
吴 忠 市	**Wuzhong**	**21420**	**11776**	**9644**	**17240**	**9306**	**7934**
利 通 区	Litong	8298	458	7840	6751	723	6028
红寺堡区	Hongsipu				1001	1001	
盐 池 县	Yanchi	68		68	247		247
同 心 县	Tongxin	122		122	218		218
青铜峡市	Qingtongxia	12932	11318	1614	9023	7582	1441
固 原 市	**Guyuan**	**20**		**20**	**4**		**4**
原 州 区	Yuanzhou	14		14	4		4
西 吉 县	Xiji						
隆 德 县	Longdei	6		6			
泾 源 县	Jingyuan						
彭 阳 县	Pengyang						
中 卫 市	**Zhongwei**	**11591**	**7635**	**3956**	**15599**	**10861**	**4738**
沙坡头区	Shapotou	1789	401	1388	1231	271	960
中 宁 县	Zhongning	9802	7234	2568	14368	10590	3778
海 原 县	Haiyuan						

主要统计指标解释

［**进出口总额**］ 指实际进出我国国境的货物总金额。包括来料加工装配进出口货物，补偿贸易进出口、代售国外商品的进口，在国外寄售商品和样品、展览品、转口的进出口商品。进口订货统计、进口交货统计，我国规定出口货物按离岸价格统计，进口货物按到岸价格统计。

［**出口**］ 海关按经营单位统计的本地区出口总值，扣除来料加工装配贸易，境外驻本地区外交机构的出口总值、本地区出口商品退货总值和本地区代理外地区出口、加上外地区代理本地区出口后的总额。

［**进口**］ 海关按经营单位统计的本地区进口总值，扣除来料加工装配贸易、境外驻本地区外交机构的进口总值、本地区进口商品退货总值和本地区代理外地区进口加上外地区代理本地区进口后的总值。

［**利用外资**］ 指我国各级政府、部门、企业和其他经济组织通过对外借款、吸收外商直接投资及用其他方式筹措的境外现汇、设备、技术等。

［**对外借款**］ 是我国利用外资的主要部分。包括我国通过外国政府贷款，国际金融组织贷款，外国银行商业贷款，出口信贷以及对外发行债券，股票等方式，从境外筹措的资金。

［**外商直接投资**］ 指外国企业和经济组织或个人，按我国有关政策、法规，用现汇、实物、技术等在我国境内开办外商独资企业，与我国境内的企业或经济组织共同举办中外合资经营企业、合作经营企业或合作开发资源的投资以及政府有关部门批准的项目投资总额内，企业从境外借人的资金。

［**外商其他投资**］ 指除对外借款和外商直接投资以外的，用其他方式吸收的投资，包括:补偿贸易、加工装配、国际租赁业务。

［**旅游人数**］ 指来我区参观、访问、旅行、探亲、访友、休养、考察、参加会议和从事经济、科技、文化、教育、体育、宗教等活动的外国人、华侨、港澳和台湾同胞的人数。

［**旅游外汇收入**］ 指为来我国旅游的外国人、华侨、港澳和台湾同胞提供商品和劳务而获得的外汇收入。包括供应商品、饮食和提供住宿、交通、邮电、文化娱乐、导游等各项服务所得到的全部外汇收入。

第十七篇 Chapter17

教育科技文化

Education, Science and Technology and Culture

责任编辑:安蕊莉

资料整理:安蕊莉 朱庆武 康 磊 王海群 慕 博

Coordinator: An Ruili

Data Compilation: An Ruili Zhu Qingwu Kang Lei Wang Haiqun Mu Bo

17-1 各类学校基本情况

Basic Statistics for Schools in Main Years

指标	Item	单位	uint	1978	1980	1990	2000
普通高等教育	**Higher Education**						
普通高等学校	Regular Institutions of Higher Education	所	uint	5	4	7	5
地方	Local	所	uint	5	4	6	4
教职工数	Teachers and Staff	人	person	1523	1896	3579	3996
专任教师	Full-time Teachers	人	person	652	787	1609	1894
毕业生数	Graduates	人	person	623	356	2213	3054
招生数	New Enrollment	人	person	1234	1277	2324	7107
在校学生数	Total Enrollment	人	person	2890	4156	7992	17163
中等职业技术教育	**Vocational Secondary Education**						
中等专业学校	Specialized Secondary Education Schools	所	uint	14	20	26	25
技工学校	Technical Schools	所	uint			33	20
职业学校	Vocational Schools	所	uint			32	29
教职工数	Teachers and Staff	人	person	923	1744	5173	6150
专任教师数	Full-time Teachers	人	person	446	801	2420	3532
毕业生数	Graduates	人	person	1863	2571	10328	11867
招生数	New Enrollment	人	person	2780	3450	12278	15731
在校学生数	Total Enrollment	人	person	5198	8420	33021	41719
普通中学教育	**Regular Secondary Education**						
普通中学	Regular Secondary Education Schools	所	uint	667	508	450	433
教职工数	Teachers and Staff	人	person	11856	14101	20635	23782
专任教师数	Full-time Teachers	人	person	8759	10437	16182	20145
毕业生数	Graduates	人	person	75977	63800	85054	89091
招生数	New Enrollment	人	person	103214	79100	93667	119559
在校学生数	Total Enrollment	人	person	232929	223747	284440	318263
小学教育	**Primary Education**						
小学	Primary Schools	所	uint	5318	5107	4242	3267
教职工数	Teachers and Staff	人	person	23429	25532	29685	36586
专任教师数	Full-time Teachers	人	person	21559	22657	27165	34694
毕业生数	Graduates	人	person	82305	75000	87189	104758
招生数	New Enrollment	人	person	128425	123100	99938	119419
在校学生数	Total Enrollment	人	person	612983	583687	667296	657352
特殊教育	**Special Education**						
特殊教育学校	Special Education Schools	所	uint			1	3
在校学生数	Total Enrollment	人	person			202	414

17-1 **续表 1** continued

指标	Item	单位	uint	2010	2011	2012	2013
普通高等教育	**Higher Education**						
普通高等学校	Regular Institutions of Higher Education	所	uint	15	16	16	16
地方	Local	所	uint	14	15	15	15
教职工数	Teachers and Staff	人	person	9174	9637	10202	10486
专任教师	Full-time Teachers	人	person	5931	6156	6632	7111
毕业生数	Graduates	人	person	21011	20491	21832	23453
招生数	New Enrollment	人	person	26394	29493	32536	32749
在校学生数	Total Enrollment	人	person	83415	91383	100188	108463
中等职业技术教育	**Vocational Secondary Education**						
中等专业学校	Specialized Secondary Education Schools	所	uint	23	23	21	35
技工学校	Technical Schools	所	uint				
职业学校	Vocational Schools	所	uint	13	13	13	35
教职工数	Teachers and Staff	人	person	3388	3419	3468	3474
专任教师数	Full-time Teachers	人	person	2444	2474	2552	2611
毕业生数	Graduates	人	person	28493	29398	32461	31536
招生数	New Enrollment	人	person	42521	50433	36055	30348
在校学生数	Total Enrollment	人	person	101878	112500	104757	93950
普通中学教育	**Regular Secondary Education**						
普通中学	Regular Secondary Education Schools	所	uint	337	329	314	304
教职工数	Teachers and Staff	人	person	30496	32995	33747	33686
专任教师数	Full-time Teachers	人	person	27484	28210	29120	29401
毕业生数	Graduates	人	person	129659	146134	142708	142604
招生数	New Enrollment	人	person	151166	156136	154675	152691
在校学生数	Total Enrollment	人	person	449147	447436	450334	449909
小学教育	**Primary Education**						
小学	Primary Schools	所	uint	2027	1942	1896	1850
教职工数	Teachers and Staff	人	person	33849	32179	33415	33244
专任教师数	Full-time Teachers	人	person	33212	33295	34385	34113
毕业生数	Graduates	人	person	109658	112676	107655	101909
招生数	New Enrollment	人	person	101270	111230	104818	100194
在校学生数	Total Enrollment	人	person	653669	643293	618140	603947
特殊教育	**Special Education**						
特殊教育学校	Special Education Schools	所	uint	7	7	8	8
在校学生数	Total Enrollment	人	person	1516	1535	1985	1903

17-2 各级各类学校数

Number of Various Schools in Main Years

单位:所 (unit)

年份 Year	普通高等学校 Regular Institutions of Higher Education	中等学校 Secondary Education Schools	中等专业学校 Specialized Secondary Schools	普通中学 Regular Secondary Education Schools	职业中学 Vocational Secondary Education Schools	小学 Primary Schools	幼儿园 Kindergarten	特殊教育 Special Education
1950		16	7	9		695		
1955		18	5	13		843	5	
1958	3	125	11	58	56	2968	28	
1965	1	166	4	56	106	7501	30	
1970	1	323	4	319		3380		
1975	3	414	8	406		6394	81	
1978	5	681	14	667		5318	92	
1980	4	528	20	508		5107	134	
1985	7	487	22	436	29	4359	157	1
1990	7	508	26	450	32	4242	213	1
1995	7	498	26	436	36	3843	337	5
2000	5	487	25	433	29	3267	340	3
2001	8	501	25	448	28	3011	124	6
2002	12	488	13	449	26	2912	139	6
2003	12	479	11	446	22	2816	167	6
2004	13	454	12	425	17	2630	212	6
2005	13	447	11	418	18	2527	208	6
2006	13	433	12	403	18	2373	219	6
2007	13	422	12	391	19	2276	228	6
2008	13	412	15	377	20	2202	286	6
2009	15	394	20	355	19	2131	334	6
2010	15	373	23	337	13	2027	373	7
2011	16	365	23	329	13	1942	440	7
2012	16	348	21	314	13	1896	527	8
2013	16	339	22	304	13	1850	634	8

17-3 各级各类学校教职工数

Number of Teachers and Staff in Various Schools in Main Years

单位：人 (person)

年份 Year	普通高等学校 Regular Institutions of Higher Education	中等专业学校 Specialized Secondary Schools	普通中学 Regular Secondary Education Schools	小 学 Primary Schools	幼儿园 Kindergarten	特殊教育 Special Education
1950		125	143	1804		
1955		197	328	2455	28	
1958	129	523	894	6089	159	
1960	485	1507	1276	8193	330	
1965	597	251	1693	13733	308	
1970	719	240	3124	12901		
1975	1266	609	7002	22191	746	
1978	1523	923	11856	23429	650	
1980	1896	1744	14101	25532	836	
1985	3068	2227	16359	25407	2016	25
1990	3579	3023	20635	29685	2839	64
1995	3434	3075	22431	33305	3849	265
2000	3996	3000	23782	36586	3820	120
2001	4437	3030	24072	36143	3282	148
2002	4623	2849	24486	35634	3464	149
2003	5866	1579	25549	35833	3784	149
2004	6684	1436	25627	35076	4397	147
2005	7177	1225	25828	34663	4236	167
2006	7695	1533	26852	33981	4647	176
2007	7865	1297	27308	33763	4744	172
2008	8474	1483	27895	33457	5375	181
2009	8599	1757	29920	33979	6191	186
2010	9174	2161	30496	33849	7029	190
2011	9637	3419	32995	32179	8364	245
2012	10202	3468	33747	33415	10109	242
2013	10486	3474	33686	33244	11233	259

17-4 各级各类学校在校学生数

Number of Student Enrollment in Various Schools in Main Years

单位:人 (person)

年份 Year	普通高等学校 Regular Institutions of Higher Education	中等学校 Secondary Education Schools	中等专业学校 Specialized Secondary Schools	普通中学 Regular Secondary Education Schools	职业中学 Vocational Secondary Education Schools	小学 Primary Schools	幼儿园 Kindergarten	特殊教育 Special Education
1950		2227	1027	1200		45058		
1955		5842	1524	4318		76219	225	
1958	329	22438	4069	15414	2955	250333	1624	
1960	1259	31388	9909	19792	1687	284970	2906	
1965	982	26680	1107	20047	5526	347246	2523	
1970		45919		45919		300589		
1975	1759	126495	4212	122283		596170	6360	
1978	2890	238127	5198	232929		612983	6224	
1980	4156	232120	8174	223747	246	583687	11046	
1985	6425	257762	8947	237917	10898	654208	32191	56
1990	7992	307697	11634	284440	11623	667296	45115	202
1995	10686	294356	12463	272305	9588	617547	83444	595
2000	17163	351170	19880	318263	12982	657352	93117	414
2001	23154	369090	22913	334786	11391	651082	86788	1397
2002	29301	396611	25721	358477	12413	663542	104000	1458
2003	35134	418595	27346	376437	14822	669503	102217	1420
2004	41448	432802	28182	387286	17331	677738	108625	1560
2005	48650	461048	34163	406422	20463	693207	102042	1455
2006	55931	480148	34752	421790	23606	696760	102552	1332
2007	62411	484479	36030	419074	29375	700737	106034	1370
2008	70454	506280	38536	429178	38566	688697	113279	1420
2009	78400	530301	51119	439575	39607	670621	124903	1476
2010	83415	551025	71838	449147	30821	653669	137856	1516
2011	91383	559936	76584	447436	35916	643293	148917	1535
2012	100188	555091	78345	450334	26412	618140	160254	1985
2013	108463	543859	66225	449909	27725	603947	169080	1908

17-5 各级各类学校招生数

Number of New Students Enrollment in Various Schools in Main Years

单位:人 (person)

年份 Year	普通高等学校 Regular Institutions of Higher Education	中等学校 Secondary Education Schools	中等专业学校 Specialized Secondary Schools	普通中学 Regular Secondary Education Schools	职业中学 Vocational Secondary Education Schools	小学 Primary Schools	特殊教育 Special Education
1950		1054	624	430		8561	
1955		2766	709	2057		15905	
1958	329	13828	2349	8606	2873	127048	
1960	501	15412	5977	8565	870	85668	
1965	310	11566	611	7577	3928	96252	
1970		26384		26384		98614	
1975	661	73761	2340	71421		131820	
1978	1234	105994	2780	103214		128425	
1980	1277	82550	3450	79100		123100	
1985	2371	88568	3854	79046	5668	117855	56
1990	2324	101878	3891	93667	4320	99938	
1995	2910	106184	4512	96885	4787	114619	34
2000	7107	133307	7973	119559	5775	119419	101
2001	8891	133260	6549	122578	4133	121790	288
2002	9434	140353	7583	127254	5516	130005	229
2003	11237	144301	9036	128757	6508	128779	126
2004	13701	152702	11688	134186	6828	123379	150
2005	14775	171608	15430	146888	9290	130365	159
2006	17389	170215	12518	147045	10652	120073	171
2007	21668	168454	15054	138536	14864	107474	160
2008	21746	195699	17423	156538	21738	110155	181
2009	23816	198300	23468	156519	18313	104390	187
2010	26394	193687	29232	151166	13404	101270	242
2011	29493	206569	35096	156136	15337	111230	93
2012	32536	190730	26752	154675	9303	104818	358
2013	44291	183047	21651	152699	8697	100194	160

17-6 各级各类学校毕业生数

Number of Graduates in Various School in Main Years

单位：人　　　　（person）

年份 Year	普通高等学校 Regular Institutions of Higher Education	中等学校 Secondary Education Schools	中等专业学校 Specialized Secondary Schools	普通中学 Regular Secondary Education Schools	职业中学 Vocational Secondary Education Schools	小学 Primary Schools
1950		263	124	139		1532
1955		1514	683	831		2897
1958		2641	946	1550	145	8622
1960		4554	1337	2930	287	11576
1965	371	4045	245	3785	15	12806
1970		13305		13305		33783
1975	513	38520	1506	37014		59457
1978	623	77840	1863	75977		82305
1980	356	66371	2571	63800		75000
1985	1530	70349	2802	66425	1122	68214
1990	2213	92727	3696	85054	3977	87189
1995	2717	87579	4177	79245	4157	89490
2000	3054	96876	4390	89091	3395	104758
2001	3177	99897	4627	91789	3481	104222
2002	3379	103818	4741	95612	3465	101970
2003	5461	121757	9907	108351	3499	96835
2004	7505	130481	8569	118589	3323	94419
2005	8817	136639	7878	123974	4787	104704
2006	11008	140799	8413	126878	5508	104005
2007	14076	150492	9909	134571	6012	96452
2008	15238	155036	11333	136116	7587	113757
2009	17075	155488	11349	137421	6718	111121
2010	21011	158189	18392	129695	10496	109658
2011	20491	175532	22315	146134	7083	112676
2012	21832	175169	23434	142708	9027	107655
2013	23453	174140	23829	142604	7707	101909

17-7 高等学校基本情况(2013 年)

Basic Statistics on Higher Schools(2013)

单位:所、人 (unit,person)

项目	Item	学校数 Number of Schools	毕业生数 Graduates	招生数 New Enrollment	在校学生数 Total Enrollment	教职员工数 Teachers and Staff	专任教师 Full-time Teachers
总计	**Total**	**17**	**35781**	**46209**	**142013**	**10603**	**7181**
综合大学	Comprehensive Universities	3	13947	15869	46801	3737	2295
理工院校	Science and Engineering	5	6641	10391	32045	2082	1518
林业院校	Forestry	1		203	622	147	105
医药院校	Medicine	1	3219	3458	12759	1283	805
师范院校	Teacher Training	1	2496	2914	9897	556	407
民族院校	Minorities Colleges	2	4577	6405	22419	1599	1183
财经院校	Finance and Economics	2	2745	4049	10327	842	599
政法院校	Politics and Law	1	717	1002	2579	240	199
成人高校	Institutions of Adult Higher Education	1	1439	1918	4564	117	70

注:高等学校中不含部委院校。

a)Number of new students enrollment not include change over to 1953 students by the five-year higher vocational.

17-8 成人教育基本情况(2013 年)

Basic Statistics on Adult Educations(2013)

单位:人 (person)

项目	Item	毕业生数 Graduates	招生数 New Enrollment	在校学生数 Total Enrollment
总计	**Total**	**16238**	**14632**	**43510**
成人高等教育	Institutions of Higher Education for Adult	12328	13460	33550
广播电视大学	Radio and Television University	1439	1918	4564
成人中等教育	Secondary Education for Adult	3910	1172	9960
中等专业学校	Specialized Secondary Schools	3910	1172	9960

17-9 学龄儿童入学率

Percentage of School-age Children Enrolled in Main Years

年份 Year	学龄儿童(万人) Number of Children at School-age (10 000 persons)	在校学龄儿童(万人) Total Enrollment (10 000 persons)	入学率(%) Enrollment Ratio(%)
1978	50.61	46.15	91.19
1980	51.96	44.79	86.20
1985	52.62	48.13	91.48
1990	52.82	49.60	93.92
1995	52.44	50.45	96.21
2000	59.76	58.12	97.26
2001	59.27	57.40	96.84
2002	60.27	58.67	97.35
2003	60.43	58.89	97.45
2004	60.97	60.05	98.50
2005	62.49	61.00	99.04
2006	63.46	63.00	99.27
2007	62.97	62.74	99.63
2008	61.60	61.38	99.65
2009	59.79	59.58	99.65
2010	58.50	58.42	99.86
2011	57.90	57.80	99.80
2012	55.64	55.47	99.68
2013	54.71	54.43	99.49

17-10 主要年份平均每万人口在校学生数
Number of Enrolled Students Per 10 000 Population in Main Years

单位:人 (person)

指 标	Item	1978	1980	1990	2000	2005	2010	2011	2012	2013
大学生	University Students	8	11	17	31	82	133	189	156	166
中等职业教育	Secondary Vacational School Students	15	23	50	36	92	162	176	163	144
普通中学	Regular Secondary School Students	678	529	611	574	682	714	700	699	688
小学	Primary Students	1746	1582	1433	1186	1163	1039	1006	961	923

17-11 主要年份平均每一专任教师负担学生数
Average Number of Students Instructed by a Full-time Teacher in Main Years

单位:人 (person)

指 标	Item	1978	1980	1990	2000	2005	2010	2011	2012	2013
大学生	University Students	4	5	5	9	12	18	20	15	15
中等职业教育	Secondary Vacational School Students	12	10	8	13	33	42	45	41	36
普通中学	Regular Secondary School Students	27	21	18	16	18	16	16	15	15
小学	Primary Students	28	26	25	19	21	20	19	18	18

17-12 主要年份地方国有企、事业单位各类专业技术人员
Number of Scientific and Technical Personnel in Local State-owned Enterprise and Institutions in Main Years

单位:人 (person)

指　标	Item	1985	1990	1995	2000	2005	2010	2011	2012	2013
总　计	**Total**	**68787**	**117317**	**126679**	**140063**	**144401**	**124093**	**125591**	**121646**	**120304**
工程技术人员	Engineering	11470	19524	20291	22283	21316	14273	15357	15566	14412
农业技术人员	Agriculture	3673	6174	6173	7067	9583	9155	8699	8576	9193
科学研究人员	Scientific Research	1091	991	830	722	716	667	868	1130	965
卫生技术人员	Health Care	11168	14758	16645	19830	20859	18895	19756	17795	15805
教学人员	Teaching	30477	46138	54176	63216	68777	65386	67262	64515	66269
会计人员	Accounting	5999	9323	7074	7768	6411	4269	3619	3775	3557
统计人员	Statistics	1662	2508	1574	1286	711	300	277	218	204
经济人员	Economic	1442	13078	10053	8827	5843	5003	4164	4809	4513
新闻、出版人员	Press and Publications	583	1061	1082	791	1361	1262	1464	1180	1157
播音人员	Broadcast		58	64	114	134	162	151	102	87
翻译人员	Translate	55	96	67	64	29	22	20	18	18
体育人员	Sport	159	294	154	178	206	208	211	191	199
工艺美术人员	Arts and Crafts	14	111	85	188	75	39	43	86	22
律师、公证人员	Lawyer and Notary		247	171	182	117	71	62	67	52
图书、档案资料人员	Books and Archives	127	2103	1853	1605	1879	1662	1646	1183	1369
艺术人员	Arts	867	853	794	1053	1340	1230	599	732	683
政工人员	Political and Ideological			5593	4889	5044	1489	1393	1693	1799

17-13 地方国有企、事业单位各类专业技术人员构成

Composition of Scientific and Technical Personnel in Local State-owned Enterprises and Institutions

单位:人 (person)

指 标	Item	专业技术人员比重(%) Percentage (%)			每万人口中专业技术人员 Number of Scientific and Technical Personnel per 10 000 Population			每万职工中专业技术人员 Number of Scientific and Technical Personnel per 10 000 Staff		
		2010	2012	2013	2010	2012	2013	2010	2012	2013
总 计	**Total**	**100.0**	**100.0**	**100.0**	**196**	**189**	**184**	**2269**	**1937**	**1789**
工程技术人员	Engineering	11.5	12.8	12.0	23	24	22	261	248	214
农业技术人员	Agriculture	7.4	7.0	7.6	14	13	14	167	137	137
科学研究人员	Scientific Researc	0.5	0.9	0.8	1	2	1	12	18	14
卫生技术人员	Health Care	15.2	14.6	13.1	30	28	24	345	283	235
教学人员	Teaching	52.7	53.0	55.1	103	100	101	1195	1027	985
会计人员	Accounting	3.4	3.1	3.0	7	6	5	78	60	53
统计人员	Statistics	0.2	0.2	0.2				5	3	3
经济人员	Economic	4.0	4.0	3.8	8	7	7	91	77	67
新闻、出版人员	Press and Publications	1.0	1.0	1.0	2	2	2	23	19	17
播音人员	Broadcast	0.1	0.1	0.1				3	2	1
翻译人员	Translate									
体育人员	Sport	0.2	0.2	0.2				4	3	3
工艺美术人员	Arts and Crafts		0.1					1	1	
律师、公证人员	Lawyer and Notary	0.1	0.1					1	1	1
图书、档案资料人员	Books and Archives	1.3	1.0	1.1	3	2	2	30	19	20
艺术人员	Arts	1.0	0.6	0.6	2	1	1	22	12	10
政工人员	Political and Ideological	1.2	1.4	1.5	2	3	3	27	27	27

注:《宁夏统计年鉴-2011》17-15 表中 2010 年份"每万职工中专业技术人员"数据以本表数据为准。

17-14 文化产业机构和人员数(2013年)
Cultural Institutions and Personnel(2013)

指 标	Item	机构数(个) Number of Institutions (unit)	人员数(人) Number of Persons Engaged (person)
艺术产业	**Arts**	**37**	**1571**
艺术表演团体	Art Performance Troupes	33	1526
戏曲、曲艺团体	Opera and Recitation and Ballad Troupes		
艺术表演场所	Art Centers	3	27
文物产业	**Cultural Relics**	**37**	**620**
博物馆	Museums	11	248
文物商店	Cultural Relics Store		
图书馆产业	**Libraries**	**26**	**557**
群众文化产业	**Mass Culture**	**253**	**1282**
文化馆	Cultural Centers	26	746
文化站	Cultural Stations	227	536
教育产业	**Education**	**1**	**107**
文化市场经营单位	**Entertainment Operators**	**963**	**3269**
娱乐业	Entertainment	585	1881

17-15 图书、杂志、报纸出版情况
Publication of Books, Magazines and Newspapers

指 标	Item	单位	Unit	1978	1980	1990	2000	2010	2011	2012	2013
图 书	**Books**										
图书种类	Number of Publications	种	kind	184	193	449	649	905	1282	1714	2738
图书印数	Printed Copies	万册	10 000 copies	1136	1433	1890	1649	1906	2082	2737	3541
杂 志	**Magazines**										
杂志种类	Number of Publications	种	kind		6	15	29	36	36	37	37
杂志印数	Printed Copies	万册	10 000 copies		51	71	169	1402	1610	1665	1743
报 纸	**Newspapers**										
报纸种类	Number of Publications	种	kind		1	9	19	15	15	19	19
报纸总印数	Printed Copies	万份	10 000 copies		2279	4561	6136	10806	10045	8878	13839

17-16 各类科技机构概况(2013 年)

指　标	Item	单位	Uint	县以上部门属研究与开发机构合计 State-owned Research and Development Institutions Above Country Level
机构数	Number of Institutions	个	unit	21
职工总数	Number of Staffs	人	person	856
从事科技活动人员	Personnel Engaged in S&T Activities	人	person	801
大学本科以上学历	Bachelor's Degree and above	人	person	678
R&D 人员折合全时当量	R&D Personnel	人年	man-year	512
科技经费筹集额	Funding for S&T Activities	千元	1000 yuan	226915
政府拨款	Government Funds	千元	1000 yuan	219667
科技经费内部支出总额	Internal Expenditures on S&T Activities	千元	1000 yuan	167029
资产购建支出	Purchase or Consturction of Fixed Assets	千元	1000 yuan	28270
R&D 经费内部支出	Internal Expenditure on R&D	千元	1000 yuan	106517
固定资产	Fixed Assets	千元	1000 yuan	204541
课题数	Number of Projects	个	unit	379
课题经费支出	Expenditures on Projects	千元	1000 yuan	67564
R&D 课题经费支出	Expenditures on R&D Projects	千元	1000 yuan	53843
课题投入人员	Personnel Put into Projects	人年	man-year	503
R&D 课题投入人员	Personnel Put into R&D Projects	人年	man-year	433
专利申请受理	Number of Patents Application Acceptance	项	item	22
专利授权	Number of Patents Application Granted	项	item	16
科技论文	Scientific Papers	篇	pieces	646
科技专著	Scientific Monograph	种	kind	33

Basic Statistics on Scientific Research(2013)

自然科学和技术领域 Field of Natural Sciences and Technology	社会与人文科学领域 Field of Social Sciences and Humanities	科技信息和文献机构 Scientific-technical Information and Document Institutions	非政府部门属研究与开发机构和综合技术服务业有 R&D 活动的事业单位 The Non-governmental Research and Development Istitutions and Public Institutions which have Comprehensive Technical Service and R&D Activities	转制机构 Transformation Institutions
12	6	3	7	23
491	272	93	763	3330
463	247	91	658	1487
396	202	80	342	1023
315	194	3	117	354
147807	74952	4156	268953	256735
140749	74762	4156	81495	79086
116744	46040	4245	252966	260161
16165	10070	2035	5924	33755
70908	35236	373	28610	64445
172132	22681	9728	101867	470059
307	45	27	31	101
55427	9761	2377	28493	61517
42688	9745	1411	25633	50301
343	130	31	115	394
289	129	14	103	316
22				41
16				14
265	321	60	45	100
3	30			3

17-17 全区科技活动基本情况

Basic Statistics on Scientific and Technological Activities

指 标	Item	2010	2011	2012	2013
研究与试验发展(R&D)投入情况	**Statistics on R&D Input**				
R&D 人员全时当量(人年)	**Full-time Equivalent of R&D Personnel(man-year)**	**6378**	**7359**	**8073**	**8403**
基础研究	Basic Research	1076	1145	1345	1244
应用研究	Applied Research	1128	1206	1315	1170
试验发展	Experimental Development	4175	5008	5413	5989
R&D 经费内部支出(万元)	**Intramural Expenditure on R&D(10 000 yuan)**	**115101**	**153184**	**182304**	**210325**
# 基础研究	Basic Research	9861	13815	12239	17891
应用研究	Applied Research	10336	14376	15962	13511
试验发展	Experimental Development	94904	124993	154103	178923
# 政府资金	Government Funds	26678	33677	41465	44863
企业资金	Self-raised Funds by Enterprises	86519	114329	137446	162294
R&D 经费内部支出相当于国内生总值比例(%)	Proportion of Intramural Expenditure on R&D to GDP(%)	0.68	0.73	0.78	0.82
科技产出及成果情况	**Statistics on S&T Outputs and Results**				
发表科技论文(篇)	Scientific Papers Issued (pieces)	7292	8077	7881	7557
出版科技著作(种)	Publication on Science and Technology(kind)	113	113	108	136
专利申请受理数(件)	Number of Patents Application Accepted(piece)	682	676	1022	1264
发明专利	Inventions	252	297	540	663
专利申请授权数(件)	Number of Patents Application Granted(piece)	44	46	46	90
发明专利	Inventions	19	27	31	46

注:此表数据来自于统计局科技综合年报,非全社会口径。

17-18 主要年份广播电视事业发展情况
Statistics on Broadcasting and TV Stations in Main Years

指　标	Item	单位	Unit	2000	2010	2011	2012	2013
广 播	**Broadcast**							
广播电台	Number of Broadcasting Stations	座	unit	11	5	5	5	5
广播发射台和转播台	Number of Transmission and Relaying Stations	座	unit	8	12	36	36	36
广播人口覆盖率	Listener Rate	%	%	85.20	92.92	93.50	95.2	96.06
节目套数	Program	套	unit	14	24	24	24	24
平均每日播音时间	Average Broadcast Time per Day	时:分	hour:minute	120:03	279:00	280:05	279:30	275:21
广播节目制作	Production of Broadcasting	小时	hour	20337	41011	44278	43826	44648
新　闻	News	小时	hour	3180	8424	10094	9858	9827
专　题	Featured	小时	hour	4206	7771	10290	10973	10892
教　育	Education	小时	hour	62				
文　艺	Arts and Crafts	小时	hour	9490	12470	15975	16129	14009
服务性	Services	小时	hour	3439	3479	6396	6864	6618
电 视	**TV**							
电视台	Number of Television Stations	座	unit	7	4	2	2	2
电视发射台和转播台	TVTransmission and Relaying Stations	座	unit	43	26	26	26	26
电视人口覆盖率	Viewer Rate	%	%	86.00	95.95	98.60	98.9	99.09
节目套数	Program	套	unit	8	28	28	28	28
平均每周播出时间	Program Hours Per Week	时:分	hour:minute	483:21	2931:21	2944:28	2956:30	2951:12
电视节目制作	Production of TV Programs	小时	hour	6365	28361	25111	23986	24460
新　闻	News	小时	hour	1184	6299	5754	5883	6671
专　题	Featured	小时	hour	770	7690	7180	7351	7065
教　育	Education	小时	hour	42				
文　艺	Arts and Crafts	小时	hour	903	4658	3478	3666	3406
服务性	Services	小时	hour	3466	5658	7146	7086	7290

17-19 各市县各级各类学校数(2013 年)

Number of Various Schools by City and Country(2013)

单位:所 (unit)

地　区	Region	中等专业学校 Specialized Secondary Schools	职业中学 Vocational Secondary Education Schools	普通中学 Regular Secondary Education Schools	高级中学 Senior High School	小 学 Primary Schools	幼儿园 Kindergarten
全区总计	**Total**	**22**	**13**	**304**	**41**	**1850**	**634**
银 川 市	**Yinchuan**	**16**	**4**	**70**	**12**	**209**	**219**
银 川 市	District	14	1	45	9	104	133
永 宁 县	Yongning	1	1	9	1	38	25
贺 兰 县	Helan	1	1	5	1	36	12
灵 武 市	Lingwu		1	11	1	31	49
石嘴山市	**Shizuishan**	**2**	**2**	**36**	**5**	**76**	**94**
大武口区	Dawukou	2	1	12	2	27	43
惠 农 区	Huinong			11	2	18	27
平 罗 县	Pingluo		1	13	1	31	24
吴 忠 市	**Wuzhong**	**1**	**2**	**60**	**11**	**330**	**110**
利 通 区	Litong			19	3	62	36
红寺堡区	Hongsipu			4	1	63	15
盐 池 县	Yanchi		1	7	2	24	18
同 心 县	Tongxin	1		16	3	126	18
青铜峡市	Qingtongxia		1	14	2	55	23
固 原 市	**Guyuan**	**1**	**4**	**69**	**7**	**866**	**151**
原 州 区	Yuanzhou	1		15	2	167	75
西 吉 县	Xiji		1	27	1	361	3
隆 德 县	Longde		1	13	2	98	47
泾 源 县	Jingyuan		1	4		75	7
彭 阳 县	Pengyang		1	10	2	165	19
中 卫 市	**Zhongwei**	**2**	**1**	**69**	**6**	**369**	**60**
沙坡头区	Shapotou	1		25	2	74	29
中 宁 县	Zhongning	1		18	2	81	22
海 原 县	Haiyuan		1	26	2	214	9

17-20 各市县各级各类学校在校学生数(2013年)
Number of Enrolled Students in Various Schools by City and Country(2013)

单位:人 (person)

地区	Region	中等职业学校 Specialized Secondary Schools	职业中学 Vocational Secondary Education Schools	普通中学 Regular Secondary Education Schools	高中 Senior High School	小学 Primary Schools	幼儿园 Kindergarten
全区总计	**Total**	**93950**	**27725**	**449909**	**165240**	**603947**	**169080**
银川市	**Yinchuan**	**52537**	**9516**	**129149**	**53608**	**154578**	**55809**
银川市	District	41210	5066	85414	39273	91412	32328
永宁县	Yongning	4692	525	14894	4971	21977	7414
贺兰县	Helan	2811	101	13234	4503	19180	5578
灵武市	Lingwu	3824	3824	15607	4861	22009	10489
石嘴山市	**Shizuishan**	**10207**	**573**	**45538**	**16812**	**54625**	**19124**
石嘴山市	District	7182	573	30219	11793	33303	12450
平罗县	Pingluo	3025		15319	5019	21322	6674
吴忠市	**Wuzhong**	**8281**	**4071**	**93059**	**30906**	**138255**	**37754**
利通区	Litong	2094		28813	11272	39365	13154
红寺堡区	Hongsipu			13150	3074	24317	3518
盐池县	Yanchi	1028	1028	9688	3158	12619	4313
同心县	Tongxin	818		25974	8196	40347	9289
青铜峡市	Qingtongxia	4341	3043	15434	5206	21607	7480
固原市	**Guyuan**	**13721**	**8405**	**106323**	**38024**	**138626**	**27881**
原州区	Yuanzhou	5089	133	38411	13594	45892	13557
西吉县	Xiji	3593	3233	30350	10412	47128	2113
隆德县	Longde	3024	3024	14094	5477	14671	3607
泾源县	Jingyuan	532	532	6108	1310	11373	2085
彭阳县	Pengyang	1483	1483	17360	7231	19562	6519
中卫市	**Zhongwei**	**9204**	**5160**	**75929**	**25890**	**117863**	**28512**
沙坡头区	Shapotou	5160	5160	26391	10403	31738	11135
中宁县	Zhongning	1794		23517	7530	33661	8774
海原县	Haiyuan	2250		26021	7957	52464	8603

17-21 主要年份各市县普通中学在校学生数

Number of Student in Regular Secondary Schools by City and Country in Main Years

单位：人 (person)

地　区	Region	1980	1990	2000	2010	2011	2012	2013
全区总计	**Total**	**223747**	**284440**	**318263**	**449147**	**447436**	**450334**	**449998**
银川市	**Yinchuan**	**59887**	**66154**	**76968**	**123435**	**123785**	**126085**	**129149**
银川市	District	31848	28302	39826	82895	83114	83571	85414
永宁县	Yongning	7759	11402	10784	13881	13832	14444	14894
贺兰县	Helan	11342	11068	10720	12168	12367	12757	13234
灵武市	Lingwu	8938	15382	15638	14491	14472	15313	15607
石嘴山市	**Shizuishan**	**44804**	**51411**	**45207**	**47799**	**46517**	**46063**	**45538**
石嘴山市	District	29852	30520	26226	32450	31363	30806	30219
平罗县	Pingluo	13602	19064	17236	15349	15154	15257	15319
陶乐县	Taole	1350	1827	1745				
吴忠市	**Wuzhong**	**32521**	**54272**	**59546**	**91189**	**91978**	**93628**	**93059**
利通区	Litong	10347	17042	18083	25891	26804	27750	28813
红寺堡区	Hongsipu				11032	12093	12776	13150
盐池县	Yanchi	5195	11672	10783	16061	10301	10088	9688
同心县	Tongxin	5114	9468	13979	11061	26708	27110	25974
青铜峡市	Qingtongxia	11865	16090	16701	27144	16072	15904	15434
固原市	**Guyuan**	**45869**	**62480**	**76903**	**108877**	**107438**	**107075**	**106323**
原州区	Yuanzhou	23547	21971	26681	35617	37036	38112	38411
西吉县	Xiji	10110	14848	19818	31617	30054	29408	30350
隆德县	Longde	10066	10998	13671	16352	16188	14867	14094
泾源县	Jingyuan	2146	2282	1889	6328	6162	6080	6108
彭阳县	Pengyang		12381	14844	18963	17998	18608	17360
中卫市	**Zhongwei**	**40666**	**50123**	**59639**	**77847**	**77718**	**77483**	**75929**
沙坡头区	Shapotou	18306	21939	24694	28548	27261	27014	26391
中宁县	Zhongning	14737	16840	20991	24152	24630	24687	23517
海原县	Haiyuan	7623	11344	13954	25147	25827	25782	26021

注：2003 年，由于行政区划调整，陶乐县建制被撤消，更名为陶乐镇。

17-22 主要年份各市县小学在校学生数

Number of Enrolled Students in Primary Schools by City and Country in Main Years

单位:人 (person)

地 区	Region	1980	1990	2000	2010	2011	2012	2013
全区总计	**Total**	**583687**	**667296**	**657352**	**653669**	**643293**	**618140**	**603947**
银川市	**Yinchuan**	**123974**	**121948**	**136022**	**147438**	**148184**	**150600**	**154578**
银川市	District	48231	46707	68750	87761	88318	89370	91412
永宁县	Yongning	25597	23939	22018	19942	20234	21146	21977
贺兰县	Helan	26400	20365	19321	17409	17641	18042	19180
灵武市	Lingwu	23746	30937	25933	22371	21991	22042	22009
石嘴山市	**Shizuishan**	**87064**	**79244**	**64363**	**56770**	**56237**	**56091**	**54625**
石嘴山市	District	48964	42581	36168	35418	34759	34243	33303
平罗县	Pingluo	34690	33159	24204	21352	21478	21848	21322
陶乐县	Taole	3410	3504	3991				
吴忠市	**Wuzhong**	**101525**	**137930**	**125251**	**120557**	**141842**	**140650**	**138255**
利通区	Litong	28267	31194	30527	36899	37923	38871	39365
红寺堡区	Hongsipu				25653	26081	25451	24317
盐池县	Yanchi	19843	23015	17339	22411	13491	21507	12619
同心县	Tongxin	23753	50625	51991	13854	42807	13569	40347
青铜峡市	Qingtongxia	29662	33096	25394	44151	21540	41252	21607
固原市	**Guyuan**	**164001**	**214727**	**210543**	**175931**	**168306**	**147095**	**138626**
原州区	Yuanzhou	83825	73604	68541	51916	50017	47308	45892
西吉县	Xiji	41681	61231	68486	65872	63120	51135	47128
隆德县	Longde	28278	23940	30013	19424	18761	15323	14671
泾源县	Jingyuan	10217	12820	11187	12989	12560	12098	11373
彭阳县	Pengyang		43132	32316	25730	23848	21231	19562
中卫市	**Zhongwei**	**107123**	**113447**	**121173**	**130517**	**128724**	**123704**	**117863**
沙坡头区	Shapotou	44314	33918	34932	32073	31924	32026	31738
中宁县	Zhongning	30624	30162	30167	37780	37955	36381	33661
海原县	Haiyuan	32185	49367	56074	60664	58845	55297	52464

17-23 各市县平均每万人口在校学生数(2013 年)

Number of Enrolled Students Per 10 000 Population by City and Country(2013)

单位:人 (person)

地　区	Region	中等专业学校 Specialized Secondary Schools	职业中学 Vocational Secondary Education Schools	普通中学 Regular Secondary Education Schools	小学 Primary Schools
全区总计	**Total**	**144**	**42**	**688**	**923**
银川市	**Yinchuan**	**252**	**46**	**620**	**742**
银川市	District	307	38	636	680
永宁县	Yongning	203	23	645	952
贺兰县	Helan	119	4	562	814
灵武市	Lingwu	140	140	573	809
石嘴山市	**Shizuishan**	**134**	**8**	**600**	**719**
石嘴山市	District	147	12	617	680
平罗县	Pingluo	112		568	790
吴忠市	**Wuzhong**	**62**	**31**	**699**	**1039**
利通区	Litong	53		728	995
红寺堡区	Hongsipu			733	1356
盐池县	Yanchi	68	68	642	836
同心县	Tongxin	25		797	1238
青铜峡市	Qingtongxia	155	109	553	774
固原市	**Guyuan**	**110**	**68**	**855**	**1114**
原州区	Yuanzhou	122	3	917	1096
西吉县	Xiji	100	90	845	1312
隆德县	Longde	185	185	863	899
泾源县	Jingyuan	52	52	601	1120
彭阳县	Pengyang	74	74	862	971
中卫市	**Zhongwei**	**82**	**46**	**675**	**1048**
沙坡头区	Shapotou	130	130	664	798
中宁县	Zhongning	54		705	1009
海原县	Haiyuan	57		661	1332

17-24 各市县小学毕业人数和毕业率(2013 年)

Number of Graduates and Graduation Rate of Primary School by City and Country(2013)

单位:人 (person)

地 区	Region	应届毕业班学生 This Year's Graduates		
		毕业班学生数 Students in Graduating Class	毕业生数 Graduates	毕业率(%) Graduation Rate(%)
全区总计	**Total**	**102212**	**101909**	**99.70**
银川市	**Yinchuan**	**25742**	**25653**	**99.65**
银川市	District	15424	15388	99.77
永宁县	Yongning	3511	3491	99.43
贺兰县	Helan	2976	2999	100.77
灵武市	Lingwu	3831	3775	98.54
石嘴山市	**Shizuishan**	**10057**	**9966**	**99.10**
石嘴山市	District	6197	6163	99.45
平罗县	Pingluo	3860	3803	98.52
吴忠市	**Wuzhong**	**22564**	**22435**	**99.43**
利通区	Litong	6200	6187	99.79
红寺堡区	Hongsipu	3934	3901	99.16
盐池县	Yanchi	2397	2320	96.79
同心县	Tongxin	6459	6466	100.11
青铜峡市	Qingtongxia	3574	3561	99.64
固原市	**Guyuan**	**23573**	**23579**	**100.03**
原州区	Yuanzhou	8358	8364	100.07
西吉县	Xiji	7456	7456	100.00
隆德县	Longde	2612	2612	100.00
泾源县	Jingyuan	1744	1744	100.00
彭阳县	Pengyang	3403	3403	100.00
中卫市	**Zhongwei**	**20276**	**20276**	**100.00**
沙坡头区	Shapotou	5312	5312	100.00
中宁县	Zhongning	6102	6102	100.00
海原县	Haiyuan	8862	8862	100.00

17-25 各市县文化产业机构数和人数(2013 年)

Number of Cultural Institutions and Personnel by City and Country(2013)

地区	Region	艺术产业 Arts		图书馆产业 Libraries		群众文化产业 Mass Culture	
		机构数(个) Number of Institutions (unit)	人数(人) Number of Persons Engaged (person)	机构数(个) Number of Institutions (unit)	人数(人) Number of Persons Engaged (person)	机构数(个) Number of Institutions (unit)	人数(人) Number of Persons Engaged (person)
全区总计	**Total**	**37**	**1571**	**26**	**557**	**253**	**1282**
银川市	**Yinchuan**	**10**	**573**	**7**	**131**	**62**	**210**
兴庆区	Xingqing			1	2	16	22
西夏区	Xixia			1	7	10	29
金凤区	Jingfeng			1	8	8	21
永宁县	Yongning	1	18	1	12	8	23
贺兰县	Helan			1	28	9	50
灵武市	Lingwu			1	13	10	29
银川市本级	Prefecture Level	9	555	1	61	1	36
石嘴山市	**Shizuishan**	**5**	**152**	**4**	**53**	**26**	**150**
大武口区	Dawukou			1		4	17
惠农区	Huinong			1	7	7	35
平罗县	Pingluo	5	152	1	16	14	58
石嘴山市本级	Prefecture Level			1	30	1	40
吴忠市	**Wuzhong**	**6**	**168**	**5**	**118**	**51**	**295**
利通区	Litong					12	22
红寺堡区	Hongsipu	1	32	1	3	4	23
盐池县	Yanchi	3	54	1	10	9	29
同心县	Tongxin			1	27	14	59
青铜峡市	Qingtongxia	1	42	1	25	11	127
吴忠市本级	Prefecture Level	1	40	1	53	1	35
固原市	**Guyuan**	**3**	**52**	**6**	**79**	**68**	**387**
原州区	Yuanzhou	1	12	1	27	12	55
西吉县	Xiji			1	15	20	136
隆德县	Longde			1	9	14	43
泾源县	Jingyuan			1	10	8	43
彭阳县	Pengyang	2	40	1	10	13	47
固原市本级	Prefecture Level			1	8	1	63
中卫市	**Zhongwei**	**7**	**196**	**3**	**41**	**45**	**129**
沙坡头区	Shapotou					12	17
中宁县	Zhongning	3	53	1	13	13	48
海原县	Haiyuan	3	59	1	13	19	50
中卫市本级	Prefecture Level	1	84	1	15	1	14
区直单位	Unit of Municipality Directly under the Central Government	6	430	1	135	1	111

17-25 续表 1 continued

地 区	Region	文物产业 Cultural Relics		文化市场经营单位 Entertainment Operators	
		机构数（个） Number of Institutions (unit)	人 数(人) Number of Persons Engaged (person)	机构数(个) Number of Institutions (unit)	人 数(人) Number of Persons Engaged (person)
全区总计	**Total**	**37**	**620**	**963**	**3269**
银 川 市	**Yinchuan**	**8**	**194**	**250**	**897**
兴 庆 区	Xingqing				
西 夏 区	Xixia			6	12
金 凤 区	Jingfeng				
永 宁 县	Yongning	1	2	87	237
贺 兰 县	Helan	1	2	58	248
灵 武 市	Lingwu	1	14	67	226
银川市本级	Prefecture Level	5	176	32	174
石嘴山市	**Shizuishan**	**4**	**44**	**230**	**974**
大武口区	Dawukou			102	535
惠 农 区	Huinong			82	267
平 罗 县	Pingluo	1	19	46	172
石嘴山市本级	Prefecture Level	3	25		
吴 忠 市	**Wuzhong**	**7**	**47**	**224**	**692**
利 通 区	Litong				
红寺堡区	Hongsipu			13	42
盐 池 县	Yanchi	1	11	61	172
同 心 县	Tongxin	1	9	49	165
青铜峡市	Qingtongxia	1	15	101	313
吴忠市本级	Prefecture Level	2	12		
固 原 市	**Guyuan**	**9**	**75**	**55**	**150**
原 州 区	Yuanzhou	4	28		
西 吉 县	Xiji	2	22	22	65
隆 德 县	Longde	1	4	13	47
泾 源 县	Jingyuan	1	5	14	15
彭 阳 县	Pengyang	1	8	6	23
固原市本级	Prefecture Level				
中 卫 市	**Zhongwei**	**3**	**19**	**204**	**556**
沙坡头区	Shapotou	1	7	139	351
中 宁 县	Zhongning	1	5	51	170
海 原 县	Haiyuan	1	7	14	35
中卫市本级	Prefecture Level				
区直单位	Unit of Municipality Directly under the Central Government	7	249		

主要统计指标解释

[普通高等学校] 指按国家规定审批程序批准举办,通过全国统一招生考试,招收高级中等学校毕业生或具有同等学历者,实施高等教育,培养高等专门人才的学校。包括大学、专门学院、高等专科学校和短期职业大学。

[成人高等学校] 指按照国家规定的审批程序批准举办,招收高中毕业或同等学历者,利用多种形式对成人实施高等教育、培养相当普通高等学校专科或本科毕业水平的专门人才的学校。包括广播电视大学、职工高等学校、农民高等学院、干部管理学院、教育学院、独立函授学院以及普通高等学校举办的函授、夜大学等。

[小学学龄儿童入学率] 指调查范围内已人小学学习的儿童占校内外学龄儿童总数 (包括弱智儿童在内,但不包括盲聋哑儿童)的比重。

[专任教师] 指主要从事教育工作人员。包括临时(一年以内)调去帮助做其他工作的教学人员。不包括调离教学岗位,担任行政领导工作或其他工作的原教学人员;不包括兼任教师和代课教师。

[独立自然科学研究机构] 指具备下列三个条件;(1)行政上独立的组织形式;(2)财务上独立核算 (3)有权与其他单位签订合同,从事自然科学技术研究的机构。

[优秀自然科学技术研究成果] 指自然科学技术研究成果中比较优秀的并经各级政府批准授奖的成果。分为国家级 (发明奖、自然科学奖)省级 (部级)、地(市)级、县级。如省级是指经省科委审核批准并由省政府授奖的成果,一般设一、二、三、四等奖,每年颁发一次。

[自然科学技术人员] 指已取得科学技术职称或大学中专的理、工、农、医科系毕业,以及国民经济各部门从工作实践中提拔,从事理工、农、医等自然科学技术的研究、教学、生产 (事业)技术方面工作的专业人员和在机关、企业、事业单位中从事科学技术业务管理工作的专业人员。

[高级专业技术人员] 指专业技术人员中具有高级职称的人员,包括高级工程师、高级农艺师、正、副教授、正、副研究员、正、副主任医师,高级会计师、高级统计师、正、副编审、特、高级记者与播音员、正、副译审、国家级和高级教练员、高级经济师、正、副研究馆员、高级工艺美术师。

[中级专业技术人员] 指专业技术人员中具有中级职称的人员。包括工程师、农艺师、助理研究员、主治医师、讲师、会计师、统计师、编辑、记者、一级播音员、翻译、一级教练、经济师、馆员、工艺美术师。

[初级专业技术人员] 指专业技术人员中具有初级职称的人员。包括:助理工程师、助理会计师、助理统计师、助理编辑、助理记者、二级播音员、助理翻译、二级教练员、助理经济师、助理馆员、助理工艺美术师、技术员、医 (护)士、会计员、统计员、三级播音员、三级教练员、经济员、管理员、工艺美术员。

[艺术表演团体] 指话剧、方言话剧、滑稽戏、儿童剧、砍剧、舞剧、乐团、合唱团、文工团、文宜队、乌兰牧骑、戏曲剧团、曲艺团、说唱团、杂技团、马戏团、木偶剧团、皮影团等专业艺术表演团体,不包括半工半艺、半农半艺和业余剧团以及电影制片厂附设的演员剧团。

[杂志、报纸] 指按规定经领导机关批准、由指定机关发给登记证的杂志和定期出版的报纸。杂志与报纸的划分是:单张、且在八开以上 (含八开)者为报纸;装订成册、或虽未装订成册,但为十六开以下 (含十六开)者为杂志。

杂志分为综合、哲学、社会科学、自然科学和技术、文化和教育、文学和艺术、少年儿童、画刊共七大类、报纸分为综合报和专业报二大类。

第十八篇 Chapter18

体育卫生民政司法

Sports, Public Health, Civil Administration and Judicature

责任编辑:安蕊莉

资料整理:安蕊莉 朱庆武 康磊 王海群 慕博

Coordinator: An Ruili

Data Compilation: An Ruili Zhu QingWu Kang Lei Wang HaiQun Mu Bo

18-1 运动成绩统计表(世界比赛)(2013 年)
Athletic Performance(World Competition)(2013)

项 目	Item	合计 Total	金 Gold	银 Silver	铜 Bronze	四 Fourth	五 Fifth	六 Sixth	七 Seventh	八 Eighth
合计	**Total**	**3**					**1**		**1**	**1**
田径	Track and Field Events									
游泳	Swimming									
举重	Weightlifting									
国际式摔跤	International Wrestling									
中国式摔跤	Chinese Wrestling									
跆拳道	Taekwondo									
自行车	Bicycles									
射击	Shooting	3					1		1	1
足球	Football									
篮球	Basketball									
排球	Volleyball									
健美操	Aerobics									
武术	Wushu									
中国象棋	Chinese Chess									

18-2 运动成绩统计表(亚洲比赛)(2012 年)
Athletic Performance(Asian Games)(2012)

项 目	Item	合计 Total	金 Gold	银 Silver	铜 Bronze	四 Fourth	五 Fifth	六 Sixth	七 Seventh	八 Eighth
合计	**Total**	**5**	**3**	**1**			**1**			
田径	Track and Field Events	1					1			
游泳	Swimming	2	2							
国际式摔跤	International Wrestling									
中国式摔跤	Chinese Wrestling									
跆拳道	Taekwondo									
自行车	Bicycles									
射击	Shooting	2	1	1						
足球	Football									
篮球	Basketball									
排球	Volleyball									
健美操	Aerobics									
武术	Wushu									
中国象棋	Chinese Chess									

注:2013 年宁夏未参加亚洲比赛,此表数据为 2012 年度数据。

18-3 运动成绩统计表(全国比赛)(2013 年)

Athletic Performance (National Competition)(2013)

项 目	Item	合计 Total	金 Gold	银 Silver	铜 Bronze	四 Fourth	五 Fifth	六 Sixth	七 Seventh	八 Eighth
合计	**Total**	**55**	**9**	**5**	**6**	**4**	**14**	**5**	**6**	**6**
田径	Track and Field Events	4			1	1	2			
游泳	Swimming	9	2	2		1	2		2	
水球	Water Polo	2					1	1		
举重	Weightlifting									
摔跤	Wrestling	8	1	1			3		3	
跆拳道	Taekwondo	6	2		1		3			
自行车	Bicycles	5		1	1		1			2
射击	Shooting	10	1	1	2	1		2	1	2
赛艇	Rowing	2	1							1
足球	Football									
篮球	Basketball									
排球	Volleyball									
击 剑	Fencing	6			1		2	2		1
武术	Wushu	3	2			1				
体育舞蹈	Dance Sports									

18-4 运动成绩统计表(省级比赛)(2012 年)

Athletic Performance (Provincial Competition)(2012)

项 目	Item	合计 Total	金 Gold	银 Silver	铜 Bronze	四 Fourth	五 Fifth	六 Sixth	七 Seventh	八 Eighth
合计	**Total**	**871**	**235**	**194**	**155**	**93**	**100**	**89**	**2**	**3**
田 径	Track and Field Events	336	60	69	54	41	57	52	1	2
游泳	Swimming	52	22	18	12					
举重	Weightlifting	199	78	44	27	22	16	11		1
国际式摔跤	International Wrestling	28	6	5	4	5	1	7		
中国式摔跤	Chinese Wrestling	77	17	15	18	10	8	9		
跆拳道	Taekwondo	17	5	4	3	5				
射击	Shooting	85	25	22	19	7	8	3	1	
足球	Football	4	2		1	1				
篮球	Basketball	7	2	1	2		2			
排球	Volleyball	8	2	3	2	1				
健美操	Aerobics	4	1	3						
武术	Wushu	43	7	10	13	1	6	6		
中国象棋	Chinese Chess	7	4				2	1		
体育舞蹈	Dance Sports	4	4							

注:2013 年宁夏区内未举行省级比赛,此表数据为 2012 年度数据。

18-5 健身场地设施情况表（2013年）

Basic Statistics on Sporting Areas and Facilities（2013）

指标名称	Item	合计 Total	村级农民体育健身工程 Village farmer sports fitness project	乡镇体育健身工程 Rural sports fitness project	全民健身路径工程 The national fitness program	全民健身活动中心 National health students activity center	
						大、中型 Big, medium-sized	小型 small-sized
数量(个)	Number(unit)	936	439	38	392	5	6
器材件数(件)	Equipment Pieces(pieces)	5956			5736		
场地面积(m^2)	Building Area (m^2)	950116	369607	91298	35143	800	71495
场地长度(m)	Field Length (meter)						
投资总额(万元)	Total of Investment (10 000yuan)	16933	4098	1519	1730	120	1260
其中:财政资金	fiscal funds	12181	2913	82	797	120	910
彩票公益金	Lottery	4608	1161	1437	893		350
社会资金	social funds	144	24		40		

18-5 续表1 continued

指标名称	Item	户外健身场地设施 Outdoor fitness Venues and facilities					其他场地设施 Other facilities
		体育公园 Sports Park	全民健身广场 Fitness Plaza	户外体育营地 Outdoor sports camp	社区运动场地 Community sports venues	健身步道 Fitness trail	
数量(个)	Number(unit)	4	20	1	8		23
器材件数(件)	Equipment Pieces (pieces)						220
场地面积(m^2)	Building Area (m^2)	203325	150148	12000	8000		8300
场地长度(m)	Field Length (meter)						
投资总额(万元)	Total Investment (10 000yuan)	5796	1656	80	535		139
其中:财政资金	fiscal funds	5676	1420		205		58
彩票公益金	Lottery	120	206	80	330		31
社会资金	social funds		30				50

18–6 体育系统从业

Number of Institutions and Engaged

指标名称 Item	合计 Total	公务员 Civil servants	管理人员 Managers	专业技术人员				
				小计 Subtotal	体育教练员 Sports Coaches	科学研究人员 Scientific research personnel	卫生技术人员 Health technical personnel	会计专业人员 Accounting professionals
合计 Total	**1266**	**79**	**197**	**376**	**237**	**12**	**6**	**7**
体育行政机关 Administrative Agencies of Physical Culture and Sports	79	79	–	–	–	–	–	–
运动项目管理部门(优秀运动队) Sports Ecents Management (Excellent sports team)	522	–	23	80	75		3	1
本科院校 colleges		–						
职业、运动技术学院 Sports Technical Institutes		–						
体育运动学校 Physical Education and Sports Schools	100	–	19	76	42	1	3	1
竞技体校 Competitive Soprts School		–						
少年儿童体育学校(业余体校) Spare-time Sport School	167	–	14	65	60			1
单项运动学校 Physical Education and Sports Schools		–						
体育中学 Sports middle school		–						
训练基地 Training bases		–						
体育场馆 Stadium and Gymnasium	114	–	15	73	4			3
体育科研机构 Science and Technology Institute	16	–	5	11		11		
其他事业单位 Other institutions	259	–	116	69	55			1
其它 Others	9	–	5	2	1			

注:"–"栏指标无数据。

人员情况表(2013 年)

persons of Physical Education System(2013)

Professional Technical Presonnel					优秀运动队运动员 Excellent Athlete of Sport Team						工勤人员 Workers and service person-nel	其他 Others
工程技术人员 Engineering and technical personnel	高等学校教师 High school Teachers	中等专业学校教师 Special-ized Secondary school teachers	中小学教师 Primary and secondary school teachers	其他 Others	小计 Subtotal	集训 Assemble for training	试训 On trial	正式 Formal	职业转换过渡期 On Career transition period	其他 Others		
13	**2**	**28**	**1**	**70**	**472**	**78**	**54**	**57**		**283**	**84**	**58**
–	–	–	–	–	–	–	–	–	–	–		
	1				398	78	54	57		209	21	
		28		1							5	
			1	3	74					74	14	
13				53							26	
	1			12							16	58
				1							2	

18-7 分项目分技术等级 运动员发展人数(2013 年)

Certified Athletes by Type ofSports and TechnicalGrade(2013)

单位:人 (person)

项目	Item	等级运动员 Grade athlete									
		合计 Totals	女 Female	国际级运动健将 International Master of Sports	女 Female	运动健将 Master of Sports	女 Female	一级运动员 first Grade	女 Female	二级运动员 second Grade	女 Female
合 计	**Total**	**499**	**187**					**10**	**3**	**489**	**184**
田径	Track and Field Events	74	24							74	24
游泳	Swimming	21	9					1	1	20	8
跳水	Diving	1	1							1	1
水球	Water Polo	4	4							4	4
花样游泳	Synchronized Swimming	4	2							4	2
举重	Weightlifting	3	1							3	1
摔跤	Wrestling	77	21							77	21
跆拳道	Taekwondo	66	25							66	25
射击	Shooting	9	3					5		4	3
足球	Football	32								32	
篮球	Basketball	100	45					4	2	96	43
排球	Volleyball	84	39							84	39
乒乓球	Table Tennis	2	2							2	2
武术	Wushu	22	11							22	11

18-8 分项目、分等级裁判员发展人数（2013 年）

Referee by Type of Sports and Technical Grade(2013)

单位:人 (person)

项 目	Item	合计 Totals	男 Male	女 Female	国家级 National level	男 Male	女 Female	一级 First Grade	男 Male	女 Female	二级 Second Grade	男 Male	女 Female
总 计	**Total**	**122**	**83**	**39**				**79**	**46**	**33**	**43**	**37**	**6**
田径	Track and Field Events	17	13	4				6	4	2	11	9	2
跆拳道	Taekwondo	3	3					1	1		2	2	
射击	Shooting	2	1	1				2	1	1			
足球	Football	19	17	2				1	1		18	16	2
篮球	Basketball	19	19					18	18		1	1	
排球	Volleyball	14	9	5				13	8	5	1	1	
沙滩排球	Beach Volleyball	5	4	1				1		1	4	4	
乒乓球	Table Tennis	16	8	8				13	5	8	3	3	
羽毛球	Badminton	7	3	4				5	2	3	2	1	1
武术	Wushu	8	3	5				7	3	4	1		1
门球	Gateball	12	3	9				12	3	9			

18-9 主要年份卫生机构数

Number of Health Care Institutions in Main Years

单位:个　　　　　　　　　　　　　　　　　　　　　　　　　　　　　　　　　　　　　　(unit)

年份 Year	总计 Total	医院、卫生院 Hospitals and Health Centers	医院 Hospital	疗养院、所 Sanatoriums	门诊部、所 Clinics	专科防治所、站 Specialized Prevention & Treatment Centers or Stations	疾病预防控制中心 Center for Disease Control and Prevention	妇幼保健所、站 Women and Children Care Agencies	其他卫生机构 Other Institutions
1950	156	6			134			2	14
1955	221	21		1	166		1	14	18
1958	314	81	37	1	194		20	17	1
1960	586	37	37	1	501	3	24	17	3
1965	607	124	30	4	429	4	20	22	4
1970	519	334			160	2	21		2
1975	736	282	47		406	1	22	18	7
1978	825	306	61		470	1	22	19	7
1980	916	305	60	1	552	2	23	21	12
1985	1057	303	69	2	685	6	24	21	16
1990	1163	177	82	3	894	8	29	27	25
1995	1026	368	91	2	564	11	31	26	24
2000	1361	380	97	2	887	9	28	25	30
2001	1266	387	106	2	785	9	28	25	30
2002	1393	390	110	2	905	9	27	25	35
2003	1499	401	122	2	930	6	28	25	107
2004	1483	400	132	2	993	4	25	22	37
2005	1463	400	134	1	900	4	25	21	112
2006	1553	369	131	1	1022	3	26	21	111
2007	1530	382	140	1	977	1	26	22	121
2008	1633	389	150	1	1058		25	22	138
2009	1601	394	158	1	1015		24	22	145
2010	1583	390	157	1	1003		25	22	142
2011	4143	391	156	1	1034		25	22	2670
2012	4136	369	141	1	1135		25	22	2584
2013	4230	384	156	1	1097		2	22	2701

注:2011 年以来按照社会统计报表制度,其他卫生机构包括村卫生室。

18-10 主要年份卫生机构床位数
Number of Beds in Health Care Institutions in Main Years

单位:张 (bed)

年 份 Year	总 计 Total	医 院 Hospitals	门诊部 Clinics	其他卫生机构 Other Health Care Institutions	每千人口医院床位数 Number of Beds of Hospitals and Health Centers per 1000 Population
1950	40	40			0.03
1955	332	282		50	0.17
1958	1377	1136	160	81	0.61
1960	1531	1421	30	80	0.67
1965	4155	2823	1072	260	1.28
1970	3729	3703	26		1.34
1975	6549	5921	616	12	1.81
1978	7517	6962	542	13	1.96
1980	7866	7184	604	78	1.92
1985	9567	8640	726	201	2.08
1990	10556	10045	226	285	2.16
1995	13099	12144	542	413	2.40
2000	13825	13229	117	479	2.35
2001	14434	12142	127	2165	2.16
2002	14782	13768	48	966	2.09
2003	15728	13143	96	2489	2.27
2004	16870	14087	108	2675	2.40
2005	17802	14780	174	2848	2.48
2006	18307	15729	44	2534	2.61
2007	18927	16488	12	2427	2.70
2008	20967	17721	9	3237	3.39
2009	22142	18791		3351	3.54
2010	23659	20258	9	3392	3.57
2011	25882	22114	9	3759	3.46
2012	27393	23509		3884	4.25
2013	30320	26199		4121	4.13

18-11 各类医院机构、床位及人员数(2013年)

Number of Health Care Institutions,Beds and Persons(2013)

指标	Item	机构数(个) Health Care Institutions (unit)	床位数(张) Beds (bed)	职工人数(人) Number of Staff (Person)	卫生技术人员 Medical Technical Personnel	执业医师、助理执业医师 Licensed and Assistant Doctors
医院总计	**Hospitals**	**156**	**26199**	**30435**	**25440**	**8645**
市	City	116	19728	23821	19790	6706
县	County	40	6471	6614	5650	1939
综合医院	Ceneral Hospitals	99	20462	24919	20984	7032
中医医院	Hospitals Specialized in Chinese Medicine	19	3413	3372	2899	1051
专科医院	Specialized Hospitals	32	2089	1910	1373	496
其他医院	Others	6	235	234	184	66

18-12 社会福利类收养性单位基本情况

Basic Statistics on Social Welfare and Salvation Institutions

指标	Item	2012				2013			
		院数(个) Number of Homes (unit)	工作人员(人) Number of Staff and Workers (person)	床位(张) Number of Beds (bed)	年末收养人数(人) Year-end Persons Adopted (person)	院数(个) Number of Homes (unit)	工作人员(人) Number of Staff and Workers (person)	床位(张) Number of Beds (bed)	年末收养人数(人) Year-end Persons Adopted (person)
全区总计	**Total**	**79**	**918**	**8241**	**5261**	**78**	**878**	**10154**	**6668**
光荣院、福利院	Homes for Disabled Veterans	19	523	2641	1124	13	394	2476	1827
其他收养性单位	Others	60	395	5600	4137	65	484	7678	4841

18-13 社会福利事业、企业单位和工作人员数

Number of Social Welfare Institutions & Enterprises and Personnel Engaged in Main Years

单位:个、人 (unit, person)

指 标	Item	1990		2000		2010		2012		2013	
		单位 Enterprises	人数 Staff	单位 Enterprises	人数 Staff	单位 Enterprises	人数 Staff	单位 Enterprises	人数 Staff	单位 Enterprises	人数 Staff
全区总计	**Total**	**455**	**4343**	**450**	**3522**	**183**	**5876**	**248**	**7912**	**237**	**5675**
社会福利事业单位	Social Welfares Institutions	264	568	197	582	90	819	103	1094	104	1320
社会福利企业单位	Social Welfares Enterprises	157	3599	211	2693	87	5007	86	6484	78	4039
烈士纪念建筑物管理单位	Units of Revolutionary Martyr Building Management	6	25	7	31	1	6	10	33	9	29
求助管理站	Relef Management Stations	5	81	7	81	2	10	11	77	12	76
殡仪服务单位	Funeral and Interment Institutions	23	70	28	135	3	34	38	224	34	211

18-14 主要年份享受救济人员情况

Persosns Receiving Subsidies or Relief Funds in Main Years

单位:人 (person)

指 标	Item	2010	2011	2012	2013
农村困难户得到救济人次数	Number of Persons Receiving Poor Relief in Rural Areas	434784	581855	989534	411494
城镇贫困户得到救济人次数	Number of Persons Receiving Poor Relief in Urban Areas	214174	246822	303848	179824

18-15 主要年份律师、公证、调解工作基本情况

Basic Statistics on Lawyers, Notarization and Mediation in Main Years

项目	Item	单位	Unit	1990	2000	2010	2011	2012	2013
律师工作	**Lawyers**								
律师事务所	Number of Law Offices	个	unit	32	62	78	83	85	88
律师	Lawyers	人	person	223	722	993	1120	1263	1444
担任法律顾问的单位	Legal Advisors	处	unit	515	767	1335	1423	1405	1742
民事代理	Agent of Civil Cases	件	case	2617	5284	12904	10525	10962	15562
刑事辩护	Defender of Criminal Cases	件	case	2050	2368	2949	3101	3807	3932
非诉讼事件	Agent of Non-litigious Legal Affairs	件	case	270	1489	850	1387	1644	868
涉外法律事务	Legal Affairs	件	case			2	81		4
解答法律询问	Agent of Legal Advisory	件	case	24521	36369	24582	32836	43054	47335
代写法律事务文书	Agent of Legal Documents Written on Behalf of Clients	件	case	6165	10687	8577	11287	10576	10336
公证工作	**Notarization**								
公证处	Number of Notary Offices	个	unit	26	30	21	21	21	21
公证员	Notaries Personnel	人	person	123	200	97	121	123	125
办理公证文书	Number of Notarized Documents	件	case	11087	66123	64291	62080	66036	73110
人民调解工作	**Number of People´s Mediation**								
专职司法助理员	Number of Full-time Judicia lAssistants	人	person	347	444	421	463	492	587
人民调解委员会	Number of People's Mediation Committees	个	unit	3648	3604	3423	3260	3280	3341
调解人员	Number of Mediators	人	person	23477	26493	21892	18780	18722	20400
调解民间纠纷	Number of Cicil Disputes Mediated	件	case	18506	19846	19965	29273	32547	36246

18-16 火灾、交通事故情况(2013年)

Basic Statistics on Fire and Traffic Accidents (2013)

指标	Item	火灾事故 Fire Accident	交通事故 Traffic Accidents
发生(起)	Fire Accidents(case)	4176	1793
死亡(人)	Deaths(person)	9	400
受伤(人)	Injuries(person)		2177
损失折款(万元)	Losses Converted into Cash(10000yuan)	2177.02	799.44
平均每起损失(元)	Average Loss of Fire(yuan)	5213.16	4458.7

18–17 各市县卫生机构数(2013 年)
Number of Institutions by City and Country(2013)

单位:个 (unit)

地区	Region	总计 Total	医院 Hospitals	卫生院 Health Center	疗养院 Sanatorium	门诊部、所 Clinics
全区总计	**Total**	**4230**	**156**	**228**	**1**	**1097**
银川市	**Yinchuan**	**931**	**54**	**38**	**1**	**462**
银川市	District	516	47	12	1	311
永宁县	Yongning	144	2	8		46
贺兰县	Helan	124	2	6		51
灵武市	Lingwu	147	3	12		54
石嘴山市	**Shizuishan**	**535**	**28**	**23**		**237**
石嘴山市	District	297	21	9		181
平罗县	Pingluo	238	7	14		56
吴忠市	**Wuzhong**	**830**	**39**	**49**		**155**
利通区	Litong	228	27	17		73
红寺堡区	Hongsipu	114	3	3		10
盐池县	Yanchi	139	2	8		23
同心县	Tongxin	213	2	11		25
青铜峡市	Qingtongxia	136	5	10		24
固原市	**Guyuan**	**1193**	**20**	**76**		**149**
原州区	Yuanzhou	306	11	11		86
西吉县	Xiji	353	3	25		22
隆德县	Longdei	199	3	19		14
泾源县	Jingyuan	135	1	7		17
彭阳县	Pengyang	200	2	14		10
中卫市	**Zhongwei**	**741**	**15**	**42**		**94**
沙坡头区	Shapotou	205	7	10		27
中宁县	Zhongning	232	6	13		65
海原县	Haiyuan	304	2	19		2

18-17 续表 1 continued

单位:个 (unit)

地 区	Region	疾病预防控制中心 Centers for Disease Control and Prevention	妇幼保健所、室 Women and Children Care Agencies	卫生监督所 Health Supervision	采供血机构 Blood	其他卫生机构 Other Health Care Institutions
全区总计	**Total**	**25**	**22**	**25**	**5**	**2671**
银 川 市	**Yinchuan**	**8**	**5**	**8**	**1**	**354**
银 川 市	District	5	2	5	1	132
永 宁 县	Yongning	1	1	1		85
贺 兰 县	Helan	1	1	1		62
灵 武 市	Lingwu	1	1	1		75
石嘴山市	**Shizuishan**	**3**	**3**	**3**	**1**	**237**
石嘴山市	District	2	2	2	1	79
平 罗 县	Pingluo	1	1	1		158
吴 忠 市	**Wuzhong**	**5**	**5**	**5**	**1**	**571**
利 通 区	Litong	1	1	1	1	107
红寺堡区	Hongsipu	1	1	1		95
盐 池 县	Yanchi	1	1	1		103
同 心 县	Tongxin	1	1	1		172
青铜峡市	Qingtongxia	1	1	1		94
固 原 市	**Guyuan**	**6**	**6**	**6**	**1**	**929**
原 州 区	Yuanzhou	2	2	2	1	191
西 吉 县	Xiji	1	1	1		300
隆 德 县	Longdei	1	1	1		160
泾 源 县	Jingyuan	1	1	1		107
彭 阳 县	Pengyang	1	1	1		171
中 卫 市	**Zhongwei**	**3**	**3**	**3**	**1**	**580**
沙坡头区	Shapotou	1	1	1	1	157
中 宁 县	Zhongning	1	1	1		145
海 原 县	Haiyuan	1	1	1		278

18-18 主要年份各市县医院数

Number of Hospitals by City and Country in Main Years

单位:个 (unit)

地区	Region	2000	2005	2010	2011	2012	2013
全区总计	**Total**	**96**	**134**	**157**	**156**	**141**	**156**
银 川 市	**Yinchuan**	**45**	**59**	**61**	**61**	**53**	**54**
银 川 市	District	28	45	47	49	46	47
永 宁 县	Yongning	5	4	4	2	2	2
贺 兰 县	Helan	3	2	2	2	2	2
灵 武 市	Lingwu	9	8	8	8	3	3
石嘴山市	**Shizuishan**	**23**	**27**	**33**	**32**	**28**	**28**
石嘴山市	District	18	22	25	24	21	21
平 罗 县	Pingluo	5	5	8	8	7	7
吴 忠 市	**Wuzhong**	**9**	**22**	**31**	**30**	**29**	**39**
利 通 区	Litong	2	9	19	18	18	27
红寺堡区	Hongsipu			2	2	2	3
盐 池 县	Yanchi	2	2	2	2	2	2
同 心 县	Tongxin	1	2	2	2	2	2
青铜峡市	Qingtongxia	4	9	6	6	5	5
固 原 市	**Guyuan**	**10**	**14**	**19**	**20**	**20**	**20**
原 州 区	Yuanzhou	4	8	11	11	11	11
西 吉 县	Xiji	2	2	3	3	3	3
隆 德 县	Longdei	1	2	3	3	3	3
泾 源 县	Jingyuan	1	1	1	1	1	1
彭 阳 县	Pengyang	2	1	1	2	2	2
中 卫 市	**Zhongwei**	**9**	**12**	**13**	**13**	**11**	**15**
沙坡头区	Shapotou	4	6	7	7	7	7
中 宁 县	Zhongning	4	4	4	4	2	6
海 原 县	Haiyuan	1	2	2	2	2	2

18-19 各市县卫生机构人员数(2013年)

Number of Employed Persons in Health Institutions by City and Country(2013)

单位:人 (person)

地区	Region	总计 Total	卫生技术人员 Medical Technical Personnel	执业(助理)医师 Licensed (Assistant) Personnel	执业医师 Licensed Doctor	注册护士 Registered Nurse	其他 Others	每千人口执业医师数 Number of Medical Technical Personnel Per 1000 Population
全区总计	**Total**	**47704**	**37350**	**14317**	**12663**	**13978**	**9055**	**1.94**
银川市	**Yinchuan**	**21621**	**17562**	**6429**	**5965**	**7383**	**3750**	**2.86**
银川市	District	18503	15242	5559	5261	6543	3140	3.91
永宁县	Yongning	989	760	273	230	244	243	1.00
贺兰县	Helan	678	500	188	131	165	147	0.56
灵武市	Lingwu	1451	1060	409	343	431	220	1.26
石嘴山市	**Shizuishan**	**6826**	**5675**	**2077**	**1891**	**2199**	**1399**	**2.49**
石嘴山市	District	5058	4297	1574	1464	1737	986	2.99
平罗县	Pingluo	1768	1378	503	427	462	413	1.58
吴忠市	**Wuzhong**	**7999**	**6022**	**2301**	**1816**	**2046**	**1675**	**1.36**
利通区	Litong	3393	2679	1050	850	881	748	2.15
红寺堡区	Hongsipu	558	365	161	103	125	79	0.57
盐池县	Yanchi	852	536	259	214	137	140	1.42
同心县	Tongxin	1389	993	280	240	353	360	0.74
青铜峡市	Qingtongxia	1807	1449	551	409	550	348	1.46
固原市	**Guyuan**	**5756**	**3965**	**1980**	**1676**	**1042**	**943**	**1.35**
原州区	Yuanzhou	2424	1857	899	783	571	387	1.87
西吉县	Xiji	1290	812	455	375	162	195	1.04
隆德县	Longdei	874	551	238	212	143	170	1.30
泾源县	Jingyuan	487	310	157	115	60	93	1.13
彭阳县	Pengyang	681	435	231	191	106	98	0.95
中卫市	**Zhongwei**	**5502**	**4126**	**1530**	**1315**	**1308**	**1288**	**1.17**
沙坡头区	Shapotou	2567	1977	651	590	776	550	1.48
中宁县	Zhongning	1585	1169	457	377	325	387	1.13
海原县	Haiyuan	1350	980	422	348	207	351	0.88

18-20 主要年份各市县卫生技术人员数

Medical Technical Personnel in Health Care Institutions by City and Country in Main Years

单位:人　　(person)

地　区	Region	1985	1990	1995	2000	2005	2010	2011	2012	2013
全区总计	**Total**	**15538**	**19175**	**21223**	**19171**	**22817**	**29744**	**32054**	**34265**	**37350**
银 川 市	**Yinchuan**	**6252**	**7876**	**8893**	**7840**	**9717**	**13667**	**14651**	**15952**	**17562**
银 川 市	District	4693	6061	6942	5961	7845	11815	12515	13873	15242
永 宁 县	Yongning	406	470	470	542	584	570	587	580	760
贺 兰 县	Helan	456	492	468	405	312	425	442	491	500
灵 武 市	Lingwu	697	853	1013	932	976	857	1107	1008	1060
石嘴山市	**Shizuishan**	**3189**	**3748**	**4083**	**3172**	**3845**	**4720**	**5105**	**5400**	**5675**
石嘴山市	District	2370	2954	3200	2349	2974	3543	3814	4122	4297
平 罗 县	Pingluo	742	702	802	717	871	1177	1291	1278	1378
陶 乐 县	Taole	77	92	81	106					
吴 忠 市	**Wuzhong**	**2147**	**2606**	**3019**	**3041**	**3648**	**4481**	**4760**	**5397**	**6022**
利 通 区	Litong	846	1000	1169	1151	1598	2108	2226	2384	2679
红寺堡区	Hongsipu					20	195	275	253	365
盐 池 县	Yanchi	688	824	934	983	1216	715	795	471	536
同 心 县	Tongxin	328	414	450	441	376	366	369	935	993
青铜峡市	Qingtongxia	285	368	466	466	438	1097	1095	1354	1449
固 原 市	**Guyuan**	**2318**	**2850**	**3043**	**2915**	**3263**	**3774**	**4080**	**3827**	**3965**
原 州 区	Yuanzhou	1125	1373	1328	1287	1482	1954	2099	1778	1857
西 吉 县	Xiji	424	540	649	592	678	781	848	842	812
隆 德 县	Longdei	373	465	485	424	426	446	457	463	551
泾 源 县	Jingyuan	181	198	237	207	250	238	257	293	310
彭 阳 县	Pengyang	215	274	344	405	427	355	419	451	435
中 卫 市	**Zhongwei**	**1632**	**2095**	**2185**	**2203**	**2344**	**3102**	**3458**	**3689**	**4126**
沙坡头区	Shapotou	714	849	934	981	1092	1655	1815	1863	1977
中 宁 县	Zhongning	514	759	768	645	715	885	918	1084	1169
海 原 县	Haiyuan	404	487	483	577	537	562	725	742	980

18-21 各市县卫生机构床位数(2013年)

Number of Beds in Health Care Institution by City and County(2013)

单位:张 (bed)

地区	Region	总计 Total	医院 Hospitals	疗养院 Sanatoriums	卫生院 Health Centers	妇幼保健院(所、站) Women and Children Care Agencies	其他卫生机构 Other Institutions
全区总计	**Total**	**30320**	**26199**	**100**	**2692**	**957**	**372**
银川市	**Yinchuan**	**13046**	**11783**	**100**	**579**	**370**	**214**
银川市	District	11410	10601	100	205	290	214
永宁县	Yongning	445	360		65	20	
贺兰县	Helan	388	247		121	20	
灵武市	Lingwu	803	575		188	40	
石嘴山市	**Shizuishan**	**4098**	**3703**		**222**	**55**	**118**
石嘴山市	District	3215	2938		132	30	115
平罗县	Pingluo	883	765		90	25	3
吴忠市	**Wuzhong**	**5425**	**4619**		**576**	**225**	**5**
利通区	Litong	2692	2497		95	100	
红寺堡区	Hongsipu	330	262		28	40	
盐池县	Yanchi	575	420		135	20	
同心县	Tongxin	640	470		155	15	
青铜峡市	Qingtongxia	1188	970		163	50	5
固原市	**Guyuan**	**4396**	**3538**		**640**	**212**	**6**
原州区	Yuanzhou	2144	1950		74	120	
西吉县	Xiji	825	612		193	20	
隆德县	Longdei	553	486		50	17	
泾源县	Jingyuan	239	150		74	15	
彭阳县	Pengyang	635	340		249	40	6
中卫市	**Zhongwei**	**3355**	**2556**		**675**	**95**	**29**
沙坡头区	Shapotou	1704	1480		180	25	19
中宁县	Zhongning	886	656		210	20	
海原县	Haiyuan	765	420		285	50	10

主要统计指标解释

[**体育场**] 指有400米跑道（中心含足球场）。有固定道牙，跑道6条以上，并有固定看台的室外田径场地。以看台容纳观众人数分：甲级25000人以上，乙级15000–25000人，丙级5000–15000人，丁级5000人以下。

[**等级裁判员**] 指经考核正式批准授予等级裁判员职称者，分为国际裁判、国家级、一级、二级、三级。

[**等级运动员**] 指经考核正式批准授予等级运动员称号的运动员，分为国际级运动健将、运动健将、一级、二级、三级、少年级。

[**优秀运动队**] 指各省、市、自治区体委、解放军、产业体协、运动技术学院和军事体育学校所居的各类运动队。不包括机关团体、厂矿等企业、事业单位所属的职工运动队。

[**卫生机构**] 指各个部门（军事部门除外）、各种性质的设有专职卫生技术人员的卫生事业机构。包括医院、疗养院（所）、门诊部（所）、专科防治所（站）、卫生防疫站、妇幼保健所（站）、药品检验所（室）、其他卫生机构、包括急救站、中心血库、输血站、环境卫生监测站、生物制品研究所、精神病收容所、麻风村、卫生千部进修院（校）。

[**医院**] 指名称为医院、设有固定床位能收容病人住院并能为病人提供医疗、护理服务的医疗机构。包括县及县以上医院、农村乡卫生院、其他医院三部分，按所属性质分为卫生部门、工业及其他部门、集体所有制三类。其中县及县以上医院按业务性质分为综合医院和专科医院。

[**卫生技术人员**] 指卫生事业机构支付工资的全部固定职工和合同制职工中现任职务为卫生技术工作的人员。包括中医师、西医师、中西医结合高级医师、护师、中药师、西药师、检验师、其他技师、中医士、西医士、护士、助产士、中药剂士、西药剂士、检验士、其他技士、其他中医、护理员、中药剂员、西药剂员、检验员、其他初级卫生技术人员。

[**医生**] 指经卫生部门审查合格，从事医疗工作的专业人员，分为中医医生和西医医生。包括卫生技术人员中的中医师、西医师、中西医结合高级医师、中医士、西医士和其他中医。

[**社会福利企业单位**] 指以安置城镇有一定劳动能力的盲、聋、哑积肢体残疾人员就业为目的，享受国家减免税待遇的全民或集体所有制企业。包括民政部门管理和街道举办两类。

[**城乡社会救济费**] 社会救济是指国家或集体用于生活困难的人员的财物支出。本指标包括城镇社会救济费、乡村社会救济费、精减退职的老职工救济费。

[**公证人员**] 指在国家公证机关依法办理公证事务的司法人员。包括公证员、助理公证员和在公证处工作的其他人员。

[**办理公证文书**] 指公证处在一定时期内办理的公证文书件数。公证文书系按司法部规定或批准的格式制作。包括国内公证和涉外公证两部分。其中国内公证分为经济合同公证和民事法律关系公证两大类。

第十九篇 Chapter19

环境保护 Environment Protection

责任编辑：马宏德

资料整理：马宏德　王增沈　王　伟　马春艳　佘　媛　杨则南

Coordinator: Ma Hongde

Data Compilation: Ma Hongde　Wang Zengshen　Wang wei　Ma Chunyan　She Yuan　Yang Zenan

19-1 全区环境保护基本情况

Basic Statistics on Environmental Protection

指　标	Item	2005	2010	2011	2012	2013
环保系统建设情况	**Situation of Environmental Protection Agencies**					
机构总数(个)	Number of Agencies(unit)	55	62	65	65	65
监测站	Monitoring Station	11	15	18	18	13
监察机构	Supervision Institution			24	24	20
人员总数(人)	Total Number of Staff and Workers(person)	713	1008	985	985	985
监测人员	Monitoring Personnel	243	306	336	336	338
监察人员	Supervision Personnel			290	290	405
污染排放与处理情况	**Pollution Discharge and Treatment**					
废水	**Waste Water**					
工业废水排放量(万吨)	Volume of Waste Water Discharge (10 000 tons)	21410.7	21977.5	18666.37	16547.81	15708.10
城镇生活污水排放量(万吨)	Consumption Waste Water Discharge in Town(10 000 tons)	14406.0	18676.3	20137.99	22388.57	22809.82
废气	**Waste Gas**					
工业废气排放量(亿标立方米)	Volume of Industrial Waste Gas Emission(100 million cu.m)	2844.46	16324.16	10055.93	9324.47	10026.20
二氧化硫排放量(万吨)	Volume of Sulphur Dioxide Emission (10 000 tons)		31	41.04	40.66	38.97
工业	Industry	30.2	28.0	38.79	38.44	36.82
生活及其他	Consumption and Others	4.0	3.0	2.25	2.22	2.15
烟(粉)尘排放量(万吨)	Volume of Soot(Dust) Emission (10 000 tons)			21.55	19.83	23.06
工业	Industry	10.16	13.6	19.82	18.07	21.29
生活及其他	Consumption and Others	2.18	3.6	0.96	0.94	0.91
机动车	Motor Vehicle			0.76	0.82	0.86
工业二氧化硫产生量(万吨)	Volume of Sulphur Dioxide Produced (10 000 tons)			119.94	127.54	147.53
工业烟(粉)尘产生量(万吨)	Volume of Industrial Soot(Dust) Produced(10 000 tons)			2325.66	2114.10	1910.73
氮氧化物排放量(万吨)	Volume of Nitrogen Oxide Emissions(10 000 tons)		41.76	45.82	45.54	43.74
工业	Industry		34.99	38.59	37.88	35.72
生活及其他	Consumption and Others		0.31	0.27	0.28	0.27
机动车	Motor Vehicle		6.5	6.96	7.38	7.75

19-1 续表 1 continued

指　　标	Item	2005	2010	2011	2012	2013
固体废物	**Solid Wastes**					
一般工业固体废物产生量(万吨)	Volume of General Industrial Solid Wastes Produced (10 000 tons)	718.75	2465.46	3349.05	2960.66	3276.85
危险废物产生量(万吨)	Volume of Hazardous Wastes Produced (10 000 tons)		4.06	4.93	5.62	5.09
一般工业固体废物综合利用率(%)	Ratio of Industrial Solid Wastes Utilized(%)	53.87	57.49	61.26	69.03	73.08
一般工业固体废物排放量(万吨)	Volume of Industrial Solid Wastes Discharged(10 000 tons)	4.10	0.92	1.72		
工业污染治理项目及投资情况	**Investment Completed in the Treatment of Industrial Pollution**					
当年施工污染治理项目数(个)	Number of Projects for Pollution Treatment (unit)	76	21	112	60	69
污染治理项目本年完成投资额(万元)	Investment Completed in the Treatment of Pollution This Year (10 000 yuan)	17709.8	40896.0	46091.15	69159.69	165486.40
废水治理	Treatment of Waste Water	5327.0	23478.0	20016.89	14298.26	18947.00
废气治理	Treatment of Waste Gas	9993.3	5618.0	23140.37	43542.97	138888.90
固体废物治理	Treatment of Solid Waste	889.5		1110.59	5601.00	7282.74
治理噪声	Treatment of Noise			18.00		5.50
其他治理	Treatment of Other Pollution	1500.0	11800.0	1823.30	5717.46	362.20
生态环境保护情况	**Situation of Natural Protection**					
自然保护区(个)	Number of Nature Reserves (unit)	13	13	13	13	14
国家级	Nation Level	5	6	6	6	8
自然保护区面积(万公顷)	Area of Nature Reserves(10 000 hectares)	54.7	47.0	53.42	53.42	53.30

19-2 工业分行业废水排放及处理情况（2013年）

Discharge and Treatment of Waste Water by Sector(2013)

行业	Sector	汇总工业企业数（个） Number of Industrial Enterprises (unit)	工业废水治理设施数(套) Number of Facilities for Treatment of Industrial Waste Water(set)
煤炭开采和洗选业	Mining and Washing of Coal	49	52
石油和天然气开采业	Extraction of Petroleum and Natural Gas	1	
非金属矿采选业	Mining and Processing of Non-metal Ores	6	3
农副食品加工业	Processing of Food from Agricultural Products	102	15
食品制造业	Manufacture of Foods	27	13
酒、饮料和精制茶制造业	Manufacture of Wine,Beverages and Refined Tea	17	4
烟草制品业	Manufacture of Tobacco	1	
纺织业	Manufacture of Textile	11	1
皮革、毛皮、羽毛(绒)及其制品业	Manufacture of Leather,Fur,Feather and Related Products	6	5
造纸及纸制品业	Manufacture of Paper and Paper Products	19	19
石油加工、炼焦及核燃料加工业	Processing of Petroleum, Coking, Processing of Nuclear Fuel	21	20
化学原料及化学制品制造业	Manufacture of Raw Chemical Materials and Chemical Products	101	79
医药制造业	Manufacture of Medicines	9	8
橡胶和塑料制品业	Manufacture of Rubber and Plastics	1	2
非金属矿物制品业	Manufacture of Non-metallic Mineral Products	247	52
黑色金属冶炼及压延加工业	Smelting and Pressing of Ferrous Metals	70	22
有色金属冶炼及压延加工业	Smelting and Pressing of Non-ferrous Metals	18	4
金属制品业	Manufacture of Metal Products	4	5
通用设备制造业	Manufacture of General Purpose Machinery	1	1
专用设备制造业	Manufacture of Special Purpose Machinery	8	2
电气机械及器材制造业	Manufacture of Electrical Machinery and Equipment	4	2
计算机、通信和其他电子设备制造业	Manufacture of Computers,Communication Equipment and Other Electronic Equipment	1	
其他制造业	Other Manufacturing	2	
废弃资源综合利用业	Recycling and Disposal of Waste	3	
金属制品、机械和设备修理业	Metal Products, Machinery and Equipment Repair Industry	1	
电力、热力的生产和供应业	Production and Supply of Electric power and Heat Power	87	58

19-2 续表 1 continued

行 业	Sector	工业废水排放量（万吨）Volume of Industrial Waste Water Discharge (10 000 tons)	排入污水处理厂的量 Volume of Waste Water Discharged into Sewage Disposal Plants
煤炭开采和洗选业	Mining and Washing of Coal	1223.30	
石油和天然气开采业	Extraction of Petroleum and Natural Gas		
非金属矿采选业	Mining and Processing of Non-metal Ores	2.05	
农副食品加工业	Processing of Food from Agricultural Products	368.04	
食品制造业	Manufacture of Foods	2757.11	71.01
酒、饮料和精制茶制造业	Manufacture of Wine,Beverages and Refined Tea	191.86	0.96
烟草制品业	Manufacture of Tobacco	5.50	
纺织业	Manufacture of Textile	45.67	
皮革、毛皮、羽毛(绒)及其制品业	Manufacture of Leather,Fur,Feather and Related Products	9.47	
造纸及纸制品业	Manufacture of Paper and Paper Products	4555.10	
石油加工、炼焦及核燃料加工业	Processing of Petroleum, Coking, Processing of Nuclear Fuel	233.33	131.87
化学原料及化学制品制造业	Manufacture of Raw Chemical Materials and Chemical Products	3838.41	1022.76
医药制造业	Manufacture of Medicines	928.80	
橡胶和塑料制品业	Manufacture of Rubber and Plastics	60.67	60.67
非金属矿物制品业	Manufacture of Non-metallic Mineral Products	29.28	14.90
黑色金属冶炼及压延加工业	Smelting and Pressing of Ferrous Metals	195.55	39.38
有色金属冶炼及压延加工业	Smelting and Pressing of Non-ferrous Metals	494.52	2.60
金属制品业	Manufacture of Metal Products	59.64	48.30
通用设备制造业	Manufacture of General Purpose Machinery	11.40	11.40
专用设备制造业	Manufacture of Special Purpose Machinery	6.57	1.71
电气机械及器材制造业	Manufacture of Electrical Machinery and Equipment	4.99	4.43
计算机、通信和其他电子设备制造业	Manufacture of Computers,Communication Equipment and Other Electronic Equipment	3.33	
其他制造业	Other Manufacturing		
废弃资源综合利用业	Recycling and Disposal of Waste	0.41	
金属制品、机械和设备修理业	Metal Products, Machinery and Equipment Repair Industry		
电力、热力的生产和供应业	Production and Supply of Electric power and Heat Power	68.86	

19-2 续表 2 continued

行 业	Sector	工业废水处理量(万吨) Volume of Industrial Waste Water Treated (10 000 tons)	化学需氧量排放量(吨) COD Discharged (ton)
煤炭开采和洗选业	Mining and Washing of Coal	3257.88	1827.91
石油和天然气开采业	Extraction of Petroleum and Natural Gas		
非金属矿采选业	Mining and Processing of Non-metal Ores	2.05	0.85
农副食品加工业	Processing of Food from Agricultural Products	215.47	19697.20
食品制造业	Manufacture of Foods	2588.85	8142.27
酒、饮料和精制茶制造业	Manufacture of Wine,Beverages and Refined Tea	89.59	4071.94
烟草制品业	Manufacture of Tobacco		6.88
纺织业	Manufacture of Textile	2.60	3560.31
皮革、毛皮、羽毛(绒)及其制品业	Manufacture of Leather,Fur,Feather and Related Products	9.81	23.41
造纸及纸制品业	Manufacture of Paper and Paper Products	4969.67	46024.19
石油加工、炼焦及核燃料加工业	Processing of Petroleum, Coking, Processing of Nuclear Fuel	676.37	940.85
化学原料及化学制品制造业	Manufacture of Raw Chemical Materials and Chemical Products	4436.99	7575.60
医药制造业	Manufacture of Medicines	926.88	3216.63
橡胶和塑料制品业	Manufacture of Rubber and Plastics	60.67	40.00
非金属矿物制品业	Manufacture of Non-metallic Mineral Products	45.93	29.31
黑色金属冶炼及压延加工业	Smelting and Pressing of Ferrous Metals	4240.11	281.75
有色金属冶炼及压延加工业	Smelting and Pressing of Non-ferrous Metals	81.79	546.55
金属制品业	Manufacture of Metal Products	362.60	156.37
通用设备制造业	Manufacture of General Purpose Machinery	11.40	6.73
专用设备制造业	Manufacture of Special Purpose Machinery	5.88	9.22
电气机械及器材制造业	Manufacture of Electrical Machinery and Equipment	22.72	0.58
计算机、通信和其他电子设备制造业	Manufacture of Computers,Communication Equipment and Other Electronic Equipment		5.68
其他制造业	Other Manufacturing		
废弃资源综合利用业	Recycling and Disposal of Waste		0.64
金属制品、机械和设备修理业	Metal Products, Machinery and Equipment Repair Industry		
电力、热力的生产和供应业	Production and Supply of Electric power and Heat Power	1894.40	13.77

19-3 工业分行业废气排放及处理情况(2013 年)

Emission and Treatment of Waste Gas by Sector(2013)

行　业	Sector	废气治理设施数(套) Number of Facilities for Treatment of Waste Gas(set)	工业废气排放总量(亿标立方米) Total Volume of Industrial Waste Gas Emission (100 million cu.m)
煤炭开采和洗选业	Mining and Washing of Coal	102	17.52
石油和天然气开采业	Extraction of Petroleum and Natural Gas		0.05
非金属矿采选业	Mining and Processing of Non-metal Ores	2	0.45
农副食品加工业	Processing of Food from Agricultural Products	24	3.32
食品制造业	Manufacture of Foods	50	139.94
酒、饮料和精制茶制造业	Manufacture of Wine,Beverages and Refined Tea	21	14.63
烟草制品业	Manufacture of Tobacco		0.30
纺织业	Manufacture of Textile	16	1.13
皮革、毛皮、羽毛(绒)及其制品业	Manufacture of Leather,Fur,Feather and Related Products	5	0.19
造纸及纸制品业	Manufacture of Paper and Paper Products	31	49.61
石油加工、炼焦及核燃料加工业	Processing of Petroleum, Coking, Processing of Nuclear Fuel	28	360.71
化学原料及化学制品制造业	Manufacture of Raw Chemical Materials and Chemical Products	241	1081.81
医药制造业	Manufacture of Medicines	27	100.30
橡胶和塑料制品业	Manufacture of Rubber and Plastics	6	7.15
非金属矿物制品业	Manufacture of Non-metallic Mineral Products	378	818.97
黑色金属冶炼及压延加工业	Smelting and Pressing of Ferrous Metals	207	651.87
有色金属冶炼及压延加工业	Smelting and Pressing of Non-ferrous Metals	76	1101.50
金属制品业	Manufacture of Metal Products	11	6.11
通用设备制造业	Manufacture of General Purpose Machinery		2.46
专用设备制造业	Manufacture of Special Purpose Machinery	25	3.40
电气机械及器材制造业	Manufacture of Electrical Machinery and Equipment	6	0.74
计算机、通信和其他电子设备制造业	Manufacture of Computers,Communication Equipment and Other Electronic Equipment		
其他制造业	Other Manufacturing	3	0.31
废弃资源综合利用业	Recycling and Disposal of Waste	3	0.15
金属制品、机械和设备修理业	Metal Products, Machinery and Equipment Repair Industry	4	0.58
电力、热力的生产和供应业	Production and Supply of Electric power and Heat Power	434	4545.35

19-3 续表 1 continued

行　业	Sector	工业二氧化硫产生量(吨) Volume of Sulphur Dioxide Produced (ton)	工业二氧化硫排放量 (吨) Volume of Sulphur Dioxide Emission (ton)
煤炭开采和洗选业	Mining and Washing of Coal	2465.42	2140.19
石油和天然气开采业	Extraction of Petroleum and Natural Gas	9.29	9.29
非金属矿采选业	Mining and Processing of Non-metal Ores	5.30	5.30
农副食品加工业	Processing of Food from Agricultural Products	472.89	472.89
食品制造业	Manufacture of Foods	29490.07	21131.84
酒、饮料和精制茶制造业	Manufacture of Wine,Beverages and Refined Tea	965.61	901.51
烟草制品业	Manufacture of Tobacco	1.520	1.520
纺织业	Manufacture of Textile	108.91	108.91
皮革、毛皮、羽毛(绒)及其制品业	Manufacture of Leather,Fur,Feather and Related Products	16.52	16.52
造纸及纸制品业	Manufacture of Paper and Paper Products	6744.33	6335.07
石油加工、炼焦及核燃料加工业	Processing of Petroleum, Coking, Processing of Nuclear Fuel	23085.49	13999.43
化学原料及化学制品制造业	Manufacture of Raw Chemical Materials and Chemical Products	141610.02	65912.07
医药制造业	Manufacture of Medicines	8399.14	5709.66
橡胶和塑料制品业	Manufacture of Rubber and Plastics	511.00	511.00
非金属矿物制品业	Manufacture of Non-metallic Mineral Products	15468.16	15467.84
黑色金属冶炼及压延加工业	Smelting and Pressing of Ferrous Metals	13042.80	13042.80
有色金属冶炼及压延加工业	Smelting and Pressing of Non-ferrous Metals	27052.21	24967.67
金属制品业	Manufacture of Metal Products	286.15	286.15
通用设备制造业	Manufacture of General Purpose Machinery	0.97	0.97
专用设备制造业	Manufacture of Special Purpose Machinery	569.57	569.57
电气机械及器材制造业	Manufacture of Electrical Machinery and Equipment	86.75	86.75
计算机、通信和其他电子设备制造业	Manufacture of Computers,Communication Equipment and Other Electronic Equipment		
其他制造业	Other Manufacturing	40.00	40.00
废弃资源综合利用业	Recycling and Disposal of Waste	15.77	15.77
金属制品、机械和设备修理业	Metal Products, Machinery and Equipment Repair Industry	81.75	81.75
电力、热力的生产和供应业	Production and Supply of Electric power and Heat Power	1173845.04	171788.60

19-3 续表 2 continued

单位:吨 (ton)

行　业	Sector	工业氮氧化物产生量 Volume of Industrial Nitrogen Oxides Produced	工业氮氧化物排放量 Volume of Industrial Nitrogen Oxides Discharged
煤炭开采和洗选业	Mining and Washing of Coal	858.73	858.73
石油和天然气开采业	Extraction of Petroleum and Natural Gas	1.17	1.17
非金属矿采选业	Mining and Processing of Non-metal Ores	3.09	3.09
农副食品加工业	Processing of Food from Agricultural Products	103.69	103.69
食品制造业	Manufacture of Foods	4506.74	4506.74
酒、饮料和精制茶制造业	Manufacture of Wine,Beverages and Refined Tea	150.87	150.87
烟草制品业	Manufacture of Tobacco	5.54	5.54
纺织业	Manufacture of Textile	30.09	30.09
皮革、毛皮、羽毛(绒)及其制品业	Manufacture of Leather,Fur,Feather and Related Products	5.50	5.50
造纸及纸制品业	Manufacture of Paper and Paper Products	1601.81	1601.81
石油加工、炼焦及核燃料加工业	Processing of Petroleum, Coking, Processing of Nuclear Fuel	6472.90	6472.90
化学原料及化学制品制造业	Manufacture of Raw Chemical Materials and Chemical Products	44630.92	44630.92
医药制造业	Manufacture of Medicines	2721.48	2721.48
橡胶和塑料制品业	Manufacture of Rubber and Plastics	257.00	257.00
非金属矿物制品业	Manufacture of Non-metallic Mineral Products	23573.70	23037.51
黑色金属冶炼及压延加工业	Smelting and Pressing of Ferrous Metals	1824.28	1824.28
有色金属冶炼及压延加工业	Smelting and Pressing of Non-ferrous Metals	1284.75	1284.75
金属制品业	Manufacture of Metal Products	57.73	57.73
通用设备制造业	Manufacture of General Purpose Machinery	4.55	4.55
专用设备制造业	Manufacture of Special Purpose Machinery	89.10	89.10
电气机械及器材制造业	Manufacture of Electrical Machinery and Equipment	25.28	25.28
计算机、通信和其他电子设备制造业	Manufacture of Computers,Communication Equipment and Other Electronic Equipment		
其他制造业	Other Manufacturing	5.20	5.20
废弃资源综合利用业	Recycling and Disposal of Waste	4.12	4.12
金属制品、机械和设备修理业	Metal Products, Machinery and Equipment Repair Industry	42.44	42.44
电力、热力的生产和供应业	Production and Supply of Electric power and Heat Power	415899.87	234579.31

19-3 续表 3 continued

单位:吨 (ton)

行　业	Sector	工业烟(粉)尘产生量 Volume of Industrial Soot(Dust) Produced	工业烟(粉)尘排放量 Volume of Industrial Soot(Dust) Emission
煤炭开采和洗选业	Mining and Washing of Coal	5295.79	693.81
石油和天然气开采业	Extraction of Petroleum and Natural Gas	1.07	1.07
非金属矿采选业	Mining and Processing of Non-metal Ores	279.62	15.62
农副食品加工业	Processing of Food from Agricultural Products	1207.78	192.09
食品制造业	Manufacture of Foods	217116.48	3203.09
酒、饮料和精制茶制造业	Manufacture of Wine,Beverages and Refined Tea	1485.46	346.95
烟草制品业	Manufacture of Tobacco		
纺织业	Manufacture of Textile	177.35	51.42
皮革、毛皮、羽毛(绒)及其制品业	Manufacture of Leather,Fur,Feather and Related Products	36.14	13.04
造纸及纸制品业	Manufacture of Paper and Paper Products	71441.06	2807.37
石油加工、炼焦及核燃料加工业	Processing of Petroleum, Coking, Processing of Nuclear Fuel	34703.93	10228.33
化学原料及化学制品制造业	Manufacture of Raw Chemical Materials and Chemical Products	1384440.45	22479.77
医药制造业	Manufacture of Medicines	80978.89	2106.52
橡胶和塑料制品业	Manufacture of Rubber and Plastics	5083.00	305.00
非金属矿物制品业	Manufacture of Non-metallic Mineral Products	2771738.04	27911.82
黑色金属冶炼及压延加工业	Smelting and Pressing of Ferrous Metals	270339.53	63576.44
有色金属冶炼及压延加工业	Smelting and Pressing of Non-ferrous Metals	109183.33	4615.80
金属制品业	Manufacture of Metal Products	962.69	119.18
通用设备制造业	Manufacture of General Purpose Machinery	19.22	19.22
专用设备制造业	Manufacture of Special Purpose Machinery	1379.82	496.69
电气机械及器材制造业	Manufacture of Electrical Machinery and Equipment	214.50	43.88
计算机、通信和其他电子设备制造业	Manufacture of Computers,Communication Equipment and Other Electronic Equipment		
其他制造业	Other Manufacturing	191.60	163.60
废弃资源综合利用业	Recycling and Disposal of Waste	29.43	3.74
金属制品、机械和设备修理业	Metal Products, Machinery and Equipment Repair Industry	142.23	18.15
电力、热力的生产和供应业	Production and Supply of Electric power and Heat Power	13870422.65	58450.02

19-4 工业分行业工业固体废物产生及处理利用情况(2013 年)
Production, Treatment and Utilization of Industrial Solid Wastes by Sector(2013)

单位:万吨 (10 000 tons)

行 业	Sector	一般工业固体废物产生量 Common Industrial Solid Wastes Produced	一般工业固体废物综合利用量 Common Industrial Comprehen Sively utilized
煤炭开采和洗选业	Mining and Washing of Coal	708.48	469.99
石油和天然气开采业	Extraction of Petroleum and Natural Gas	0.01	0.01
非金属矿采选业	Mining and Processing of Non-metal Ores	8.36	8.36
农副食品加工业	Processing of Food from Agricultural Products	42.51	42.51
食品制造业	Manufacture of Foods	4.60	4.60
酒、饮料和精制茶制造业	Manufacture of Wine,Beverages and RefinedTea		
烟草制品业	Manufacture of Tobacco	0.27	0.27
纺织业	Manufacture of Textile	0.03	0.03
皮革、毛皮、羽毛(绒)及其制品业	Manufacture of Leather,Fur,Feather and Related Products	19.79	10.85
造纸及纸制品业	Manufacture of Paper and Paper Products	27.73	27.57
石油加工、炼焦及核燃料加工业	Processing of Petroleum, Coking, Processing of Nuclear Fuel	468.17	289.45
化学原料及化学制品制造业	Manufacture of Raw Chemical Materials and Chemical Products	22.75	22.65
医药制造业	Manufacture of Medicines	1.92	1.92
橡胶和塑料制品业	Manufacture of Rubber and Plastics	15.70	16.47
非金属矿物制品业	Manufacture of Non-metallic Mineral Products	226.71	226.46
黑色金属冶炼及压延加工业	Smelting and Pressing of Ferrous Metals	22.55	15.36
有色金属冶炼及压延加工业	Smelting and Pressing of Non-ferrous Metals	0.88	0.04
金属制品业	Manufacture of Metal Products	0.25	0.25
通用设备制造业	Manufacture of General Purpose Machinery	0.62	0.58
专用设备制造业	Manufacture of Special Purpose Machinery	0.23	0.23
电气机械及器材制造业	Manufacture of Electrical Machinery and Equipment		
计算机、通信和其他电子设备制造业	Manufacture of Computers,Communication Equipment and Other Electronic Equipment		
其他制造业	Other Manufacturing	0.02	0.02
废弃资源综合利用业	Recycling and Disposal of Waste	0.11	0.11
金属制品、机械和设备修理业	Metal Products, Machinery and Equipment Repair Industry	1565.16	1129.79
电力、热力的生产和供应业	Production and Supply of Electric power and Heat Power		

19-4 续表1 continued

单位:万吨 (10 000 tons)

行 业	Sector	一般工业固体废物处置量 Common Industrial Solid Wastes Disposed	一般工业固体废物贮存量 Stocks of Common Industrial Solid Wastes
煤炭开采和洗选业	Mining and Washing of Coal	196.42	42.06
石油和天然气开采业	Extraction of Petroleum and Natural Gas		
非金属矿采选业	Mining and Processing of Non-metal Ores		
农副食品加工业	Processing of Food from Agricultural Products		
食品制造业	Manufacture of Foods		
酒、饮料和精制茶制造业	Manufacture of Wine,Beverages and RefinedTea		
烟草制品业	Manufacture of Tobacco		
纺织业	Manufacture of Textile		
皮革、毛皮、羽毛(绒)及其制品业	Manufacture of Leather,Fur,Feather and Related Products	8.94	
造纸及纸制品业	Manufacture of Paper and Paper Products	0.14	0.01
石油加工、炼焦及核燃料加工业	Processing of Petroleum, Coking, Processing of Nuclear Fuel	126.18	76.85
化学原料及化学制品制造业	Manufacture of Raw Chemical Materials and Chemical Products	0.11	
医药制造业	Manufacture of Medicines		
橡胶和塑料制品业	Manufacture of Rubber and Plastics	0.28	0.03
非金属矿物制品业	Manufacture of Non-metallic Mineral Products	0.25	
黑色金属冶炼及压延加工业	Smelting and Pressing of Ferrous Metals	5.47	2.10
有色金属冶炼及压延加工业	Smelting and Pressing of Non-ferrous Metals	0.24	0.60
金属制品业	Manufacture of Metal Products		
通用设备制造业	Manufacture of General Purpose Machinery	0.04	
专用设备制造业	Manufacture of Special Purpose Machinery		
电气机械及器材制造业	Manufacture of Electrical Machinery and Equipment		
计算机、通信和其他电子设备制造业	Manufacture of Computers,Communication Equipment and Other Electronic Equipment		
其他制造业	Other Manufacturing		
废弃资源综合利用业	Recycling and Disposal of Waste		
金属制品、机械和设备修理业	Metal Products, Machinery and Equipment Repair Industry	268.22	167.16
电力、热力的生产和供应业	Production and Supply of Electric power and Heat Power		

19-4 续表2 continued

单位:吨 (ton)

行 业	Sector	一般工业固体废物倾倒丢弃量 Common Industrial Solid Wastes Discharged	危险废物产生量 Hazardous Wastes Produced	危险废物综合利用量 Hazardous Wastes Utilized
煤炭开采和洗选业	Mining and Washing of Coal			
石油和天然气开采业	Extraction of Petroleum and Natural Gas			
非金属矿采选业	Mining and Processing of Non-metal Ores			
农副食品加工业	Processing of Food from Agricultural Products		13.00	
食品制造业	Manufacture of Foods			
酒、饮料和精制茶制造业	Manufacture of Wine,Beverages and RefinedTea			
烟草制品业	Manufacture of Tobacco		24.60	
纺织业	Manufacture of Textile		3.48	
皮革、毛皮、羽毛(绒)及其制品业	Manufacture of Leather,Fur,Feather and Related Products			
造纸及纸制品业	Manufacture of Paper and Paper Products		7881.80	7772.51
石油加工、炼焦及核燃料加工业	Processing of Petroleum, Coking, Processing of Nuclear Fuel		24770.12	14161.47
化学原料及化学制品制造业	Manufacture of Raw Chemical Materials and Chemical Products		14865.30	14834
医药制造业	Manufacture of Medicines		48.19	
橡胶和塑料制品业	Manufacture of Rubber and Plastics		425.65	424.63
非金属矿物制品业	Manufacture of Non-metallic Mineral Products		4.80	
黑色金属冶炼及压延加工业	Smelting and Pressing of Ferrous Metals		1053.40	889.6
有色金属冶炼及压延加工业	Smelting and Pressing of Non-ferrous Metals		1187.16	1187
金属制品业	Manufacture of Metal Products		25.92	
通用设备制造业	Manufacture of General Purpose Machinery		120.64	11.48
专用设备制造业	Manufacture of Special Purpose Machinery		209.60	1.7
电气机械及器材制造业	Manufacture of Electrical Machinery and Equipment			
计算机、通信和其他电子设备制造业	Manufacture of Computers,Communication Equipment and Other Electronic Equipment			
其他制造业	Other Manufacturing		48.13	32.1
废弃资源综合利用业	Recycling and Disposal of Waste		150.00	
金属制品、机械和设备修理业	Metal Products, Machinery and Equipment Repair Industry		43.96	15.44
电力、热力的生产和供应业	Production and Supply of Electric power and Heat Power			

19-4 续表3 continued

单位:吨 (ton)

行　业	Sector	危险废物处置量 Hazardous Wastes Disposed	危险废物贮存量 Stock of Hazardous Wastes	危险废物倾倒丢弃量 Hazardous Wastes Discharged
煤炭开采和洗选业	Mining and Washing of Coal			
石油和天然气开采业	Extraction of Petroleum and Natural Gas			
非金属矿采选业	Mining and Processing of Non-metal Ores			
农副食品加工业	Processing of Food from Agricultural Products	13		
食品制造业	Manufacture of Foods			
酒、饮料和精制茶制造业	Manufacture of Wine,Beverages and RefinedTea			
烟草制品业	Manufacture of Tobacco	4	20.6	
纺织业	Manufacture of Textile	3.18	0.3	
皮革、毛皮、羽毛(绒)及其制品业	Manufacture of Leather,Fur,Feather and Related Products			
造纸及纸制品业	Manufacture of Paper and Paper Products	128.64	0.65	
石油加工、炼焦及核燃料加工业	Processing of Petroleum, Coking, Processing of Nuclear Fuel	1829.41	8779.23	
化学原料及化学制品制造业	Manufacture of Raw Chemical Materials and Chemical Products	31.27	0.1	
医药制造业	Manufacture of Medicines	4.89	43.3	
橡胶和塑料制品业	Manufacture of Rubber and Plastics	1.01		
非金属矿物制品业	Manufacture of Non-metallic Mineral Products	3.3	1.5	
黑色金属冶炼及压延加工业	Smelting and Pressing of Ferrous Metals	163.8		
有色金属冶炼及压延加工业	Smelting and Pressing of Non-ferrous Metals	0.71		
金属制品业	Manufacture of Metal Products	20.58	5.34	
通用设备制造业	Manufacture of General Purpose Machinery	107.51	1.65	
专用设备制造业	Manufacture of Special Purpose Machinery	210.1		
电气机械及器材制造业	Manufacture of Electrical Machinery and Equipment			
计算机、通信和其他电子设备制造业	Manufacture of Computers,Communication Equipment and Other Electronic Equipment			
其他制造业	Other Manufacturing		16.03	
废弃资源综合利用业	Recycling and Disposal of Waste	150		
金属制品、机械和设备修理业	Metal Products, Machinery and Equipment Repair Industry	39.32	12.8	
电力、热力的生产和供应业	Production and Supply of Electric power and Heat Power			

19-5 各市县工业废水排放及处理情况(2013年)

Discharge and Treatment of Industrial Waste Water by City and Country(2013)

地 区	Region	汇总工业企业数(个) Number of Industrial Enterprises (unit)	废水治理设施数(套) Number of Facilities for Treatment of Waste Water(set)	工业废水处理量(万吨) Industrial Waste Water Disposed (10 000 tons)	工业废水排放总量(万吨) Industrial Waste Water Discharge
全区总计	**Total**	**819**	**367**	**23901.67**	**15708.09**
银川市	**Yinchuan**	**125**	**75**	**7028.46**	**6194.35**
兴庆区	Xingqing	22	1	9.00	58.35
西夏区	Xixia	27	28	1563.93	1345.24
金凤区	Jinfeng	10	2	3.14	29.60
永宁县	Yongning	17	13	3249.89	3311.45
贺兰县	Helan	26	12	920.75	1005.07
灵武市	Lingwu	23	19	1281.75	444.64
石嘴山市	**Shizuishan**	**269**	**170**	**7372.47**	**1398.54**
大武口区	Dawukou	49	26	1075.32	92.33
惠农区	Huinong	79	57	5163.20	304.19
平罗县	Pingluo	141	87	1133.95	1002.03
吴忠市	**Wuzhong**	**115**	**38**	**2082.90**	**2436.54**
利通区	Litong	56	13	541.62	913.73
红寺堡区	Hongsipu	10			
盐池县	Yanchi	15	1	4.69	55.55
同心县	Tongxin	4			0.08
青铜峡市	Qingtongxia	30	24	1536.59	1467.17
固原市	**Guyuan**	**208**	**18**	**411.26**	**247.90**
原州区	Yuanzhou	23	14	90.21	40.80
西吉县	Xiji	116			107.10
隆德县	Longde	27	1	1.70	6.12
泾源县	Jingyuan	4			1.74
彭阳县	Pengyang	38	3	319.35	92.15
中卫市	**Zhongwei**	**80**	**29**	**3576.14**	**3393.26**
沙坡头区	Shapotou	45	13	3330.66	2818.36
中宁县	Zhongning	28	16	245.47	536.38
海原县	Haiyuan	7			38.52
宁东地区	**Ningdong District**	**22**	**37**	**3430.45**	**2037.51**

19-5 续表1 continued

地 区	Region	排入污水处理厂的(万吨) Volume of Waste Water Discharged into Sewage Disposal Plants (10 000 ton)	工业废水中化学需氧量排放量(吨) COD Emissions of Industrial Waste Water(ton)	工业废水中氨氮排放量(吨) Ammonia Nitrogen in Industral Waste Water Discharged (ton)
全区总计	**Total**	**1433.99**	**103083.31**	**8540.84**
银川市	**Yinchuan**	**1300.47**	**16726.07**	**2741.00**
兴庆区	Xingqing		124.21	0.29
西夏区	Xixia	1300.47	1528.76	1005.98
金凤区	Jinfeng		1336.31	21.33
永宁县	Yongning		7768.04	1357.17
贺兰县	Helan		4960.38	345.35
灵武市	Lingwu		1008.37	10.88
石嘴山市	**Shizuishan**	**133.52**	**5139.17**	**1230.63**
大武口区	Dawukou	76.00	193.96	360.53
惠农区	Huinong	57.52	1168.37	335.14
平罗县	Pingluo		3776.84	534.96
吴忠市	**Wuzhong**		**33652.45**	**2598.21**
利通区	Litong		23490.65	1000.89
红寺堡区	Hongsipu			
盐池县	Yanchi		436.04	368.69
同心县	Tongxin		145.05	
青铜峡市	Qingtongxia		9580.71	1228.63
固原市	**Guyuan**		**17606.54**	**78.17**
原州区	Yuanzhou		4240.91	18.00
西吉县	Xiji		12186.46	52.23
隆德县	Longde		681.15	2.84
泾源县	Jingyuan		53.92	0.22
彭阳县	Pengyang		444.10	4.89
中卫市	**Zhongwei**		**27541.60**	**1617.40**
沙坡头区	Shapotou		19218.78	1234.75
中宁县	Zhongning		5151.83	371.68
海原县	Haiyuan		3170.99	10.96
宁东地区	**Ningdong District**		**2417.48**	**275.44**

19-6 各市县工业废气排放及处理情况(2013 年)

Emission and Treatment of Industrial Waste Gas by City and Country(2013)

地区	Region	废气治理设施数(套) Number of Facilities for Treatment of Waste Gas(set)	工业废气排放总量(亿标立方米) Total Volume of Industrial Waste Gas Emission (100 million cu.m)	工业二氧化硫产生量(吨) Volume of Sulphur Dioxide Produced (ton)	工业二氧化硫排放量(吨) Volume of Sulphur Dioxide Emission (ton)
全区总计	**Total**	**1700**	**8909.16**	**1475250.62**	**368201.23**
银川市	**Yinchuan**	**436**	**2167.51**	**350693.47**	**92368.67**
兴庆区	Xingqing	121	31.04	5636.67	5636.67
西夏区	Xixia	96	586.25	50194.20	15654.92
金凤区	Jinfeng	27	52.31	9460.54	2354.38
永宁县	Yongning	46	261.96	36698.47	23497.89
贺兰县	Helan	58	75.03	4769.74	4540.64
灵武市	Lingwu	88	1160.92	243933.85	40684.17
石嘴山市	**Shizuishan**	**567**	**1601.36**	**345840.77**	**89779.87**
大武口区	Dawukou	145	260.36	70044.75	13849.74
惠农区	Huinong	215	835.99	246221.60	46356.03
平罗县	Pingluo	207	505.01	29574.43	29574.11
吴忠市	**Wuzhong**	**290**	**2043.14**	**232149.66**	**63937.10**
利通区	Litong	122	175.03	13336.28	11274.39
红寺堡区	Hongsipu	3	5.18	337.60	337.60
盐池县	Yanchi	21	70.94	1879.19	1879.19
同心县	Tongxin	5	3.07	471.76	471.76
青铜峡市	Qingtongxia	139	1788.91	216124.83	49974.16
固原市	**Guyuan**	**103**	**196.00**	**56499.24**	**10739.38**
原州区	Yuanzhou	31	146.24	51640.62	5880.76
西吉县	Xiji	6	14.80	1586.48	1586.48
隆德县	Longde	10	7.53	1278.18	1278.18
泾源县	Jingyuan	37	16.92	781.22	781.22
彭阳县	Pengyang	19	10.51	1212.75	1212.75
中卫市	**Zhongwei**	**209**	**1398.83**	**58228.64**	**34500.52**
沙坡头区	Shapotou	146	556.07	19092.45	19086.60
中宁县	Zhongning	63	811.84	38892.07	15169.80
海原县	Haiyuan	0	30.92	244.12	244.12
宁东地区	**Ningdong District**	**95**	**1502.32**	**431838.83**	**76875.69**

19-6 续表1 continued

单位:吨 (ton)

地 区	Region	工业氮氧化物产生量 Volume of Industrial Nitrogen Oxides Produced	工业氮氧化物排放量 Volume of Industrial Nitrogen Oxides Discharged	工业烟(粉)尘产生量 Volume of Industrial Soot(Dust) Produced	工业烟(粉)尘排放量 Volume of Industrial Soot(Dust) Emission
全区总计	**Total**	**539115.83**	**357233.50**	**19107341.38**	**212914.41**
银 川 市	**Yinchuan**	**91102.72**	**84320.61**	**4567803.02**	**27169.87**
兴 庆 区	Xingqing	885.64	885.64	9909.78	1260.07
西 夏 区	Xixia	20396.00	20396.00	455777.84	8729.71
金 凤 区	Jinfeng	3899.85	3899.85	35359.91	467.04
永 宁 县	Yongning	8411.98	8386.40	504650.99	6479.60
贺 兰 县	Helan	2008.90	2008.90	35917.08	2922.84
灵 武 市	Lingwu	55500.37	48743.83	3526187.43	7310.60
石嘴山市	**Shizuishan**	**197775.63**	**81246.78**	**4504277.69**	**86843.49**
大武口区	Dawukou	25860.32	8002.72	1050920.23	12625.47
惠 农 区	Huinong	167977.70	69691.35	3107270.92	26310.98
平 罗 县	Pingluo	3937.62	3552.71	346086.54	47907.05
吴 忠 市	**Wuzhong**	**93788.53**	**86880.42**	**3779354.68**	**12795.36**
利 通 区	Litong	3968.81	3968.81	253309.89	2533.42
红寺堡区	Hongsipu	67.34	67.34	297.95	82.98
盐 池 县	Yanchi	2025.98	2025.98	167931.67	642.79
同 心 县	Tongxin	60.80	60.80	2918.23	61.07
青铜峡市	Qingtongxia	87665.61	80757.50	3354896.95	9475.11
固 原 市	**Guyuan**	**15637.19**	**6519.77**	**725514.55**	**3218.58**
原 州 区	Yuanzhou	14189.69	5072.26	535094.67	1592.48
西 吉 县	Xiji	297.20	297.20	1168.79	509.68
隆 德 县	Longde	200.75	200.75	936.92	296.13
泾 源 县	Jingyuan	717.16	717.16	186889.05	381.02
彭 阳 县	Pengyang	232.41	232.41	1425.12	439.27
中 卫 市	**Zhongwei**	**36415.91**	**35168.36**	**2027366.10**	**50060.23**
沙坡头区	Shapotou	8039.49	8039.49	667874.93	41023.40
中 宁 县	Zhongning	28282.06	27034.51	1358326.01	7871.68
海 原 县	Haiyuan	94.36	94.36	1165.16	1165.16
宁东地区	**Ningdong District**	**104395.84**	**63097.56**	**3503025.34**	**32826.87**

19-7 各市县工业固体废物产生及处理利用情况(2013 年)
Production, Treatment and Utilization of Industrial Solid Wastes by City and Country(2013)

地 区	Region	一般工业固体废物产生量(万吨) Volume of General Industrial Solid Wastes Produced (10 000 tons)	一般工业固体废物综合利用量(万吨) Volume of General Industrial Solid Wastes Utilized (10 000 tons)	一般工业固体废物贮存量(万吨) Volume of General Industrial Solid Wastes in Stocks (10 000 tons)	一般工业固体废物处置量(万吨) Volume of General Industrial Solid Wastes Treated (10 000 tons)	一般工业固体废物倾倒丢弃量(万吨) Common Industrial Solid Wastes Discharged (10 000 tons)
全区总计	**Total**	**3276.85**	**2397.89**	**612.69**	**292.04**	
银 川 市	**Yinchuan**	**685.69**	**581.30**	**59.36**	**45.03**	
兴 庆 区	Xingqing	5.51	5.51			
西 夏 区	Xixia	86.13	73.56	0.03	12.55	
金 凤 区	Jinfeng	17.50	13.02	4.48		
永 宁 县	Yongning	68.12	63.34	4.78		
贺 兰 县	Helan	21.89	20.15	1.74		
灵 武 市	Lingwu	486.53	405.71	48.34	32.48	
石嘴山市	**Shizuishan**	**681.59**	**484.54**	**215.81**	**6.63**	
大武口区	Dawukou	239.24	119.82	115.80	6.63	
惠 农 区	Huinong	214.21	136.58	100.02		
平 罗 县	Pingluo	228.14	228.14			
吴 忠 市	**Wuzhong**	**497.51**	**378.17**	**85.17**	**34.55**	
利 通 区	Litong	28.16	17.39	8.07	2.70	
红寺堡区	Hongsipu	0.19	0.19			
盐 池 县	Yanchi	40.48	40.44	0.03	0.01	
同 心 县	Tongxin	0.20	0.20			
青铜峡市	Qingtongxia	428.48	319.95	77.07	31.83	
固 原 市	**Guyuan**	**116.25**	**106.45**		**9.80**	
原 州 区	Yuanzhou	58.93	49.12		9.80	
西 吉 县	Xiji	0.87	0.87			
隆 德 县	Longde	1.99	1.99			
泾 源 县	Jingyuan	6.26	6.26			
彭 阳 县	Pengyang	48.19	48.19			
中 卫 市	**Zhongwei**	**297.54**	**272.61**	**4.57**	**20.37**	
沙坡头区	Shapotou	58.39	53.91	4.47		
中 宁 县	Zhongning	238.42	217.95	0.10	20.37	
海 原 县	Haiyuan	0.74	0.74			
宁东地区	**Ningdong District**	**998.27**	**574.83**	**247.78**	**175.66**	

19-8 各市县危险废物产生及处理利用情况(2013年)
Discharge of Hazardous Wastes Produced and Utilized(2013)

地区	Region	危险废物产生量(万吨) Volume of Hazardous Wastes Produced (10 000 tons)	危险废物综合利用量(万吨) Volume of Hazardous Wastes Utilized (10 000 tons)	危险废物处置量(万吨) Volume of Hazardous Wastes Treated (10 000 tons)	危险废物贮存量(万吨) Volume of Hazardous Wastes in Stocks (10 000 tons)	危险废物倾倒丢弃量(吨) Hazardous Wastes Discharged (ton)
全区总计	**Total**	**50879.80**	**39329.96**	**2713.89**	**8882.39**	
银川市	**Yinchuan**	**39723.65**	**28935.23**	**1945.45**	**8867.38**	
兴庆区	Xingqing					
西夏区	Xixia	14985.91	14060.67	535.47	411.96	
金凤区	Jinfeng	94.24		92.59	1.65	
永宁县	Yongning	14883.31	14838.00	45.28	0.10	
贺兰县	Helan	9633.31		1223.12	8410.74	
灵武市	Lingwu	126.87	36.55	48.98	42.93	
石嘴山市	**Shizuishan**	**7281.45**	**7155.96**	**138.64**		
大武口区	Dawukou	127.19	1.70	138.64		
惠农区	Huinong	3697.60	3697.60			
平罗县	Pingluo	3456.66	3456.66			
吴忠市	**Wuzhong**	**1030.10**	**976.98**	**52.46**	**0.65**	
利通区	Litong	1.42		1.42		
红寺堡区	Hongsipu					
盐池县	Yanchi	58.68	6.98	51.04	0.65	
同心县	Tongxin					
青铜峡市	Qingtongxia	970.00	970.00			
固原市	**Guyuan**	**6.20**	**6.20**			
原州区	Yuanzhou	6.20	6.20			
西吉县	Xiji					
隆德县	Longde					
泾源县	Jingyuan					
彭阳县	Pengyang					
中卫市	**Zhongwei**	**1306.98**	**1306.98**			
沙坡头区	Shapotou	11.48	11.48			
中宁县	Zhongning	1295.50	1295.50			
海原县	Haiyuan					
宁东地区	**Ningdong District**	**1531.42**	**948.60**	**577.33**	**14.35**	

19-9 各市县生活污染物排放情况(2013 年)

Discharge of Pollutions from Daily Life by City and Country(2013)

地 区	Region	城镇生活污水排放量(万吨) Consumption Waste Water Discharge in City and Town (10 000 tons)	城镇处理生活污水量(万吨) Consumption Waste Water Treated (10 000 tons)	城镇生活污水中COD 排放量(吨) COD Discharge Volume (ton)	城镇生活污水中氨氮排放量(吨) Ammonia Nitrogen Discharge from Consumption Waste Water in Urban Area(ton)
全区总计	**Total**	**22809.82**	**19595.69**	**16782.81**	**6373.02**
银 川 市	**Yinchuan**	**13921.93**	**13577.08**	**3026.49**	**2617.80**
兴 庆 区	Xingqing	5748.71	5294.50	1249.71	1336.35
西 夏 区	Xixia	2538.84	3994.70	551.92	376.68
金 凤 区	Jinfeng	2880.92	3325.02	626.28	457.63
永 宁 县	Yongning	731.38	312.79	159.00	121.56
贺 兰 县	Helan	854.06	173.99	185.66	200.65
灵 武 市	Lingwu	1168.02	476.08	253.92	124.93
石嘴山市	**Shizuishan**	**2956.50**	**2538.50**	**3665.47**	**1058.08**
大武口区	Dawukou	1478.25	1072.89	1832.73	529.21
惠 农 区	Huinong	865.05	1014.57	1072.49	309.34
平 罗 县	Pingluo	613.20	451.04	760.25	219.53
吴 忠 市	**Wuzhong**	**3095.57**	**1734.09**	**3320.35**	**1046.83**
利 通 区	Litong	1465.81	1202.09	568.13	274.24
红寺堡区	Hongsipu	206.31		655.85	130.51
盐 池 县	Yanchi	223.35		753.02	128.77
同 心 县	Tongxin	482.68		735.52	325.28
青铜峡市	Qingtongxia	717.42	532.00	607.84	188.04
固 原 市	**Guyuan**	**959.77**	**671.04**	**2702.39**	**685.29**
原 州 区	Yuanzhou	449.79	317.86	1151.72	321.16
西 吉 县	Xiji	189.40	146.65	561.40	135.24
隆 德 县	Longde	105.79		390.31	75.53
泾 源 县	Jingyuan	69.22	136.09	127.88	49.43
彭 阳 县	Pengyang	145.57	70.44	471.08	103.94
中 卫 市	**Zhongwei**	**1653.40**	**1074.98**	**2936.61**	**822.67**
沙坡头区	Shapotou	826.70	679.52	1468.31	411.34
中 宁 县	Zhongning	529.09	395.46	939.72	263.23
海 原 县	Haiyuan	297.61		528.58	148.10
宁东地区	**Ningdong District**	**222.65**		**1131.50**	**142.35**

19–9 续表 1 continued

地　区	Region	生活二氧化硫排放量(吨) Volume of Sulphur Dioxide Emission by Consumption (ton)	生活氮氧化物排放量(吨) Volume of Nitrogen Oxides Discharged by Consumption (ton)	生活烟尘排放量(吨) Volume of Consumption Soot Emission (ton)
全区总计	**Total**	**21510.48**	**2679.30**	**9073.98**
银 川 市	**Yinchuan**	**5696.70**	**1236.57**	**3015.90**
兴 庆 区	Xingqing	2352.31	510.61	1245.35
西 夏 区	Xixia	1038.87	225.50	549.99
金 凤 区	Jinfeng	1178.84	255.89	624.09
永 宁 县	Yongning	299.27	64.96	158.44
贺 兰 县	Helan	349.47	75.86	185.01
灵 武 市	Lingwu	477.94	103.75	253.02
石嘴山市	**Shizuishan**	**5375.40**	**446.91**	**1897.20**
大武口区	Dawukou	2127.97	177.50	751.05
惠 农 区	Huinong	1374.45	115.55	485.10
平 罗 县	Pingluo	1872.98	153.86	661.05
吴 忠 市	**Wuzhong**	**3710.59**	**376.58**	**1511.10**
利 通 区	Litong	1479.28	161.06	602.39
红寺堡区	Hongsipu	325.87	29.49	132.74
盐 池 县	Yanchi	352.78	31.93	143.67
同 心 县	Tongxin	762.40	69.00	310.48
青铜峡市	Qingtongxia	790.26	85.11	321.83
固 原 市	**Guyuan**	**1704.83**	**167.14**	**752.13**
原 州 区	Yuanzhou	798.96	78.33	352.48
西 吉 县	Xiji	336.43	32.98	148.43
隆 德 县	Longde	187.91	18.42	82.90
泾 源 县	Jingyuan	122.96	12.06	54.25
彭 阳 县	Pengyang	258.57	25.35	114.07
中 卫 市	**Zhongwei**	**4687.41**	**424.30**	**1772.55**
沙坡头区	Shapotou	2343.71	212.20	886.28
中 宁 县	Zhongning	1499.97	135.80	567.22
海 原 县	Haiyuan	843.73	76.30	319.06
宁东地区	**Ningdong District**	**335.55**	**27.80**	**125.10**

19-10 各市县工业污染治理项目及投资情况(2013年)

Investment in Anti-industrial Pollution Projects(2013)

单位:个 (unit)

地区	Region	汇总工业企业数 Number of Industrial Enterprises	本年施工项目数 Projects Under Construction	废水治理项目 Treatment of Waste Water	废气治理项目 Treatment of Waste Gas	固体废物治理项目 Treatment of Solid Waste	其他治理项目 Other Treatment Projects
全区总计	**Total**	**71**	**69**	**15**	**43**	**7**	**14**
银川市	**Yinchuan**	**30**	**31**	**6**	**22**	**2**	**4**
兴庆区	Xingqing						
西夏区	Xixia	6	3		3		
金凤区	Jinfeng	3	3	1	2		
永宁县	Yongning	7	6	1	4	1	
贺兰县	Helan	**6**	**6**	**1**	**5**		**2**
灵武市	Lingwu	8	13	3	8	1	2
石嘴山市	**Shizuishan**	10	17	2	7	5	3
大武口区	Dawukou	**5**	**7**		**3**	**1**	**3**
惠农区	Huinong	5	10	2	4	4	
平罗县	Pingluo						
吴忠市	**Wuzhong**	**12**	**9**	**5**	**4**		
利通区	Litong	3	3	2	1		
红寺堡区	Hongsipu						
盐池县	Yanchi	**2**	**2**		**2**		
同心县	Tongxin						
青铜峡市	Qingtongxia	7	4	3	1		
固原市	**Guyuan**	1					
原州区	Yuanzhou	1					
西吉县	Xiji						
隆德县	Longde						
泾源县	Jingyuan						
彭阳县	Pengyang						
中卫市	**Zhongwei**	15	10	2	8		7
沙坡头区	Shapotou	**10**	**6**	**1**	**5**		**4**
中宁县	Zhongning	4	3		3		3
海原县	Haiyuan	1	1	1			
宁东地区	**Ningdong District**	3	2		2		

19-10 续表 1 continued

地区	Region	施工项目本年完成投资额（万元） Investment Completed in Pollution Treatment Projects this Year (10 000 yuan)	废水治理项目 Treatment of Waste Water	废气治理项目 Treatment of Waste Gas	固体废物治理项目 Treatment of Solid Waste	其他治理项目 Other Treatment Projects	本年竣工项目数(个) Projects Completed (unit)
全区总计	**Total**	**165486.4**	**18947.0**	**138888.9**	**7282.7**	**367.7**	**65**
银川市	**Yinchuan**	**51365.9**	**12881.0**	**36372.4**	**2107.0**	**5.5**	**20**
兴庆区	Xingqing						
西夏区	Xixia	11242.0		11242.0			3
金凤区	Jinfeng	3015.0	450.0	2565.0			2
永宁县	Yongning	13820.0	5805.0	5920.0	2095.0		4
贺兰县	Helan	**3080.0**	**1600.0**	**1480.0**			**6**
灵武市	Lingwu	20208.9	5026.0	15165.4	12.0	5.5	5
石嘴山市	**Shizuishan**	42481.5	2922.0	34021.6	5175.7	362.2	16
大武口区	Dawukou	**18418.5**	**1165.0**	**15921.0**	**970.2**	**362.2**	**8**
惠农区	Huinong	24063.1	1757.0	18100.5	4205.5		8
平罗县	Pingluo						
吴忠市	**Wuzhong**	**34699.0**	**3042.0**	**31657.0**			**9**
利通区	Litong	2342.0	1752.0	590.0			2
红寺堡区	Hongsipu						
盐池县	Yanchi	**398.0**		**398.0**			**2**
同心县	Tongxin						
青铜峡市	Qingtongxia	31959.0	1290.0	30669.0			5
固原市	**Guyuan**	1348.0		1348.0			1
原州区	Yuanzhou	1348.0		1348.0			1
西吉县	Xiji						
隆德县	Longde						
泾源县	Jingyuan						
彭阳县	Pengyang						
中卫市	**Zhongwei**	27142.0	102.0	27040.0			15
沙坡头区	Shapotou	**10048.0**	**52.0**	**9996.0**			**10**
中宁县	Zhongning	17044.0		17044.0			5
海原县	Haiyuan	50.0	50.0				
宁东地区	**Ningdong District**	8450.0		8450.0			4

主要统计指标解释

［自然保护区］ 指对有代表性的自然生态系统、珍稀濒危野生动植物物种的天然分布区、水源涵养区、有特殊意义的自然历史遗迹等保护对象所在的陆地、陆地水体或海域，依法划出一定面积进行特殊保护和管理的区域。以县及县以上各级人民政府正式批准建立的自然保护区为准(包括“六五”以前由部门或“革委会”批准且现仍存在的自然保护区)。风景名胜区、文物保护区不计在内。

［工业废水排放量］ 指经过企业厂区所有排放口排到企业外部的工业废水量。包括生产废水、外排的直接冷却水、超标排放的矿井地下水和与工业废水混排的厂区生活污水，不包括外排的间接冷却水(清污不分流的间接冷却水应计算在内)。

［工业废水排放达标量］ 指报告期内废水中各项污染物指标都达到国家或地方排放标准的外排工业废水量，包括未经处理外排达标的，经废水处理设施处理后达标排放的，以及经污水处理厂处理后达标排放的。

［工业废水排放达标率］ 指工业废水排放达标量占工业废水排放量的百分率。

［城镇生活污水排放量］ 指城镇居民每年排放的生活污水。

［工业废气排放量］ 指报告期内企业厂区内燃料燃烧和生产工艺过程中产生的各种排入大气的含有污染物的气体的总量。

［工业烟尘排放量］ 指企业厂区内燃料燃烧过程中产生的烟气中夹带的颗粒物排放量。

［工业粉尘排放量］ 指企业在生产工艺过程中排放的能在空气中悬浮一定时间的固体颗粒物排放量。

［工业固体废物产生量］ 指报告期内企业在生产过程中产生的固体状、半固体状和高浓度液体状废弃物的总量，包括危险废物、冶炼废渣、粉煤灰、炉渣、煤矸石、尾矿、放射性废物和其他废物等。

［工业固体废物综合利用量］ 指报告期内企业通过回收、加工、循环、交换等方式，从固体废物中提取或者使其转化为可以利用的资源、能源和其他原材料的固体废物量 (包括当年利用往年的工业固体废物贮存量)。

［工业固体废物综合利用率］ 指工业固体废物综合利用量占工业固体废物产生量 (包括综合利用往年贮存量)的百分率。

［工业固体废物排放量］ 指报告期内企业将所产生的固体废物排到固体废物污染防治设施、场所以外的数量。

［三废综合利用产品产值］ 指报告期内利用“三废”作为主要原料生产的产品价值(现行价);已经销售或准备销售的应计算产品价值，留作生产自用的不应计算产品价值。

［环境污染与破坏事故］ 指由于违反环境保护法规的经济社会活动与行为，以及意外因素的影响或不可抗拒的自然灾害等原因，致使环境受到污染，国家重点保护的野生动植物、自然保护区受到破坏，人体健康受到危害，社会经济和人民财产受到损失，造成不良社会影响的突发性事件。

第二十篇

Chapter20

规模以上服务业企业调查主要数据

Sevice Enterprise Survey Information above Designated Size

责任编辑:杨培林

资料整理:杨培林　徐学奎　邢　猛　徐　薇　杨　雯

Coordinator: Yang Peilin

Data Compilation: Yang Peilin　Xu Xuekui

Xing Meng　Xu Wei　Yang Wen

20-1 规模以上服务业企业调查主要数据(2013 年)
Service Enterprises Survey Information above Designated Size(2013)

单位:万元、个　　(10 000 yuan,unit)

指　　标	Item	单位数 Number of Enterprises	营业收入 Revenue	主营业务收入 Revenue from Principal Business
总计	**Total**	**267**	**1648157.6**	**1544608.6**
交通运输、仓储和邮政业	Transport,Storage and Post	70	571729.2	504447.2
铁路运输业	Railway Transport	1	87354.3	80463.7
道路运输业	Road Transport	43	158949.2	141395.8
水上运输业	Water Transport	1	5790.8	5787.9
航空运输业	Air Transport	2	29551.2	29355.9
装卸搬运和运输代理业	Loading,Unloading and Trasport Agency Services	5	20464.7	20249.8
仓储业	Storage	10	183203.5	183082.1
邮政业	Posts	8	86415.5	44112.0
信息传输、软件和信息技术服务业	**Information Transmission,Software and Information Technology Services**	**26**	**626444.4**	**609976.9**
电信、广播电视和卫星传输服务	Telecommunications,Broadcast,TV and Satellite Transmission Services	19	611831.1	595373.1
互联网和相关服务	Internet and related services	1	8.1	8.1
软件和信息技术服务业	Software and Information Technology Services	6	14605.2	14595.7
房地产业	**Real Estate**	**49**	**62999.5**	**60689.5**
物业管理	Property Management	47	60309.0	58037.4
房地产中介服务	Real Estate Services	2	2690.5	2652.1
租赁和商务服务业	**Leasing and Business Services**	**38**	**130657.3**	**117809.0**
租赁业	Leasing	1	968.2	968.2
商务服务业	Business Services	37	129689.1	116840.8
科学研究和技术服务业	**Scientific Research and Technical Services**	**37**	**159836.4**	**157781.5**
专业技术服务业	Professional Technical Services	37	159836.4	157781.5
科技推广和应用服务业	Services of Science and Technology Promotion and Application			
水利、环境和公共设施管理业	**Management of Water Conservancy, Environment and Public Facilities**	**10**	**37377.3**	**35450.9**
生态保护和环境治理业	Ecological Protection and Environmental Management	1	108.3	108.3
公共设施管理业	Management of Public Facilities	9	37269.0	35342.6
居民服务、修理和其他服务业	**Services of Households,Repair and Other Services**	**6**	**4182.9**	**4169.7**
居民服务业	Services of Households	5	4132.2	4119.0
其他服务业	Other Services	1	50.7	50.7
教育	**Education**	**6**	**8790.2**	**8520.4**
卫生和社会工作	**Health and Social Affairs**	17	30491.6	30436.2
卫生	Health	17	30491.6	30436.2
文化、体育和娱乐业	**Culture,Sports and Entertainment**	**8**	**15648.8**	**15327.3**
新闻和出版业	Journalism and Publishing Activities	1	5088.6	5042.4
广播、电视、电影和影视录音制作业	Broadcasting,Television,Movies and Audiovisual Activities	1	2873.8	2598.5
文化艺术业	Culture and arts	1	1582.8	1582.8
娱乐业	Entertainment	5	6103.6	6103.6

20-1 续表 1

单位:万元

指　　标	Item	年初存货 inventory	营业税金及附加 Taxes and Other Charges
总计	**Total**	**303792.8**	**41184.3**
交通运输、仓储和邮政业	**Transport,Storage and Post**	285194.4	8946.1
铁路运输业	Railway Transport		2740.4
道路运输业	Road Transport	2970.7	3914.1
水上运输业	Water Transport	0.1	320.9
航空运输业	Air Transport	206.7	783.4
装卸搬运和运输代理业	Loading,Unloading and Trasport Agency Services	91.1	294.8
仓储业	Storage	274156.9	104.5
邮政业	Posts	7768.9	788.0
信息传输、软件和信息技术服务业	**Information Transmission,Software and Information Technology Services**	**8239.5**	**18291.9**
电信、广播电视和卫星传输服务	Telecommunications,Broadcast,TV and Satellite Transmission Services	6257.1	18055.5
互联网和相关服务	Internet and related services	412.4	61.1
软件和信息技术服务业	Software and Information Technology Services	1570.0	175.3
房地产业	**Real Estate**	**1858.3**	**2884.1**
物业管理	Property Management	1841.2	2729.7
房地产中介服务	Real Estate Services	17.1	154.4
租赁和商务服务业	**Leasing and Business Services**	**1404.4**	**3386.9**
租赁业	Leasing		18.7
商务服务业	Business Services	1404.4	3368.2
科学研究和技术服务业	**Scientific Research and Technical Services**	**2012.4**	**5585.5**
专业技术服务业	Professional Technical Services	2012.4	5585.5
科技推广和应用服务业	Services of Science and Technology Promotion and Application		
水利、环境和公共设施管理业	**Management of Water Conservancy, Environment and Public Facilities**	**1556.7**	**1141.4**
生态保护和环境治理业	Ecological Protection and Environmental Management	12.5	
公共设施管理业	Management of Public Facilities	1544.2	1141.4
居民服务、修理和其他服务业	**Services of Households,Repair and Other Services**	**879.0**	**162.1**
居民服务业	Services of Households	878.3	159.5
其他服务业	Other Services	0.7	2.6
教育	**Education**	**731.6**	**133.6**
卫生和社会工作	**Health and Social Affairs**	**1491.5**	**245.5**
卫生	Health	1491.5	245.5
文化、体育和娱乐业	**Culture,Sports and Entertainment**	**425.0**	**407.2**
新闻和出版业	Journalism and Publishing Activities	32.9	20.0
广播、电视、电影和影视录音制作业	Broadcasting,Television,Movies and Audiovisual Activities	23.9	184.3
文化艺术业	Culture and arts		14.7
娱乐业	Entertainment	368.2	188.2

continued

(10 000 yuan)

主营业务税金及附加 Taxes and Extra Charges form Principal Business	利润总额 Total Profits	固定资产原价 Original Value of Fixed Assets	本年折旧 Depreciation	资产总计 Total Assets	负债合计 Total Liabilities
38711.3	**155114.0**	**2821652.1**	**303381.0**	**3339235.2**	**1964287.6**
8008.5	32816.7	809681.1	128250.5	1550026.8	768999.6
2704.9	35395.8	348467.7	60856.0	527741.0	129206.2
3268.3	996.7	210152.7	49827.6	299673.2	200190.0
320.9	3293.2	2956.3	266.1	7825.2	1589.2
640.5	2883.4	104518.2	5265.7	275407.4	87445.9
294.8	-38.6	14314.3	805.3	36003.6	25703.6
104.5	2658.4	44950.8	7239.7	276726.8	236282.4
674.6	-12372.2	84321.1	3990.1	126649.6	88582.3
17140.0	**41315.0**	**1625197.6**	**151045.0**	**557061.8**	**553400.2**
16964.7	60440.9	1512493.6	141568.8	477729.5	497986.6
	-20595.9	110210.1	9066.6	59959.3	45795.4
175.3	1470.0	2493.9	409.6	19373.0	9618.2
2654.3	**-449.7**	**18546.9**	**1178.6**	**56918.3**	**50338.5**
2500.2	-581.0	11702.3	795.1	46972.1	47676.6
154.1	131.3	6844.6	383.5	9946.2	2661.9
3371.7	**37812.0**	**164314.2**	**8490.6**	**674092.9**	**360391.7**
18.7	-98.6	8904.4	1752.9	7589.8	5818.7
3353.0	37910.6	155409.8	6737.7	666503.1	354573.0
5542.2	**28409.4**	**63275.3**	**5477.3**	**211537.0**	**66282.1**
5542.2	28409.4	63275.3	5477.3	211537.0	66282.1
1136.4	**12571.1**	**73229.4**	**2761.7**	**144393.9**	**68913.4**
	-321.4	860.0	58.6	40903.9	30246.3
1136.4	12892.5	72369.4	2703.1	103490.0	38667.1
162.1	**200.2**	**4272.2**	**135.2**	**18031.1**	**12760.7**
159.5	190.4	4253.3	134.3	17985.8	12760.1
2.6	9.8	18.9	0.9	45.3	0.6
133.6	**-308.8**	**23612.7**	**1426.6**	**45227.4**	**41728.7**
245.5	**1214.4**	**22288.6**	**3262.5**	**31298.7**	**20325.2**
245.5	1214.4	22288.6	3262.5	31298.7	20325.2
317.0	**1533.7**	**17234.1**	**1353.0**	**50647.3**	**21147.5**
20.0	199.3	7404.8	341.7	36333.2	15243.5
102.6	804.2	1228.5	581.3	2553.4	657.8
14.7	-86.6	816.2	105.6	1114.5	193.1
179.7	616.8	7784.6	324.4	10646.2	5053.1

20-1 续表 2

单位:万元

指　　标	Item	营业成本 Cost of Business	主营业务成本 Cost of Principal Business
总计	**Total**	**1065698.8**	**950649.9**
交通运输、仓储和邮政业	**Transport,Storage and Post**	495622.5	437922.2
铁路运输业	Railway Transport	37940.2	35731.8
道路运输业	Road Transport	147036.5	138230.7
水上运输业	Water Transport	1137.5	1137.5
航空运输业	Air Transport	26043.3	22137.4
装卸搬运和运输代理业	Loading,Unloading and Trasport Agency Services	16028.7	15961.8
仓储业	Storage	179830.3	176762.4
邮政业	Posts	87606.0	47960.6
信息传输、软件和信息技术服务业	**Information Transmission,Software and Information Technology Services**	**328849.3**	**285243.4**
电信、广播电视和卫星传输服务	Telecommunications,Broadcast,TV and Satellite Transmission Services	305784.0	262178.1
互联网和相关服务	Internet and related services	14552.8	14552.8
软件和信息技术服务业	Software and Information Technology Services	8512.5	8512.5
房地产业	**Real Estate**	**44694.6**	**41910.9**
物业管理	Property Management	43819.6	41037.1
房地产中介服务	Real Estate Services	875.0	873.8
租赁和商务服务业	**Leasing and Business Services**	**61985.7**	**56878.0**
租赁业	Leasing		
商务服务业	Business Services	61985.7	56878.0
科学研究和技术服务业	**Scientific Research and Technical Services**	**95401.2**	**90610.2**
专业技术服务业	Professional Technical Services	95401.2	90610.2
科技推广和应用服务业	Services of Science and Technology Promotion and Application		
水利、环境和公共设施管理业	**Management of Water Conservancy, Environment and Public Facilities**	**7350.0**	**7120.9**
生态保护和环境治理业	Ecological Protection and Environmental Management	285.9	285.9
公共设施管理业	Management of Public Facilities	7064.1	6835.0
居民服务、修理和其他服务业	**Services of Households,Repair and Other Services**	**1824.9**	**1662.8**
居民服务业	Services of Households	1824.9	1662.8
其他服务业	Other Services		
教育	**Education**	**4681.7**	**4681.7**
卫生和社会工作	**Health and Social Affairs**	**17708.0**	**17391.3**
卫生	Health	17708.0	17391.3
文化、体育和娱乐业	**Culture,Sports and Entertainment**	**7580.9**	**7228.5**
新闻和出版业	Journalism and Publishing Activities	2913.3	2886.0
广播、电视、电影和影视录音制作业	Broadcasting,Television,Movies and Audiovisual Activities	1125.4	1120.6
文化艺术业	Culture and arts	1638.6	1638.6
娱乐业	Entertainment	1903.6	1583.3

continued

(10 000 yuan)

销售费用 Cost of sales	管理费用 administration cost		财务费用 financial cost		
		税金 expenses of taxation		利息收入 Interest income	利息支出 Interest expense
223480.9	**204045.6**	**6198.6**	**32408.8**	**6080.3**	**33692.8**
8810.3	56137.9	1770.6	11853.3	745.1	14053.3
	9122.0	282.9	2603.9	65.2	2655.6
2275.0	22972.3	772.6	4847.6	132.0	6672.7
	961.5		–0.7	0.7	
	4091.5	26.2	–363.5	416.2	
759.9	3148.3	48.9	263.0	4.3	266.7
5302.0	5583.9	18.0	3296.9	77.0	3373.5
473.4	10258.4	622.0	1206.1	49.7	1084.8
160107.5	**49519.3**	**1922.0**	**7033.2**	**1190.5**	**7300.9**
156828.5	42054.3	1680.3	6870.2	1177.3	6912.3
1710.3	4250.3	167.6	34.5	0.4	242.8
1568.7	3214.7	74.1	128.5	12.8	145.8
3218.2	**14789.5**	**366.1**	**–577.0**	**848.9**	**50.1**
3202.8	13258.7	293.6	–576.5	848.4	50.1
15.4	1530.8	72.5	–0.5	0.5	
31247.8	**27327.7**	**1531.6**	**12721.1**	**3070.2**	**10630.9**
356.9	494.8		192.4		192.4
30890.9	26832.9	1531.6	12528.7	3070.2	10438.5
2389.3	**34952.9**	**430.4**	**–122.9**	**171.6**	**163.9**
2389.3	34952.9	430.4	–122.9	171.6	163.9
10971.4	**5762.2**	**16.4**	**735.9**	**16.5**	**750.1**
	490.0	12.0	18.0	0.2	17.8
10971.4	5272.2	4.4	717.9	16.3	732.3
1021.8	**937.4**	**30.3**	**20.6**	**0.8**	**6.7**
985.4	935.7	30.3	20.6	0.8	6.7
36.4	1.7				
67.7	**3910.9**	**3.0**	**154.5**	**12.3**	**167.0**
2647.4	**7616.1**	**103.1**	**568.9**	**3.8**	**529.6**
2647.4	7616.1	103.1	568.9	3.8	529.6
2999.5	**3091.7**	**25.1**	**21.2**	**20.6**	**40.3**
	2025.7	19.6	14.2	19.1	33.3
690.4	121.0	1.0	1.9	1.5	3.4
16.1					
2293.0	945.0	4.5	5.1		3.6

20-1 续表 3

单位:万元、人

指 标	Item	投资收益 investment income	所有者权益合计 Total Owners'Equities
总计	**Total**	**43087.9**	**1374947.6**
交通运输、仓储和邮政业	**Transport,Storage and Post**	-1772.4	781027.2
铁路运输业	Railway Transport		398534.8
道路运输业	Road Transport	-2033.9	99483.2
水上运输业	Water Transport		6236.0
航空运输业	Air Transport	255.3	187961.5
装卸搬运和运输代理业	Loading,Unloading and Trasport Agency Services	6.2	10300.0
仓储业	Storage		40444.4
邮政业	Posts		38067.3
信息传输、软件和信息技术服务业	**Information Transmission,Software and Information Technology Services**		**3661.6**
电信、广播电视和卫星传输服务	Telecommunications,Broadcast,TV and Satellite Transmission Services		-20257.1
互联网和相关服务	Internet and related services		14163.9
软件和信息技术服务业	Software and Information Technology Services		9754.8
房地产业	**Real Estate**	**-9.6**	**6579.8**
物业管理	Property Management	-9.6	-704.5
房地产中介服务	Real Estate Services		7284.3
租赁和商务服务业	**Leasing and Business Services**	**43844.1**	**313701.2**
租赁业	Leasing		1771.1
商务服务业	Business Services	43844.1	311930.1
科学研究和技术服务业	**Scientific Research and Technical Services**	**775.3**	**145254.9**
专业技术服务业	Professional Technical Services	775.3	145254.9
科技推广和应用服务业	Services of Science and Technology Promotion and Application		
水利、环境和公共设施管理业	**Management of Water Conservancy, Environment and Public Facilities**	**207.8**	**75480.5**
生态保护和环境治理业	Ecological Protection and Environmental Management		10657.6
公共设施管理业	Management of Public Facilities	207.8	64822.9
居民服务、修理和其他服务业	**Services of Households,Repair and Other Services**		**5270.4**
居民服务业	Services of Households		5225.7
其他服务业	Other Services		44.7
教育	**Education**		**3498.7**
卫生和社会工作	**Health and Social Affairs**		**10973.5**
卫生	Health		10973.5
文化、体育和娱乐业	**Culture,Sports and Entertainment**	**42.7**	**29499.8**
新闻和出版业	Journalism and Publishing Activities	42.7	21089.7
广播、电视、电影和影视录音制作业	Broadcasting,Television,Movies and Audiovisual Activities		1895.6
文化艺术业	Culture and arts		921.4
娱乐业	Entertainment		5593.1

continued

（10 000 yuan,person）

应交所得税 Income tax payable	应交增值税 Value Added Tax Payable	营业利润 Profits	应付职工薪酬 Wages Payable	从业人员期末人数 Employed Persons at Year-end	从业人员平均人数 Annual Average Employed Persons
28762.1	**6462.6**	**117209.0**	**327405.1**	**58916**	**59107**
6325.2	3027.3	–966.7	110789.7	18330	18667
3176.6	52.0	35444.7	5891.2	1096	1074
2251.2	2290.1	–22335.1	47467.0	9385	9541
823.3		3371.6	199.0	80	80
24.0	527.9	3086.6	11148.9	1625	1630
3.0	71.6	–23.6	6611.6	1476	1727
6.4	5.2	–7582.4	3341.8	488	496
40.7	80.5	–12928.5	36130.2	4180	4119
13087.5	**497.2**	**41436.2**	**66394.0**	**7685**	**7642**
12759.7	3.6	61074.3	59127.8	6668	6638
		–20607.9	4677.6	452	447
327.8	493.6	969.8	2588.6	565	557
451.2	**354.6**	**–1290.7**	**28788.3**	**9100**	**8923**
418.6	354.6	–1407.4	27870.8	8959	8782
32.6		116.7	917.5	141	141
2425.7	**379.7**	**36037.2**	**46149.4**	**12359**	**12022**
17.0	13.7	–94.6	88.8	29	29
2408.7	366.0	36131.8	46060.6	12330	11993
4409.9	**1925.1**	**27293.4**	**52499.9**	**6160**	**6165**
4409.9	1925.1	27293.4	52499.9	6160	6165
1275.5	**2.6**	**11814.2**	**6459.8**	**1502**	**1823**
		–686.5	179.0	313	323
1275.5	2.6	12500.7	6280.8	1189	1500
56.1		**244.3**	**1153.4**	**467**	**476**
56.1		234.5	1117.7	465	463
		9.8	35.7	2	13
41.0		**–260.9**	**2870.7**	**544**	**546**
429.4		**1333.5**	**7518.1**	**1723**	**1723**
429.4		1333.5	7518.1	1723	1723
260.6	**276.1**	**1568.5**	**4781.8**	**1046**	**1120**
	166.4	157.6	1240.4	75	80
116.8	109.3	750.7	309.6	66	70
	0.4	–86.6	672.5	179	172
143.8		746.8	2559.3	726	798

第二十一篇 Chapter21

宁夏农垦经济社会发展主要指标

Economic and Social Development of Agricultural Cultivation in Ningxia

责任编辑：夏龙金

资料整理：夏龙金　郭彦斌

Coordinator: Xia Longjin

Data Compilation:Xia Longjin　Guo　Yanbin

21-1 宁夏农垦经济社会发展主要指标

Economic and social development of Agricultural Cultivation in Ningxia

指 标	Item	单 位	unit	2013	增减%
人口与就业	**Population and Employment**				
年末总户数	Number of Households at Year-end	户	household	43379	8.0
年末总人口	Population at Year-end	人	person	138425	7.5
回族人口	Hui	人	person	36939	34.5
人口自然增长率	Natural Growth Rate	‰	‰	3.12	8.0
单位年末从业人数	Employment at Year-end	人	person	18160	-3.0
单位年末从业人员工资总额	Total Wages Bill of Staff and Workers	万元	10 000 yuan	52608.30	12.0
职工人均工资	Average Wage of Staff and Workers	元	yuan	29331	26.5
经济总量	**Economics**				
农垦生产总值(现价)	Gross Domestic Product(current price)	亿元	100 million yuan	20.08	11.1
第一产业	Primary Industry	亿元	100 million yuan	9.88	5.8
第二产业	Secondary Industry	亿元	100 million yuan	6.39	16.2
工业	Industry	亿元	100 million yuan	4.03	10.1
建筑业	Construction	亿元	100 million yuan	2.35	27.7
第三产业	Tertiary Industry	亿元	100 million yuan	3.79	17.3
农业	**Agriculture**				
农林牧渔业总产值(现价)	Gross Output Value of Agriculture,Forestry, Animal Husbandry and Fishery(current price)	亿元	100 million yuan	22.61	0.9
农业	Farming	亿元	100 million yuan	13.54	0.1
林业	Forestry	亿元	100 million yuan	0.39	0
畜牧业	Animal Husbandry	亿元	100 million yuan	6.76	8.5
渔业	Fishery	亿元	100 million yuan	1.01	-1.0
为其服务业	Output Value of Services for Agriculture, Forestry,Animal Husbandry and Fishery	亿元	100 million yuan	0.92	0
农垦耕地面积	Cultivated Area	万亩	10 000 mu	61.91	4.2

21-1 续表 1 continued

指 标	Item	单 位	unit	2013	增减%
粮食总产量	Output of Grain	万吨	10 000 tons	35.67	4.8
小麦总产量	Wheat	万吨	10 000 tons	0.59	–60.9
水稻总产量	Rice	万吨	10 000 tons	9.37	0.1
玉米总产量	Corn	万吨	10 000 tons	25.68	11.3
全年蔬菜产量	Output of Vegetable	万吨	10 000 tons	6.98	–10.7
设施蔬菜产量	Facilities Vegetable	万吨	10 000 tons	4.11	1.3
设施农业建设面积	Facilities in Agriculture Area	万亩	10 000 mu	0.82	1.23
水果总产量	Output of Fruit	万吨	10 000 tons	3.57	–17.9
牛存栏	Number of Cattle and Buffaloes on Hand	万头	10 000 heads	4.63	20.9
良种及改良乳牛	Breeding and Improved Breed Dairy Cows	万头	10 000 heads	4.20	24.3
生猪存栏	Number of Hogs on Hand	万头	10 000 heads	3.98	–5.5
羊只存栏	Number of Sheep on Hand	万只	10 000 heads	7.23	2.6
山羊	Goat	万只	10 000 heads	2.27	5.6
绵羊	Sheep	万只	10 000 heads	4.96	1.2
牛出栏	Cattle and Buffaloes Slaughtered	万头	10 000 heads	1.07	3.9
生猪出栏	Hogs Slaughtered	万头	10 000 heads	4.42	–10.7
羊只出栏	Sheep Slaughtered	万只	10 000 heads	4.25	11.8
肉类总产量	Output of Meat	万吨	10 000 tons	0.67	11.7
猪肉	Pork	万吨	10 000 tons	0.31	–6.1
羊肉	Mutton	万吨	10 000 tons	0.07	16.7
牛肉	Beef	万吨	10 000 tons	0.16	14.3
牛奶产量	Output of Milk	万吨	10 000 tons	11.67	–4.7
禽蛋产量	Output of Poultry Eggs	万吨	10 000 tons	0.11	0.1
渔业养殖面积	Area for Breeding Aquatics	万亩	10 000 mu	10.50	0
水产品产量	Output of Aquatic Products	万吨	10 000 tons	1.14	16.3
农业机械总动力	Total Agricultural Machinery Power	万千瓦	10 000 kwh	27.94	9.4
柴油发动机动力	Diesel Engine Power	万千瓦	10 000 kwh	23.29	9.4
电动机动力	Motor Power	万千瓦	10 000 kwh	4.42	9.7

21-1 续表 2 continued

指 标	Item	单位	unit	2013	增减%
工业	**Industry**				
工业总产值(现价)	Gross Industrial Output Value(current prices)	亿元	100 million yuan	11.01	10.4
工业销售产值(现价)	Industrial Sales Output Value(current prices)	亿元	100 million yuan	10.79	10.7
主要工业产品产量	Output of Major Industrial Products				
食油	Edible Oil	吨	ton	10	11.1
大米	Rice	吨	ton	24074	5.3
液态杀菌奶	Sterilized Liquid Milk	吨	ton	25497	25.2
酸奶	Yoghourt	吨	ton	780	5.4
饮料酒	Alcoholic Drink	千升	Kiloliter	190918	19.4
白酒	Spirit	千升	Kiloliter	503	-2.5
啤酒	Beer	千升	Kiloliter	184625	20.1
葡萄酒	Wine	千升	Kiloliter	5590	38.2
西夏王	Xixia King	千升	Kiloliter	2350	56.1
混配合饲料	Compound Feed	吨	ton	27257	-0.6
原煤	Raw Coal	吨	ton	17404	-43.0
机砖	Brick	万块	10 000 pieces	30915	5.6
煅煤	Calcined Coal	吨	ton	36112	25.8
精洗煤	Fine Washing Coal	吨	ton	23465	27.5
碳化硅原料	Silicon Carbide Raw Materials	吨	ton	40196	30.2
泡沫箱	Foam Box	套	unit	828730	20.0
建筑业	**Construction**				
年末单位个数	Number of Units at Year End	个	unit	19	5.6
国有	State-owned Unit			3	0
年末从业人员	Number of Persons Employed at Year End	人	person	3431	46.4
全年房屋建筑施工面积	Floor Space of Buildings under Construction	万平米	10 000 sq.m	57.14	71.9
全年房屋建筑竣工面积	Floor Space of Buildings Completed	万平米	10 000 sq.m	128.94	420.3
固定资产投资完成额	Investment in Fixed Assets	亿元	100 million yuan	16.32	25.0
基本建设	Infrastructure	亿元	100 million yuan	14.59	19.4
更新改造	Renovation and Reformation Investment	亿元	100 million yuan	1.73	106.0
交通运输业	Transportation				
年末拥有主要运输工具数量	Number of Major Transport Conveyance at Year End	辆	coach	920	14.4
年末从业人员	Number of Persons Employed at Year End	人	person	1458	6.1
全年货运量	Freight Traffic	万吨	10 000 tons	160.52	1.7
全年客运量	Passenger Traffic	万人	10 000 persons	344.18	8.5

21-1 续表 3 continued

指 标	Item	2013	增减%
商业	**Trade**		
营业网点个数(个)	Number of Business Branches(unit)	1204	10.6
国有	State-owned Units	53	-5.4
年末从业人员(人)	Number of Persons Employed at Year End(person)	2405	11.0
消费品零售总额(亿元)	Total Retail Sales of Consumer Goods(100 million yuan)	3.07	10.8
住宿和餐饮业	**Hotels and Catering Services**		
营业网点个数(个)	Number of Business Branches(unit)	391	2.4
国有	State-owned Units	5	-16.7
年末从业人员(人)	Number of Persons Employed at Year End(person)	1938	0.1
营业收入总额(亿元)	Total Business Revenue(100 million yuan)	0.98	-3.0
旅游业	**Tourism**		
接待游客人数(万人次)	Number of Tourists(10 000 person-time)	119.60	-4.5
旅游收入(亿元)	Tourism Income(100 million yuan)	2.35	-7.8
对外贸易	**Foreign Trade**		
出口商品总金额(万元)	Total Export Commodities in Value(10 000 yuan)	6120	1.5
出口商品总产量(吨)	Total Export Commodities in Volume(ton)	30718	128.0
蔬菜	Vegetable	30718	128.0
教育	**Education**		
中等专业学校个数(个)	Number of Specialized Secondary Schools(unit)	1	0
农垦教职工人数(人)	Teachers and Staff(person)	53	0
教师	Teachers	40	0
成人高等教学学生人数(人)	Number of Students in Adult Institutions of Higher Education(person)	691	-4.8

第二十二篇 Chapter22

各省市区主要经济指标

Main Economic Indicators by Region

责任编辑：蔡川生

资料整理：蔡川生　董金成　王丹玥　殷荣玉　季　翔　焦　霙

Coordinator: Cai Chuansheng

Data Compilation: Cai Chuansheng　Dong Jincheng　Wang Danyue

Yin Rongyu　Ji Xiang　Jiao Ying

22-1 各省市区地区生产总值及增长速度(2013年)
Gross Domestic Product and Its Growth Rate by Region(2013)

地区	Region	地区生产总值(亿元) GDP (100 million yuan)	第一产业 Primary Industry	第二产业 Secondary Industry	第三产业 Tertiary Industry	地区生产总值比上年增长(%) GDP Growth Rate(%)	人均地区生产总值(元) Per Capita GDP (yuan)
全国	**National**	**568845.2**	**56957.0**	**249684.4**	**262203.8**	**7.7**	**41908**
北京	Beijing	19500.6	161.8	4352.3	14986.4	7.7	93213
天津	Tianjin	14370.2	188.5	7276.7	6905.0	12.5	99607
河北	Hebei	28301.4	3500.4	14762.1	10038.9	8.2	38716
山西	Shanxi	12602.2	773.8	6792.7	5035.8	8.9	34813
内蒙古	Inner Mongolia	16832.4	1599.4	9084.2	6148.8	9.0	67498
辽宁	Liaoning	27077.7	2321.6	14269.5	10486.6	8.7	61686
吉林	Jilin	12981.5	1509.3	6858.2	4613.9	8.3	47191
黑龙江	Heilongjiang	14382.9	2516.8	5918.2	5947.9	8.0	37509
上海	Shanghai	21602.1	129.3	8027.8	13445.1	7.7	90092
江苏	Jiangsu	59161.8	3646.1	29094.0	26421.6	9.6	74607
浙江	Zhejiang	37568.5	1784.6	18446.7	17337.2	8.2	68462
安徽	Anhui	19038.9	2348.1	10404.0	6286.8	10.4	31684
福建	Fujian	21759.6	1936.3	11315.3	8508.0	11.0	57856
江西	Jiangxi	14338.5	1636.5	7671.4	5030.6	10.1	31771
山东	Shandong	54684.3	4742.6	27422.5	22519.2	9.6	56323
河南	Henan	32155.9	4059.0	17806.4	10290.5	9.0	34174
湖北	Hubei	24668.5	3098.2	12171.6	9398.8	10.1	42613
湖南	Hunan	24501.7	3099.2	11517.4	9885.1	10.1	36763
广东	Guangdong	62164.0	3047.5	29427.5	29689.0	8.5	58540
广西	Guangxi	14378.0	2343.6	6863.0	5171.4	10.2	30588
海南	Hainan	3146.5	756.5	871.3	1518.7	9.9	35317
重庆	Chongqing	12656.7	1016.7	6397.9	5242.0	12.3	42795
四川	Sichuan	26260.8	3425.6	13579.0	9256.1	10.0	32454
贵州	Guizhou	8006.8	1029.1	3243.7	3734.0	12.5	22922
云南	Yunnan	11720.9	1895.3	4927.8	4897.8	12.1	25083
西藏	Tibet	807.7	86.8	292.9	427.9	12.1	26068
陕西	Shanxi	16045.2	1526.1	8911.6	5607.5	11.0	42692
甘肃	Gansu	6268.0	879.4	2821.0	2567.6	10.8	24296
青海	Qinghai	2101.1	207.6	1204.3	689.2	10.8	36510
宁夏	Ningxia	2565.1	223.0	1265.0	1077.1	9.8	39420
新疆	Xinjiang	8360.2	1468.3	3766.0	3126.0	11.0	37181

注:本表绝对数按当年价格计算,增长速度按不变价格计算。

22-2 各省市区地区生产总值构成(2013 年)

Composition of Grosss Domestic Product by Region(2013)

单位:% (%)

地 区	Region	地区生产总值 Gross Domestic Products	第一产业 Primary Industry	第二产业 Secondary Industry	第三产业 Tertiary Industry
全 国	**National**	**100.0**	**10.0**	**43.9**	**46.1**
北 京	Beijing	100.0	0.8	22.3	76.9
天 津	Tianjin	100.0	1.3	50.6	48.1
河 北	Hebei	100.0	12.4	52.2	35.5
山 西	Shanxi	100.0	6.1	53.9	40.0
内蒙古	Inner Mongolia	100.0	9.5	54.0	36.5
辽 宁	Liaoning	100.0	8.6	52.7	38.7
吉 林	Jilin	100.0	11.6	52.8	35.5
黑龙江	Heilongjiang	100.0	17.5	41.1	41.4
上 海	Shanghai	100.0	0.6	37.2	62.2
江 苏	Jiangsu	100.0	6.2	49.2	44.7
浙 江	Zhejiang	100.0	4.8	49.1	46.1
安 徽	Anhui	100.0	12.3	54.6	33.0
福 建	Fujian	100.0	8.9	52.0	39.1
江 西	Jiangxi	100.0	11.4	53.5	35.1
山 东	Shandong	100.0	8.7	50.1	41.2
河 南	Henan	100.0	12.6	55.4	32.0
湖 北	Hubei	100.0	12.6	49.3	38.1
湖 南	Hunan	100.0	12.6	47.0	40.3
广 东	Guangdong	100.0	4.9	47.3	47.8
广 西	Guangxi	100.0	16.3	47.7	36.0
海 南	Hainan	100.0	24.0	27.7	48.3
重 庆	Chongqing	100.0	8.0	50.5	41.4
四 川	Sichuan	100.0	13.0	51.7	35.2
贵 州	Guizhou	100.0	12.9	40.5	46.6
云 南	Yunnan	100.0	16.2	42.0	41.8
西 藏	Tibet	100.0	10.7	36.3	53.0
陕 西	Shanxi	100.0	9.5	55.5	34.9
甘 肃	Gansu	100.0	14.0	45.0	41.0
青 海	Qinghai	100.0	9.9	57.3	32.8
宁 夏	Ningxia	100.0	8.7	49.3	42.0
新 疆	Xinjiang	100.0	17.6	45.0	37.4

注:此表由于小数位取舍不同产生的误差,未做配平处理。

22-3 各省市区年末总人口

Population by Region at the Year-end

单位：万人 (10 000 persons)

地区	Region	2005	2006	2007	2008	2009	2010	2011	2012	2013
全国	**National**	**130756**	**131448**	**132129**	**132802**	**133474**	**134091**	**134735**	**135404**	**136072**
北京	Beijing	1538	1581	1633	1695	1755	1962	2019	2069	2115
天津	Tianjin	1043	1075	1115	1176	1228	1299	1355	1413	1472
河北	Hebei	6851	6898	6943	6989	7034	7194	7241	7288	7333
山西	Shanxi	3355	3375	3393	3411	3427	3574	3593	3611	3630
内蒙古	Inner Mongolia	2386	2397	2405	2414	2422	2472	2482	2490	2498
辽宁	Liaoning	4221	4271	4298	4315	4319	4375	4383	4389	4390
吉林	Jilin	2716	2723	2730	2734	2740	2747	2749	2750	2751
黑龙江	Heilongjiang	3820	3823	3824	3825	3826	3833	3834	3834	3835
上海	Shanghai	1778	1815	1858	1888	1921	2303	2347	2380	2415
江苏	Jiangsu	7475	7550	7625	7677	7725	7869	7899	7920	7939
浙江	Zhejiang	4898	4980	5060	5120	5180	5447	5463	5477	5498
安徽	Anhui	6120	6110	6118	6135	6131	5957	5968	5988	6030
福建	Fujian	3535	3558	3581	3604	3627	3693	3720	3748	3774
江西	Jiangxi	4311	4339	4368	4400	4432	4462	4488	4504	4522
山东	Shandong	9248	9309	9367	9417	9470	9588	9637	9685	9733
河南	Henan	9380	9392	9360	9429	9487	9405	9388	9406	9413
湖北	Hubei	5710	5693	5699	5711	5720	5728	5758	5779	5799
湖南	Hunan	6326	6342	6355	6380	6406	6570	6596	6639	6691
广东	Guangdong	9194	9304	9449	9544	9638	10441	10505	10594	10644
广西	Guangxi	4660	4719	4768	4816	4856	4610	4645	4682	4719
海南	Hainan	828	836	845	854	864	869	877	887	895
重庆	Chongqing	2798	2808	2816	2839	2859	2885	2919	2945	2970
四川	Sichuan	8212	8169	8127	8138	8185	8045	8050	8076	8107
贵州	Guizhou	3730	3757	3762	3793	3798	3479	3469	3484	3502
云南	Yunnan	4450	4483	4514	4543	4571	4602	4631	4659	4687
西藏	Tibet	277	281	284	287	290	301	303	308	312
陕西	Shanxi	3720	3735	3748	3762	3772	3735	3743	3753	3764
甘肃	Gansu	2594	2606	2617	2628	2635	2560	2564	2578	2582
青海	Qinghai	543	548	552	554	557	563	568	573	578
宁夏	Ningxia	596	604	610	618	625	633	639	647	654
新疆	Xinjiang	2010	2050	2095	2131	2159	2185	2209	2233	2264

注：1.全国数据包括中国人民解放军现役军人数，但不包括香港、澳门特别行政区和台湾地区数据；分省数据中未包括中国人民解放军现役军人数；

2.除2004年部分地区数据外，分地区数据均为常住人口。

3.2010年数据为第六次全国人口普查初步汇总数。

a)Data in this table do not include the population of Hong Kong SAR,Macao SAR and Taiwan Province.Total Population do not include the military personnel.

b)Data in this table refers to resident population,except 2004.

c)Data of 2010were preliminary summary,due to the 6th National Population Census.

22-4 各省市区城镇非私营单位就业人数及平均工资(2013年)

Number of Employed Persons in State-owned Urban Units and Average Wages by Region(2013)

地 区	Region	就业人员(万人) Number of Employed Persons (person)	在岗职工平均工资(元) Average Wages of Staff and Workers(yuan)
全国总计	**National**	**18108.4**	**52388**
北 京	Beijing	742.3	93997
天 津	Tianjin	302.4	68864
河 北	Hebei	653.4	42532
山 西	Shanxi	464.0	47417
内蒙古	Inner Mongolia	303.8	51388
辽 宁	Liaoning	689.1	46310
吉 林	Jilin	338.4	43821
黑龙江	Heilongjiang	467.8	42744
上 海	Shanghai	618.8	91477
江 苏	Jiangsu	1503.3	57984
浙 江	Zhejiang	1071.6	57310
安 徽	Anhui	519.7	48929
福 建	Fujian	644.0	49328
江 西	Jiangxi	445.0	43582
山 东	Shandong	1290.6	47652
河 南	Henan	1076.0	38804
湖 北	Hubei	696.5	44613
湖 南	Hunan	601.0	43893
广 东	Guangdong	1967.0	53611
广 西	Guangxi	403.0	42637
海 南	Hainan	98.8	45573
重 庆	Chongqing	402.0	51015
四 川	Sichuan	846.2	49019
贵 州	Guizhou	296.7	49087
云 南	Yunnan	428.1	44188
西 藏	Tibet	31.0	64409
陕 西	Shanxi	505.3	48853
甘 肃	Gansu	256.6	44109
青 海	Qinghai	64.2	52105
宁 夏	Ningxia	72.2	52185
新 疆	Xinjiang	309.5	49843

22-5 各省市区固定资产投资(2013年)

Total Investment in Fixed Asstes in the Whole Country by Region(2013)

地区	Region	全社会固定资产投资(亿元) Total investment in Fixed Assets (100 million yuan)	固定资产投资(亿元) Investment in Fixed Assets (100 million yuan)	房地产开发投资额(亿元) Investment in Real Estate Development (100 million yuan)
全国总计	**National**	**447074.4**	**436527.70**	**86013.4**
北京	Beijing	6847.1	6797.54	3483.4
天津	Tianjin	9130.3	9103.01	1480.8
河北	Hebei	23194.2	22629.77	3445.4
山西	Shanxi	11031.9	10745.35	1308.6
内蒙古	Inner Mongolia	14215.5	14070.50	1479.0
辽宁	Liaoning	25107.7	24791.40	6450.8
吉林	Jilin	10133.5	9880.00	1252.4
黑龙江	Heilongjiang	12126.0	11794.17	1604.8
上海	Shanghai	5647.8	5644.13	2819.6
江苏	Jiangsu	36373.8	35983.00	7241.5
浙江	Zhejiang	20777.1	20189.07	6216.2
安徽	Anhui	18621.6	18090.89	3946.2
福建	Fujian	15327.4	15045.81	3703.0
江西	Jiangxi	12866.1	12450.84	1174.6
山东	Shandong	36789.1	35875.86	5444.5
河南	Henan	26220.9	25321.52	3843.8
湖北	Hubei	19307.3	18796.85	3286.0
湖南	Hunan	17846.3	17230.14	2628.3
广东	Guangdong	22307.8	21794.98	6489.6
广西	Guangxi	11907.7	11383.93	1614.6
海南	Hainan	2697.4	2625.02	1196.8
重庆	Chongqing	10429.6	10285.29	3012.8
四川	Sichuan	20325.2	19754.36	3853.0
贵州	Guizhou	7373.6	7102.78	1942.5
云南	Yunnan	9968.3	9621.83	2488.3
西藏	Tibet	876.0	876.00	9.7
陕西	Shanxi	14867.3	14516.71	2240.2
甘肃	Gansu	6527.9	6407.20	724.6
青海	Qinghai	2361.1	2285.30	247.6
宁夏	Ningxia	2651.1	2577.79	559.0
新疆	Xinjiang	7724.5	7363.39	825.7
不分地区	Not Classified By Region	5493.3	5493.28	

注:固定资产投资为不含农户口径。

22-6 各省市区房地产开发企业(单位)土地购置及开发情况(2013年)

Land Development and Purchase of Enterprises for Real Estste Development by Region(2013)

地 区 Region		土地购置面积 (万平方米) Land Space Purchased (10 000 sq.m)	土地成交价款 (亿元) Land Transaction Price (100 million yuan)	商品房销售面积 (万平方米) Floor Space of Commercialized Buildings Sold (10 000 sq.m)	商品房销售额 (亿元) (100 million yuan)
全国总计	**National**	**38814**	**9918.3**	**130551**	**81428.3**
北 京	Beijing	906	784.0	1903	3530.8
天 津	Tianjin	211	82.2	1847	1615.5
河 北	Hebei	1127	251.9	5676	2779.7
山 西	Shanxi	876	144.4	1643	728.3
内蒙古	Inner Mongolia	838	129.2	2738	1177.4
辽 宁	Liaoning	2502	566.8	9292	4759.2
吉 林	Jilin	1144	205.7	2215	993.0
黑龙江	Heilongjiang	656	88.2	3340	1582.3
上 海	Shanghai	422	279.1	2382	3911.6
江 苏	Jiangsu	4208	1084.2	11455	7913.7
浙 江	Zhejiang	1761	1006.7	4887	5396.0
安 徽	Anhui	2760	641.6	6265	3182.9
福 建	Fujian	1591	532.2	4676	4232.1
江 西	Jiangxi	842	227.4	3167	1647.9
山 东	Shandong	2615	552.8	10330	5215.1
河 南	Henan	1502	262.4	7310	3074.1
湖 北	Hubei	1895	391.8	5299	2790.3
湖 南	Hunan	1328	245.9	5952	2525.6
广 东	Guangdong	2251	681.5	9836	8941.1
广 西	Guangxi	432	113.8	2996	1375.8
海 南	Hainan	307	38.7	1191	1032.7
重 庆	Chongqing	1897	448.8	4818	2682.8
四 川	Sichuan	1143	337.3	7313	4020.3
贵 州	Guizhou	1210	160.6	2972	1276.7
云 南	Yunnan	1974	356.2	3309	1487.2
西 藏	Tibet			25	10.6
陕 西	Shanxi	503	110.1	3046	1608.1
甘 肃	Gansu	422	67.2	1220	474.1
青 海	Qinghai	80	10.2	382	158.8
宁 夏	Ningxia	438	31.4	1048	443.7
新 疆	Xinjiang	976	85.8	2017	861.0

22-7 各省市区地方公共财政收入与支出(2013年)

Local Public Revenue and Expenditure by Region(2013)

单位:亿元 (100 million yuan)

地 区	Region	地方公共财政收入 Local Public Revenue	地方公共财政支出 Local Public Expenditure
全国总计	**National**	**69011.16**	**119740.34**
北 京	Beijing	3661.11	4173.66
天 津	Tianjin	2079.07	2549.21
河 北	Hebei	2295.62	4409.58
山 西	Shanxi	1701.62	3030.13
内蒙古	Inner Mongolia	1720.98	3686.52
辽 宁	Liaoning	3343.81	5197.42
吉 林	Jilin	1156.96	2744.81
黑龙江	Heilongjiang	1277.40	3369.18
上 海	Shanghai	4109.51	4528.61
江 苏	Jiangsu	6568.46	7798.47
浙 江	Zhejiang	3796.92	4730.47
安 徽	Anhui	2075.08	4349.69
福 建	Fujian	2119.45	3068.80
江 西	Jiangxi	1621.24	3470.30
山 东	Shandong	4559.95	6688.80
河 南	Henan	2415.45	5582.31
湖 北	Hubei	2191.22	4371.65
湖 南	Hunan	2030.88	4690.89
广 东	Guangdong	7081.47	8411.00
广 西	Guangxi	1317.60	3208.67
海 南	Hainan	481.01	1011.17
重 庆	Chongqing	1693.24	3062.28
四 川	Sichuan	2784.10	6220.91
贵 州	Guizhou	1206.41	3082.66
云 南	Yunnan	1611.30	4096.51
西 藏	Tibet	95.02	1014.31
陕 西	Shanxi	1748.33	3665.07
甘 肃	Gansu	607.27	2309.62
青 海	Qinghai	223.86	1228.05
宁 夏	Ningxia	308.34	922.48
新 疆	Xinjiang	1128.49	3067.12

22-8 各省市区居民消费价格指数(2013 年)

(上年=100)

地 区	Region	居民消费价格总指数 Consumer Price Index	食品 Food	烟酒及用品 Tobacco, Liquor, and Articles	衣着 Clothing
全 国	**National**	**102.6**	**104.7**	**100.3**	**102.3**
北 京	Beijing	103.3	104.7	100.1	101.5
天 津	Tianjin	103.1	105.8	100.9	101.1
河 北	Hebei	103.0	105.9	100.6	102.7
山 西	Shanxi	103.1	106.2	102.1	102.0
内蒙古	Inner Mongolia	103.2	106.3	101.5	103.7
辽 宁	Liaoning	102.4	104.6	100.6	102.1
吉 林	Jilin	102.9	105.7	100.7	102.1
黑龙江	Heilongjiang	102.2	104.3	101.6	102.2
上 海	Shanghai	102.3	104.4	100.1	100.0
江 苏	Jiangsu	102.3	104.1	98.7	103.2
浙 江	Zhejiang	102.3	103.8	99.8	102.9
安 徽	Anhui	102.4	104.7	98.7	102.1
福 建	Fujian	102.5	104.0	99.7	101.9
江 西	Jiangxi	102.5	104.5	100.6	102.8
山 东	Shandong	102.2	104.8	100.3	103.3
河 南	Henan	102.9	105.6	100.4	102.5
湖 北	Hubei	102.8	104.9	100.5	102.2
湖 南	Hunan	102.5	104.2	103.1	102.3
广 东	Guangdong	102.5	103.6	100.6	101.6
广 西	Guangxi	102.2	103.8	99.8	102.3
海 南	Hainan	102.8	103.9	100.6	100.5
重 庆	Chongqing	102.7	104.1	100.6	106.3
四 川	Sichuan	102.8	104.8	99.4	100.8
贵 州	Guizhou	102.5	104.1	101.5	102.3
云 南	Yunnan	103.1	105.5	100.7	101.0
西 藏	Tibet	103.6	107.7	100.2	102.2
陕 西	Shanxi	103.0	105.6	100.6	102.9
甘 肃	Gansu	103.2	105.6	101.0	102.7
青 海	Qinghai	103.9	108.1	99.4	101.7
宁 夏	Ningxia	103.4	107.2	99.8	103.0
新 疆	Xinjiang	103.9	108.5	101.7	99.8

Consumer Price Indices by Region(2013)

(preceding year=100)

家庭设备用品及服务 Household Facilities, Articles and Services	医疗保健和个人用品 Health Care and Personal Articles	交通和通信 Transportation and Communication	娱乐教育文化 Recreation, Education and Culture	居住 Residence
101.5	**101.3**	**99.6**	**101.8**	**102.8**
101.7	100.2	99.0	103.9	105.6
102.0	100.6	98.6	102.5	104.4
101.4	101.9	99.7	101.7	102.0
101.6	100.8	99.2	102.5	102.5
100.8	101.4	99.5	101.9	102.3
101.2	101.5	99.7	100.9	102.3
100.6	101.3	99.5	102.3	102.4
100.0	101.4	98.7	100.7	102.4
101.3	100.0	100.4	100.1	103.9
102.2	101.1	99.7	101.3	102.5
102.2	100.3	99.4	102.5	102.5
100.9	101.2	99.9	102.7	101.4
100.4	101.4	99.8	101.9	103.3
101.0	101.3	99.7	101.8	101.9
100.3	101.0	99.3	101.3	101.4
101.5	101.5	100.2	102.9	101.9
101.9	102.1	99.4	101.5	103.1
101.8	101.7	100.0	102.1	101.8
101.8	101.3	99.5	101.9	103.7
101.1	100.7	99.9	100.8	102.7
101.6	102.8	101.3	101.6	103.4
101.6	101.0	98.3	101.4	102.8
101.9	102.2	100.0	101.6	103.7
101.1	101.5	99.6	101.8	103.0
101.7	102.5	100.2	101.2	103.6
100.5	100.2	100.4	101.4	102.5
103.0	102.7	98.7	100.8	102.8
101.8	102.1	100.0	101.6	102.7
100.9	101.7	99.0	101.0	104.5
101.3	103.2	98.6	99.7	102.2
101.3	101.4	100.1	101.1	103.4

22-9 各省市区农业生产资料价格指数(2013年)

（上年=100）

地 区	Region	农业生产资料价格指数 Indices of Producers' Price for Farm Products	农用手工工具 Farm hand Tools	饲料 Forage	产品畜 Production Livestock
全 国	**National**	**101.4**	**103.0**	**104.5**	**100.3**
北 京	Beijing				
天 津	Tianjin				
河 北	Hebei	101.1	100.2	104.0	102.1
山 西	Shanxi	102.5	101.8	102.0	101.4
内蒙古	Inner Mongolia	103.5	101.1	103.3	128.2
辽 宁	Liaoning	99.9	101.8	103.8	91.6
吉 林	Jilin	100.8	101.9	105.7	102.5
黑龙江	Heilongjiang	104.1	102.1	103.9	104.3
上 海	Shanghai				
江 苏	Jiangsu	102.4	101.9	104.3	101.1
浙 江	Zhejiang	102.8	104.1	105.2	101.8
安 徽	Anhui	100.9	102.5	105.1	102.7
福 建	Fujian	99.5	101.7	102.5	97.6
江 西	Jiangxi	102.4	106.3	103.4	99.7
山 东	Shandong	101.2	101.8	104.7	104.2
河 南	Henan	101.3	105.0	106.4	98.5
湖 北	Hubei	103.1	103.0	107.3	101.6
湖 南	Hunan	102.3	105.0	103.3	98.3
广 东	Guangdong	99.7	102.0	104.9	89.7
广 西	Guangxi	99.9	104.3	103.8	90.3
海 南	Hainan	101.0	106.5	102.2	90.2
重 庆	Chongqing				
四 川	Sichuan	101.5	103.9	103.5	100.6
贵 州	Guizhou	99.0	105.8	100.7	97.9
云 南	Yunnan	100.1	101.5	104.0	96.1
西 藏	Tibet	101.8	100.9	100.7	103.3
陕 西	Shanxi	102.6	104.4	105.7	102.7
甘 肃	Gansu	102.1	106.5	102.5	108.0
青 海	Qinghai	104.3	99.7	110.2	111.4
宁 夏	Ningxia	101.6	101.5	111.1	101.7
新 疆	Xinjiang	102.6	102.4	106.6	112.3

Indices of Producers′ Price for Farm Productes by Region(2013)

(preceding year=100)

半机械化农具 Semimechanized Farm Tools	机械化农具 Mechanized Tools	化学肥料 Chemical Fertilizer	农药及农药械 Pesticide and Its Appliances	农用机油 Oil for Farm Machinery	其他农业生产资料 Other Means of Agricultural Production	农业生产服务 ServiceforAgricultural Production
100.7	**100.5**	**97.7**	**101.6**	**100.5**	**103.9**	**106.5**
101.0	101.0	95.3	103.2	100.8	102.8	104.8
100.0	99.9	100.4	101.3	100.0	102.9	110.2
100.9	100.9	98.9	101.4	99.4	102.1	101.3
100.1	100.3	98.0	102.0	99.8	104.2	104.0
100.7	100.7	96.3	104.7	101.9	101.3	105.8
100.4	100.4	98.8	100.6	99.0	108.8	113.1
102.0	100.6	98.2	102.4	100.7	102.2	105.5
101.1	100.3	98.3	100.7	99.8	102.8	106.7
100.0	100.5	95.7	101.4	99.5	102.5	104.4
100.5	100.4	96.3	100.4	100.1	101.3	104.0
100.9	102.7	99.6	100.9	99.8	103.6	112.3
99.3	100.9	97.2	102.0	102.6	104.3	105.7
102.3	100.3	95.4	102.1	99.3	106.0	106.1
102.0	100.5	102.2	100.2	105.3	104.4	107.3
104.6	100.4	101.6	101.2	102.6	102.7	106.9
100.9	99.5	98.4	100.7	99.1	101.5	102.0
99.7	99.6	93.3	102.4	99.7	107.4	105.4
100.8	103.2	101.8	102.9	99.7	106.7	107.3
100.1	100.2	99.1	102.4	99.1	101.9	109.7
97.6	99.3	96.9	101.3	99.1	101.5	100.3
101.4	101.7	98.5	100.2	100.2	101.6	109.2
100.9	101.7	101.5	100.0	100.8	101.6	103.7
103.0	101.0	98.1	103.3	99.6	105.9	108.2
100.3	100.3	100.3	103.5	100.2	103.3	100.9
100.5	100.0	100.9	99.6	100.5	104.0	105.2
101.5	99.5	96.6	102.1	100.3	102.5	103.9
101.0	100.5	98.3	101.0	101.9	103.5	106.8

22-10 各省市区城镇居民家庭人均收支情况(2013年)

Per Capita Annual Income and Expenditures of Urban Households by Region(2013)

地 区	Region	总收入 (元) Total Income (yuan)	可支配收入 Disposable Income	现金消费支出(元) Cash Consumption Expenditures(yuan)	恩格尔系数(%) Engle Coefficient(%)
全国总计	**National**	**29547.1**	**26955.1**	**18022.6**	**35.0**
北 京	Beijing	45273.8	40321.0	26274.9	31.1
天 津	Tianjin	35655.5	32293.6	21711.9	36.6
河 北	Hebei	24142.9	22580.3	13640.6	32.3
山 西	Shanxi	24013.6	22455.6	13166.2	27.9
内蒙古	Inner Mongolia	26978.1	25496.7	19249.1	31.8
辽 宁	Liaoning	27904.9	25578.2	18029.7	32.2
吉 林	Jilin	23544.2	22274.6	15932.3	29.2
黑龙江	Heilongjiang	21149.2	19597.0	14161.7	35.8
上 海	Shanghai	48879.3	43851.4	28155.0	34.9
江 苏	Jiangsu	35131.0	32538.0	20371.5	34.7
浙 江	Zhejiang	41241.0	37851.0	23257.2	34.4
安 徽	Anhui	25006.2	23114.2	16285.2	39.1
福 建	Fujian	33382.7	30816.4	20092.7	37.0
江 西	Jiangxi	22949.4	21872.7	13850.5	37.7
山 东	Shandong	30628.1	28264.1	17112.2	32.9
河 南	Henan	23686.5	22398.0	14822.0	33.2
湖 北	Hubei	25180.5	22906.4	15749.5	39.7
湖 南	Hunan	24643.0	23414.0	15887.1	35.1
广 东	Guangdong	36503.9	33090.0	24133.3	36.7
广 西	Guangxi	25028.7	23305.4	15417.6	37.9
海 南	Hainan	24919.9	22928.9	15593.0	44.8
重 庆	Chongqing	26850.3	25216.1	17813.9	40.7
四 川	Sichuan	23893.9	22367.6	16343.5	39.6
贵 州	Guizhou	21413.0	20667.1	13702.9	35.9
云 南	Yunnan	24698.3	23235.5	15156.1	37.9
西 藏	Tibet	22560.7	20023.4	12231.9	48.1
陕 西	Shanxi	24108.8	22858.4	16679.7	36.4
甘 肃	Gansu	20149.0	18964.8	14020.7	36.8
青 海	Qinghai	22131.0	19498.5	13539.5	35.3
宁 夏	Ningxia	23766.8	21833.3	15321.1	32.0
新 疆	Xinjiang	22387.9	19873.8	15206.2	35.0

22-11 各省市区农村居民家庭人均收支情况(2013年)

Per Capita Annual Income and Expenditures of Rural Households by Region(2013)

地 区	Region	纯收入(元) Net Income(yuan)	#工资性收入 Incom from Wages and Salaries	消费支出(元) Expenses on Consumption (yuan)	恩格尔系数(%) Engle Cofficient(%)
全国总计	**National**	**8895.9**	**4025.4**	**6625.5**	**37.7**
北 京	Beijing	18337.5	12034.9	13553.2	34.6
天 津	Tianjin	15841.0	9091.5	10155.0	34.9
河 北	Hebei	9101.9	5236.7	6134.1	32.0
山 西	Shanxi	7153.5	4041.1	5812.7	33.0
内蒙古	Inner Mongolia	8595.7	1694.6	7268.3	35.5
辽 宁	Liaoning	10522.7	4209.4	7159.0	35.2
吉 林	Jilin	9621.2	1813.2	7379.7	33.0
黑龙江	Heilongjiang	9634.1	1991.4	6813.6	35.2
上 海	Shanghai	19595.0	12239.4	14234.7	37.5
江 苏	Jiangsu	13597.8	7608.5	9909.8	33.1
浙 江	Zhejiang	16106.0	9204.3	11760.2	35.6
安 徽	Anhui	8097.9	3733.5	5724.5	39.6
福 建	Fujian	11184.2	5193.9	8151.2	44.2
江 西	Jiangxi	8781.5	4422.1	5653.6	42.3
山 东	Shandong	10619.9	5127.2	7392.7	34.5
河 南	Henan	8475.3	3581.6	5627.7	34.4
湖 北	Hubei	8867.0	3868.2	6279.5	36.8
湖 南	Hunan	8372.1	4595.6	6609.5	38.4
广 东	Guangdong	11669.3	7072.4	8343.5	44.8
广 西	Guangxi	6790.9	2712.3	5205.6	40.0
海 南	Hainan	8342.6	3001.5	5465.6	48.0
重 庆	Chongqing	8332.0	4089.2	5796.4	43.8
四 川	Sichuan	7895.3	3542.8	6308.5	42.2
贵 州	Guizhou	5434.0	2572.6	4740.2	43.0
云 南	Yunnan	6141.3	1729.2	4743.6	44.2
西 藏	Tibet	6578.2	1475.3	3574.0	54.2
陕 西	Shanxi	6502.6	3151.2	5724.2	31.8
甘 肃	Gansu	5107.8	2203.4	4849.6	37.1
青 海	Qinghai	6196.4	2347.5	6060.2	30.9
宁 夏	Ningxia	6931.0	2878.4	6489.7	31.2
新 疆	Xinjiang	7296.5	1311.8	6119.1	33.9

22-12 各省市区农林牧渔业总产值及增长速度(2013年)

Gross Output Value of Farming,Forestry,Animal Husbandry and Fishery and Growth by Region(2013)

地 区	Region	农林牧渔业总产值 (亿元) Gross Output Value (100 million)	农 业 Agriculture	林 业 Forestry	牧 业 Animal Husbandry	渔 业 Fishery	农林牧渔业总产值比上年增长 (%) Growth(%)
全国总计	**National**	**96995.3**	**51497.4**	**3902.4**	**28435.5**	**9634.6**	**4.0**
北 京	Beijing	421.8	170.4	75.9	154.8	12.8	2.1
天 津	Tianjin	412.4	217.2	3.1	108.6	73.2	3.8
河 北	Hebei	5832.9	3473.3	96.3	1818.2	178.7	3.3
山 西	Shanxi	1447.0	932.1	90.1	338.8	9.5	4.5
内蒙古	Inner Mongolia	2699.5	1328.1	96.1	1208.5	29.0	4.7
辽 宁	Liaoning	4349.7	1673.9	136.5	1675.4	689.3	4.1
吉 林	Jilin	2670.6	1261.7	98.1	1198.5	36.7	3.5
黑龙江	Heilongjiang	4633.3	2856.3	180.6	1430.1	82.5	4.7
上 海	Shanghai	323.5	172.3	9.6	70.0	59.9	-2.9
江 苏	Jiangsu	6158.0	3167.8	107.3	1222.2	1351.1	2.6
浙 江	Zhejiang	2837.4	1336.8	141.5	546.2	758.0	0.4
安 徽	Anhui	4009.2	2003.3	233.1	1171.4	439.1	3.4
福 建	Fujian	3282.0	1376.3	293.8	513.8	986.3	4.5
江 西	Jiangxi	2578.4	1072.8	252.7	796.4	370.2	4.5
山 东	Shandong	8750.0	4509.9	120.3	2359.0	1397.4	3.8
河 南	Henan	7198.1	4202.3	152.3	2486.3	93.5	4.4
湖 北	Hubei	5160.6	2678.1	122.0	1395.4	748.4	5.6
湖 南	Hunan	5043.6	2726.8	287.7	1467.4	309.9	2.7
广 东	Guangdong	4946.8	2444.7	249.4	1106.9	975.3	2.2
广 西	Guangxi	3755.2	1868.3	287.6	1101.2	366.7	4.4
海 南	Hainan	1144.9	485.4	121.2	225.5	275.5	6.2
重 庆	Chongqing	1513.7	909.2	48.0	482.8	53.8	4.6
四 川	Sichuan	5620.3	2903.5	179.4	2267.6	177.5	3.5
贵 州	Guizhou	1663.0	997.1	69.9	482.7	38.3	6.0
云 南	Yunnan	3056.0	1639.4	293.3	962.6	70.4	7.0
西 藏	Tibet	128.0	57.9	2.7	64.2	0.2	4.0
陕 西	Shanxi	2562.5	1714.8	67.6	643.7	17.8	4.8
甘 肃	Gansu	1517.7	1104.5	22.5	253.4	2.0	4.9
青 海	Qinghai	310.3	138.3	5.7	160.1	1.3	5.6
宁 夏	Ningxia	430.0	269.0	9.8	120.0	13.2	4.7
新 疆	Xinjiang	2538.9	1806.1	48.1	604.2	17.2	7.2

注:本表绝对数按当年价格计算,增长速度按可比价格计算。

a)Level data in this table are calculated at current prices ,Growth rate of GDP is calculated at constant prices.

22-13 各省市区主要农产品产量（2013年）
Major Product Output of Farming by Region(2013)

单位：万吨 (10 000 tons)

地区	Region	粮食 Grain	油料 Oil-bearing Crops	棉花 Cotton	糖料 Suger Crops	蔬菜 Vegetables	水果 Melons
全国总计	**National**	**60193.8**	**3517.0**	**629.9**	**13746.1**	**73512.0**	**25093.0**
北京	Beijing	96.1	1.0	0.02		266.9	103.8
天津	Tianjin	174.7	0.6	4.8		455.1	54.2
河北	Hebei	3365.0	151.1	45.7	74.2	7902.1	1863.3
山西	Shanxi	1312.8	19.5	3.1	22.5	1198.5	711.8
内蒙古	Inner Mongolia	2773.0	158.1	0.2	181.4	1421.1	294.8
辽宁	Liaoning	2195.6	113.6	0.1	17.1	3270.9	944.7
吉林	Jilin	3551.0	84.0	0.6	6.2	938.1	234.7
黑龙江	Heilongjiang	6004.1	19.0		123.2	946.1	274.4
上海	Shanghai	114.2	1.5	0.4	0.7	398.4	74.7
江苏	Jiangsu	3423.0	150.4	20.9	9.6	5237.8	814.2
浙江	Zhejiang	734.0	37.8	2.8	63.9	1764.3	715.7
安徽	Anhui	3279.6	225.4	25.1	20.2	2418.0	905.1
福建	Fujian	664.4	28.8	0.01	58.6	1729.7	744.3
江西	Jiangxi	2116.1	119.3	13.1	64.6	1257.6	637.8
山东	Shandong	4528.2	349.6	62.1	0.01	9658.2	3028.8
河南	Henan	5713.7	589.1	19.0	28.3	7112.5	2599.7
湖北	Hubei	2501.3	333.2	46.0	28.7	3578.3	920.5
湖南	Hunan	2925.7	224.4	19.8	73.7	3603.5	879.4
广东	Guangdong	1315.9	101.0		1553.2	3144.5	1485.4
广西	Guangxi	1521.8	57.2	0.2	8104.3	2435.6	1433.4
海南	Hainan	190.9	10.9		440.8	524.8	439.5
重庆	Chongqing	1148.1	53.1	0.01	10.9	1600.6	319.3
四川	Sichuan	3387.1	290.4	1.3	57.1	3910.7	840.1
贵州	Guizhou	1030.0	91.5	0.1	159.3	1500.4	167.7
云南	Yunnan	1824.0	60.7	0.04	2146.3	1625.4	634.5
西藏	Tibet	96.2	6.4			67.0	1.3
陕西	Shanxi	1215.8	59.5	5.8	0.2	1629.4	1764.4
甘肃	Gansu	1138.9	69.7	7.1	24.7	1578.7	611.5
青海	Qinghai	102.4	32.6		0.02	158.9	3.0
宁夏	Ningxia	373.4	16.8			509.0	264.3
新疆	Xinjiang	1377.0	60.6	351.8	476.5	1669.9	1326.9

注：水果产量含果用瓜。

a)Output of fruits has included melons.

22-13 续表 1 Continued

单位:万吨 (10 000 tons)

地区	Region	肉类 Meat	猪肉 Prok	牛肉 Beef	羊肉 Mutton	奶类 Milk
全国总计	**National**	**8535.0**	**5493.0**	**673.2**	**408.1**	**3649.5**
北京	Beijing	41.8	24.6	2.1	1.2	61.5
天津	Tianjin	46.5	29.8	3.3	1.5	68.5
河北	Hebei	448.8	265.3	52.3	29.1	465.7
山西	Shanxi	83.2	61.2	5.2	6.2	87.2
内蒙古	Inner Mongolia	244.9	73.4	51.8	88.8	778.6
辽宁	Liaoning	420.1	233.6	43.2	8.1	125.7
吉林	Jilin	262.7	136.3	45.0	4.2	48.3
黑龙江	Heilongjiang	221.3	133.4	39.7	11.8	522.5
上海	Shanghai	23.8	18.3		0.6	26.5
江苏	Jiangsu	383.2	229.9	3.2	7.8	59.9
浙江	Zhejiang	174.3	138.8	1.1	1.7	18.2
安徽	Anhui	403.8	253.4	18.1	15.0	25.3
福建	Fujian	211.2	157.7	2.6	2.1	15.3
江西	Jiangxi	321.9	245.1	12.7	1.1	12.2
山东	Shandong	774.8	392.9	67.9	33.7	281.2
河南	Henan	699.1	454.1	80.6	24.8	328.8
湖北	Hubei	430.1	330.6	20.2	8.2	15.8
湖南	Hunan	519.2	430.6	18.2	10.7	8.9
广东	Guangdong	435.2	277.8	7.0	0.9	14.1
广西	Guangxi	420.0	261.3	14.3	3.2	9.6
海南	Hainan	82.9	50.5	2.6	1.1	0.2
重庆	Chongqing	207.8	155.0	7.6	3.0	6.8
四川	Sichuan	690.4	510.8	31.1	24.5	71.1
贵州	Guizhou	199.7	163.7	14.1	3.5	5.5
云南	Yunnan	359.4	276.0	31.8	14.0	59.3
西藏	Tibet	26.8	1.5	15.9	8.6	33.0
陕西	Shanxi	112.6	88.3	7.5	7.0	188.5
甘肃	Gansu	91.0	50.8	17.2	16.6	39.1
青海	Qinghai	31.8	9.9	10.3	10.5	28.7
宁夏	Ningxia	27.4	7.1	8.7	9.0	104.2
新疆	Xinjiang	139.4	31.3	37.8	49.7	139.2

22-14 各省市区规模以上工业企业主要经济指标(2013 年)

Main Economic Indicators of Industrial Enterprises above Designated Size by Region(2013)

单位:亿元 (100 million yuan)

地 区	Region	主营业务收入 Revenue from Principal Business	主营业务成本 Cost of Principal Business	主营业务税金及附加 Taxes and Other Charges on Principal Business	销售费用 Sales Expenditure	利润总额 Total Profits	税金总额 Total Taxes
全国总计	**National**	**1029149.8**	**877522.4**	**15617.7**	**25339.6**	**62831.0**	**45748.5**
北 京	Beijing	18624.8	15798.3	282.4	828.8	1254.8	804.2
天 津	Tianjin	27011.1	23208.4	318.0	635.0	1992.8	1177.3
河 北	Hebei	45766.3	40019.9	423.2	727.5	2560.9	1536.2
山 西	Shanxi	18404.7	15687.3	162.6	534.6	547.9	897.9
内蒙古	Inner Mongolia	19550.8	15732.7	272.6	477.7	1682.6	1065.0
辽 宁	Liaoning	52150.4	45093.2	856.5	1076.9	2461.6	2106.5
吉 林	Jilin	21950.7	18396.7	496.1	788.1	1230.1	1106.2
黑龙江	Heilongjiang	13569.8	10694.5	665.0	297.3	1150.2	1268.5
上 海	Shanghai	34533.5	28569.0	910.7	1263.7	2415.2	1815.9
江 苏	Jiangsu	132270.4	115111.6	1127.4	2876.6	7834.1	5112.6
浙 江	Zhejiang	61765.5	53100.9	671.3	1487.0	3385.9	2298.6
安 徽	Anhui	33079.5	28607.4	420.9	814.0	1758.8	1287.9
福 建	Fujian	32847.1	28241.1	376.9	833.3	1959.5	1293.8
江 西	Jiangxi	26700.2	23246.9	272.3	421.1	1756.7	1125.7
山 东	Shandong	132319.0	114856.6	1483.7	2402.8	8507.7	5182.3
河 南	Henan	59454.8	51194.0	640.5	1088.7	4410.8	2077.1
湖 北	Hubei	37864.5	32146.6	733.4	1138.6	2080.7	1680.2
湖 南	Hunan	31616.6	25830.0	849.3	849.2	1585.1	1973.0
广 东	Guangdong	103655.0	88559.8	1144.6	3519.5	5854.9	3683.7
广 西	Guangxi	16726.0	14228.6	318.7	408.0	874.0	846.8
海 南	Hainan	1640.7	1312.8	80.9	60.8	110.8	143.7
重 庆	Chongqing	15417.1	13149.8	225.1	426.2	878.4	805.0
四 川	Sichuan	35251.8	29353.2	576.0	998.8	2168.4	1820.3
贵 州	Guizhou	6878.4	5383.6	286.6	228.9	477.3	600.4
云 南	Yunnan	9773.1	7587.1	786.7	264.0	549.1	1226.8
西 藏	Tibet	93.4	80.2	1.5	6.0	7.2	9.8
陕 西	Shanxi	17763.0	13753.7	522.7	424.7	1973.3	1378.8
甘 肃	Gansu	8443.7	7321.0	266.4	129.9	286.7	458.7
青 海	Qinghai	2045.4	1632.6	47.4	63.9	141.3	138.3
宁 夏	Ningxia	3374.5	2879.5	68.4	69.3	139.1	168.1
新 疆	Xinjiang	8608.0	6745.8	329.8	199.0	795.4	659.3

22-15 各省市区规模以上工业企业主要经济效益指标(2013 年)

Main Economic Indicators of Industrial Enterprises above Designated Size by Region(2013)

地 区	Region	总资产贡献率(%) Ratio of Value Assets to Gross Industrial Output Value(%)	资本保值增值率(%) Capital appreciation rate(%)	资产负债率(%) Assets-liability Ratio (%)	流动资产周转次数(次) Number of Times of Annual of Turnover Working Caoitals (time)	成本费用利润率(%) Ratio of Profits to Industrial Cost (%)	产品销售率(%) Proportion of Products Sold(%)
全国总计	**National**	**15.0**	**112.2**	**57.8**	**2.7**	**6.6**	**97.8**
北 京	Beijing	7.7	108.1	52.1	1.5	7.1	99.2
天 津	Tianjin	16.1	111.8	63.9	2.4	8.0	98.4
河 北	Hebei	13.6	113.1	58.7	3.2	6.0	97.9
山 西	Shanxi	7.3	100.3	71.3	1.7	3.1	95.3
内蒙古	Inner Mongolia	13.9	109.5	60.0	2.4	9.7	97.3
辽 宁	Liaoning	14.1	110.5	58.5	3.2	5.1	97.6
吉 林	Jilin	17.5	108.0	54.8	3.5	6.1	98.4
黑龙江	Heilongjiang	19.1	105.8	57.1	2.4	9.8	97.8
上 海	Shanghai	13.7	109.0	50.4	1.8	7.6	99.1
江 苏	Jiangsu	16.2	111.2	56.8	2.8	6.3	98.5
浙 江	Zhejiang	11.8	107.7	60.0	1.9	5.8	97.3
安 徽	Anhui	14.5	113.0	59.4	3.2	5.7	97.5
福 建	Fujian	16.0	111.9	54.7	2.8	6.4	97.4
江 西	Jiangxi	24.4	119.4	54.3	4.6	7.2	99.1
山 东	Shandong	20.2	111.9	55.8	3.7	7.0	98.8
河 南	Henan	18.5	127.1	48.8	3.4	8.1	98.5
湖 北	Hubei	15.0	119.1	56.3	3.0	5.9	97.3
湖 南	Hunan	21.6	116.9	54.0	4.1	5.6	98.5
广 东	Guangdong	13.9	113.2	57.3	2.4	6.0	97.4
广 西	Guangxi	15.7	112.6	62.9	3.0	5.7	95.0
海 南	Hainan	12.9	109.5	53.4	1.9	7.6	95.8
重 庆	Chongqing	15.6	118.0	63.3	2.7	6.1	97.9
四 川	Sichuan	14.1	110.3	62.8	2.5	6.7	97.9
贵 州	Guizhou	14.0	119.4	63.4	1.9	7.8	94.8
云 南	Yunnan	14.6	116.4	64.6	1.8	6.4	95.4
西 藏	Tibet	3.7	105.2	34.0	0.7	7.5	94.0
陕 西	Shanxi	17.0	110.8	56.1	2.0	12.9	95.2
甘 肃	Gansu	9.5	107.9	64.4	2.2	3.6	93.7
青 海	Qinghai	8.2	110.6	66.2	1.5	7.6	92.1
宁 夏	Ningxia	8.1	114.0	66.5	1.8	4.4	97.7
新 疆	Xinjiang	12.8	110.8	60.5	2.1	10.6	97.3

22-16 各省市区规模以上工业企业主要工业产品产量(2013年)

Output of Major Products of Industrial Enterprises above Designated Size by Region(2013)

地 区	Region	原 油 (万吨) Crude Oil (10000 tons)	天然气 (亿立方米) Natural Gas (100 million cu.m)	发电量 (亿千瓦小时) Electricity (100 million kwh)	生 铁 (万吨) Pig Iron (10 000 tons)	粗 钢 (万吨) Crude Steel (10 000 tons)	钢 材 (万吨) Rolled Steel (10 000 tons)	水 泥 (万吨) Cement (10 000 tons)	农用化肥 (万吨) Chemical Fertilizers (10 000 tons)
全国总计	**National**	**20946.9**	**1170.5**	**53975.9**	**70897.0**	**77904.1**	**106762.2**	**241613.6**	**7037.0**
北 京	Beijing		5.8	335.8		2.3	219.0	900.5	
天 津	Tianjin	3044.5	18.7	624.3	2214.2	2289.5	6640.9	951.9	13.5
河 北	Hebei	591.0	15.6	2499.4	17027.6	18849.6	22861.6	12676.2	218.4
山 西	Shanxi		31.6	2627.9	4303.2	4519.6	4486.2	4984.8	446.1
内蒙古	Inner Mongolia		0.2	3520.7	1367.2	1978.6	1797.7	6395.7	113.6
辽 宁	Liaoning	1001.0	7.6	1544.3	5698.0	5972.9	6863.0	6005.2	77.1
吉 林	Jilin	620.3	23.7	769.5	1116.2	1245.4	1510.1	3391.0	48.8
黑龙江	Heilongjiang	4001.0	35.0	834.0	716.3	740.2	631.0	4028.5	61.5
上 海	Shanghai	7.2	2.3	959.5	1637.6	1800.6	2322.8	750.3	2.1
江 苏	Jiangsu	201.5	0.5	4289.4	6690.6	8469.1	12398.0	17991.9	250.8
浙 江	Zhejiang			2939.3	1059.8	1387.0	3823.4	12462.9	33.1
安 徽	Anhui			1965.8	2017.3	2351.5	3138.6	12131.4	277.3
福 建	Fujian			1767.7	588.3	1624.6	2782.8	7890.4	44.1
江 西	Jiangxi			874.6	2012.2	2156.6	2463.8	9204.2	107.3
山 东	Shandong	2765.6	5.1	3510.9	6580.3	6119.8	8109.1	16217.8	760.0
河 南	Henan	476.5	4.9	2861.8	2551.9	2736.0	4255.2	16764.4	488.6
湖 北	Hubei	80.1	3.1	2158.2	2416.2	2887.8	3344.9	11042.5	1156.9
湖 南	Hunan			1347.0	1739.8	1746.5	1977.9	11264.7	135.5
广 东	Guangdong	1291.8	75.3	3964.8	1149.9	1442.9	3384.5	13394.9	45.7
广 西	Guangxi	43.7		1259.5	1567.6	1666.6	2790.7	10707.5	105.7
海 南	Hainan	26.5	1.7	230.7			27.0	1988.4	65.9
重 庆	Chongqing		1.7	627.4	556.2	608.9	1269.6	6127.0	215.4
四 川	Sichuan	22.4	214.3	2597.3	2011.4	1711.5	2785.2	13897.1	473.7
贵 州	Guizhou		0.5	1676.3	529.9	485.2	562.6	8140.5	533.6
云 南	Yunnan			2148.4	1936.5	1883.9	2053.9	9009.2	341.9
西 藏	Tibet			29.1				295.8	
陕 西	Shanxi	3688.0	371.6	1508.7	882.5	916.9	1565.2	8545.5	100.7
甘 肃	Gansu	72.8	0.2	1195.0	897.5	953.9	1021.6	4412.7	62.4
青 海	Qinghai	214.5	68.1	600.3	135.1	147.6	130.8	1786.3	425.2
宁 夏	Ningxia	6.1		1096.5	123.0	32.2	149.8	1914.3	70.3
新 疆	Xinjiang	2792.5	282.9	1611.7	1370.7	1176.9	1395.3	5040.2	361.8

22-17 各省市区建筑业主要经济指标(2013 年)

Main Economic Indicators on Construction Enterprises by Region(2013)

单位:亿元　　　　(100 million yuan)

地 区	Region	总产值 Gross Output Value	施工面积(万平方米) Floor Space of Buildings under Construction (10 000 sq.m)	竣工面积(万平方米) Floor Space of Buildings Completed (10 000 sq.m)	企业个数(个) Number of Enterprises (unit)
全国总计	**National**	**159313.0**	**1129967.7**	**389244.9**	**79528**
北 京	Beijing	7407.1	48791.3	8212.7	3114
天 津	Tianjin	3670.5	12791.0	3394.7	1600
河 北	Hebei	5203.9	35847.6	12336.0	2395
山 西	Shanxi	2983.8	12868.6	3498.3	2189
内蒙古	Inner Mongolia	1540.5	8906.0	3624.7	866
辽 宁	Liaoning	8743.4	44279.7	18738.4	6005
吉 林	Jilin	2200.2	12202.6	6325.4	1854
黑龙江	Heilongjiang	2450.6	8085.5	4115.7	1965
上 海	Shanghai	5102.8	29148.7	6274.3	2860
江 苏	Jiangsu	21712.2	192982.1	67932.4	9305
浙 江	Zhejiang	20066.4	185443.1	60569.3	5884
安 徽	Anhui	4970.3	37117.2	14257.4	2674
福 建	Fujian	5459.4	48509.5	13187.1	2648
江 西	Jiangxi	3459.5	24897.2	11883.8	1626
山 东	Shandong	8332.7	64055.4	22634.7	5756
河 南	Henan	7082.4	43422.9	17244.3	4697
湖 北	Hubei	8343.4	47915.0	22076.4	3197
湖 南	Hunan	5256.0	43141.9	15528.5	1984
广 东	Guangdong	7729.2	53506.1	13323.6	4395
广 西	Guangxi	2271.4	18198.0	5814.8	1091
海 南	Hainan	285.3	2192.0	907.7	146
重 庆	Chongqing	4731.9	29745.9	12184.4	2394
四 川	Sichuan	7239.5	49382.8	18294.3	3389
贵 州	Guizhou	1365.0	12174.3	2450.5	605
云 南	Yunnan	2888.8	15649.9	6446.2	2236
西 藏	Tibet	82.1	211.9	119.9	164
陕 西	Shanxi	3993.8	19250.0	6133.2	1397
甘 肃	Gansu	1708.3	10238.2	3751.2	1225
青 海	Qinghai	396.4	1136.6	417.4	381
宁 夏	Ningxia	564.7	4665.9	1927.8	514
新 疆	Xinjiang	2071.5	13210.8	5640.3	972

22-18 各省市区客运量和旅客周转量(2013 年)

Total Passenger Traffic and Passenger-kilometers by Region(2013)

地 区	Region	客运量(万人) Passenger Traffic (10 000 persons)	铁路 Railways	公路 Highways	水运 Waterways	旅客周转量(亿人公里) Total Passenger-Kilometers (100million psssenger-km)	铁路 Railways	公路 Highways	水运 Waterways
全国总计	**National**	**2122992**	**210597**	**1853463**	**23535**	**27571.7**	**10595.6**	**11250.9**	**68.3**
北 京	Beijing	64161	11680	52481		254.0	118.0	136.1	
天 津	Tianjin	17995	3352	14556	87	267.1	178.4	88.6	0.1
河 北	Hebei	61718	8762	52956		1163.7	867.2	296.5	
山 西	Shanxi	34899	6294	28487	118	386.6	189.8	196.6	0.1
内蒙古	Inner Mongolia	20819	4635	16184		360.5	187.1	173.4	
辽 宁	Liaoning	91735	13033	78168	534	941.7	572.7	362.4	6.5
吉 林	Jilin	34148	6629	27403	116	413.7	244.8	168.7	0.2
黑龙江	Heilongjiang	45566	10107	35102	357	473.3	256.8	216.1	0.4
上 海	Shanghai	11691	7972	3476	243	195.0	75.3	119.1	0.6
江 苏	Jiangsu	151444	13435	135555	2454	1365.3	514.0	847.3	4.0
浙 江	Zhejiang	135348	11052	121185	3111	1025.1	437.0	583.0	5.1
安 徽	Anhui	126710	7210	119433	67	1286.3	552.1	734.0	0.2
福 建	Fujian	55107	6501	46895	1711	542.7	209.2	330.6	2.8
江 西	Jiangxi	65067	6945	57915	207	930.7	622.6	307.7	0.4
山 东	Shandong	75074	9246	64019	1809	1083.8	552.4	520.3	11.0
河 南	Henan	136237	10532	125450	255	1574.7	861.9	712.4	0.4
湖 北	Hubei	91522	10410	80670	442	1052.4	634.1	415.1	3.2
湖 南	Hunan	159726	9231	149015	1480	1565.1	840.3	721.9	2.9
广 东	Guangdong	153120	17658	133305	2157	1780.9	570.1	1202.5	8.4
广 西	Guangxi	49275	3275	45606	394	611.3	193.7	415.7	1.9
海 南	Hainan	13328	1389	10583	1356	112.4	25.2	85.0	2.2
重 庆	Chongqing	65183	3251	61243	689	465.4	124.9	333.3	7.3
四 川	Sichuan	134775	8240	124145	2390	912.1	310.1	599.2	2.9
贵 州	Guizhou	83436	4322	77359	1755	593.6	211.2	377.9	4.5
云 南	Yunnan	47626	3189	43392	1045	431.9	106.5	323.1	2.2
西 藏	Tibet	1455	129	1326		42.4	11.4	31.0	
陕 西	Shanxi	70133	6123	63650	360	745.2	421.4	323.1	0.7
甘 肃	Gansu	36163	2522	33556	85	595.4	383.2	212.0	0.2
青 海	Qinghai	4790	592	4140	58	95.3	54.9	40.3	0.1
宁 夏	Ningxia	8418	594	7568	256	102.9	44.5	58.3	0.1
新 疆	Xinjiang	40926	2286	38640		544.5	224.8	319.6	
不分地区	Not Classified by Region	35397				5656.8			

注:不分地区为民航完成数。

a)The total passenger traffic not classified by region refers to that completed by civil aviation.

22-19 各省市区货运量和货物周转量(2013年)

Total Freight Traffic and Freight Ton-kilometers by Region(2013)

地 区	Region	货运量(万吨) Freight Traffic (10 000 tons)	铁路 Railways	公路 Highways	水运 Waterways	货运周转量(亿吨公里) Freight Ton-kilometers (100 million ton-kms)	铁路 Railways	公路 Highways	水运 Water-ways
全国总计	**National**	**4102495**	**396697**	**3076648**	**559738**	**168164.8**	**29173.9**	**55738.1**	**79187.5**
北 京	Beijing	25748	1097	24651		1051.1	894.9	156.2	
天 津	Tianjin	45233	8349	28206	8678	3097.4	515.9	313.7	2267.8
河 北	Hebei	198009	22469	172492	3048	11674.1	4233.6	6577.9	862.5
山 西	Shanxi	156045	73181	82834	30	3592.4	2313.7	1278.6	0.1
内蒙古	Inner Mongolia	164346	67288	97058		4462.0	2589.2	1872.7	
辽 宁	Liaoning	206868	20566	172923	13379	11970.3	1341.1	2792.0	7837.2
吉 林	Jilin	44811	6516	38063	232	1681.3	580.0	1100.0	1.3
黑龙江	Heilongjiang	61094	14561	45288	1245	1930.0	949.2	972.9	7.9
上 海	Shanghai	84305	702	43877	39726	14332.7	14.8	352.4	13965.5
江 苏	Jiangsu	181775	7157	103709	70909	9924.6	381.2	1790.4	7753.0
浙 江	Zhejiang	188679	4831	107186	76662	8951.2	272.1	1322.1	7357.0
安 徽	Anhui	396391	11566	284534	100291	12335.3	877.7	6544.0	4913.7
福 建	Fujian	96674	3636	69876	23162	3939.6	163.5	821.4	2954.7
江 西	Jiangxi	135172	5217	121279	8676	3640.1	612.7	2829.0	198.4
山 东	Shandong	264100	22876	227746	13478	8194.2	1487.4	5494.8	1212.0
河 南	Henan	184823	12929	162040	9854	7259.8	2153.3	4488.0	618.5
湖 北	Hubei	131000	5646	100945	24409	4751.8	914.3	2046.3	1791.3
湖 南	Hunan	184535	5169	156269	23097	3832.3	950.3	2329.5	552.4
广 东	Guangdong	349011	9711	261273	78027	9228.6	309.7	3003.4	5915.5
广 西	Guangxi	151143	6916	124677	19550	3856.4	809.4	1857.2	1189.8
海 南	Hainan	17325	960	10290	6075	621.0	13.1	75.4	532.5
重 庆	Chongqing	87241	2475	71842	12924	2298.9	182.6	695.9	1420.4
四 川	Sichuan	167759	8970	151689	7100	2248.6	816.7	1273.1	158.8
贵 州	Guizhou	72703	6461	65100	1142	1294.6	658.3	610.6	25.6
云 南	Yunnan	104329	5146	98675	508	1361.9	428.3	922.0	11.6
西 藏	Tibet	1850	72	1778		103.4	22.0	81.5	
陕 西	Shanxi	141579	35767	105566	246	3200.6	1514.7	1685.0	0.8
甘 肃	Gansu	51463	6381	45072	10	2362.0	1550.7	811.2	
青 海	Qinghai	13372	3784	9588		451.9	249.2	202.8	
宁 夏	Ningxia	40914	8412	32502		873.0	363.6	509.4	
新 疆	Xinjiang	66908	7288	59620		1796.8	868.2	928.5	
不分地区	Not Classified by Region	87291	598		17281	21846.7	142.3		17639.1

注：不分地区合计中包括铁路行包运输、管道运输企业、民航运输企业中远集团海外公司及中海集团香港有限公司完成数。

a)The freight ton-kilometers not classified by region refers to railway baggage freight,civil aviation,pipelines and that completed by companies abroad under the China Ocean Shipping (Group) Company and China Shipping Group Hong Kong Co.,Ltd.

22-20 各省市区社会消费品零售总额(2013 年)
Total Retail Sales of Consumer Goods by Region(2013)

地区	Region	社会消费品零售总额(亿元) Total Retail Sales of Consumer Goods (100 million yuan)	社会消费品零售总额比上年增长(%) Total Retail Sales of Consumer Goods Growth Rate (%)
全国总计	National	**237809.9**	**13.1**
北京	Beijing	8375.1	8.7
天津	Tianjin	4470.4	14.0
河北	Hebei	10516.7	13.6
山西	Shanxi	5139.3	14.0
内蒙古	Inner Mongolia	5114.2	11.8
辽宁	Liaoning	10581.4	13.7
吉林	Jilin	5426.4	13.7
黑龙江	Heilongjiang	6251.2	13.8
上海	Shanghai	8052.0	8.6
江苏	Jiangsu	20796.5	13.4
浙江	Zhejiang	15225.5	12.0
安徽	Anhui	6542.4	14.0
福建	Fujian	8275.3	14.0
江西	Jiangxi	4576.1	13.6
山东	Shandong	22294.8	13.4
河南	Henan	12426.6	13.8
湖北	Hubei	10885.9	13.8
湖南	Hunan	9018.6	13.8
广东	Guangdong	25453.9	12.2
广西	Guangxi	5133.1	13.6
海南	Hainan	992.9	14.0
重庆	Chongqing	4599.8	14.0
四川	Sichuan	10561.4	13.9
贵州	Guizhou	2366.2	14.0
云南	Yunnan	4004.6	14.0
西藏	Tibet	293.2	15.1
陕西	Shanxi	4999.5	14.0
甘肃	Gansu	2173.8	14.0
青海	Qinghai	544.1	14.3
宁夏	Ningxia	610.5	12.5
新疆	Xinjiang	2108.2	13.4

22-21 各省市区货物进出口总额(2013年)

Total Imports and Exports by Region(2013)

单位:亿美元 (USD 100 million)

地区	Region	按经营单位所在地分 By Location			按境内目的地、货源地分 By Destination and Stationery		
		进出口总额 Total Imports and Exports	出口额 Exports	进口额 Imports	进出口总额 Total Imports and Exports	出口额 Exports	进口额 Imports
全国总计	**National**	**41596.9**	**22093.7**	**19503.2**	**41596.9**	**22093.7**	**19503.2**
北京	Beijing	4291.3	631.1	3660.1	1315.6	332.2	983.4
天津	Tianjin	1285.1	490.1	795.0	1346.1	489.4	856.7
河北	Hebei	549.0	309.6	239.4	903.3	408.4	494.9
山西	Shanxi	157.9	80.0	78.0	171.6	97.5	74.1
内蒙古	Inner Mongolia	120.0	40.9	79.0	143.8	52.6	91.3
辽宁	Liaoning	1144.9	645.4	499.5	1213.8	534.4	679.5
吉林	Jilin	258.6	67.6	191.0	252.2	57.2	195.0
黑龙江	Heilongjiang	388.8	162.3	226.5	274.0	122.4	151.6
上海	Shanghai	4412.2	2041.8	2370.4	4342.4	1887.9	2454.5
江苏	Jiangsu	5508.1	3288.1	2220.0	5933.0	3338.1	2594.8
浙江	Zhejiang	3357.9	2487.5	870.4	3655.1	2624.2	1030.9
安徽	Anhui	455.6	282.5	173.0	389.6	224.6	165.0
福建	Fujian	1693.3	1064.8	628.5	1544.9	943.2	601.7
江西	Jiangxi	367.5	281.7	85.8	336.6	233.0	103.6
山东	Shandong	2665.6	1341.9	1323.7	3149.6	1415.5	1734.1
河南	Henan	599.5	359.9	239.6	627.7	385.8	241.9
湖北	Hubei	363.8	228.4	135.4	356.3	209.9	146.5
湖南	Hunan	251.7	148.2	103.5	243.1	144.0	99.1
广东	Guangdong	10915.9	6363.7	4552.2	12817.0	7320.4	5496.5
广西	Guangxi	328.3	186.9	141.4	387.0	94.0	293.1
海南	Hainan	149.8	37.1	112.8	147.5	31.7	115.8
重庆	Chongqing	687.0	468.0	219.0	587.9	382.1	205.8
四川	Sichuan	645.7	419.5	226.2	550.9	327.6	223.3
贵州	Guizhou	82.9	68.9	14.0	47.6	32.1	15.5
云南	Yunnan	257.9	159.4	98.5	158.3	87.7	70.6
西藏	Tibet	33.2	32.7	0.5	21.0	20.5	0.5
陕西	Shanxi	201.3	102.3	99.0	202.2	102.3	100.0
甘肃	Gansu	102.3	46.8	55.6	68.4	14.3	54.1
青海	Qinghai	14.0	8.5	5.6	8.6	3.5	5.0
宁夏	Ningxia	32.2	25.5	6.7	26.1	18.0	8.1
新疆	Xinjiang	275.6	222.7	52.9	375.7	159.3	216.4

22-22 各省市区国际旅游接待情况(2013年)

International Tourism by Region(2013)

地　区	Region	旅游人数(万人次) Domestic Tourists (10 000 person-times)	外国人 Foreigners	旅游外汇收入(百万美元) Foreign Exchange Earning from International Tourism (USD million)
北　京	Beijing	450.13	387.62	4794.68
天　津	Tianjin	78.86	66.04	2591.28
河　北	Hebei	84.27	69.99	585.78
山　西	Shanxi	53.84	38.88	822.68
内蒙古	Inner Mongolia	161.61	155.31	962.29
辽　宁	Liaoning	256.04	173.61	3477.14
吉　林	Jilin	124.30	107.58	552.37
黑龙江	Heilongjiang	152.86	145.02	604.36
上　海	Shanghai	614.09	511.07	5244.70
江　苏	Jiangsu	288.03	193.44	2379.89
浙　江	Zhejiang	337.57	252.07	5392.93
安　徽	Anhui	271.95	167.11	1660.42
福　建	Fujian	294.02	114.51	4573.38
江　西	Jiangxi	123.89	40.25	525.08
山　东	Shandong	285.98	206.08	2731.20
河　南	Henan	127.38	73.02	659.98
湖　北	Hubei	267.96	204.73	1218.92
湖　南	Hunan	230.66	87.71	822.69
广　东	Guangdong	3397.90	760.51	16278.07
广　西	Guangxi	281.74	150.89	1547.30
海　南	Hainan	75.64	50.05	337.48
重　庆	Chongqing	115.17	76.98	1268.31
四　川	Sichuan	209.56	147.32	764.76
贵　州	Guizhou	62.40	27.15	201.43
云　南	Yunnan	287.88	212.51	2418.18
西　藏	Tibet	22.32	18.72	127.86
陕　西	Shanxi	253.47	178.92	1676.19
甘　肃	Gansu	9.78	6.25	20.39
青　海	Qinghai	4.65	4.13	19.42
宁　夏	Ningxia	2.54	1.50	12.08
新　疆	Xinjiang	68.88	60.10	585.02

第二十三篇 Chapter23

企业信息化与电子商务

Enterprise Information and Electronic Commerce

责任编辑：杨培林

资料整理：杨培林　徐学奎　邢　猛　徐　薇　杨　雯

Coordinator: Yang Peilin

Data Compilation: Yang Peilin Xu Xuekui Xing Meng Xu Wei Yang Wen

23-1 按国民经济行业门类分信息化基本情况(2013 年)

Basic State of Informatization classified by National Economic Industries(2013)

指标名称	Item	企业数 Number of Enterprises (unit)	使用计算机的企业 Enterprises Which Use Computer	
			数量(个) Number (unit)	比重(%) Percentage(%)
总计	**Total**	**2935**	**2931**	**99.9**
按国民经济行业门类分	Divided by National Economic Industries			
采矿业	Mining	87	87	100.0
制造业	Manufacturing	864	863	99.9
电力、热力、燃气及水生产和供应业	Electric Power,Heat,Gas and Water Production and Supply	69	69	100.0
建筑业	Construction	559	559	100.0
批发和零售业	Wholesaling and Retailing	441	441	100.0
交通运输、仓储和邮政业	Transport,Storage and Post	69	69	100.0
住宿和餐饮业	Accommodation and Catering Services	165	164	99.4
信息传输、软件和信息技术服务业	Information Transmission,Software and IT Services	26	26	100.0
房地产业	Real Estate	533	531	99.6
租赁和商务服务业	Leasing and Business Services	38	38	100.0
科学研究和技术服务业	Scientific Research and Technical Services	37	37	100.0
水利、环境和公共设施管理业	Management of Water Conservancy,Environment and Public	10	10	100.0
居民服务、修理和其他服务业	Services to Households,Repair and Other Services	6	6	100.0
教育	Education	6	6	100.0
卫生和社会工作	Health and Social Work	17	17	100.0
文化、体育和娱乐业	Culture,Sports and Entertainment	8	8	100.0

23-1 续表 1

指标名称	Item	有信息技术人员的企业 Enterprises Which have Information-technology Staffs	
		数量(个) Number(unit)	比重(%) Percentage(%)
总计	**Total**	**1967**	**67.0**
按国民经济行业门类分	Divided by National Economic Industries		
采矿业	Mining	41	47.1
制造业	Manufacturing	584	67.6
电力、热力、燃气及水生产和供应业	Electric Power,Heat,Gas and Water Production and Supply	55	79.7
建筑业	Construction	351	62.8
批发和零售业	Wholesaling and Retailing	300	68.0
交通运输、仓储和邮政业	Transport,Storage and Post	47	68.1
住宿和餐饮业	Accommodation and Catering Services	117	70.9
信息传输、软件和信息技术服务业	Information Transmission,Software and IT Services	24	92.3
房地产业	Real Estate	352	66.0
租赁和商务服务业	Leasing and Business Services	28	73.7
科学研究和技术服务业	Scientific Research and Technical Services	31	83.8
水利、环境和公共设施管理业	Management of Water Conservancy,Environment and Public	7	70.0
居民服务、修理和其他服务业	Services to Households,Repair and Other Services	3	50.0
教育	Education	6	100.0
卫生和社会工作	Health and Social Work	14	82.4
文化、体育和娱乐业	Culture,Sports and Entertainment	7	87.5

continued

有局域网的企业 Enterprises Which Have Local Area Network		使用信息化管理的企业 Enterprises Which Use Informatization Management		使用互联网的企业 Enterprises Which Use Internet	
数量(个) Number(unit)	比重(%) Percentage(%)	数量(个) Number(unit)	比重(%) Percentage(%)	数量(个) Number(unit)	比重(%) Percentage(%)
1949	**66.4**	**2843**	**96.9**	**2886**	**98.3**
40	46.0	83	95.4	85	97.7
576	66.7	833	96.4	858	99.3
58	84.1	68	98.6	69	100.0
322	57.6	545	97.5	545	97.5
305	69.2	419	95.0	437	99.1
45	65.2	68	98.6	67	97.1
119	72.1	157	95.2	159	96.4
23	88.5	26	100.0	23	88.5
365	68.5	523	98.1	523	98.1
28	73.7	38	100.0	38	100.0
33	89.2	37	100.0	36	97.3
7	70.0	10	100.0	10	100.0
4	66.7	6	100.0	6	100.0
5	83.3	6	100.0	6	100.0
13	76.5	17	100.0	17	100.0
6	75.0	7	87.5	7	87.5

23-1 续表 2

指标名称	Item	连接宽带的企业 Enterprises Which Have Wideband Link	
		数量(个) Number(unit)	比重(%) Percentage(%)
总计	**Total**	**2759**	**94.0**
按国民经济行业门类分	Divided by National Economic Industries		
采矿业	Mining	78	89.7
制造业	Manufacturing	812	94.0
电力、热力、燃气及水生产和供应业	Electric Power,Heat,Gas and Water Production and Supply	65	94.2
建筑业	Construction	538	96.2
批发和零售业	Wholesaling and Retailing	405	91.8
交通运输、仓储和邮政业	Transport,Storage and Post	67	97.1
住宿和餐饮业	Accommodation and Catering Services	149	90.3
信息传输、软件和信息技术服务业	Information Transmission,Software and IT Services	23	88.5
房地产业	Real Estate	509	95.5
租赁和商务服务业	Leasing and Business Services	37	97.4
科学研究和技术服务业	Scientific Research and Technical Services	32	86.5
水利、环境和公共设施管理业	Management of Water Conservancy,Environment and Public	9	90.0
居民服务、修理和其他服务业	Services to Households,Repair and Other Services	6	100.0
教育	Education	6	100.0
卫生和社会工作	Health and Social Work	16	94.1
文化、体育和娱乐业	Culture,Sports and Entertainment	7	87.5

continued

有网站的企业数 Number of Enterprises Which Have Website		通过互联网对本企业进行宣传和推广的企业 Enterprises Which Publicize And Promote Its Own Through Internet		期末使用计算机数量(个) Number of Using Computer At The End of Term (unit)
数量(个) Number(unit)	比重(%) Percentage(%)	数量(个) Number(unit)	比重(%) Percentage(%)	
1345	**45.8**	**1966**	**67.0**	**128788**
26	29.9	48	55.2	16422
524	60.6	666	77.1	37185
34	49.3	39	56.5	17489
150	26.8	296	53.0	12338
201	45.6	284	64.4	13779
23	33.3	39	56.5	3661
75	45.5	120	72.7	3948
22	84.6	23	88.5	6615
214	40.2	356	66.8	11183
27	71.1	33	86.8	1267
23	62.2	29	78.4	3311
7	70.0	8	80.0	227
4	66.7	4	66.7	89
1	16.7	3	50.0	384
9	52.9	13	76.5	701
5	62.5	5	62.5	189

23-1 续表 3

指标名称	Item	使用计算机人员数量（人） Number of People Who use Computer (person)
总计	**Total**	**171388**
按国民经济行业门类分	Divided by National Economic Industries	
采矿业	Mining	17325
制造业	Manufacturing	58424
电力、热力、燃气及水生产和供应业	Electric Power,Heat,Gas and Water Production and Supply	17984
建筑业	Construction	21900
批发和零售业	Wholesaling and Retailing	17710
交通运输、仓储和邮政业	Transport,Storage and Post	6232
住宿和餐饮业	Accommodation and Catering Services	3590
信息传输、软件和信息技术服务业	Information Transmission,Software and IT Services	6060
房地产业	Real Estate	14220
租赁和商务服务业	Leasing and Business Services	1517
科学研究和技术服务业	Scientific Research and Technical Services	4068
水利、环境和公共设施管理业	Management of Water Conservancy,Environment and Public	518
居民服务、修理和其他服务业	Services to Households,Repair and Other Services	69
教育	Education	343
卫生和社会工作	Health and Social Work	1128
文化、体育和娱乐业	Culture,Sports and Entertainment	300

continued

信息技术人员数量（人）Number of Information-technology Staffs (person)	使用互联网人员数量（人）Number of People Who Use Internet (person)	从业人员平均人数数量（人）Average Number of Employees (person)	拥有网站数量（个）Numbers of Having Website (unit)
8895	**118504**	**659638**	**1628**
494	7376	71783	32
2478	39367	225922	629
261	7715	32032	39
1358	16873	199804	169
1170	15116	38430	263
226	5058	17593	29
272	2678	16389	85
1289	4628	7642	37
983	13164	26168	256
64	1399	12022	30
195	3442	6165	26
20	404	1823	9
5	68	476	5
20	321	546	3
47	630	1723	10
13	265	1120	6

23-2 按国民经济行业门类分电子商务交易金额情况（2013 年）

单位:万元 （10 000 yuan）

指标名称	Item	电子商务销售额 Sales of Electronic Commerce	自营电子商务平台销售额 Sales of Autotrophy Electronic Commerce Platform	B2C 销售额 Sales of B2C
总计	**Total**	**862948.1**	**217376.2**	**198191.1**
按行业门类分				
采矿业	Mining			
制造业	Manufacturing	41686.2	2935.0	3892.0
电力、热力、燃气及水生产和供应业	Electric Power,Heat,Gas and Water Production and Supply	508710.1		
建筑业	Construction	12.1		
批发和零售业	Wholesaling and Retailing	307280.8	214269.1	190015.9
交通运输、仓储和邮政业	Transport,Storage and Post	1256.0		1256.0
住宿和餐饮业	Accommodation and Catering Services	1007.8	8.5	480.3
信息传输、软件和信息技术服务业	Information Transmission,Software and IT Services	2177.0	33.1	2177.0
房地产业	Real Estate	100.2		100.1
租赁和商务服务业	Leasing and Business Services	684.5	124.5	261.8
科学研究和技术服务业	Scientific Research and Technical Services			
水利、环境和公共设施管理业	Management of Water Conservancy,Environment and Public	25.0	6.0	6.0
居民服务、修理和其他服务业	Services to Households,Repair and Other Services	3.0		2.0
文化、体育和娱乐业	Culture,Sports and Entertainment	5.4		

Electronic Commerce Traded by National Economic Industries (2013)

单位:万元 (10 000 yuan)

服务类销售额 Sales on Services	面向大陆区域以外的销售额 Sales to the Outside Regions of Mainland China	电子商务采购额 Purchases of Electronic Commerce	自营电子商务平台采购额 Purchases of Autotrophy Electronic Commerce Platform	服务类采购额 Purchases on Services	面向大陆区域以外的采购额 Purchases to the Outside Regions of Mainland China	电子商务交易额 Business Transactions of Electronic Commerce	通过自营电子商务平台的交易额 Business Transactions by Autotrophy Electronic Commerce Platform
924.5	**21848.2**	**320557.5**	**169074.9**	**899.0**	**19.7**	**591752.8**	**386451.1**
		49873.2				24936.6	
200.0	21564.8	11986.6	2327.0	498.0	2.0	26836.4	5262.0
		15589.9				262150.0	
10.3		164.2	120.0	15.9	0.5	88.1	120.0
	190.0	240403.0	166510.3	6.5	15.0	273841.9	380779.4
						628.0	
139.1	40.5	47.3		40.6		527.5	8.5
		2151.5		120.0		2164.3	33.1
0.1		4.0				52.1	
560.0	52.9	319.8	117.6	200.0	2.2	502.1	242.1
14.0		18.0		18.0		21.5	6.0
1.0						1.5	
						2.7	

23-2 续表 1

单位:万元

指标名称	Item	服务类交易额 Business Transactions on Services
总计	**Total**	**911.8**
按行业门类分		
采矿业	Mining	349.0
制造业	Manufacturing	
电力、热力、燃气及水生产和供应业	Electric Power,Heat,Gas and Water Production and Supply	13.1
建筑业	Construction	3.3
批发和零售业	Wholesaling and Retailing	
交通运输、仓储和邮政业	Transport,Storage and Post	89.8
住宿和餐饮业	Accommodation and Catering Services	60.0
信息传输、软件和信息技术服务业	Information Transmission,Software and IT Services	0.1
房地产业	Real Estate	380.0
租赁和商务服务业	Leasing and Business Services	
科学研究和技术服务业	Scientific Research and Technical Services	16.0
水利、环境和公共设施管理业	Management of Water Conservancy,Environment and Public	0.5
居民服务、修理和其他服务业	Services to Households,Repair and Other Services	
文化、体育和娱乐业	Culture,Sports and Entertainment	

continued

(10 000 yuan)

面向大陆以外区域的电子商务交易额 Business Transactions of Electronic Commerce to the Outside Regions of Mainland China	企业营业利润 Company OperatingProfit	有电子商务交易的企业营业利润 Enterprise Operating Profit of Electronic Commerce Trade	营业收入 Operating Income	有电子商务销售的企业的营业收入 Enterprise Operating Income of Electronic Commerce Trade
21867.9	**2098746.4**	**807463.9**	**55753881.1**	**1889755.4**
	532112.4	522876.3	4433460.8	
21566.8	521399.3	64690.0	23570443.8	840875.9
	560288.3	160353.9	6962307.0	509886.4
0.5	113880.2	4639.0	5926386.3	10019.3
205.0	103720.1	43232.6	9631779.6	377561.8
	-36448.1	126.7	484374.9	18099.2
40.5	-20822.8	-8888.3	175794.3	39176.8
	41436.2	-866.3	626444.4	19810.4
	206328.1	12231.6	3595187.3	31038.2
55.1	35932.3	-2.6	130657.3	17829.3
	27293.4		159836.4	
	11814.2	8295.9	37377.3	22336.1
	244.3	24.4	4182.9	248.2
	1568.5	750.7	15648.8	2873.8

23-2 续表 2

指标名称	Item	营业成本 Operating Cost （万元） （10 000 yuan）
总计	**Total**	**48132410.0**
按国民经济行业门类分		
采矿业	Mining	3140825.9
制造业	Manufacturing	20777484.3
电力、热力、燃气及水生产和供应业	Electric Power,Heat,Gas and Water Production and Supply	5955037.6
建筑业	Construction	5391002.3
批发和零售业	Wholesaling and Retailing	9031940.4
交通运输、仓储和邮政业	Transport,Storage and Post	457682.3
住宿和餐饮业	Accommodation and Catering Services	82100.0
信息传输、软件和信息技术服务业	Information Transmission,Software and IT Services	328849.3
房地产业	Real Estate	2793345.2
租赁和商务服务业	Leasing and Business Services	61985.7
科学研究和技术服务业	Scientific Research and Technical Services	95401.2
水利、环境和公共设施管理业	Management of Water Conservancy,Environment and Public	7350.0
居民服务、修理和其他服务业	Services to Households,Repair and Other Services	1824.9
文化、体育和娱乐业	Culture,Sports and Entertainment	7580.9

continued

有电子商务采购的企业的营业成本(万元) Enterprise Operating Cost of Electronic Commerce Trade Platform (10 000 yuan)	有电子商务的企业(个) Number of Enterprise wich have Electronic Commerce (unit)	有电子商务销售的企业(个) Enterprise number having Electronic Commerce (unit)	有电子商务采购的企业数(个) Enterpris number having Electronic Commerce purchases (unit)
3648507.2	**109**	**81**	**50**
2009884.7	1		1
896107.4	39	29	18
270409.3	3	1	2
59261.9	8	3	7
322646.0	16	11	9
	1	1	
1876.0	27	25	5
8620.0	4	2	2
64017.8	3	2	2
15304.5	3	3	2
379.6	2	2	2
	1	1	
	1	1	

主要统计指标解释

[计算机数] 指报告期末企业(单位)使用的计算机数量,包括台式机、笔记本电脑和平板电脑。

[信息技术人员] 指专职从事信息技术系统的制定、设计、开发、安装、操作、维护、管理和评估的人员。

[互联网] 指在世界范围内的公共计算机网络。它提供一系列通信服务(包括万维网)的接入,并传送电子邮件、新闻、娱乐和数据文件等。

[网站数] 指报告期末企业拥有和维护的,在互联网上可浏览的网站数,不包括企业内网。

[电子商务销售金额] 指报告期内企业(单位)借助网络订单而销售的商品和服务总额。

[电子商务采购金额] 指报告期内企业(单位)借助网络订单而采购的商品和服务总额。

[自营电子商务交易平台] 指为企业自己开展电子商务交易活动提供服务的平台。

[B2C] 是 Business-to-Customer 的缩写,而其中文简称为“商对客”。“商对客”是电子商务的一种模式,也就是通常说的商业零售,直接面向消费者销售产品和服务。

[服务类商品] 指有形的实体类商品以外的商品。

[面向大陆以外区域的销售] 是指采购方位于大陆以外的国家或地区。

[面向大陆以外区域的采购] 是指销售方位于大陆以外的国家或地区。